Teoria do Agir Comunicativo

Jürgen Habermas
Teoria do Agir Comunicativo
2. Sobre a crítica da razão funcionalista

Tradução
FLÁVIO BENO SIEBENEICHLER

SÃO PAULO 2019

Esta obra foi publicada originalmente em alemão com o título
THEORIE DES KOMMUNIKATIVEN HANDELNS, VOL. 2
por Suhrkamp Verlag Frankfurt am Main
Copyright © Suhrkamp Verlag Frankfurt am Main, 1981
Copyright © 2012, Editora WMF Martins Fontes Ltda.,
São Paulo, para a presente edição.

A tradução desta obra foi apoiada pelo Goethe-Institut.

1ª edição *2012*
3ª tiragem *2019*

Tradução
FLÁVIO BENO SIEBENEICHLER

Acompanhamento editorial
Luzia Aparecida dos Santos
Preparação do original
Renato da Rocha Carlos
Revisões
Maria Regina Ribeiro Machado
Helena Guimarães Bittencourt
Edição de arte
Katia Harumi Terasaka
Produção gráfica
Geraldo Alves
Paginação
Studio 3 Desenvolvimento Editorial

Dados Internacionais de Catalogação na Publicação (CIP)
(Câmara Brasileira do Livro, SP, Brasil)

Habermas, Jürgen.
Teoria do agir comunicativo, 2 : sobre a crítica da razão funcionalista / Jürgen Habermas ; tradução Flávio Beno Siebeneichler. – São Paulo : Editora WMF Martins Fontes, 2012.

Título original: Theorie des Kommunikativen Handelns.
ISBN 978-85-7827-461-0

1. Ação social 2. Comunicação – Filosofia 3. Funcionalismo (Linguística) 4. Racionalismo 5. Sociologia – Filosofia I. Título. II. Título: Sobre a crítica da razão funcionalista. III. Série.

11-08438   CDD-301.01

Índices para catálogo sistemático:
1. Ação comunicativa : Teoria : Sociologia   301.01

Todos os direitos desta edição reservados à
Editora WMF Martins Fontes Ltda.
Rua Prof. Laerte Ramos de Carvalho, 133 01325-030 São Paulo SP Brasil
Tel. (11) 3293.8150 e-mail: info@wmfmartinsfontes.com.br
http://www.wmfmartinsfontes.com.br

ÍNDICE

V. Mudança de paradigma em Mead e Durkheim: da atividade orientada por fins ao agir comunicativo 1
   1. Sobre a possibilidade de fundamentar as ciências sociais numa teoria da comunicação . 6
   2. A autoridade do sagrado e o pano de fundo normativo do agir comunicativo 80
   3. A estrutura racional da "linguistificação" do sagrado 140

VI. Segunda consideração intermediária: mundo da vida e sistema 205
   1. O conceito "mundo da vida" e o idealismo da sociologia hermenêutica 218
   2. Disjunção entre mundo da vida e sistema ... 276

VII. Teoria da sociedade de Talcott Parsons: problemas de construção 357
   1. Passagem da teoria normativista da ação à teoria sistêmica da sociedade 368

2. Desenvolvimento da teoria de sistemas 428
  3. Teoria da modernidade................................ 512

VIII. Consideração final: De Parsons a Marx, pela
  mediação de Weber.. 543
  1. Visão retrospectiva sobre a teoria weberiana da modernidade.. 548
  2. Marx e a tese da colonização interna.......... 598
  3. Tarefas de uma teoria crítica da sociedade . 671

Tradução das citações 729
Bibliografia 755
Índice onomástico 797
Sumário 813

V
MUDANÇA DE PARADIGMA EM MEAD E DURKHEIM: DA ATIVIDADE ORIENTADA POR FINS AO AGIR COMUNICATIVO

A recepção da teoria weberiana da racionalização pelos autores que pensam na linha de Lukács e de Adorno parece sugerir uma interpretação da racionalização social em termos de reificação da *consciência*; não obstante, os paradoxos que marcam o caminho de tal estratégia de pensamento impõem outra linha teórica, pois revelam que esse tema não pode ser trabalhado satisfatoriamente por quem utiliza os conceitos da filosofia da consciência. Por isso, antes de adotar as categorias do agir comunicativo – com o intuito de reformular a problemática da reificação e da formação de sistemas por meios de controle –, eu gostaria de explicitar tais conceitos fundamentais, tomando como base seu contexto histórico e teórico. É sabido que a problemática envolvendo a "racionalização" e a "reificação" se insere numa linha de pensamento social tipicamente "alemã", cunhada inicialmente por Kant e Hegel, e adotada a seguir por Marx, Lukács e a Teoria Crítica. Com George Mead e Émile Durkheim, ao contrário, tem início uma mudança de paradigma, a qual se configura como uma passagem da atividade teleológica para a comunicativa. Mead (1863-1931), Durkheim (1858-1917) e Weber (1864-1920) pertencem à geração dos pais fundadores da sociologia moderna. Mead, que fundamenta a sociologia numa teoria da comunicação, e Durkheim, que elabora uma teoria da solidariedade social – capaz de correlacionar a integração social e a integração pelo sistema – elaboraram conceitos capazes de absorver a teoria weberiana da racionalização e de libertá-la até mesmo das aporias oriundas da filosofia da consciência.

As ideias de liberdade e de conciliação, que Adorno delineia nos limites de uma dialética negativa por não ter conseguido fugir do fascínio exercido por Hegel, necessitam de uma explicação. E esta pode ser tecida com o auxílio do conceito "racionalidade comunicativa" que emerge sutilmente nas reflexões adornianas. Tal tarefa pode ser enfrentada por uma teoria da ação que, do mesmo modo que a teoria meadiana, necessita da projeção de uma comunidade de comunicação ideal. Tal utopia visa à reconstrução de uma intersubjetividade invulnerada que abre a possibilidade do entendimento não coagido dos indivíduos entre si e da identidade de um indivíduo que se entende livremente consigo mesmo. Ora, os limites dessa teoria da comunicação são patentes! Afinal, a reprodução da sociedade enquanto totalidade não pode ser explicada satisfatoriamente quando nos limitamos às condições da racionalidade comunicativa. No entanto, esta pode ser tomada, mesmo assim, para explorar a partir de dentro a reprodução simbólica do mundo da vida de grupos sociais.

Por essa razão, pretendo examinar inicialmente o modo como Mead desenvolve seu quadro categorial destinado a captar a interação regida por normas e mediada pela linguagem. Tal quadro será interpretado no sentido de uma gênese lógica, que tem início numa interação controlada por instintos e gestos, passando, a seguir, por uma interação mediada simbolicamente pela linguagem (1). Na linha do desenvolvimento filogenético, quando a interação simbólica passa para a interação mediada por normas, deixa transparecer uma lacuna, que pode, no entanto, ser preenchida pelas ideias de Durkheim sobre os fundamentos sagrados da moral e sobre as bases da solidariedade social, cultivada nos rituais (2). E, se tomarmos como base a ideia de que o acordo normativo básico, garantido pelo rito, assume gradativamente contornos linguísticos (*Versprachlichung*), será possível desenhar o conceito de um mundo da vida racionalizado e diferenciado em suas estruturas simbólicas. Ora, tal conceito transpassa os limites da teoria weberiana da ação, talhada conforme o figurino da racionalidade e do agir teleológicos (3).

1. SOBRE A POSSIBILIDADE DE FUNDAMENTAR AS CIÊNCIAS SOCIAIS NUMA TEORIA DA COMUNICAÇÃO

No início do século XX, o modelo "sujeito-objeto", que constituía a base da filosofia da consciência, é alvo dos ataques de duas teorias distintas: a da filosofia da linguagem analítica e a da psicologia do comportamento, as quais desistem da busca de um acesso direto aos fenômenos da consciência, substituindo o autoconhecimento intuitivo, a reflexão e a introspecção por procedimentos que não dependem da intuição. Além disso, elas se dedicam a análises, cujo objeto consiste prioritariamente em expressões linguísticas e comportamentos observáveis, abertos a um exame intersubjetivo. Por seu turno, a análise da linguagem se apropria dos procedimentos de reconstrução racional de um saber sobre normas, usuais na lógica e na linguística; já a psicologia comportamental assume os métodos de observação e as estratégias de interpretação da etologia[1].

---

1. O próprio Mead observa isso na introdução metódica que antecede suas aulas sobre psicologia social: *Geist, Identität, Gesellschaft*. Frankfurt/M., p. 1969a, p. 40: "Do ponto de vista histórico, o behaviorismo teve

Todavia, apesar de sua origem comum no pragmatismo de Ch. S. Peirce, essas duas correntes, que criticam a consciência, se distanciaram uma da outra, tornando-se independentes. Por seu turno o positivismo lógico e o behaviorismo se afastam da filosofia da consciência, reduzindo o estoque tradicional de problemas, uma vez que se lançam à análise de linguagens científicas artificiais ou se concentram nos esquemas de comportamento de organismos singulares determinados por estímulos. É verdade que a análise da linguagem se libertou das limitações típicas de seus inícios dogmáticos. Por esse caminho, ela conseguiu reconquistar a complexidade dos problemas levantados por Peirce. Tal fato pode ser constatado tanto na linha teórica que tem início em Carnap e Reichenbach, passando por Popper e chegando à epistemologia pós-empírica, como na linha que parte do primeiro Wittgenstein, passa pelo segundo Wittgenstein e por Austin, culminando na teoria dos atos de fala. Entretanto, a teoria psicológica da aprendizagem entrou por um caminho que, se excetuarmos alguns lances esporádicos de liberalização, mantém-se nos limites estreitos de uma metodologia objetivista. Por isso, se alguém pretende liberar a força revolucionária inerente às categorias fundamentais da teoria do comportamento e utilizar seu potencial para implodir paradigmas, é forçado a *retornar* à psicologia social de G. H. Mead.

Existem, além disso, outras razões que recomendam a teoria da comunicação, de Mead, porquanto ela confi-

---

acesso à psicologia através da psicologia animal." Cito os textos de Mead de acordo com a tradução alemã da obra editada postumamente por Ch. W. Morris: *G. H. Mead. Mind, Self, Society*. No entanto, tomo a liberdade de corrigir a tradução de algumas passagens. Sobre a tradução incorreta de "Self" (si mesmo) por "Identität" (identidade), cf. a observação de Tugendhat, 1979, p. 247.

gura um ponto de interseção das duas principais tradições que criticam a filosofia da consciência, as quais remontam a Peirce[2]. Apesar de não tomar ciência da guinada linguística ocorrida na filosofia, a psicologia social de Mead revela convergências surpreendentes com a análise da linguagem que desemboca na pragmática formal ou na teoria da ciência – porquanto Mead analisa fenômenos da consciência sob o ponto de vista de sua formação, que tem origem em estruturas da interação mediada pela linguagem e pelos símbolos. A linguagem possui um significado constitutivo para as formas da vida sociocultural: "No homem, a diferenciação funcional mediante a linguagem dá origem a um princípio de organização totalmente diferente, produzindo não somente outro indivíduo, como também outro tipo de sociedade."[3]

---

2. Uma boa introdução à obra de Mead se encontra em H. Joas. "G. H. Mead", in Käsler, vol. 2, 1978, pp. 17 ss. Ver também a bibliografia detalhada nas páginas 417 ss. Utilizo, além disso, as seguintes edições: G. H. Mead. *Selected Writings*, A. J. Reck (org.), Indianápolis, 1964; G. H. Mead. *Philosophie der Sozialität*, por H. Kellner, Frankfurt/M., 1969c; G. H. Mead. *On Social Psychology*, A. Strauss (org.), Chicago, 1956. Trad. al. *Sozialpsychologie*. Neuwied, 1969d.

Os textos mais importantes sobre G. H. Mead podem ser encontrados em: M. Natanson. *The Social Dynamics of G. H. Mead*. Washington, 1956; A. Reck. "The Philosophy of G. H. Mead", in *Tulane Studies in Philosophy*, 12, 1963, pp. 5 ss.; H. Blumer. "Sociological Implications of the Thought of G. H. Mead", in *AJS*, 71, 1966, pp. 535 ss.; G. A. Cook. *The Self as Moral Agent*. Dissertação de doutorado, Yale, 1966; K. Raiser. *Identität und Sozialität*, Munique, 1971. Sobre a continuidade do interacionismo simbólico em Blumer, cf. C. McPhail, C. Rexroat. "Mead vs. Blumer", in *ASR*, 1979, pp. 449 ss.; D. Miller. *G. H. Mead: Self, Language and the World*. Chicago, 1980. No entanto, a fonte mais importante para mim foi a excelente dissertação de doutorado escrita por H. Joas. *Praktische Intersubjektivität*. Frankfurt/M., 1980.

3. Mead, 1969a, p. 291.

Mead intitulou sua teoria "Behaviorismo social", porquanto pretendia sublinhar certo tipo de crítica à filosofia da consciência; nela, as interações sociais, baseadas em proposições e ações, configuram uma estrutura simbólica à qual a análise pode se referir como a algo objetivo. No entanto, existem duas diferenças metódicas, importantes, entre o princípio de Mead e o do behaviorismo. O modelo seguido por Mead nada tem a ver com o comportamento de um organismo *individual* que reage a estímulos do seu entorno; ele se concentra na interação, em que pelo menos dois organismos interagem e se comportam um com o outro. "Na psicologia social, nós não construímos o comportamento do grupo social tendo em vista o comportamento dos seres individuais que formam esse grupo. Em vez disso, nós partimos de um todo social, de uma atividade grupal complexa, no interior da qual analisamos o comportamento de cada indivíduo (tido como um elemento particular)."[4] No entanto, Mead rejeita o individualismo metódico e o objetivismo da teoria comportamental. Ele não delineia o conceito de comportamento numa ótica estreita, como se fora uma mera reação acional observável; uma vez que esse conceito deve incluir ainda o comportamento orientado por símbolos e a reconstrução de estruturas gerais mediadas pela linguagem: "A psicologia social é behaviorista no sentido de que tem início em uma atividade observável, isto é, no processo social dinâmico e nas ações sociais que o constituem. Mesmo assim, ela não é behaviorista no sentido de ignorar a experiência interna do indivíduo, isto é, a fase interna desse processo ou dessa atividade."[5] O sentido in-

---

4. Mead, 1969a, p. 45.
5. Mead, 1969a, p. 46.

corporado numa ação social é algo que aparece como não exterior ao comportamento; mesmo assim, ele constitui algo objetivado em manifestações simbólicas, acessíveis publicamente, ou seja, é algo que não se limita à interioridade, como é o caso dos fenômenos da consciência: "Existe, no interior da própria ação, uma esfera não exterior, que, no entanto, faz parte da ação. Existem indícios desse comportamento orgânico interior, os quais se explicitam em nossas atitudes e posicionamentos, especialmente nos que se ligam à linguagem."[6]

Em Mead, as duas linhas de crítica à filosofia da consciência, notadamente a análise da linguagem e a teoria do comportamento – as quais se bifurcam após Peirce –, se unem, porque ele adota um conceito de linguagem não reducionista. É verdade que sua teoria da comunicação não se limita a atos de entendimento, uma vez que abrange ainda o *agir* comunicativo: Mead se interessa tão-somente por símbolos lingüísticos e logomórficos porque podem ser utilizados como veículo mediador para as interações, para os modos de comportamento e para as ações de vários indivíduos. No agir comunicativo, a linguagem assume, além da função de entendimento, o papel de coordenação das atividades orientadas por fins de diferentes sujeitos da ação, e o papel de um meio da própria socialização dos sujeitos da ação. Mead focaliza a comunicação lingüística detendo-se preponderantemente em dois aspectos: a integração social dos indivíduos que agem visando a um fim e à socialização de sujeitos capazes de ação. Porém, ele descuida das realizações de entendimento e da estrutura interna da linguagem. Neste particular, sua teoria da comunicação necessitaria de

---

6. Mead, 1969a, p. 44.

uma atualização, na linha da semântica e da teoria dos atos de fala[7].

Não obstante, a mudança de paradigma que se insinua na psicologia social de Mead é importante em nosso contexto uma vez que abre a visão para um conceito de racionalidade da comunicação, que será retomado adiante. Neste capítulo tentarei caracterizar inicialmente a problemática que serviu como ponto de partida para a teoria da comunicação de Mead (1), a fim de revelar o modo como ele explica a passagem da interação subumana, mediada por gestos, para a interação simbólica (2). A seguir, lançarei mão das pesquisas de Wittgenstein sobre o conceito de "regra" para interpretar os resultados da teoria meadiana sobre o significado (3). No passo seguinte, gostaria de mostrar como a linguagem se diferencia – de acordo com as funções do entendimento – da integração social e da socialização, tornando possível a passagem da interação mediada por símbolos para a interação mediada por normas (4). A percepção objetiva das coisas, a normatização de expectativas de comportamento e a formação da identidade de sujeitos capazes de ação constituem a base para a construção do mundo subjetivo e do mundo social, complementares entre si (5). Fica claro que Mead não desenvolve os conceitos fundamentais relacionados com objetos, normas e sujeitos na linha filogenética das teorias do significado, e sim numa perspectiva ontogenética. No entanto, tal lacuna pode ser sanada mediante a teoria durkheimiana sobre a origem da religião e do rito.

(1) Mead assume como tarefa precípua a apreensão das características estruturais da interação mediada por símbolos. Esta se torna o alvo de seu interesse, em pri-

---

7. Cf. vol. 1, "Primeira consideração intermediária".

meiro lugar, porque os símbolos, que podem ser utilizados com significado idêntico, tornam possível uma forma nova e revolucionária de comunicação. No seu entender, a *"linguagem mediante gestos"* – *conversation of gestures* –, difundida em sociedades desenvolvidas de animais vertebrados, constitui o ponto de partida de uma evolução da linguagem que abrange duas etapas: a *etapa de uma linguagem mediante sinais* simbólicos e a etapa da *fala diferenciada em proposições*. Mead trata como gestos significantes (*significant gestures*) símbolos simples, não articulados sintaticamente, que têm o *mesmo* significado para pelo menos dois participantes de uma interação, colocados em contextos iguais ou suficientemente idênticos. Ele apresenta como exemplos certos gestos vocais que assumiram o caráter de sinais logomórficos e emissões na forma de um só vocábulo, que marcam o início da aquisição da linguagem pelas crianças, sendo também comuns entre falantes adultos. Só que neste caso assumem a forma elíptica de expressões linguísticas explícitas.

Certas expressões, tais como "comida!", "fogo!", ou "ataque!", constituem atos de fala dependentes de um determinado contexto, destituídos de forma proposicional. Não obstante, trata-se de atos de fala completos, mesmo que sua utilização seja apenas quase-indicativa, quase-imperativa ou quase-expressiva. As emissões de frases configuradas num único termo são utilizadas com intenção comunicativa; porém, pelo fato de não constituírem expressões articuladas sintaticamente, não permitem uma distinção gramatical entre modos distintos. Assim, por exemplo, a expressão "ataque!" tanto pode significar um alarme, quando num dado contexto surgem repentinamente inimigos, como pode significar uma ordem para enfrentar os inimigos que surgiram de surpresa, ou ainda pode constituir a manifestação de medo ante a possibilidade de os inimigos, que apareceram de surpresa, ameaçarem a vida dos presentes ou a vida dos parentes mais próximos etc. Em certo sentido, essa exclamação significa tudo isso ao mesmo tempo. Por esse motivo se trata, neste caso, de um *sinal*.

Todavia, os *sinais* ou frases contendo um único termo só fazem sentido num determinado contexto; não existem termos singulares capazes de identificar objetos numa situação concreta sem levar em conta o contexto[8]. Além do mais, os sinais estão inseridos em contextos interacionais, a tal ponto que se prestam para a coordenação das ações de dois ou mais participantes da interação, uma vez que o sentido quase-indicativo ou quase-expressivo da exteriorização forma uma unidade com o sentido quase-imperativista. Visto que a constatação admoestadora, isto é, a que chama a atenção para o fato de que inopinadamente surgiram inimigos, como também a exteriorização do susto diante do perigo, provocada pela presença repentina de inimigos, apontam para a mesma expectativa de comportamento, tematizada diretamente pela conclamação de todos para que se defendam contra os inimigos que apareceram do nada. Por isso, existe uma relação inequívoca entre o significado de um sinal (em todos os seus componentes modais de significação) e o tipo de comportamento que o emissor espera do destinatário.

De mais a mais, os sinais linguísticos também podem ser substituídos por sinais logomórficos, não linguísticos, tais como o bimbalhar de sinos e o rufar de tambores, isto é, por meio de símbolos *produzidos artificialmente*. Do mesmo modo, o início de uma ação signifi-

---

8. Sobre a teoria dos termos singulares, cf. Tugendhat, 1976.

cante, como é o caso, por exemplo, do cacique que pega em armas de modo demonstrativo, também pode assumir funções de sinal. Porém, neste caso se trata de sinais que já possuem um significado convencional. Portanto, seu significado não depende mais de um contexto natural. Por conseguinte, ao *nível da interação mediada simbolicamente*, a comunidade lingüística só tem à disposição sinais – sistemas primitivos de gritos e de sinais. Levado por seus objetivos analíticos, Mead simplifica a situação à medida que prescinde do fato de que o significado de um símbolo vale para todos os membros de uma comunidade de linguagem; ele parte da idéia de que dois participantes singulares da interação são capazes de compreender o mesmo símbolo e de empregá-lo com o mesmo significado em circunstâncias semelhantes. Entretanto, tais condições de uma convenção semântica, fixada para uma pluralidade de participantes, somente é válida para as linguagens de sinais genuínas, não para as linguagens mímicas, difundidas em nível subumano.

Para ilustrar tais linguagens mímicas, Mead lança mão da *interação por meio de gestos*, a qual pode surgir entre animais da mesma espécie. Ele cita como exemplo a luta entre dois cães. Aqui a interação se constrói da seguinte maneira: os elementos iniciais do movimento de um dos organismos representam o estímulo desencadeador que provoca a reação comportamental do outro; e os elementos desse movimento formam, por seu turno, um gesto capaz de provocar uma reação de adaptação por parte do primeiro organismo. "Eu utilizei o exemplo dos cães em luta para introduzir o conceito de 'gesto'. A ação de cada um dos dois cães se torna um estímulo que influencia respectivamente a reação do outro. Existe, portanto, uma relação entre eles; e, no momento em que o outro cão reage à ação, esta também se transforma. E o fato de um cão estar prestes a atacar outro transforma-se num estímulo que leva o outro a modificar sua posição ou atitude. No momento em que isso ocorre, a atitude modificada do segundo cão desencadeia no primeiro uma nova atitude modificada. Temos, pois, uma troca de gestos."[9]

Na linha da reflexão genética de Mead, que parte do conceito de *significado natural* ou *significado objetivo*, a interação entre animais, mediada por gestos, adquire um valor central. Tal conceito de significado é tomado de empréstimo à prática da pesquisa utilizada na observação do comportamento dos animais. Os etólogos, por exemplo, atribuem um significado a determinados padrões de comportamento, observáveis na perspectiva de uma terceira pessoa, sem levar em conta o fato de que o comportamento observado pode conter dois significados distintos: numa perspectiva geral e na perspectiva do próprio or-

---

9. Mead, 1969a, pp. 81 s. Noutra passagem, Mead elucida a interação entre animais, mediada por sinais, da seguinte maneira: "There exists thus a field of conduct even among animals below man, which in its nature may be classed as gesture. It consists of the beginning of those actions which call out instinctive responses from other forms. And these beginnings of acts call out responses which lead to readjustments of acts which have been commenced, and these readjustments lead to still other beginnings of response which again call out still other readjustments. Thus there is a conversation of gesture, a field of palaver within the social conduct of animals. Again the movements which constitute this field of conduct are themselves not the complete acts which they start out to become. They are the glance of the eye that is the beginning of the spring or the flight, the attitude of body with which the spring or flight commences, the growl or cry, or snarl with which the respiration adjusts itself to oncoming struggle, and they all change with the answering attitudes, glances of the eye, growls and snarls which are the beginnings of the actions which they themselves arouse" (in Mead, 1964, p. 124).

ganismo que reage. Ou seja, eles inferem o significado de um comportamento focalizando apenas o papel funcional por ele assumido no âmbito de um sistema de modos de comportamento. Além disso, pode-se buscar uma base para a atribuição de significado nos conhecidos círculos funcionais do comportamento animal: na procura de alimentos, no acasalamento, no ataque e na defesa, nos cuidados da ninhada, no comportamento lúdico etc. O significado constitui uma propriedade do sistema. Nos termos da etologia mais antiga: os significados se constituem em ambientes específicos de cada espécie (v. Uexküll), mesmo que nenhum exemplar singular possa dispor deles enquanto tais.

Mead se dedica à análise do surgimento das formas de comunicação linguística tomando como fio condutor a transformação sucessiva do significado concreto ou natural de certas "relações meio-fim", observáveis em reações comportamentais ordenadas de modo sistêmico. Tal transformação culmina num significado para os organismos envolvidos, o qual tem origens nesses mesmos modos de comportamento – pois certos significados simbólicos surgem quando se dá uma subjetivação ou internalização de estruturas de sentido objetivas. E, dado que essas estruturas podem ser soletradas melhor no comportamento social dos animais, Mead tenta explicar o surgimento da linguagem afirmando que *o potencial semântico depositado nas interações mediadas por gestos torna-se disponível simbolicamente para os participantes da interação mediante uma internalização da linguagem de gestos.*

Nesse processo, Mead distingue duas etapas. Na primeira, surge uma linguagem de sinais que transforma o significado objetivo de padrões de comportamento típicos em significados simbólicos, tornando-os acessíveis a um entendimento entre os participantes da interação. Trata-se da passagem da interação mediada por gestos para a interação mediada simbolicamente; sob pontos de vista da teoria do significado, Mead a interpreta como semantização de significados naturais. Na segunda etapa, os papéis sociais revelam aos participantes o significado natural de certos sistemas de comportamento funcionalmente diferenciados, tais como a caça, a reprodução sexual, o cuidado da prole, a defesa do território, a rivalidade de *status* etc. Aliás, eles tornam esse significado normativamente obrigatório. Entretanto, minha atenção se dirige para a etapa da interação mediada por símbolos, uma vez que busco entender o modo como Mead define sua tarefa de "esclarecimento", ou seja, a tarefa de reconstrução da emergência das etapas primitivas da comunicação logomórfica. Por isso, não abordarei, num primeiro momento, a *etapa do agir regulado por normas*.

Mead inicia seu trabalho analisando a interação mediada por gestos, após ter constatado neles indícios de um processo de semantização. Determinado fragmento dessa estrutura de sentido, embutida nos círculos de funções do comportamento animal, é tematizado na linguagem, com o auxílio de gestos: "Sentido é o desenvolvimento de uma relação objetiva entre determinadas fases da ação social; não um apêndice psíquico para essa ação, e nem uma 'idéia' no sentido tradicional. O gesto de um organismo, assim como os resultados da ação social, na qual o gesto representa uma fase primitiva, bem como a reação de outro organismo diante desse gesto, constituem os fatores relevantes em uma relação tripla, a saber: entre o gesto e o primeiro organismo, entre o gesto e o segundo organismo e entre o gesto e as fases subsequentes da respectiva ação social. Ora, essa relação tripla constitui a substância básica do sentido ou, ao menos, a substância a partir da qual o sentido se desenvolve."[10]

Logo, na linguagem dos gestos, as *relações* que se estabelecem entre o gesto do primeiro organismo e a ação por ele desencadeada, entre esse gesto e a reação comportamental de um segundo organismo, provocada por essa ação, constituem a base objetiva para captar o significado que o gesto de um participante da interação adquire *para outro*. E uma vez que o gesto do primeiro organismo se materializa mediante os elementos iniciais de um movimento reativo repetitivo, passando a constituir uma *indicação* para o estado em que culminará todo o movimento, o segundo organismo pode reagir como se o gesto fosse a expressão de uma intenção que procura produzir tal resultado. Com isso, ele empresta ao gesto um significado que no início só vale *para ele*.

Ora, se concordamos em aceitar que o primeiro organismo desenvolve uma atribuição semelhante à que é feita pelo segundo, teremos a seguinte situação: à medida que o segundo organismo reage ao gesto do primeiro, mediante um comportamento determinado, e o primeiro organismo reage, por seu turno, aos elementos iniciais que provocam tal reação comportamental, ambos tornam patente o modo como interpretam ou *compreendem*, respectivamente, o gesto do outro. Desse modo, cada um dos dois participantes da interação atribui aos gestos do outro um significado típico, o qual, porém, só vale para ele.

Caso aceitemos tal hipótese, poderemos ir em frente e indicar as transformações que têm de ocorrer no caminho que leva da interação mediada por gestos à interação mediada por símbolos. Em primeiro lugar, os gestos

---

10. Mead, 1969, pp. 115 s.

se transformam em símbolos quando os significados que valem somente para um organismo singular são substituídos por significados que valem para todos os participantes. Em segundo lugar, o comportamento dos participantes da interação se transforma, de modo que, no lugar de uma relação causal em termos de "estímulo-reação-estímulo", entra a relação interpessoal que se estabelece entre falante e destinatário: nela, ambos se relacionam levados por uma intenção comunicativa. No final, ocorre uma mudança estrutural da interação, visto que os participantes aprendem a distinguir entre atos de entendimento e ações orientadas pelo êxito. Essas três tarefas permitem resolver o problema envolvendo a evolução da interação, isto é, a passagem da etapa da interação gestual para a etapa da interação simbólica.

Mead tenta explicar tal passagem lançando mão do mecanismo caracterizado como "aceitação da atitude do outro" (*taking the attitude of the other*). Piaget e Freud tinham introduzido um *mecanismo de internalização da aprendizagem*, o primeiro no sentido de uma "interiorização" de esquemas de ação e o segundo no sentido de uma "internalização" de relações estabelecidas com um objeto social ou com uma pessoa de referência (indicada). De modo semelhante, Mead concebe a internalização como intimização de estruturas de sentido objetivas. Tal modelo difere da relação reflexiva, em que um sujeito simplesmente se volta sobre si mesmo a fim de se tornar objeto de si mesmo, porquanto aqui o sujeito se reencontra em algo exterior, objetivo, do qual ele se apropria incorporando-o. A estrutura da *apropriação* difere da estrutura do *reflexo*, pois elas têm um sentido direcional distinto: o eu (o si mesmo) se relaciona consigo mesmo à medida que reconhece o elemento subjetivo alienado no objeto exterior, no esquema de ação ou no esquema de relacionamento, não ao se transformar a si mesmo em seu próprio objeto.

Não obstante, tais explicações continuam presas ao modelo da filosofia da consciência. Nesse ponto, Mead toma como orientação um modelo mais antigo, já trilhado por Santo Agostinho, que considera o pensamento um diálogo interior: "A inteligência ou o espírito só se tornam possíveis mediante gestos tidos como símbolos significantes, porquanto somente através de gestos, que constituem símbolos significantes, pode haver pensamento, o qual não passa de um diálogo interior ou implícito do indivíduo consigo mesmo, com o auxílio de tais gestos."[11] Entretanto, tal modelo é capaz de elucidar apenas um dos aspectos do mecanismo de aceitação de atitudes – uma vez que permite ver que a relação intersubjetiva entre participantes da interação, os quais adotam a perspectiva um do outro e assumem posição com relação às manifestações recíprocas, se forma na estrutura da autorrelação[12]. De outro lado, porém, uma subjetividade de ordem superior, que se relaciona consigo mesma de modo mediato, isto é, por meio de relações complexas com outros, modifica toda a estrutura da interação. Quanto mais complexas as atitudes do "outro", que os participantes da interação assumem "em sua própria experiência", tanto mais se desloca aquilo que os une preliminarmente em virtude de características sistêmicas, ou seja: passa-se do

---

11. Mead, 1969a, p. 86. De modo semelhante L. S. Vigotski. *Thought and Language*. Cambridge, Mass., 1964. O livro de Vigotski foi publicado pela primeira vez em 1934, um ano antes da morte do autor. Surgiu, pois, na mesma época da publicação póstuma de *Mind, Self, Society*.

12. Esse é o ponto de engate do qual se utiliza Tugendhat, 1979, pp. 245 ss.

plano dos controles instintivos e animais, típicos de cada espécie, para o plano de uma intersubjetividade produzida pelas vias da comunicação, condensada num meio configurado por símbolos linguísticos e assegurada mediante uma tradição cultural.

Nos capítulos sobre a constituição social do "si mesmo", Mead desperta a falsa impressão de que a aceitação de atitudes e a correspondente internalização de estruturas de sentido, objetivas, devem ser interpretadas como um mecanismo destinado unicamente à produção de uma subjetividade superior. No entanto, tal mecanismo influencia todo o sistema; suas operações se estendem a *todos* os componentes do sistema de interações, isto é, aos *participantes* dotados de competência interacional, às suas *exteriorizações* e aos *reguladores* que garantem a sobrevivência do sistema de interações. Por conseguinte, se Mead, ao lançar mão do mecanismo de adoção de atitudes, pretende explicar o modo como a interação intermediada por símbolos surge da interação mediada por gestos, tem de mostrar como os controles de gestos passam para a comunicação regulada por sinais linguísticos, como o organismo – que reage a estímulos – chega a adotar os papéis do falante e do destinatário e como os atos comunicativos se distinguem de ações não comunicativas, uma vez que constituem processos em que os agentes se entendem *entre si* e se diferenciam das influências que *uns* exercem *sobre os outros* quando tentam obter determinados efeitos. Não se trata, pois, da simples emergência de uma autorrelação refletida em si mesma ou de uma subjetividade de nível superior, como se pensava à luz do modelo "sujeito – objeto", que Mead pretende superar. Trata-se, isto sim, da emergência de uma forma de vida superior, cuja principal característica consiste numa intersubjetividade ancorada na linguagem, que torna possível o agir comunicativo. Entretanto, existe uma falha nesta análise, porque Mead não distingue nitidamente o nível da interação mediada por símbolos do nível da interação mediada pela linguagem e direcionada por normas. Porém, antes de me deter neste ponto, gostaria de delinear o modo como Mead desenvolve sua teoria do significado levando em conta os três aspectos mencionados.

(2) A ideia básica de Mead é relativamente simples: na interação mediada por gestos, os trejeitos do primeiro organismo adquirem um significado para o segundo, que reage ao gesto; e tal reação comportamental revela o modo como um *interpreta* o gesto do outro. Ora, se o primeiro organismo "adotar a atitude do outro" e conseguir antecipar – mediante a realização do seu gesto – não somente a reação do outro organismo, como também a interpretação que esse outro elabora, o próprio gesto adquirirá *para ele o mesmo* significado que ele tem *para o outro*: "Quando um indivíduo, colocado em determinada situação ou envolvido em determinada ação social, dá a entender a outro indivíduo, através de um gesto, o que este outro deve fazer, ele tem consciência do significado de seu próprio gesto – uma vez que o significado de seu gesto aparece em sua própria experiência – à medida que adota a atitude do segundo indivíduo em relação a esse gesto e tende a responder a ele implicitamente, do mesmo modo como o segundo indivíduo responde a ele explicitamente. Pois os gestos se convertem em símbolos significantes, capazes de provocar implicitamente no ser que os cria as mesmas reações que desencadeiam ou devem desencadear explicitamente noutros."[13] Mead acre-

---

13. Mead, 1969a, p. 86.

dita na possibilidade de explicar a gênese de significados idênticos para dois ou mais participantes de uma interação, ao afirmar que um dos participantes internaliza a relação que se estabelece entre o seu próprio gesto e a reação comportamental do outro. A internalização resultaria do fato de que um adota a atitude pela qual o outro reage ao seu gesto. Se isso fosse verdade, bastaria citar as condições que tornam possível o início da adoção de atitudes, ou seja, o processo de internalização de estruturas de sentido objetivas.

Neste ponto, Mead oscila entre duas considerações distintas. A primeira se apóia no teorema das reações travadas ou retardadas[14]. Devido à interrupção do contato imediato entre estímulo e reação, surge um comportamento inteligente dotado da capacidade de "resolver os problemas do comportamento atual tendo em vista possíveis consequências futuras"[15]. O organismo se detém e toma ciência do que faz no momento em que provoca determinadas reações comportamentais num outro. Ora, Mead não se dá conta de que, ao lançar mão desse teorema para explicar a adoção de atitudes, ele já está pressupondo uma reflexão que, caso ele não queira recair no modelo da filosofia da consciência, teria de ser explicada através do significado que a ação adquire para *outros* participantes da ação.

Por isso, parece mais plausível outra consideração de cunho darwinista segundo a qual a pressão de adaptação que os participantes de interações mais complexas, especialmente as conflituosas, exercem uns sobre os outros premia, no final das contas, as reações mais velozes. E,

---

14. Mead, 1969a, p. 158.
15. Mead, 1969a, p. 140.

neste caso, os participantes da interação que aprendem não somente a interpretar os gestos de um outro à luz das próprias reações instintivas, mas também a entender o significado dos próprios gestos à luz das prováveis reações do outro, encontram-se em franca vantagem[16].

Ademais, Mead acentua as características peculiares de gestos perceptíveis acusticamente. No caso de gestos vocais, é mais fácil, para o organismo que emite os sons, adotar a atitude do outro porque tanto o emissor como o receptor têm condições ótimas para perceber sinais acústicos[17]. Por esse motivo, Mead pensa que o fato de os fonemas, isto é, gestos fônicos, formarem o substrato da comunicação linguística vem confirmar sua ideia segundo a qual a adoção de atitudes constitui um mecanismo importante para o surgimento da linguagem[18].

Não pretendo aprofundar tais indagações empíricas, uma vez que me interesso pela seguinte questão conceitual: será que a ideia meadiana, segundo a qual um dos participantes da interação assume a atitude do outro, consegue reconstruir o surgimento da linguagem de sinais a partir da linguagem de gestos? Ora, se ao adotar essa ideia ele pretende afirmar apenas que um dos participantes assume adiantadamente a atitude com que o outro irá reagir à sua própria, não fica claro o modo como os sinais logomórficos daí resultantes são capazes de produzir gestos fônicos com significado idêntico. Por esse caminho, Mead consegue explicar apenas o surgimento de

---

16. Mead, 1964, p. 131.

17. A. Gehlen, apoiando-se em W. v. Humboldt, sublinha o "caráter duplo da voz, a qual é, ao mesmo tempo, realização motora do instrumento da linguagem e som ouvido, devolvido". Cf. A. Gehlen. *Der Mensch*. Bonn, 1950, p. 144; cf. também pp. 208 s.

18. Cf. Mead, 1969a, pp. 100 ss.; cf. também Mead, 1964, pp. 136 s.

uma estrutura cuja principal característica consiste em que o primeiro organismo se estimula a si mesmo mediante sons próprios e *de modo semelhante* ao que é feito pelo segundo organismo. Visto que, no momento em que o mesmo gesto provoca em ambos uma disposição para o *mesmo* comportamento (suficientemente semelhante), um observador pode constatar em ambos os lados uma interpretação coincidente do estímulo; porém, com isso ainda não se formou um significado idêntico para os participantes: "O fato de um dos dois ter a disposição de fazer o mesmo a que o outro é estimulado não implica que haja algo idêntico, perante o qual eles assumem posição."[19] O fato de ambos interpretarem o *mesmo* estímulo *de modo coincidente* constitui um estado de coisas existente em si mesmo, porém, *não para eles*.

Em certas passagens, Mead interpreta *taking the attitude of the other* como *calling out the response in himself he calls out in another*. Ora, se interpretarmos a *"response"*, no sentido dialógico pleno, como "resposta", e não no sentido behaviorista, como reação a estímulos, será possível atribuir à adoção de atitudes o sentido mais pretensioso de uma internalização de tomadas de posição – em termos de sim ou não – perante enunciados ou imperativos. Esta é a interpretação sugerida por Tugendhat: "A reação do ouvinte, antecipada implicitamente pelo falante, nada mais é, portanto, que sua resposta mediante um 'sim' ou um 'não'... A pessoa que reflete fala consigo mesma em termos de sim/não, para saber como deveria falar com outros, a fim de deliberar sobre o que fazer."[20] Entretanto, mesmo abstraindo do fato de que essa inter-

---

19. Tugendhat, 1979, p. 255.
20. Tugendhat, 1979, p. 256.

pretação violenta o texto[21], ela anularia a força explicativa do mecanismo de adoção de atitudes, que Mead lhe atribui. O diálogo internalizado não pode ser constitutivo para um entendimento através de significados idênticos porque a participação em diálogos reais ou exteriores exige o uso prévio de símbolos linguísticos. Além do mais, para poderem tomar posição afirmativa ou negativa perante proposições e imperativos, os falantes e ouvintes têm de dispor antecipadamente de uma linguagem diferenciada em termos proposicionais. Mead, no entanto, situa a comunicação logomórfica no nível mais profundo de uma linguagem de sinais contendo expressões não diferenciadas do ponto de vista modal. Por esse motivo, a solução do problema tem de ser buscada pelo caminho descoberto por Tugendhat.

A adoção da atitude do outro constitui um mecanismo observável inicialmente na reação comportamental de um outro perante o gesto de um primeiro. A seguir, ele se estende aos demais componentes da interação. A partir do momento em que o primeiro organismo aprendeu a interpretar o próprio gesto do mesmo modo que o outro organismo, ele não pode mais deixar de produzir seu gesto *na expectativa* de que ele venha a ter determinado significado para o segundo organismo. Tal consciência, no entanto, modifica a atitude de um organismo em relação ao outro. Pois este passa a ser visto como um *objeto social* que reage ao próprio gesto não apenas de modo adaptativo, uma vez que ele, através dessa reação comportamental, põe à mostra uma interpretação do próprio gesto; o segundo organismo enfrenta o primeiro como intérprete

---

21. A única passagem que serve de apoio a Tugendhat se encontra em Mead, 1969a, p. 149.

do próprio comportamento, isto é, sob um conceito modificado. Isso faz com que se modifique também a atitude em relação a ele próprio. O primeiro organismo se comporta com relação ao outro como um destinatário que interpreta o gesto que lhe é dirigido de uma certa maneira; isso significa, porém, que ele produz seu gesto com intenção comunicativa. Ora, se supusermos, ainda, que isso vale também para o segundo organismo, surgirá uma situação em que o mecanismo da internalização pode ser aplicado à atitude, na qual ambos os organismos exprimem seus gestos de um modo que não é mais meramente adaptativo, uma vez que eles *endereçam* os gestos *um ao outro*. E a partir do momento em que internalizam tal *atitude, que leva o primeiro a se dirigir ao outro*, aprendem a utilizar os papéis comunicativos do falante e do ouvinte; ou seja, passam a se relacionar entre si como um *ego* que dá a entender algo a um *alter ego*.

Mead não conseguiu estabelecer uma distinção clara entre as duas categorias de atitudes que o primeiro adota do segundo, ou seja, a reação ao próprio gesto e o endereçamento de um gesto a um intérprete. Mesmo assim, encontramos várias formulações que revelam ter ele consciência de ambas: "Ao nos dirigirmos a outra pessoa (*addressing another person*), falamos com nós mesmos e despertamos em nós mesmos a mesma reação produzida na outra (*calling out the response*)."[22] Não obstante, a expressão "*response*" modifica inopinadamente seu significado, tão logo admitimos a operação de adoção de atitudes, seja a simples, seja a ampliada: a partir de então, a reação estimulada se transforma realmente numa "resposta". E surge uma situação na qual "*reagimos* àquilo que

---

22. Mead, 1969a, p. 149.

destinamos a um outro e na qual essa reação se torna parte da própria atitude em que nós, ao mesmo tempo que nos ouvimos a nós mesmos, *respondemos* a nós mesmos e *falamos* com nós mesmos, do mesmo modo como nos dirigimos a outra pessoa"[23]. (O realce em itálico é de minha autoria.)

Já no primeiro ato da adoção de atitudes, os participantes da interação aprendem a internalizar parte da estrutura de sentido, a tal ponto que ambos podem, mediante o mesmo gesto e à proporção que cada um deles pode reagir – implícita ou explicitamente – do mesmo modo, vincular ao mesmo gesto interpretações coincidentes. No segundo ato de adoção de atitudes, eles aprendem o que significa *utilizar* um gesto *com intenção comunicativa* e o que significa estabelecer uma relação recíproca entre *ouvintes e falantes*. A partir de agora, os participantes são capazes de estabelecer uma diferença entre o objeto social – que se apresenta no papel de um falante ou de um ouvinte – e o outro, objeto de influências externas. Paralelamente, eles aprendem a distinguir entre ações comunicativas endereçadas a um *alter* e ações que se orientam pelas consequências ou que produzem algo. Ora, isso constitui um pressuposto para um terceiro tipo de adoção de atitudes, sem o qual os participantes da interação não seriam capazes de formular interpretações que coincidem objetivamente, nem de atribuir ao mesmo gesto significados idênticos.

Para se ter um significado idêntico, é necessário que o *ego* saiba como o *alter* teria de reagir a um gesto significativo; pois não basta manter a expectativa de que o *alter* irá reagir de determinada maneira. Após as duas pri-

---

23. Mead, 1969a, p. 181.

meiras adoções de atitudes, o *ego* pode apenas prognosticar em que sentido o *alter*, caso entenda o sinal, irá agir. Já sabemos que ele é capaz de levar em conta dois aspectos sob os quais o *alter* irá reagir ao gesto: (a) a reação comportamental do *alter* constitui uma ação que visa a um alvo e se orienta pelas consequências; (b) ao mesmo tempo, ela revela o modo como o *alter* interpreta o gesto do *ego*. E, dado que o *ego* já interpretou seu gesto à luz da antecipação da reação comportamental do *alter*, existe de sua parte uma expectativa prognosticadora em relação a (b), a qual pode falhar. Suponhamos que o *ego* venha a externar seu desapontamento ao ser surpreendido por uma reação inesperada do *alter*. Neste caso, sua reação trai o desapontamento perante uma *comunicação malsucedida* e não perante os efeitos indesejáveis oriundos do comportamento do *alter*. Ora, se isso também vale para o caso do *alter*, temos uma terceira situação em que o mecanismo de internalização pode ser aplicado às tomadas de posição recíprocas mediante as quais *ego* e *alter* expressam seu desapontamento diante de mal-entendidos. À proporção que cada um assume em si mesmo a atitude crítica do outro perante a interpretação fracassada de um ato comunicativo, eles criam *regras para a utilização de símbolos*. E a partir de agora eles podem deliberar de antemão se, numa situação dada, pretendem utilizar um gesto revestido de significado (*significant gesture*) de modo que o outro não tenha motivos para uma tomada de posição crítica. Assim, formam-se *convenções de significado* e símbolos que podem ser empregados com significado idêntico.

Mead não elabora com suficiente clareza essa terceira categoria de adoção de atitudes; mesmo assim, ele chega muito próximo dela quando ilustra a emergência de convenções de sentido tomando como exemplo a capacidade criadora demonstrada pelo lírico quando inventa novas palavras: "É tarefa do artista encontrar o modo de expressão capaz de despertar nos outros os mesmos sentimentos. O lírico experimenta a beleza e a excitação emocional, pois, enquanto artista que utiliza palavras, ele procura as palavras que correspondem às suas atitudes emocionais e que irão provocar nos outros as mesmas atitudes do artista... O ponto decisivo para a comunicação consiste no fato de que o símbolo é capaz de produzir num indivíduo a mesma coisa que produz em outro indivíduo. Ele tem de demonstrar a mesma universalidade para cada pessoa que se encontra na mesma situação."[24]

A introdução criativa de novas convenções de significado, apreciativas, num sistema de linguagem diferenciado em termos proposicionais constitui um caso que pouco tem a ver com o surgimento de uma linguagem de sinais. Porém, no aspecto que nos interessa aqui esse caso é instrutivo, uma vez que o poeta, ao procurar novas formulações, extrai suas inovações do material das convenções de significados já existentes. Ele é obrigado a atualizar intuitivamente as presumíveis tomadas de posição de falantes competentes. Caso contrário, existe o risco de que suas invenções sejam tomadas como simples infrações contra o uso convencional da linguagem. Ao mesmo tempo, Mead não consegue obter clareza suficiente sobre a importância da internalização das tomadas de posição de outro com relação à utilização falha de símbolos. Ora, tal lacuna pode ser preenchida pela análise wittgensteiniana do conceito de regra.

(3) O sistema de conceitos fundamentais que permite fazer a distinção entre "atitude" e "eventos" ou "fatos

---

24. Mead, 1969a, pp. 190 s.

observáveis"[25], o qual contém categorias, tais como "disposição comportamental", "reação comportamental" e "estímulo desencadeador do comportamento", foi utilizado inicialmente por Morris, que se apoiou em Mead a fim de desenvolver uma semiótica geral; mais tarde, ele foi empregado no âmbito da teoria da aprendizagem. Valendo-se de princípios behavioristas, Morris introduziu as categorias semióticas de "sinal", "intérprete do sinal", "significado do sinal" etc., as quais permitem descrever a relação estrutural entre intenção e significado de modo objetivista, isto é, sem antecipar a compreensão do comportamento regido por regras[26]. E, para fundamentar tal teoria comportamental da semiótica, Morris apela para seu professor Mead; no entanto, ao tentar concretizar seu intento, ele não consegue atingir a *pointe* da teoria meadiana[27]. Pois Mead interpreta a estrutura de sentido, embutida nos complexos funcionais do comportamento animal, como uma característica de sistemas de interação capaz de assegurar preliminarmente uma comunidade instintiva entre os organismos participantes. A internalização dos padrões de relacionamento regulados objetivamente substitui, aos poucos, a regulação por via dos instintos pela regulação através da comunicação linguística e da tradição cultural. Para Mead, é importante reconstruir, *na perspectiva dos próprios participantes*, a comunidade linguística das relações intersubjetivas que se estabelecem entre os participantes de uma interação. Pois

---

25. D. S. Shwayder, 1965, pp. 21 ss.

26. Ch. Morris. *Foundations of the Theory of Signs*. Int. Found. of the Unity of Sciences, vol. 1, Chicago, 1938; id., *Signs, Language and Behavior*. Nova York, 1946; cf. também Ch. W. Morris. *Pragmatische Semiotik und Handlungstheorie*. Frankfurt/M., 1977.

27. J. Habermas, 1970, pp. 150 ss.

ele não pode se contentar, como Morris, em atribuir a indivíduos singulares interpretações coincidentes do mesmo estímulo comportamental, ou seja, ele não pode se limitar a adscrever aos significados uma constância captada na perspectiva do observador; em suma, ele tem de exigir a *identidade* dos significados. O significado constante do mesmo símbolo tem de ser reconhecível pelos próprios usuários do símbolo. E essa identidade do significado só pode ser garantida mediante a *validade* intersubjetiva *de uma regra*, a qual circunscreve "convencionalmente" o significado de um sinal.

Neste ponto, a passagem da interação intermediada por gestos para a interação mediada por símbolos implica não somente a constituição de um comportamento regido por regras como também um comportamento a ser explicado em termos de uma orientação por convenções de significado. Julgo importante trazer à baila a análise wittgensteiniana do conceito de regra. E meu posicionamento é guiado por dois propósitos: em primeiro lugar, pretendo explicar as relações existentes entre significado idêntico e validade intersubjetiva, isto é, entre a observância da regra e a tomada de posição crítica mediante um sim/não perante transgressões da regra; em segundo lugar, para delinear de modo mais preciso a proposta de Mead a respeito da gênese lógica de convenções de sentido.

No conceito de regra estão presentes os dois momentos típicos de qualquer símbolo simples: significado idêntico e validade intersubjetiva. E o elemento geral constitutivo do significado de uma regra pode ser representado por vários tipos de ações exemplares. As regras determinam o modo como produzimos algo: objetos materiais ou configurações simbólicas tais como números, figuras e palavras (nós nos limitaremos a estes). Levando em conta esse ponto, podemos explicar o sentido de uma regra (construtiva) lançando mão de exemplos. Porém, para conseguir tal intento, não basta ensinar alguém a generalizar indutivamente uma série finita de casos. Pois um aluno somente compreenderá o sentido de uma regra a partir do momento em que conseguir entender que os produtos apresentados, produzidos conforme regras, têm de ser tidos como exemplos de algo que pode ser entrevisto *neles*. E para conseguir isso basta, às vezes, um único exemplo: "Trata-se, pois, das regras que se aplicam ao exemplo, que fazem dele um exemplo."[28] Os objetos ou ações que servem de exemplo não são, por si mesmos, exemplos de uma regra – uma vez que para conseguirmos vislumbrar o geral no particular é necessária a aplicação de uma regra.

Entretanto, assim como é possível elucidar o significado de uma regra a partir de seus exemplos, assim também a própria regra pode servir para esclarecer o significado dos exemplos – uma vez que entendemos o significado de uma determinada ação simbólica, por exemplo de uma figura do jogo de xadrez, quando dominamos a regra para a utilização da figura de xadrez. A compreensão de uma ação simbólica caminha junto com a *competência de seguir uma regra*. Wittgenstein sublinha o fato de que um aluno que se exercita numa determinada série de números terá entendido a regra subjacente a partir do momento em que for capaz de "continuar essa série por conta própria". A expressão "e assim por diante", à qual o professor apela para interromper uma série de números, os quais, por exemplo, foram apresentados para exemplificar uma sé-

---

28. L. Wittgenstein. *Philosophische Gramatik II, Schriften*, vol. 4, Frankfurt/M., 1969, p. 272.

rie geométrica, dá a entender que é possível encontrar muitos outros casos semelhantes que preenchem a regra. E um aluno que aprendeu uma regra tornou-se, ele mesmo, um professor em potencial, graças à sua capacidade geradora, que lhe permite encontrar novos exemplos por conta própria.

O conceito de competência no uso de uma regra não se esgota na capacidade de gerar expressões simbólicas com intenção comunicativa e entendê-las; mesmo assim, ele representa uma chave para a compreensão do nosso problema, uma vez que a capacidade de seguir uma regra pode revelar o que entendemos por identidade de um significado[29].

A "identidade" de um significado se distingue da "identidade" de um objeto, o qual pode ser identificado como sendo o mesmo por vários observadores e mediante descrições distintas. Pois esse ato de identificação de um objeto, sobre o qual certos falantes fazem determinadas afirmações, já pressupõe a compreensão de termos singulares. Significados simbólicos constituem ou fundam a identidade do mesmo modo que as regras, as quais geram a unidade na multiplicidade de suas incorporações exemplares e na variedade de suas diferentes realizações e preenchimentos. Os significados valem como idênticos graças a uma regulamentação convencional. E nesse contexto assume especial importância a observação de Wittgenstein segundo a qual o conceito de regra está entrelaçado com o uso da palavra "igual". Ou seja, para seguir uma regra, um sujeito A tem de seguir a mesma regra mesmo que as condições mudem – caso contrário ele não estará seguindo uma regra. O sentido de "regra" implica a

---

29. Sobre o que se segue, cf. Winch, 1958, pp. 24 ss.

constância e a uniformidade daquilo em que A baseia sua orientação comportamental. E tal constância não deriva de uniformidades contidas no comportamento observável em A. Não obstante, nem toda falta de uniformidade indica a infração de uma regra – uma vez que a constatação de um desvio da regra implica a existência dela. E um comportamento não-uniforme só pode ser caracterizado como falta ou como violação de uma regra a partir do momento em que se tem conhecimento de uma regra subjacente. Por conseguinte, a identidade da uma regra não pode ser reduzida a regularidades empíricas. Ela depende da validade intersubjetiva, isto é, da circunstância de que: a) os sujeitos que orientam seu comportamento por regras podem se desviar delas; e b) podem criticar seu comportamento desviante como infração de uma regra.

Neste ponto, convém lembrar o famoso argumento de Wittgenstein segundo o qual é impossível para um sujeito seguir uma regra feita somente para ele: "*Crer* que se segue uma regra não é: seguir (realmente) a regra. Por conseguinte, não podemos seguir uma regra *privatim*, pois, caso contrário, crer que se segue uma regra seria o mesmo que: seguir a regra."[30] O ponto mais interessante dessa consideração consiste no fato de que A não pode ter certeza de estar seguindo realmente uma regra se não se encontra numa situação em que ele possa expor seu comportamento a uma crítica de B, em princípio suscetível de consenso. Wittgenstein pretende mostrar que existe um nexo sistemático entre a identidade e a validade de regras. Seguir uma regra significa seguir a mesma regra em *cada* caso particular. A identidade da regra na variedade

---

30. Wittgenstein. *Philosophische Untersuchungen, Schriften*, vol. 1, 1960, p. 382.

de suas realizações não repousa em invariantes observáveis, mas na intersubjetividade de sua validade. E, dado que as regras valem de modo contrafático, existe a possibilidade de criticar o comportamento regido por regras e de avaliá-lo como bem-sucedido ou faltoso. Pressupõem-se aqui *dois papéis diferentes* para os participantes A e B: A possui a competência de *seguir uma regra* à medida que ele evita sistematicamente erros. E B possui a competência de *julgar* o comportamento, conforme à regra, de A. Ora, a competência de julgar, atribuída a B, pressupõe por seu turno a competência de seguir uma regra, visto que B só pode empreender o exame exigido se A é capaz de cometer uma infração ou, caso seja necessário, consiga chegar a um acordo sobre a *correta* aplicação da regra. Neste caso, B assume o papel de A e lhe faz ver o que fez de errado. E aqui A assume o papel de um avaliador, que também deve ser capaz de justificar seu comportamento inicial, convencendo B da aplicação incorreta de uma regra. Sem essa possibilidade da crítica recíproca, e do esclarecimento recíproco, capaz de levar a um consenso, não seria possível assegurar a identidade das regras. Por conseguinte, para que um sujeito possa seguir uma regra, isto é, a mesma regra, esta tem de ter validade para pelo menos dois sujeitos.

O conceito wittgensteiniano "seguir uma regra" pode demonstrar que a identidade de significados deriva da capacidade de seguir regras que valem intersubjetivamente; e, nesse contexto, ambos os sujeitos têm de dispor da competência não somente de seguir uma regra, mas também da competência de avaliar criticamente esse comportamento. A tal ponto que um sujeito solitário que dispusesse apenas de uma dessas competências não conseguiria formar o conceito de regra nem aplicar símbolos com significado idêntico. Quando analisamos a "validade intersubjetiva" de uma regra desse modo, topamos com dois tipos de expectativas: a) a expectativa de B, segundo a qual A tem intenção de realizar uma ação como decorrência da aplicação de uma regra; b) a expectativa de A, segundo a qual B deve reconhecer ou ter como válida sua ação enquanto preenchimento da regra. Suponhamos que A é um aluno e B um professor, ambos possuidores da competência de seguir e de julgar uma regra; R é uma regra; m, n, q... representam manifestações simbólicas que podem valer em determinado contexto como casos de R; EC é a expectativa de comportamento do professor fundada através de R, de tal modo que q(R), por exemplo, representa um preenchimento de EC. E suponhamos, finalmente, que J é um juízo segundo o qual uma determinada ação pode ser identificada como q(R), isto é, como preenchimento de EC. EJ será a correspondente expectativa de reconhecimento, de tal modo que A, caso enuncie q com a expectativa (EJ), estará levantando uma pretensão, que pode ser reconhecida por B mediante J. EC e EJ simbolizam os dois tipos de expectativas de reconhecimento e de comportamento cuja distinção é importante para mim. A partir de agora é possível apresentar as condições a serem preenchidas para que R possa valer intersubjetivamente para A e para B, ou seja, para que tenha o mesmo significado – levando em conta nossa pressuposição, isto é, a de que A e B dispõem da competência de seguir e de julgar uma regra. O fato de A aplicar a regra R em determinado contexto significa:

(1) que A produz q(R);
(2) com a intenção de satisfazer a expectativa EC(q), de B, em determinado contexto;
(3) e, à medida que ele espera (EJqR), significa que B deve reconhecer, no contexto dado, que q cons-

titui um preenchimento de sua expectativa de comportamento;

(4) que A pressupõe (1') que B está em condições de produzir q'(R), caso se torne necessário,

(5) à medida que ele (2') satisfaz a EC(q'), em determinado contexto;

(6) que A pressupõe, além disso, que (3') B alimentará neste caso a expectativa EJ(q'R) de que q' será reconhecido por A como preenchimento de sua própria expectativa de comportamento EC(q').

A tem de preencher tais condições, caso pretenda produzir uma manifestação compreensível do tipo q(R). Do mesmo modo, B tem de satisfazer aos pressupostos (4) a (6) de A, bem como preencher ou não preencher a expectativa EJ(qR'), dizendo "sim" ou "não". Tal sequência pode ser repetida *ad libitum,* até que um dos participantes consiga preencher a expectativa de reconhecimento do outro e ambos consigam chegar a um consenso fundado em tomadas de posição críticas, além de estarem seguros de que R tem para eles um valor intersubjetivo, isto é, um significado idêntico.

Nessa reconstrução, tomamos como ponto de partida a idéia de que tanto A como B acreditam conhecer o significado de R. Professor e aluno já sabem o que significa seguir *uma* regra; eles apenas querem se certificar de realmente saberem o que significa seguir uma regra. Este caso se distingue daquele em que um professor ensina a um aluno o próprio *conceito de regra*. Aqui não pretendo abordar tal aspecto, uma vez que me concentro no caso extremo da gênese da consciência de regras em *ambas* as partes, que é o ponto pelo qual Mead se interessa.

Recapitulei a análise wittgensteiniana do conceito "seguir uma regra" a fim de aplicar os resultados ao uso comunicativo de símbolos. Até aqui, "q" representava um objeto simbólico qualquer produzido conforme uma regra. No que se segue, limito-me à classe de objetos simbólicos que designamos como "gestos" ou "sinais significantes", que coordenam o comportamento teleológico de participantes da interação.

No âmbito de um símbolo simples, como é o caso do nosso exemplo anterior, quando o membro A de determinada tribo emite o grito: "ataque!", ele espera de seus companheiros B, C, D..., os quais se encontram ao alcance da sua voz, que venham ajudá-lo, porque supõe que sua manifestação q_1, ainda que não diferenciada do ponto de vista modal, pode ser entendida por eles como um pedido de ajuda numa situação em que aquele que grita descobriu inimigos, assustou-se com o perigo iminente e deseja uma defesa contra os agressores. Pressuponho que tal situação preenche certas condições, sob as quais q_1 pode ser utilizado no sentido de um pedido de ajuda. Uma regra correspondente determina o significado de q_1, de tal modo que os destinatários possam julgar se a expressão "ataque!" é empregada corretamente num dado contexto; ou se aquele que clamou por ajuda não fez mais que uma brincadeira, cometendo, pois, um erro sistemático, levado pela intenção de assustar seus companheiros no momento em que se aproximavam vizinhos conhecidos; ou se A talvez nem saiba como essa expressão simbólica é utilizada no interior da comunidade linguística, por não ter aprendido o significado convencional da palavra. Esse exemplo é, sob certos aspectos, mais complexo e intrincado que o do professor que pretende avaliar se um aluno entendeu ou não a regra para a construção de uma determinada série de números. Tal complexidade poderá, no entanto, ser útil do ponto de vista genético se levarmos em conta a situação em que A emprega a mesma expressão simbólica, mesmo sem poder se apoiar numa determinação *convencional* de seu significado: "qo" ainda não possui um significado idêntico para os participantes da interação. De outro lado, a estrutura da interpretação já deve apresentar todas as características que Mead introduz ao descrever os participantes da interação, os quais podem adotar uma *dupla* atitude, uma vez que possuem a capacidade de interpretar um gesto de modo *consensual* e de utilizar gestos fônicos *com intenção comunicativa*.

De acordo com nosso pressuposto, A não produz "qo" com a intenção de seguir uma regra ou na expectativa de que seus ouvintes B, C, D... reconheçam "qo" como uma manifestação conforme a regras. Todavia, A pode endereçar "qo" a seus ouvintes na expectativa de que eles: (a) irão reagir com a intenção de prestar socorro; (b) ao reagirem desse modo, estarão exprimindo que eles interpretam "qo" como grito de socorro numa situação em que A se vê confrontado inopinadamente com inimigos, se assusta perante o perigo iminente e deseja socorro.

No entanto, as expectativas de comportamento, que A deposita em "qo", têm um sentido prenunciador, o de que B, C, D... *irão* se comportar de certa maneira; elas se distinguem, pois, de EC(q) e de EJ(qR), uma vez que ainda não possuem o componente de um significado convencional. As expectativas de A podem ser frustradas, não por um comportamento *incorreto*, mas pela não-realização do comportamento *prenunciado*.

É bom recordar o modo como Mead reconstruiu tais expectativas não convencionais de comportamento: (a) A antecipa o comportamento (prestação de auxílio) de B, tão logo ele aprende a adotar a atitude em que B reage ao gesto de A; (b) A antecipa a interpretação que B revela ao reagir ao gesto de A (pedido de socorro numa situação), a partir do momento em que aprende a assumir a atitude adotada por B para endereçar gestos a A, tidos como algo interpretável. É preciso perguntar, no entanto, de que tipo é a atitude de B, que deve ser adotada por A para adquirir uma consciência de regras e começar a produzir "q" de acordo com uma regra.

Suponhamos que uma manifestação "qo" de A não encontre eco, ou seja, que B, C, D... não venham correndo em auxílio. O socorro que deixa de ocorrer constitui uma circunstância que desengana diretamente as expectativas de comportamento (a) de A. Ora, tal fato pode ter causas triviais, como por exemplo: os companheiros se encontram fora do alcance da voz; o grito atinge apenas as crianças, os velhos e doentes; os homens vão correndo buscar as armas, porém caem numa emboscada do inimigo etc. Na ausência dessas circunstâncias, não se pode dizer que o socorro *não chegou*, mas que B, C, D... *falharam* na prestação de socorro. A construção de Mead não admite que essa negativa possa ser entendida como uma recusa deliberada de um imperativo, pois tudo ainda se desenvolve no nível pré-simbólico de uma interação que transcorre segundo o esquema estímulo-reação, na base de um repertório de comportamentos típicos de determinada espécie. Portanto, a *negação* de uma prestação de socorro só pode ser entendida no sentido de uma situação em que a expectativa de comportamento (b) de A é fraudada: B, C, D... *não interpretaram* "qo" *no sentido esperado*. A explicação disso pode ser encontrada em causas triviais, porém serão sempre causas que não se situam no mesmo nível que as do primeiro caso. A pode ter-se enganado sobre circunstâncias relevantes da situação, as quais formam o contexto no qual "qo" é *regularmente* interpretado como grito de socorro. Por exemplo, A pode ter confundido os membros da tribo amiga com inimigos, interpretado seus gestos de saudação como gestos de ataque etc. O fato de B, C, D... frustrarem a expectativa de comportamento (b) de A revela que houve um fracasso na comunicação, provocado por A. E os ouvintes reagem a esse fracasso com a não-aceitação, isto é, negando seu auxílio. O passo decisivo consiste então em que *A internaliza essa reação de recusa por parte de B, C, D... na base de um uso deslocado de "qo"*.

Quando A aprende a assumir perante si mesmo os posicionamentos negativos de B, C, D... (e quando B, C, D... são capazes de absorver, por seu turno e da mesma maneira, desenganos semelhantes), os membros dessa tribo aprendem a endereçar chamados uns aos outros, *antecipando tomadas de posição críticas* em casos nos quais o emprego de "qo" não é adequado ao contexto. Ora, na base dessa antecipação podem se formar expectativas de um novo tipo, isto é, expectativas de comportamento (c) que se apoiam na convenção segundo a qual o gesto fônico só pode ser entendido no sentido de "q" se exteriorizado sob determinadas condições do contexto. Com isso, é atingido o nível de uma interação na qual o emprego dos símbolos é determinado por convenções de significado. Os participantes da interação produzem exteriorizações simbólicas regidas por regras, portanto com a expectativa implícita de que possam ser reconhecidas por outros como exteriorização conforme a regras.

Wittgenstein destacou o nexo interno que liga a capacidade de seguir uma regra à capacidade de tomar posição mediante um "sim" ou um "não", ao discutir a seguinte questão: será que o símbolo é empregado corretamente, isto é, em conformidade com a regra? No sentido de uma gênese lógica, as duas competências são constitutivas para uma consciência de regras, uma vez que são cooriginárias. Quando se explica a tese de Mead pelo caminho que acabo de indicar, ela pode ser entendida como uma explicação genética do conceito wittgensteiniano de regra, especialmente das regras para utilização de símbolos, as quais determinam convencionalmente significados e, com isso, a identidade dos significados[31].

(4) A descrição do *locus* onde têm lugar interações viabilizadas por símbolos é vaga; a passagem da interação gestual para a interação simbólica deve assinalar o limiar da hominização; tudo indica que os primitivos sistemas de gritos foram criados na fase da hominização, portanto antes do surgimento do *Homo sapiens*. Também há indícios de que os gestos significantes no sentido de Mead, ou seja, exteriorizações traduzidas na linguagem dos sinais, foram utilizados espontaneamente em sociedades de primatas. Porém, tão logo as interações passaram a ser regidas por símbolos com significado idêntico, deve ter havido uma modificação nos sistemas de *status* difundidos nas sociedades de animais vertebrados. Não posso aprofundar essas questões empíricas[32]. Para nossas considerações teóricas, é importante o fato de que o conceito "interação mediada por símbolos", de Mead, apenas explica o modo como o entendimento por meio de significados idênticos se torna possível – não o modo como um sis-

---

31. Sob esse ponto de vista, Mead reinterpreta a explicação wittgensteiniana do conceito de regra, uma vez que o conceito de regra, desenvolvido por Wittgenstein, vale inicialmente para convenções de significado, não para normas de ação. Cf. vol. 1, p. 185, nota 159.

32. Cf. E. W. Count. *Das Biogramm*. Frankfurt/M., 1970; E. Morin, *Das Rätsel des Humanen*, Munique, 1973.

tema linguístico diferenciado pode substituir os reguladores comportamentais mais antigos que nascem junto com cada espécie.

Seguimos Mead até o ponto em que ele conferiu aos participantes da comunicação a capacidade de trocar sinais com intenção comunicativa. Ora, a linguagem de sinais modifica igualmente o mecanismo coordenador do comportamento – uma vez que os sinais não podem mais funcionar do mesmo modo que os gestos, ou seja, como desencadeadores que fazem o organismo "disparar" em virtude de disposições comportamentais e de apelos a esquemas de comportamento. Podemos imaginar que o uso comunicativo de sinais com significado idêntico retroage sobre a estrutura dos instintos e dos modos de comportamento dos organismos participantes. Entretanto, a introdução de um novo meio de comunicação, à qual se limitam as considerações teóricas de Mead, não consegue cobrir logomorficamente *todos* os componentes da estrutura da interação. Uma linguagem de sinais não consegue ir além dos impulsos e do estoque de comportamentos. E, enquanto os fundamentos motivacionais e o repertório de modos de comportamento não forem reestruturados simbolicamente, a coordenação da ação continuará embutida numa regulação de comportamentos que funciona em nível pré-linguístico, o que faz com que ela continue sendo, em última instância, uma regulação apoiada em resíduos instintivos.

Até aqui tomamos como exemplo, para interações mediadas simbolicamente, manifestações que comportam um único termo. E desenvolvemos essa descrição na linha de um sistema lingüístico diferenciado. No entanto, interações mediadas por símbolos não exigem necessariamente uma organização sintática *elaborada* nem uma transformação *completa* dos sinais em convenções. Ao passo que os sistemas linguísticos têm como característica principal uma gramática, que permite o estabelecimento de relações complexas entre símbolos; e os conteúdos semânticos se desprendem do substrato dos significados naturais, a tal ponto que as formas fônicas e os sinais podem variar independentemente das características semânticas. Mead não separou nitidamente o nível da interação através de símbolos do nível superior *da comunicação* mediada por uma linguagem diferenciada; mesmo assim, ele a distingue de outro tipo de *interação* situado num nível mais organizado em que constata um agir mediante papéis. Isso quer dizer que Mead passa abruptamente do *agir mediado por símbolos* para o *agir regulado por normas*. Ele se interessa pela construção complementar do mundo subjetivo e do mundo social, como também pela gênese do si mesmo e da sociedade, a partir dos contextos de uma interação mediada pela linguagem e regida por normas. Isso significa que ele acompanha o desenvolvimento da interação simbólica apenas na linha que desemboca no *agir* regulado por normas, descuidando da linha que leva a uma *comunicação* linguística diferenciada em termos proposicionais.

É possível sanar tal dificuldade lançando mão de uma distinção mais acurada entre três aspectos da linguagem, pois ela pode ser tida, ao mesmo tempo, como: *meio do entendimento, meio da coordenação da ação* e *meio da socialização dos indivíduos*. Conforme vimos, Mead considerou a passagem da interação mediada por gestos apenas sob o aspecto da comunicação; por este caminho ele demonstra que os símbolos surgem de gestos e que os significados naturais se transformam em convenções de significado, isto é, significados válidos intersubjetivamente. Nesse ponto, impõe-se uma reestruturação conceitual das relações entre os participantes da interação, uma vez que estes se defrontam com objetos sociais nos papéis comunicativos de falantes e de ouvintes, aprendendo a distinguir entre atos de entendimento e ações orientadas por consequências. A estrutura de socialização continua, certamente, coincidindo com a nova estrutura do entendimento, viabilizada pelos símbolos. Entretanto, isso já não acontece no desenvolvimento ulterior; ora, Mead não leva isso na devida conta. Por esse motivo, após a reconstrução da linguagem de sinais, ele se limita a tratar de certos aspectos da coordenação da ação e da socialização, ficando restrito ao processo de formação que corre pelo canal da linguagem do qual resultam, de modo cooriginário, a identidade social, os organismos socializados e as instituições sociais: "Uma pessoa adquire personalidade a partir do momento em que pertence a uma comunidade e assume em seu próprio comportamento as instituições dessa sociedade. Pois ela adota a linguagem dessa sociedade como um meio que lhe permite desenvolver sua personalidade. Graças à linguagem, ela consegue captar as atitudes e os diferentes papéis desempenhados pelos demais membros. Isso constitui, em certo sentido, a estrutura da personalidade humana. Existem reações comuns que todo indivíduo manifesta quando enfrenta certas ações concretas. E à proporção que exerce influência noutras pessoas está desenvolvendo sua própria identidade. Por conseguinte, a estrutura da identidade tem a ver com uma relação comum a todos, uma vez que, para possuir uma identidade, temos de ser membros de uma comunidade."[33] Nesse ponto, Mead considera a socialização de um ân-

---

33. Mead, 1969a, pp. 204 s.

gulo ontogenético: ela aparece como a constituição do si mesmo mediante a linguagem; e ele volta a explicar tal construção do mundo interno tomando como base o mecanismo da adoção de atitudes. Porém, agora *ego* já não assume as reações do comportamento do *alter*, e sim suas expectativas de comportamento já normadas.

Para pensar a formação de identidades e o surgimento de instituições, temos de supor que o contexto não linguístico das disposições comportamentais e o esquema de comportamento já estão de certa forma impregnados pela linguagem, isto é, estruturados simbolicamente. Enquanto até esse momento apenas os instrumentos do entendimento tinham sido reelaborados em termos de sinais e signos com significados determinados por convenções, o simbolismo no nível do agir direcionado por normas perpassa também as motivações e o repertório de comportamentos; ele cria simultaneamente orientações subjetivas e sistemas de orientação suprassubjetivos, indivíduos socializados e instituições sociais. E nisso a linguagem funciona como meio não do entendimento e da transmissão do saber cultural, mas da socialização e da integração social. Estas se realizam mediante atos de entendimento, é verdade, porém não se sedimentam num saber cultural, e sim nas estruturas simbólicas do si mesmo e da sociedade, em competências e padrões de relacionamento.

"Self" e *"Society"* são os títulos que Mead escolhe para tratar da estrutura complementar do mundo social e do mundo subjetivo. E ele toma como ponto de partida a ideia de que tais processos só podem ter início quando é atingido o nível da interação mediada por símbolos e quando o emprego de símbolos com significado idêntico se torna viável. Porém, ele não leva em consideração que os instrumentos do entendimento também são atingidos por

esse processo. A linguagem mediante sinais se transforma na fala gramatical, à medida que o meio do entendimento se desliga, seja do si mesmo (*Self*) dos participantes da interação, simbolicamente estruturado, seja da sociedade condensada em realidade normativa.

A fim de ilustrar esse ponto, retomo o exemplo do pedido de socorro, introduzindo duas modificações. Desta vez os participantes dispõem de uma linguagem comum dotada de uma estrutura proposicional; além disso, existe uma diferença de *status* entre A e os demais membros da tribo B, C, D..., uma vez que A desempenha o papel social de chefe da tribo. Agora, quando A grita "ataque!", tal manifestação simbólica "q" vale como um ato comunicativo, mediante o qual A se movimenta no âmbito do seu papel social. Ao exteriorizar "q", A atualiza a expectativa normativa, segundo a qual os membros da tribo que se encontram ao alcance de sua voz irão obedecer à sua ordem de prestar socorro realizando certas ações determinadas socialmente. A manifestação do cacique, coerente com seu papel, como também as ações dos membros da tribo, conformes aos seus papéis, desencadeiam um *conjunto de interações reguladas por uma norma*. E os participantes capazes de realizar atos de fala explícitos irão entender "q" como uma manifestação elíptica que poderia ser expandida, a ponto de os ouvintes poderem entendê-la de forma alternativa:

(1) como uma constatação de que repentinamente surgiram inimigos; ou
(2) como expressão do medo do falante perante um perigo ameaçador; ou
(3) como ordem do falante a seus ouvintes para prestar socorro.

E os participantes sabem que

(4) A, mediante seu *status*, está autorizado a, ou melhor, *tem o direito* de fazer tal exigência e
(5) B, C, D... *têm obrigação de* prestar socorro.

A exteriorização "q" pode ser entendida no sentido de (1) porque se supõe que os participantes sabem o que significa fazer uma afirmação. Além disso, "q" também pode ser entendida no sentido de (3) pelas razões apresentadas em (4) e (5), a partir do momento em que os participantes sabem o que significa seguir uma *norma de ação*. Finalmente, como ainda veremos, "q" somente poderá ser interpretado no sentido de (2) se (4) e (5) estiverem em vigor, porque o mundo subjetivo ao qual o falante se refere quando lança mão de uma exteriorização expressiva só poderá ser constituído à medida que sua identidade se formar em meio a um mundo de relações interpessoais legitimamente reguladas.

Se submetermos esse exemplo de ação comunicativa, embutida num contexto normativo, a uma análise semelhante à da interação mediada por símbolos – na qual os participantes ainda não são capazes de decompor os símbolos empregados em seus componentes modais –, aparecerão diferenças nítidas não somente no grau de complexidade, mas também no *tipo de colocação de tarefas*. Até agora nos detivemos na passagem da comunicação mediante gestos para uma linguagem (simbólica) e na questão que envolve as condições de um emprego de símbolos com significado idêntico; impõe-se agora a análise da passagem do modo instintivo e pré-linguístico de controle da interação para um modo de controle dependente da linguagem, vinculado culturalmente, a fim de explicar o novo mecanismo de coordenação da ação. Dois caminhos permitem enfrentar tal questão: o caminho de uma teoria da comunicação, uma vez que, no agir comunicativo, o entendimento por meio da linguagem passa a ser o principal mecanismo de coordenação da ação; ou o caminho escolhido por Mead, que consiste numa teoria social ou sociopsicológica.

Sob pontos de vista de uma teoria da comunicação, o problema se coloca da seguinte maneira: de que modo uma oferta de atos de fala por parte do *ego* pode vincular o *alter*, de tal modo que as ações do *alter* sejam ligadas, sem conflito, às ações do *ego*, passando a constituir um complexo cooperativo? O exemplo do pedido de socorro permite esclarecer que as ações de A, B, C, D... podem ser coordenadas pelas tomadas de posição (mesmo que implícitas) dos destinatários da manifestação de um falante. No entanto, para ter o efeito de um vínculo ilocucionário, tal manifestação tem de permitir tomadas de posição que não são meras reações arbitrárias a manifestações da vontade de um falante. Nesse sentido, seriam arbitrários, por exemplo, os posicionamentos perante exigências ou imperativos não normados. Entretanto, no nosso exemplo, o pedido de socorro, "q", possibilita tomadas de posição perante pretensões de validade criticáveis. Pois um ouvinte pode questionar tal manifestação em três dimensões distintas, uma vez que ela pode ser tomada como uma constatação, como uma expressão de sentimentos ou como uma ordem. Por isso, é possível questionar, respectivamente, sua verdade, sua veracidade ou sua legitimidade. No agir comunicativo se encontram à disposição, como foi dito mais acima, três modos fundamentais. Para todos eles vale, no entanto, aquilo que é facilmente apreensível no modo assertórico: as ofertas contidas nos atos de fala extraem sua força de ligação da relação interna entre argumentos e pretensões de validade. E, dado que, sob pressupostos do agir orientado pelo entendimento, as pretensões de validade não podem ser aceitas ou rejeitadas sem uma razão, as tomadas de posição do *alter* perante a oferta do *ego* contêm *um momento de intelecção*, que as libera da esfera do simples arbítrio, do condicionamento ou da adaptação – pelo menos é assim que os participantes veem as coisas. Enquanto eles levantam, mediante seus atos de fala, pretensões à validade daquilo que é emitido, eles alimentam a expectativa de estarem buscando um consenso racionalmente motivado que lhes permita coordenar seus planos e suas ações, sem a necessidade de lançar mão de coações para influir nos motivos concretos do outro ou de apoiar-se na perspectiva de recompensas, como é o caso dos imperativos simples. A diferenciação dos modos fundamentais propicia ao meio lingüístico do entendimento a força capaz de *vincular* a vontade de atores responsáveis por seus atos. O *ego* pode utilizar a força ilocucionária sobre o *alter*, caso ambos estejam em condições de orientar seu agir por pretensões de validade.

As pretensões de validade que seguem a veracidade subjetiva e a correção normativa, por serem análogas à verdade, ampliam os efeitos vinculantes dos atos de fala, estendendo-os para além do campo das convicções de conteúdo descritivo, circunscrito pelas manifestações suscetíveis de verdade. Pressupõe-se que os participantes da comunicação, ao emitir proposições existenciais ou normativas, podem se referir a algo num mundo subjetivo ou em seu mundo social comum, de modo análogo ao que acontece com os atos de fala constatativos, mediante os quais se referem a algo no mundo objetivo. Afinal, a linguagem só pode funcionar como mecanismo de coordenação quando esses mundos se constituem e se diferenciam, ao menos em princípio. Essa pode ter sido a razão que levou Mead a se interessar pela gênese desses mundos. Ele analisa, de um lado, a constituição de um mundo de objetos perceptíveis e manipuláveis; de outro, o surgimento de normas e identidades. E nesse trabalho concentra-se na linguagem como meio de coordenação da ação e da socialização. Porém, negligencia a linguagem como meio do entendimento. Além disso, ele substitui a interpretação filogenética pela ontogenética; simplifica a tarefa de reconstrução da passagem da interação mediada simbolicamente para a interação regida por normas, ao pressupor como já preenchidas as condições para uma interação civilizadora entre pais e filhos. Mais abaixo, esboçarei as linhas gerais de um quadro que permite solucionar essa tarefa de reconstrução filogenética. Não obstante, convém lembrar, já neste ponto, que ele implica a adoção da teoria de Durkheim sobre a solidariedade social. E, partir daí, torna-se possível elaborar o ponto de partida para uma racionalização comunicativa que brota do agir regulado por normas.

(5) Na obra de Mead, as três raízes pré-lingüísticas da força ilocucionária dos atos de fala recebem um tratamento desigual. Ao demonstrar que a criança se apropria reconstrutivamente do mundo social em que ela nasce e cresce, Mead revela que seu interesse maior tem a ver com a explicação da estrutura do agir segundo papéis. Ora, a delimitação de um mundo subjetivo acontece numa relação complementar com o mundo social; pois a criança forma sua identidade à medida que consegue obter a qualificação que lhe permite participar de interações regidas por normas. Portanto, os conceitos de *papel social* e de *identidade* reaparecem no centro da análise. Já a diferenciação de um mundo de coisas só é considerada acidentalmente, no horizonte da interação social. Além disso, o

enfoque metódico adotado por Mead para abordar os problemas de *percepção de coisas* vai mais na linha da psicologia e não tanto na linha de uma reconstrução conceitual.

a) Proposição e percepção das coisas. Conforme vimos, um sinal continua referido, em todos os seus componentes de significado, ao fato de que o *ego* espera do *alter* um determinado comportamento. E tal complexo de significados, indiferenciado do ponto de vista modal, é rompido quando o falante aprende a utilizar proposições. A estrutura de proposições predicativas simples permite inferir que o falante articula estados de coisas transformando-os em objetos identificáveis e em propriedades predicativas, as quais ele pode negar ou atribuir a esses objetos. Além disso, ao lançar mão de termos singulares, ele se refere a objetos que se encontram espacial e temporalmente longe da situação de fala, a fim de reproduzir estados de coisas independentemente do contexto, eventualmente em modalizações ônticas e temporais. Tugendhat analisou os meios que tornam possível um uso da linguagem capaz de transcender a situação, mesmo estando circunscrita por ela[34]. A capacidade de dispor de termos singulares libera, de certo modo, os atos de fala da rede imperativa composta pelas interações reguladas de modo extralingüístico. A semântica formal atribui prioridade a dois tipos de proposições que pressupõem um conceito de mundo objetivo tido como a totalidade dos estados de coisas existentes: proposições categóricas e proposições intencionais. Ora, esses dois tipos de proposições podem ser empregados de modo monológico, isto é, sem a intenção comunicativa; pois ambos exprimem a organização lingüística da experiência e do agir de um sujeito que se re-

---

34. Tugendhat, 1976.

fere a algo no mundo assumindo um enfoque objetivador. Proposições assertóricas exprimem a opinião do falante, segundo a qual algo é o caso; ao passo que proposições intencionais exprimem a intenção do falante de realizar uma ação, a fim de que algo venha a ser o caso. Proposições assertóricas podem ser verdadeiras ou falsas; e, na base dessa relação com a verdade, também podemos dizer que elas manifestam um conhecimento do falante. Já a relação com a verdade das proposições intencionais depende da exequibilidade e da eficiência da ação intencionada. E tais ações teleológicas podem ser reconstruídas na forma de proposições intencionais que o agente poderia ter endereçado a si mesmo. Afinal, ao utilizar proposições intencionais, nós expressamos o propósito de realizar uma ação.

Porém, mesmo que não tenha dado atenção especial à *estrutura* proposicional *da linguagem*, Mead analisou a estrutura cognitiva da experiência que está na base da formação de proposições, seguindo a linha da psicologia da percepção. Nesse trabalho, ele segue, de um lado, a conhecida doutrina pragmatista, segundo a qual os esquemas para a percepção de objetos permanentes se formam num jogo entre olho e mão, que tem lugar quando experimentamos obstáculos no manuseio de objetos físicos: "A ação biológica primordial se caracteriza pelo fato de transcorrer normalmente até chegar à sua conclusão; não há nela, ao menos nas espécies inferiores, um mundo de percepção de coisas físicas. É um mundo de estímulos e reações, um mundo minkowskiano. As coisas físicas são coisas instrumentais, encontrando sua realidade de percepção em experiências de manipulação que culminam no *télos* da ação. Elas carregam consigo os bloqueios da ação e um campo que é irrelevante para o decurso (da ação), no interior do qual podem ocorrer formas alternativas de preenchimento da ação. A ação precede o surgimento das coisas..."[35]

No entanto, Mead concede um grande destaque ao "caráter social da percepção". Ele desenvolve uma teoria da dessocialização progressiva do trato com os objetos físicos, que nos aparecem inicialmente *como* objetos sociais. Mead interpreta a experiência da resistência oferecida por objetos manipuláveis lançando mão do modelo da assunção de atitudes de um *alter ego*: "A relação entre campo de percepção e organismo em perspectiva é social, ou seja, no organismo é provocada a reação ao objeto, a qual tende a desencadear a ação do organismo. À proporção que o organismo adota tal atitude do objeto, por exemplo a atitude da oposição, ele está no caminho que provocará suas ulteriores reações ao objeto, transformando-se assim, ele mesmo, num objeto."[36] No tratado sobre o *Self* e sobre o processo da reflexão, Mead desenvolve a ideia fundamental de sua teoria nos seguintes termos: "Reagindo socialmente às pessoas que a cercam, a criança encontra soluções próprias para problemas, os quais, do nosso ponto de vista, são de natureza meramente física, tais como, por exemplo, a locomoção, o movimento de coisas etc. E isso não se deve apenas ao fato de que durante as fases iniciais da infância ela dependia da ajuda de seus familiares. Ao contrário, resulta de que seu primeiro processo de reflexão, que constitui um processo da orientação por gestos vocais, acontece no âmbito de um processo social cooperativo. Pois no início o homem pensa exclusivamente em termos de conceitos sociais. Como já acen-

---

35. Mead, 1969c, p. 139.
36. Mead, 1969c, p. 144.

tuei, isso não significa que a natureza e os objetos naturais sejam personalizados, mas que as reações da criança à natureza e a seus objetos constituem reações sociais, as quais pressupõem que as ações de objetos naturais não passam de reações sociais. Em outras palavras, ao agir reflexivamente em relação a seu entorno físico, a criança age como se estivesse sendo estimulada ou impedida por ele, e suas reações vêm acompanhadas de ira ou satisfação. Essa atitude deixa vestígios explícitos em nossas experiências mais complexas. Ela se mostra de modo mais claro na relutância que sentimos em aceitar a total falta de valor de certos objetos inanimados, em nossa predileção por objetos familiares que fazem parte do uso cotidiano e na atitude estética perante a natureza, fonte de toda a lírica natural."[37]

Entretanto, Mead não introduziu essa perspectiva teórica em sua pesquisa experimental[38]. Mesmo assim, ela pode ser comprovada especialmente no momento em que se tentou combinar os trabalhos de Piaget sobre o desenvolvimento da inteligência do bebê com princípios da teoria da socialização – o que de modo algum se opõe ao *primeiro* Piaget, inspirado em Baldwin e Durkheim[39].

---

37. Mead, 1969a, p. 428.
38. Joas, 1980, cap. 7, pp. 143 ss.
39. Esse ponto é sublinhado por Oevermann. "Programatische Überlegungen zu einer Theorie der Bildungsprozesse", in Hurrelmann, 1976, pp. 134 ss. Cf. os trabalhos que se inspiram em Oevermann: M. Miller. *Zur Logik der frühkindlichen Sprachentwicklung*. Stuttgart, 1976; W. van de Voort. *Die Bedeutung der sozialen Interaktion für die Entwicklung der kognitiven Strukturen*. Tese de doutorado em filosofia. Frankfurt/M., 1977; H. Chr. Harten. *Der vernünftige Organismus oder die gesellschaftliche Evolution der Vernunft*. Frankfurt/M., 1977; F. Maier. *Intelligenz als Handlung*. Stuttgart, 1978; cf. também: W. Doise, G. Mugney, A. N. Perret-Clermont. "Social Interaction and Cognitive Development", in *Europ. J.*

Podemos pressupor que, no contexto da constituição do "mundo da percepção de coisas físicas", os componentes proposicionais são os primeiros a se diferenciarem das manifestações holísticas da linguagem por sinais, a qual continua presa ao contexto. Se levarmos em conta certas ideias da análise da linguagem relativas ao emprego comunicativo de proposições, poderemos entender como o mecanismo coordenador da ação que se configura mediante os sinais da linguagem é perturbado e como a base da interação mediada por símbolos é abalada. À medida que os participantes da interação dispõem, mediante a linguagem, de um mundo objetivo ao qual se referem por meio de proposições ou no qual podem intervir de modo teleológico, suas ações já não podem ser coordenadas mediante sinais. Os sinais somente possuem uma *força capaz de reger o comportamento* em contextos nos quais os componentes significativos descritivos se fundem com os expressivos e com os imperativos. No entanto, com o advento do nível de interação mediada simbolicamente, há uma ruptura dos círculos funcionais do comportamento animal, sem que os sinais percam o vínculo que os une a disposições e esquemas comportamentais. Tal inserção confere aos sinais uma força vinculante que representa um equivalente funcional para o efeito desencadeador dos gestos. No nível da comunicação diferenciada em termos proposicionais, isto é, da comunicação *linguística* em sentido estrito, perde-se esse tipo de motivação.

Certamente, qualquer falante, ao emitir um enunciado "p" com intenção comunicativa, tem a pretensão

---

Soc. Psych., 6, 1976, pp. 245 ss.; J. Youniss. "Dialectical Theory and Piaget on Social Knowledge", in *Human Development*, 1978, pp. 234 ss.; id. "A Revised Interpretation of Piaget", in I. E. Sigel (org.). *Piagetian Theory and Research*. Hillsdale, N.J., 1981.

de que a proposição "p" é verdadeira; e perante tal pretensão um ouvinte pode responder formulando um "sim" ou um "não". Portanto, por meio do emprego assertórico da linguagem, os atos comunicativos adquirem a força capaz de coordenar ações mediante um consenso motivado racionalmente. Ora, tal fato permite delinear uma alternativa para a coordenação da ação apoiada em regulações instintivas. Entretanto, convém ressalvar que o efeito vinculante de pretensões de validade não ultrapassa o contexto em que os participantes da comunicação se orientam por convicções de conteúdo descritivo ao agir. Não entram aqui os fins que eles tomam como orientação para atingir os objetivos da ação.

Proposições intencionais não são talhadas diretamente para fins comunicativos. A intenção comunicativa que um falante competente vincula a uma proposição intencional consiste, em linhas gerais, no anúncio de uma ação própria, ou melhor, no anúncio de consequências positivas ou negativas que a ação pode vir a ter para o destinatário. O *aviso* é a declaração de intenção de um falante, permitindo ao ouvinte tirar suas próprias conclusões. Ele fornece ao ouvinte um pretexto para esperar a desejada intervenção no mundo e para prognosticar as mudanças que irão ocorrer, caso a ação tenha sucesso. Por meio de avisos ou anúncios, o falante não deseja obter um consenso, e sim influenciar a situação da ação. O mesmo vale para os *imperativos*, uma vez que, à proporção que não estão inseridos num contexto normativo, apenas expressam as intenções de um falante que se orienta pelas consequências.

Mediante avisos e imperativos, o falante pretende influenciar as intenções de um destinatário que se propõe agir, sem se colocar na dependência de uma busca de consenso. Imperativos exprimem uma vontade, à qual o destinatário pode se submeter ou não. Por essa razão, o "sim" ou o "não" que o destinatário emprega para responder a imperativos não podem fundamentar a validade intersubjetiva ou comportamental de uma manifestação simbólica; eles constituem opções ou manifestações de uma vontade que não necessitam de uma fundamentação ulterior. Nesse caso, as tomadas de posição mediante "sim/não" podem ser substituídas pela manifestação de intenções. Isso leva Tugendhat a desenvolver a tese segundo a qual as proposições intencionais são "proposições na primeira pessoa, que correspondem aos imperativos da segunda pessoa. Se alguém me diz: 'após a aula vá para casa', posso responder com um 'sim' ou um 'não' empregando a proposição intencional correspondente. Ambos são equivalentes. Portanto, uma proposição intencional é a resposta afirmativa a um imperativo. Porém, podemos responder ao imperativo não somente dizendo 'sim', isto é, afirmando a realização da ação, mas também dizendo 'não'"[40]. Essa relação interna entre imperativos e declarações de intenção permite ver que o falante, ao lançar mão de imperativos, não está se vinculando a nenhuma pretensão de validade, isto é, nenhuma pretensão que possa ser criticada ou defendida mediante o uso de argumentos, pois se trata simplesmente de uma pretensão de poder.

As pretensões dos imperativos e avisos não visam a um acordo racionalmente motivado, nem apontam para nenhum tipo de crítica ou argumentação. Não possuem efeito vinculante; caso pretendam concretizar algo, necessitam de uma vinculação externa com os motivos empíricos do ouvinte. Por si mesmas, elas não conseguem ga-

---

40. Tugendhat, 1979, pp. 182 s.

rantir que as ações do *ego* se liguem às do *alter*. Elas evidenciam apenas as contingências que, por intermédio do arbítrio de atores que agem teleologicamente, irrompem na interação mediada pela linguagem; contingências que não podem ser absorvidas apenas pela força vinculante da linguagem utilizada de modo assertórico, ou seja, apenas mediante a pretensão à validade da verdade proposicional[41].

Por isso, a regulação do agir mediante normas pode ser entendida como a solução do problema que se coloca quando uma linguagem de sinais já não consegue coordenar as ações.

b) Norma e agir conforme papéis. Mead analisa a construção de um mundo social comum na perspectiva de uma criança A, que é capaz de entender os avisos e imperativos de uma pessoa de referência B e precisa adquirir a competência de agir conforme papéis, competência que B já possui. Relembro aqui os dois níveis de desenvolvimento da interação que Mead ilustra lançando mão de jogos em que a criança assume papéis (*play*) e de jogos competitivos (*game*): "Crianças se atropelam para brincar de 'índio'. Isso significa que a criança possui em si mesma uma série de estímulos que correspondem ao papel de um índio, os quais desencadeiam nela e nos outros as mesmas reações. Ora, durante o tempo do jogo, a criança utiliza suas próprias reações aos estímulos para desenvolver uma identidade. E a reação à qual ela se inclina organiza os estímulos aos quais ela reage. Ela faz de conta, por exemplo, que deseja algo e o compra; ela endereça

---

41. Os imperativos e declarações de intenção podem evidentemente ser criticados e fundamentados sob o ponto de vista da exequibilidade da ação exigida ou intencionada (cf. Schwab, 1980, pp. 65 ss. e 79 ss.); porém, para ser vinculados a uma pretensão de validade criticável, têm de ser ligados a uma normatização secundária. Cf. vol. 1, pp. 526 ss.

uma carta a si mesma e a entrega no correio; ela dirige a palavra a si mesma como se fosse o pai, a mãe, ou o professor; ela se prende a si mesma como se fosse o policial. Ela possui em si mesma estímulos que desencadeiam nela as mesmas reações que esses estímulos provocam nos outros. Ela toma essas reações e as organiza num todo. E essa é a forma mais simples de sermos um outro em relação a nós mesmos."[42] A competição representa um nível superior de organização do jogo segundo papéis: "A diferença fundamental entre o jogo e a competição consiste no fato de que, na competição, a criança tem de ter em si mesma a atitude de *todos* os outros participantes. E as atitudes dos outros jogadores, assumidas pelo participante, organizam-se numa certa unidade. E tal organização controla, por seu turno, a reação do indivíduo. Nós tínhamos arrolado o exemplo do jogador de beisebol: qualquer ação dele é determinada pelo modo como se interpretam as prováveis ações dos outros jogadores. Seu 'fazer' ou 'deixar de fazer' é controlado pela circunstância de ele ser, ao mesmo tempo, qualquer um dos demais membros da equipe, ao menos à proporção que essas atitudes influenciam suas próprias atitudes específicas. Desse modo, descobrimos um 'outro' que resulta da organização das atitudes de todas as pessoas inseridas no mesmo processo."[43] Vou tentar reconstruir a gênese conceitual do agir segundo papéis seguindo essa linha esboçada por Mead[44].

---

42. Mead, 1969a, pp. 192 s.

43. Mead, 1969a, p. 196.

44. As pesquisas sobre o desenvolvimento cognitivo e social da criança se encontram em fase adiantada; essa tradição, que remonta aos trabalhos de Flavell, reúne pontos de vista teóricos de Mead e Piaget. Cf. J. Flavell. *The Development of Role-Taking and Communication Skills in Children*. Nova York, 1968; M. Keller. *Kognitive Entwicklung und soziale*

O mecanismo utilizado por Mead para explicar a aquisição da competência de papéis continua sendo a atitude de um outro em relação a si mesmo. Porém, nesse ponto, o mecanismo não trabalha com as reações comportamentais ou com expectativas de comportamento, e sim com as sanções que B anuncia, ao emitir os imperativos dirigidos a A. A construção pressupõe, pois, além de uma interação socializadora – que implica diferenças de competência e um desnível de autoridade –, participantes capazes de preencher as seguintes condições típicas:

A pessoa B, tomada como referência, domina uma linguagem diferenciada em termos proposicionais e preenche o papel social de um educador dotado de autoridade paterna; B entende esse papel no sentido de uma norma que *justifica* que os membros de um grupo social esperem certas ações em determinadas situações e *obriga* a preencher as expectativas de comportamento, justificadas, de outros. Já a criança A só é capaz de participar de interações mediadas simbolicamente; ela aprendeu a entender imperativos e a manifestar desejos. Consegue reunir as perspectivas do *ego* e do *alter*, que se encontram numa relação comunicativa de falante e ouvinte. Ela distingue as perspectivas em que os participantes "veem" respectivamente sua situação de ação comum. Mais precisamente, ela consegue distinguir não somente os dife-

---

Kompetenz. Stuttgart, 1976; Döbert, Habermas, Nunner-Winkler, 1977, pp. 20 ss.; R. Selman, D. F. Byrbe. "Stufen der Rollenübernahme", in Döbert, Habermas, Nunner-Winkler, 1977, pp. 109 ss.; J. Youniss. "Socialization and Social Knowledge", in R. Silbereisen (org.). *Soziale Kognition*. T. U. Berlim, 1977, pp. 3 ss.; R. Selman, D. Jacquette. "Stabilitiy and Oszillation in Interpersonal Awareness", in C. B. Keasy (org.). *Nebraska Symposion on Motivation*. Lincoln, 1977, pp. 261 ss.; R. Selman. *The Growth of Interpersonal Understanding*, Nova York, 1980; J. Youniss. *Parents and Peers in Social Development*, Chicago, 1980.

rentes ângulos de suas percepções, mas também os ângulos de suas intenções, desejos e sentimentos diferenciais. No início, a criança consegue assumir uma atitude após a outra; mais tarde, também será capaz de coordená-las. Entretanto, a obediência a imperativos exige não somente realizações cognitivas e sociais, mas também disponibilidades para a ação, pois se trata da estruturação simbólica de disposições de comportamento. B vincula o imperativo "q" ao aviso de sanções. A entende a vinculação da obediência a um imperativo e a satisfação de um interesse correspondente, porque experimenta sanções positivas ao executar a ação desejada "h(q)", e sanções negativas quando não a realiza. A executa a ação "h(q)" *porque obedece a um imperativo* e sabe que com isso ele não somente evita a *sanção* anunciada por B, caso o imperativo não seja obedecido, mas também satisfaz a um *interesse* de B. Ora, tais realizações complexas somente são possíveis caso A tenha condições de se referir, no pensamento e na ação, a um mundo de objetos que sejam de certo modo perceptíveis e manipuláveis.

A tarefa seguinte vai consistir na análise de *uma* dimensão importante da construção do mundo social infantil. Entra em jogo a progressiva apropriação moral e sociocognitiva da estrutura de papéis que permitem regular legitimamente relações interpessoais. A realidade institucional, que independe do ator individual, surge no momento em que A, seguindo o caminho da estruturação simbólica de suas orientações da ação e de suas disponibilidades para a ação, cria uma identidade enquanto participante de um grupo social. O *primeiro passo* nesse caminho é marcado pelas concepções e disposições para expectativas de comportamento particularistas e enfeixadas, isto é, ligadas condicionalmente e referidas umas às outras numa relação de complementaridade. Num segundo passo, tais expectativas de comportamento são generalizadas, adquirindo validade normativa. Esses dois passos correspondem mais ou menos aos níveis meadianos *play* e *game*. No entanto, a construção pode se tornar ainda mais clara se introduzimos em ambos os casos uma distinção entre desenvolvimento cognitivo-social e desenvolvimento moral. Porquanto no próprio âmbito moral se trata apenas da reconstrução de estruturas conceituais; na internalização de sanções, ao contrário, o que nos interessa não é a psicodinâmica do surgimento da validade das normas, e sim sua lógica.

Play. Dado que a atitude de B em relação a A é determinada pelo papel social dos pais ou das pessoas que cuidam da criança, A aprende a obedecer aos imperativos, não apenas em razão de sanções positivas ou negativas, mas também no contexto do cuidado e da satisfação de necessidades próprias. Entretanto, A ainda não consegue reconhecer os cuidados que recebe de B *como* um agir dos pais, regulado por normas. Só consegue entender as ações de B no nível em que ele, A, satisfaz os interesses de B, ao obedecer às suas ordens. Num primeiro momento, a obediência a imperativos significa, no entender de A, apenas a satisfação de interesses. No caso mais simples, as expectativas de B, que espera que A siga o imperativo "q", e a expectativa recíproca de A, de que B também siga seu imperativo "r", são ligadas aos pares. Segundo o pressuposto, na perspectiva de B, essa ligação resulta de normas que regulam a relação entre pais e filhos; ao contrário, no contexto do cuidado dos pais, A experimenta a ligação normativa de expectativas de comportamento como uma simples regularidade empírica. A será capaz de interpretar adequadamente esse fato quando souber que, ao se submeter aos imperativos de B, ele estará satisfazendo seus próprios interesses; pois, à medida que um segue os imperativos do outro, A e B satisfazem reciprocamente seus interesses.

Quando a complementaridade entre ações, cuja consequência consiste na satisfação recíproca de interesses, se dá pelo caminho do preenchimento de expectativas de comportamento recíprocas, ela forma um esquema cognitivo que pode ser apreendido por A sob as condições iniciais aludidas, mediante a assunção de atitudes. Ao emitir "r", A tem de antecipar que B vai seguir esse imperativo na *expectativa* de que A, por seu turno, também seguirá o imperativo "q", emitido por B. E ao assumir tal expectativa de B, aplicando-a a si mesmo, A adquire o conceito de padrão de comportamento, o qual aproxima condicionalmente as expectativas de comportamento particulares de A e B, entrelaçadas de modo complementar.

Ao considerar isoladamente o lado cognitivo-social desse processo, podemos ter a falsa impressão de que a criança dispõe de um certo espaço de negociação para a imposição de seus interesses; na verdade, porém, esse processo serve apenas para ela aprender a interpretar suas necessidades e a articular seus desejos. A criança experimenta as expectativas de comportamento como algo externo, atrás do qual se esconde a autoridade da pessoa de referência. A situação inicial se caracteriza por uma desigualdade no poder de dispor sobre os meios de sanção; *neste* nível, opera outra assunção de atitudes, que se torna importante para Mead e para seu conceito de formação da identidade.

B vincula o aviso de sanções não somente a certos imperativos concretos, mas também à expectativa generalizada de que A, sob a condição dos cuidados que recebe de B, mostre a disposição de obedecer. A antecipa essa ameaça e, ao submeter-se ao imperativo de B, apropria-se da perspectiva de B em relação a ele. Essa é a base para a internalização de papéis, a qual acontece inicialmente mediante expectativas de comportamento particularistas, ligadas aos pares. Freud e Mead reconheceram que esses padrões de comportamento se desligam das intenções e atos de fala contextuais de pessoas singulares, passando a assumir a figura objetiva de normas sociais à medida que as sanções a eles vinculadas são internalizadas por meio da adoção de atitudes, isto é, à proporção que são introduzidas na personalidade, tornando-se independentes do poder de sanção de pessoas de referência concretas.

Seguindo esse caminho, um certo padrão de comportamento internalizado por A adquire a autoridade de um arbítrio suprapessoal. Sob essa condição, o padrão de comportamento pode ser transportado para situações de comportamento semelhantes, ou seja, pode ser *generalizado no espaço* e *no tempo*. Desse modo, A aprende a interpretar interações em que A e B manifestam e seguem alternadamente imperativos como preenchimento de uma expectativa de comportamento. E nesse processo o sentido imperativista de uma "expectativa" sofre um curioso deslocamento, uma vez que A e B subordinam sua vontade particular a um *arbítrio* combinado, *delegado*, por assim dizer, à expectativa de comportamento generalizada no tempo e no espaço. A partir de agora, A entende o imperativo superior de um padrão de comportamento em que tanto A como B se apoiam quando emitem "q" ou "r".

Mead pensa que nos jogos em que as crianças trocam de papéis se forma uma *vontade suprapessoal*: elas mudam ficticiamente de lado e se colocam ora na posição do comerciante, ora na do policial, logo a seguir na do criminoso. É verdade que não se trata ainda de papéis sociais em sentido estrito, mas de modelos de comportamento concreto. Enquanto os padrões de comportamento exercitados pela criança não forem generalizados socialmente, abrangendo todos os membros de um grupo, eles só terão validade em certas situações, nas quais A e B se defrontam. A só poderá formar o conceito de um padrão de comportamento *socialmente generalizado* – isto é, o conceito de uma norma que concede *a cada um* assumir o lugar de A e de B – quando adotar uma segunda vez a atitude do outro, na forma de um outro generalizado (*generalized other*).

Game. Até o momento, partimos da ideia de que o *ego* e o *alter*, ao interagirem, assumem papéis comunicativos distintos, a saber, o do falante e o do ouvinte. A eles correspondem atitudes coordenadas de participantes, e o entrelaçamento recíproco das atitudes intercambiáveis do falante e do ouvinte caracteriza uma estrutura cognitiva que subjaz à compreensão de situações de ação. Além disso, tínhamos pressuposto que a constituição de um mundo de objetos já estava em andamento; pois, se se admite que a criança pode agir intencionalmente e compreender imperativos e declarações de intenção, ela tem de estar em condições de assumir também, ao menos inicialmente, uma atitude objetivadora em relação a objetos perceptíveis e manipuláveis. A isso equivale a perspectiva de um observador, a qual, no entanto, só pode acontecer no âmbito da interação. Quando essa condição estiver preenchida – e esta é a exigência que coloco para que se dê a passagem de *play* a *game* –, o *ego* poderá subdividir o papel comunicativo desempenhado pelo *alter* nos papéis de um *alter ego*, isto é, de outro participante e de um *neuter*, ou seja, o papel daquele que assiste à comunicação na qualidade de membro do grupo. Com isso, os papéis comunicacionais em termos de falante e de ouvinte sofrem uma relativização diante da posição de um *terceiro*, não envolvido, passando a ser os papéis da *primeira pessoa*, isto é, do falante, e da *segunda pessoa*, interpelada, que toma uma posição. Surge assim, nas interações entre os membros de um mesmo grupo social, o sistema das possíveis referências de um "eu" a um "tu" ou a um "vós" e a um "ele" ou a "eles", expresso pelos pronomes pessoais; e, inversamente, certos "outros" se referem a mim, assumindo o papel de segundas ou de terceiras pessoas. Tal diferenciação torna possível uma nova categoria de assunção de atitudes, tanto sob pontos de vista morais como sob aspectos cognitivo-sociais.

Suponhamos que A esteja dominando padrões de comportamento ainda não generalizados socialmente e que tenha adquirido a capacidade social-cognitiva de passar da atitude performativa (da primeira pessoa em relação a B, tida como segunda pessoa) para o enfoque neutro de uma terceira pessoa, que também pertence ao grupo; e que seja capaz de converter entre si as correspondentes perspectivas de ação (de A em relação a B, de B em relação a A, de A em relação a *neuter* N e de N em relação a A e B). A partir de agora, A é capaz de *objetivar* o nexo recíproco que une as atitudes dos participantes a partir da perspectiva de um observador, isto é, ele se torna capaz de adotar uma atitude objetivadora perante a interação que se estabelece entre A e B, bem como de desligar o sistema das perspectivas de ação – que se colocam entre ele e B – das situações especiais que permitiram o encontro entre A e B. A passa a entender que cada pessoa que assumisse a atitude do *ego* e do *alter* teria de adotar *o mesmo* sistema de perspectivas. Sob essa condição, é possível generalizar o conceito de "padrão concreto de comportamento" transformando-o num conceito de "norma de ação".

Até o momento, o imperativo superior do padrão de comportamento, que A e B levavam em conta quando emitiam "q" ou "r", continha uma vontade combinada, porém particular, além dos interesses de A e B. No entanto, quando A, ao interagir com B, assumir a atitude que *neuter* adota em relação a A e B, isto é, como um membro imparcial de seu grupo, ele se tornará consciente da intercambialidade das atitudes assumidas por A e B.

A descobre que aquilo que ele tinha tomado como padrão concreto de comportamento, talhado para esta criança e estes pais, constituía, aos olhos de B, uma norma geral que regula qualquer tipo de relação entre pais e filhos. Ao adotar tal atitude, A cria o conceito "padrão de comportamento social", isto é, um padrão de comportamento generalizado que se estende a *todos* os membros do grupo, cujos lugares não são reservados unicamente ao *ego* e ao *alter*, uma vez que, em princípio, todos os membros de seu grupo social podem assumi-los. E o sentido imperativista, inerente ao padrão de comportamento, também é atingido por essa generalização social. A partir de agora, A passa a entender as interações, em que A, B, C, D... emitem os imperativos "q" ou "r" ou obedecem a eles como preenchimento da *vontade coletiva* do grupo ao qual A e B subordinam seu arbítrio harmonizado.

Ora, é importante lembrar que nesse nível de conceitualização A ainda não consegue interpretar normas ou papéis sociais *no mesmo* sentido que B. Embora os imperativos "q" e "r" não apareçam mais como a manifestação direta ou fática da vontade de um falante, a norma de ação manifesta apenas – no modo como A a entendeu até agora – o *arbítrio generalizado* de outros, isto é, imperativos gerais e específicos de um grupo. Ora, *todo imperativo repousa, em última instância, num arbítrio*. A sabe apenas que as consequências das ações normadas dessa maneira se tornaram expectáveis no interior do grupo social. Isso equivale a dizer que qualquer pessoa do grupo dos pais ou dos filhos que venha a exteriorizar "q" ou "r" tendo em vista os destinatários do grupo oposto, de acordo com uma norma e nas situações referidas, pode esperar (no sentido de um prognóstico) que tais imperativos sejam seguidos. Pois A, quando não segue o imperativo "q", emitido por B, vai contra um padrão de comportamento generalizado socialmente. E mediante esse modo de proceder ele fere não apenas o interesse de B, mas também os interesses de todos os membros do grupo, afetados pela norma. Neste caso, A pode ser alvo de sanções por parte do grupo, as quais, mesmo que venham a ser aplicadas por B, se apoiam na autoridade do grupo.

O conceito "norma de ação", que reconstruímos até aqui, refere-se à regulação coletiva do arbítrio dos participantes de uma interação que coordenam suas ações mediante imperativos sancionados e por meio da satisfação recíproca de interesses. Enquanto levamos em conta apenas o lado cognitivo e social da normatização de expectativas de comportamento, descobrimos os modelos de um condicionamento recíproco por meio de probabilidades de sucesso, já conhecidas pelas éticas empiristas. A pode saber qual é a *opinião* de B, C, D... quando apoia seus imperativos no imperativo superior de uma norma de ação. No entanto, ele ainda não compreendeu o significado decisivo inerente ao conceito "norma de ação", ou seja, o caráter obrigatório das normas de ação vigentes. Por isso, ele necessita do conceito "validade de uma norma", pois, do contrário, não conseguirá superar as assimetrias embutidas numa interação socializadora.

Generalized Other. Mead vincula ao conceito de "papel social" o sentido de uma norma que autoriza os membros de um grupo a esperar uns dos outros certas ações em determinadas situações e que *obriga*, ao mesmo tempo, a satisfazer às expectativas de comportamento justificadas de outros: "Quando afirmamos nossos direitos provocamos uma certa reação, que poderia ser desencadeada em qualquer um. Tal reação reside em nossa própria natureza; estamos dispostos a assumir até um certo grau essa mesma atitude quando outro apela a nós. E quando desencadeamos tal reação num outro podemos assumir a atitude dos outros afinando com ela nosso próprio comportamento. Portanto, na comunidade que nos cerca existem muitos tipos de reações comuns, que podem ser caracterizadas como 'instituições'. A instituição constitui uma reação comum de todos os membros da comunidade perante determinada situação... Isso nos leva a esperar, por exemplo, que a polícia nos ajude, que o procurador da justiça faça a queixa, que o tribunal, por meio de seus vários órgãos, puna o delinquente etc. Assumimos a atitude de todos esses órgãos encarregados da proteção da propriedade; e todos eles, enquanto fazem parte de um processo organizado, podem ser encontrados, de certa forma, em nossa vida. Ora, no momento em que desencadeamos tais atitudes, estamos assumindo a atitude do 'outro generalizado'."[45]

---

45. Mead, 1969a, pp. 307 s. Sobre a ontogênese de conceitos sociais normativos cf. E. Turiel. "The Development of Social Concepts", in D. De Palma, J. Foley (orgs.). *Moral Development*. Hillsdale, N.J., 1975; id., "Social Regulations and Domains of Social Concepts", in W. Damon (org.).

Neste ponto, Mead está se referindo ao adulto socializado, que já sabe o que significa o fato de uma norma estar *em vigor*; e para explicar esse conceito ele afirma que o ator, ao reclamar um direito, galga o mirante do "outro generalizado". Ao mesmo tempo, ele insiste na ideia de que essa instância só pode assumir as dimensões de uma realidade social à medida que os membros de um grupo social internalizam papéis e normas. A autoridade de que se reveste o "outro generalizado" é a autoridade de uma *vontade geral do grupo*; por isso, ela não coincide com o poder de *arbítrio generalizado de todos os indivíduos*, manifesto nas sanções de um grupo contra desvios. No entanto, Mead imagina, seguindo novamente Freud, que a autoridade de normas obrigatórias surge a partir da internalização de sanções *estabelecidas como ameaça* ou de sanções realmente exercidas. Até o momento, consideramos a aquisição de padrões de comportamento, socialmente generalizados, somente sob aspectos cognitivos. Na realidade, porém, o adolescente aprende tais padrões à proporção que antecipa as sanções decorrentes da violação de um imperativo generalizado, *internalizando o poder do grupo social* que se encontra por trás das sanções. O mecanismo da adoção de atitudes opera aqui em nível moral; porém, dessa vez, ele emerge no poder de sanção de um grupo e não nas pessoas de referência, tomadas individualmente. À medida que A ancora o poder fático das instituições na estrutura do seu próprio *Self*, ou melhor, num sistema de controles internos ou morais de comportamento, os padrões de comportamento generalizados

---

New Directions for Child Development. São Francisco, 1978, vols. 1 e 2; W. Damon. *The Social World of the Child*. São Francisco, 1977; H. G. Furth. *The World of Grown-ups: Childrens Conceptions of Society*. Nova York, 1980.

adquirem para ele a autoridade de um "você deve" (não mais imperativista) e, com isso, o tipo de validade deontológica que confere às normas força vinculante.

Vimos como a autoridade, que inicialmente depende de uma única pessoa de referência e se estende, a seguir, à vontade combinada de A e B, transforma-se no arbítrio generalizado de todos os outros mediante a generalização social. Tal conceito torna possível a ideia de sanções, sob as quais se oculta a vontade coletiva de um grupo social. Mesmo que essa vontade continue sendo um arbítrio generalizado. A autoridade do grupo consiste simplesmente no fato de que este pode prever sanções ou até aplicá-las, quando interesses são contrariados. E tal *autoridade imperativista* somente se transforma numa *autoridade normativa* mediante a internalização. Nesse momento emerge a instância do "outro generalizado", capaz de fundamentar a validade deontológica de normas.

A autoridade do "outro generalizado" se distingue de uma autoridade cujo poder de disposição se apoia num assentimento. Quando A passa a considerar as sanções do grupo *como suas*, dirigidas por ele mesmo contra si mesmo, ele *tem de pressupor* seu assentimento em relação à norma, cuja infração ele penaliza dessa forma. Isso porque as instituições, diferentemente dos imperativos socialmente generalizados, possuem uma validade baseada no reconhecimento intersubjetivo e no assentimento dos participantes: "Over against the protection of our lives or property, we assume the *attitude of assent* of all members in the community. We take the role of what may be called 'the generalized other'."[46] Mead reconstrói a ati-

---

46. Mead, 1964, p. 284.

tude conforme a uma norma – que um falante assume ao realizar um ato de fala regulativo – como sendo a adoção da atitude do "outro generalizado"; ao assumir uma atitude conforme a uma norma, A expressa a atitude de um consenso normativo dos membros do grupo.

Ora, as tomadas de posição afirmativas, portadoras de tal consenso, revelam inicialmente um *status* ambíguo. De um lado, elas já *não* coincidem simplesmente com o "sim" mediante o qual um ouvinte disposto a obedecer responde a um imperativo "q"; vimos que tal "sim" equivaleria a uma proposição intencional, referida à ação exigida "h(q)", e representaria assim um simples arbítrio não vinculado normativamente. De outro lado, tais posicionamentos *ainda não* equivalem ao "sim" que se emite perante uma pretensão de validade. Caso contrário, teríamos de admitir que a validade fática de normas de ação deriva, sempre e em toda parte, do consenso racionalmente motivado de todos os interessados – e contra isso fala o caráter repressivo que se manifesta no fato de que normas que exigem obediência se tornam eficazes na forma de um controle social. Mesmo assim, o controle social exercitado mediante normas válidas e em grupos específicos não se apoia apenas em repressão: "Social control depends upon the degree to which the individuals in society are able to assume the attitudes of the others who are involved with them in common endeavour... All of the institutions serve to control individuals who find in them the organization of their own social responses."[47] Essa proposição faz sentido, caso a "*response*" seja entendida como resposta à seguinte questão: será que uma instituição ou uma norma de ação *merece* ser reconhecida por todos os interessados?

---

47. Mead, 1964, p. 291.

No caso do adolescente, essa questão já está respondida afirmativamente, antes mesmo de ele poder captá-la *como* questão. O momento do universal no "outro generalizado" ainda está permeado pelo poder fático de um imperativo generalizado; o conceito se forma pelo caminho da internalização do poder sancionador de um grupo concreto. Entretanto, o momento do geral contém também a pretensão racional, segundo a qual uma norma só adquire validade à medida que a matéria a ser regulada não fira os interesses de *nenhum* dos afetados e à proporção que incorporar a vontade que *todos* poderiam formar *em comum* tendo em vista os interesses *de cada um*, ou seja, à medida que essa vontade se revestir das características da vontade do "outro generalizado".

Tal dilaceramento é característico da compreensão tradicionalista das normas. Os membros de um grupo dependente de cooperação, isto é, de esforços comuns para a obtenção de fins coletivos, se perguntam se as normas questionadas conseguem regular o arbítrio dos participantes, de tal modo que *cada um deles* possa ver seus interesses garantidos; isso implica, no entanto, que o poder da tradição foi quebrado a ponto de ser possível considerar a legitimidade das ordens existentes à luz de alternativas hipotéticas. Os conceitos do agir regulado por normas e da constituição de um mundo de relações interpessoais legitimamente reguladas *abrem* a perspectiva que Mead prefere analisar no contexto da evolução social e não na linha do método ontogenético. Não obstante, a compreensão pós-tradicional das normas se entrelaça com um conceito de racionalidade comunicativa, o qual pode se tornar atual à proporção que as estruturas do mundo da vida se diferenciam e os membros cultivam interesses *próprios*, divergentes. Porém, antes de enfrentar esse tema, temos de obter clareza sobre a construção de um *mundo subjetivo* complementar ao mundo social.

c) Identidade e natureza carente. Até aqui consideramos o processo de socialização na perspectiva do desenvolvimento da criança e, além disso, nos limitamos a considerar a construção de um mundo social que o adolescente socializado encara como sendo a realidade normativa do outro generalizado. À medida que A aprende a obedecer a normas de ação e a assumir papéis cada vez mais complexos, ele adquire a capacidade generalizada de participar de interações reguladas por normas. Após a aquisição de tal competência interacional, a criança consegue se referir a instituições num enfoque objetivador, como se se tratasse de elementos não normativos da respectiva situação de ação. Porém, A não poderia entender o significado da palavra "instituição" caso não tivesse adotado a atitude de suas pessoas de referência, o que lhe permitiria obedecer a normas ou infringi-las. Pois, no contexto dos atos comunicativos, a criança só conseguirá se referir a algo no mundo social quando tiver ciência do modo como se assume uma *atitude conforme a normas* e do modo como alguém pode orientar seu agir por pretensões de validade normativas.

E esse *know-how* permite uma reorganização das próprias disposições comportamentais: "O si mesmo constitui uma estrutura que se forma na experiência social."[48] A passagem da interação mediada simbolicamente para a interação regulada por normas possibilita a transposição para um entendimento diferenciado do ponto de vista modal, mas não somente isso; ela não significa apenas a construção de um mundo social, mas também a estru-

---

48. Mead, 1969a, p. 182.

turação simbólica de motivos de ação. Ora, do ponto de vista da socialização, esse lado do processo de socialização se apresenta como a formação de uma identidade.

Mead trata da formação da identidade ao discutir as relações entre *Me* e *I*. A expressão "*Me*" caracteriza a atitude mediante a qual a criança constrói um sistema de controles internos de comportamento, assumindo com relação a ela própria as expectativas do outro generalizado. Pelo caminho da internalização de papéis sociais, forma-se aos poucos uma estrutura de superego que possibilita ao agente se orientar por pretensões de validade normativas. E junto com tal super*ego*, ou seja, junto com o *Me*, forma-se o *ego*, isto é, o mundo das vivências subjetivas às quais cada um tem um acesso privilegiado: "O *ego* reage ao si mesmo que se desenvolve mediante a assunção das atitudes dos outros. À proporção que adotamos tais atitudes, forma-se o *Me*, ao qual reagimos enquanto *I*."[49]

Mead não alimenta dúvidas com relação ao conceito "*Me*"; porém, titubeia quando se trata do emprego da expressão "*I*". Ele a representa como uma instância que se destaca dos representantes das normas sociais, colocando o si mesmo "acima do indivíduo institucionalizado". Aqui convém sublinhar dois pontos: de um lado, Mead interpreta a espontaneidade das intuições, dos desejos, dos sentimentos e dos estados de ânimo; por conseguinte, de um potencial de reação, o qual ultrapassa as orientações contidas no super*ego* formando a esfera do subjetivo em oposição ao mundo exterior: "O *Me* necessita de um certo *I*, à medida que cumprimos obrigações... Porém, o *I*

---

49. Mead, 1969a, p. 217. Sobre a relação entre assunção de perspectivas e consciência moral, cf. a lista bibliográfica de L. A. Kurdek. "Perspective Taking as the Cognitive Basis of Children's Moral Development", in *Merrill-Palmer Quarterly*, 24, 1978, pp. 3 ss.

é sempre um pouco diferente daquilo que é exigido pela situação... Pois o *I* não somente provoca o *Me* como também reage a ele."[50] De outro lado, ele entende o *I* como capacidade generalizada de encontrar soluções criativas para situações em que está em jogo a autorrealização da pessoa: "As possibilidades que existem em nosso ser, essas energias tão apreciadas por William James, representam possibilidades do 'si mesmo' que ultrapassam nossa autoapresentação imediata. Não conhecemos com precisão a sua constituição. Num certo sentido, elas representam os conteúdos mais fascinantes que possuímos – à proporção que podemos apreendê-las. Na literatura, no cinema e na arte, uma grande parte do nosso prazer deriva do fato de que, na fantasia, são liberadas possibilidades que estão ao nosso dispor ou que desejaríamos ter como nossas. Nesse domínio surge algo de *novo*, uma vez que aqui se encontram nossos valores mais importantes. E, de certa forma, aquilo que buscamos sem cessar nada mais é que a realização desse 'si mesmo'."[51] O "eu" é, ao mesmo tempo, motor e lugar-tenente de uma individuação que se torna possível pela socialização. Ainda nos debruçaremos sobre esse "eu", tido como instância da autorrealização.

No momento, interessa-nos o "eu" no sentido de uma subjetividade que se destaca de um superego modelado conforme papéis sociais: "Quando um indivíduo se sente pressionado, ele reconhece não somente a necessidade de uma situação em que ele possa dar a *sua* contribuição, mas também que pode deixar de ser apenas um *Me* cunhado por convenções."[52] A seguinte passagem demonstra que Mead tem na mira esse mundo subjetivo de

---

50. Mead, 1969a, p. 221.
51. Mead, 1969a, p. 248.
52. Mead, 1969a, p. 256.

vivências às quais o agente possui um acesso privilegiado e as quais ele pode revelar aos olhos de um público, servindo-se de manifestações expressivas: "Situações em que podemos extravasar e em que a estrutura do 'Me' abre as portas ao 'I' são favoráveis à autoapresentação. Refiro-me à situação em que alguém se encontra com um amigo e conversa sobre o que ele pensa de outro amigo. É agradável passar o tempo dessa forma. Falamos com naturalidade sobre certas coisas que nem mencionaríamos noutras circunstâncias ou, talvez, nem ousaríamos pensar."[53] De um ponto de vista ontogenético, à medida que a criança se apropria cognitivamente do mundo social das relações interpessoais legitimamente reguladas, construindo um correspondente sistema de controles internos e aprendendo a orientar seu comportamento por pretensões de validade normativas, ela consegue traçar uma fronteira cada vez mais nítida entre o *mundo exterior*, que se cristaliza numa realidade institucional, e o *mundo interior*, das vivências espontâneas, as quais só podem se manifestar mediante uma autoapresentação comunicativa, não mediante ações conformes a regras.

---

53. Mead, 1969a, p. 257.

2. A AUTORIDADE DO SAGRADO E O PANO DE FUNDO NORMATIVO DO AGIR COMUNICATIVO

Na seção anterior mostrei sistematicamente como G. H. Mead explica a interação mediada por símbolos e por papéis sociais. Nesse modelo é fundamental uma distinção entre dois degraus de interação: no primeiro degrau emerge um novo meio de comunicação; no segundo tem lugar uma normatização de expectativas de comportamento. No primeiro, a comunicação por gestos expressivos e estimuladores do comportamento é transferida para o nível em que se empregam símbolos; já a passagem para um agir regulado por normas significa a adoção de uma base simbólica capaz de controlar o comportamento. A partir daí, os meios de comunicação, os esquemas de comportamento e as disposições comportamentais são estruturados de modo simbólico. Conforme foi sublinhado várias vezes, no início Mead reconstruiu essa etapa de desenvolvimento apenas na perspectiva ontogenética de uma criança. E para o nível da interação civilizadora dos pais ele teve de pressupor uma competência interacional e linguística, da qual a criança ainda não dispõe. Ora, tal limitação metódica é legítima à proporção que Mead trata da gênese do "si mesmo" (*Self*). Ele também sabe que, ao passar do indivíduo para a sociedade[54], terá de retomar o ponto de vista filogenético, que ele já assumira ao explicar a interação mediada por símbolos[55]. Ora, os pontos da teoria da socialização, desenvolvidos por Mead na primeira parte da sua pesquisa, revelam o primado genético da sociedade, a qual é mais importante que o indivíduo socializado: "... se o indivíduo só consegue obter sua identidade mediante a comunicação com outros, ou seja, mediante o refinamento de processos sociais numa comunicação dotada de sentido, então o si mesmo não pode preceder o organismo social"[56]. O curioso é que Mead não envida nenhum tipo de esforço para esclarecer o modo como esse "organismo social", integrado normativamente, se desenvolveu a partir das formas de socialização inerentes à interação mediada por símbolos.

Ele tece comparações entre sociedades de homens e sociedades de insetos, comparando sociedades humanas e sociedades de animais vertebrados; não obstante, tais considerações antropológicas levam sempre ao mesmo resultado, ou seja, insistem no fato de que a linguagem por sinais e a comunicação por símbolos empregados com significado idêntico tornam possível um novo nível de socialização: "A mim parece que a comunicação constitui o princípio fundamental da organização social – uma comunicação que se distingue das outras espécies, que não possuem tal princípio social de ordem."[57] No entanto,

---

54. No texto, esse ponto é realçado pela subdivisão em "parte terceira" e "parte quarta". Cf. Mead, 1969a, p. 273.
55. Mead, 1969, pp. 273 ss.
56. Mead, 1969a, p. 280.
57. Mead, 1969a, p. 299.

mesmo que essa teoria fosse correta, ou seja, mesmo que os primitivos sistemas de gritos tivessem sido o primeiro passo rumo ao desenvolvimento do *Homo sapiens*, ela não conseguiria explicar a emergência das instituições.

É verdade que Mead também recorre, nesse ponto, ao desenvolvimento cognitivo do agir instrumental, capaz de produzir um mundo concreto de objetos perceptíveis e manipuláveis: "Existe outra fase no desenvolvimento do homem cuja importância talvez se equipare à da linguagem na aplicação da inteligência humana: trata-se do emprego da mão, com a finalidade de isolar objetos físicos."[58] O mundo dos objetos físicos se constitui como um "conjunto de características e circunstâncias" (*Bewandniszusammenhang*), termo utilizado por Heidegger em *Ser e tempo*[59]: "Sublinho o papel importante que compete à mão no processo de construção do entorno. As ações dos seres vivos levam a um fim, por exemplo, à absorção de alimentos; e a mão entra nesse processo. Nós tomamos o alimento e o manipulamos. E, se nossa explicação do entorno é correta, podemos dizer que nós nos representamos o entorno como um objeto manipulável. A fruta que se nos apresenta é um objeto que podemos colher com a mão. Pode ser uma fruta comestível ou uma imitação feita de cera. Porém, o objeto continua sendo um objeto físico. O mundo dos objetos físicos que nos circunda não é simplesmente o alvo de nosso movimento, e sim um mundo que torna possível a realização de uma ação."[60] Diferentemente de Heidegger, que introduz esse motivo pragmatista em sua análise do ser-no-mundo – permanecendo, todavia, insensível aos fenômenos da socia-

---

58. Mead, 1969a, p. 283.
59. M. Heidegger. *Sein und Zeit*. Tübingen, 1949, pp. 66-89.
60. Mead, 1969a, pp. 294 s.

lização –, Mead, assim como Piaget, sabe muito bem que as ações instrumentais estão embutidas no contexto cooperativo dos membros de um grupo, o que pressupõe uma interação regulada. Por isso, o círculo funcional do agir instrumental não pode ser analisado independentemente das estruturas do trabalho cooperativo, e qualquer trabalho cooperativo pressupõe um controle social que regula as atividades do grupo[61].

Entretanto, Mead infere o controle social – que faz com que "as ações do indivíduo sejam integradas à luz do processo social organizado, da experiência e do comportamento"[62] – da autoridade moral do "outro generalizado": "A organização da comunidade consciente de si mesma só é possível se os membros singulares assumem a atitude dos outros membros. E o desenvolvimento desse processo implica, por seu turno, que se atinja a atitude do grupo, isto é, a atitude do "outro generalizado", que difere da de um membro singular[63]. Curiosamente, no entanto, Mead emprega a instância do "outro generalizado", cuja filogênese teria de ser explicada, apenas no papel do *explanans*, uma vez que ele se contenta em remeter aos conhecidos exemplos da ontogênese, especialmente ao do jogo com a bola[64]. Ora, aqui se trata da filogênese do con-

---

61. Neste ponto, Scheler se aproxima do pragmatismo de Mead. Cf. seu estudo sobre "Conhecimento e trabalho", in M. Scheler. *Die Wissensformen und die Gesellschaft*. Berna, 1960, pp. 191 ss.

62. Mead, 1969a, p. 301.

63. Mead, 1969a, p. 302.

64. "Eu cito o exemplo do jogo com a bola em que as atitudes de um grupo de indivíduos estão inseridas numa reação cooperativa e em que os diferentes papéis se influenciam mutuamente. À medida que assume a atitude de um membro do grupo, o homem tem de adotá-la em sua relação com as ações dos outros membros do grupo. E para se adaptar inteiramente ele teria de assumir as atitudes de todos os indivíduos inseridos nesse processo." Cf. Mead, 1969a, p. 302.

senso normativo. Por conseguinte, Mead procede de modo circular: para o esclarecimento da passagem filogenética, isto é, da interação mediada por símbolos para a interação mediada por normas, ele lança mão de uma instância ontogenética, mesmo que a ontogênese desse "outro generalizado" não possa ser explicada sem o auxílio de uma explicação filogenética. Minha crítica a Mead tem a ver com a tarefa que ele mesmo estabeleceu: a de distinguir três níveis de interação e explicá-los a partir de dentro, na perspectiva de um participante. Isso lhe permite hierarquizá-los de tal modo que cada nível superior de interação pode ser interpretado como um processo de aprendizagem reconstruível internamente. Conforme vimos, Mead explica esse surgimento de um complexo de estruturas a partir de um outro complexo, apelando para um único "mecanismo", ou seja, o processo que leva o *ego* a adotar as atitudes do *alter*. Mead explicita o significado da atitude conforme a normas, que um autor assume quando orienta seu comportamento por um papel social, lançando mão do conceito "posição do 'outro generalizado'"; e tal (posição) é revestida da autoridade de uma vontade geral ou suprapessoal, despojada do caráter de mero arbítrio, uma vez que a obediência a ela não pode ser forçada mediante sanções *externas*. A autoridade do "outro generalizado" funciona de modo que certas transgressões possam ser sancionadas pelo fato de as normas infringidas serem válidas; as normas não pretendem validade porque são ligadas a sanções – caso contrário, elas não conseguiriam obrigar os atores à obediência, apenas coagi-los à docilidade. A repressão aberta é incompatível com o *sentido* de validade das normas; mas é compatível com seu reconhecimento fático.

Por conseguinte, Mead deduz a validade das normas diretamente da autoridade moral – não passível de sanção – do "outro generalizado". Tal instância surge mediante a internalização de sanções do grupo. Mesmo assim, tal explicação só pode valer para a ontogênese, uma vez que os grupos têm de estar constituídos como unidades capazes de ação, antes de se poder impor sanções em seu nome. No que tange aos participantes de interações simbolicamente mediadas, os exemplares de uma espécie animal, detentores de um entorno típico, só se transformam em participantes de uma coletividade dotada de mundo da vida à proporção que se forma a instância de um "outro generalizado", ou seja, à medida que se cria uma consciência coletiva ou uma identidade grupal. Quando acompanhamos Mead até esse ponto, nós nos defrontamos com duas questões.

Em primeiro lugar, teria sido conveniente analisar os fenômenos que permitem explicar a estrutura de identidades grupais, as quais seriam, na linguagem de Durkheim, manifestações da consciência coletiva, especialmente da consciência religiosa. Ora, sempre que aborda tais fenômenos, Mead os analisa com o auxílio de conceitos do desenvolvimento da personalidade, a saber, como estados de consciência nos quais "*I*" se funde com o "*Me*", o eu com o superego: "Onde 'eu' e 'superego' podem se fundir de certa forma, lá se desenvolvem os sentimentos elevados, específicos das atitudes religiosas e patrióticas, em que as reações provocadas nos outros coincidem com as próprias reações."[65] Opondo-se a tal procedimento, Durkheim investiga a fé religiosa e o patriotismo não como atitudes extraordinárias de contemporâneos modernos, mas como expressão de uma consciência coletiva, profundamente enraizada na história do grupo, a qual é constitutiva para a identidade dos grupos.

---

65. Mead, 1969a, p. 320.

Em segundo lugar, Mead não mostra como os símbolos sagrados mais antigos – nos quais se manifesta a autoridade do "outro generalizado", que precede toda validade normativa – podem surgir da interação simbólica ou, ao menos, como podem ser entendidos como resíduos dessa etapa. Tudo indica que tal simbolismo religioso em sentido amplo, situado abaixo do limiar do discurso gramatical, forma o núcleo arcaico da consciência normativa.

Por isso, eu gostaria de me deter na teoria da religião, de Durkheim, a fim de completar o programa de reconstrução perseguido por Mead. Na consciência coletiva durkheimiana, é possível detectar uma raiz pré-linguística do agir comunicativo, dotada de caráter simbólico; isso torna possível sua introdução numa análise destinada a reconstruir o agir conforme normas (1). Ora, Durkheim não faz uma distinção clara entre a comunidade da prática ritual, gerada por meio de símbolos religiosos, e a intersubjetividade, produzida mediante a linguagem. Por isso, sou forçado a abordar as fraquezas da teoria durkheimiana; não obstante, isso serve de pretexto para retomar o fio do desenvolvimento da linguagem (que Mead também abandonou) (2). Trata-se da passagem da interação mediada por símbolos para a fala gramatical. Sob pontos de vista genéticos, podemos explicar a conhecida estrutura dos atos como fruto de uma tríplice relação de integração: entre a relação cognitiva e a natureza exterior (que atinge o nível pré-linguístico); entre a relação moral e a identidade coletiva; e entre a relação expressiva e a natureza interna. O presente excurso não tem, evidentemente, a pretensão de explicar o surgimento da linguagem (3 e 4) lançando mão de causas. Não obstante, os passos dados nos permitem *recuperar*, em nível filogenético, as estruturas que Mead *pressupusera* no nível da interação socializadora, ou seja: as expectativas de comportamento regradas e a fala gramatical. Ambas se completam, formando a *estrutura da interação mediada pela linguagem e conduzida por normas*, a qual descreve a base inicial para o desenvolvimento sociocultural. Mead e Durkheim foram unânimes em descrevê-la como uma tendência à transformação paulatina do sagrado em linguagem (*Versprachlichung*), tema do próximo capítulo. À proporção que o potencial de racionalidade, embutido no agir comunicativo, é liberado, o núcleo arcaico da normatividade eclode, abrindo espaço para a racionalização de cosmovisões, para a universalização do direito e da moral, bem como para processos de individuação acelerados. Mead toma tal tendência evolucionária e constrói sobre ela o projeto idealista de uma sociedade racionalizada comunicativamente.

(1) Durante toda a sua vida[66], Durkheim se dedicou ao esclarecimento da validade normativa de instituições e valores[67]. Porém, somente na *Sociologia da religião* (1912), que constitui o coroamento de sua obra tardia, ele conseguiu descobrir as raízes sagradas da autoridade moral[68]. Data dessa época a conferência intitulada "La détermination du fait moral", que ele proferiu perante a Sociedade

---

66. Cf. a biografia exaustiva de St. Lukes. *Émile Durkheim*. Londres, 1973. Neste texto se pode encontrar também uma bibliografia completa da obra de Durkheim (pp. 561 ss.), bem como uma bibliografia secundária (pp. 591 ss.); cf. também R. König. "É. Durkheim", in Käsler, vol. I, 1976, pp. 312 ss.

67. T. Parsons é o principal autor a adotar a teoria durkheimiana sob este aspecto: *The Strukture of Social Action*. Nova York, 1949a, pp. 302 ss.; cf. também "Durkheim's Contribution to the Theory of Integration of Social Systems", in *Sociological Theory and Modern Society*. Nova York, 1967. Ver também R. A. Nisbet. *The Sociology of Émile Durkheim*. Nova York, 1964; R. König. *É. Durkheim zur Diskussion*. Munique, 1978.

68. É. Durkheim. *Les formes élémentaires de la vie religieuse*. Paris, 1912; trad. al. *Die elementaren Formen des religiösen Lebens*. Frankfurt/M., 1981.

Francesa para a Filosofia, em março de 1906[69]. Nesse trabalho, ele define sua tarefa da seguinte maneira: "É preciso mostrar que as regras morais são dotadas de uma autoridade especial em virtude da qual são obedecidas pelo simples fato de ordenarem algo. Chegaremos dessa maneira ao conceito de dever seguindo o caminho de uma análise empírica e lhe daremos uma definição que se aproxima muito da de Kant. Por conseguinte, a obrigação constitui uma das primeiras características da regra moral."[70] Nessa linha, o único fenômeno a ser esclarecido propriamente é o caráter obrigatório das normas sociais.

Entretanto, ao elaborar uma distinção entre regras técnicas que subjazem a ações instrumentais e regras morais, ou seja, normas que determinam o agir consensual de participantes da interação, Durkheim coloca tal fenômeno entre parênteses. Ele compara os dois tipos de regras tendo em mente a seguinte questão: "O que acontece quando esses dois tipos de regras são infringidos?"[71] A infração de uma regra técnica válida produz conseqüências para a ação, que estão de certo modo ligadas internamente com a ação: por isso, a intervenção fracassa. O fim visado não se realiza, e o fracasso é automático, uma vez que existe uma relação empírica entre a regra de ação e as consequências da ação. Já a transgressão de uma regra moral tem como consequência uma sanção, não podendo ser entendida como um fracasso automático. Pois existe uma relação convencional entre a regra de ação e as conse-

---

69. Cf. a determinação do fato moral in É. Durkheim. *Soziologie und Philosophie*. Frankfurt/M., 1967, pp. 84 ss.

70. Durkheim, 1967, p. 85.

71. Durkheim, 1967, p. 93; adoto esta ideia como ponto de partida para elaborar a distinção entre "trabalho" e "interação". Cf. Habermas, 1968a, pp. 60 ss.

quências da ação, a partir da qual o comportamento conforme à regra é recompensado e o comportamento desviante é castigado. Assim, por exemplo, o conceito de um comportamento anti-higiênico permite *chegar à conclusão* de que haverá consequências empíricas; ao passo que o suicídio, por exemplo, ou o assassinato não possuem um conteúdo empírico semelhante: "... o conceito de suicídio ou de assassinato não permite inferir *analiticamente* o conceito de fracasso ou de desprezo. Pois, aqui, o laço que une a ação às suas consequências não é *sintético*"[72].

É sabido que, ao desenvolver seu trabalho de comparação, Durkheim escolhe conscientemente regras da moral e não regras do direito positivo. E ele procede dessa forma porque existe, no caso das regulações legais e das prescrições administrativas, uma proximidade com as regulações técnicas[73], uma vez que a relação convencional entre a regra legal e a sanção tem por objetivo garantir *a observância* da norma, do que resulta uma semelhança com a relação empírica entre regra técnica e consequência da ação, a qual visa garantir *a eficiência* de uma ação conforme a regras. Isso acontece no caso de normas jurídicas sancionadas pelo Estado; Durkheim, porém, só se interessa pelo *caso originário* de normas ainda não sancionadas pelo Estado. Uma transgressão dessas normas é penalizada *porque* elas pretendem uma validade apoiada numa autoridade moral; não gozam dessa validade por se apoiarem em sanções externas: "A palavra 'autoridade moral' se opõe à autoridade material e à supremacia física."[74] Na

---

72. Durkheim, 1967, p. 93.
73. Sobre a relação entre Durkheim e Max Weber, cf. R. Bendix. "Two Sociological Traditions", in R. Bendix, G. Roth. *Scholarship and Partisanship*. Berkeley, 1971.
74. Durkheim, 1967, p. 129.

validade das regras morais, é preciso esclarecer o fato de que elas possuem uma força com caráter obrigatório, capaz de fundamentar sanções, dado o caso de infrações da regra – mesmo que não pressuponha sanções por si mesma. Ao comparar regras morais e regras técnicas, Durkheim pretende chamar a atenção para *este* fenômeno: "Existem, pois, regras que revelam a seguinte característica especial: nós somos concitados a abandonar as ações que elas proíbem, pelo simples fato de elas no-las proibirem. Podemos designar isso como o caráter obrigatório das regras morais."[75]

A explicação oferecida por Durkheim em seu discurso não possui contornos bem definidos. Inicialmente, ele sublinha duas características dos "fatos morais", a saber, o caráter impessoal oriundo da autoridade moral (a) e a ambivalência de sentimentos, provocada no ator (b).

a) Inicialmente, Durkheim retoma a oposição kantiana entre dever e inclinação, especialmente no que se refere à tensão entre mandamentos morais e interesses do indivíduo. A autoconservação imperativa, os interesses na satisfação de necessidades privadas, em síntese, as orientações utilitaristas e autorreferidas da ação não se afinam por si mesmas com exigências morais. Elas exigem que o ator se eleve *acima delas*. A negação de si mesmo, por parte do agente moral, corresponde à generalidade de expectativas de comportamento normatizadas moralmente, as quais se dirigem a todos os membros de uma comunidade: "Por conseguinte, a moral tem início no ponto em que se criam os laços com um determinado grupo, pouco importando a forma que esse grupo apresenta."[76]

---

75. Durkheim, 1967, p. 94.
76. Durkheim, 1967, pp. 86 s.

b) Durkheim aproveita igualmente o segundo aspecto da distinção kantiana entre dever e inclinação, ou seja, a ideia de que os mandamentos morais exercem uma peculiar coerção sobre o indivíduo. Um sujeito que age moralmente tem de se submeter a uma autoridade e exercer uma certa violência sobre sua natureza; porém, isso não acontece sem que ele mesmo *assuma* as obrigações e *faça suas* as exigências morais.

E dado que a vontade de quem age moralmente não se submete a uma força imposta a partir de fora, e sim a uma *autoridade que impõe respeito*, "por estar acima de nós e, ao mesmo tempo, por ser interna a nós"[77], a coação moral possui o caráter de uma *autossuperação*. De outro lado, Durkheim relativiza o dualismo kantiano ao inferir da coação e *da atração* a força constritiva da obrigação. O bem moral é também aquilo que é digno de ser buscado; ele não poderia se tornar eficaz como *ideal* nem despertar *zelo entusiasta*, caso excluísse a perspectiva da satisfação de interesses reais: "Sem prejuízo de seu caráter obrigatório, o fim moral tem de ser desejado e, ao mesmo tempo, *digno de ser desejado*; o 'ser digno de desejo' constitui uma segunda característica de qualquer ação moral."[78]

Na linha dessa fenomenologia do elemento moral, o *segundo* passo da análise deve consistir no estabelecimento de semelhanças entre a validade de regras morais e a aura do sagrado.

ad a) Quando se analisam as representações míticas e o comportamento ritual em sociedades primitivas, descobre-se uma delimitação clara entre domínios da vida sagrados e espaços profanos: "O sagrado... tem a ver com aquilo que é invidualizado, separado. Ele se caracteriza

---

77. Durkheim, 1967, p. 108.
78. Durkheim, 1967, p. 96.

pelo fato de não se misturar com o profano. Caso isso viesse a acontecer, ele deixaria de ser o que é. Qualquer mistura, o menor toque, tem como conseqüência sua profanação, isto é, a privação de suas qualidades específicas. No entanto, tal particularização não coloca esses domínios distintos no mesmo nível, uma vez que a interrupção da continuidade entre o sagrado e o profano constitui um testemunho de que não existe uma medida comum entre eles; eles são inteiramente heterogêneos e incomensuráveis, pois o valor do profano não pode ser comparado ao do sagrado"[79]. Tal atitude perante o sagrado tem semelhanças com o respeito pela autoridade moral, pois ela constitui uma entrega e uma auto-oblação: na veneração do sagrado, durante as ações cultuais, na observância de prescrições rituais etc., o crente se despoja de suas máximas de ação utilitaristas e autorreferidas. Sem levar em conta imperativos da autoconservação ou interesses pessoais, ele entra em comunhão com todos os outros crentes; ele se dissolve na força impessoal do sagrado, que supera tudo o que é meramente individual.

ad b) Além disso, o sagrado desperta a mesma atitude ambivalente, típica da autoridade moral; pois é circundado por uma aura que atrai e encanta, ao mesmo tempo que assusta e aterroriza: "Num certo sentido, o ser sagrado é o ser proibido, vetado, que não temos coragem de ferir; ele também é o ser bom, amado, desejado."[80] Na própria aura se manifesta a intocabilidade daquilo que é, ao mesmo tempo, desejado, ou seja, a proximidade na distância[81]:

---

79. Durkheim, 1967, pp. 126 s.
80. Durkheim, 1967, p. 86.
81. Walter Benjamin descreve de modo semelhante a aura da obra de arte: ela constitui a "aparição única e singular de uma distância"; W. Benjamin. "Das Kunstwerk im Zeitalter seiner technischen Reproduzierbarkeit", in id., *Gesammelte Schriften*, vol. I, parte 2, pp. 431 s.

"O objeto sagrado nos instila respeito ou algo parecido com o medo, que nos mantém distanciados dele. Ao mesmo tempo, porém, é objeto de amor e de desejo; nós tentamos nos aproximar dele, nós o almejamos. Nosso sentimento em relação a ele é duplo, contraditório. Mesmo assim, ele existe."[82] Por conseguinte, o sagrado produz e estabiliza a ambivalência característica dos sentimentos da obrigação moral.

As *analogias estruturais entre o sagrado e a moral* levam Durkheim a concluir pela existência de uma base sagrada da moral. Propõe, por isso, como tese, que as regras morais extraem sua força vinculante da esfera do sagrado. Por esse caminho, ele explica o fato de que obedecemos aos mandamentos morais sem levar em conta sanções externas. Ele interpreta o respeito pelo mandamento moral, bem como as sanções internas em termos de culpa e de vergonha, provocadas pela transgressão de normas morais, como eco de reações primitivas, enraizadas no sagrado: "A moral deixaria de ser moral, caso não contivesse mais nenhum elemento religioso. Assim também, o horror que nos é insuflado pelo delito pode ser comparado, em certo sentido, com aquilo que um sacrilégio infunde no crente; e o respeito que a pessoa humana nos inspira dificilmente pode ser comparado a outra coisa, a não ser com as nuances do respeito que os seguidores das religiões sentem perante as coisas que eles têm como santas."[83]

Nos trabalhos de Durkheim, como nos de Max Weber, o problema da possibilidade de uma moral secularizada depende do modo como se interpreta a secularização: se

---

82. Durkheim, 1967, pp. 99 ss.
83. Durkheim, 1967, p. 125.

ela for interpretada como profanação utilitarista, o problema moral fundamental relativo ao caráter obrigatório de normas vigentes desaparece (como acontece em todas as éticas empiristas)[84].

Após ter comprovado as bases sagradas da moral, Mead tenta, num *terceiro passo*, explicar a procedência do sagrado e, com isso, o significado da autoridade moral. Ora, aqui transparecem os laços não desfeitos que unem Durkheim à tradição da filosofia da consciência. As religiões têm a ver com representações de fé e com práticas rituais. Por isso, Durkheim, tomando como ponto de partida representações de fé, entende a religião como expressão de uma consciência supraindividual, coletiva. Ora, dada sua estrutura intencional, essa consciência sempre é consciência de algo. Tal fato leva Durkheim a procurar inicialmente o objeto intencional, isto é, o objeto do mundo de representações religiosas; a seguir, ele questiona a realidade representada nos conceitos do sagrado. A resposta dada pela própria religião é clara: tal realidade é o ser divino, a ordem mítica do mundo, os poderes sagrados etc. Para Durkheim, porém, atrás dessa realidade se esconde a "sociedade transfigurada, pensada com o auxílio de símbolos". Pois a sociedade ou a coletividade, que resulta da associação dos membros do grupo, em síntese, "a pessoa coletiva", é constituída de tal maneira que ultrapassa a consciência das pessoas individuais, permanecendo, porém, imanente à consciência. Além disso, ela

---

84. "A ética de Spencer, por exemplo, revela uma ignorância total acerca da natureza da obrigação. Para ele, o castigo nada mais é que uma consequência mecânica da ação (o que aparece com muita clareza em sua obra pedagógica sobre os castigos escolares). Porém, isso equivale a ignorar radicalmente as características da obrigação moral." Durkheim, 1967, p. 95.

possui todas as características de uma autoridade moral que exige respeito. Durkheim introduz esse argumento na forma de uma prova da existência de Deus: "Caso haja uma moral ou um sistema de deveres e de obrigações, a sociedade tem de ser uma pessoa moral que se distingue qualitativamente das pessoas individuais que ela abrange e de cuja síntese ela resulta."[85] No início, esta entidade, ou seja, a sociedade, só pode ser vislumbrada e reconhecida nas formas do sagrado.

Ora, conceitos tais como "consciência coletiva" e "representação coletiva" tendem a uma personalização da sociedade, isto é, à assimilação da sociedade a um sujeito superdimensionado. Além disso, a explicação sugerida é circular. O elemento moral é reduzido ao sagrado, e este a representações coletivas de uma entidade, a qual assume, por seu turno, a forma de um sistema de normas obrigatórias. Não obstante, com seu trabalho sobre as bases sagradas da moral, Durkheim abriu um caminho para estudos etnológicos, especialmente para sistemas totêmicos na Austrália[86]. Tais estudos levam a um esclarecimento da estrutura simbólica do sagrado e a uma interpretação não positivista da consciência coletiva.

O próprio Durkheim parte de uma divisão do universo em duas esferas de vida absolutamente separadas: a esfera do sagrado e a do profano. E faz uma distinção nítida entre fé e práxis, entre as interpretações míticas do mundo e as ações rituais, entre o uso ativo de objetos sagrados e o cognitivo. Porém, em ambas as esferas se expressam os mesmos pontos de vista. Além disso, ele descreve o caráter impessoal do sagrado, o qual, ao mesmo

---

85. Durkheim, 1967, p. 104.
86. Durkheim, 1981.

tempo que se sobrepõe a tudo – exigindo respeito, autosuperação, autoaniquilamento e esquecimento dos próprios interesses –, eleva e desperta entusiasmo. Ele reanalisa o curioso parentesco que existe entre a salvação e o medo: "Sem dúvida alguma, os sentimentos despertados por esses dois lados não são idênticos; uma coisa é o respeito, outra coisa o horror. Não obstante, para que os gestos possam ser tidos como os mesmos em ambos os casos, os sentimentos manifestados não podem ser diferentes por natureza. De fato, existe horror no respeito religioso, especialmente quando ele é muito grande; de outro lado, o medo despertado pelas forças do mal também apresenta características que impõem respeito. Os meios-tons que diferenciam as duas atitudes costumam ser tão fugazes, que nem sempre é fácil dizer em que estado de espírito os fiéis se encontram."[87]

Entretanto, o material empírico obriga Durkheim a elaborar mais claramente o *status simbólico dos objetos sagrados*. O caráter simbólico se impõe por si mesmo nas plantas e nos animais tidos como totem: eles são o que significam. Prescrições em forma de tabu impedem que sejam tratados como coisas profanas, por exemplo que sejam consumidos como alimento. Todos os objetos sagrados compartilham desse *status* simbólico, quer se trate de bandeiras, de emblemas, de ornamento, de tatuagens, de enfeites, de cópias, de ídolos, de objetos naturais ou de eventos. Eles são tidos como sinais dotados de um significado convencional que possui o mesmo núcleo semântico; eles representam o poder do sagrado, pois são "ideais coletivos que se fixaram em certos objetos materiais"[88].

---

87. Durkheim, 1981, p. 549.
88. É. Durkheim. "Le dualisme de la nature humaine et ses conditions sociales", in *Scientia*, XV, 1914, pp. 206-21; reimpresso in Durkheim.

Tal formulação apareceu num artigo interessante, em que Durkheim reveste sua teoria da consciência coletiva com uma teoria das formas simbólicas: "... representações coletivas podem se formar mediante a incorporação em objetos materiais, em coisas, em vários tipos de animais, em figuras, movimentos, sons, palavras etc., os quais as representam exteriormente, simbolizando-as; as consciências individuais desejosas de obter o sentimento de afinação e de comunhão têm de expressar seus sentimentos, traduzi-los num sinal e simbolizá-los. E as coisas que desempenham tal papel participam necessariamente das mesmas sensações provocadas pelos estados espirituais que elas representam e de certa forma materializam. Elas também são respeitadas, temidas e desejadas como forças auxiliares"[89].

O meio dos símbolos religiosos oferece a chave para a solução de um problema que Durkheim reduz à seguinte fórmula: será que podemos pertencer inteiramente a nós mesmos e, ao mesmo tempo, a outros? Como podemos estar, ao mesmo tempo, dentro de nós e fora de nós? Ora, os símbolos religiosos têm o mesmo significado para todos os membros do grupo, tornando possível, na base de uma semântica sagrada unitária, uma espécie de intersubjetividade, que ainda se encontra, no entanto, aquém dos papéis comunicativos da primeira, da segunda e da terceira pessoas. Mesmo assim, tal intersubjetividade ultrapassa o limiar de uma simples reação emocional coletiva.

La science sociale et l'action. Editado por Jean-Claude Filloux, que também redigiu uma introdução. Paris, 1970, pp. 314-32. (Versão inglesa de Charles Blend, in K. H. Wolff (org.). *Émile Durkheim, 1858-1917. A Collection of Essays, with Translations and a Bibliography*. Columbus, 1960, pp. 325-40.) Citação in Durkheim, 1970, p. 327.

89. Durkheim, 1970, p. 328.

Durkheim investiga tal consenso normativo – pré-linguístico e mediado por símbolos – tomando como base práticas rituais, porque o rito é tido como o componente mais antigo da religião. As convicções religiosas já estão vertidas em linguagem e constituem a posse comum de uma comunidade religiosa, cujos membros se certificam de sua comunhão nas ações de culto. Por isso, a fé religiosa constitui sempre a fé de uma coletividade, resultando também de uma práxis que é, ao mesmo tempo, interpretada pela fé. Durkheim descreve inicialmente a prática ritual num quadro mentalista, lançando mão de conceitos da consciência coletiva: "As representações religiosas são representações coletivas que expressam realidades coletivas; os ritos são ações que podem surgir somente no seio de grupos reunidos, e sua finalidade consiste em manter ou restaurar determinados estados de espírito desses grupos."[90] Entretanto, a religião não é mais representada em moldes positivistas como uma espécie de teoria codificada, a qual interpreta a sociedade em sua totalidade[91]. Uma interpretação dinâmica vai substituir a equiparação reificadora, que colocava no mesmo nível o referente de proposições de fé e a entidade do conjunto vital social. Tão logo a prática ritual é reconhecida como fenômeno originário, o simbolismo religioso pode ser entendido como meio para uma forma especial de interação mediada por símbolos. Ora, tal prática ritual serve a uma comunidade que se realiza mediante a comunicação.

As ações rituais permitem descobrir que a expressão sagrada de um consenso normativo é atualizada de modo regular: "Não existe nenhuma sociedade que não sinta a

---

90. Durkheim, 1981, p. 28.
91. Parsons, 1949a, p. 426, menciona com razão um "resíduo positivista".

necessidade de despertar para a vida ou de consolidar, em intervalos regulares, ideias e sentimentos coletivos. E tal renovação moral só pode ser atingida mediante reuniões, agremiações e congregações, nas quais os indivíduos, muito próximos uns dos outros, fortalecem em conjunto seus sentimentos comuns. Por isso, as cerimônias civis não se distinguem propriamente das cerimônias religiosas. Que diferença existe entre uma reunião de cristãos que comemoram os episódios mais importantes da vida de Cristo, uma reunião de judeus que celebram a fuga do Egito ou o anúncio dos dez mandamentos e uma reunião de cidadãos que recordam um grande evento da vida nacional?"[92] Em cerimônias desse tipo, nada é *representado*: elas constituem a realização exemplarmente repetida de um consenso que se renova por seu intermédio, cujos conteúdos são curiosamente autorreferenciais. No fundo, trata-se de variações de um mesmo tema: o da presença do sagrado; e este constitui apenas a forma sob a qual a coletividade experimenta "sua unidade e sua personalidade". E, dado que o consenso normativo básico, que se manifesta no agir comum, *produz* e *mantém* a identidade do grupo, o fato do consenso bem-sucedido constitui, ao mesmo tempo, seu conteúdo essencial.

O conceito de *consciência coletiva* se desloca em conformidade com isso. Durkheim o utilizou para designar a totalidade das representações impostas pela sociedade e compartilhadas por todos os seus membros; na análise dos ritos, esse termo não se refere tanto aos conteúdos como à estrutura de uma identidade do grupo, produzida mediante a identificação comum com o sagrado. A *identidade coletiva* se forma por meio da figura de um consen-

---

92. Durkheim, 1981, p. 571.

so normativo; é verdade que não se trata de um consenso *visado*, porque a identidade dos membros de um grupo surge junto com a identidade desse mesmo grupo, uma vez que ambas são cooriginárias. O que transforma um indivíduo numa pessoa é aquilo sobre o que ele concorda com todos os membros do grupo social; nas palavras de Mead, é o *Me* que representa a autoridade do "outro generalizado" no adulto socializado. Nesse ponto, Durkheim assume uma posição semelhante à de Mead: "Podemos... dizer que aquilo que transforma o homem numa pessoa é aquilo que ele tem em comum com os outros homens, ou seja, aquilo que o transforma num homem em si mesmo, e não apenas num determinado homem. Kant, ao contrário, pensa que os sentidos, o corpo e tudo aquilo que individualiza opõem-se à personalidade. As coisas são assim porque a individuação não constitui a característica essencial da pessoa."[93] Inicialmente, a identidade da pessoa constitui apenas um reflexo da identidade coletiva; esta garante a solidariedade social numa certa forma "mecânica".

(2) Tal teoria parece indicada para o saneamento da lacuna filogenética existente na construção meadiana. Pois a identidade coletiva assume a figura de um consenso normativo formado mediante símbolos religiosos e se explicita na semântica do sagrado. A consciência religiosa que garante a identidade se regenera e se mantém graças à prática ritual. De outro lado, podemos lançar mão da teoria da comunicação, elaborada por Mead, a fim de descortinar esboços de respostas às questões que a teoria durkheimiana deixa sem solução. Eu tenho em mente, em primeiro lugar, a questão que diz respeito ao sur-

---

93. Durkheim, 1981, pp. 367 s.

gimento do simbolismo religioso (a), a questão relativa à solidariedade da coletividade, a qual se abre num sistema de instituições sociais (b); e a questão paralela que tem a ver com o modo de entender a individualidade dos membros singulares do grupo, ao se tomar como ponto de partida o conceito durkheimiano de identidade coletiva (c). Os itens (b) e (c) contêm duas questões fundamentais da teoria social clássica, que podem ser formuladas da seguinte maneira: Como são possíveis a ordem social e a integração social? De que modo o indivíduo e a sociedade se relacionam entre si?

(a) Quando substituímos o conceito de "identidade coletiva", de Durkheim, pelo conceito de "outro generalizado", de Mead, abre-se a possibilidade de uma observação do simbolismo das religiões tribais mais primitivas à luz da construção meadiana, a qual depende da passagem da "interação mediada por símbolos" para a "interação regulada por normas". Nós esclarecemos que os sinais, ou seja, os "gestos significantes", de Mead não funcionam mais como gestos de expressão animais, ou seja, como gatilhos ou mecanismos disparadores, aos quais o organismo reage mediante um programa de comportamento – o qual é em parte natural e instintivo, próprio à espécie, e em parte aprendido. No entanto, no próprio nível da interação mediada por símbolos, a coordenação da ação permanece embutida numa regulação do comportamento que funciona de modo pré-linguístico, apoiada, em última instância, em resíduos instintivos. A força de ligação dos atos comunicativos realizados com meios simbólicos – a qual conecta as ações dos participantes da interação – será tanto menor quanto maior for o destaque dado ao desenvolvimento cognitivo e à atitude objetivadora dos atores em relação a um mundo de objetos perceptíveis e manipuláveis. À medida que se forma uma percepção dos objetos e um agir teleológico, acontece uma diferenciação linguística, uma vez que a linguagem por sinais assume uma configuração proposicional que dará lugar, mais tarde, à forma explícita de proposições intencionais e categóricas. Tivemos ocasião de constatar que um falante não pode substituir efeitos de ligação linguísticos mediante o emprego comunicativo *dessas* proposições. Por isso, suponho que existe uma ruptura no meio da comunicação, a qual corresponde à divisão entre o sagrado e o profano, ou seja: o simbolismo religioso que torna possível um consenso normativo e oferece uma base para a coordenação da ação ritual constitui a parte arcaica remanescente do nível da interação mediada por símbolos, a qual persiste quando experiências oriundas de domínios em que o uso de objetos perceptíveis e manipuláveis se estrutura cada vez mais de modo proposicional fluem para a comunicação. Os símbolos religiosos são desligados das funções de adaptação e de domínio da realidade, passando a assumir uma nova função: conectar ao meio da comunicação simbólica as disposições comportamentais e as energias que se desprendem de programas instintivos.

As observações de Durkheim sobre os símbolos paleolíticos que aparecem em contextos da prática ritual falam a favor dessa hipótese: "Não é necessário demonstrar que um brasão constitui um sinal de reconhecimento útil para qualquer grupo. Quando expressamos a unidade social numa certa forma de matéria, ela se torna perceptível para todos. Por isso, o uso de símbolos em forma de brasão se espalhou rapidamente quando tal ideia amadureceu. Além disso, tal ideia tinha de surgir espontaneamente das condições da vida comum, uma vez que o brasão não constitui apenas um meio cômodo que permite traduzir o modo de sentir e de pensar de uma sociedade; ele também serve para provocar, por seu turno, tal modo de sentir, por ser um elemento constitutivo dela. Além disso, toda a consciência individual é fechada em si mesma, não podendo se comunicar com a consciência dos outros a não ser mediante sinais que permitem expressar seus estados interiores. Para que tal movimento se transforme numa comunicação, isto é, numa fusão de todos os sentimentos individuais que assumem a forma de um sentimento comum, é necessário que os sinais que expressam tais sentimentos se fundam num sinal único e irrepetível. Quando esse sinal aparece, os indivíduos sentem que estão em harmonia formando uma unidade moral. Quando emitem o mesmo grito, articulam a mesma palavra ou fazem os mesmos gestos em relação ao mesmo objeto, eles sentem que estão em consonância."[94]

Descobrimos semelhanças estruturais entre ações rituais e interações mediadas por símbolos, as quais se desenvolvem pelo caminho dos sinais. Os símbolos paleolíticos possuem um significado não diferenciado do ponto de vista modal, portanto incapaz de orientar o comportamento. De outro lado, as ações rituais perderam sua função adaptativa; elas servem para produzir e conservar uma identidade coletiva, graças à qual o controle da interação pode passar de um programa genético, ancorado no organismo particular, para um programa cultural compartilhado intersubjetivamente. Tal programa só pode ser remetido quando a unidade intersubjetiva de uma comunidade de comunicação está assegurada. O grupo pode se constituir como coletividade, uma vez que o estoque

---

94. Durkheim, 1981, p. 315.

de motivos dos indivíduos associados é apreendido simbolicamente e, a seguir, estruturado por meio dos *mesmos* conteúdos semânticos. O caráter predominantemente expressivo e apelativo dos ritos dá a entender que restos instintivos são absorvidos simbolicamente e sublimados – provavelmente na base de ritualizações que podem ser observadas entre os animais quando tentam vencer um obstáculo[95].

(b) Quando se aceita tal sugestão e passa-se a entender a consciência coletiva como um consenso mediante o qual se forma a identidade de uma coletividade correspondente, impõe-se uma explicação sobre o modo como essa estrutura simbólica, fundadora de unidade, se comporta em relação à pluralidade das instituições e dos indivíduos socializados. Durkheim afirma que todas as grandes instituições nascem do espírito da religião[96]. Com isso, pretende dizer apenas que a validade normativa possui bases morais e que a moral, por seu turno, possui raízes no sagrado; inicialmente, as próprias normas morais e jurídicas se revestiam do caráter de prescrições rituais. Todavia, quanto mais as instituições se diferenciam, tanto mais tênue é sua ligação com a prática ritual. Não obstante, uma religião não consiste apenas em atos de culto. Penso que a origem religiosa das instituições só pode adquirir um sentido não trivial quando consideramos a interpretação religiosa do mundo como um elo de ligação entre a identidade coletiva e as instituições.

Em sociedades mais desenvolvidas, as cosmovisões possuem, além das funções já elencadas, a de legitimar o

---

95. I. Eibl-Eibesfeld. *Grundriss der vergleichenden Verhaltensforschung*. Munique, 1967, pp. 109 ss. e 179 ss.
96. Durkheim, 1981, p. 561.

poder político. Elas oferecem um potencial de fundamentação que pode ser utilizado para a justificação da ordem política e das bases institucionais da sociedade em geral. Desse modo, elas assumem o papel de fundamento para a autoridade moral, ou melhor, para a validade de normas básicas. A força legitimadora das cosmovisões metafísicas e religiosas poderá ser explicada, conforme sublinhou Weber, se se levar em conta o fato de que o saber cultural pode encontrar um assentimento racionalmente motivado. Isso não acontece com cosmovisões rudimentares, não-diferenciadas de um ponto de vista intelectual, difundidas em sociedades tribais, as quais contêm, de um lado, um potencial de fundamentação narrativo, que se encontra tão estreitamente entrelaçado com o sistema de instituições, que as cosmovisões não conseguem *legitimá*-lo postumamente; quando muito, elas o *explicitam*. Tais visões do mundo estabelecem um elo analógico entre o homem, a natureza e a sociedade representada como uma totalidade mítica. E, pelo fato de estabelecerem uma totalidade em que tudo se corresponde com tudo, essas visões do mundo ligam subjetivamente a identidade coletiva do grupo ou da tribo à ordem cósmica, a qual se integra com o sistema de instituições sociais. Em casos-limite, a visão do mundo funciona como uma espécie de correia de transmissão capaz de transformar o acordo religioso fundamental em energias de solidariedade social, transportando-as para as instituições sociais e atribuindo-lhes autoridade moral.

O ponto mais interessante nessa relação entre consenso normativo, cosmovisão e sistema de instituições reside no fato de que a ligação se estabelece mediante os canais da comunicação linguística. Enquanto as ações rituais permanecem no nível pré-linguístico, as cosmovisões religiosas ficam ligadas ao agir comunicativo. As interpretações da situação, que surgem na comunicação cotidiana, alimentam-se de cosmovisões, por mais arcaicas que estas sejam; e, por seu turno, as cosmovisões só podem se reproduzir mediante tais processos de entendimento. Isso lhes confere a *forma* de um saber cultural apoiado em experiências cognitivas e sobre a integração social. No entanto, convém lembrar que Durkheim não se descuidou inteiramente do papel da linguagem nas partes epistemológicas de sua sociologia da religião: "No dia a dia, o sistema conceitual que utilizamos para pensar é o sistema que expressa o vocabulário de nosso idioma materno. Pois cada palavra designa um conceito."[97] Porém, ele subsume apressadamente a comunidade do consenso normativo, realizado mediante normas, e a intersubjetividade do saber, produzida por meio de atos de fala, sob o mesmo conceito de consciência coletiva. Por isso, não fica claro o modo como as instituições extraem sua validade a partir das fontes religiosas da solidariedade social. Tal problema só pode ser solucionado quando levamos em conta que a prática cotidiana ou profana flui através de processos de entendimento diferenciados linguisticamente, obrigando a uma especificação de pretensões de validade para ações adequadas à situação no contexto normativo de papéis e instituições[98]. O agir comunicativo, que Durkheim não valorizou suficientemente, constitui o *ponto de engate* para as energias da solidariedade social.

---

97. Durkheim, 1981, p. 579.

98. A crítica de Parsons a Durkheim irrompe nesse ponto; ele constata a falta de uma diferenciação clara entre o nível dos valores culturais e o nível dos valores institucionalizados, isto é, das normas que criam uma relação com a situação por meio de papéis sociais. Parsons, 1967b; cf. também G. Mulligan, B. Lederman. "Social Facts and Rules of Practice", in *AJS* 83, 1977, pp. 539 ss.

(c) O descuido em relação à dimensão do entendimento linguístico provoca o dualismo insatisfatório que transparece nas explicações de Durkheim acerca da relação entre indivíduo e sociedade. No seu entender, o sujeito se decompõe em duas partes heterogêneas: uma parte não socializada, submetida a interesses próprios e a imperativos de autoconservação; e uma parte moral, cunhada pela identidade do grupo. Em outras palavras, o sujeito tem de ser visto como um "ser individual, que tem sua base num organismo e cujo âmbito de ação é extremamente limitado; e como um ser social, que representa em nós, no âmbito intelectual e moral, a realidade mais alta que podemos reconhecer por meio da experiência, ou seja, a sociedade"[99]. A divisão do universo social em dois domínios, o do sagrado e o do profano, se repete nas contraposições psicológicas em termos de corpo e alma, corpo e espírito, bem como no antagonismo entre inclinação e dever, entre sensibilidade e entendimento. Nesse ponto, mais que em qualquer outro, Durkheim fica preso aos conceitos mentalistas da filosofia da consciência. Ele distingue entre estados de consciência individuais e coletivos; porém, ambos os estados valem como estados da consciência do indivíduo: "Nele existem realmente dois grupos de estados de consciência que se distinguem por sua procedência, por sua natureza e pelos fins a que estão dirigidos. Os primeiros expressam apenas nosso organismo e os objetos com os quais ele está em relação íntima. Como estados estritamente individuais, eles nos ligam apenas com nós mesmos, e não podemos nos separar deles assim como não podemos nos separar de nosso corpo. Já os outros (estados da consciência) nos ad-

---

99. Durkheim, 1981, p. 37.

vêm da sociedade; eles a expressam em nós e ligam-nos a algo que nos ultrapassa. Por serem coletivos, são impessoais; indicam-nos fins que temos em comum com outros homens; por meio deles e somente por meio deles, podemos nos comunicar com outros."[100]

O indivíduo só consegue sua identidade como pessoa graças à identificação com características da identidade coletiva ou graças à internalização dessas características: "Portanto, não é verdadeira a crença segundo a qual seremos tanto mais 'pessoais' quanto mais 'individuais' conseguirmos ser."[101] O único princípio de individuação reside nos pontos espaciais e temporais do corpo e na natureza de necessidades embutidas no processo de socialização por meio do organismo, ou seja, "nas paixões", termo empregado por Durkheim ao se referir à tradição clássica. No entanto, quando se leva em conta o fato de que as vivências subjetivas são fortemente marcadas pela cultura, esta tese perde sua plausibilidade. Além do mais, o próprio Durkheim aborda os fenômenos que Frazer designara com o termo "totemismo individual". Em certas tribos australianas se encontram não somente totens que valem para todo o clã, mas também totens para indivíduos singulares; estes são representados como um *alter ego* que desempenha a função de um patrono protetor. Esses totens individuais não são atribuídos do mesmo modo que os totens coletivos, pois são normalmente *adquiridos* pelo caminho da imitação ritual. Em outros casos, a aquisição é optativa, quando os que gostariam de sair da coletividade se esforçam para ter um totem próprio[102]. Tra-

---

100. Durkheim, 1970, p. 330.
101. Durkheim, 1981, p. 369.
102. Durkheim, 1981, pp. 499 ss.

ta-se, pois, de uma estrutura utilizada para a diferenciação de identidades pessoais, semelhante ao costume, universalmente difundido, de dar nomes às coisas. Esse costume permite caracterizar uma variedade de corpos e de pessoas. Tudo indica que a individualidade também constitui um fenômeno gerado pela sociedade, resultado de um processo de socialização, não podendo ser tido como simples expressão de uma natureza residual de carências, subtraída à socialização.

Mead entende a identidade da pessoa na linha de Durkheim, como uma estrutura resultante da assunção de expectativas de comportamento socialmente generalizadas: o *Me* é o conjunto de atitudes que absorvemos de pessoas de referência[103]. Porém, ao contrário de Durkheim, Mead pressupõe que a formação da identidade se realiza pela comunicação linguística; e uma vez que a subjetividade não consegue situar suas intenções, desejos e sentimentos fora desse meio, a origem das instâncias do *I* e do *Me*, do eu e do sobre-eu, tem de ser localizada nesse *mesmo* processo de socialização. Nesse ponto, Mead adota uma posição mais convincente e contrária à de Durkheim: segundo ele, o processo de socialização constitui, ao mesmo tempo, um processo de individuação. E o argumento principal se apoia na diferença de atitudes assumidas por falantes e ouvintes. O princípio da individuação não reside no corpo, mas numa *estrutura de perspectivas* configuradas pelos *papéis comunicativos* da primeira, da segunda e da terceira pessoas. A introdução da expressão *"Me"* para caracterizar a identidade do indivíduo

---

103. Mead, 1969a, p. 245. Em seus escritos sobre a sociologia da educação, Durkheim desenvolve um conceito de internalização semelhante ao de Freud e Mead. Cf. T. Parsons. "Vorwort", in id., *É. Durkheim. Education and Sociology*. Nova York, 1956; trad. al. Neuwied, 1973.

socializado permite a Mead ligar sistematicamente a assunção de papéis, eficaz do ponto de vista da socialização, com a situação de fala, em que falantes e ouvintes contraem, enquanto membros de um grupo social, relações interpessoais. *Me* está no lugar da opinião que o *ego* troca com um *alter*, no âmbito de uma interação, no momento em que o *ego* faz a oferta de um ato de fala. O *ego* consegue tal opinião acerca de si mesmo à medida que assume a perspectiva do *alter*, isto é, quando esse *ego me* pede ou *me* promete algo, quando espera algo *de mim*, *me* teme, *me* odeia, *me* alegra etc. Porém, a relação interpessoal entre o falante e o interpelado, entre *eu* e *tu*, entre primeira e segunda pessoa, configura-se de tal modo que o *ego*, ao assumir a perspectiva de um outro, já não pode fugir ao seu próprio papel comunicativo. À medida que o *ego* assume a atitude do *alter*, a fim de se apropriar das expectativas deste último, ele não se livra do papel da primeira pessoa, pois ele mesmo continua sendo aquele que, no papel de *ego*, tem de preencher os padrões de comportamento internalizados e adotados inicialmente pelo *alter*.

As atitudes performativas assumidas pelo *ego* e pelo *alter* quando agem comunicativamente entre si ligam-se à pressuposição de que o outro pode *assumir posição* perante oferta do ato de fala, ou seja, pode dizer "sim" ou "não". O *ego* não pode negociar para si mesmo esse espaço de liberdade, mesmo quando ele assume, de certa forma, papéis sociais, pois a estrutura linguística de uma relação entre atores imputáveis está inserida profundamente no próprio padrão de comportamento internalizado. Por isso, no processo de socialização, o *Me* emerge cooriginariamente junto com um *I*; e o efeito de individuação, inerente aos processos de socialização, deriva dessa estrutura dupla. O modelo dessa relação entre duas instâncias se inspira na "resposta" dada por um participante da comunicação, que toma posição dizendo "sim" ou "não". E ninguém, nem mesmo o *ego*, pode prever que resposta ele dará ou que posição assumirá: "Talvez jogue bem, talvez cometa um erro. A reação a tal situação... é incerta, e mediante essa incerteza se constitui o *I*."[104]

Mead enfatiza não somente os tipos e os modos de um agente comunicativo desempenhar um papel, mas também os momentos de espontaneidade e de imprevisibilidade. A simples estrutura da intersubjetividade linguística obriga o ator a ser *ele mesmo*, inclusive no comportamento conforme a normas. Num sentido fundamental, no agir comunicativo, mesmo no regido por normas, ninguém pode se desfazer *da iniciativa*, assim como ninguém pode ser privado dela: pois "o *I* fornece o sentimento de liberdade, de iniciativa"[105] –, e assumir a iniciativa significa começar algo novo, poder fazer algo surpreendente[106]. "A distinção entre *I* e *Me* não é simples ficção. Eles não são idênticos porque o *I* jamais é inteiramente previsível. Quando cumprimos obrigações, o *Me* está em busca de um *I*... mesmo assim, o *I* sempre se diferencia um pouco daquilo que é exigido pela situação... Juntos, eles formam uma personalidade, tal como aparece na experiência social... O si mesmo constitui, no fundo, um processo social que consiste nessas duas fases distintas. Caso não houvesse essas duas fases, não haveria responsabilidade consciente, nem novas experiências."[107]

A dificuldade encontrada por Durkheim para explicar o modo como a identidade de um grupo se comporta

---

104. Mead, 1969a, p. 219.
105. Mead, 1969a, p. 221.
106. Essa opinião é interpretada por H. Arendt. *Vita activa*. Munique, 1956, pp. 164 ss.
107. Mead, 1969a, p. 221.

em relação à identidade de seus membros serviu de ocasião para que retomássemos a análise meadiana das relações entre *I* e *Me*. Da primeira vez, nós nos interessáramos pelo modo como o mundo subjetivo das vivências infantis, ao qual uma criança tem acesso privilegiado, forma-se junto com um mundo social, comum e complementar. Nesse contexto, ao escolher o termo "*I*", Mead pudera se apoiar no significado dessa expressão, traduzida em proposições vivenciais, portanto em proposições que um falante utiliza no modo expressivo. No atual contexto, porém, esse conceito assumiu outro significado. A escolha do termo "eu" leva em conta o significado dessa expressão nos componentes ilocucionários de atos de fala, nos quais ele aparece na segunda pessoa, ao lado de uma expressão que caracteriza um objeto. O sentido performativo aponta para a relação interpessoal entre "eu" e "tu" e, assim, para a estrutura de uma intersubjetividade linguística, que *coage incessantemente* a criança *à individuação*. Aqui também o agir comunicativo se comprova como o ponto de ramificação das energias da solidariedade social; porém, desta vez, nós não o consideramos sob aspectos envolvendo a coordenação da ação, e sim, do ponto de vista da socialização, a fim de descobrir como a consciência coletiva, que utiliza as forças ilocucionárias, se comunica aos indivíduos, não às instituições.

Para superar as metáforas que ainda aderem às respostas provisórias, formuladas por Durkheim e Mead com a finalidade de enfrentar as questões fundamentais da teoria clássica da sociedade, pretendemos retomar a discussão sobre as estruturas gerais do entendimento linguístico, tendo em vista aspectos genéticos. Antes disso, porém, eu gostaria de fixar os resultados conseguidos por nossa interpretação da teoria da religião, de Durkheim.

Sabemos que o núcleo da consciência coletiva, a qual se produz e se regenera na prática ritual de uma comunidade de fé, é formado por um consenso normativo. Nessa comunidade, os membros tomam como orientação símbolos religiosos; porque a seus olhos a unidade intersubjetiva da coletividade é representada mediante conceitos do sagrado. Tal identidade coletiva determina o círculo dos que se entendem como membros do mesmo grupo social e que podem se referir a si mesmos utilizando a categoria da primeira pessoa do plural. Ora, as ações simbólicas do rito podem ser interpretadas como resíduos de um nível de comunicação já superado no âmbito da cooperação social profana. E a tendência evolucionária que leva a interação mediada por símbolos a se inclinar para uma interação regida por normas permite o encapsulamento de um domínio sagrado, que se isola da prática cotidiana. Tal isolamento existe, também, nas sociedades mais primitivas, no nível do agir regido por normas, em que formou um sistema de instituições e uma estrutura de indivíduos socializados; já na perspectiva da filogênese, o surgimento de instituições e a formação de identidades correspondem à construção do mundo social e do mundo subjetivo, que Mead analisou do ponto de vista ontogenético.

Durkheim tenta derivar a validade normativa das instituições de um acordo normativo fundamental vinculado a símbolos religiosos, e a identidade pessoal dos membros de grupos, da identidade coletiva do grupo expressa nesses mesmos símbolos. Ora, uma observação mais atenta revela que a comunicação linguística assume, em ambos os casos, uma importante *função de mediação*. Pois o agir regido por normas pressupõe a fala gramatical enquanto meio da comunicação. E, até que não se esclareça a estrutura do entendimento linguístico, não será possível entender o nexo que liga entre si a consciência coletiva, as normas aplicáveis numa situação específica e as estruturas da personalidade, imputáveis individualmente. O simbolismo religioso representa uma das três raízes pré-linguísticas do agir comunicativo; mesmo assim, as energias da solidariedade social, atreladas ao simbolismo religioso, não conseguem se ramificar nem se comunicar – enquanto autoridade moral – às instituições ou às pessoas, a não ser por meio do agir comunicativo.

O dado mais interessante dessa raiz consiste no fato de ela ser *naturalmente* simbólica. Pois o uso cognitivo de objetos perceptíveis e manipuláveis, a expressão de vivências mediante estímulos sensíveis, como também nossas carências, estão em contato com a natureza exterior e interior; eles têm a ver com uma realidade que transcende a linguagem e que não possui estruturas de símbolos. Além disso, as cognições e expressões do homem que estão sempre, de uma forma ou de outra, vinculadas à linguagem aparecem desde os primórdios da história dos gestos de expressão e da história da inteligência animal. A consciência de normas, ao contrário, não possui semelhante referência trivial ou extralinguística; e para as obrigações não se encontram correlatos inequívocos na história natural, tal como acontece no âmbito das necessidades e das impressões dos sentidos. Mesmo assim, a consciência coletiva, o consenso normativo – apoiado em símbolos paleolíticos – e a identidade coletiva que ele carrega asseguram às vivências normativas um contato com uma realidade *pré-linguística* que é também simbólica, uma vez que os símbolos são "mais antigos" que a interação mediada pela fala gramatical.

Nesta pesquisa, eu parto da ideia de que a fala gramatical se distingue da linguagem por sinais porque os componentes assertóricos, apelativos e expressivos que formam no início uma unidade difusa diferenciam-se, constituindo uma nova unidade num nível superior. No nível dos atos de fala, as relações cognitivas com a natureza exterior e as relações expressivas com a natureza interior, dotadas de raízes pré-linguísticas, integram-se com as relações obrigatórias que também possuem raízes *pré-linguísticas* acrescidas de *raízes simbólicas*. E tal processo as transforma. Quando se aceita, além disso, que a história do surgimento da linguagem se sedimenta nas estruturas formais da ação de fala, parece fazer sentido examinar, mesmo que de forma indireta, a hipótese das três raízes do agir comunicativo. Certamente, não podemos perder de vista o fato de que uma descrição pragmático-formal só é possível no horizonte de uma compreensão moderna do mundo.

(3) *Excurso sobre as três raízes do agir comunicativo.* Ao tratar dos atos de fala, distinguimos três componentes estruturais: o proposicional, o ilocucionário e o expressivo. Quando tomamos como base a forma normal de um ato de fala (eu conto a você *que p*; eu prometo a você *que q*; eu confesso a você *que r*), podemos dizer que o componente proposicional é representado por uma proposição de conteúdo proposicional dependente ('– *que p*'). Ora, qualquer uma dessas proposições pode ser transformada numa proposição assertórica de conteúdo descritivo. Sua estrutura pode ser explicada mediante o caso especial de uma proposição predicativa simples (como, por exemplo, "a bola é vermelha"). Normalmente, o componente ilocucionário é representado por meio de uma proposição performativa principal, em que há um sujeito, expresso pela primeira pessoa do presente, um verbo performativo (em função predicativa) e um pronome pessoal

da segunda pessoa (como objeto). A estrutura de tais proposições pode ser analisada mediante o caso especial dos atos de fala fixados institucionalmente, dos quais o ator se serve para cumprir uma norma singular bem circunscrita (como, por exemplo, uma aposta, um casamento, uma congratulação). O componente expressivo permanece normalmente implícito, podendo, no entanto, ser expandido, o que o leva a assumir a figura de uma proposição expressiva. Esta é formada com o auxílio da primeira pessoa do presente (como expressão do sujeito) e mediante o emprego de um verbo intencional (em função predicativa); já um objeto (por exemplo, "eu amo N") ou um estado de coisas nominalizado ("eu temo *que p*") assumem o lugar do objeto lógico.

O fato de cada um desses três componentes estruturais apresentar características significantes fala a favor de sua autonomia. A cada um desses componentes se liga *uma* característica, a qual é constitutiva para um entendimento em geral, gramaticalmente diferenciado, uma vez que *proposições assertóricas* podem ser verdadeiras ou falsas. A semântica da verdade demonstrou que nelas existe uma ligação interna entre significado e validade. Já nas *proposições performativas* o falante, ao enunciar algo, realiza uma ação. A teoria dos atos de fala comprovou que nessas proposições existe um nexo interno entre o falar e o agir. Proposições performativas não podem ser verdadeiras nem falsas; no entanto, as ações realizadas com seu auxílio podem ser entendidas como obediência a mandamentos ("Você deve prestar auxílio a A"). Por seu turno, as proposições expressivas têm como característica própria o fato de não se poder contestar seu conteúdo, nem sua relação com o objeto: está excluída a possibilidade de falhas de identificação; também não é viável a crítica de um saber ao qual o falante possui um acesso privilegiado. Nessas proposições é possível constatar um nexo interno entre intenção e significado, bem como entre o que é dito e o que é pensado. Além do mais, não existe uma continuidade lógica entre as proposições assertóricas, normativas e expressivas, pois as proposições de uma categoria não são dedutíveis da outra, nem os componentes estruturais do ato de fala podem ser reduzidos uns aos outros.

A nós interessa o fato de que esses três componentes dos atos de fala podem ser subordinados respectivamente a cognições, obrigações e expressões. Quando, por motivos de comparação, lançamos mão dos *correlatos pré-linguísticos* das ciências do comportamento, descobrimos que eles se modificam em nível linguístico. As percepções, as representações e o comportamento adaptativo assumem uma estrutura proposicional. No nível do agir regulado por normas, a solidariedade produzida ritualmente, e as obrigações para com a coletividade são divididas em duas partes: de um lado, o reconhecimento intersubjetivo de normas existentes e, de outro, os motivos de uma ação conformes a normas. As expressões corporais que surgem espontaneamente perdem seu caráter involuntário quando são substituídas por manifestações linguísticas ou quando passam a ser interpretadas por elas. Já as manifestações expressivas podem ser empregadas intencionalmente, pois servem a intenções comunicativas.

Quando os atos comunicativos assumem a figura da fala gramatical, a estrutura simbólica perpassa *todos* os componentes da interação. Ou seja, a apreensão cognitivo/instrumental da realidade, o mecanismo controlador que afina entre si os comportamentos de vários participantes da interação e os atores com suas disposições comportamentais se ligam à comunicação linguística, passando a ser estruturados de modo simbólico. Concomitantemente, a transferência de cognições, de obrigações e de expressões para uma base linguística permite aos meios comunicativos assumir novas funções: além da função de *entendimento*, a função de *coordenação da ação* e da *socialização* dos atores. Sob o aspecto do entendimento, os atos comunicativos servem para a *mediação de um saber armazenado na cultura*: a tradição cultural se reproduz, como foi mostrado, por meio do "agir orientado pelo entendimento". Do ponto de vista da coordenação da ação, os mesmos atos comunicativos servem para um *cumprimento de normas*, adequado ao respectivo contexto, visto que a integração social também se realiza por esse meio. Finalmente, sob o aspecto da socialização, os atos comunicativos servem para o estabelecimento de controles internos do comportamento e para a formação de estruturas da personalidade. É de Mead a ideia segundo a qual os processos de socialização se realizam mediante interações que passam pela linguagem.

Quando nos propomos analisar em detalhes as razões pelas quais os atos de fala, dadas as suas características formais, constituem um meio apropriado da reprodução social, não basta comprovar a autonomia dos três componentes estruturais, nem as ligações entre o componente proposicional e a representação do saber, entre o componente "ilocucionário" e a coordenação de ações, entre o componente expressivo e a diferenciação entre mundo interior e mundo exterior. Na reprodução simbólica do mundo da vida os atos de fala só podem assumir, *simultaneamente*, as funções da tradição, da integração social e da socialização de indivíduos se o componente proposicional, o "ilocucionário" e o expressivo estão, em cada ato de fala, integrados de tal forma numa *unidade gramatical*, que o conteúdo semântico possa ser convertido livremente entre os componentes. Eu gostaria de mostrar, em linhas gerais, como cada um dos componentes se entrelaça respectivamente com os outros dois componentes (a-c) – ou seja, o entrecruzamento do componente "ilocucionário" com o proposicional e o expressivo –, a fim de destacar as consequências que daí resultam para a relação entre o falar e o agir e para a relação do falante consigo mesmo (d).

(a) Ao compararmos o *componente proposicional* com os demais componentes do ato de fala, salta imediatamente aos olhos uma certa assimetria. Isso porque existe, para toda proposição não descritiva, pelo menos uma proposição descritiva que reproduz seu conteúdo semântico; e existem, de outro lado, proposições assertóricas cujo conteúdo semântico não pode ser transformado em proposições normativas, avaliativas ou expressivas. Isso vale para todas as proposições assertóricas formuladas numa linguagem referida a coisas ou eventos.

Na hipótese de que seja mantido o mesmo significado, a proposição:

(1) Eu lhe prometo (ordeno) *que p*

pode ser transformada em:

(1') Ele lhe promete (ordena) *que p*;

não obstante, os pronomes pessoais correspondentes têm de se referir às mesmas pessoas. Evidentemente, o conteúdo semântico é afetado quando há mudanças no modo. E estas têm consequências em nível pragmático. Enquanto (1) já representa um ato de fala explícito, (1') só está no lugar do conteúdo proposicional de um ato de fala constatativo mediante o qual um falante pode reproduzir (1) como estado de coisas. Entretanto, uma comparação mais exata exige que (1') possa ser expandida, por exemplo, para:

(1' exp.) Eu lhe informo que ele lhe prometeu (ordenou) *que p*.

Pela mesma razão, uma proposição normativa que expressa a aplicação de uma norma a uma situação S, como a seguinte:

(2) Você deve realizar a ação *a* em S,

só poderá ser transformada e manter o mesmo significado se for introduzida a relação falante-ouvinte:

(2') F diz a O que ele deve realizar a ação *a* em S.

Ao contrário, uma proposição normativa, que exprime diretamente o conteúdo de uma norma tal como, por exemplo,

(3) deve-se (em geral), e em situações do tipo S, realizar a ação *a*,

não constitui um ato de fala. Ela poderia ser transformada em (1') como o foi (1), caso fosse completada por um componente "ilocucionário" tal como, por exemplo:

(4) Eu declaro uma norma do conteúdo, *que p*

ou:

(5) Eu descrevo uma norma de conteúdo, *que p*

sendo que "p" admitiria uma versão nominalizada de (3). A transformação resultaria nas seguintes proposições:

(4') Ele anuncia uma norma de conteúdo, *que p*

(5') Ele descreve uma norma de conteúdo, *que p*.

Tais proposições podem ser expandidas, do mesmo modo que (1') para (1' exp.).

De outro lado, proposições existenciais, tais como:

(6) Eu desejo (temo), *que p*

podem ser transformadas em:

(6') Ele deseja (teme), *que p*.

Tais proposições conservam seu significado quando os pronomes pessoais se referem à mesma pessoa; todavia, a modificação só se torna perceptível quando se comparam as versões expandidas.

(6' exp.) Eu lhe informo que ele manifestou o desejo (o receio), *que p.*

As considerações que valem para tais proposições deônticas podem ser estendidas, *mutatis mutandis*, para todas as proposições valorativas.

Não há necessidade de nos determos nisso, uma vez que eu apenas queria recordar a assimetria que reside no fato de que o conteúdo semântico de um componente qualquer dos atos de fala "ilocucionários" ou expressivos pode ser expresso com o auxílio de uma proposição descritiva, ao passo que nem todas as proposições assertóricas podem ser transformadas em proposições de outro modo sem que haja perda do seu significado. Por exemplo, para uma proposição tal como:

(7) essa bola é vermelha

não existe uma proposição num modo não assertórico com significado idêntico. Isso vale para todas as proposições formuladas numa linguagem referida diretamente a coisas e eventos.

Tal assimetria explica por que nós, ao aprender as expressões linguísticas constitutivas para componentes "ilocucionários" ou expressivos, aprendemos simultaneamente como aplicá-las no enfoque da primeira e da terceira pessoas. Isso vale, por exemplo, para os verbos performativos e intencionais, utilizados no modo predicativo. Não teremos entendido o significado de "mandar" ou de "odiar" enquanto não soubermos que (1) e (1') e que (2) e (2') exprimem *o mesmo* conteúdo semântico em *diferentes* papéis "ilocucionários". E isso só poderemos saber quando tivermos aprendido, como um *sistema*, não somente os papéis comunicativos da primeira, da segunda e da terceira pessoas, mas também as respectivas atitudes do falante (objetivadora, expressiva e conforme a normas), de tal modo que possamos *inferir* dos pressupostos pragmáticos de uma manifestação de primeira pessoa utilizada de forma expressiva (como ocorre em [6]) ou do par de expressões da primeira e da segunda pessoa utilizadas de modo performativo (como ocorre em [1]) os pressupostos pragmáticos de uma expressão de terceira pessoa utilizada de modo objetivador (como ocorre em [6] e em [1]) (e vice-versa, inferir aqueles a partir destes).

A linguagem diferenciada em termos proposicionais está organizada de tal forma que tudo o que é permitido dizer pode ser dito na forma assertórica. Isso significa que as experiências que um falante faz em contato com a sociedade, assumindo uma atitude não conforme a normas, ou com a respectiva subjetividade, num enfoque expressivo, podem ser absorvidas por um saber expresso de modo assertórico, que resulta do uso objetivador da natureza exterior. E, ao ser introduzido na tradição cultural, esse saber prático se liberta das gavinhas dos componentes "ilocucionários" e expressivos inerentes aos atos de fala, os quais o ligam à prática comunicativa do dia a dia. Nessa tradição cultural, ele é armazenado sob a categoria do saber.

Quando os significados dos componentes não assertóricos do ato de fala são transferidos para componentes assertóricos, os componentes ilocucionários e expressivos já têm de estar estruturados em termos proposicionais. Pois proposições expressivas e performativas podem ser analisadas segundo o esquema que compõe expressões para objetos e predicados, as quais são ou não atribuídas a objetos. Proposições normativas, expressivas e avaliativas possuem, também, a forma gramatical de proposições, apesar de não compartilharem o modo assertórico das proposições descritivas.

(b) Eu gostaria de comparar *en passant* o *componente expressivo* com os outros componentes do ato de fala, uma vez que, por esse ângulo, também pode ser observada uma integração – já que a todo componente não expressivo pode ser atribuída uma intenção com igual significado (na linguagem da filosofia analítica, isso é interpretado como atitude proposicional). E qualquer ato de fala constatativo, realizado em conformidade com a regra correta, exprime uma opinião ou uma convicção; qualquer ato de fala regulativo, realizado de acordo com a regra correta, exprime um sentimento de obrigação, em todo caso, um enfoque capaz de revelar um nexo interno com normas válidas. Com a afirmação "p", o falante normalmente exprime que ele *acredita em* "p"; com a promessa "q", que ele *se sente obrigado* no futuro a "q"; com a desculpa para "r", ele exprime que *se arrepende* de "r" etc.

Estabelece-se desse modo um nexo entre convicções, sentimentos de obrigação e a estrutura de vivências emocionais. E tal ligação permite uma delimitação clara entre o mundo interior e o exterior, de tal modo que as opiniões daquele que afirma fatos podem ser separadas dos próprios fatos, e os sentimentos daquele que se desculpa ou agradece, que exprime condolências ou congratulações, que expressa arrependimento ou gratidão, compaixão ou alegria, podem ser separados das normas correspondentes.

Aqui desponta uma assimetria, visto que as expressões *verazes* de um falante nos permitem chegar aos atos de fala não expressivos que o falante iria realizar, caso fossem dadas circunstâncias adequadas. Se ele acredita em "p", está disposto a afirmar que "p"; e, se se arrepende de "r", está disposto a pedir desculpas por "r". Não obstante, tais atos de fala constatativos ou regulativos não nos permitem inferir que o falante está de fato pensando ou sentindo aquilo que exprime. Os falantes não são obrigados a dizer o que pensam[108]. Tal assimetria pressupõe a assimilação das obrigações e das convicções às vivências subjetivas de procedência não cognitiva e não obrigatória; por seu turno, possibilita o distanciamento entre a esfera das vivências de fatos – às quais se tem um acesso privilegiado – e as normas.

(c) Do ponto de vista de uma teoria da sociedade, interessa sobretudo o modo como o *componente ilocucionário* se articula com os outros dois componentes do ato de fala. Austin, apoiando-se no Wittgenstein tardio, analisou os componentes ilocucionários e proposicionais que compõem os atos de fala.

A integração desses dois componentes determina a forma gramatical dos atos de fala típicos, podendo ser caracterizada da seguinte maneira: uma proposição assertórica nominalizada "– que p" depende de uma proposição performativa "eu m lhe", em que "m" está no lugar de uma expressão de predicado formada com o auxílio de um verbo performativo.

Entretanto, a forma "mp", que se tornou comum na filosofia analítica, descuida a integração do componente ilocucionário com o expressivo, a qual também faz parte da estrutura. Ela permanece oculta na forma-padrão porque o pronome pessoal da primeira pessoa, que emerge na proposição performativa, possui dois significados simultâneos: em primeiro lugar, e tendo em vista o pronome pessoal da segunda pessoa, ele tem o sentido de que o *ego*, enquanto falante, contrapõe-se ao *alter* num enfoque performativo; em segundo lugar, porém, ele tem o sentido de que o *ego*, enquanto falante, manifesta uma

---

108. Cavell, 1969.

vivência numa atitude expressiva. Esse *duplo significado* foge à percepção porque nos atos de fala constatativos e regulativos não se manifestam explicitamente intenções do falante. Isso é possível, porque o ato de manifestação vale *per se* como autoapresentação, isto é, como um indicador suficiente para a intenção do falante, que procura manifestar uma vivência. Pela mesma razão, atos de fala expressivos podem ser realizados normalmente sem os componentes ilocucionários. Somente em casos de ênfase especial, esse componente é explicitado na fala, por exemplo, em situações nas quais o falante expressa festivamente desejos ou sentimentos, ou em contextos nos quais o falante revela ou confessa a um ouvinte surpreso ou desconfiado seus pensamentos ou desejos até então encobertos. Por isso, as confissões têm um papel paradigmático na análise dos modos fundamentais, semelhante ao papel das asserções, mandamentos e promessas.

Evidentemente, as proposições assertóricas e vivenciais, ao contrário do que acontece com as proposições performativas, também podem ser utilizadas *monologicamente*, ou seja, de modo que o falante não tenha de assumir, no foro interno, *os dois* papéis comunicativos, o do falante e o do ouvinte, como é o caso dos atos de fala *internalizados postumamente*. Tudo indica que as proposições expressivas e assertóricas não possuem *naturalmente* a força de motivar o ouvinte à aceitação de uma oferta de ato de fala; essa força somente lhes advém por via do componente ilocucionário, que as complementa. E, para serem inseridos em contextos do agir comunicativo, faz-se necessária uma modalização.

Do ponto de vista analítico, podem-se distinguir *dois níveis de modalização. Em primeiro lugar*, podemos interpretar os componentes ilocucionários como representantes linguísticos do caráter acional do ato de fala; a *utilização* de proposições assertóricas e expressivas significa que o falante *realiza* por meio delas um ato de fala. Proposições performativas, tais como "eu *afirmo* que p" ou "eu *confesso* que p", exprimem tal caráter. Elas permitem explicitar em termos de linguagem que os atos de fala expressivos e constatativos têm com as normas sociais uma relação semelhante à que é mantida pelas ordens, admoestações, concessões etc. Do mesmo modo que os atos de fala regulativos, e seguindo na linha das ações não verbais, elas também podem ser submetidas a regulamentações normativas. Pois o contexto normativo de uma situação de fala vai decidir se, e em relação a quem, os participantes podem ou devem fazer afirmações ou confissões.

No entanto, se o sentido da modalização de proposições assertóricas ou vivenciais se esgotasse nisso, os atos de fala constatativos e expressivos não conseguiriam efeitos de ligação *por força própria*, mas somente graças ao contexto normativo. E o componente ilocucionário de tal ato de fala não teria força motivadora; e neste caso o peso da coordenação da ação teria que ser carregado pelo consenso preliminar em que se apoia o contexto normativo.

Entretanto, um falante pode motivar um ouvinte à aceitação de sua oferta servindo-se da força ilocucionária de um ato de fala constatativo ou expressivo, mesmo fora do contexto normativo em que é realizado. Como já mostrei, não se trata aqui da obtenção de um efeito perlocucionário *no* ouvinte, mas de um entendimento racionalmente motivado *com o* ouvinte, que acontece na base de uma pretensão de validade criticável. Podemos interpretar os componentes ilocucionários de afirmações e confissões como os representantes linguísticos de uma pretensão à *validade* das correspondentes proposições assertóricas ou expressivas; pois elas exprimem não somente o caráter da ação em geral, mas também a exigência de um falante segundo a qual o ouvinte *deve* aceitar uma proposição como verdadeira ou veraz. Entretanto, ao estudar a validade deôntica em Mead e Durkheim, descobrimos *apenas* a forma da validade da norma; ora, não podemos equiparar simplesmente a pretensão de validade que um falante une à afirmação de uma proposição com a pretensão de validade das normas em geral. Mesmo assim, existem analogias estruturais entre a proposição (3), a proposição (8) e a constatação metalinguística (9):

(8) ordena-se *que a* em S

(9) é o caso (é verdade) *que p*.

Diferindo dos componentes ilocucionários dos atos de fala padrão, que exprimem que o falante levanta uma pretensão de validade, (8) e (9) exprimem a *própria* pretensão de validade como pretensão à validade normativa ou assertórica.

A fim de analisar como tais pretensões de validade se constituíram, eu gostaria de tomar como ponto de partida o caso de um ato de fala vinculado a uma instituição, por exemplo o ato de "casar" e a correspondente instituição do casamento. Suponhamos também que o ato de fala emitido nessa ocasião pelo sacerdote ou pelo membro mais velho da família possa ser substituído por uma ação cerimonial de tipo não verbal. Neste caso, a cerimônia passa a consistir numa ação verbal eventualmente substituída por um rito, a qual vale em determinada situação como ato de casamento porque ela preenche as condições determinadas institucionalmente para um casamento. Em sociedades tribais, o complexo institucional das relações de parentesco se reveste de uma autoridade moral ancorada no domínio sagrado. Nas análises de Durkheim, a instituição do casamento extrai sua validade do consenso normativo protegido pelo rito. Isso se depreende imediatamente do caráter cerimonial do casamento – mesmo quando ele é realizado *expressis verbis*. Em todo caso, fica claro que a validade da cerimônia depende do preenchimento de uma norma válida.

Podemos descrever essa norma com o auxílio da proposição que possui a forma (8). Nós entendemos a expressão que aí se manifesta, isto é, o "ordena-se", no sentido do conceito de "validade antropológica de uma norma", introduzido por Durkheim[109]. Não há necessidade de continuar analisando a procedência da autoridade moral da assim chamada consciência coletiva; basta lembrar que nessa fase a validade deôntica das normas ainda não pode ser interpretada no sentido de uma compreensão póstradicional de normas, ou seja, no sentido de um acordo que assume a forma do reconhecimento intersubjetivo de uma pretensão de validade *criticável*. Podemos imaginar um contexto em que a proposição (9) é empregada no sentido de uma manifestação autoritativa, não construída em termos de criticabilidade. Entretanto, não conseguiremos entender a proposição (8) se não soubermos que o destinatário pode se opor à exigência e ferir a norma que se encontra na base. O certo é que os participantes da interação, ao se entender por meio de uma linguagem gramatical, podem apelar, *de diferentes maneiras*, à validade de normas e diferenciar a força ilocucionária do elemento normativo em diferentes pontos de vista, tais

---

109. Cf. a teoria das elocuções originárias, desenvolvida por Beck, 1980, pp. 10 ss.; Beck deriva o efeito de ligação ilocucionário da força imperativa do sagrado, da qual um dominador se apodera mediante atos de fala declarativos e a qual o destinatário enfrenta por meio de atos de submissão, de oração, de louvor, de ação de graças etc.

como, por exemplo: arrumar algo, delegar, permitir, lamentar ou autorizar alguém, castigar etc. Porém, a criticabilidade de *ações* que têm como referência normas válidas ainda não pressupõe a possibilidade de contestar a validade das próprias normas que estão na base.

O curioso é que o mesmo não acontece com a proposição (9), estruturalmente análoga. Não se entende (9) quando não se sabe que um falante só pode assumir essa proposição no papel de um proponente, ou seja, com a disposição de defender "p" das objeções de oponentes. De um lado, a pretensão à verdade proposicional pode captar a estrutura de uma pretensão de validade – que pode ser resgatada mediante justificativas – daquele tipo de pretensões que se apoiam sobre normas válidas; de outro lado, porém, ela tem de assumir uma versão mais radical, tendo em vista uma fundamentação. Esse fato faz supor que o conceito "pretensão de validade criticável" resulta de uma assimilação da verdade de proposições à validade de normas (que não é criticável).

Entretanto, se proposições descritivas surgem numa forma modalizada e se os componentes ilocucionários dos atos de fala constatativos são tematizados como em (9), é possível interpretar a verdade estabelecendo uma analogia estrutural com um conceito de validade de normas, já disponível. Mead e Durkheim levantam tal hipótese, ou seja, apoiam-se na ideia de que no conceito do sagrado existe uma força idealizadora. O primeiro, porque conta com o fato de que o conceito "mundo objetivo" se forma pelo caminho da dessocialização da percepção das coisas; o segundo, porque deduz as determinações contrafáticas da validade veritativa da força idealizadora inerente ao conceito do sagrado.

Até o momento, não levei em conta tal aspecto inerente ao conceito durkheimiano de consciência coletiva:

"O animal conhece apenas um mundo que ele percebe por meio de uma experiência interna e externa. Somente o homem tem a capacidade de representar para si mesmo o ideal e de acrescentá-lo ao real. De onde ele adquire tal vantagem extraordinária?... A explicação que sugerimos para a religião tem a vantagem de fornecer uma resposta para essa pergunta. Segundo nossa definição do sagrado, ele *ultrapassa* a realidade. E o elemento ideal também pode ser definido dessa forma. Não podemos explicar uma coisa sem a outra."[110] De acordo com Durkheim, um grupo social não consegue estabilizar sua identidade coletiva nem sua coesão sem esboçar uma *imagem idealizada* de sua sociedade: "A sociedade ideal não se encontra fora da sociedade real; ela é uma parte dela. E em vez de ficarmos divididos entre uma e outra, como se se tratasse de dois polos que se repelem, temos de estar cientes de que não podemos pertencer a uma sem pertencer, ao mesmo tempo, à outra."[111] Na perspectiva dos membros, o consenso normativo que se interpreta na semântica do sagrado está presente na forma de um consenso idealizado, que *transcende as modificações espaço-temporais*. Tal consenso constitui o *modelo para todos os conceitos de validade*, principalmente para a ideia de verdade: "Pensar logicamente significa, de certa forma, pensar de modo impessoal, ou seja, pensar *sub specie aeternitatis*. Neutralidade e constância são as duas características principais das verdades lógicas. Entretanto, a vida lógica pressupõe que o homem saiba, mesmo que de modo confuso, que existe uma verdade que ultrapassa as manifestações sensíveis. Entretanto, é necessário perguntar: como ele che-

---

110. Durkheim, 1981, p. 565.
111. Durkheim, 1981, p. 566.

ga a tal concepção? Muitas vezes se pensa que ele chegou a ela espontaneamente, quando lançou os olhos sobre o mundo. Porém, não existe nada na experiência imediata que autorize tal ideia. Ao contrário, tudo parece contradizê-la. Nem o animal, nem a criança têm uma ideia acerca disso. Além do mais, a história prova que o homem levou séculos para conseguir desenvolvê-la e fixá-la. No Ocidente, as consequências dessa concepção se tornaram claras graças aos grandes pensadores da Grécia. Tal descoberta foi motivo de grande assombro, fixado por Platão numa linguagem admirável. Ora, se a ideia se expressou nessa época em fórmulas filosóficas, isso significa que ela já existia antes num estado de sentimento obscuro."[112] A ideia de verdade no sentido de uma pretensão de validade ideal resulta das idealizações inerentes à identidade coletiva: "Pela primeira vez, a humanidade se tornou consciente do pensamento impessoal na forma de um pensamento coletivo. Não é possível imaginar outro caminho que tornasse possível tal ideia... A partir de então, o indivíduo começou a prestar contas a si mesmo levado pela ideia de que existe, *acima* de suas próprias representações, um mundo de conceitos típicos de acordo com os quais ele tem de orientar suas ideias. Ele pressente que existe todo um reino intelectual do qual ele participa, o qual, no entanto, o sobrepuja. Esse é um primeiro pressentimento do reino da verdade."[113]

É certo que a ideia de verdade pode extrair do conceito "validade de normas" a determinação da impessoalidade atemporal de um consenso idealizado; porém, isso implica uma intersubjetividade referida a uma comuni-

---
112. Durkheim, 1981, p. 583.
113. Durkheim, 1981, p. 584.

dade de comunicação ideal. E esse momento da "harmonia dos espíritos" é *acrescentado* àquele outro momento da "harmonia com a natureza da coisa". A autoridade que está por trás do conhecimento não coincide com a autoridade que serve de respaldo às normas. Ao contrário, o conceito de verdade liga, de um lado, a objetividade da experiência com a pretensão à validade intersubjetiva de uma proposição descritiva correspondente e, de outro lado, a ideia da correspondência de proposições e fatos com o conceito de um consenso idealizado[114]. Somente a partir dessa *ligação* é possível formular o conceito de uma pretensão de validade criticável.

À proporção que a validade deôntica, enraizada nos símbolos paleolíticos, pode ser interpretada em analogia com a pretensão de verdade, modifica-se também a compreensão de proposições normativas do tipo (8). Pois, a partir daí, os mandamentos podem ser entendidos como manifestações mediante as quais o falante levanta perante os membros do grupo social a pretensão a uma validade normativa *contestável* e não apenas uma pretensão à conformidade do ato de fala com a norma, a qual deixaria intocada a validade da própria norma autorizadora.

Não pretendo retomar a questão da pretensão à validade da veracidade, abordada mais acima. Lembro apenas que minha pretensão se resumiu a explicar que, da integração do conceito mais estreito da autoridade moral – ancorada em símbolos paleolíticos – com os outros

---

114. Nesse ponto, Durkheim se aproxima do conceito de verdade desenvolvido por Peirce. As aulas sobre o pragmatismo revelam que Durkheim tinha consciência de que sua crítica aos fundamentos empíricos da teoria da verdade pragmatista, de James e F. C. Schiller, coincidia com as ideias do fundador da tradição pragmatista. Cf. É. Durkheim, *Pragmatisme et sociologie*. Paris, 1955.

componentes dos atos de fala, poderiam resultar três diferentes pretensões de validade capazes de emprestar força ilocucionária aos atos de fala não regulativos, a qual é eficaz mesmo fora dos contextos normativos.

(d) Os componentes ilocucionários não somente revelam que o falante levanta explicitamente uma pretensão à verdade proposicional, à correção normativa ou à veracidade subjetiva, mas também indicam os aspectos sob os quais ele eventualmente faz isso. Ora, tais aspectos podem se diferenciar de um modo mais ou menos fundamental. Assim, a distinção entre uma promessa, mediante a qual um falante assume um *novo* compromisso, e uma ordem, na qual ele se apoia em obrigações existentes, é mais fundamental que a distinção entre uma recomendação e uma admoestação. Além disso, os modos podem ser escolhidos de forma que permitam uma discriminação mais ou menos nítida entre pretensões de validade. Ao fazer afirmações ou constatações, um falante levanta inequivocamente pretensões de validade assertóricas. Quando emite ordens ou faz promessas, ele levanta claramente pretensões de validade normativas. Porém, no caso de conselhos ou recomendações, a relação com a validade não fica clara, pois estes podem se apoiar, conforme o caso, num saber prático-moral ou num saber prognosticador.

Não obstante, a diferenciação superficial entre diferentes modos de relação com pretensões de validade, a qual depende de uma cultura e de uma linguagem, encobre muitas vezes uma discriminação insuficiente entre as próprias pretensões de validade que não variam do ponto de vista cultural. Finalmente, temos de levar em conta o fato de que a validade normativa se diferencia à proporção que se desprende dos fundamentos sagrados da autoridade moral, dividindo-se em duas partes: na validade social de normas reconhecidas faticamente e na validade ideal de normas dignas de ser reconhecidas. No decorrer desse processo, os aspectos formais da validade deôntica se separam dos aspectos materiais contidos nos valores culturais incorporados em formas de vida. Ainda cuidaremos disso.

No entanto, existe um elemento fundamental que a escala de variação das características culturais, lingüísticas e históricas das forças ilocucionárias não consegue tocar, a saber, o fato de que os participantes da interação, ao atingir o nível da comunicação mediante uma linguagem diferenciada, adquirem a liberdade de dizer "sim" ou "não" a pretensões de validade. Nesse espaço de liberdade, e sob pressupostos do agir comunicativo, um ouvinte só pode recusar a manifestação de um falante *negando* sua validade. E nesse caso o assentimento significa a negação da não-validade da emissão asseverada. Quando participantes da interação procuram se entender entre si mediante símbolos, abrem-se três possibilidades: compreensão, incompreensão ou mal-entendido; e nessa base o caráter da cooperação e do conflito se modifica. Não obstante, para assumir a forma de um consenso obtido por vias comunicativas, o acordo tem de dar-se num plano linguístico. E a comunicação linguística pressupõe, ao mesmo tempo, a compreensão de pretensões de validade criticáveis e a tomada de posição perante elas. Isso faz com que todo acordo explícito carregue consigo resquícios de um dissenso evitado, excluído, pois ele passa pela mediação de uma negação, ou seja, através da rejeição, ao menos implícita, de uma emissão contraditória[115].

---

115. Cf. Tugendhat, 1976, pp. 66 ss. e 517 ss.

Se a rejeição da afirmação "p" significa que a asserção "p" não é verdadeira, a afirmação de "p" implica uma negação dessa rejeição, ou seja, uma negação da proposição "não é verdade que 'p'". Se a rejeição da ordem "q" significa que, na situação dada, a ação ordenada não é justificada por meio da norma N aduzida, sendo, por conseguinte, incorreta, a afirmação de "q" implica a negação desta rejeição, ou seja, a negação da proposição "é incorreto em S com relação a N que o comandante emite 'q'". Finalmente, se a rejeição da confissão "r" significa que o *ego* não pensa aquilo que diz pensar, a afirmação de "r" implica a negação dessa rejeição, isto é, a negação da proposição: "A emissão 'r', do *ego*, não é veraz."

Ironicamente, o efeito vinculação das forças ilocucionárias nasce do fato de os participantes da interação poderem dizer "não" a ofertas contidas em atos de fala. O caráter crítico desse *poder dizer "não"* faz com que tais tomadas de posição se distingam do simples arbítrio. O ouvinte pode ser "vinculado" pelas ofertas de atos de fala, uma vez que ele *não pode recusá-las arbitrariamente*; ele pode *apenas negá-las*, isto é, só pode rejeitá-las na base de argumentos. Já conhecemos duas consequências inerentes a esse *poder dizer não*, as quais afetam a estrutura da comunicação[116].

Refiro-me, *em primeiro lugar*, à estratificação do agir orientado pelo entendimento em duas formas de comunicação: ingênuas e refletidas. Uma vez que a atividade comunicativa exige a orientação por pretensões de valida-

---

116. O "poder-dizer-não" foi frisado por Herder, Nietzsche, Heidegger e Gehlen, que o tinham na conta de um monopólio antropológico. A tese crítica defendida por Popper e Adorno, na base de argumentos diferentes, se apoia nessa mesma ideia, segundo a qual um conhecimento confiável só pode ser obtido pelo caminho da negação de proposições.

de, ela pressupõe, desde o início, a possibilidade de deslindar dissensos mediante adução de argumentos. A partir daí, podem se desenvolver formas institucionalizadas de fala argumentativa, nas quais as pretensões de validade, normalmente levantadas de modo ingênuo e a seguir rejeitadas ou afirmadas, transformam-se em pretensões de validade controversas, isto é, passam a ser um tema abordado hipoteticamente. *Em segundo lugar*, refiro-me à delimitação entre ações orientadas pelo entendimento e ações orientadas pelas consequências. Em geral, o *alter* é levado – por uma mistura complexa de motivos empíricos e racionais – a conectar suas ações nas do *ego*. E uma vez que o agir comunicativo depende da orientação por pretensões de validade existe, desde o início, a possibilidade de os participantes da interação não conseguirem separar claramente a influência de *uns sobre os outros* do entendimento *entre eles*. Ainda teremos ocasião de ver que as disposições generalizadas de aceitação podem se desenvolver segundo duas linhas: na linha de uma ligação empírica motivada por estímulo e intimidação e na linha de uma confiança motivada racionalmente, isto é, na linha de um acordo fundamentado.

Outra consequência do *poder dizer "não"*, apenas insinuada mais acima, tem a ver com os próprios atores. Quando lançamos mão do mecanismo da assunção de atitudes para reconstruir o modo como participantes da interação podem aprender a orientar explicitamente seu comportamento por pretensões de validade, pode ser de valia o modelo do diálogo interno, que Mead utiliza, de modo vago. À medida que o *ego* antecipa a resposta negativa do *alter* em relação ao seu ato de fala, fazendo a si mesmo a objeção que o *alter* poderia fazer-lhe, ele entende o que significa levantar uma pretensão de validade *criticável*. Ora, a partir do momento em que o *ego* domina a orientação por pretensões de validade, ele pode repetir a internalização da relação discursiva. Pois o *alter*, ao se encontrar com o *ego*, já carrega a expectativa de que o *ego* seja capaz de assumir o papel comunicativo da primeira pessoa, não somente num modo ingênuo, mas também, caso seja necessário, no papel de um proponente no âmbito de uma argumentação. E, quando o *ego* se apropria *desse* enfoque do *alter*, ou seja, quando ele se observa com os olhos de um oponente e analisa o modo como ele responde à crítica desse oponente, ele adquire uma *relação refletida consigo mesmo*. O *ego* se torna capaz de uma autocrítica à medida que consegue internalizar o papel do participante de uma argumentação; para mim, uma autorrelação é "refletida" quando produzida de acordo com esse modelo. O saber acerca do não-saber vale, desde Sócrates, como fundamento do autoconhecimento. A autorrelação refletida adquire colorações diferentes, dependendo do modo como se usa a linguagem. O *ego* pode assumir uma relação consigo mesmo mediante uma crítica aos seus próprios enunciados, às suas próprias ações ou às suas próprias autoapresentações. O "si mesmo", ao qual se refere então, deixa de ser uma instância misteriosa, passando a ser algo que lhe é familiar na prática comunicativa cotidiana: pois se trata dele mesmo no papel comunicativo da primeira pessoa, ou seja, trata-se do modo como ele afirma a existência de estados de coisas, num enfoque objetivador; como ele assume uma relação interpessoal, tida como legítima num enfoque conforme a normas; ou como ele apresenta uma vivência subjetiva perante um público, num enfoque expressivo. (Correspondentemente) o *ego* pode, de acordo com o modelo da autocrítica, colocar-se em relação consigo mesmo: seja na qualidade de um *sujeito epis-*

têmico dotado da capacidade de aprender, o qual já adquiriu determinado saber no trato cognitivo-instrumental com a realidade; seja na qualidade de um *sujeito prático* capaz de agir, que já formou um determinado caráter ou superego nas interações com suas pessoas de referência; seja, finalmente, na qualidade de um *sujeito pático*, sensível e "apaixonado" no sentido de Feuerbach, que já delimitou um domínio especial da subjetividade separado do mundo exterior dos fatos e das normas, ao qual ele tem um acesso intuitivo e privilegiado.

A distinção entre três sujeitos pode causar confusão. Na perspectiva da autocrítica, quando o *ego* assume em relação a si mesmo o papel de um possível oponente que luta pelas pretensões de validade, as quais ele levanta inicialmente de modo ingênuo, está se defrontando com um *self* que assume naturalmente esses três aspectos sem deixar de ser ele mesmo. E ele é tão ele mesmo que não há necessidade de uma identificação posterior dessas relações que ele mantém consigo mesmo.

Pressupomos que o *ego* só pode assumir essas diferentes autorrelações se, ao assumir em si mesmo a atitude de um outro participante da argumentação, ele se contrapõe a si mesmo na qualidade de um sujeito que age comunicativamente; ou seja, ele se encontra consigo mesmo numa *atitude performativa*. Tal atitude garante a unidade na mudança do modo de uso da linguagem, bem como a continuidade das passagens entre as atitudes objetivadora, expressiva e conforme a normas, as quais realizamos incessantemente na prática comunicativa. Sob pontos de vista genéticos, talvez seja possível entender a atitude performativa como resultado de uma secularização e de uma generalização da atitude ambivalente e sentimental perante objetos sagrados, a qual garantia originariamente o reconhecimento da autoridade moral. Tal transformação se torna necessária à proporção que os componentes ilocucionários dos atos de fala se desprendem de seu entrelaçamento simbiótico com instituições arcaicas, passando a se diferenciar de tal modo que, por esse caminho, proposições assertóricas e existenciais, dotadas de força ilocucionária, passam a ser modalizadas e introduzidas no agir comunicativo.

Contudo, se a unidade na mudança dos modos é garantida pela atitude performativa, a autoconsciência prática deve manter uma certa primazia na autorrelação refletida, devendo ser colocada antes da autoconsciência epistêmica e pática. Por isso, a autorrelação refletida fundamenta a *imputabilidade* de um autor. O autor imputável se comporta de modo *autocrítico*, não somente em suas ações diretamente moralizáveis, mas também em suas manifestações cognitivas e expressivas. Mesmo que a imputabilidade constitua, em seu âmago, uma categoria prático-moral, ela se estende às expressões e cognições inseridas no espectro de validade do agir orientado pelo entendimento.

3. A ESTRUTURA RACIONAL DA "LINGUISTIFICAÇÃO" DO SAGRADO

A partir de agora, torna-se possível retomar a questão da mediação entre o fundo de solidariedade social cultivado nos ritos, de um lado, e as normas sociais e identidades pessoais, de outro lado, viabilizadas pelo agir comunicativo. Lançamos mão dos fundamentos sagrados da autoridade a fim de acompanhar, em nível filogenético, a linha que se inicia na interação mediada por símbolos e culmina na interação regida por normas; além disso, descobrimos na validade deôntica, enraizada no sagrado, um ponto de contato para explicar o desenvolvimento que se inicia na interação mediada por símbolos e desemboca na linguagem. No entanto, é necessário levar em conta que a descrição pragmático-formal das estruturas gerais dos atos de fala tem de se apoiar no saber pré-teórico de falantes que pertencem a um mundo da vida moderno e racionalizado (que ainda será objeto de uma explicação mais detalhada). E caso pretendamos seguir as pegadas de Mead e de Durkheim, indo em busca de um tipo de interação capaz de servir como ponto de partida hipotético do desenvolvimento sociocultural, temos de redobrar os cuidados para que nossa compreensão do nexo entre agir regido por normas e fala gramatical não seja obnubilada por nossa *pré-compreensão moderna*. E, uma vez que não podemos sair arbitrariamente de um horizonte de interpretação dado objetivamente, temos de enfrentar, *ao mesmo tempo* e do mesmo modo que Mead e Durkheim, a questão da evolução social, ou seja, temos de formular a seguinte pergunta: *qual foi a direção seguida pelas constelações iniciais* que tinham sido determinantes para o agir segundo normas?

Para responder a essa questão, tomo como hipótese de trabalho a ideia segundo a qual as funções expressivas e socialmente integradoras, preenchidas inicialmente pela prática ritual, se transferem para o agir comunicativo, e a autoridade do sagrado é substituída paulatinamente pela autoridade de um consenso tido como fundamentado em cada caso. Isso implica uma liberação do agir comunicativo, o qual se solta das amarras que o prendiam a contextos normativos protegidos pelo sagrado. O desapossamento e o desencantamento do domínio sagrado se realizam mediante uma *"linguistificação" do acordo normativo básico, garantido ritualmente*, ou seja, o acordo básico é traduzido progressivamente em linguagem; isso permite uma liberação do potencial de racionalidade inserida no agir comunicativo. A aura do "assustador" e do "arrebatador", a qual irradia do sagrado, isto é, sua força *cativante*, transforma-se na força *vinculadora* de pretensões de validade criticáveis. E desse modo essa aura é sublimada e, ao mesmo tempo, transformada em algo comum, que faz parte do dia a dia. Pretendo desenvolver essa ideia adotando o seguinte procedimento: tomarei como ponto de partida a teoria durkheimiana da evolução do direito, inserindo-a no contexto da mudança de forma da integração social, observada por Durkheim (1). A seguir, tentarei explicar a lógica dessa mudança de forma com o auxílio de um experimento mental inspirado em Durkheim (2) e nas reflexões de Mead sobre uma ética do discurso (3). A partir daí, lançarei mão do diagnóstico de Mead sobre o processo da individuação – incontível e progressiva –, o qual servirá de ocasião para um excurso sobre os conceitos de "identidade" e de "identificação" (4). Finalmente, eu gostaria de levantar algumas objeções contra certas tendências idealistas e formalistas, inerentes à teoria meadiana da sociedade (5).

(1) A evolução social do direito constitui o andaime da primeira grande obra durkheimiana, intitulada *De la division du travail social*[117]. Durkheim deu muitas aulas sobre sociologia do direito, e partes importantes desse trabalho foram publicadas postumamente[118]. Ele interpreta o desenvolvimento do direito na linha de Weber como um processo de desencantamento. Não pretendo aprofundar suas tentativas de classificar as *regiões* do direito sob pontos de vista de uma teoria da evolução. O direito arcaico é essencialmente direito penal. Já para Durkheim, a característica exemplar do direito moderno tem de ser procurada no direito civil, cuja instituição nuclear reside na propriedade privada, que envolve o contrato e a herança.

a) Nas instituições primitivas do direito penal, não se coloca a questão acerca da autoridade moral do sagrado. Pois no início o direito penal é apenas a expressão simbólica de uma reação provocada pela quebra de um tabu. O delito originário é o sacrilégio, que acontece quando se

---

117. Em alemão: É. Durkheim. *Über die Teilung der sozialen Arbeit*. Frankfurt/M., 1977.

118. É. Durkheim. *Leçons de sociologie. Physique des moeurs et du droit*. Paris, 1969 (2); trad. ing. Londres, 1957.

toca o que é intocável, tendo como consequência a profanação do sagrado. Durkheim vê no castigo do sacrilégio a manifestação do horror e do medo perante consequências fatais; o castigo constitui um ritual ao qual se atribui o poder de recompor a ordem rompida. Portanto, a condenação do sacrilégio é apenas o outro lado da veneração do sagrado. Além disso, a violação de uma norma santificada é tida como um delito não porque vem acompanhada de sanções; ao contrário, tal infração desencadeia sanções porque as normas nada mais são que um mecanismo de proteção de objetos ou domínios sagrados. Por isso, o castigo é interpretado como penitência: "É certo que podemos vislumbrar na base do conceito de penitência a ideia de uma satisfação que se procura dar a um poder ideal situado acima de nós. Quando exigimos o castigo por um delito, não somos nós que queremos nos vingar pessoalmente. Pois se trata de algo mais alto, que podemos sentir de uma forma mais ou menos clara como situado fora de nós e acima de nós. Em diferentes tempos e lugares, interpretamos esse algo de modo diferente. Às vezes se trata de um simples conceito, tal como, por exemplo, o da moral ou do dever; na maioria das vezes, porém, nós o representamos como um ser mais ou menos concreto, encarnado na pessoa dos antepassados ou das divindades. Essa é a razão que nos permite afirmar que o direito penal possui algo de religioso, ou seja, que tal característica lhe advém não somente do fato de sua origem ser essencialmente religiosa, mas também do fato de conservar certos sinais de religiosidade. Por isso, as ações por ele penalizadas são interpretadas, de certa forma, como agressões a algo transcendente, quer se trate de seres ou de ideias. E a mesma razão parece explicar o fato de elas se parecerem com um castigo que é mais do que uma simples reparação com a qual nos satisfazemos na ordem dos interesses meramente humanos."[119]

A reparação no sentido de uma compensação por prejuízos causados faz parte da esfera profana da compensação de interesses privados. No direito civil, a compensação de prejuízos entra no lugar da penitência. Durkheim acompanha a evolução do direito tomando esse ponto como eixo. Após ter lançado fora seu caráter sagrado, o direito moderno se cristaliza em torno da compensação de interesses privados. Mesmo assim, a autoridade do sagrado não pode ser lançada fora *sem que se adote antes um equivalente*, uma vez que a validade deôntica das normas tem de estar apoiada em algo capaz de ligar o arbítrio de pessoas de direitos, privadas, e de *obrigar* as partes que celebram contratos.

Em suas aulas sobre sociologia do direito, Durkheim persegue esse problema tomando como exemplos o contrato e a propriedade. Ele elabora inicialmente as analogias que existem entre o instituto jurídico arcaico da propriedade e os objetos sagrados. Originariamente, a propriedade é tomada de empréstimo aos deuses. Os dons que se oferecem em sacrifícios rituais são débitos que se pagam aos deuses, mais tarde aos sacerdotes e, no final, às autoridades políticas. Dada essa sua origem sagrada, a propriedade possui um caráter mágico que ela transmite a seu proprietário, uma vez que na relação de propriedade existe um vínculo mágico entre a pessoa e a coisa: "Onde quer que ele exista, o caráter religioso é transmissível por sua própria essência; ele se comunica a todo sujeito que com ele entra em contato [...] Ora, o caráter que faz com que uma coisa se torne propriedade de um de-

---

119. Durkheim, 1977, pp. 141 s.

terminado sujeito possui a mesma transmissibilidade. Ele sempre tende a se transmitir a todos os que entram em contato com os objetos em que ele habita. A propriedade é transmissível. Do mesmo modo que a coisa sagrada, a coisa de que alguém se apropria atrai a si todas as coisas que a tocam e se apropria delas. Aqui se repete aquilo que acontece com a coisa sagrada. A existência dessa capacidade singular é atestada por um complexo de regras jurídicas, que frequentemente confundem os juristas: são as regras que determinam o assim chamado 'direito acessório'."[120]

Não obstante isso, a propriedade privada constitui um derivado tardio. Inicialmente, os direitos dos deuses se transferem à coletividade; a partir daí, os direitos de propriedade se diferenciam de acordo com subcoletividades, tribos e famílias; eles se ligam ao *status* de membro de uma família, não ao *status* de uma única pessoa[121]. Portanto, a herança constitui a forma normal de transmissão da propriedade. A própria forma de aquisição ou de alienação de propriedade que concorre com a herança e inclusive o contrato valem inicialmente como modificação de um *status*: "De fato, as vontades só podem se unir e determinar contratualmente obrigações, se essas obrigações não resultam do *status* de um direito já adquirido, seja de coisas, seja de pessoas; uma modificação de *status* só tem lugar quando se acrescentam novas relações às já existentes. Por conseguinte, o contrato

---

120. Durkheim, 1969, pp. 167-77.
121. "A propriedade pessoal surgiu somente quando um indivíduo conseguiu se distanciar da massa familial, incorporando em si mesmo a vida religiosa total, difundida nos membros e nas coisas da família, tornando-se assim o proprietário de todos os direitos do grupo"; cf. Durkheim, 1969, p. 198.

é uma fonte de variações, a qual pressupõe uma base jurídica mais antiga que se originou, por seu turno, de outra base. O contrato é o instrumento preferido com o qual se realizam as transformações. Mesmo assim, ele não pode substituir os fundamentos originários e básicos do direito."[122,123]

O evidente formalismo das celebrações de contratos, bem como as cerimônias que os acompanham, faz lembrar seus fundamentos religiosos não contratuais.

Aqui se coloca a questão central das pesquisas sociojurídicas de Durkheim. O contrato entre pessoas de direitos, autônomas, constitui o instrumento fundamental do direito privado burguês; e, na moderna teoria do direito, ele foi elevado à condição de paradigma das relações jurídicas em geral. A pergunta que se coloca neste momento é a seguinte: de que modo tal contrato pode ligar as partes contratantes, quando não existe mais a base sagrada do direito? De Hobbes a Max Weber, costuma-se dar a seguinte resposta-padrão: o direito moderno constitui um direito coativo. A internalização da moral provoca uma transformação complementar do direito num poder que se impõe exteriormente, sancionado por uma autoridade estatal e apoiado num aparelho de sanção estatal. A legalidade de uma celebração de contratos e de uma relação entre os sujeitos de um direito privado significa em geral que é possível reclamar pretensões de direitos. E a coagibilidade quase automática do cumprimento de pretensões de direitos deve garantir a obediência ao direito. Entretanto, Durkheim não se satisfez com tal resposta. Porque a própria obediência do membro do direito

---

122. No texto original não aparece a nota de número 122. (N. do T.)
123. Durkheim, 1969, pp. 203 s.

moderno tem de possuir um núcleo moral, uma vez que o sistema do direito integra uma ordem política; e, se esta não pode pretender legitimidade, não há como manter o direito.

Por isso, Durkheim inquire acerca da legitimidade das condições jurídicas que assumem a forma de contratos entre pessoas autônomas, detentoras de direitos. Ele contesta a ideia de que uma relação contratual só adquire legitimidade na base das condições de celebração do contrato. Pois o fato de haver um acordo livre entre duas partes, na base de um interesse próprio, não permite concluir ainda que esse acordo possui um caráter obrigatório. Tal contrato "não se basta a si mesmo; ele só é possível graças a uma regulamentação do contrato, cuja origem é social"[124]. Por seu turno, essa regulamentação não pode ser a expressão de um simples arbítrio nem repousar na facticidade do poder do Estado; mesmo assim, convém perguntar: de onde os fundamentos legais de um contrato adquirem sua autoridade moral, a partir do momento em que o direito é secularizado? "Vimos que os direitos, que têm sua origem nas coisas, eram dependentes da natureza religiosa dessas coisas. Assim também, todas as relações morais e jurídicas que se deduzem do *status* das pessoas ou das coisas devem sua existência a uma força *sui generis* que impõe respeito por ser inerente aos sujeitos e às coisas. Como tal força poderia habitar nas simples disposições da vontade? [...] Por que razão duas decisões, oriundas de dois sujeitos distintos, deveriam ter uma força vinculante maior pelo simples fato de uma concordar com a outra?"[125].

---

124. Durkheim, 1977, p. 255.
125. Durkheim, 1969, p. 205.

A resposta elaborada por Durkheim, que toma como exemplo o contrato de trabalho, é simples: os contratos têm caráter obrigatório em virtude da legitimidade das regulações legais inerentes a eles; e estas são tidas como legítimas à proporção que expressam um interesse geral. Para comprovar isso, basta examinar se os contratos que autorizam as regulações produzem realmente um equilíbrio de interesses ou ferem-se interesses justificados de uma das partes, mesmo gozando de um assentimento formalmente livre: "Desse modo, o surgimento do contrato consensual e o desenvolvimento de sentimentos de simpatia humana despertaram nas cabeças a ideia de que o contrato só poderia ser moral e, além disso, reconhecido e sancionado pela sociedade, se ele fosse mais que um simples meio para a exploração de uma das partes do contrato; numa palavra, se ele fosse justo [...]. Não é suficiente a simples admissão do contrato; ele tem de ser, além disso, justo. E o modo como nele se dá o assentimento constitui apenas o critério exterior para o grau de aceitação do contrato."[126]

Na perspectiva de Max Weber, poderia parecer que Durkheim exige pura e simplesmente uma justiça material para o direito formal; de fato, porém, seu argumento caminha em outra direção. Durkheim pretende mostrar que o caráter obrigatório dos contratos não pode ser deduzido da liberdade de combinação entre indivíduos, regida por interesses. A força vinculante de um acordo moral, fundamentado no sagrado, só pode ser substituída por um acordo moral que expressa numa forma racional o que sempre foi visado no simbolismo do sagrado, isto é, a generalidade do interesse que está na base. O inte-

---

126. Durkheim, 1969, p. 231.

resse geral, e aqui Durkheim segue a famosa distinção de Rousseau[127], não constitui a soma de muitos interesses particulares, nem um compromisso entre eles; ao contrário, o interesse geral obtém uma força moralmente obrigatória de seu caráter impessoal e *imparcial*: "O papel do Estado não consiste realmente em expressar o pensamento não refletido da massa, nem em resumi-lo, mas em acrescentar a esse pensamento não refletido um pensamento mais ponderado, que tem de ser, como consequência, diferente."[128]

Em sociedades diferenciadas, a consciência coletiva está incorporada ao Estado. Este tem de se preocupar, por sua própria iniciativa, com a legitimidade do poder que monopoliza: "Em síntese, podemos, pois, afirmar: o Estado é um órgão especial cuja tarefa consiste em desenvolver certas ideias importantes para a coletividade. E tais ideias diferem de outras ideias coletivas por seu alto grau de consciência e de reflexão."[129] Ora, o desenvolvimento dos Estados modernos se caracteriza pelo fato de que estes já não se apoiam mais nas bases sagradas da legitimação, e sim na base de uma vontade comum formada comunicativamente na publicidade política esclarecida pelo discurso: "Sob este ponto de vista, a democracia aparece como a forma política mediante a qual a sociedade chega à consciência mais pura de si mesma. Um povo é tanto mais democrático quanto mais a meditação, a reflexão e o espírito crítico desempenharem uma tarefa importante nos negócios públicos. E, quanto mais a falta de cons-

---

127. Durkheim. *Montesquieu et Rousseau, précurseurs de la sociologie* (ed. e prefácio de Armand Cuvillier, introdução de Georges Davy). Paris, 1953; trad. ing., Ann Arbor, 1960.
128. Durkheim, 1969, p. 125.
129. Durkheim, 1969, p. 87.

ciência, os costumes escusos, os sentimentos turvos e os preconceitos subtraídos à reflexão predominarem, tanto menor será o papel da democracia. Isso significa que as sociedades assumem cada vez mais as características da democracia [...]."[130] Durkheim percebe, pois, que uma formação discursiva da vontade pressupõe a superioridade moral do princípio democrático: "Uma vez que a democracia constitui o predomínio da reflexão, ela permite ao cidadão aceitar com maior discernimento as leis de seu país, ou seja, com menos passividade. E, visto que existe uma comunicação constante entre os cidadãos e o Estado, este passa a ser para eles não mais um poder externo que lhes impõe um impulso mecânico. Graças à troca continuada entre eles e ele, sua vida se conecta à do Estado, do mesmo modo que a vida deste se conecta à deles."[131] À medida que o consenso religioso básico se dissolve e o poder do Estado perde sua retaguarda sagrada, a unidade da coletividade passa a depender, em sua produção e manutenção, de uma comunidade de comunicação, ou seja, de um consenso na publicidade política, obtido de modo comunicativo.

Se levarmos na devida conta essa passagem do Estado para bases secularizadas de legitimação e a tomarmos como pano de fundo, descobriremos que o desenvolvimento do contrato – que deixa de ser um mero formalismo ritual para se transformar no instrumento mais importante do direito privado burguês – sugere a ideia de uma diluição comunicativa do consenso religioso básico. Em sociedades arcaicas, as explicações cerimoniais das partes que celebram um contrato mal se distinguem das ações

---

130. Durkheim, 1969, p. 123.
131. Durkheim, 1969, p. 125.

rituais; nas palavras dos participantes, fala o próprio poder do sagrado, que funda o consenso: "As vontades só podem se ligar em condições que as fortaleçam. E tal fortalecimento acontece mediante palavras. Ora, as palavras constituem algo real, natural, realizado, ao qual podemos atribuir uma força religiosa graças à qual elas ligam e obrigam os que as emitem. Por isso, é suficiente que sejam pronunciadas de acordo com tais formas religiosas e sob condições religiosas. Isso as torna sagradas. Um dos meios que permitem transmitir-lhes caráter sagrado é o juramento, isto é, a invocação de um ser divino. Mediante a invocação, esse ser divino se transforma na garantia da promessa feita; por conseguinte, quando é feita desta maneira [...] e sob a ameaça de severos castigos religiosos, a promessa passa a ser obrigatória."[132] No direito moderno, ao contrário, o contrato privado extrai sua força da legalidade; porém, a lei que lhe empresta legalidade adquire seu caráter obrigatório de um sistema jurídico legitimado pela formação política da vontade. E os atos de entendimento dos cidadãos de uma comunidade de comunicação, suas próprias palavras, produzem um consenso capaz de criar vínculos obrigatórios.

b) Durkheim observa a evolução do direito no contexto de uma mudança da forma de integração social, a qual atinge toda a sociedade. Ele interpreta tal tendência como desvio em relação a um ponto de partida, "no qual a personalidade individual se dissolve na personalidade coletiva"[133]. E ele representa a diluição dessa solidariedade mecânica dos membros da tribo – que se assimilam uns aos outros, extraindo sua identidade quase totalmente da

---

132. Durkheim, 1969, p. 208.
133. Durkheim, 1977, p. 171.

identidade coletiva – como um processo de emancipação. À medida que as estruturas sociais se diferenciam, os indivíduos socializados se libertam de uma consciência coletiva que abrange toda a estrutura da personalidade; ao mesmo tempo, eles se distanciam do consenso religioso básico em que ninguém se distingue de ninguém. Durkheim analisa tal desenvolvimento, que se inicia *na solidariedade mecânica* e culmina na *orgânica*, em três níveis: no nível da generalização das normas morais, no nível das normas do direito e no nível da individuação crescente do indivíduo.

A *racionalização das cosmovisões* se manifesta num processo de abstração que sublima os poderes míticos, transformando-os em deuses e, finalmente, em ideias e conceitos, deixando atrás de si uma natureza desendeusada e os escombros de um domínio sagrado: "Originariamente, os deuses não se diferenciavam do universo; pois não havia deuses, apenas seres sagrados; e o caráter sagrado que os envolvia não se referia a uma essência exterior, como à sua fonte... Porém, aos poucos, as forças religiosas se desprenderam das coisas, das quais eram atributos, e se reificaram. Formam-se desse modo os conceitos: 'espíritos' ou 'deuses', que, mesmo morando preferencialmente aqui ou acolá, existem apesar de tudo fora dos objetos determinados aos quais se apegam especialmente. Desse modo, eles se tornam menos concretos... O politeísmo greco-latino, que constitui uma forma superior e organizada de animismo, significa um novo progresso no sentido da transcendência. A habitação dos deuses se eleva mais claramente acima dos homens. Eles vivem retirados nas alturas misteriosas do Olimpo ou nas profundezas da terra; eventualmente se intrometem nos negócios dos homens. No cristianismo, porém, Deus se retira definitivamente do espaço. Seu reino não é deste mundo. A separação entre a natureza e a divindade é tão completa, que degenera em inimizade. Ao mesmo tempo, o conceito de divindade se torna mais geral e abstrato, uma vez que ele não consiste mais, como no início, em impressões, mas em ideias."[134] No final desse processo, as cosmovisões racionalizadas se veem forçadas a concorrer com a autoridade de uma ciência totalmente secularizada. Isso faz surgir um ponto de vista reflexivo em relação à tradição em geral. A tradição, agora problematizada em seus fundamentos, só pode ser prosseguida pelos canais de uma crítica permanente. Ao mesmo tempo, a consciência tradicional do tempo é transformada em orientação pelo futuro[135].

A abstração da representação de Deus vem acompanhada de uma *generalização dos valores*: "O conceito de homem, por exemplo, substitui na moral, no direito e na religião o conceito de 'romano', mais concreto e, por isso mesmo, renitente em termos de ciência."[136] O desenvolvimento paralelo que acontece no nível dos valores institucionalizados consiste numa universalização do direito e da moral, acarretando o desencantamento do direito sagrado, ou seja, a "desformalização" do modo correto de agir em relação a si mesmo. Após um longo período, em que estavam ligadas a "peculiaridades locais, étnicas, climáticas etc., as regras do direito e da moral se libertam aos poucos de tais concretudes, tornando-se mais gerais. O declínio ininterrupto do formalismo revela a intensificação da generalização"[137]. A ampliação da esfera de aplicação das normas faz crescer o espaço destinado a interpretações e

---

134. Durkheim, 1977, pp. 329 s.
135. Durkheim, 1977, p. 390.
136. Durkheim, 1977, p. 331.
137. Durkheim, 1977, p. 330.

a pressão para a formulação de uma justificação racional: "Já não existe nada solidificado, apenas regras abstratas, que podem ser aplicadas livremente, das mais diferentes maneiras. Elas também não têm a mesma autoridade, nem a mesma força de resistência... Tais princípios gerais só podem influir nas ações com o auxílio do intelecto. Porém, quando a reflexão desperta torna-se difícil resistir a eles. E quando ela se torna mais forte desenvolve-se espontaneamente, ultrapassando as fronteiras que lhe tinham sido assinaladas. Começamos a discutir certos artigos de fé, e a discussão os sobrepuja. Gostaríamos de prestar contas desses artigos, exigimos uma justificativa para a existência sem levar em conta o final dessa discussão. Em qualquer caso, eles perdem uma parcela de sua força."[138]

Nas manifestações do *individualismo moderno*, Durkheim descobre indícios para uma valorização quase religiosa do indivíduo e para um "culto da pessoa e da dignidade individual"[139]; ele "tem de ser uma pessoa, e cada vez mais uma pessoa"[140].

A progressiva individuação se mede, ao mesmo tempo, pela diferenciação de identidades peculiares e pela intensificação da autonomia pessoal: "Ser uma pessoa significa ser uma fonte autônoma do agir. O homem somente adquire tal qualidade à proporção que possui algo em si mesmo que pertence somente a ele próprio e o individualiza, permitindo a ele ser mais que uma simples incorporação de um tipo da sua raça e de seu grupo. Em todo caso, poderíamos dizer que ele possui o dom da decisão livre e que isso basta para fundamentar sua personalidade."[141]

---

138. Durkheim, 1977, p. 331.
139. Durkheim, 1977, p. 441.
140. Durkheim, 1977, p. 446.
141. Durkheim, 1977, p. 444.

Evidentemente, tal autonomia não se esgota na capacidade de decidir *arbitrariamente* no âmbito de um espaço variável e alargado de alternativas de ação. Pois a autonomia não consiste na liberdade de "escolher entre duas alternativas", e sim naquilo que designamos como "autorrelação refletida". A autonomia do indivíduo, que cresce com a progressiva individuação, caracteriza, segundo Durkheim, uma nova forma de solidariedade, que não é mais garantida mediante um consenso preliminar que se cristaliza em torno de valores, mas tem de ser buscada cooperativamente mediante os esforços individuais. No lugar de uma integração social por meio da *fé*, entra uma integração mediante *cooperação*. No início, Durkheim pensava ser possível explicar tal solidariedade orgânica como um efeito da divisão social do trabalho, portanto como resultado da diferenciação do sistema da sociedade. Alguns anos mais tarde, no entanto, no prefácio à segunda edição do livro sobre a *Divisão do trabalho*, ele corrige essa ideia. A nova forma de solidariedade não pode provir da diferenciação do sistema. Durkheim postula então uma moral de grupos de trabalho. Porém, ele não explica qual seria o mecanismo a ser produzido pela nova forma de solidariedade, o qual entraria no lugar da diferenciação estrutural[142].

Mesmo assim, ele oferece uma ideia interessante ao descobrir, na passagem da forma mecânica de solidariedade para a orgânica, uma "tendência ao racional"[143]. E no final de seu livro ele apresenta o critério por ele utilizado para interpretar a modernização da sociedade como racionalização, a saber, uma moral universalista que se realiza à proporção que os indivíduos aprendem a agir de

---

142. Ver, mais abaixo, pp. 207 ss.
143. Durkheim, 1977, p. 330.

modo imputável: "Quando nos lembramos que a consciência coletiva se reduz cada vez mais ao culto do indivíduo, podemos dizer que aquilo que distingue a moral das sociedades organizadas da moral das sociedades segmentárias é algo mais humano e, por conseguinte, mais racional. Esse algo não dirige nossa atividade a alvos que não se tocam diretamente; também não nos transforma em servos de uma natureza diferente da nossa ou de poderes ideais, que seguem caminhos próprios sem se preocupar com os interesses dos homens... As regras que formam tal consciência coletiva não são tão constritivas a ponto de sufocar o livre exame; no entanto, pelo fato de terem sido feitas para nós e, em certo sentido, por nós, permitem que sejamos mais livres em relação a elas... Nós sentimos como é difícil construir tal sociedade, em que cada indivíduo tem o lugar que merece, em que cada um é recompensado de acordo com seu mérito, em que, por conseguinte, todo o mundo contribui espontaneamente para o bem-estar de cada um. Porém, uma moral não está acima da outra por ser mais enxuta, mais autoritária ou porque se subtrai à reflexão. Sem dúvida alguma, ela tem de nos vincular a algo diferente de nós mesmos; porém, não é necessário que nos *acorrente*, a ponto de nos imobilizar."[144]

Nessa descrição panorâmica, Durkheim não consegue fugir às arapucas da filosofia da história. De um lado, ele assume o enfoque descritivo de um cientista social que simplesmente observa tendências históricas; de outro, ele se apropria normativamente do conceito de uma moral universalista, o qual parece resultar dessas tendências, ao menos na forma de um ideal aceito em geral; e

---

144. Durkheim, 1977, pp. 448 s.

ele conclui de forma lapidar que temos o dever "de formar para nós mesmos uma nova moral"[145]. Ao que tudo indica, Durkheim não consegue indicar com clareza as condições metódicas a serem levadas em conta por uma apreensão descritiva do processo de racionalização.

O moralismo durkheimiano constitui um eco irônico ao seu próprio positivismo[146]. Pudemos constatar que nos trabalhos posteriores, especialmente nas pesquisas sobre a religião e a sociologia da religião, ele se aproxima da ideia de uma "linguistificação" ou "diluição comunicativa" do consenso religioso básico. Sob esse ponto de vista teórico, tentarei justificar as mudanças formais da integração social, descritas por Durkheim, como indicadores de um processo de racionalização. E com isso retorno ao projeto de Mead que pretendia explicar a interação regida por normas e mediada pela linguagem no sentido de uma reconstrução racional.

Na introdução propedêutica, tomamos ciência de que podemos inferir as condições de racionalidade das condições para um consenso fundamentado, obtido comunicativamente. A comunicação linguística voltada à influenciação mútua e ao entendimento preenche os pressupostos de uma manifestação racional, ou seja, de uma racionalidade de sujeitos capazes de fala e de ação. Ventilamos, além disso, as razões que permitem entender por que a racionalidade que habita na linguagem pode tor-

---

145. Durkheim, 1977, p. 450.
146. Luhmann menciona esse moralismo em sua introdução à edição alemã do texto de Durkheim sobre a "Divisão do trabalho". Cf. Durkheim, 1977, pp. 17 ss. Convém notar, porém, que Luhmann afirma isso apoiando-se nas premissas de uma estratégia de pesquisa, a qual passa por alto o questionamento durkheimiano, concentrando-se no nível analítico da "Sociabilidade livre de normas".

nar-se empiricamente eficaz, à proporção que os atos comunicativos assumem o comando da interação social, preenchendo as funções da reprodução social e da manutenção dos mundos da vida sociais. O potencial de racionalidade do agir orientado pelo entendimento pode ser liberado e utilizado na racionalização dos mundos da vida de grupos sociais, do mesmo modo que a linguagem pode preencher as funções de entendimento, de coordenação da ação e da socialização de indivíduos, transformando-se, por esse caminho, num meio pelo qual se realiza a reprodução cultural, a integração social e a socialização.

Quando analisamos a evolução social dessa maneira, isto é, sob pontos de vista da racionalização, podemos relacionar entre si os princípios teóricos de Mead e de Durkheim com o objetivo de construir um ponto de partida hipotético que permite entender: a) por que a passagem para um agir comunicativo extremamente circunscrito do ponto de vista institucional é importante para o processo de hominização; b) *por que a mediação linguística desse agir regido por normas pode ser tomada como o pontapé inicial para a racionalização do mundo da vida.*

A construção por mim sugerida toma como base não somente os valores-limite que Durkheim pressupõe numa sociedade totalmente integrada, mas também os efeitos desintegradores inerentes aos atos de fala, que se manifestam no momento em que a reprodução simbólica do mundo da vida é conectada ao agir comunicativo. Tal hipótese exige que pensemos o "estado-zero" da sociedade, de Durkheim, como um domínio que abrange, de um lado, a esfera do sagrado, a qual ainda não *necessita* de uma mediação linguística da prática ritual, e, de outro lado, uma esfera profana, que ainda não *permite* uma mediação linguística da cooperação, uma vez que possui uma dinâmica própria. Esta segunda ideia é fictícia, porém não inteiramente despropositada, pois Durkheim não atribui nenhum significado constitutivo à fala gramatical. Nosso experimento mental deve mostrar que a reprodução social, pelo fato de ser canalizada pela linguagem, está sujeita a determinadas limitações estruturais que permitem, se não explicar causalmente, ao menos interpretar a citada mudança estrutural das cosmovisões, a universalização do direito e da moral, bem como a individuação progressiva de sujeitos socializados.

(2) Suponhamos o caso-limite de uma sociedade totalmente integrada. Nela, a tarefa da *religião* se esgota na interpretação de uma prática ritual existente mediante conceitos do sagrado; desprovida de conteúdos propriamente cognitivos, ela ainda não assumiu a forma de uma visão do *mundo*, no sentido de um determinismo cultural; ela assegura a unidade da coletividade, reprimindo conflitos que poderiam resultar das relações de poder e dos interesses econômicos. Tais ideias contrafáticas determinam um estado de integração social para o qual a linguagem não tem grande importância. O consenso prévio em relação a valores necessita, evidentemente, de uma atualização linguística e de uma canalização para situações da ação; no entanto, as realizações de entendimento ficam limitadas a um papel instrumental, a tal ponto que é possível negligenciar a influência exercida pela estrutura dos atos de fala no modo e na composição da tradição cultural. Em outro contexto, Wittgenstein fala em "comemorar" a linguagem; pois ela constitui um luxo, podendo extravasar quando, desamarrada da disciplina da prática cotidiana, é desvinculada de suas funções sociais. Nós tentamos representar um estado em que a linguagem comemora, no qual, em todo o caso, o peso próprio da linguagem em ter-

mos de reprodução social ainda não se faz valer. Tal ideia acerca da função do entendimento também pode ser aplicada ao contexto da coordenação da ação e da socialização.

Numa sociedade totalmente integrada, o culto religioso é algo que se parece com uma *instituição total* capaz de abranger e de integrar normativamente todas as ações na família e no âmbito do trabalho social, a tal ponto que qualquer transgressão de normas equivaleria a um sacrilégio. Ora, tal instituição fundamental só pode se ramificar mediante a linguagem, tendo em vista determinadas situações e normas relativas a certas tarefas específicas. Porém, nesse caso, as ações comunicativas são novamente confinadas num papel instrumental, de modo que a influência da linguagem sobre a validade e a aplicação de normas pode ser negligenciada. Durkheim sublinha especialmente o terceiro aspecto de tal sociedade, ou seja, o da reprodução da *identidade do grupo* na estrutura da personalidade de cada membro individual. Tal identidade se decompõe num componente geral, que repete as estruturas estereotipadas da sociedade, e num componente residual individual, não social, apegado a um organismo singular. Esse dualismo põe a descoberto a ideia de uma socialização em que a força individualizadora da intersubjetividade produzida mediante a linguagem ainda não desempenha um papel relevante.

Em último lugar, convém destacar que as estruturas das cosmovisões, das instituições e da personalidade individual ainda não se desligaram inteiramente umas das outras; elas estão diluídas na consciência coletiva constitutiva para a identidade do grupo. Ora, nas estruturas da comunicação mediante a linguagem se encontram elementos de diferenciação; porém, esta só emerge à proporção que o agir comunicativo adquire um peso próprio nas funções do entendimento, da integração social e da formação da personalidade, e quando consegue romper o contato simbiótico que liga entre si religião e sociedade. Entretanto, tão logo as estruturas do agir orientado pelo entendimento se tornam eficazes, tem lugar uma "linguistificação" ou "diluição" do sagrado em linguagem (*Versprachlichung*), a qual determina a lógica de mudança da forma de integração social descrita por Durkheim. Nosso experimento mental pretende mostrar que a abstração das cosmovisões, a universalização do direito e da moral, bem como a consolidação da individuação, podem ser entendidas como um desenvolvimento que tem lugar no seio de uma sociedade integrada quando o potencial de racionalidade do agir orientado pelo entendimento é liberado. Não pretendemos aprofundar as condições empíricas de tal dinâmica.

Já é do nosso conhecimento que os componentes proposicionais estão de tal modo enlaçados com os ilocucionários e os expressivos, que o conteúdo semântico na fala gramatical pode flutuar livremente entre eles. Pois tudo o que pode ser dito em geral pode ser expresso na forma assertórica. Se levarmos em conta tal característica básica da linguagem, será possível entender o significado da ligação entre as imagens de mundo religiosas e o agir comunicativo. O saber que serve de pano de fundo se introduz nas definições da situação elaboradas pelos atores que agem buscando um objetivo e que regulam consensualmente seu trabalho cooperativo; a imagem de mundo armazena os resultados de tais interpretações. E, uma vez que os conteúdos semânticos de procedência sagrada ou profana flutuam livremente no meio da linguagem, chega-se a uma fusão de significados; os conteúdos prático-morais, bem como os expressivos, ligam-se aos instrumental-cognitivos na forma de um saber cultural. Entretanto, convém distinguir dois aspectos nesse processo:

Em primeiro lugar, os conteúdos da experiência normativa e expressiva oriundos do domínio em que a identidade coletiva se certifica ritualmente acerca de si mesma podem ser expressos na forma de proposições armazenadas *enquanto saber cultural*; isso transforma a religião numa *tradição cultural* a ser continuada comunicativamente. Em segundo lugar, o saber sagrado tem de se *ligar* com o saber profano, oriundo do domínio do agir instrumental e da cooperação social; isso faz da religião uma *imagem do mundo* em busca da totalidade. E, à proporção que a prática comunicativa cotidiana mantém um peso próprio, as cosmovisões têm de elaborar o saber profano afluente que foge cada vez mais ao seu controle, isto é, têm de colocá-lo, de modo mais ou menos consistente, em contato com os componentes prático-morais e expressivos. Na explicação de Durkheim e de Weber, as cosmovisões religiosas estão sujeitas a um desenvolvimento estrutural, no sentido de que a base de validade da tradição passa do agir ritual para o comunicativo. Isso faz com que a autoridade das convicções derive cada vez menos da força arrebatadora e da aura do sagrado e cada vez mais de um consenso obtido mediante comunicação, o qual não é simplesmente reproduzido, mas *obtido*.

Conforme vimos, na fala gramatical, os componentes ilocucionários estão de tal modo entrelaçados com os componentes proposicionais e os expressivos, que as forças ilocucionárias se ligam com *todos* os atos de fala. Tais forças permitem configurar um conceito de validade genuinamente linguística, que imita a autoridade do sagrado, ancorada em símbolos paleolíticos. Se nos apoiarmos nessa característica básica da linguagem, poderemos entender por que as instituições fundadas no sagrado não somente orientam, prefiguram e prejulgam os processos de entendimento, mas também dependem dos efeitos de ligação procedentes da formação linguística do consenso. Sendo assim, a integração social não se realiza mais de modo direto, mediante valores institucionalizados, mas por meio do reconhecimento intersubjetivo das pretensões de validade levantadas pelos atos de fala. As ações comunicativas permanecem inseridas nos contextos normativos existentes; porém, o falante pode se referir explicitamente a elas mediante atos de fala e assumir perante elas diferentes posições. O fato de os atos de fala possuírem força ilocucionária própria, independente dos contextos normativos, acarreta consequências tanto para a validade das normas como para sua aplicação.

A base de validade das normas de ação se modifica à medida que o consenso mediado pela comunicação passa a depender de argumentos. A partir daí, a autoridade do sagrado, o qual se oculta atrás das instituições, não vale mais por si mesma. Isso significa que a autorização sacra passa a depender de atos de fundamentação das cosmovisões religiosas. Por seu turno, o *saber cultural* assume funções de coordenação da ação à proporção que os participantes da comunicação o inserem nas interpretações da situação. Enquanto os componentes do saber prático-moral se confundem com os componentes expressivos e os cognitivo-instrumentais, as imagens de mundo míticas e metafísico-religiosas servem para o esclarecimento e a justificação do sistema de instituições. Nesse contexto, as experiências consonantes, que podem ser elaboradas consistentemente numa imagem de mundo, confirmam as instituições existentes; e as experiências dissonantes, que sobrecarregam o potencial de fundamentação de uma cosmovisão, colocam em questão a fé na legitimidade e na validade das instituições correspondentes. Entretanto, a mudança de estrutura das imagens de mundo não é o único elemento a pressionar o sistema de instituições, uma vez que a constrição também pode advir da necessidade crescente de especialização em situações de ação mais complexas e modificadas. À medida que os que agem comunicativamente assumem por si mesmos a aplicação das normas, estas podem tornar-se mais abstratas e específicas. Uma aplicação de normas de ação, *mediada comunicativamente*, supõe que os envolvidos podem chegar a definições comuns da situação, que se referem simultaneamente a aspectos objetivos, normativos e subjetivos da respectiva situação da ação. Os *próprios* participantes da interação têm de referir as normas dadas à respectiva situação e configurá-las de acordo com tarefas especiais. E, à proporção que as interpretações se tornam independentes do contexto normativo, o sistema de instituições se torna capaz de dominar uma crescente complexidade de situações da ação, ramificando-se no quadro de normas básicas e regulações especiais altamente complexas e numa rede de papéis sociais.

Na perspectiva da cultura, a universalização do direito e da moral, constatada por Durkheim, pode ser explicada pelo fato de que os problemas de justificação da aplicação de normas se deslocam, cada vez mais, para processos da formação de um consenso linguístico. Após a secularização da comunidade de fé, que tomou a forma de uma comunidade de cooperação, somente uma moral universalista é capaz de manter seu caráter obrigatório. E apenas um direito formal e abstrato consegue introduzir uma diferença entre moralidade e legalidade, a qual torna possível estabelecer uma separação nítida entre dois domínios da interação: o domínio em que as instituições não confiam aos participantes nenhum tipo de questão controversa acerca da aplicação de normas; e o domínio em que essa questão é institucionalmente entregue aos participantes.

Pudemos constatar que, na fala gramatical, os componentes expressivos se encontram ligados de tal modo aos componentes ilocucionários e proposicionais que o pronome pessoal da primeira pessoa, que aparece nas expressões subjetivas das proposições performativas, possui dois significados sobrepostos. Em primeiro lugar, ele se refere ao *ego* como falante, o qual manifesta vivências num enfoque expressivo; em segundo lugar, refere-se ao *ego* como membro de um grupo social que assume relações interpessoais com pelo menos um outro membro. Tal característica básica da linguagem pode explicar por que os processos de socialização são cunhados pela estrutura linguística das relações que se estabelecem entre a criança e suas pessoas de referência. A estrutura da intersubjetividade linguística, que aparece no sistema dos pronomes pessoais, cuida para que a criança aprenda a desempenhar papéis sociais na primeira pessoa[147]. Tal coação estrutural impede uma simples reduplicação da identidade do grupo na estrutura da personalidade do indivíduo; ela age como uma coação que leva à individuação. Quem toma parte na interação social assume o papel comunicativo da primeira pessoa, o que implica assumir a atitude de um ator que, ao mesmo tempo que delimita seu mundo interior em relação às normas e aos fatos, também toma iniciativas em relação aos outros participantes, as quais lhe são atribuídas como ações próprias e *pelas quais tem*

---

147. Cf., acima, pp. 110 ss.

de responder. O grau de individuação e a medida da imputabilidade variam de acordo com o espaço disponível para um agir comunicativo independente. À proporção que a interação socializadora dos pais se livra das normas fixas e dos modelos calcificados, as competências mediadas pelo processo de socialização se tornam mais formais. Podemos explicar estruturalmente a tendência à progressiva individuação e à crescente autonomia, observada por Durkheim, afirmando que a formação da identidade e a gênese das pertenças ao grupo se distanciam cada vez mais dos contextos particulares, transferindo-se paulatinamente para contextos que permitem a aquisição de capacidades generalizadas de agir de modo comunicativo.

O experimento mental há pouco esboçado toma como ponto de partida a idéia de que o sagrado se dilui em linguagem, a fim de decifrar a lógica da mudança formal que ocorre na integração social, analisada por Durkheim. O experimento ilumina o caminho pelo qual é possível detectar as estruturas antropológicas subjacentes no agir regulado por normas; tal caminho depende de uma explicação pragmático-formal das estruturas do agir orientado pelo entendimento. A interação regida por normas modifica sua estrutura à medida que as funções da reprodução cultural, da integração social e da socialização abandonam a esfera do sagrado para se instalar na prática comunicativa cotidiana. Nesse processo, a *comunidade religiosa ou de fé*, que no início possibilita a cooperação social, transforma-se numa *comunidade de comunicação obrigada à cooperação*. Tal perspectiva evolucionista de Mead é compartilhada por Durkheim. No entanto, Durkheim não consegue explicar como as formas de solidariedade mecânica passam para formas orgânicas, provocando uma modificação da consciência coletiva, reconstituível *a partir de dentro*; por isso, não fica claro o argumento em que se apoia para afirmar que a mudança formal da integração social tem de ser vista como um desenvolvimento em direção à racionalidade. Durkheim *acena* para a ideia da "linguistificação" do sagrado. Não obstante, tal ideia carece de uma *elaboração* mais detalhada. De fato, Mead entende a diluição comunicativa de instituições apoiadas na tradição e na autoridade sagrada como racionalização. Ele escolhe explicitamente o agir comunicativo como ponto de referência para o esboço utópico de uma "sociedade racional". As elucidações de Mead sobre as possibilidades de desenvolvimento de sociedades modernas, sobre esboços de uma sociedade "racional" ou, como ele mesmo diz, "ideal", parecem sugerir que a questão por ele enfrentada pode ser resumida na seguinte pergunta: que estruturas uma sociedade deveria assumir, caso sua integração social abandonasse *inteiramente* as bases sagradas e passasse a adotar o consenso obtido por vias comunicativas? Focalizarei inicialmente o desenvolvimento cultural, que assume contornos distintos na ciência, na moral e na arte.

A moral e a ciência moderna dependem dos ideais de uma objetividade e de uma imparcialidade, asseguradas mediante uma discussão sem fronteiras; ao passo que a arte moderna é determinada pelo subjetivismo ilimitado de um "eu" descentrado e liberado das pressões do conhecer e do agir, que se relaciona consigo mesmo. Durante o tempo em que o domínio sagrado foi constitutivo para a sociedade, a ciência e a arte não tinham conseguido assumir a herança da religião; *nessa perspectiva,* somente a moral diluída comunicativamente e constituída em ética do discurso tem condições de substituir a autoridade do sagrado. Nela, o núcleo arcaico do normativo se dissolve e a partir daí se desenvolve o sentido racional da validade normativa.

O parentesco entre religião e moral revela-se principalmente no fato de que a moral não assume um *status* unívoco na construção de um mundo da vida estruturalmente diferenciado. Ela não pode ser atribuída exclusivamente à tradição cultural, como é o caso da ciência e da arte; tampouco pode ser atribuída exclusivamente à personalidade ou à sociedade, como é o caso do direito. Não resta dúvida de que podemos fazer uma distinção analítica entre as *representações* morais como componentes da tradição, as *regras* morais como componentes do sistema de normas e a *consciência* moral como componente da personalidade. Porém, as representações morais coletivas, as normas morais e a consciência moral dos indivíduos constituem, respectivamente, aspectos de uma mesma moral. A moral ainda possui algo da força penetrante dos poderes sagrados originários; ela perpassa, de um modo *sui generis*, os níveis atualmente diferenciados da cultura, da sociedade e da personalidade.

O próprio Durkheim atribui a uma moral universalista a força capaz de manter coesa uma sociedade secularizada e de substituir o acordo normativo fundamental assegurado ritualmente, transladando-o para um nível altamente abstrato. No entanto, somente Mead consegue fundamentar a moral universalista de modo que ela possa ser entendida como o *resultado* de uma racionalização comunicativa, isto é, como consequência da liberação do potencial de racionalidade contida no agir comunicativo. Num esboço de crítica à ética kantiana, Mead tenta fundamentar tal ética do discurso numa linha genética[148].

---

148. G. H. Mead. "Fragmente über Ethik", in Mead, 1969a, pp. 429 ss.; cf. também Mead, 1964, pp. 82 ss.; cf. ainda Cook, 1966, pp. 156 ss., e Joas, 1980, pp. 120 ss.

(3) Mead se apoia numa intuição compartilhada por todas as teorias morais universalistas, a saber: o ponto de vista que assumimos ao julgar questões morais relevantes tem de permitir a consideração imparcial dos interesses bem entendidos *de todos* os envolvidos porque as normas morais, quando compreendidas corretamente, fazem valer um interesse social *geral*[149]. Os utilitaristas concordam com Kant ao admitirem a exigência de universalidade das normas básicas: "O utilitarista afirma que essa exigência tem a ver com a maior felicidade para o maior número possível; Kant afirma que a atitude perante a ação tem de assumir a forma de uma lei geral. Eu gostaria de acentuar uma coincidência entre as duas escolas, que se opõem ferozmente noutros aspectos: ambas acreditam que a ação moral tem de ser geral. Quando determinamos a moral mediante o resultado da ação, nós determinamos os resultados por meio de toda a comunidade; quando a determinamos mediante a atitude em relação à ação, então a determinamos por meio do respeito à lei. Ambos reconhecem que a moral significa generalidade, isto é, que a ação moral não constitui um assunto privado. Uma coisa boa do ponto de vista moral *tem de ser, sob os mesmos pressupostos, boa para qualquer* pessoa."[150]

Tal intuição, no entanto, que aparece na dogmática das grandes religiões e nos tópicos do sadio senso comum, é mais valorizada por Kant do que pelos utilitaristas, uma vez que estes apresentam um ponto de vista especial para examinar a universalizabilidade de interesses, a saber, o bem-estar comum e a maior felicidade do maior número

---

149. Cf. Wimmer, 1980, que trata dos princípios universalistas de K. Baier, M. Singer, R. M. Hare, J. Rawls, P. Lorenzen, F. Kambartel, K. O. Apel e J. Habermas.

150. Mead, 1969a, p. 432.

possível; ao passo que Kant introduz o princípio da legislação, ao qual todas as normas têm de se conformar. Pois o compromisso generalizador que se estabelece entre interesses em princípio particulares não é capaz de criar um interesse em condições de incorporar a autoridade de um interesse geral, ou seja, um interesse cuja pretensão consiste em ser reconhecido por todos os interessados como um interesse comum. Por isso, o utilitarismo não consegue explicar o momento do *assentimento* não pressionado, motivado racionalmente, que as normas válidas exigem *de todos os atingidos*. Kant explica essa validade deôntica das normas morais apelando para o sentido de universalidade das leis da razão prática. O imperativo categórico aparece como uma máxima, com cujo auxílio cada indivíduo pode examinar se uma norma dada ou sugerida merece assentimento geral, ou seja, se pode valer como uma lei.

Mead se apropria deste pensamento: "A generalidade de nossos juízos, tão bem caracterizada por Kant, é inferida do fato de assumirmos a atitude de toda a comunidade, a atitude de todos os seres dotados de razão." Todavia, ele acrescenta uma reflexão curiosa: "Nós somos o que somos em virtude da nossa relação com outros. Por isso, nosso objetivo tem de ser inevitavelmente um objetivo social, tanto em relação ao seu conteúdo como em relação à forma. A sociabilidade é a causa da universalidade dos juízos éticos e a base em que se assenta a afirmação amplamente difundida segundo a qual a voz de todos é a voz geral, isto é, todo aquele que julga racionalmente a situação pode também dar seu assentimento."[151] Com isso, Mead modifica o argumento kantiano ao cons-

---

151. Mead, 1969a, pp. 429 s.

truir uma teoria da sociedade que tenta explicar por que as normas morais gerais podem pretender validade social. Normas morais apoiam sua autoridade no fato de incorporarem um interesse geral; ora, a preservação desse interesse coloca em jogo a unidade da coletividade: "Esse sentimento para a estrutura da sociedade como um todo... carrega o sentido para obrigações morais, o qual ultrapassa toda pretensão particular exigida pela situação atual."[152] Neste ponto, Mead coincide com Durkheim. Na validade deôntica das normas morais se exorciza implicitamente o perigo de prejuízos para a sociabilidade de todos os membros de uma coletividade, especialmente o perigo da anomia, da decomposição da identidade do grupo e da desintegração do contexto vital comum a todos os membros.

À proporção que a linguagem se impõe como princípio da socialização, as condições da sociabilidade convergem com condições da intersubjetividade gerada comunicativamente. Ao mesmo tempo, a autoridade do sagrado é transportada para a força vinculante de pretensões de validade normativas, cujo resgate é discursivo. Por esse caminho, o conceito de validade deôntica é purificado de acréscimos empíricos; e no final das contas a validade de uma norma significa apenas que ela *poderia* ser aceita com boas razões por todos os interessados. Nesse modo de interpretar, Mead concorda com Kant, ao afirmar "que o 'dever-ser' pressupõe uma generalidade... Sempre que o elemento 'dever-ser' surge, sempre que a consciência fala, eles assumem tal forma geral"[153].

---

152. Mead, 1964, p. 404.
153. Mead, 1969a, p. 430.

Para ser critério de validade, a generalidade de uma norma moral tem de exprimir de modo fundamentado a vontade comum de todos os interessados. Ora, não é suficiente que as normas assumam *a forma* de proposições deônticas universais, pois máximas imorais ou máximas sem nenhum conteúdo moral também podem ser formuladas dessa maneira. Mead explicita isso nos seguintes termos: "Kant pensava que podemos generalizar apenas a forma. Ora, nós também generalizamos o objetivo."[154] Ao mesmo tempo, Mead não gostaria de jogar fora as vantagens oferecidas pelo formalismo da ética kantiana. Por isso, ele formula o problema da seguinte maneira: "Quando os interesses imediatos colidem com outros que até agora não conhecíamos, inclinamo-nos a passar por alto esses interesses considerando apenas os que se oferecem imediatamente. Para nós, a dificuldade consiste em reconhecer esses outros interesses mais abrangentes e colocá-los numa relação racional com os interesses mais imediatos."[155] Quando se trata de questões prático-morais, somos a tal ponto prisioneiros de nossos próprios interesses, que a consideração imparcial de todos os interesses envolvidos já pressupõe uma atitude moral daquele que pretende chegar a um juízo isento. "Na minha opinião, todos sentimos duas necessidades: a de que temos de reconhecer os interesses dos outros, mesmo quando se opõem aos nossos próprios interesses; e a de que temos de reconhecer que o homem que segue esse conhecimento não está se sacrificando a si mesmo, e sim adquirindo uma identidade mais abrangente."[156] O próprio Aristóteles já sublinhara o nexo que envolve a for-

---

154. Mead, 1969a, p. 430.
155. Mead, 1969a, p. 439.
156. Mead, 1969a, p. 437.

mação moral e a capacidade de julgamento. Mead utiliza essa ideia de modo sistemático com a intenção de substituir o imperativo categórico por um procedimento de formação discursiva da vontade.

No julgamento de um conflito de ações, moralmente relevante, temos de levar em conta o interesse geral que todos os afetados respeitariam caso adotassem a atitude moral da avaliação imparcial de todos os interesses em jogo. Mead especifica tal condição lançando mão da ideia de uma comunidade de comunicação ideal: "In logical terms there is established a *universe of discourse which transcends the specific order* within which the members of the community, in a specific conflict, place themselves outside of the community order as it exists, and agree upon changed habits of action and a restatement of values. *Rational procedure*, therefore, sets up an order within which thought operates; that abstracts in varying degrees from the actual structure of society... It is *a social order that includes any rational being who is or may be in any way implicated in the situation with which thought deals*. It sets up an ideal world, not of substantive things but of proper method. Its claim is that all the conditions of conduct and all the values which are involved in the conflict must be taken into account in abstraction from the fixed forms of habits and goods which have clashed with each order. It is evident that a man cannot act as a rational member of society, except as he constitutes himself a member of this wider commonwealth of rational beings."[157]

A projeção de uma formação da vontade sob as condições idealizadas de um discurso universal visualiza o

---

157. Mead, 1964, pp. 404 s. (os destaques são meus).

que o imperativo categórico pretendia realizar. O sujeito capaz de julgar moralmente não pode examinar por si mesmo se uma norma existente ou recomendada é do interesse geral e se deve eventualmente adquirir validade social: ele deve tentar isso em comunhão com todos os demais interessados. Aqui, o mecanismo da assunção de atitudes e da internalização toca num limite definitivo. É verdade que o *ego* pode antecipar a atitude que o *alter* assume em relação a ele no papel de um participante da argumentação; conforme vimos, os que agem comunicativamente adquirem uma relação refletida consigo mesmos. O *ego* pode até tentar *representar* para si mesmo o desenrolar de uma argumentação moral no círculo dos concernidos; porém, ele não consegue *prever* com certeza o resultado dela. Por isso, a projeção de uma comunidade de comunicação ideal serve como fio vermelho para a *instauração* de discursos a serem realizados de fato, não podendo ser substituídos por pseudodiálogos monológicos. Mead não explora com suficiente clareza tal consequência por considerá-la demasiado trivial. O próprio argumento psicológico fala a favor de sua trivialidade, uma vez que somos sempre tentados a "passar por alto certos interesses que se opõem aos nossos e a acentuar aqueles com que nos identificamos"[158]. Mesmo assim, Mead introduz um argumento fundamental. Este só vale, todavia, sob a condição de que o trabalho de justificação de hipóteses não seja desconectado da tarefa construtiva de formação de hipóteses.

Kant e os utilitaristas se movimentam em meio a conceitos da filosofia da consciência. Por isso, deduzem os motivos e objetivos da ação, bem como os interesses e

---

158. Mead, 1969a, p. 438.

orientações axiológicas, das quais as ações dependem, de estados internos ou de episódios privados. Eles supõem que "nossas inclinações estão dirigidas para nossos próprios estados subjetivos – para o prazer que resulta da satisfação. Ora, se esse é o objetivo, todos os nossos motivos são subjetivos"[159]. Na realidade, porém, os motivos e as ações possuem algo intersubjetivo, pois são sempre interpretados à luz de uma tradição cultural. Os interesses se dirigem para algo valioso, e "todas as coisas valiosas são experiências *compartilhadas*. Mesmo quando uma pessoa parece recolher-se a si mesma a fim de viver com suas próprias ideias, ela continua vivendo com as outras pessoas, que pensaram o que ela está pensando agora. Ela lê livros, recorda-se de experiências passadas, projeta possíveis pressupostos à luz dos quais poderia viver. O conteúdo é sempre de natureza social"[160]. Entretanto, se os motivos e os fins da ação só são acessíveis mediante interpretações que continuam na dependência da tradição, o ator *individual* não pode constituir a instância *última* para a continuação e a revisão de suas interpretações das carências. Pois suas interpretações se modificam no contexto do mundo da vida do grupo social ao qual ele pertence – e, aos poucos, os discursos práticos também podem entrar nesse processo natural. Assim como a tradição, na qual alguém nasceu, não está à disposição dele, assim também ele não é senhor das interpretações à luz das quais ele compreende os fins da ação, seus motivos, interesses e orientações axiológicas. Como qualquer processo monológico, o princípio da ética kantiana falha perante tal tarefa: "Do ponto de vista kantiano, supõe-se

---

159. Mead, 1969a, p. 435.
160. Mead, 1969a, p. 436.

que o padrão já está dado... No entanto, se não dispomos de um padrão, não existe auxílio para quem tem de decidir. Sempre que nos dispomos a desenvolver um novo princípio, uma nova adaptação, encontramo-nos numa nova situação... A simples generalização do princípio da ação não ajuda muito. Nesse ponto, o princípio kantiano fracassa."[161]

Mead desenvolve as ideias principais de uma ética comunicativa numa intenção sistemática e evolucionista. Ele pretende mostrar que esse é o melhor caminho para se fundamentar uma moral de cunho universalista. Entretanto, ele pretende, além disso, explicar tal estado de coisas no âmbito de uma teoria da evolução. O discurso universal constitui o conceito fundamental da ética da comunicação, o "ideal formal do entendimento linguístico". E, uma vez que essa idéia do entendimento motivado racionalmente já está inserida na linguagem, ela deixa de ser uma simples exigência da razão prática, inserindo-se na reprodução da vida social. Quanto mais o agir comunicativo assume da religião o fardo da integração social, tanto mais ele se torna empiricamente efetivo na comunidade de comunicação real. Imitando Durkheim, Mead tenta demonstrar esse ponto lembrando a difusão das ideias democráticas e as modificações nas bases de legitimação do Estado moderno. À proporção que as pretensões de validade normativas dependem de uma confirmação mediante um consenso obtido comunicativamente, implantam-se no Estado moderno princípios de formação democrática da vontade e princípios universalistas do direito[162].

---

161. Mead, 1969a, p. 432.
162. Mead, 1964, pp. 257 ss.

(4) *Excurso sobre a identidade e a individuação*. Até o presente momento, não levei em consideração o fato de que a comunidade de comunicação ideal não fornece apenas o modelo para uma formação da vontade racional e imparcial. Isso porque Mead, ao seguir a esteira desse ideal, delineia também o modelo de um uso comunicativo não alienado, que garante no dia a dia espaços para uma autoapresentação espontânea e recíproca, bem como para a empatia mútua. Observada mais de perto, a comunidade de comunicação ideal contém dois projetos utópicos. Cada um deles estiliza um dos momentos que se encontravam diluídos e mesclados na prática ritual: o momento prático-moral e o expressivo. Ora, ambas as variantes, quando tomadas juntamente, formam o ponto de referência para o conceito mediano de "pessoa totalmente individualizada".

Suponhamos que certos indivíduos se socializam como membros de uma comunidade de comunicação ideal; a partir desse momento, eles adquirem uma identidade que compreende simultaneamente dois aspectos: a generalização e a particularização. De um lado, as pessoas que crescem sob condições idealizadas aprendem a se orientar no interior de um quadro de referências universalistas, isto é, aprendem a agir de modo autônomo; de outro lado, elas aprendem a utilizar sua autonomia – que as torna iguais a todos os demais sujeitos que agem moralmente – com a finalidade de desenvolver sua subjetividade irrepetível. Mead atribui a toda pessoa que desempenha o papel de um participante de um discurso universal a autonomia e a força de autorrealização espontânea, as quais permitem que ela se desvencilhe das amarras inerentes às condições vitais concretas e habituais. Nas palavras de Hegel, a pertença à comunidade de comunicação ideal é constitutiva tanto para o "eu" enquanto elemento geral como para o "eu" enquanto elemento particular[163].

As orientações universalistas da ação ultrapassam todas as convenções existentes, possibilitando um distanciamento dos papéis sociais que configuram a procedência e o caráter: "A exigência conclama à liberdade em relação às convenções e às leis. Naturalmente, tal situação só é possível onde o indivíduo se distancia, por assim dizer, de uma sociedade fechada e limitada voltando-se para uma mais ampla, no sentido lógico de que há nela direitos menos limitados. Nós nos afastamos de convenções esclerosadas – as quais não têm mais sentido para uma comunidade em que os direitos são reconhecidos por meio da publicidade – e apelamos para outra, mesmo que esse apelo tenha de ser dirigido aos pósteros. Aqui, a atitude do *I* se contrapõe à do *Me*."[164] Ao *appeal to the larger community* corresponde *the larger self*, ou seja, o sujeito autônomo e capaz de orientar suas ações por princípios universais.

Todavia, o *Me* não representa apenas as particularidades de uma consciência moral presa à tradição, mas também as pressões de um caráter que freia o desenvolvimento da subjetividade. Nessa direção, a própria pertença à comunidade de comunicação ideal pode conter força explosiva. As estruturas do uso não alienado desencadeiam orientações para a ação que, diferentemente das universalistas, ultrapassam as convenções existentes; elas visam preencher espaços de autorrealização recíproca: "Tal capacidade oferece a possibilidade de mostrar carac-

---

163. Cf. minhas observações sobre "a filosofia do espírito", de Hegel, em Jena, in Habermas, 1968b, pp. 9 ss.
164. Mead, 1969a, p. 243.

terísticas próprias e específicas... O indivíduo adquire a possibilidade de desenvolver as características próprias, que o individualizam."[165]

Mead ilustra a autodeterminação e a auto-realização, aspectos da "identidade-eu", tomando como ponto de referência o *self-respect* e o *sense of superiority*. Esses mesmos sentimentos revelam a referência implícita a estruturas de uma comunidade de comunicação ideal. Em casos extremos, uma pessoa tem de agir contra o juízo moral de todos os seus contemporâneos, a fim de conservar seu autorrespeito: "O único método que nos permite reagir contra a desaprovação de toda a comunidade consiste em introduzir uma comunidade superior, que, em certo sentido, eclipsa a comunidade dada que já encontramos pronta. Uma pessoa pode atingir um ponto em que ela se contrapõe a todo o mundo... Para conseguir isso, tem de falar consigo mesma com a voz da razão. Precisa abranger as vozes do passado e do futuro... Em geral, pensamos que essa voz da comunidade coincide com a comunidade maior do passado e do futuro."[166] Numa passagem paralela, Mead expressa a ideia de uma "sociedade mais elevada e melhor"[167].

Algo semelhante ocorre com os sentimentos relacionados com o valor próprio. A atividade criativa do artista e do cientista é tomada como forma exemplar de autorrealização; no entanto, todas as pessoas sentem a necessidade de se autoafirmar em seu valor lançando mão de características ou de realizações importantes. Surge assim um sentido de superioridade isento de aspectos morais questionáveis, pois a autoafirmação de um não se dá

---

165. Mead, 1969a, p. 375.
166. Mead, 1969a, pp. 210 s.
167. Mead, 1969a, p. 440.

à custa da autoafirmação do outro. Nesse ponto também, Mead se orienta pelo ideal do uso não coagido, em que a autorrealização de um dos lados não acarreta danos para o outro.

A comunidade de comunicação ideal tem como característica própria uma *"identidade-eu" que possibilita a autorrealização na base de um agir autônomo*. Ela se comprova mediante a capacidade de dar continuidade à própria história de vida. Pois, no decorrer do processo de individuação, o indivíduo tem de extrair sua identidade das linhas do mundo da vida concreto e de seu caráter, o qual se apega a tal procedência. A partir daí, a identidade do eu tem de ser estabilizada mediante capacidade abstrata, que permite fazer jus a exigências de consistência e a condições de reconhecimento, mesmo no caso de expectativas de papéis incompatíveis e também quando se tem uma série de sistemas de papéis contraditórios[168]. A "identidade-eu" do adulto se comprova na capacidade de construir novas identidades a partir de identidades rompidas ou superadas, que se integram nas antigas a ponto de permitir uma nova organização da malha das interações; forma-se, a partir daí, a unidade de uma história de vida *imputável* e, ao mesmo tempo, *inconfundível*. Tal "identidade-eu" possibilita o *autodesenvolvimento* e a *autodeterminação*, dois momentos ativos na relação tensional que se estabelece entre o *I* e o *Me* no nível de uma identidade vinculada a papéis sociais. À proporção que assume sua biografia e responde por ela, o adulto tem condições de retornar a si mesmo seguindo as pegadas das próprias interações. Somente quem *assume* sua história de vida

---

168. Cf. meus apontamentos sobre o conceito de "competência em termos de papéis", in Habermas, 1973b, pp. 195 ss. Nesse texto levo em consideração sugestões de U. Oevermann.

tem condições de ver nela a realização de si mesmo. Assumir responsavelmente uma biografia significa, em primeiro lugar, adquirir clareza sobre quem queremos ser. E em segundo lugar implica considerar as pegadas das próprias interações como se *fossem* sedimentações das ações de um autor imputável, portanto de um sujeito que agiu no terreno de uma relação autorrefletida.

Até aqui, empreguei o conceito de identidade com uma certa liberdade; em todo caso, não justifiquei por que, em alguns casos, traduzi o *Self* meadiano pela expressão "identidade", oriunda da psicanálise e do interacionismo simbólico; e isso pode gerar confusões. Mead e Durkheim determinam a identidade dos indivíduos relacionando-a com a identidade do grupo a que pertencem. E a unidade da coletividade forma o ponto de referência para a comunidade de todos os membros. Ela transparece no fato de que estes podem falar de si mesmos na primeira pessoa do plural. Ao mesmo tempo, para que os membros possam falar *entre si* na primeira pessoa do singular, é necessário pressupor a identidade da pessoa. E, em ambos os casos, a expressão "identidade" pode ser justificada numa teoria da linguagem. As estruturas simbólicas constitutivas da unidade da coletividade e de seus membros individuais estão vinculadas ao emprego dos pronomes pessoais, ou seja, dependem das expressões dêicticas utilizadas para fins de identificação de pessoas. Certamente, o conceito psicológico-social da identidade faz lembrar, em primeiro lugar, as identificações de uma criança com suas pessoas de referência; porém, esses processos de identificação participam, por seu turno, da construção e da manutenção das estruturas simbólicas que viabilizam a identificação linguística de grupos e pessoas. O termo psicológico pode ter sido escolhido sem levar em conta o termo linguístico de igual som. Não obstante, penso que *o conceito psicológico-social* de identidade[169] é acessível *às explicações de uma teoria da linguagem*.

A criança forma uma identidade na medida em que se constitui para ela um *mundo social*, ao qual ela pertence, e um *mundo subjetivo*, complementar ao primeiro; tal mundo subjetivo, que ela pode acessar de modo privilegiado, é delimitado em relação ao mundo exterior dos fatos e das normas. A relação entre esses dois mundos se forma no intercâmbio entre os dois componentes da identidade, isto é, entre o *I* e o *Me*. O primeiro componente representa inicialmente a subjetividade da natureza de carências que se manifesta de modo expressivo; ao passo que a segunda representa o caráter, cunhado mediante papéis sociais. Esses dois conceitos do eu correspondem, de certo modo, às instâncias do "*id*" e do "*superego*" centrais ao modelo estrutural freudiano. Com seu auxílio, é possível explicar os dois significados distintos que a expressão "eu" assume em manifestações vivenciais espontâneas e em atos de fala vinculados institucionalmente. Nas manifestações de vivências o sujeito pático fala sobre seus desejos e sentimentos; e nas ações conformes a normas manifesta-se a liberdade do sujeito prático. Não obstante, ainda não se tem, nos dois casos, uma autorrelação refletida.

---

169. D. J. de Levita. *Der Begriff der Identität*. Frankfurt/M., 1971; L. Krappmann. *Soziologische Dimensionen der Identität*. Stuttgart, 1971. Nessa perspectiva normativa do desenvolvimento do eu, convergem vários princípios teóricos: H. S. Sullivan. *The Interpersonal Theory of Psychiatry*. Nova York, 1953; E. Jacobson. *The Self and the Object World*. Nova York, 1964 (ed. al. Frankfurt/M., 1973); D. W. Winnicott. *The Maturational Process and the Facilitating Environment*. Nova York, 1965; J. Loevinger. *Ego Development*. São Francisco, 1976; Döbert, Habermas, Nunner-Winkler, 1977; J. Broughton. "The Development of Self, Mind, Reality and Knowledge", in Damon, 1978; R. G. Kegan. "The Evolving Self", in *The Counseling Psychologist*, vol. 8, n.º 2, 1979.

Já vimos que em outros contextos Mead atribui um terceiro significado ao conceito do "eu": ele é visto como iniciador independente e criativo de ações imprevisíveis. E na capacidade de iniciar coisas novas se expressa a autonomia e a individualidade de sujeitos capazes de fala e de ação. Ora, esse terceiro conceito do eu é útil para se explicar o sentido assumido pela expressão "eu" em proposições performativas sem ligação institucional. À medida que um falante (no papel da primeira pessoa) assume uma relação com um ouvinte (no papel da segunda pessoa) e levanta concomitantemente uma pretensão de validade criticável, ele se coloca como um sujeito que age de modo imputável. A estrutura da intersubjetividade linguística que determina os papéis comunicativos da pessoa falante, da pessoa abordada e da pessoa presente sem participar obriga os participantes – caso pretendam se entender entre si – a agirem pressupondo a imputabilidade.

As idealizações levadas a cabo por Mead para determinar a "identidade-eu" tomam como ponto de partida tal conceito de ator imputável, pois ele elabora o aspecto da autorrealização e da autodeterminação. Portanto, sob os aspectos da afirmação do eu em geral e do eu como indivíduo retornam, conforme podemos ver agora, as instâncias do *I* e do *Me*, que assumem uma figura refletida. A "identidade-eu" capacita uma pessoa a *se realizar a si mesma sob condições de um agir autônomo*. E nesse processo o ator tem de manter com relação a si mesmo – enquanto eu prático e pático – uma relação refletida. A ideia de uma comunidade de comunicação ideal pode ser entendida como uma construção destinada a explicar o que pensamos sobre o nível de um *agir num enfoque autocrítico*. Ao utilizar o conceito do discurso universal, Mead trabalha com uma teoria da comunicação. Penso, no entanto, que existe um nexo entre o conceito "identidade-eu" e a questão envolvendo o modo como as pessoas podem ser identificadas; tal questão é corrente na filosofia analítica, podendo ser explicada em termos de uma análise semântica.

Eu gostaria de tomar como ponto de partida a ideia hoje reinante segundo a qual "o nexo entre problemas genuinamente filosóficos e o significado psicológico do termo 'identidade' é indireto"[170]. Henrich insiste, com razão, numa distinção clara entre a questão da identificação numérica de uma única pessoa e a questão da "identidade" dessa pessoa autônoma e inconfundível: "Na teoria filosófica, a identidade constitui um predicado com função própria; por meio dele, uma coisa particular ou um objeto enquanto tal são diferenciados de outras coisas da mesma espécie; não obstante, tal predicado permite afirmar que o mesmo objeto pode ser tematizado sob condições e caminhos diferentes. Ora, tal identidade não exige que os indivíduos idênticos se distingam entre si mediante qualidades especiais. Também não exige que comprovem um padrão fundamental de qualidade que possa ser tomado como orientação para o comportamento ou para a explicação desse comportamento como um contexto unitário. Nesse sentido formal, até mesmo uma coisa que se revela errática ou uma pessoa que muda de estilo de vida ou de convicções, de acordo com o tempo e a hora, pode ser tida como 'idêntica consigo mesma'. Se alguma coisa é um indivíduo, temos de lhe atribuir identidade. Não faz sentido dizer que ele adquire ou perde a identidade. No entanto, a estrutura lógica do conceito psicoló-

---

170. D. Henrich. "Identität", in O. Marquard, K. Stierle. *Identität, Poetik und Hermeneutik*, vol. VIII, Munique, 1979, pp. 371 ss.

gico e social de identidade é outra. Aqui a 'identidade' constitui uma característica complexa que pode ser adquirida pelas pessoas a partir de uma certa idade. Elas não são obrigadas a tê-la, nem podem possuí-la em cada caso. Porém, quando a adquirem, elas se tornam 'autônomas' graças a ela. Elas podem se libertar da influência dos outros; podem dar à sua vida uma forma e uma continuidade que antes só eram possíveis por influência externa. Nesse sentido, elas passam a ser indivíduos autônomos, graças à sua 'identidade'. E podemos constatar as associações que existem entre o conceito filosófico de identidade e os conceitos psicológicos e sociais. Isso, porém, não muda o fato de que os significados dos dois são completamente distintos. Muitos indivíduos podem ser autônomos do mesmo modo. E, se as coisas são assim, eles não podem se diferenciar entre si por meio de sua identidade."[171] Nesse ponto, Henrich se apoia explicitamente na psicologia social de Mead; porém, sublinha apenas o aspecto da *autodeterminação*. Ele negligencia a autorrealização, que permite não apenas a identificação genérica do eu como pessoa capaz de agir autonomamente, mas também sua identificação como um indivíduo ao qual se atribui uma história de vida inconfundível[172]. Esse segundo aspecto não pode ser confundido com a identificação numérica de uma pessoa particular. No entender de Tugendhat, o sentido da questão acerca de *quem queremos ser* tem de ser interpretado como uma identificação qualitativa, não numérica[173]. Quando uma pessoa A adquire certeza sobre quem ela pretende ser, a autoidentificação

---

171. Henrich, 1979, pp. 372 s.
172. D. Locke. "Who I Am", in *Philos. Quart.*, 29, 1979, pp. 302 ss.
173. Tugendhat, 1979, p. 284.

predicativa inclui também o sentido de que ela, mediante seu projeto de vida e por meio da organização de uma história de vida assumida de forma responsável, se distingue de *todas* as outras pessoas enquanto indivíduo inconfundível. No entanto, tal autoidentificação pretensiosa não constitui, à primeira vista, uma condição necessária para a identificação numérica de A por parte do grupo social B, C, D... ao qual ele pertence.

Os dois autores fazem uma distinção clara entre o conceito de "identidade-eu" e o modo de se identificar uma pessoa singular. Henrich emprega o conceito de identidade para explicar a faculdade que as pessoas têm de agir autonomamente; e isso caracteriza uma determinação genérica das pessoas em geral. Já Tugendhat reserva o conceito de identidade para a faculdade de uma pessoa que pode se identificar, na base de uma autorrelação refletida, como a que ela pretende ser. Convém, pois, distinguir três estados de coisas: a identificação numérica de uma pessoa singular; a identificação genérica de uma pessoa como pessoa em geral, capaz de falar e de agir; e a identificação qualitativa de uma determinada pessoa com uma história de vida individual, com determinado caráter etc. Eu não me contento com as teses delimitativas de Tugendhat, nem com as de Henrich; por isso, tomo o conceito de identidade, de Mead, como referência para clarificar as ligações que permeiam esses três tipos de identificação. Em outras palavras, pretendo fundamentar a seguinte tese: a autoidentificação predicativa, levada a cabo por uma pessoa, constitui, em certo sentido, um pressuposto para que essa mesma pessoa possa ser identificada genérica e numericamente por outros.

A palavra "eu", os pronomes pessoais, os advérbios de tempo e de lugar, bem como os pronomes demonstrativos, pertencem à classe das expressões deícticas; e estas formam, ao lado dos nomes e designações, a classe dos termos singulares que servem para identificar objetos: "A função de um termo singular consiste em que um falante se utiliza dele para assinalar o objeto que ele tem em mente, ao qual a expressão do predicado se refere."[174] E, como todas as expressões deícticas, os pronomes pessoais só adquirem um significado preciso no contexto da situação de fala. Por conseguinte, ao utilizar a expressão "eu", o falante em questão está simplesmente caracterizando a si mesmo.

Constatou-se que um falante que emprega adequadamente a palavra "eu" não pode se enganar. Assim, se em tais casos um ouvinte negasse a identidade entre a entidade que o falante tem em mente e a entidade por ele designada, ou se ele afirmasse que tal entidade não existe, teríamos de perguntar se ele compreendeu realmente o significado deíctico da expressão "eu"[175]. Tugendhat explica esse estado de coisas mostrando que um falante isolado, ao utilizar a expressão "eu", não estabelece nenhuma identificação, pois se caracteriza como uma pessoa que, em circunstâncias adequadas, pode ser identificada por outras. Ele se apoia em uma teoria segundo a qual toda identificação de um objeto exige dois componentes: um subjetivo e outro objetivo[176]. Os dados objetivos em termos de espaço e tempo têm de ser referidos ao aqui e agora da situação de fala; sob esse aspecto, o falante e sua situação constituem o último ponto de referência de toda identificação. De outro lado, a descrição da

---

174. Tugendhat, 1979, p. 71.
175. H. N. Castaneda. "Indicators and Quasi-Indicators", in *Am. Phil. Quart.*, 17, 1967, pp. 85 ss.
176. Tugendhat, 1976, pp. 358 ss.

situação do falante, levada a cabo pelas expressões deícticas, tais como "eu", "aqui" e "agora", não é suficiente para a identificação de um objeto; pois a situação do falante tem de ser referida, além disso, a posições espaciais e temporais. Exemplificando: o "aqui" dado como resposta por um grupo de alpinistas perdidos na neve no momento em que ouviram a pergunta da equipe de salvamento – que captara seus sinais de SOS e perguntara por sua posição – ainda não é suficiente para identificar o local onde se encontram. Assim também, um falante que responde laconicamente "eu", quando alguém lhe pergunta ao telefone quem é, não consegue se identificar de modo satisfatório. Ao lançar mão de tais exemplos, Tugendhat pretende ilustrar que a expressão "eu" não se distingue essencialmente das outras duas expressões deícticas fundamentais: "aqui" e "agora".

Porém, o aspecto mais interessante reside nas diferenças. Os perdidos na neve que respondem "aqui" não sabem onde se encontram; ao passo que o que fala ao telefone sabe muito bem quem é ao responder "eu" – (em geral) a informação só é insuficiente para o ouvinte. O "aqui" formulado como resposta pelos alpinistas poderia ser suficiente para a identificação, caso a equipe de salvamento, ciente de sua própria posição, se encontrasse ao alcance da voz deles. Também no caso do telefone, a identificação espaçotemporal poderia ser bem-sucedida se o desconhecido confirmasse o número de seu telefone; além disso, em certos casos, quem está telefonando consegue saber que ele naquele momento está falando com uma pessoa que se encontra na terceira casa, ao rés do chão, segurando o aparelho na mão. Neste caso, quem está chamando conhece o local do outro participante, porém ainda não tem uma resposta à pergunta sobre a identidade de quem está ao telefone. Ele poderia correr até a casa, localizada nas proximidades, a fim de averiguar quem está realmente no aparelho. Suponhamos que ele concretizasse essa ideia, encontrasse um desconhecido ao telefone e perguntasse a ele: "Quem é o senhor?" Neste caso poderíamos inferir que o desconhecido, ao responder "eu", tinha feito referência a uma *pessoa* identificável, não a um *objeto* identificável mediante observação. O desconhecido é identificado enquanto pessoa *perceptível*; mesmo assim, a pergunta acerca de sua identidade ainda não foi respondida no sentido sugerido pela resposta "eu". Certamente, quem telefonou poderá eventualmente contar a seu amigo, que acaba de retornar das férias, que encontrou um estranho em sua casa. Ele consegue descrever sua aparência externa; e talvez o amigo possa esclarecer quem é o desconhecido. Porém, suponhamos que não haja como explicar o acontecimento. Neste caso, quem telefonou pode identificar posteriormente o participante no diálogo como aquela pessoa que, na hora e no local indicado, utilizou determinado aparelho telefônico. Mesmo assim, continua sendo necessário identificar a pessoa. Isso porque a *pessoa* identificada, que foi caracterizada pelo falante mediante "eu", não pretendia ser identificada apenas mediante *observações*.

P. Geach defendeu a tese segundo a qual o predicado de identidade somente pode ser utilizado adequadamente junto com a caracterização geral de uma classe de objetos[177]. Ao debater tal tese, Henrich chega a uma distinção interessante entre condições e critérios de identidade: "Não faz sentido afirmar que numa determinada

---

177. P. Geach. "Ontological Relativity and Relative Identity", in M. K. Munitz. *Logic and Ontology*. Nova York, 1973.

descrição um objeto aparece como (o mesmo) número, e numa outra como um conjunto de riscos. Pois a linha preta que desenha o número oito no papel não é esse número, o que pode ser deduzido facilmente, uma vez que esse número também pode ser expresso como 'VIII' ou como 'oito'. As condições de identidade introduzem distinções entre tipos de objetos, ao passo que os critérios de identidade podem individuar de diferentes maneiras no âmbito de um tipo de objetos."[178] Tudo indica que as pessoas não podem ser identificadas sob as mesmas condições que valem para objetos, visto que uma identificação espaço-temporal não é suficiente nesses casos. As condições adicionais dependem do modo como uma pessoa pode ser identificada genericamente, isto é, como pessoa em geral.

Enquanto as entidades são determinadas quando um falante pode afirmar algo a respeito delas, as pessoas pertencem à classe das entidades que podem assumir, por conta própria, o papel de um falante e utilizar a expressão autorreferencial "eu". Para serem categorizadas como pessoas, é essencial que tais entidades não possuam apenas a capacidade de falar, de agir e de dizer "eu"; é necessário ficar claro também o modo *como* o fazem. Pois a expressão "eu" não possui apenas o *sentido deíctico* de uma relação com um objeto; ela também indica o enfoque pragmático, ou seja, a perspectiva em que um falante se manifesta. Um "eu" utilizado em proposições vivenciais significa que o falante se manifesta pelo *modo expressivo*. Ao assumir a perspectiva da primeira pessoa, ele assume o papel da autoapresentação, de tal modo que os desejos, sentimentos, intenções, opiniões etc. podem ser

---

178. Henrich, 1979, p. 382.

atribuídos a ele. A atribuição de vivências, levada a cabo por um observador na perspectiva da terceira pessoa, tem de se apoiar, *em última instância*, num ato de entendimento, uma vez que o *alter* aceita como veraz a manifestação expressiva do *ego* na perspectiva da segunda pessoa. Nessa medida, a expressão "eu", utilizada em proposições expressivas, aponta para a proposição homófona utilizada em proposições performativas. Tal expressão significa que alguém, no papel comunicativo do falante, assume uma relação interpessoal com pelo menos um outro no papel comunicativo do ouvinte, e ambos fazem parte do círculo dos participantes potenciais. A relação interpessoal, ligada à perspectiva da primeira, da segunda e da terceira pessoas, atualiza uma relação subjacente de pertença a um grupo social. Somente nesse ponto conseguimos tocar no *sentido pronominal da expressão "eu"*.

Retornemos ao nosso exemplo: quando o desconhecido responde ao telefone que ele é "eu", ele se dá a conhecer como *pessoa* identificável, isto é, como uma entidade que preenche as condições de identidade de uma pessoa e não apenas como algo que pode ser identificado por observação. O estranho dá a entender que, para ele, existe um mundo subjetivo ao qual ele tem um acesso privilegiado; e um mundo social ao qual pertence. Ele dá a entender, além do mais, que pode agir de modo comunicativo e participar normalmente de interações sociais. Dá a entender também que, enquanto pessoa, adquiriu uma identidade. E, se o desconhecido preenche as condições de identidade de uma pessoa, também está claro o modo como ele poderia ser identificado: normalmente por um nome pessoal.

O nome enquanto tal não é suficiente. Por isso, a instituição encarregada da identificação mediante a atribuição de nomes cuida para que o nome de uma pessoa funcione como um *indicador de caminho*, capaz de servir como orientação para se ter acesso aos dados necessários e suficientes para a identificação, tais como a data e o local do nascimento, o país, o estado civil dos pais, a nacionalidade, a religião etc. Por via de regra, tais critérios permitem identificar uma pessoa quando ela se apresenta munida de um documento de identificação. Os critérios de identidade habituais, no entanto, levam o perguntador a situações em que, *em última instância*, só se podem identificar pessoas. Ou seja, eles o levam virtualmente às interações em que a identidade da pessoa em questão se formou. Quando a identidade de uma pessoa não fica clara, quando se constata, por exemplo, que o passaporte é falsificado ou que os dados são incorretos, tem início uma investigação, que pode levar a uma investigação dos colegas, vizinhos, amigos, familiares e dos próprios pais, caso eles *conheçam* a pessoa. Somente esse tipo de conhecimento primário, obtido mediante interações comuns, *em última instância* socializatórias, permite o registro espaço-temporal de uma pessoa num contexto vital, cujos espaços *sociais* e tempos *históricos* são *estruturados simbolicamente*.

A especificidade da identificação da pessoa em relação à identificação do objeto deriva do fato de que as pessoas não preenchem naturalmente as condições de identidade, nem os critérios capazes de identificá-las sob tais condições. Elas têm de adquirir antes sua identidade como pessoa, para que possam ser identificadas como uma pessoa em geral e, em caso afirmativo, como esta determinada pessoa. E, uma vez que as pessoas, conforme vimos, adquirem sua identidade pelo caminho de interações mediadas pela linguagem, elas preenchem as condições de identidade para pessoas e os critérios fundamentais de identidade para uma pessoa determinada, tendo em vista os *outros* e *a si mesmas*. Elas se entendem como pessoas que aprenderam a participar de interações sociais; e se entendem respectivamente como uma pessoa determinada, como um filho ou uma filha que cresceu em determinada família, em determinado país, foi educada no espírito de determinada religião etc. Uma pessoa só pode atribuir *a si mesma* tais qualidades se dá uma resposta à seguinte pergunta: *que* tipo de pessoa eu sou? Pois a pergunta: "*qual* pessoa eu sou entre todas as demais?" não consegue fornecer tal resultado. Para preencher os critérios e condições de identidade que permitem diferenciá-la numericamente *dos outros*, a pessoa tem de ser capaz de atribuir a si mesma os predicados correspondentes. Nesse contexto, a autoidentificação predicativa de uma pessoa levada a cabo num nível elementar constitui um pressuposto para que ela possa ser diferenciada de outros como pessoa em geral, isto é, para que possa ser identificada genericamente e determinada numericamente como pessoa.

Ora, Mead introduziu um conceito de identidade pessoal que se desenvolve em dois níveis, eliminando assim uma ambiguidade no conceito "aquisição" de identidade[179]. É possível adquirir uma identidade convencional,

---

179. A distinção tosca entre "identidade-eu" e "identidade resultante de papéis" precisa ser burilada. A criança, que ainda não se identifica por meio da estrutura de papéis da própria família e por meio da pertença a ela, diz "eu" para si mesma quando aprende a falar. Isso apenas confirma minha tese segundo a qual as condições da identidade para pessoas em geral, bem como os critérios fundamentais da identidade para determinadas pessoas, se modificam de acordo com os degraus do desenvolvimento da identidade pessoal. Também as crianças pequenas e os recém-nascidos podem, se necessário, receber nomes e

vinculada a determinadas normas e papéis, porque a criança internaliza os padrões de comportamento que lhe são atribuídos, apropriando-se deles, de certa forma. Mead faz uma distinção entre essa *apropriação de uma identidade atribuída* e a identidade que se afirma, de certa forma, *por virtude própria*. A partir daí, ele elabora dois aspectos da "identidade-eu", tomando como referência contrafática o discurso universal: de um lado, a capacidade de um agir autônomo na base de orientações universalistas da ação e, de outro lado, a capacidade de se realizar numa história de vida, à qual damos continuidade pelo fato de assumi-la de modo responsável. Portanto, na perspectiva da comunidade de comunicação ideal, modifica-se o nível de pretensão para a autoidentificação predicativa dos indivíduos socializados. No nível da identidade de papéis, uma pessoa se entende mediante as respostas que dá às perguntas: "que tipo de homem nós somos (nos tornamos)?"; "que caráter possuímos (adquirimos)?". Já no nível da "identidade-eu", uma pessoa se entende respondendo a uma outra pergunta: "quem pretendo ser ou que tipo de homem *quero* ser?". A orientação pelo passado é substituída por uma orientação pelo futuro, a qual transforma o passado num problema. As consequências daí resultantes afetam os tipos e os modos de identificação numérica. Não obstante, temos de pressupor que o conceito "identidade-eu" é útil, uma vez que ele se en-

---

documentos de identificação; porém, apesar de terem o mesmo tipo de dados, eles são identificados num sentido que *não é exatamente o mesmo* que identifica os jovens e os adultos, que podem identificar-se *por si mesmos*. Os pressupostos para uma identificação numérica de um recém-nascido são menos exigentes porque as possibilidades de engano e de autoengano são menores: ainda não aparecem dificuldades de identificação derivadas de doenças mentais ou de perda da identidade.

contra de fato nas intuições dos membros das modernas sociedades, depositando-se cada vez mais em expectativas sociais.

Caso aceitemos a ideia durkheimiana da transformação do sagrado em linguagem, que pode ser detectada na racionalização das cosmovisões, na universalização do direito e da moral e, também, na progressiva individuação dos sujeitos particulares, temos de aceitar como consequência a ideia de que o conceito "identidade-eu" se torna cada vez mais adequado à autocompreensão que acompanha a prática comunicativa cotidiana. Nesse caso, levanta-se uma questão séria: será que um novo degrau de formação da identidade não teria de vir acompanhado de uma modificação dos critérios e das condições de identidade? Ao responder "eu", um falante dá a entender normalmente que ele pode ser identificado genericamente – como um sujeito capaz de falar e de agir – e numericamente, caso haja dados significativos capazes de revelar sua procedência. Porém, quando preenche o nível de pretensão da "identidade-eu" mediante uma autoidentificação predicativa, ele dá a entender, ao formular a resposta "eu" (e em contextos adequados), que pode ser identificado genérica e numericamente, ou seja, como um sujeito capaz de agir *autonomamente* e com o auxílio de dados que iluminam a continuidade de uma história de vida *assumida responsavelmente*. Em todo o caso, é nessa direção que aponta o conceito ocidental e judeo-cristão de "alma imortal" de criaturas que se reconhecem como seres totalmente individuados – sob o olhar penetrante e onipresente de um Criador eterno.

(5) Entretanto, o esboço utópico de uma comunidade de comunicação ideal é falacioso quando interpretado no sentido de uma filosofia da história e quando extrapola os

limites metódicos rígidos que lhe foram consignados. Mesmo assim, podemos utilizar a construção do discurso ilimitado e invulnerado como uma folha de contraste para clarear tendências pouco nítidas das sociedades modernas que conhecemos. Mead se interessa pelo padrão comum dessas tendências e pela dominância gradual de estruturas do agir comunicativo, ou melhor – como afirmamos ao falar de Durkheim –, ele se interessa pela "lingüistificação" do sagrado. E com isso entendo a transposição da reprodução cultural, da integração social e da socialização, as quais passam das bases do sagrado para a comunicação linguística e para o agir orientado pelo entendimento. À proporção que o agir comunicativo assume funções sociais centrais, atribuem-se ao meio "linguagem" as tarefas de um entendimento substancial. Em outras palavras, a linguagem deixa de servir apenas para a transmissão e a *atualização* de acordos garantidos de modo pré-linguístico, assumindo cada vez mais a forma de um meio que se destina à *produção* de acordos motivados racionalmente – e isso tanto nos domínios prático-morais e expressivos como no domínio propriamente cognitivo, em que se aborda a realidade objetiva.

Dessa maneira, Mead consegue interpretar certas tendências evolucionárias, captadas por Durkheim, como *racionalização comunicativa do mundo da vida*. Aqui está em jogo, em primeiro lugar, a diferenciação dos componentes do mundo da vida, que se separam um do outro: a cultura, a sociedade e a pessoa, entrelaçados estreitamente na consciência coletiva. Em segundo lugar, trata-se das modificações, às vezes complementares, às vezes paralelas, que ocorrem nesses três níveis; ou seja, trata-se da repressão do saber sagrado mediante um saber apoiado em argumentos e especializado em pretensões de validade; ou ainda, da separação entre legalidade e moralidade, acompanhada da universalização do direito e da moral; finalmente, estamos perante a difusão do individualismo que manifesta pretensões de autonomia e de autorrealização cada vez maiores. A estrutura racional dessas tendências de diluição do sagrado na linguagem transparece no fato de que a continuidade das tradições, a existência de ordens legítimas e a continuidade das histórias de vida de pessoas singulares tornam-se cada vez mais dependentes de perspectivas que apontam para tomadas de posição afirmativas ou negativas perante pretensões de validade criticáveis (mediante um "sim" ou um "não").

A extrema simplificação, aliada ao alto nível de abstração de tais proposições, levanta naturalmente suspeitas quanto à sua utilidade empírica. Mesmo assim, ela serve para aclarar o sentido da racionalização comunicativa do mundo da vida. Nesse ponto, convém levar em conta duas ressalvas. O próprio Mead as cita, embora não lhes atribua o devido peso. Primeira ressalva: Mead se fixa nas *características formais* do desenvolvimento do direito e da moral moderna, bem como nas características formais do individualismo no contexto do desenvolvimento da personalidade; ele descuida, porém, o outro lado do formalismo, não refletindo sobre o preço a ser pago pela razão comunicativa, em termos de eticidade concreta. Esse tema é tratado na *Dialética do esclarecimento* e em outros autores. A crítica de Hegel ao formalismo da ética kantiana serve hoje como modelo para uma teoria do pós-esclarecimento, encetada por Arnold Gehlen e Joachim Ritter[180]. E a crítica da modernidade,

---

180. Por exemplo, G. Rohrmoser. *Herrschaft und Versöhnung*. Freiburg, 1972; O. Marquard. *Schwierigkeiten mit der Geschichtsphilosophie*.

representada por Foucault, no contexto do estruturalismo francês, que tem em mente fenômenos semelhantes, é mais radical em princípio e menos tradicionalista nas conclusões[181]. A segunda ressalva refere-se ao alcance do procedimento reconstrutivo, preferido por Mead. Ele descuida as limitações externas, às quais está submetida a lógica da mudança de forma da integração social. Entretanto, se não quisermos nos iludir sobre a impotência da razão comunicativa, teremos de contrapor os aspectos funcionais do desenvolvimento social aos elementos estruturais. Esse é o tema atualmente predominante nas teorias de sistemas[182].

A crítica ao formalismo ético toma impulso no fato de que a preocupação com as questões de validade das normas morais pode levar alguém a minimizar o valor próprio das formas de vida culturais e dos estilos de condução de vida, os quais surgem sempre no plural. Na perspectiva da análise durkheimiana, levanta-se a seguinte questão: o que resta da consciência coletiva, que foi constitutiva para a identidade das sociedades tribais, quando o acordo normativo fundamental sobre valores e conteúdos concretos – que tinha sido assegurado ritualmente – emigra para um consenso apoiado nos fundamentos de uma ética comunicativa, ou seja, para um consenso asse-

---

Frankfurt/M., 1973; H. Lübbe. *Fortschritt als Orientierungsproblem*. Freiburg, 1975; Spaemann, 1977; cf. também R. Lederer. *Neokonservative Theorie und Gesellschaftsanalyse*. Frankfurt/M., 1979.

181. M. Foucault. *Archäologie des Wissens*. Frankfurt/M., 1973; id., *Wahnsinn und Gesellschaft*. Frankfurt/M., 1973. Sobre a teoria da modernidade, cf. minha conferência: "Die Moderne – ein unvollendetes Projekt", in J. Habermas. *Kleine politische Schriften I-IV*, Frankfurt/M., 1981, pp. 444 ss.

182. Cf. as objeções de N. Luhmann contra uma teoria do agir comunicativo, in id., "Systemtheoretische Argumentationen", in Habermas, Luhmann, 1971, pp. 291 ss.

gurado mediante simples procedimentos? Afinal, num consenso procedimental os conteúdos se tornam mais abstratos. E os valores culturais que não se transformam em valores fundamentais, tais como a igualdade, a liberdade, a dignidade humana etc., perdem sua aura, ficando à mercê de um entendimento isento de preconceitos. Na cultura de massa, os conteúdos de valores foram deflacionados, assumindo a forma de componentes estereotipados e manipuláveis. Já em obras herméticas da arte moderna, foram subjetivados. Desse modo, os componentes formais e materiais, normativos e expressivos podem se separar no nível da cultura; na prática comunicativa cotidiana, porém, em que os mundos da vida de diferentes coletividades se delimitam entre si, eles continuam entrelaçados com formas de vida concretas. As formas de vida tradicionais habituais encontram sua expressão em identidades grupais particulares que recebem o cunho de tradições próprias que se propagam interferindo uma na outra, sobrepondo-se e rivalizando entre si; elas se diferenciam de acordo com tradições étnicas e linguísticas, regionais, confessionais e profissionais. Em sociedades modernas, tais formas de vida perderam sua força totalizadora – *exclusiva* – e foram submetidas ao universalismo do direito e da moral; mesmo assim elas obedecem, enquanto formas de vida concretas, a uma medida que não se confunde com o universalismo.

A questão que tem a ver com o modo mais ou menos bem-sucedido da forma de vida de uma coletividade pode ser tida como uma questão geral endereçável a *todas* as formas de vida; porém, ela se aproxima mais da questão *clínica* acerca da avaliação do estado mental espiritual de um paciente, e não tanto da questão acerca do valor *moral* de uma norma ou de um sistema de instituições. A avaliação pressupõe um enfoque hipotético, portanto a possibilidade de considerar as normas como algo a que se pode ou não atribuir validade social. Porém, não faz sentido pressupor que podemos *escolher*, de modo análogo, formas de vida. E isso porque ninguém pode se posicionar reflexivamente perante a forma de vida em que foi socializado, da mesma maneira que se posiciona perante uma norma de cuja validade se está ou não convencido[183].

Neste ponto, é possível traçar um paralelo entre a *forma de vida* de uma coletividade e a *história da vida* de um indivíduo. Se tomarmos como ponto de partida o conceito meadiano de "identidade-eu", coloca-se a seguinte pergunta: o que resta das identidades concretas – que se apegam a determinados papéis e normas – quando o adulto adquire a capacidade *generalizada* de se realizar autonomamente? De acordo com a resposta dada, a "identidade-eu" se comprova na capacidade de integrar a sequência de identidades concretas que desmoronaram ou foram superadas numa história de vida assumida de modo responsável; as identidades concretas, deslocadas para a forma do passado, são de certo modo "suprassumidas" dialeticamente na conduta de vida individual. Entretanto, uma conduta de vida autônoma depende, por seu turno, da decisão envolvendo aquilo "que alguém pretende ser". Até o presente momento, adotei esse modo de falar existencialista. No entanto, tal descrição estiliza as formas de um processo extremamente complexo e intransparente, passando a tê-lo na conta de uma escolha consciente e realizada espontaneamente. Em todo o caso, a

---

183. Wellmer, 1979, e B. C. Birchall, "Moral Life as the Obstacle to the Development of Ethical Theory", in *Inquiry*, 21, 1978, pp. 409 ss., são favoráveis à ideia de se tomar a análise da linguagem para uma renovação da distinção hegeliana entre moralidade e eticidade.

resposta à questão acerca do que pretendemos ser não pode ser racional no mesmo sentido em que uma decisão moral é racional. Mesmo que tal "decisão" existencial constitua uma condição necessária para uma atitude moral da própria história de vida, ela não constitui o resultado de uma reflexão moral. Pois na escolha de um projeto de vida se oculta um momento de arbítrio inamovível. E este deriva do fato de o indivíduo não ser capaz de assumir uma atitude hipotética em relação à sua procedência, isto é, ele não consegue negar ou afirmar sua biografia do mesmo modo que nega uma norma cuja pretensão de validade está sendo questionada. Por maior que seja o grau de individualização, não conseguimos adquirir um distanciamento semelhante com relação à própria conduta de vida. Mead enfatiza esse ponto afirmando: "Uma das principais diferenças que saltam aos olhos quando se compara uma sociedade humana primitiva com uma sociedade civilizada reside no fato de que, na sociedade primitiva, a felicidade individual, o pensamento e o comportamento dependem muito mais do padrão geral da atividade social organizada... Já na sociedade civilizada, a individualidade se manifesta muito mais na recusa e na realização modificada dos respectivos tipos sociais do que no conformismo. Ela tende a ser muito mais diferenciada e específica do que na sociedade primitiva. Porém, nas variantes mais modernas e desenvolvidas da civilização humana, o indivíduo particular, por mais original e criativo que seja em seu pensamento ou comportamento, assume sempre e necessariamente uma determinada relação com os padrões gerais de comportamento e da atividade social, à medida que os reflete na estrutura da sua identidade e da sua personalidade – um padrão que revela o processo de vida social em que está inserido e do qual sua identidade e sua personalidade constituem uma expressão criativa."[184]

À proporção que uma pessoa desenvolve considerações racionais para decidir o que pretende ser, ela não se orienta por critérios morais, e sim pelos critérios da felicidade e do sucesso, que tomamos intuitivamente para avaliar formas de vida. Isso porque o modo de viver dos indivíduos está entrelaçado com a forma de vida das coletividades às quais pertencem. O sucesso de uma vida não se avalia por medidas de correção normativa, mesmo que as medidas de uma vida bem-sucedida não sejam inteiramente independentes das medidas morais. Desde Aristóteles, a tradição filosófica discute essa ligação difícil entre a felicidade e a justiça sob o tópico do bem. Entretanto, as formas de vida, assim como as histórias de vida, cristalizam-se em torno de identidades particulares. Estas não podem contradizer exigências morais; mesmo assim, sua substância não pode ser justificada sob pontos de vista universalistas[185].

A segunda ressalva, mais radical, não se dirige contra o formalismo, e sim contra o *idealismo da teoria da sociedade, de Mead*. Apesar de Mead não desconsiderar totalmente argumentos funcionalistas, ele não tem clareza sobre os limites e o alcance de uma análise reconstrutiva da origem e da mudança de forma da interação mediada pela linguagem e regida por normas. A unilateralidade de sua teoria – apoiada na comunicação – e do procedimento estruturalista por ele adotado fica patente quando se descobre que ele focaliza apenas as funções sociais insubstituíveis assumidas pelo agir comunicativo nas quais

---

184. Mead, 1969a, p. 265.
185. Cf. minha réplica às críticas de St. Lukes e Benhabib dirigidas contra o formalismo de uma ética da comunicação, in Habermas, 1981c.

o agir comunicativo não pode ser substituído por outros mecanismos. Sua imagem de sociedade – entendida como mundo da vida estruturado comunicativamente – não consegue visualizar a reprodução material da sociedade nem sua existência física. A acentuação da lógica do desenvolvimento social e a ênfase da dinâmica, aliadas ao descaso em relação à economia, à guerra e à luta pelo poder político, prejudicam as ideias de Mead acerca da evolução social. Se é verdade que a integração social tem de ser garantida, cada vez mais, por via de um consenso a ser obtido por meio da comunicação, é necessário também colocar o problema dos limites da capacidade integradora do agir orientado pelo entendimento e dos limites da eficácia empírica dos motivos racionais. Pois as pressões de reprodução inerentes ao sistema social, que *perpassam* as orientações da ação dos indivíduos socializados, não se abrem à análise das estruturas interacionais. De outro lado, a *racionalização do mundo da vida*, à qual Mead se dedica, adquire um valor posicional no âmbito de uma *história do sistema* aberta a uma análise funcional. Por isso, a principal vantagem da teoria da divisão do trabalho, proposta por Durkheim, advém da possibilidade de se colocar as formas de solidariedade social no contexto de diferenciação estrutural do sistema da sociedade.

VI
SEGUNDA CONSIDERAÇÃO INTERMEDIÁRIA: MUNDO DA VIDA E SISTEMA

No capítulo anterior, acompanhamos passo a passo a formulação da teoria da ação proposta por Mead. E nesse percurso vislumbramos a passagem do paradigma do agir teleológico para o do agir comunicativo. Insistimos na atualidade dos temas da intersubjetividade e da automanutenção. Não obstante, a mudança de paradigma ocorrida *no âmago* da teoria da ação enfoca apenas *um* dos problemas fundamentais não resolvidos pela crítica da razão instrumental. O *outro* problema tem a ver com a relação não esclarecida entre a teoria de sistemas e a teoria da ação, ou seja, a questão da possível relação ou integração dessas duas estratégias conceituais, após o colapso da dialética idealista. A resposta provisória, a ser desenvolvida neste capítulo, tem relação com a problemática da reificação, a qual se configurou a partir da recepção marxista da tese weberiana sobre a racionalidade. Ora, a teoria de Mead, referente à divisão do trabalho, oferece um ponto adequado para essa ligação.

Sabe-se que Durkheim menciona certos fenômenos de *desarticulação* dos processos de trabalho[1]. Entretanto,

---

1. Durkheim, 1977, p. 79.

ele emprega a expressão "divisão do trabalho" no sentido de uma diferenciação estrutural de sistemas sociais. Na história da teoria sociológica, a expressão "divisão *do trabalho* social" foi cunhada tendo em vista o fato de que os processos de diferenciação sistêmica foram analisados preferencialmente – desde John Millar e Adam Smith, passando por Marx e chegando até Spencer – na perspectiva do sistema do trabalho social, portanto na diferenciação de estamentos profissionais e classes socioeconômicas. Para Durkheim, por exemplo, a diferenciação funcional de grupos profissionais possui um significado exemplar[2]. Além disso, ele tende a medir a complexidade de uma sociedade tomando como critérios certos indicadores demográficos, mesmo que esses se destinem, em primeira linha, à avaliação de processos de diferenciação em sociedades tribais[3].

Na dimensão da divisão do trabalho social, Durkheim introduz dois tipos de sociedade: as segmentárias e as funcionalmente diferenciadas; e toma como critério semelhanças ou dessemelhanças encontradas nas unidades diferenciadas. O modelo biológico em que se fundamenta para ilustrar sua tipologia leva Durkheim a designar como "orgânicas" as sociedades funcionalmente diferenciadas: "Sua constituição não consiste na repetição de segmentos semelhantes ou homogêneos, mas num sistema de órgãos diferenciados, cada um deles dotado de um papel

---

2. "... a divisão do trabalho não existe apenas no mundo econômico; podemos observar sua influência dominante nas mais diferentes áreas da sociedade. As funções políticas, administrativas e da justiça se especializam cada vez mais." Durkheim, 1977, p. 80.

3. "A divisão de trabalho se modifica de acordo com o volume e a densidade das sociedades; e, quando ela caminha na linha do desenvolvimento social, as sociedades se tornam mais densas e, em geral, mais amplas." Durkheim, 1977, p. 302.

específico. Em analogia com os elementos sociais, dotados de uma natureza diferenciada e ordenados de várias maneiras, as sociedades não se justapõem linearmente como os anéis do organismo de uma minhoca, nem se encaixam entre si: elas se relacionam e se subordinam entre si tendo em vista um órgão central que exerce um efeito equilibrador sobre o resto do organismo. O caráter desse órgão não se assemelha ao do caso anterior; pois aqui, além de os outros dependerem dele, ele também depende deles. Sem dúvida alguma, ele possui, ainda assim, uma posição especial e mesmo privilegiada."[4] Durkheim identifica o Estado como o órgão central; ora, ao adotar tal linha de pensamento, ele se coloca no círculo das "velhas ideias europeias" acerca das sociedades estruturadas politicamente. Porém, com Spencer (e levando em conta novas teorias funcionalistas acerca da evolução) ele compartilha a ideia de que a divisão do trabalho não representa um fenômeno sociocultural e sim um "fenômeno da biologia geral", "cujas condições têm de ser procuradas nas características essenciais da matéria organizada"[5].

Com isso, Durkheim atinge o nível analítico de uma "socialidade desprovida de conteúdo normativo"[6], que pode ser separada do nível de uma análise reconstrutiva do agir orientado pelo entendimento e do mundo da vida, inclusive da mudança de forma da solidariedade social. Parece que Durkheim separa inicialmente os tipos da solidariedade social dos níveis de diferenciação do sistema para, em seguida, referir a solidariedade mecânica às sociedades segmentárias e a solidariedade orgânica às socie-

---

4. Durkheim, 1977, pp. 222 s.
5. Durkheim, 1977, p. 81.
6. Cf. Luhmann. "Einleitung zu Durkheim", 1977, pp. 17-34.

dades funcionalmente diferenciadas. E nesse caso não seria necessário determinar inicialmente se existe um nexo causal linear entre o grau de diferenciação do sistema e o tipo de integração social, ou se as estruturas da consciência e da sociedade se relacionam internamente entre si como momentos de um todo. Existe, no entanto, outro pensamento que interfere nesse princípio, a saber, a ideia durkheimiana segundo a qual a consciência coletiva é constitutiva para sociedades arcaicas, ao passo que o contexto da vida em sociedades modernas é estruturado pela divisão do trabalho: "A vida social surge de uma dupla fonte: das semelhanças dos estados de consciência e da divisão do trabalho."[7] A passagem de uma forma da solidariedade social para outra significa, pois, uma modificação nos *fundamentos da integração* da sociedade. Enquanto as sociedades primitivas são integradas por um acordo normativo básico, a integração em sociedades desenvolvidas acontece por meio do *nexo sistêmico que se estabelece entre domínios de ação especificados funcionalmente.*

Segundo Durkheim, Spencer aplicou essa concepção de modo radical. Spencer acreditava "que a vida social, como também a vida em geral, só pode ser organizada mediante uma adaptação inconsciente e espontânea e sob a pressão das necessidades, não segundo um plano inteligente e refletido. Ele pensa que as sociedades superiores não podem se formar segundo um plano consensado solenemente... Por conseguinte, a solidariedade social nada mais seria que a coincidência espontânea dos interesses individuais, uma concordância cuja expressão natural é reproduzida pelos tratados. As relações sociais seriam do mesmo tipo que a relação econômica, do modo como ela

---

7. Durkheim, 1977, p. 266.

surgiu da livre iniciativa dos partidos, ou seja, livres de qualquer regulamentação. Numa palavra, a sociedade nada mais seria que a reunião de indivíduos que trocam entre si os produtos de seu trabalho, não havendo uma atividade social capaz de regular essa troca"[8]. Spencer explica o caráter unificador da divisão do trabalho lançando mão da idéia do mercado, um mecanismo sistêmico. As relações de troca, que os indivíduos assumem de acordo com seus cálculos egocêntricos, no quadro do direito burguês, constituem-se mediante tal mecanismo. O mercado passa a ser um mecanismo que regula "espontaneamente" a integração da sociedade à medida que afina entre si efeitos de ação agregados, lançando mão de nexos funcionais e não de regras morais que servem de orientação para a ação. Spencer fornece, pois, uma resposta clara à pergunta de Durkheim: como pode a divisão do trabalho ser duas coisas ao mesmo tempo, ou seja: uma lei natural da evolução e o mecanismo desencadeador de uma determinada forma da solidariedade social?[9] Para ele, a divisão do trabalho social, regida pelo mecanismo do mercado, que não é normativo, encontra sua expressão normativa no "vasto sistema dos contratos privados".

Tal resposta durkheimiana revela que ele tinha entendido sua pergunta em *outro* sentido. Na controvérsia com Spencer, torna-se claro que Durkheim não pretendia explicar a solidariedade orgânica lançando mão dos conceitos de uma integração sistêmica da sociedade desatrelada das orientações valorativas dos atores singulares, nem dos conceitos de um mecanismo de regras destituído de conteúdo normativo, ou seja, ele não tinha em

---

8. Durkheim, 1977, pp. 242 s.
9. Durkheim, 1977, p. 81.

mente "uma troca de informações que acontece ininterruptamente num lugar e noutro, por meio da oferta e da demanda"[10]. Pois Durkheim não encontrou nas relações de troca "nada que fosse semelhante ao efeito de uma regra". Segundo ele, mesmo em sociedades diferenciadas funcionalmente, tal efeito só pode surgir pela força socialmente integradora das regras morais. Tendo em mente a imagem desenhada por Spencer, que é a de uma sociedade de mercado integrada exclusivamente pelo sistema, Durkheim coloca a seguinte questão retórica: "Seria esse o caráter das sociedades, cuja unidade é fruto da divisão do trabalho? Se fosse, teríamos razões suficientes para duvidar de sua estabilidade. Pois, mesmo admitindo que o interesse aproxima os indivíduos, isso só poderia acontecer durante alguns instantes, uma vez que o laço que os une é exterior. Na troca, os diferentes portadores não se diluem uns nos outros, e quando o negócio é concluído cada um continua sendo ele mesmo, inteiramente senhor de si. Suas consciências se tocam apenas superficialmente, não se ligando, nem se entrelaçando. Quando olhamos mais fundo, descobrimos que a harmonia de interesses apenas encobre um conflito latente ou adiado. Entretanto, onde o interesse é o único dominador, todos estão em pé de guerra contra todos os outros, uma vez que não existe nada capaz de frear os egoísmos contrapostos e nenhum armistício conseguirá interromper por muito tempo essa eterna inimizade. O interesse é realmente a coisa mais instável no mundo."[11]

A forma orgânica de solidariedade social tem de ser assegurada, além disso, por meio de valores e normas; pois,

---

10. Durkheim, 1977, p. 257.
11. Durkheim, 1977, p. 243.

do mesmo modo que a solidariedade mecânica, ela é expressão de uma consciência coletiva, por mais modificadas que sejam suas estruturas. E tal consciência não pode ser substituída por um mecanismo sistêmico, tal como o mercado, que coordena os efeitos agregados de ações orientadas por interesses: "Não é correto opor a sociedade que se origina da comunidade de fé *à* sociedade que repousa sobre o trabalho conjunto, atribuindo à primeira um caráter moral e vendo na segunda apenas um grupo econômico. Na realidade, o trabalho cooperativo possui sua moralidade própria."[12]

De acordo como isso, teria de haver um nexo causal entre uma diferenciação progressiva do sistema da sociedade e a formação de uma moral autônoma com efeitos integradores. E existem poucas evidências empíricas a favor dessa tese. Entretanto, as sociedades modernas oferecem outra imagem. A diferenciação do sistema de mercados, altamente complexo, destrói as formas tradicionais de solidariedade, sem gerar concomitantemente orientações normativas capazes de assegurar uma forma orgânica de solidariedade. Além disso, formas democráticas de formação política da vontade e uma moral universalista são, na análise de Durkheim, demasiado fracas para fazer frente aos efeitos desagregadores da divisão do trabalho. Por isso, ele pensa que as sociedades da indústria capitalista são arrastadas para um estado de anomia derivada dos mesmos processos de diferenciação que deveriam gerar uma nova moral "de acordo com leis da natureza". Tal dilema corresponde, de certa maneira, ao paradoxo weberiano da racionalização social.

Inicialmente, Durkheim gostaria de solucionar o paradoxo servindo-se de uma distinção entre fenômenos

---

12. Durkheim, 1977, p. 268.

normais de divisão do trabalho e fenômenos de uma "divisão anômica" do trabalho. Segundo ele, o exemplo mais marcante de uma divisão anômica do trabalho pode ser detectado na "inimizade entre trabalho e capital"[13]. Todavia, as análises realizadas por Durkheim no terceiro livro põem a descoberto o círculo vicioso em que se enreda. De um lado, ele mantém a tese segundo a qual as regras morais que possibilitam a solidariedade orgânica, "num estado normal, fluem por si mesmas da divisão do trabalho"[14]. De outro lado, ele explica o caráter disfuncional de certas formas da divisão do trabalho apelando para a ausência de tais regulamentações normativas; o que falta é um vínculo entre os campos de ação funcionalmente especificados e normas morais obrigatórias: "Se em todos esses casos a divisão do trabalho não produz a solidariedade, é porque as relações dos órgãos entre si não estão reguladas, permanecendo num estado de *anomia*."[15]

A verdade é que Durkheim não conseguiu solucionar tal paradoxo. Por isso, ele empreende a fuga para a frente. No prefácio à segunda edição e nas aulas posteriores sobre ética profissional, ele estabelece a seguinte *exigência*: as divisões profissionais do moderno sistema de empregos *deveriam* formar o ponto de partida para regulações normativas justificadas de modo universalista.

Podemos aprender muito dos questionamentos formulados por Durkheim, mas não de suas respostas. Seus questionamentos apontam para laços empíricos localizados entre os níveis de diferenciação do sistema e as formas da integração social. A análise desses elos se torna

---

13. Durkheim, 1977, p. 396.
14. Durkheim, 1977, p. 408.
15. Durkheim, 1977, p. 410.

possível quando os mecanismos de coordenação da ação, que harmonizam entre si as *orientações da ação* dos participantes, são separados dos mecanismos que estabilizam os complexos de ação não visados pelo entrelaçamento funcional de *sequências de ação*. No primeiro caso, a integração de um sistema de ação é obtida graças a um consenso assegurado normativamente ou obtido comunicativamente; noutro caso, é fruto de uma regulamentação não normativa de decisões individuais, que ultrapassa a consciência dos atores. A distinção entre uma *integração social* que tem início nas orientações da ação e uma *integração sistêmica* que atravessa as orientações da ação obriga a uma diferenciação correspondente no próprio conceito de sociedade. O importante é salientar que, em ambos os casos, isto é, tanto na linha da interação social, de Mead, quanto na dos conceitos da representação coletiva, de Durkheim, a sociedade é concebida na perspectiva participante de sujeitos que agem, isto é, do ponto de vista do *mundo da vida de um grupo social*. Já na perspectiva não participante do observador, a sociedade é entendida como um sistema de ações que adquirem valor posicional funcional de acordo com sua contribuição para a manutenção do sistema.

Entretanto, é possível estabelecer relações entre o conceito sistêmico de "sociedade" e o conceito "mundo da vida" se nos inspiramos no modo como Mead relaciona os significados objetivos ou naturais (que o biólogo atribui aos modos de comportamento de um organismo no sistema de referências de seu entorno específico) com os significados semantizados de *ações* correspondentes, às quais o *ator* tem acesso no interior do mundo da vida. Conforme vimos, em Mead, o mundo sociocultural emerge quando a interação passa a ser mediada pela linguagem. E, nesse processo, significados naturais que resultam do valor posicional no círculo de funções do comportamento animal são transformados em significados simbólicos, dos quais os participantes da interação podem dispor intencionalmente. Mediante tal processo de semantização, o domínio de objetos se transforma de tal modo que o modelo etológico de um sistema autorregulado – segundo o qual, a cada estado ou evento é atribuído um significado em conformidade com seu valor posicional funcional – é substituído gradualmente pelo modelo de uma teoria da comunicação, segundo o qual os atores orientam suas ações pelas próprias interpretações da situação. Entretanto, esse conceito de mundo da vida não é suficiente para sociedades humanas, a não ser que o processo de semantização consiga absorver todos os significados naturais, ou seja, caso ele consiga penetrar no horizonte do mundo da vida e, assim, no saber intuitivo dos participantes da interação, abrangendo todos os complexos sistêmicos em que as interações se movimentam. Tal ideia é audaciosa; no entanto, dada a sua feição empírica, não pode ser decidida *de antemão* num nível analítico por uma concepção de sociedade elaborada numa teoria da ação.

Toda teoria da sociedade circunscrita por uma teoria da comunicação está sujeita a limitações, que têm de ser levadas na devida conta. Além disso, o alcance do conceito "mundo da vida", que se oferece na perspectiva conceitual do agir orientado pelo entendimento, é limitado. Por isso, proponho um conceito de sociedade capaz de englobar o mundo da vida *e* o sistema (1). Tal conceito pode ser comprovado numa teoria da evolução social que distingue entre a racionalização do mundo da vida e a intensificação da complexidade dos sistemas sociais, a fim de tornar palpável e analisável empiricamente a ligação que Durkheim estabelecera entre as formas de integração social e os níveis de diferenciação do sistema (2). Nesse contexto, e em analogia com o conceito "forma de objetividade", de Lukács, pretendo desenvolver um conceito que tem a ver com a forma do entendimento, o qual permite capturar numa teoria da comunicação a problemática da reificação. Amparado nesse instrumentário conceitual, retomarei na consideração final o diagnóstico weberiano acerca do espírito de nosso tempo e proporei uma reformulação do paradoxo da racionalização.

1. O CONCEITO "MUNDO DA VIDA" E O IDEALISMO DA SOCIOLOGIA HERMENÊUTICA

Gostaria de explicar o conceito "mundo da vida" retomando o fio de nossas considerações sobre uma possível teoria da comunicação. Não pretendo ampliar simplesmente a pesquisa pragmático-formal do agir comunicativo, e sim trabalhar sobre a plataforma desse conceito, tentando esquadrinhar o seguinte problema: como o mundo da vida, enquanto horizonte no qual os que agem comunicativamente se encontram *desde sempre*, é limitado e transformado pelas mudanças estruturais que ocorrem na sociedade como um todo?

Eu introduzi o conceito "mundo da vida", adotando provisoriamente a perspectiva de uma investigação reconstrutora. Nessa linha, ele constitui um conceito complementar ao do agir comunicativo. A análise pragmático-formal – do mesmo modo que as análises fenomenológicas do mundo da vida do Husserl maduro[16] e as análises formais

---

16. Sobre o conceito fenomenológico de "mundo", cf. L. Landgrebe. *Phänomenologie und Metaphysik*. Hamburgo, 1949, pp. 10 ss.; id., *Philosophie der Gegenwart*. Bonn, 1952, pp. 65 ss.; A. Gurwitsch. *The Field of*

não sistemáticas da vida, do segundo Wittgenstein[17] – tem na mira estruturas tidas como invariantes nos desdobramentos históricos das formas de vida e dos mundos da vida particulares. Nesse primeiro passo, delinearemos uma distinção entre forma e conteúdo. E ao adotar a perspectiva de uma pesquisa pragmático-formal poderemos nos dedicar a questionamentos até agora tratados no âmbito da filosofia transcendental, ou seja, estaremos em condições de descortinar as estruturas do mundo da vida em geral.

Em primeiro lugar, eu gostaria de explicar como o mundo da vida se relaciona com os três mundos que os sujeitos, que agem orientados pelo entendimento, tomam como base para suas definições comuns da situação (1). O conceito de um mundo da vida presente na atividade comunicativa na forma de um contexto deve ser elaborado na linha das análises fenomenológicas do mundo da vida e referido ao conceito durkheimiano de "consciência coletiva" (2). Ele não pode ser utilizado sem mais nem menos para análises empíricas. Os conceitos de mundo da vida, comuns na sociologia hermenêutica, têm a ver, na maioria das vezes, com conceitos do cotidiano que apenas narram fatos e relações sociais (3). No entanto, a pesquisa das funções assumidas pelo agir comuni-

---

Consciousness. Pittsburgh, 1964; G. Brand. *Welt, Ich und Zeit*. Haia, 1955; H. Hohl. *Lebenswelt und Geschichte*. Friburgo, 1962; W. Lippitz. "Der phänomenologische Begriff der Lebenswelt", in *Zeitschrift für philosophische Forschung*, 32, pp. 416 ss.; K. Ulmer. *Philosophie der modernen Lebenswelt*. Tubinga, 1972.

17. Sobre a análise sociológica de formas de vida, cf. P. Winch, 1959; R. Rhees. *Without Answers*. Nova York, 1969; D. L. Philipps, H. O. Mounce. *Moral Practices*. Londres, 1970; H. Pitkin. *Wittgenstein and Justice*. Berkeley, 1972; P. McHugh et al. *On the Beginning of Social Inquiry*. Londres, 1974.

cativo para a manutenção de um mundo da vida estruturalmente diferenciado evita tais limitações. Se levarmos em conta tais funções, poderemos explicar as condições necessárias para uma racionalização do mundo da vida (4). No entanto, ao adotar tal procedimento vislumbramos os limites dos princípios teóricos (vigentes), que identificam o mundo da vida com a sociedade. Por isso, proponho que a sociedade seja concebida, ao mesmo tempo, como mundo da vida e como sistema (5).

(1) Na introdução, lancei mão dos pressupostos ontológicos do agir teleológico, dramatúrgico e do agir regulado por normas, a fim de estabelecer uma distinção entre três relações do tipo "ator-mundo" que um sujeito pode adotar em relação a algo "num mundo": uma relação com algo que acontece ou pode ser produzido num mundo objetivo; uma relação com algo que todos os membros de uma coletividade social reconhecem como devido; e uma relação com algo que outros atores atribuem ao mundo subjetivo, próprio do falante, ao qual este tem acesso privilegiado. Tais relações "ator-mundo" reaparecem nos tipos puros do agir orientado pelo entendimento. A análise dos modos de utilização da linguagem permite esclarecer o que significa o fato de um falante, ao realizar um ato de fala padrão, entabular uma relação pragmática:

– com algo no mundo objetivo (enquanto totalidade das entidades sobre as quais são possíveis enunciados verdadeiros);

– com algo no mundo social (enquanto totalidade das relações interpessoais reguladas legitimamente); e

– com algo no mundo subjetivo (enquanto totalidade das vivências às quais o falante tem acesso privilegiado e que ele pode manifestar de modo veraz diante de um público).

De sua parte, os referentes do ato de fala revelam-se ao falante como algo objetivo, normativo ou subjetivo.

Ao introduzir o conceito "agir comunicativo"[18], chamei a atenção para o fato de que os tipos puros do agir orientado pelo entendimento constituem apenas casos-limite. De fato, as manifestações comunicativas estão inseridas, *ao mesmo tempo*, em diferentes relações com o mundo. O agir comunicativo depende de um processo de interpretação cooperativo em que os participantes se referem simultaneamente a algo no mundo subjetivo, no mundo social e no mundo objetivo; mesmo que no ato de sua manifestação ele consiga *enfatizar* respectivamente *apenas um* dos três componentes. Os falantes e ouvintes utilizam o sistema de referência dos três mundos como uma moldura no interior da qual tecem e interpretam definições comuns relativas à situação de sua ação. Nesse sistema de referência, eles não se referem diretamente a algo no mundo, mas relativizam suas próprias exteriorizações tendo em vista a possibilidade de que outro ator venha a contestar a validade delas. "Entendimento" (*Verständigung*) significa a união dos participantes da comunicação sobre a validade de uma exteriorização; ao passo que "acordo" ou "consenso" (*Einverständnis*) tem a ver com o reconhecimento intersubjetivo da pretensão de validade que o falante une a uma exteriorização. Mesmo levando em conta o fato de que uma exteriorização particular consegue tematizar univocamente apenas *um* modo de comunicação e apenas uma pretensão de validade correspondente, os modos de comunicação e as pretensões de validade que lhe correspondem continuam se relacionando num contexto de "referências mútuas intactas". No agir comuni-

---

18. Cf. vol. 1, pp. 192 ss., 528 ss. e 560 ss.

cativo vale a regra segundo a qual um ouvinte que dá seu assentimento a uma pretensão de validade explícita reconhece *ipso facto* as outras duas pretensões levantadas implicitamente; caso contrário, ele tem de manifestar seu dissenso. E, quando um ouvinte, mesmo aceitando a *verdade de uma asserção*, continua a duvidar da veracidade do falante ou da adequação normativa de sua manifestação, não se chega a um consenso; o mesmo vale para o caso em que um ouvinte, embora aceitando a *validade normativa* de uma *ordem*, desconfia da seriedade da vontade que emitiu a ordem ou dos pressupostos existenciais da ação imposta (e, com isso, da exequibilidade da ordem).

O exemplo de uma ordem que o destinatário considera inexequível chama a atenção para o fato de que os participantes da interação se manifestam sempre numa situação que eles, à medida que agem orientados pelo entendimento, têm de definir *em comum*. O construtor mais antigo de uma obra, que manda o ajudante mais jovem buscar cerveja, insistindo que não demore, parte do pressuposto de que os participantes, isto é, o destinatário da ordem e os colegas que se encontram ao alcance da voz, têm ciência da seguinte situação: a hora do lanche que se aproxima constitui o tema, e a bebida, um objetivo relacionado com esse *tema*; um dos colegas mais velhos concebe o *plano* de mandar o mais jovem, que, devido a seu *status*, dificilmente poderá recusar a ordem. A hierarquia informal existente no grupo de operários no canteiro de obras constitui a *moldura normativa* no âmbito da qual alguém pode exigir algo do outro. A situação da ação é definida *temporalmente* pela pausa no trabalho e *espacialmente* pela distância entre o canteiro de obras e o quiosque de bebidas mais próximo. Entretanto, na eventualidade de não ser possível chegar rapidamente ao próximo quiosque a pé, ou seja, se a execução do plano do colega mais velho implicar o uso de um carro (ou de outro veículo semelhante), o interpelado talvez responda: "Eu não tenho carro."

Por conseguinte, o pano de fundo de uma manifestação comunicativa é constituído por definições da situação, as quais, tendo em vista a atual necessidade de entendimento, precisam se encaixar de certa forma. E, no caso de não se poder pressupor simplesmente esse entendimento, os atores têm de tentar a definição comum da situação utilizando os meios do agir estratégico numa perspectiva orientada pelo entendimento ou negociando-a diretamente (o que na prática comunicativa cotidiana só acontece, na maioria das vezes, na forma de "reparos"). E, nos casos em que isso não é necessário, qualquer nova manifestação constitui um teste, ou seja, a definição da situação da ação, proposta implicitamente pelo falante, pode ser confirmada, modificada, parcialmente suspensa ou simplesmente colocada em questão. Tal processo de definição continuada e de redefinição significa a subordinação de certos conteúdos a determinados mundos – de acordo com o que é tido, respectivamente, como *válido*: como componente do mundo objetivo interpretado consensualmente; como componente normativo do mundo social, reconhecido intersubjetivamente; ou como componente privado de um mundo subjetivo, ao qual se tem acesso privilegiado. A cada nova definição comum da situação, os atores determinam os limites entre a natureza exterior, a sociedade e a natureza interior renovando, ao mesmo tempo, as diferenças entre eles mesmos na qualidade de intérpretes que se posicionam perante o mundo exterior e perante seus respectivos mundos interiores.

Assim, por exemplo, o colega veterano, ao ouvir a resposta do novato, se dá conta que ele tem de corrigir sua suposição implícita de que o quiosque próximo estaria aberto às segundas-feiras. Porém, as coisas seriam diferentes se o colega interpelado tivesse respondido: "Hoje eu não tenho sede!" Os colegas, surpresos, iriam lembrá-lo de que a "cerveja no lanche" constitui uma norma a ser mantida independentemente do estado subjetivo de um dos participantes. Talvez o novato não entenda bem o contexto normativo em que o colega veterano lhe dá uma ordem e por isso tenta se informar sobre quem será o próximo da fila, encarregado de buscar a cerveja no dia seguinte. Ou, ainda, ele não consegue captar o tema porque vem de outra região, desconhecendo o costume local do segundo lanche no trabalho. Por isso, ele pergunta: "Por que eu devo interromper agora o meu trabalho?" Podemos imaginar sequências de diálogo em que cada um dos participantes modifica sua definição inicial da situação em sintonia com as definições da situação dos outros participantes da interação. Nos dois primeiros casos, haverá um reagrupamento de certos componentes singulares da situação, isto é, uma mudança de figura: o suposto fato de que o quiosque próximo está aberto transforma-se numa opinião subjetiva, que foi falsificada; o suposto desejo de conseguir cerveja no lanche transforma-se numa norma de comportamento reconhecida coletivamente. Nos outros dois casos, a interpretação da situação será complementada em relação a componentes do mundo social, ou seja, deve buscar cerveja aquele que detém o *status* mais baixo; às nove horas aqui se toma o segundo lanche. Por trás dessas *redefinições* se encontram os pressupostos comuns de um mundo objetivo, de um mundo social e de um mundo subjetivo próprio de cada um. Mediante tal sistema de referência, os participantes da comunicação supõem que as definições da situação, que formam o pano de fundo de uma manifestação atual, possuem validade intersubjetiva.

As situações não são "definidas" no sentido de uma delimitação rigorosa. Pois elas sempre são envolvidas por um horizonte que se desloca junto com o tema. Uma *situação* constitui o recorte de um *contexto de referências do mundo da vida*, enfatizado por temas e articulado por objetivos e planos de ação. Tais contextos são ordenados de modo concêntrico, tornando-se cada vez mais anônimos e difusos pelo crescente distanciamento social e espaço-temporal. Podemos dizer que o canteiro de obras, a data (uma segunda-feira, um pouco antes do lanche) e o grupo de referência, constituído pelos colegas que se encontram na construção, formam para essa pequena cena de trabalhadores de construção o ponto zero de um sistema de referências sociais situado no espaço e no tempo, ou seja, o ponto zero de um mundo que se encontra *atualmente ao alcance*. Numa perspectiva espacial, o entorno urbano, a região, o país, o continente etc. formam um "mundo virtualmente acessível"; a isso correspondem, numa perspectiva temporal, o transcurso do dia, a história de vida, a época etc.; e numa perspectiva social, os grupos de referência da família, da comunidade, da nação etc., inclusive a "sociedade mundial". Alfred Schütz descreveu e ilustrou inúmeras vezes tais divisões sociais, espaciais e temporais do mundo da vida cotidiano[19].

O *tema* da pausa para o lanche e o *plano* da busca de cerveja, que provocam a abordagem do tema, fazem um recorte no mundo da vida dos participantes, extraindo uma *situação*. E essa situação da ação se apresenta como uma esfera de *necessidades* atuais de *entendimento* e de *possibi-*

---

19. Schütz, 1971a.

lidades de ação: as expectativas que os colegas colocam na pausa para o lanche, o *status* de um novo colega recém-admitido, a distância entre o canteiro de obras e o quiosque, a disponibilidade de um carro etc. fazem parte dos componentes da situação. O fato de se estar construindo uma casa para uma família e de que foi admitido um novo colega de trabalho, no caso um estrangeiro que não possui seguro social, o fato de que outro colega tem três filhos e de que a nova construção segue as normas vigentes nos municípios da Baviera constituem circunstâncias *irrelevantes* para a situação dada.

Sem dúvida alguma, os limites não são fixos. Descobrimos isso no momento em que o dono da obra aparece com uma caixa de cerveja para elevar o humor dos trabalhadores; ou no instante em que o operário estrangeiro, ao tentar buscar a cerveja, cai da escada; no momento em que se coloca o tema da nova regulamentação dos subsídios para o número de filhos; ou no momento em que aparece o arquiteto tendo a seu lado um funcionário da administração distrital, a fim de verificar o número de andares da construção. Nesses casos, o tema se desloca, e com ele o horizonte da situação, ou seja, a *secção do mundo da vida relevante para a situação*, para a qual se faz sentir uma necessidade de entendimento, tendo em vista as possibilidades de ação atualizadas. As situações têm limites, que podem ser ultrapassados a qualquer momento; por isso, Husserl introduz a imagem do *horizonte*[20] que depende de um lugar, podendo se deslocar e se expandir de acordo com a paisagem em que nos encontramos.

---

20. Cf. H. Kuhn. "The Phenomenological Concept of Horizon", in M. Faber (org.). *Philosophical Essays in Memory of E. Husserl*. Cambridge/Mass., 1940, pp. 106 ss.

Para os participantes, a situação da ação constitui o centro de seu mundo da vida; ela é dotada de um horizonte móvel porque *aponta para* a complexidade do mundo da vida. De certo modo, o mundo da vida, ao qual os participantes da comunicação pertencem, está sempre presente; porém, somente como um *pano de fundo* para uma cena atual. E tão logo tal *conjunto de referências* é introduzido numa situação, transformando-se numa parte dela, perde sua trivialidade e sua solidez inquestionável. Quando o fato de o novo colega não possuir seguro contra acidentes de trabalho se tornar relevante num campo de temas, esse tema poderá assumir diferentes papéis linguísticos e ilocucionários. Um falante pode, por exemplo, constatar *que p*; pode lamentar ou ocultar *que p*; pode censurar *que p* etc. Já o estado de coisas pode, tão logo se transforme num componente da situação, ser sabido como fato, como conteúdo normativo ou como conteúdo vivenciado; ou ainda ser problematizado. Porém, antes de adquirir relevância na situação, a mesma circunstância só é dada no modo de uma autoevidência do mundo da vida, com a qual o afetado está familiarizado intuitivamente, isto é, sem contar com a possibilidade de uma problematização. Tal estado de coisas não é "sabido" no sentido estrito de um saber fundamentável e questionável. Somente as secções limitadas do mundo da vida, inseridas num horizonte da situação, formam um contexto para o agir orientado pelo entendimento, tematizável e classificável como *saber*. Numa perspectiva voltada para a situação, o mundo da vida aparece como um reservatório de autoevidências e de convicções inabaláveis, do qual os participantes da comunicação lançam mão quando se encontram em processos cooperativos de interpretação. No entanto, convém lembrar que certos elementos singulares e determinadas *autoevidências* só podem ser mobilizadas *na forma de um saber consentido e, ao mesmo tempo, problematizável* quando se tornam *relevantes para a situação*.

Ora, se prescindirmos dos conceitos da filosofia da consciência, que Husserl utiliza para tratar da problemática do mundo da vida, poderemos representar racionalmente o mundo da vida como uma reserva de padrões de interpretação, organizados linguisticamente e transmitidos culturalmente. A partir desse momento, não é mais necessário explicar o conjunto de referências – que liga os componentes da situação entre si e a situação com o mundo da vida – em termos de uma fenomenologia ou de uma psicologia da percepção[21]. Torna-se mais fácil entender conjuntos de referências como conjuntos significativos que se estabelecem entre uma dada manifestação comunicativa, o contexto imediato e o seu horizonte de significado conotativo. *Conjuntos de referências* derivam de relações entre elementos de um estoque de saber *organizado de modo linguístico* e *regulado gramaticalmente*.

Admitindo-se um nexo interno entre as estruturas do mundo da vida e as estruturas da imagem linguística do mundo – como é de praxe numa tradição que remonta a Humboldt[22] –, a linguagem e a tradição cultural adquirem, de certo modo, uma posição transcendental em relação a tudo o que pode vir a ser componente de uma situação. Entretanto, a linguagem e a cultura não coincidem com os conceitos formais de mundo que são tomados pe-

---

21. E. Husserl. *Erfahrung und Urteil*. Hamburgo, 1948; sobre a crítica aos fundamentos teóricos da ontologia social fenomenológica de A. Schütz, cf. Theunissen, 1965, pp. 406 ss.
22. L. Weisgerber. *Die Muttersprache im Aufbau unserer Kultur*. Düsseldorf, 1957; R. Hoberg. *Die Lehre vom sprachlichen Feld*. Düsseldorf, 1970; Gipper, 1972.

los participantes da comunicação para definir sua situação comum, nem se manifestam como algo intramundano. Elas são constitutivas para o mundo da vida, porém não configuram os mundos formais, a que os participantes da comunicação subordinam componentes da situação, nem são encontráveis como algo no mundo objetivo, social ou subjetivo. Ao realizar um ato de fala, os participantes da comunicação se movem no interior de sua linguagem, porém de tal modo que não conseguem encarar uma exteriorização atual como "algo intersubjetivo" da mesma maneira que eles experimentam um acontecimento como algo objetivo, como eles enfrentam uma expectativa de comportamento como algo normativo ou como vivenciam/atribuem um sentimento e um desejo como algo subjetivo. O *medium* do entendimento persiste numa peculiar *semitranscendência*. Enquanto os participantes da comunicação mantêm seu enfoque performativo, a linguagem permanece *às suas costas*, o que impede os falantes de assumir uma *posição extramundana* em relação a ela. O mesmo vale para os padrões culturais de interpretação transmitidos nessa linguagem. Isso se deve ao fato de que, sob aspectos semânticos, a linguagem possui uma afinidade característica com a imagem de mundo articulada linguisticamente. As linguagens naturais conservam os conteúdos das tradições, os quais só sobrevivem numa forma simbólica e, quase sempre, em incorporações linguísticas. Entretanto, a cultura também deixa sua marca na linguagem, uma vez que a capacidade semântica de uma linguagem tem de se adequar não somente à complexidade dos conteúdos culturais armazenados, mas também aos valores e aos padrões de expressão e de interpretação.

Tal depósito de saber fornece aos membros *convicções subjacentes*, não problemáticas, que eles têm como garantidas; e a partir delas se forma o contexto dos processos de entendimento, em que os participantes utilizam definições da situação, já comprovadas, ou negociam novas. Os participantes da comunicação se defrontam com as ligações que existem entre o mundo objetivo, o mundo social e o mundo subjetivo, as quais, no entanto, já aparecem pré-interpretadas. E, quando ultrapassam o horizonte de uma situação dada, não pisam no vazio, uma vez que se encontram, no mesmo instante, em outra esfera de autoevidências culturais, as quais, ao se atualizarem, já aparecem *pré-interpretadas*. Na prática comunicativa do dia a dia, não pode haver situações completamente novas ou desconhecidas. As situações novas emergem de um mundo da vida que se constrói sobre um estoque de saber cultural com o qual estamos familiarizados. Por isso, os que agem comunicativamente não conseguem assumir uma posição extramundana diante desse mundo; o mesmo se dá com a linguagem, que constitui o *medium* dos processos de entendimento pelos quais o mundo da vida se mantém. E, ao se servir da tradição cultural, eles garantem a continuidade desta.

Por conseguinte, o *status* da categoria "mundo da vida" não coincide com o dos "conceitos formais de mundo" analisados há pouco. Estes formam, junto com as pretensões de validade criticáveis, o andaime categorial que permite ordenar no mundo da vida pré-interpretado as situações problemáticas necessitadas de acordo. Com o auxílio dos conceitos formais de mundo, os falantes e ouvintes podem qualificar de tal modo os possíveis referentes de seus atos de fala, que se torna possível uma referência a algo objetivo, normativo ou subjetivo. Já o conceito "mundo da vida" não permite subordinações análogas; ao utilizá-lo, os falantes e ouvintes não podem se referir a ele como a "algo intersubjetivo". Isso porque os que agem comunicativamente se movimentam sempre *no* horizonte de seu mundo da vida, não conseguindo se desvencilhar dele. Enquanto intérpretes e servindo-se de seus atos de fala, eles mesmos constituem parte integrante do mundo da vida; mesmo assim, não podem se referir "a algo no mundo da vida" como costumam se referir a fatos, normas ou vivências. Porquanto as estruturas do mundo da vida fixam as formas da intersubjetividade do entendimento possível. Graças a elas, os participantes da comunicação conseguem assumir uma posição extramundana em relação ao que é intramundano, sobre o qual eles pretendem se entender. O mundo da vida constitui, pois, de certa forma, o lugar transcendental em que os falantes e ouvintes se encontram; onde podem levantar, uns em relação aos outros, a pretensão de que suas exteriorizações condizem com o mundo objetivo, social ou subjetivo; e onde podem criticar ou confirmar tais pretensões de validade, resolver seu dissenso e obter consenso. Numa palavra, no que tange à linguagem e à cultura, os participantes não conseguem atingir *in actu* o mesmo distanciamento possível em relação à totalidade dos fatos, das normas e das vivências, os quais podem ser objeto de um possível entendimento (*Verständigung*).

O seguinte esquema pretende ilustrar o modo como o mundo da vida é constitutivo para o entendimento enquanto tal e como os conceitos formais de mundo constituem um sistema de referências sobre o qual é possível um entendimento; pois, a partir do seu mundo da vida comum, os falantes e ouvintes se entendem sobre algo no mundo objetivo, social ou subjetivo.

(2) Sem dúvida, qualquer representação gráfica costuma pecar por insuficiência. Por isso, pretendo esclare-

cer melhor o conceito "mundo da vida", central à teoria da comunicação, lançando mão de uma comparação com o conceito "mundo da vida" da fenomenologia, que já foi objeto de uma análise acurada. Refiro-me aos manuscritos póstumos de Alfred Schütz sobre *As estruturas do mundo da vida*, organizados e editados por Thomas Luckmann[23].

Fig. 20 *Relações dos atos comunicativos (AC) com o mundo*

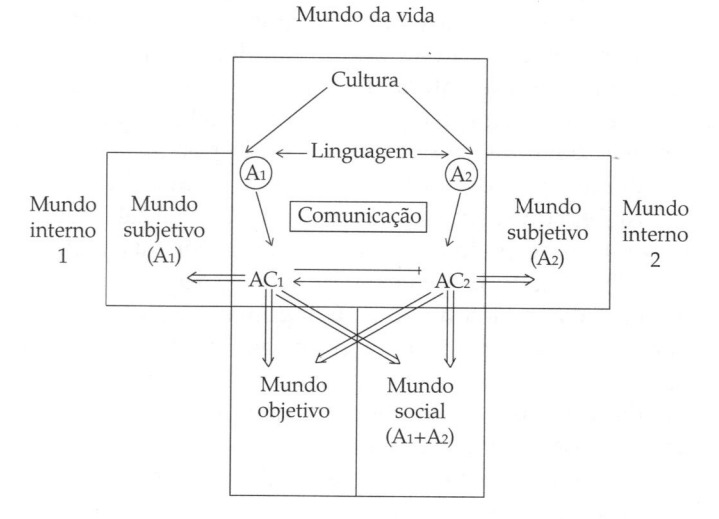

Mundo da vida

| Mundo interno 1 | Mundo subjetivo (A_1) | | Mundo subjetivo (A_2) | Mundo interno 2 |

(diagrama: Cultura — Linguagem — A_1 ↔ A_2 — Comunicação — AC_1 ↔ AC_2 — Mundo objetivo / Mundo social (A_1+A_2))

As setas com linha dupla indicam as relações com o mundo, criadas pelos atores (A) mediante exteriorizações (AC).

---

23. A. Schütz, Th. Luckmann. *Strukturen der Lebenswelt*. Frankfurt/M., 1979; cf. também A. Schütz. *Das Problem der Relevanz*. Frankfurt/M., 1971, e as contribuições contidas in W. M. Sprondel, R. Grathoff (orgs.). *A. Schütz und die Idee des Alltags in den Sozialwissenschaften*. Stuttgart, 1979.

Até o presente momento, entendemos o agir como uma forma de conseguir domínio sobre situações. Desse processo, o conceito "agir comunicativo" recorta dois aspectos: o *teleológico*, relacionado à concretização de fins (ou à realização de um plano de ação), e o *comunicativo*, que abrange os aspectos da interpretação da situação e da obtenção de um acordo. No agir comunicativo, os participantes tentam realizar consensualmente seus planos tomando como base uma definição comum da situação. E, quando se torna necessário negociar uma definição comum da situação ou quando fracassam as tentativas de entendimento no quadro de definições comuns da situação, a obtenção do consenso, que normalmente é condição para a persecução de um objetivo, pode se transformar num fim. Em todo o caso, o *sucesso* obtido mediante um agir teleológico e o *consenso* obtido por meio de atos de entendimento constituem critérios que permitem concluir se houve ou não sucesso no domínio de uma situação. Uma *situação* constitui o recorte de um mundo da vida, delimitado em vista de um tema. Um *tema* surge no contexto de interesses e fins da ação de pelo menos um participante; ele circunscreve o *âmbito de relevância* dos componentes tematizáveis da situação, sendo realçado pelos *planos* que os participantes elaboram a partir de uma interpretação da situação tendo em vista determinados fins. O agir orientado pelo entendimento pressupõe que os participantes realizem seus planos de comum acordo, na situação de uma ação definida consensualmente. Eles procuram evitar dois riscos: o *risco do fracasso do entendimento*, ou seja, o risco do dissenso ou do mal-entendido; e o *risco do malogro do plano da ação*, ou risco do insucesso. A eliminação do primeiro risco é condição necessária para evitar o segundo. Os participantes jamais atingirão seus objetivos caso não consigam suprir a quota de entendimento necessária para as possibilidades de ação que a situação oferece – de qualquer forma, nesse caso, eles não conseguirão atingir seus objetivos pelo caminho do agir comunicativo.

Schütz e Luckmann lembram que é necessário distinguir claramente dois aspectos: a interpretação da situação e a realização de um plano de ação em determinada situação: "... na própria atitude natural, o mundo me é dado para interpretação. Eu tenho de *entender* meu mundo da vida até chegar a um ponto que me permita agir e *influir nele*"[24]. Isso equivale a dizer que a interpretação pragmática do mundo desencadeia explicitações da situação que permitem ao ator o desenvolvimento de seus planos de ação, pois "cada situação possui dois horizontes ilimitados: um interno e um externo; ela é interpretável em termos de relações com outras situações, experiências etc., tendo em vista sua história pregressa e seu futuro. Entretanto, isso vale somente em princípio, uma vez que na prática qualquer situação só é interpretável até um certo ponto. O interesse determinado por um plano deduzível da hierarquia dos planos de uma biografia limita a necessidade da determinação da situação. Esta só precisa ser delimitada à medida que tudo isto é necessário para alguém dominá-la"[25]. A interpretação da situação se apoia, por conseguinte, num estoque de saber, do qual qualquer ator dispõe em seu mundo da vida: "O acervo de saber em termos de mundo da vida está referido, de diferentes maneiras, à situação do sujeito que faz experiências. Ele se constrói a partir de sedimentações de experiências outrora atuais, ligadas a situações. Inversamente, toda experiên-

---

24. Schütz, Luckmann, 1979, p. 28.
25. Schütz, Luckmann, 1979, p. 149.

cia atual, de acordo com os tipos e a relevância do estoque de saber, insere-se no curso das vivências e na biografia. Finalmente, toda situação é definida e dominada com o auxílio do acervo de saber."[26]

Schütz e Luckmann pensam que o ator toma os elementos fundamentais de sua reserva de saber para construir o mundo do qual ele mesmo se nutre. Eles descrevem o modo como ele experimenta as estruturas gerais de seu mundo da vida: "Em cada situação, o mundo me é dado num recorte limitado; somente uma parte dele se encontra atualmente ao alcance. Porém, em torno dessa esfera se escalonam esferas de alcance reconstruível ou somente acessível, as quais apresentam, por seu turno, uma estrutura temporal e social. Além disso, só posso agir num recorte do mundo. E em torno da atual zona de operações se escalonam outras zonas de operações acessíveis e reconstruíveis, que também possuem uma estrutura temporal e social. Minha experiência do mundo da vida também se estrutura temporalmente: a duração interna constitui uma sequência de vivências – atuais 'retentivas' e 'protentivas' –, de recordações e de expectativas. Ela se cruza com o tempo do mundo, o tempo biológico e o social, sedimentando-se na sequência irrepetível de uma biografia articulada. Finalmente, minha experiência se articula de modo social. Todas as experiências possuem uma dimensão social, e as articulações temporais e espaciais de minha experiência são 'socializadas'. Além disso, minha experiência do mundo social revela uma estrutura específica. O outro me é dado imediatamente como co-homem numa 'relação-nós', ao passo que as experiências mediatas do mundo social são escalonadas de acordo

---

26. Schütz, Luckmann, 1979, p. 133.

com graus de anonimato e articuladas em experiências do mundo presente, passado e futuro."[27]

A análise fenomenológica das estruturas do mundo da vida tem como objetivo principal esclarecer a articulação social e espaço-temporal do mundo da vida. Não pretendo aprofundar esse ponto, uma vez que me interesso mais pelo fato de que Schütz e Luckmann não abandonam o modelo da filosofia da consciência. Seguindo Husserl, eles tomam como ponto de partida a consciência "egológica", para a qual as estruturas gerais do mundo da vida são dadas como condições subjetivas necessárias da experiência de um mundo da vida social, configurado concretamente e cunhado historicamente: "Em tudo isso não se trata de experiências específicas, concretas e variáveis, mas de estruturas fundamentais da experiência do mundo da vida em geral. Ao contrário das experiências específicas, feitas na perspectiva natural, essas estruturas fundamentais fogem ao alcance da consciência. Mesmo assim, elas constituem uma condição para qualquer experiência do mundo da vida, inserindo-se no horizonte da experiência."[28]

Convém destacar, no entanto, que Luckmann e Schütz transportam o modelo da subjetividade produtiva – desenvolvido a partir da questão básica da teoria do conhecimento que estatui o mundo da vida como moldura transcendental para qualquer experiência do cotidiano – para o interior de uma *teoria da ação*. Sem dúvida alguma, os modelos do ator solitário – que age numa situação provocado por estímulos ou de acordo com um plano[29] – utilizados

---

27. Schütz, Luckmann, 1979, p. 137.
28. Schütz, Luckmann, 1979, pp. 137 s.
29. G. W. Allport. *Personality*. Nova York, 1937; Parsons, 1949a; Th. M. Newcomb. *Social Psychology*. Nova York, 1950; K. Lewin. *Field Theory*

na psicologia e na sociologia adquirem maior profundidade e clareza quando conectados às análises fenomenológicas do mundo da vida e da situação da ação[30]. E esse passa a constituir o ponto de partida para uma teoria de sistemas que aprende com a fenomenologia[31]. Nesse caso, porém, é possível descobrir como a teoria de sistemas se apropria rapidamente da filosofia da consciência. Quando se interpreta a situação do sujeito agente como entorno do sistema da personalidade, é possível recolher, sem perdas, os resultados da análise fenomenológica do mundo da vida numa teoria de sistemas, de observância luhmanniana. Isso traz até vantagens, uma vez que permite desconsiderar o problema que Husserl não conseguiu resolver nas *Meditações cartesianas*, a saber, o da produção monadológica da intersubjetividade do mundo da vida[32]. Tal problema desaparece quando a relação sujeito-objeto é substituída pela relação sistema-entorno. De acordo com

---

in the Social Sciences. Nova York, 1951; R. Dahrendorf. *Homo Sociologicus*. Tubinga, 1958; F. H. Tenbruck. "Zur deutschen Rezeption der Rollentheorie", in *KZSS*, 1961, pp. 1 ss.

30. Na sociologia alemã, os princípios fenomenológicos passaram pela mediação de K. Stavenhagen e H. Plessner. Cf. H. P. Bahrdt. *Industriebürokratie*. Stuttgart, 1958; H. Popitz. *Der Begriff der sozialen Rolle als Element der soziologischen Theorie*. Tubinga, 1967; H. P. Dreitzel. *Das gesellschaftliche Leiden und das Leiden an der Gesellschaft*. Stuttgart, 1968; para a recepção na psicologia alemã, cf. C. F. Graumann. *Zur Phänomenologie und Psychologie der Perspektivität*. Berlim, 1960.

31. J. Markowitz. *Die soziale Situation*. Frankfurt/M., 1980; cf. também L. Eley. *Transzendentale Phänomelogie und Systemtheorie*. Friburgo, 1972.

32. A. Schütz. "Das Problem der transzendentalen Intersubjektivität bei Husserl", in *Philosophische Rundschau*, 1957, pp. 81 ss.; M. Theunissen, 1965, pp. 102 ss.; id., *Kritische Theorie der Gesellschaft*. Berlim, 1981; D. M. Carr. "The Fifth Meditation and Husserls Cartesianism", in *Phil. Phenom. Res.*, 34, 1973, pp. 14 ss.; P. Hutcheson. "Husserl's Problem of Intersubjectivity", in *J. Brit. Soc. Phenomenol.*, 11, 1980, pp. 144 ss.

essa concepção, os sistemas da personalidade formam entorno uns para os outros, da mesma forma que os sistemas da personalidade e da sociedade formam entorno uns para os outros, em outro nível. Nesse passo, o problema da intersubjetividade, o qual tem a ver com a possibilidade de diferentes sujeitos poderem compartilhar o mesmo mundo da vida, dá lugar ao problema da interpenetração, que pode ser formulado da seguinte maneira: de que modo certos tipos de sistemas podem formar entorno uns para os outros, entornos contingentes, sintonizados uns com os outros?[33] Mais adiante, falaremos sobre o preço a ser pago por tal reformulação!

Alfred Schütz adota uma posição ambivalente nesse campo de tensões, em que a análise fenomenológica do mundo da vida se cruza com a teoria sociológica da ação. De um lado, ele percebe que Husserl não conseguiu solucionar satisfatoriamente o problema da intersubjetividade; Luckmann[34] sublinha, com razão, que Schütz, sob a influência do pragmatismo americano, em especial o de Mead, inclina-se a colocar de lado a constituição do mundo da vida, passando a analisar diretamente um mundo da vida já constituído intersubjetivamente. De outro lado, Schütz não se converte a uma teoria da comunicação, pois continua apegado ao método intuitivo de Husserl, assumindo, também, a arquitetônica da fenomenologia transcendental, o que o leva a interpretar seu próprio empreendimento como uma ontologia regional da sociedade. Isso explica por que Schütz e Luckmann não conseguem apreender as estruturas do mundo da vida diretamente das estruturas da intersubjetividade produzida de modo

---

33. N. Luhmann. "Interpenetration", in *ZfS*, 1977, pp. 62 ss.

34. Na introdução a Schütz, 1971, pp. 20 s., e na introdução a Schütz, Luckmann, 1979, p. 14.

linguístico, sendo levados a buscá-las no reflexo da vivência subjetiva de atores solitários. No quadro da filosofia da consciência, o "sujeito que vivencia" continua sendo o ponto de referência derradeiro da análise. O excurso a ser apresentado mais abaixo revelará, no entanto, que as características fundamentais do mundo da vida constituído, descritas fenomenologicamente, podem ser elucidadas sem maiores dificuldades quando o conceito "mundo da vida" é introduzido como um conceito complementar ao do "agir comunicativo".

Schütz e Luckmann destacam três momentos: (a) a familiaridade ingênua com um pano de fundo, dado de forma não problemática; (b) a validade de um mundo compartilhado intersubjetivamente; (c) o caráter do mundo da vida que é, ao mesmo tempo, total e indeterminado, delimitador e poroso.

ad (a) Para o sujeito que vivencia as coisas, o mundo da vida é dado de forma não problemática: "Devemos entender por mundo da vida cotidiano a esfera de realidades que o adulto normal e desperto encontra como simplesmente dada na perspectiva do sadio senso comum. Como simplesmente dado caracterizamos tudo aquilo que vivenciamos de modo não problemático."[35] E tal "não-problematicidade" do mundo da vida tem de ser entendida num sentido radical: o mundo da vida não pode ser problematizado enquanto tal. Ele pode, quando muito, *desmoronar*, uma vez que seus componentes, com os quais estamos familiarizados ingenuamente, não possuem o *status* de fatos, normas ou vivências sobre os quais falantes e ouvintes podem eventualmente se entender. Todos os componentes de uma situação da ação, sobre os quais os

---

35. Schütz, Luckmann, 1979, p. 25.

participantes pretendem obter um consenso lançando mão de suas manifestações comunicativas, são questionáveis. No entanto, a esfera do que é tematizável e problematizável está limitada à situação de uma ação *circunscrita* pelos horizontes, às vezes difusos, de um mundo da vida. Ou seja, para aquilo que é falado e tematizado em determinada situação, o mundo da vida forma um contexto mediato, em princípio acessível, que não pertence, no entanto, à esfera de relevância da situação da ação realçada tematicamente. O mundo da vida constitui uma rede de pressupostos intuitivos, transparentes, familiares e, ao mesmo tempo, destituídos de limites, a serem preenchidos, para que uma manifestação atual possa adquirir sentido, isto é, ser válida ou inválida[36]. Porém, os pressupostos relevantes da situação constituem apenas um recorte dessa rede. O exemplo dos operários de uma construção revela que somente esse *contexto diretamente tematizado* pode cair no torvelinho problematizador do agir comunicativo; *já o mundo da vida não se desprende do fundo*. Ele constitui o "solo não questionado de todos os dados e a moldura no âmbito da qual aparecem os problemas que tenho de resolver"[37]. O mundo da vida é dado num modo de autoevidência que se mantém aquém do limiar das convicções criticáveis em princípio.

ad (b) O mundo da vida extrai tal certeza de um *a priori* social embutido na intersubjetividade do entendimento linguístico. Em virtude das premissas da filosofia da consciência, nas quais se apoiam, Schütz e Luckmann subestimam o valor posicional da linguagem, especialmente o da mediação linguística da interação social. Mesmo

---

36. Searle, 1979b, pp. 177 ss., e na presente obra, vol. 1, pp. 577 ss.
37. Schütz, Luckmann, 1979, p. 26.

assim, destacam a intersubjetividade do mundo da vida: "De modo que meu mundo da vida não é, desde o início, meu mundo privado, porém intersubjetivo; a estrutura fundamental de sua realidade é comum a todos nós. É evidente para mim que, até um certo grau, posso tomar conhecimento das vivências de meus co-homens, por exemplo dos motivos de seu agir; e penso que o mesmo vale, em sentido inverso, deles em relação a mim."[38] Por outro lado, temos de entender os aspectos comuns do mundo da vida num sentido mais radical, pois eles antecedem qualquer possível dissenso, não podendo tornar-se controversos do mesmo modo que um saber compartilhado intersubjetivamente; eles podem, quando muito, *desintegrar-se*. O perspectivismo da percepção e da interpretação que adere aos papéis comunicativos da primeira, da segunda e da terceira pessoa é decisivo para a estrutura da situação da ação. Porém, os membros de uma coletividade se atribuem a si mesmos seu mundo da vida, na primeira pessoa do plural, portanto em analogia com o modo seguido pelo falante, o qual se atribui a si mesmo um mundo subjetivo na primeira pessoa do singular, ao qual tem acesso privilegiado. Os elementos comuns se apoiam certamente num saber consensual e num estoque de saber cultural compartilhado pelos membros. Porém, o recorte relevante do mundo da vida só adquire o *status* de uma realidade casual, que também poderia ser interpretada de outra maneira, à luz de uma situação da ação atual. E, uma vez que a cada momento podem surgir situações novas, certamente os membros vivem com a consciência de que estão correndo o risco de enfrentar constantemente situações novas; porém, tais situações não

---

38. Schütz, Luckmann, 1979, p. 26.

conseguem derrubar a confiança ingênua no mundo da vida. Ou seja, a prática comunicativa cotidiana não se coaduna com a hipótese segundo a qual "tudo poderia ser completamente diferente": "Eu confio no fato de que o mundo, do modo como o conheço, continuará sendo assim e que, por conseguinte, o estoque de saber formado a partir de minhas próprias experiências e assumido pelos co-homens continuará mantendo, em princípio, sua validade. Segundo Husserl, tal fato pode ser interpretado como a idealidade do 'e assim por diante'. Essa ideia provoca uma outra, mais fundamental, segundo a qual posso repetir minhas ações bem-sucedidas. Enquanto pudermos admitir que a estrutura do mundo é constante e enquanto minha experiência prévia tiver validade, minha capacidade de agir no mundo, desta ou daquela maneira, será mantida. Em correlação com a idealidade do 'e assim por diante' forma-se, conforme demonstrou Husserl, outra idealidade, a do 'eu posso sempre e de novo'. Ora, essas duas idealidades aliadas à ideia da estrutura constante do mundo, à da validade da minha experiência prévia, bem como à ideia de minha capacidade de influir no mundo, fundamentada na validade da experiência, configuram aspectos essenciais do pensamento de alguém que adota uma atitude natural."[39]

ad (c) A imunização do mundo da vida contra revisões totais tem a ver com a terceira característica destacada por Schütz, que neste particular se apoia em Husserl: as situações mudam; mesmo assim, os limites do mundo da vida não podem ser transcendidos. O mundo da vida forma uma espécie de séquito em que os horizontes da situação se deslocam, se ampliam ou se encolhem. Ou,

---

39. Schütz, Luckmann, 1979, p. 29.

ainda, um contexto ilimitado que traça limites: "O estoque de saber do pensamento do mundo da vida não deve ser entendido como algo transparente em sua totalidade, e sim como a totalidade das autoevidências que se modificam de situação em situação, destacando-se respectivamente de um fundo indeterminado. Essa totalidade não é apreensível enquanto tal, mas vivenciada como o solo seguro e familiar de qualquer interpretação condicionada pela situação dada no decorrer da experiência."[40] O mundo da vida delimita situações da ação na forma de um contexto pré-compreendido, porém não tematizado. Tal contexto, que não é focalizado no espaço relevante de uma situação de ação, coloca-se como uma realidade inquestionável e, ao mesmo tempo, "encoberta por sombras"; ela não entra ou entra apenas indiretamente no atual processo de entendimento, permanecendo indeterminada; ela pode, evidentemente, cair no torvelinho de um novo tema e, assim, na zona de entrada de uma situação transformada. E nesse caso nos defrontamos com ela como se fosse uma realidade intuitivamente familiar e pré-interpretada. Somente assim, ao adquirir relevância para a situação, um recorte do mundo da vida impressiona o olhar enquanto autoevidência cultural; e quando ele pode ser tematizado perde a forma do que é dado de modo inquestionável: "No enfoque natural, também é possível apreender subjetivamente e a cada momento a relativa intransparência do mundo da vida. Qualquer processo de interpretação específica pode servir como pretexto. Porém, a vivência das insuficiências das interpretações específicas necessita da reflexão teórica para revelar as limitações essenciais do estoque de saber do mundo da vida em ge-

---

40. Schütz, Luckmann, 1979, p. 31.

ral."[41] Enquanto nos apegamos ao enfoque ingênuo – voltado à situação – de um ator enredado na prática comunicativa cotidiana, não conseguimos descobrir as limitações de um mundo da vida que depende de um estoque de saber cultural particular, o qual pode ser ampliado a qualquer momento e varia de acordo com esse saber. Para seus membros, o mundo da vida forma um contexto ineludível e inesgotável em princípio. Por isso, *qualquer* compreensão de uma situação pode se apoiar numa pré-compreensão global. Pois toda definição da situação constitui "uma interpretação no âmbito de algo já interpretado e no contexto de uma realidade que é, em princípio e de acordo com o tipo, familiar..."[42].

Qualquer passo dado além do horizonte de uma determinada situação abre o caminho para um novo contexto de sentido carente de explicação, porém já conhecido intuitivamente. O que até então era "autoevidente" transforma-se num saber cultural que pode ser utilizado para definições de novas situações e ser exposto a um teste no agir comunicativo.

A moderna compreensão do mundo permite submeter metodicamente *toda* a tradição cultural a esse teste. O núcleo de cosmovisões centradas que ainda não comportam uma diferenciação radical em termos de conceitos formais de mundo é imune a experiências dissonantes. E tal imunização é tanto mais completa quanto menos chances há "de uma explosão da inquestionabilidade de minha experiência"[43]. Não é possível evitar totalmente o risco de "explosões" no âmbito da experiência e do uso cogni-

---

41. Schütz, Luckmann, 1979, p. 210.
42. Schütz, Luckmann, 1979, p. 29.
43. Schütz, Luckmann, 1979, p. 33.

tivo-instrumental da natureza externa, mesmo que as cosmovisões capazes de absorvê-las limitem fortemente o espaço das contingências percebidas. Porém, no âmbito da experiência das interações regidas por normas, existe um mundo social de relações interpessoais legitimamente reguladas, o qual se destaca passo a passo do fundo difuso do mundo da vida.

É possível entender a análise do mundo da vida como uma tentativa de reconstruir, pela linguagem e a partir de dentro, o que Durkheim designou como consciência coletiva. Nessa perspectiva, o ponto de vista sob o qual ele considerou a mudança de estrutura da consciência coletiva poderia ser instrutivo para uma investigação fenomenológica. A partir daí, os processos de diferenciação observados por Durkheim poderiam ser entendidos da seguinte forma: À medida que os atores se orientam pelo entendimento ao desenvolverem interpretações *próprias,* o mundo da vida perde seu poder prejulgador em relação à prática comunicativa cotidiana. Durkheim entende o processo de diferenciação do mundo da vida como a separação progressiva entre cultura, sociedade e personalidade; nossa tarefa consiste em introduzi-las como componentes estruturais do mundo da vida e, a seguir, explicá-las.

Até o momento, tratamos o mundo da vida como um conceito culturalista, extraído de pesquisas fenomenológicas. De acordo com ele, os indicadores culturais da expressão e dos valores da interpretação servem como *fontes* para as realizações de entendimento dos participantes de uma interação, os quais negociam uma definição comum da situação para chegar a um consenso sobre algo num mundo. A situação da ação interpretada circunscreve um espaço de alternativas de ação, aberto tematicamente, isto é, um conjunto de condições e meios para a realização de planos. Faz parte da situação tudo o que se torna perceptível como *limitação* das correspondentes iniciativas de ação. Enquanto o ator mantém o mundo da vida às suas costas, ou seja, enquanto fonte do agir orientado pelo entendimento, ele se defronta com restrições impostas pelas circunstâncias da realização de seu plano, as quais fazem parte da situação. E estas podem ser classificadas de acordo com o sistema de referências dos três conceitos formais de mundo, tendo em vista fatos, normas e vivências.

Existem razões que permitem uma identificação entre o mundo da vida e o saber que serve de pano de fundo, transmitido culturalmente; pois a cultura e a linguagem não contam normalmente como componentes da situação. Elas não reduzem o espaço da ação nem compõem os conceitos formais de mundo, mediante os quais os participantes se entendem sobre sua situação. Elas não *necessitam* de nenhum tipo de conceituação para serem apreendidas como elementos de uma situação da ação. Somente nos raros momentos em que falham enquanto fontes, a cultura e a linguagem desenvolvem a peculiar resistência que experimentamos em situações de um entendimento malogrado. Nesse momento se torna necessário o trabalho restaurador de intérpretes, tradutores ou terapeutas. E, quando eles pretendem introduzir os elementos disfuncionais do mundo da vida (manifestações incompreensíveis, tradições intransparentes, uma linguagem indecifrável) numa situação de decifração comum, dispõem apenas de três conceitos de mundo, que já conhecemos. Eles têm de identificar elementos do mundo da vida, os quais fracassam como fontes, como fatos culturais que limitam o espaço da ação.

As ordens institucionais e as estruturas da personalidade não se comportam do mesmo modo que a cultura.

Elas podem limitar o espaço de iniciativa dos atores e se *apresentar* como componentes da situação. Por isso, elas caem naturalmente, enquanto elementos normativos ou subjetivos, sob um dos conceitos formais de mundo. Tal fato não deve nos induzir a pensar que as normas e vivências (do mesmo modo que os fatos, as coisas e os eventos) só podem surgir como algo sobre o qual os participantes da interação se entendem. Elas podem adquirir um *status* duplo – como componentes de um mundo social ou subjetivo, de um lado, e como componentes estruturais do mundo da vida, de outro.

O agir, ou melhor, o controle de situações, apresenta-se como um processo circular em que o ator é tido, ao mesmo tempo, como o *iniciador* de ações imputáveis e o *produto* de tradições nas quais ele se encontra, de grupos solidários aos quais pertence e de processos de aprendizagem e de socialização aos quais está submetido. Visto *a fronte*, o recorte relevante do mundo da vida se impõe como um problema que o ator tem de resolver por conta própria; ao mesmo tempo, porém, ele é carregado pelo ator *a tergo*, ou seja, pelo pano de fundo de seu mundo da vida, o qual não contém apenas certezas culturais. Pois esse pano de fundo contém *ainda* habilidades individuais, um saber intuitivo que ensina *como* dominar situações e práticas exercitadas socialmente, além de um saber intuitivo *no qual* podemos confiar em determinada situação. Nesse pano de fundo se encontram, além disso, convicções básicas sabidas de modo trivial. A sociedade e a personalidade não se tornam efetivas apenas como restrições, uma vez que elas também servem como fontes. A inquestionabilidade do mundo da vida, que torna possíveis nossas ações, *também* depende da segurança que o ator experimenta a partir de solidariedades comprovadas e de competências experimentadas.

O próprio caráter paradoxal do saber do mundo da vida, o qual transmite o sentimento de certeza absoluta pelo simples fato de não se saber nada a respeito *dele*, resulta do fato de que o saber *em que* podemos confiar e o saber *como* se faz algo continuam ligados indiferenciadamente àquilo *que* sabemos no nível pré-reflexivo. No entanto, se as solidariedades dos grupos integrados mediante valores e normas e as competências dos indivíduos socializados deságuam *a tergo* no agir comunicativo – como é o caso das tradições culturais –, mister se faz corrigir a *redução culturalista do mundo da vida*.

(3) Por conseguinte, o conceito "mundo da vida", utilizado no âmbito de uma teoria da comunicação, nasceu da filosofia da consciência e continua trilhando a vereda transcendental do conceito "mundo da vida" oriundo da fenomenologia. Ele é obtido graças à reconstrução do saber pré-teórico de um falante competente. Isso significa que, na perspectiva de participantes, o mundo da vida aparece como horizonte formador de contextos para processos de entendimento, o qual limita à medida que a esfera de relevância de uma situação dada é subtraída à tematização no interior dessa situação. Por isso, o conceito "mundo da vida", que a teoria da comunicação desenvolve na perspectiva dos participantes, não pode ser utilizado diretamente para fins teóricos, por não se adequar à delimitação de um domínio de objetos das ciências sociais, portanto da região no interior do mundo objetivo que forma a totalidade dos fatos históricos ou socioculturais em sentido mais amplo, acessíveis numa perspectiva hermenêutica. Tal tarefa pode ser desempenhada pelo *conceito "mundo da vida cotidiano"*, do qual as pessoas que agem comunicativamente lançam mão para localizar a si mesmas e às suas manifestações em espaços sociais e épocas históricas. Na prática comunicativa cotidiana, as

pessoas se encontram com outras, e não assumem somente o enfoque de participantes, uma vez que elas também representam narrativamente dados que acontecem no contexto de seu mundo da vida. A *narrativa* constitui uma forma especializada de fala constatativa, que serve à descrição de eventos socioculturais e objetos. As representações narrativas dos atores se apoiam sempre num conceito secularizado de "mundo", no sentido de um mundo da vida ou de um mundo cotidiano, o qual define a totalidade dos estados de coisas que podem ser reproduzidos em *histórias verdadeiras*.

Por conseguinte, tal conceito de "cotidiano" faz um recorte no mundo objetivo, isolando a região dos eventos narráveis, isto é, dos fatos históricos. Além do mais, a prática da narrativa não serve apenas à necessidade trivial de entendimento entre membros obrigados a coordenar seu trabalho em comum; ela também desempenha uma função no autoentendimento das pessoas que têm necessidade de *objetivar* sua pertença ao mundo da vida, ao qual pertencem pelo papel atual de participantes da comunicação. Para formar uma identidade pessoal, elas têm de reconhecer que a sequência de suas ações constitui uma história de vida representável mediante narrativas; e a formação de sua identidade social só é possível mediante o reconhecimento de que a manutenção de sua pertença a grupos sociais depende da participação em interações, pois elas estão envolvidas em histórias de coletividades representáveis de modo narrativo. As coletividades configuram sua identidade à proporção que as representações do mundo da vida elaboradas por seus membros atingem um certo nível de propagação e de sobreposição, condensando-se num pano de fundo não problemático.

No meu entender, a análise da forma de textos narrativos e a análise da forma das proposições narrativas, elaborada por A. C. Danto[44], constituem fatos promissores para a explicação do conceito secularizado de mundo da vida, o qual se refere à totalidade dos fatos socioculturais, podendo servir como ponto de acesso para uma teoria da sociedade. A gramática das narrativas permite entender não somente o modo como identificamos e descrevemos eventos e estados que surgem em determinado mundo da vida, mas também o modo como *interligamos* as interações dos membros de grupos em espaços sociais e épocas históricas, formando unidades e *sequências* mais complexas; o modo como explicamos as ações dos indivíduos e os fatos em que são envolvidos; finalmente, o modo como explicamos os atos das coletividades e seus destinos adotando a perspectiva do controle de situações. Ao escolher determinada forma de narrativa, estamos selecionando uma perspectiva, a qual nos obriga "gramaticalmente" a adotar *como sistema de referência cognitivo* um conceito "mundo da vida" tomado no sentido comum e a colocá-lo na base da descrição.

Tal *conceito sociocultural* de mundo da vida, disponível intuitivamente, pode se tornar relevante em nível teórico caso consigamos transformá-lo num sistema de referências em condições de explicar não somente dados ou acontecimentos particulares, mas também o mundo da vida em sua totalidade. É necessário lembrar que a representação narrativa se refere a "algo no interior de um mun-

---

44. A. C. Danto. *Analytische Philosophie der Geschichte*. Frankfurt/M., 1974; cf. também P. Gardiner (org.). *The Philosophy of History*. Oxford, 1974. Sobre a discussão alemã, cf. H. M. Baumgartner. *Kontinuität und Geschichte*, 1972; R. Koselleck, W. D. Stempel (orgs.). *Geschichte, Ereignis und Erzählung*. Munique, 1973; K. Acham. *Analytische Geschichtsphilosophie*. Freiburg, 1974; Rüsen, 1976; H. M. Baumgartner, J. Rüsen (orgs.). *Geschichte und Theorie*. Frankfurt/M., 1976.

do" (*Innerweltliches*), ao passo que a representação teórica tem por finalidade esclarecer a reprodução do próprio mundo da vida. Sabemos que os indivíduos e os grupos se afirmam à medida que conseguem dominar situações; mesmo assim, convém perguntar: de que modo se afirma o próprio mundo da vida, do qual cada situação constitui apenas um recorte? O próprio narrador é obrigado gramaticalmente, por meio das formas da representação narrativa, a se interessar pela identidade da pessoa que age e pela integridade de seu contexto vital. Quando narramos histórias, não podemos deixar de falar indiretamente sobre o que acontece com os sujeitos envolvidos nelas, nem sobre o destino vivido pelas coletividades às quais pertencem. Mesmo assim, não é possível apontar diretamente para as avarias de uma identidade pessoal, nem para os riscos da integração social. Pois as representações narrativas remetem a processos de reprodução, situados num nível mais alto, a imperativos de manutenção de mundos da vida. Porém, elas não conseguem tematizar as estruturas de um mundo da vida do mesmo modo que tematizam o que acontece no interior das próprias estruturas. O conceito "mundo da vida" cotidiano, que tomamos como ponto de referência para representações narrativas, tem de passar por uma reelaboração antes de ser utilizado teoricamente na formulação de proposições sobre a reprodução e/ou automanutenção de mundos da vida estruturados comunicativamente.

Na *perspectiva dos participantes,* o mundo da vida é dado apenas como contexto formador do horizonte de determinada situação da ação; já o conceito cotidiano de mundo da vida, pressuposto na *perspectiva do narrador,* é utilizado para fins cognitivos. Para torná-lo teoricamente fecundo, podemos partir das funções básicas, as quais, de acordo com Mead, são preenchidas por meio da linguagem quando se trata da reprodução do mundo da vida. À medida que os participantes da interação se entendem entre si sobre a situação concreta, encontram-se numa tradição cultural, a qual renovam à proporção que se servem dela; enquanto os participantes da interação coordenam suas ações pelo reconhecimento intersubjetivo de pretensões de validade criticáveis, eles se apoiam em pertenças a grupos sociais, o que fortalece sua integração; à proporção que as crianças tomam parte em interações com pessoas de referência dotadas da competência de agir, elas internalizam as orientações axiológicas de seu grupo social e adquirem capacidades de ação generalizadas.

Sob o *aspecto* funcional *do entendimento*, o agir comunicativo se presta à transmissão e à renovação de um saber cultural; sob o aspecto da *coordenação da ação*, ele possibilita a integração social e a geração de solidariedade; e, sob o *aspecto da socialização*, o agir comunicativo serve à formação de identidades pessoais. As estruturas simbólicas do mundo da vida se reproduzem pelos caminhos que dão continuidade a um saber válido e que estabilizam a solidariedade grupal, formando atores imputáveis. O processo de reprodução consegue ligar situações novas aos estados do mundo da vida já existentes, seja na dimensão *semântica* dos significados e dos conteúdos (da tradição cultural), seja nas dimensões do *espaço social* (de grupos socialmente integrados), seja no *tempo histórico* (das gerações que se sucedem). A esses processos de *reprodução cultural*, de *integração social* e de *socialização* correspondem, enquanto *componentes estruturais* do mundo da vida, a cultura, a sociedade e a pessoa.

A *cultura* constitui o estoque ou reserva de saber, do qual os participantes da comunicação extraem interpretações no momento em que tentam se entender sobre algo no mundo. Defino a *sociedade* por meio das ordens legítimas pelas quais os participantes da comunicação regulam sua pertença a grupos sociais, assegurando a solidariedade. Interpreto a *personalidade* como o conjunto de competências que tornam um sujeito capaz de fala e de ação – portanto, que o colocam em condições de participar de processos de entendimento, permitindo-lhe afirmar sua identidade. O campo semântico dos conteúdos simbólicos, o espaço social e o tempo histórico constituem as *dimensões* em que os atos comunicativos se realizam. As interações que formam a rede da prática comunicativa cotidiana configuram o meio pelo qual a cultura, a sociedade e a pessoa se reproduzem. E tais processos de reprodução se estendem às estruturas simbólicas do mundo da vida. No entanto, a manutenção do substrato material do mundo da vida segue outros caminhos.

A *reprodução material* se efetua, por seu turno, mediante a atividade teleológica, a qual permite aos indivíduos socializados uma intervenção no mundo para a realização de seus objetivos. Max Weber já entendera que os problemas a serem enfrentados pelo agente em determinada situação são problemas de "necessidade interna" e "externa". Ora, tais categorias de tarefas, formuladas na perspectiva da ação, correspondem aos processos de reprodução simbólica e material, detectados na perspectiva da manutenção do mundo da vida. Esse ponto será retomado abaixo.

Em primeiro lugar, eu gostaria de ventilar certos princípios de uma sociologia "hermenêutica" que concebe a sociedade como mundo da vida. Nesse caso, a complexidade estrutural do mundo da vida, descoberta por uma teoria da comunicação, não é tematizada. Pois sempre que o "mundo da vida" é escolhido como conceito básico de uma teoria da sociedade, seja sob esse nome, propagado por Husserl, ou sob outros nomes, tais como "formas de vida", "culturas", "comunidades linguísticas" etc., as estratégias de formação conceitual se tornam seletivas, uma vez que se concentram exclusivamente num dos três componentes estruturais do mundo da vida.

Em minha versão, as análises de Alfred Schütz, que assumem a forma de uma teoria da comunicação, sugerem um conceito "mundo da vida" reduzido de modo culturalista a certos aspectos do entendimento. De acordo com tal interpretação, os participantes atualizam em cada caso algumas convicções extraídas do estoque cultural do saber; além disso, o processo de entendimento serve à negociação de definições comuns da situação; e essas, por sua vez, têm de satisfazer às condições críticas de um acordo tido como fundamentado. Com isso, o saber cultural é submetido a um teste à medida que é introduzido em definições de situação, pois tem de se comprovar "no mundo", isto é, em fatos, normas e vivências. E as revisões influem diretamente nos componentes não-tematizados do saber, com os quais os conteúdos problemáticos permanecem ligados internamente. Nessa visão, o agir comunicativo se apresenta como um mecanismo de interpretação pelo qual o saber cultural se reproduz. E a reprodução do mundo da vida consiste essencialmente numa continuação e numa renovação da tradição, a qual se movimenta entre dois extremos: o da mera continuidade literal e o da ruptura pura e simples. Na tradição fenomenológica, que remonta a Husserl e Alfred Schütz, a teoria da sociedade construída sobre um conceito de mundo da vida *reduzido de modo culturalista* se transforma conseqüentemente numa *sociologia do saber*. Isso vale, por exemplo, para Peter Berger e Thomas Luckmann, que fazem a seguinte declaração a respeito de sua teoria da "construção social da realidade": "As teses decisivas deste livro se encontram no título e no subtítulo, a saber, que a realidade é construída socialmente e que a sociologia do saber tem de investigar os processos em que isso ocorre."[45]

Entretanto, a unilateralidade do conceito culturalista de mundo da vida se torna patente quando se leva em conta o fato de que o agir comunicativo não constitui apenas um processo de entendimento e que os atores, ao mesmo tempo que se entendem sobre algo no mundo, tomam parte em interações que lhes permitem formar, confirmar ou renovar sua própria identidade e sua pertença a grupos sociais. As ações comunicativas não constituem apenas processos de interpretação em que um saber cultural é submetido a um "teste no mundo"; elas significam também processos de socialização e de integração social. E neste caso o mundo da vida é "testado" de um modo inteiramente diferente: pois os testes não se medem imediatamente por pretensões de validade criticáveis, ou seja, segundo critérios de racionalidade, mas segundo critérios de solidariedade entre os membros e segundo o critério da identidade do indivíduo socializado. Quando os participantes da interação, voltados "ao mundo", reproduzem, mediante suas realizações de entendimento, o saber cultural do qual se nutrem, eles reproduzem ao mesmo tempo sua identidade e sua pertença a coletividades. Tão logo um desses dois aspectos passa para o primeiro plano, o conceito "mundo da vida" reaparece numa versão *institucionalista* unilateral, ou seja, *comprimido numa teoria da socialização.*

Na tradição que remonta a Durkheim, a teoria da sociedade é construída sobre um conceito de mundo da vida reduzido ao aspecto da integração social. Parsons escolhe nesse contexto a expressão "*social community*", isto é, o mundo da vida de um grupo socialmente integrado. Tal

---

45. Berger, Luckmann, 1969, p. 1.

mundo forma o núcleo de cada "sociedade" em particular, a qual constitui o componente estrutural que determina, mediante relações pessoais legitimamente ordenadas, o *status*, isto é, os direitos e obrigações dos membros de grupos. Cultura e personalidade são representadas como simples complementos funcionais da *societal community*, a cultura abastece a sociedade com valores institucionalizáveis; e os indivíduos socializados contribuem com motivações adequadas às expectativas de comportamento.

Já na tradição de Mead, a teoria da sociedade repousa sobre um conceito de mundo da vida reduzido ao aspecto da socialização de indivíduos. Representantes do interacionismo simbólico, tais como H. Blumer, A. M. Rose, A. Strauss e R. H. Turner, concebem o mundo da vida como meio sociocultural para um agir comunicativo definido mediante a assunção de papéis, mediante um jogo de papéis, um projeto de papéis etc. A cultura e a sociedade só entram em cogitação como meios para "processos de formação" em que os atores ficam presos durante a vida toda. Como consequência, a teoria da sociedade se encolhe, assumindo os contornos de uma psicologia social[46].

No entanto, se tomarmos o conceito "interação simbólica" – que o próprio Mead estabelece no centro de sua teoria – como um conceito aplicável a interações mediadas pela linguagem e regidas por normas, teremos em mãos um instrumento que permite o acesso às análises fenomenológicas do mundo da vida e à complexidade dos três processos de reprodução.

---

46. Cf. A. M. Rose (org.). *Human Behavior and Social Processes*. Boston, 1962. Pode-se interpretar o debate entre a etnometodologia e o interacionismo simbólico, acima citado (cf. Zimmermann e Wieder *versus* Denzin, in Douglas, 1971, pp. 259 ss. e 285 ss.), como uma concorrência entre conceitos unilaterais do mundo da vida: conceito culturalista *versus* conceito de uma teoria da socialização.

(4) Graças à reprodução cultural do mundo da vida, as novas situações que emergem na dimensão semântica podem ser conectadas aos estados de mundo existentes, pois ela garante a *continuidade* da tradição e a *coerência* do saber, suficientes para a respectiva prática cotidiana. A continuidade e a coerência se medem pela *racionalidade* do saber aceito como válido. Isso se torna patente quando surgem entraves na reprodução cultural, que culminam numa perda de sentido ou em crises de orientação e de legitimação. Em tais casos, o estoque cultural de saber, do qual os atores dispõem, já não consegue cobrir as necessidades de entendimento exigidas numa nova situação. A partir daí, os esquemas de interpretação tidos como válidos falham e a fonte, cognominada "sentido", seca.

Na dimensão do espaço social, a integração social do mundo da vida assegura a conexão das novas situações a estados de mundo existentes, ou seja, ela cuida para que haja a coordenação de ações por meio de relações interpessoais legitimamente reguladas e pereniza a identidade dos grupos numa medida adequada à prática cotidiana. E, nesse processo, a coordenação das ações e a *estabilização* das *identidades grupais* são medidas pela *solidariedade* dos membros. Podemos comprovar isso quando surgem entraves à integração social, que podem se manifestar por meio de conflitos e de *anomia*. Nesses casos, os atores já não conseguem suprir a necessidade de coordenação resultante de novas situações, lançando mão das ordens legítimas existentes. As pertenças sociais legitimamente reguladas se tornam insuficientes e a fonte, intitulada "solidariedade social", estanca.

Convém destacar ainda que a socialização dos membros de um mundo da vida constitui a garantia de que novas situações surgidas na dimensão do tempo histórico possam ser conectadas aos estados de mundo existentes, pois graças a ela as *histórias de vida individuais* podem se afinar com *formas de vida coletivas*, e as gerações vindouras poderão adquirir *capacidades de ação generalizadas*. Capacidades interativas e estilos da conduta de vida se medem pela *imputabilidade das pessoas*. Podemos constatar esse fato observando os entraves que se opõem ao processo de socialização, os quais se manifestam em psicopatologias e manifestações de alienação. Nesses casos, as capacidades dos atores não são suficientes para manter a intersubjetividade das situações de ação definidas em comum. E o sistema da personalidade não consegue manter sua identidade, a não ser à custa de estratégias de defesa que prejudicam uma participação objetiva em interações, de modo que a fonte, intitulada "força do eu", se evapora.

Tais distinções permitem enfrentar a questão da manutenção da integridade dos componentes estruturais do mundo da vida e das contribuições dos diferentes processos de reprodução. Ora, se a cultura oferece um saber válido capaz de suprir a necessidade de entendimento num mundo da vida, as contribuições da reprodução cultural para a manutenção *dos outros dois* componentes consistem, de um lado, em *legitimações* para as instituições existentes e, de outro lado, em *padrões de comportamento* para a aquisição de capacidades de ação generalizadas, *eficazes do ponto de vista da formação*. E, quando a sociedade está socialmente integrada, a ponto de suprir a necessidade de coordenação num mundo da vida, as contribuições do processo de integração para a manutenção *dos outros dois* componentes consistem, de um lado, em *pertenças sociais de indivíduos, legitimamente reguladas*, e, de outro lado, em deveres morais ou *obrigações*. O núcleo de valores culturais existentes, institucionalizado em ordens legítimas, é incorporado numa realidade normativa que, apesar de não ser imune a críticas, possui uma certa capacidade de resistência, ficando subtraída ao teste contínuo do agir orientado pelo entendimento. Finalmente, quando os sistemas da personalidade conseguem formar uma identidade firme a ponto de dominar de modo realista as situações que surgem em seu mundo da vida, a contribuição dos processos de socialização para a manutenção dos demais componentes assume a forma de realizações de interpretação e de motivação para ações conformes a normas (fig. 21).

Fig. 21 *Contribuições dos processos de reprodução para a manutenção dos componentes estruturais do mundo da vida*

Componentes estruturais / Processos de reprodução	Cultura	Sociedade	Personalidade
Reprodução cultural	esquemas de interpretação passíveis de consenso ("saber válido")	legitimações	padrões de comportamento eficazes na formação, metas da educação
Integração cultural	obrigações	relações interpessoais reguladas legitimamente	pertenças sociais
Socialização	interpretações	motivações para ações conformes a normas	capacidades de interação ("identidade pessoal")

Os diferentes processos de reprodução podem ser avaliados de acordo com a *racionalidade do saber*, a *solidariedade dos membros* e a *imputabilidade da personalidade adulta*. E, no interior dessas dimensões, as medidas variam de acordo com o grau da diferenciação estrutural do mundo da vida. A partir dele, ficamos cientes do montante exigido em termos de saber consensual, de ordens legítimas e de autonomia pessoal. Os entraves na reprodução se manifestam: na cultura, como perda de sentido; na sociedade, como anomia; na pessoa, como doença psíquica (psicopatologias). Nas demais esferas, acontecem fenômenos de privação (fig. 22).

Fig. 22 *Manifestações de crise* e distúrbios da reprodução (patologias)

Entraves no âmbito da \ Componentes estruturais	Cultura	Sociedade	Personalidade	Dimensões de avaliação
Reprodução cultural	perda de sentido	privação da legitimação	crise de orientacão e crise na educação	racionalidade do saber
Integracão social	infirmação da identidade coletiva	anomia	alienação	solidariedade dos membros
Socialização	quebra de tradições	privação da motivação	psicopatologias	imputabilidade da pessoa

Sobre esta base podemos especificar as funções que o agir orientado pelo entendimento assume para a reprodução do mundo da vida. Os campos sublinhados na diagonal contêm elementos que permitem isolar a reprodução cultural, a integração social e a socialização. Conforme vimos, cada um desses processos de reprodução fornece contribuições para a manutenção *de todos* os demais componentes do mundo da vida. Por isso, podemos atribuir ao meio linguístico, mediante o qual as estruturas do mundo da vida se reproduzem, as funções indicadas na figura 23.

Fig. 23 *Funções de reprodução do agir orientado pelo entendimento*

Componentes estruturais / Processos de reprodução	Cultura	Sociedade	Personalidade
Reprodução cultural	tradição, crítica, adquisição de saber cultural	renovação do saber eficaz em termos de legitimação	reprodução do saber de formação
Integração social	imunização de um núcleo de orientações valorativas	coordenação de ações por meio de pretensões de validade reconhecidas intersubjetivamente	reprodução de padrões de pertença social
Socialização	aculturação	internalização de valores	formação da identidade

Não obstante, tais determinações esquemáticas não podem ser tomadas como provas de que o conceito "mundo da vida", delineado na teoria da comunicação, consegue atingir o grau de explicação do seu *pendant* fenomenológico. Mesmo assim, eu me contento aqui com esse esboço, uma vez que se faz necessário retomar a questão acerca da relevância do mundo da vida como conceito básico de uma teoria da sociedade. Sabemos que Alfred Schütz manteve o princípio da fenomenologia transcendental, apesar das ressalvas feitas. Quem não faz objeções ao método desenvolvido por Husserl tem como evidente a pretensão de universalidade das análises fenomenológicas do mundo da vida. Entretanto, a partir do momento em que adotamos o conceito "mundo da vida", elaborado numa teoria da comunicação, a intenção de aplicá-lo a *qualquer tipo* de sociedade deixa de ser trivial. O ônus da prova, exigido para a validade geral de um mundo da vida que ultrapassa culturas e épocas, desloca-se então para o conceito complementar "agir comunicativo".

Mead tentou reconstruir uma sequência de formas escalonadas de interação, que marcam passagem do animal para o homem. De acordo com tal reconstrução, o agir comunicativo adquire relevância de um ponto de vista antropológico, à luz do qual razões de ordem empírica – não metodológica – sugerem que as estruturas da interação mediada linguisticamente e regida por normas constituem o ponto de partida para desenvolvimentos socioculturais em geral. Com isso, determina-se o espaço no interior do qual os mundos da vida podem variar. Tais limitações estruturais não tocam naturalmente em questões da dinâmica do desenvolvimento, uma vez que elas não podem ser tratadas sem o recurso às condições marginais contingentes, sem a análise das relações de dependência que se estabelecem entre a mudança socioestrutural e as modificações da reprodução material. Mesmo assim, a relação de dependência entre os desenvolvimentos socioculturais e as limitações estruturais do agir comunicativo pode ter um efeito sistemático. É verdade que só podemos falar de uma lógica do desenvolvimento no sentido da teoria piagetiana (que necessita de uma explicação mais detalhada) se as estruturas dos mundos da vida, históricos, variam de modo não casual no espaço definido pela forma de interação, ou seja, na dependência de processos de aprendizagem. Ou seja, se variam de modo dirigido. Ora, uma variação dirigida de estruturas do mundo pode ser pensada quando, por exemplo, as modificações relevantes podem ser consideradas sob o ponto de vista de uma diferenciação estrutural entre cultura, sociedade e personalidade. E, se tal diferenciação estrutural do mundo da vida apresenta comprovadamente um aumento de racionalidade, ela constitui certamente um processo de aprendizagem.

Tomei como fio condutor para essa interpretação, apoiada em Durkheim e Mead, a idéia de que o sagrado assume contornos lingüísticos (*Versprachlichung*). Não obstante, ela pode ser reformulada nos seguintes termos: quanto mais os componentes estruturais do mundo da vida e os processos que servem à sua manutenção são diferenciados, tanto mais os contextos da interação passam a depender das condições de um entendimento motivado racionalmente, ou seja, da formação de um consenso respaldado, *em última instância*, no melhor argumento. Até aqui estudamos o projeto utópico do discurso universal, de Mead, levando em conta as características especiais de uma comunidade de comunicação, que viabiliza, de um lado, a autorrealização e, de outro, a argumentação moral. Porém, por detrás disso se encontra a ideia mais geral de um estado em que a reprodução do mundo da vida, além de não ser mais *conduzida pelo medium* do agir orientado pelo entendimento, é *imputada* às interpretações dos próprios atores. O discurso universal aponta para um mundo da vida idealizado que se reproduz mediante um mecanismo de entendimento desligado de contextos normativos, sendo transferido para tomadas de posição mediante "sim/não" motivadas racionalmente. Tal autonomização só pode ter lugar à proporção que as pressões da reprodução material lançam fora a máscara de um acordo básico não transparente do ponto de vista racional, o qual se esconde atrás da autoridade do sagrado. Entretanto, um *mundo da vida racionalizado* nesse sentido não conseguiria se reproduzir mediante formas isentas de conflitos, uma vez que os conflitos surgiriam em *seu próprio* nome; não seriam mais mascarados por convicções que não resistem a um exame discursivo. Todavia, esse mundo da vida adquiriria uma transparência *sui generis,* pois só admitiria situações em que os atores adultos saberiam distinguir claramente entre ações orientadas pelos resultados e ações orientadas pelo entendimento, entre atitudes motivadas empiricamente e tomadas de posição mediante "sim/não" motivadas racionalmente.

Os pontos de referência históricos, aduzidos por Mead e Durkheim para uma racionalização do mundo da vida, podem ser sistematizados sob três pontos de vista distintos, a saber: o da diferenciação estrutural do mundo da vida (a), o da separação entre forma e conteúdo (b) e o da reflexibilização da reprodução simbólica (c).

ad (a) Na relação entre cultura e sociedade, a diferenciação estrutural transparece quando o sistema de instituições se separa progressivamente do conjunto das cosmovisões; na relação entre sociedade e personalidade, ela se mostra na ampliação do espaço de contingência, necessário para a produção de relações interpessoais; finalmente, na relação entre cultura e personalidade ela se revela no fato de que as renovações das tradições dependem cada vez mais da crítica e da capacidade inovadora dos indivíduos. Como resultado de tudo isso, a cultura se encontra num estado de permanente revisão de tradições, que se diluem paulatinamente, tornando-se reflexivas; a sociedade entra num estado de dependência de ordens legítimas, de processos formais de criação e de fundamentação de normas; e a personalidade passa para um estado de estabilização permanente de uma "identidade-eu" autodirigida e abstrata. Ora, para que essas tendências se imponham, é necessário que as decisões mediante "sim/não", portadoras da prática comunicativa cotidiana, não se alimentem de um acordo normativo *já concretizado* no passado, mas *surjam* dos próprios processos de interpretação cooperativa dos participantes. Por isso, tais processos de cooperação assinalam a liberação do potencial de racionalidade embutido no agir comunicativo.

ad (b) À diferenciação entre cultura, sociedade e personalidade corresponde uma diferenciação entre forma e conteúdo. No *plano cultural,* os núcleos da tradição, garantidores da identidade, separam-se dos conteúdos concretos com que se entrelaçam nas cosmovisões míticas. Eles se encolhem, tomando a forma de elementos formais, tais como conceitos de valor, pressupostos da comunicação, procedimentos da argumentação, valores fundamentais abstratos etc. Já no *nível da sociedade*, os princípios gerais tomam forma a partir dos contextos especiais das sociedades primitivas. Nas sociedades modernas se impõem princípios de ordem jurídica e moral, que se distanciam cada vez mais das formas de vida concretas. Finalmente, no *nível do sistema da personalidade*, as estruturas cognitivas, adquiridas durante os processos de socialização, desligam-se cada vez mais dos conteúdos do saber cultural com que estavam integradas inicialmente no "pensamento concreto". E a amplitude de variação dos objetos que permitem exercitar as competências formais aumenta cada vez mais.

ad (c) Finalmente, a diferenciação estrutural do mundo da vida corresponde a uma especificação funcional dos correspondentes processos de reprodução. Em sociedades modernas se formam sistemas de ação em que tarefas especializadas da transmissão cultural, da integração social e da educação são elaboradas de modo profissional. Max Weber destacou o significado evolutivo dos *sistemas de ação culturais* (para a ciência, o direito e a arte). Mead e Durkheim, por sua vez, colocam em relevo o significado evolutivo da democracia, pois formas democráticas de formação da vontade política não constituem apenas resultados de um deslocamento do poder em benefício das camadas que carregam o sistema econômico capitalista; elas carregam consigo certos *tipos de formação discursiva da vontade*. E estes afetam a naturalidade do poder legitimado pela tradição, do mesmo modo que a ciência natural moderna, a jurisprudência instruída pelos especialistas e a arte autônoma decompõem as tradições eclesiásticas. Porém, a racionalização do mundo da vida não abrange apenas as esferas da reprodução cultural e da integração social; entre os clássicos que estudamos, Durkheim é o que se ocupa com desenvolvimentos paralelos no âmbito da socialização. No século XVIII tem início uma *"pedagogização" dos processos de educação*, a qual torna possível um sistema de educação livre dos imperativos e mandatos da

Igreja e da família. Hoje em dia, a educação formal atinge também a socialização do bebê. Como no caso dos sistemas de ação culturais e da formação política da vontade canalizada para formas discursivas, a formalização da educação não significa apenas uma elaboração profissional, mas a *ruptura reflexiva* da reprodução simbólica do mundo da vida.

Entretanto, uma racionalização progressiva do mundo da vida diagnosticada de diferentes maneiras por Weber, Mead e Durkheim não garante processos de reprodução isentos de percalços. Junto com o grau de racionalização, desloca-se simplesmente o nível em que os entraves podem surgir. As teses weberianas relativas à perda do sentido e da liberdade revelam que sua teoria da racionalização social foi tecida especialmente para o diagnóstico de desenvolvimentos entravados. De outro lado, mesmo que as pesquisas meadianas no âmbito de uma teoria da comunicação valham apenas, em primeira linha, para a ortogênese das sociedades contemporâneas, podemos encontrar nelas ecos de uma crítica da razão instrumental[47]. O objetivo declarado da teoria da divisão do trabalho, de Durkheim, é a patogênese das sociedades contemporâneas. Entretanto, a relação que ele estabelece, entre a mudança de forma da integração social e os níveis de diferenciação do sistema, não consegue explicar a *divisão anômica do trabalho*, ou seja, as formas modernas de anomia. Se entendermos os conflitos que Durkheim infere da desintegração social como entraves na reprodução de um mundo da vida diferenciado estruturalmente, a "solidariedade orgânica" emergirá como a forma normal de integração social no interior de um mundo da vida racio-

---

47. Mead, 1964, p. 296.

nalizado. Do mesmo modo que as "formas anormais", às quais Durkheim dedica o terceiro livro de suas pesquisas, ela se encontra no plano das estruturas simbólicas do mundo da vida.

Os mecanismos sistêmicos se encontram em outro nível, que Durkheim introduz sob o título "divisão do trabalho". Isso permite abordar as formas modernas de anomia a partir da seguinte questão: de que modo certos processos de diferenciação sistêmica influem no mundo da vida, colocando obstáculos à sua reprodução simbólica? E nessa linha é possível interpretar os fenômenos da reificação como deformações do mundo da vida. O antiiluminismo que teve início com a Revolução Francesa desencadeou uma crítica à modernidade que se ramificou em várias direções[48]. Seu denominador comum, no entanto, é a convicção segundo a qual a perda de sentido, a anomia e a alienação – ou seja, as patologias da sociedade burguesa e pós-tradicional – podem ser atribuídas à racionalização do mundo da vida. Tal crítica voltada para trás é, em princípio, crítica da sociedade burguesa. Já a crítica marxista da sociedade burguesa se volta para as condições de produção, porque ela aceita, de um lado, a racionalização do mundo da vida e, do outro, pretende explicar as deformações do mundo da vida racionalizado pelas condições da reprodução material. Esse acesso marxista aos entraves na reprodução simbólica do mundo da vida exige uma teoria capaz de focalizar o mundo da vida a partir de uma base conceitual mais ampla. Ou seja, ela tem de escolher uma estratégia teórica que não identifi-

---

48. A. Gehlen, M. Heidegger, K. Lorenz e C. Schmitt representaram essa tradição no período situado entre as duas grandes guerras. Hoje em dia, ela só continua presente, nesse nível, no pós-estruturalismo francês.

que o mundo da vida com a sociedade tida como um todo, nem o reduza a relações sistêmicas.

Neste ponto, eu trabalho com duas ideias: a de que a dinâmica do desenvolvimento é controlada por imperativos que decorrem da necessidade de garantir a existência, isto é, a reprodução material do mundo da vida; e a de que esse desenvolvimento social aproveita *possibilidades* estruturais que o *limitam*, as quais se modificam sistematicamente no decorrer da racionalização do mundo da vida em virtude de processos de aprendizagem. Portanto, a perspectiva da teoria de sistemas é relativizada pela ideia de que a racionalização do mundo da vida provoca uma variação dos padrões estruturais que definem a manutenção do sistema.

(5) Uma "sociologia compreensiva" ou hermenêutica, que transforma a sociedade num mundo da vida, adota a perspectiva autointerpretativa da cultura pesquisada; e nessa perspectiva interna não se focaliza aquilo que influi, a partir de fora, num mundo da vida sociocultural. Os princípios teóricos, especialmente os que tomam como ponto de partida um mundo da vida culturalista, enredam-se nas falácias de um "idealismo hermenêutico" (Wellmer). Já o "descritivismo metódico" que se opõe a tal posição priva-se das pretensões explicativas das ciências sociais tidas como justificadas[49]. Entre elas se destacam as variantes fenomenológicas, linguísticas e etnometodológicas de uma sociologia hermenêutica, que se limitam, via de regra, a reformular um saber cotidiano mais ou menos trivial.

Na perspectiva interna do mundo da vida, a sociedade se apresenta como uma rede de cooperações mediadas

---

49. Habermas, 1970; Ryan, 1972.

pela comunicação. Isso não significa que nela não sejam detectáveis contingências, consequências não intencionadas, conflitos ou coordenações fracassadas. Pois o que une os indivíduos, garantindo a integração da sociedade, é uma rede de atos comunicativos, que só podem ser bem-sucedidos à luz de tradições culturais – uma vez que constituem mais do que simples mecanismos sistêmicos subtraídos do saber intuitivo de seus membros. O mundo da vida construído pelos membros a partir de tradições culturais comuns é coextensivo à sociedade. Ele submete todos os fenômenos sociais a uma interpretação cooperativa. E ao fazer isso confere a tudo o que acontece na sociedade a transparência do que é transformável num tema – mesmo que as pessoas ainda não se tenham dado conta disso. Ora, quando concebemos a sociedade como mundo da vida, adotamos três ficções: supomos a autonomia dos agentes (a), a independência da cultura (b) e a transparência da comunicação (c). Essas três ficções são inseridas na gramática das narrativas, reaparecendo numa sociologia hermenêutica, unilateralizada de modo culturalista.

ad (a) Enquanto membros de um mundo da vida sociocultural, os atores preenchem fundamentalmente os pressupostos de participantes imputáveis da comunicação. A imputabilidade tem a ver com a possibilidade de as pessoas se orientarem por pretensões de validade criticáveis. Tal ficção não permite evidentemente concluir que a rede de interações que abrange espaços sociais e épocas históricas possa ser explicada apenas pelas intenções e decisões dos participantes. O controle dos atores sobre a situação da ação jamais é absoluto. Eles não dominam seus conflitos e possibilidades de entendimento, nem as consequências e efeitos colaterais dos seus atos; porque estão *enredados* em situações históricas (Schapp)[50]. Entretanto, o entorno já encontrado pronto representa uma situação pela qual eles se orientam e à qual tentam dominar de acordo com suas ideias e compreensões. Entretanto, se a sociedade consiste apenas nas relações assumidas pelos sujeitos que agem autonomamente, impõe-se a imagem de um processo de socialização que se realiza por meio da consciência e da vontade de seus membros adultos.

ad (b) Além disso, o conceito "mundo da vida" sugere que a cultura é independente de pressões externas. Porque a força imperativa da cultura repousa nas convicções dos atores que utilizam, experimentam e dão continuidade aos esquemas de valores transmitidos, aos padrões de interpretação e de expressão. Na visão dos que agem comunicativamente, não pode haver nenhuma autoridade *estranha* por trás do simbolismo cultural. E na situação da ação o mundo da vida forma um horizonte não ultrapassável, uma totalidade que não possui outro lado. Para os membros de um mundo sociocultural, não faz sentido questionar se a cultura – à luz da qual eles se ocupam da natureza externa, da sociedade e da natureza interior – depende empiricamente de *outra coisa*.

ad (c) Finalmente, os participantes da comunicação se encontram num horizonte de possibilidades ilimitadas de entendimento. Num nível metodológico, o que se apresenta como pretensão de universalidade da hermenêutica reflete apenas a autocompreensão de leigos que agem orientados pelo entendimento. Eles têm de tomar como ponto de partida a ideia de que, em princípio, podem se entender sobre tudo.

E, enquanto mantêm um enfoque performativo, os que agem comunicativamente não podem contar com dis-

---

50. W. Schapp. *In Geschichten verstrickt*. Wiesbaden, 1976.

torções ou entraves sistemáticos em sua comunicação, isto é, com resistências inseridas na própria estrutura linguística, as quais limitam imperceptivelmente o espaço da comunicação. Isso não exclui, evidentemente, a possibilidade de uma consciência falibilista. Pois os membros sabem que podem se enganar; porém, até mesmo um consenso que posteriormente se revela enganador repousa inicialmente num reconhecimento não pressionado de pretensões de validade criticáveis. Na perspectiva interna dos membros de um mundo da vida sociocultural, não pode haver pseudoconsenso no sentido de convicções impostas sob pressão, pois aos olhos dos participantes, num processo de entendimento transparente, a violência não consegue se estabilizar.

Essas três ficções se impõem quando não identificamos mais o mundo da vida com a sociedade. No entanto, elas são obrigatórias apenas enquanto pensamos que a integração da sociedade *só* é possível à luz das premissas do agir orientado pelo entendimento. Os membros de um mundo da vida sociocultural pensam assim. De fato, porém, suas ações dirigidas a fins não se coordenam apenas mediante processos de entendimento, mas também por meio de contextos funcionais não visados por eles e em geral não percebidos no horizonte da prática cotidiana. Nas sociedades capitalistas, o mercado constitui o exemplo mais importante de uma regulação não normativa de contextos de cooperação. Enquanto mecanismo sistêmico, ele estabiliza contextos de ação não intencionais por meio do entrelaçamento funcional de *sequências* de ação; já o mecanismo do entendimento apenas afina entre si as *orientações* dos atos dos participantes. Por isso, sugeri uma distinção entre *integração social* e *integração sistêmica*: a primeira é desencadeada pelas orientações da ação não reconhecidas pela integração sistêmica. Num caso, o sistema de ações é integrado por um consenso, assegurado normativamente ou obtido pelas vias da comunicação; noutro caso, pelo controle não normativo de decisões individuais subjetivas e não coordenadas.

Quando interpretamos a integração da sociedade exclusivamente como *integração social*, optamos por uma estratégia conceitual que toma como ponto de partida o agir comunicativo e constrói a sociedade como mundo da vida. Tal estratégia une a análise das ciências sociais à perspectiva interna dos membros de grupos sociais e se obriga a ligar hermeneuticamente a própria compreensão à compreensão dos demais participantes. Neste caso, a reprodução da sociedade aparece como manutenção das estruturas simbólicas de um mundo da vida. Além disso, os problemas da reprodução material não saem totalmente de foco, pois a manutenção do substrato material é condição necessária para a manutenção das estruturas simbólicas do próprio mundo da vida. Entretanto, os fenômenos da reprodução material só se tornam visíveis na perspectiva dos sujeitos agentes, que dominam as situações tendo em vista um alvo – e nesse caso todos os demais aspectos contra-intuitivos do contexto de reprodução social permanecem fora de foco. Tal limite provoca uma crítica ao idealismo hermenêutico da sociologia compreensiva.

De outro lado, se compreendermos a integração da sociedade exclusivamente como *integração sistêmica*, estaremos optando por uma estratégia conceitual em que a sociedade é representada de acordo com o modelo de um sistema autorregulado. Tal estratégia liga a análise das ciências sociais à perspectiva externa de um observador, levando-nos a moldar o conceito "sistema" de tal modo que possa ser aplicado a contextos de ação. No próximo capítulo, tratarei dos fundamentos da pesquisa sistêmica nas ciências sociais. Por ora, é suficiente saber que os sistemas de ação não devem ser tidos como um caso especial de sistemas vivos. Estes são interpretados como sistemas abertos que se mantêm numa relação com um entorno instável e supercomplexo, por meio de processos de troca que ultrapassam seus próprios limites. Entretanto, todos os estados sistêmicos preenchem funções de manutenção do sistema[51].

A conceituação das sociedades não pode ser atrelada sem mais nem menos aos sistemas orgânicos, pois os padrões estruturais de sistemas de ação, diferentemente dos padrões biológicos, não são plenamente acessíveis a uma observação. Sua análise pressupõe uma abertura hermenêutica, pois os conceitos têm de ser formulados na perspectiva interna de membros. As entidades a ser subsumidas a conceitos sistêmicos na perspectiva externa de um observador têm de ter sido identificadas *antes* como mundos da vida de grupos sociais e ter sido entendidas como estruturas simbólicas. Porque as leis próprias da reprodução simbólica do mundo da vida, que abordamos nas perspectivas da reprodução cultural, da integração social e da socialização, geram *limitações internas* para a reprodução de uma sociedade que, numa perspectiva externa, aparece apenas como um sistema que mantém seus limites. Uma vez que as estruturas importantes para a manutenção da identidade de uma sociedade constituem estruturas do mundo da vida, sua análise implica uma reconstrução que leva em conta o saber intuitivo dos membros.

---

51. T. Parsons. "Some Problems of General Theory", in J. C. McKinney, E. A. Tiryakian (orgs.). *Theoretical Sociology*. Nova York, 1970, p. 34; H. Willke. "Zum Problem der Interpretation komplexer Sozialsysteme", in *KZSS*, 30, 1978, pp. 228 ss.

Vou postergar os problemas resultantes da integração entre as duas estratégias conceituais – a que se apoia no "sistema" e a que se apoia no "mundo da vida"–, para retomá-los no contexto de uma abordagem detalhada da obra de Parsons. Até lá, eu me contentarei com um conceito provisório de sociedade, segundo o qual ela constitui um sistema que necessita preencher condições de manutenção de mundos da vida socioculturais. A fórmula segundo a qual as sociedades representam conjuntos de ação sistemicamente estabilizados de grupos socialmente integrados necessita de uma explicação mais pormenorizada; mesmo assim, pode ser tomada como uma sugestão heurística para se considerar a sociedade como uma entidade que, no decorrer de sua evolução, se diferencia de dois modos: como sistema e como mundo da vida. A evolução sistêmica se mede pelo aumento da capacidade de controle de uma sociedade[52]; já a separação entre a cultura, a sociedade e a personalidade marca o estado de desenvolvimento de um mundo da vida estruturado simbolicamente.

---

52. A. Etzioni. "Elemente einer Makrosoziologie", in *ZAPF*, 1969, pp. 147 ss.; id., *The Active Society*. Nova York, 1968, pp. 135 ss.

2. DISJUNÇÃO ENTRE MUNDO DA VIDA E SISTEMA

Num aspecto, o conceito provisório de sociedade, sugerido há pouco, distingue-se radicalmente do de Parsons. O Parsons maduro reinterpreta os componentes estruturais do mundo da vida, especialmente a cultura, a sociedade e a personalidade, em termos de sistemas de ação que formam entorno uns para os outros. E ele subsume o conceito "mundo da vida", obtido na perspectiva de uma teoria da ação, aos conceitos de uma teoria de sistemas: nesta, os componentes estruturais do mundo da vida passam a ser, conforme iremos ver, sistemas parciais de um "sistema geral da ação", que também inclui o substrato físico do mundo da vida. Contrapondo-se a essa atitude teórica, minha sugestão pretende fazer jus às diferenças metodológicas das duas estratégias conceituais, apoiadas, respectivamente, numa perspectiva interna e numa externa.

Na perspectiva participante de membros de um mundo da vida, parece que a sociologia orientada pela teoria de sistemas refere-se apenas a um dos três componentes do mundo da vida, ou seja, ao sistema de instituições em relação ao qual a cultura e a personalidade formam um simples entorno. Já na perspectiva do observador da teoria de sistemas, parece que a análise do mundo da vida se limita ao subsistema social especializado na manutenção de padrões estruturais (*pattern-maintenance*) – e nesta perspectiva os componentes do mundo da vida não passam de meras diferenciações internas desse subsistema social definidor da manutenção. Existem, no entanto, razões metodológicas em virtude das quais uma teoria sistêmica da sociedade não pode ser autárquica. Pois as estruturas renitentes do mundo da vida que submetem a manutenção do sistema a limitações internas implicam uma teoria da comunicação capaz de assumir o saber préteórico dos membros. Além disso, as condições objetivas sob as quais a objetivação teórico-sistêmica do mundo da vida se torna necessária surgem no decorrer da própria evolução social. Tal processo exige, por isso, um tipo de explicação não encontrável no âmbito da perspectiva sistêmica.

Eu entendo a evolução social como um processo de diferenciação de segunda ordem, porque o mundo da vida e o sistema se diferenciam não somente à proporção que a racionalidade de um e a complexidade do outro crescem, mas também à medida que um se diferencia do outro. Na sociologia se convenciona fazer uma distinção entre diferentes níveis evolutivos: sociedades tribais, sociedades tradicionais, organizadas por meio do Estado, e sociedades modernas (que possuem um sistema econômico diferenciado). À luz do sistema, é possível caracterizar tais níveis utilizando novos mecanismos sistêmicos e níveis de complexidade correspondentes. E nesse nível de análise tem início o processo de desengate entre sistema e mundo da vida, de tal modo que o mundo da vida, inicialmente coextensivo a um sistema social pouco diferenciado, é rebaixado gradativamente ao nível de um subsistema, ao lado de outros subsistemas. Nesse ponto, os mecanismos sistêmicos se desprendem cada vez mais das estruturas sociais mediante as quais se realiza a integração social. Conforme vimos, as sociedades modernas atingem um nível de diferenciação sistêmica em que organizações que atingiram a autonomia passam a se relacionar entre si por meios de comunicação que não dependem mais da linguagem. E tais mecanismos sistêmicos controlam relações sociais desatreladas das normas e valores, a saber, os subsistemas da administração e da economia, os quais se libertaram, segundo o diagnóstico de Weber, de seus fundamentos prático-morais.

Ao mesmo tempo, porém, o mundo da vida continua sendo o subsistema definidor da manutenção do sistema da sociedade como um todo. Por isso, os mecanismos sistêmicos necessitam de uma ancoragem no mundo da vida, o que implica institucionalização. E esta pode ser percebida na perspectiva interna do mundo da vida. Em sociedades tribais, a diferenciação sistêmica faz com que as estruturas de um sistema de parentesco, dado preliminarmente, se tornem cada vez mais complexas; já nos níveis superiores de integração, formam-se novas estruturas sociais, tais como Estados e subsistemas controlados por meios. Nas sociedades modernas, os complexos sistêmicos, que num grau mínimo de diferenciação ainda se encontram ligados estreitamente com os mecanismos da integração social, se condensam e se concretizam em estruturas isentas de normas. Em relação aos sistemas de ação, organizados formalmente e controlados por processos de poder e de troca, os membros se comportam como se fossem partes da realidade natural, pois nos subsistemas da atividade teleológica a sociedade se coagula numa segunda natureza. Certamente, os atores podem abandonar a qualquer momento a orientação pelo entendimento, adotando um enfoque estratégico e objetivando contextos normativos como algo no mundo objetivo; porém, nas sociedades modernas surgem esferas de organização formal e de relações sociais controladas por meios, as quais não permitem mais atitudes regidas por normas ou por pertenças sociais formadoras da identidade, relegadas para a periferia.

N. Luhmann distingue três níveis de integração ou níveis de diferenciação do sistema: o nível das simples interações entre atores presentes; o nível das organizações que se constituem mediante formas de associação disponíveis; e o nível da sociedade em geral, que abrange todas as interações potencialmente acessíveis em todos os espaços sociais e épocas históricas[53]. As interações simples, a organização autônoma por meios e a sociedade formam uma hierarquia evolutiva em que os sistemas de ação se encaixam uns nos outros; e essa hierarquia entra no lugar dos "sistemas gerais de ação", de Parsons. É interessante notar que essas ideias permitem a Luhmann reagir ao fenômeno de separação entre sistema e mundo da vida, do modo como ele se revela na perspectiva do próprio mundo da vida, ou seja: os laços sistêmicos das sociedades modernas condensadas numa realidade organizacional aparecem como um recorte da sociedade, objetivado e assimilado à natureza externa, o qual se introduz entre a situação concreta da ação e o horizonte de seu mundo da vida. Luhmann transforma o mundo da vida em "sociedade", situando-o atrás dos subsistemas con-

---

53. N. Luhmann. "Interaktion, Organisation, Gesellschaft", in id., *Soziologische Aufklärung*, vol. 2, Opladen, 1975, pp. 1 ss.

trolados por meios, o que o impede de se conectar diretamente com as situações da ação; mesmo assim, ele continua a formar o pano de fundo para sistemas de ação organizados.

Entretanto, se, em vez de absolutizar a perspectiva do sistema ou a do mundo da vida, tentássemos correlacioná-las, o desengate entre sistema e mundo da vida não apareceria como um processo de diferenciação *de segunda* ordem. Por isso, vou tentar analisar as relações que se estabelecem entre o processo de complexificação do sistema e a racionalização do mundo da vida. O primeiro passo consistirá numa interpretação das sociedades tribais, tidas como mundos da vida socioculturais (1), a fim de demonstrar que nesse nível ainda existe um cruzamento estreito entre integração social e integração sistêmica (2). A partir daí, pretendo descrever quatro mecanismos que vão assumindo consecutivamente a liderança, produzindo respectivamente novos níveis de integração (3). Cada novo nível de diferenciação sistêmica necessita obviamente de uma nova base institucional em que a moral e o direito assumem funções pioneiras (4). A racionalização do mundo da vida pode ser interpretada como liberação sucessiva do potencial de racionalidade contido no agir comunicativo. Nesse contexto, à proporção que o agir orientado pelo entendimento adquire uma autonomia maior em relação aos contextos normativos, o mecanismo do entendimento linguístico, cada vez mais solicitado e, finalmente, sobrecarregado, é substituído por meios de comunicação que não necessitam mais da linguagem (5). Quando tal tendência à separação entre sistema e mundo da vida é transladada para o nível de uma história sistemática das formas de entendimento, torna-se possível descobrir a ironia que se oculta no processo de esclarecimento da história mundial, a saber: a racionalização do mundo da vida intensifica a complexidade do sistema, atingindo um ponto em que os imperativos do sistema, libertos, detonam a capacidade hermenêutica do mundo da vida, instrumentalizando-o (6).

(1) O conceito de sociedade delineado em termos do mundo da vida encontra respaldo empírico em sociedades arcaicas, nas quais as estruturas das interações mediadas pela linguagem e regidas por normas formam as estruturas sociais sustentadoras. O tipo de pequenas sociedades pré-estatais, analisado na África e no Sudeste da Austrália por antropólogos sociais ingleses, distingue-se do tipo ideal de uma sociedade durkheimiana, primitiva, quase-homogênea e quase-estável, por seu elevado grau de complexidade e por sua dinâmica social surpreendente[54]. Mesmo assim, as sociedades tribais residuais, descobertas por antropólogos europeus, na sequência da colonização, se assemelham às sociedades segmentárias delineadas por Durkheim, dotadas de uma consciência coletiva desenvolvida. Por isso, Luckmann pode apoiar suas generalizações sociológicas acerca de sociedades arcaicas no conceito "mundo da vida", mesmo sem ter o domínio do material empírico. Seu esboço ideal-típico "visa à comprovação de uma grande congruência na relação entre instituição, pessoa e cosmovisão (*Weltansicht*). À proporção

---

54. "Sociedades segmentárias não são 'simples' nem 'primitivas'; tampouco podemos considerá-las como sociedades que se encontram no início do desenvolvimento. De outro lado, elas também não se encontram num beco social sem saída, pois se revelam dinâmicas tanto em sua reprodução estrutural como em sua expansão geográfica."
Chr. Sigrist. "Gesellschaften ohne Staat und die Entdeckungen der Sozialanthropologie", in F. Kramer, Chr. Sigrist (orgs.). *Gesellschaften ohne Staat*, vol. 1, Frankfurt/M., 1978, p. 39.

que é socialmente objetivada, a cosmovisão se encontra próxima da pessoa, pois integra a ordem institucional numa unidade de sentido, conferindo à biografia singular um contexto de sentido que ultrapassa a situação. As estruturas de sentido objetivadas socialmente correspondem em grande medida às estruturas de relevância subjetivas, inerentes à biografia pessoal. A cosmovisão recobre a totalidade da estrutura social, porém continua ligada às rotinas cotidianas da ação. Já os padrões da ação, cunhados institucionalmente, bem como sua interpretação [...] encontram seu correlato na construção das estruturas de relevância subjetivas e em sua integração no contexto de sentido de uma identidade pessoal. De sua parte, a cosmovisão, estabilizada em instituições, tem grande plausibilidade"[55].

À medida que as estruturas portadoras da sociedade se tornam acessíveis às perspectivas da ação dos membros adultos das sociedades tribais, as afirmações de Durkheim cabem no modelo do mundo da vida. Isto se dá quando as estruturas sociais não ultrapassam o horizonte das simples interações que se desenvolvem em espaços sociais limitados e em curtos períodos de tempo, abrangendo poucas gerações. Naturalmente, interações diferentes acontecem em vários lugares ao mesmo tempo, à luz de temas diferentes e envolvendo outros participantes. Mesmo assim, todas as interações estruturalmente possíveis em tal sociedade desenrolam-se no contexto de um mundo social vivenciado *em comum*. Não obstante a distri-

---

55. K. Gabriel. *Analysen der Organisationsgesellschaft*. Frankfurt/M., 1979, pp. 151 s.; cf. P. L. Berger. *Zur Dialektik von Religion und Gesellschaft*. Frankfurt/M., 1973, pp. 60 ss.; Th. Luckmann. "Zwänge und Freiheiten im Wandel der Gesellschaftsstruktur", in H. G. Gadamer, P. Vogler. *Neue Antyhropologie*, vol. 3, Stuttgart, 1972, pp. 168 ss.

buição diferencial do saber cultural administrado por especialistas, o universo dos eventos e iniciativas possíveis está bem circunscrito temática e espacialmente, de modo que as interpretações da situação disponíveis coletivamente podem ser armazenadas consensualmente por todos os participantes da interação e revocadas narrativamente em caso de necessidade. Os membros de uma tribo conseguem orientar suas ações pela situação atual da ação e pelas presumíveis comunicações com os ausentes. Tal sociedade, que de certa forma se confunde com o mundo da vida, é onipresente, ou seja, apesar de particular, ela se reproduz como uma totalidade em cada interação particular.

O esboço de um mundo da vida homogêneo e compartilhado coletivamente constitui certamente uma idealização; porém, dadas as suas estruturas sociais familiais, bem como a consciência mítica que o acompanha, as sociedades arcaicas se aproximam mais ou menos desse tipo ideal.

O *sistema de parentesco* se compõe de famílias ordenadas conforme relações de descendência legítima. O núcleo é formado, via de regra, por um grupo doméstico que abrange pais e filhos, isto é, um grupo que convive no mesmo local. Novas famílias se constituem pelo casamento. E este tem como função principal garantir aos recém-nascidos – por meio da subordinação a pais e mães socialmente reconhecidos – um local identificável na comunidade, portanto um *status* inequívoco. Aqui, o *status* tem o sentido de uma posição no interior de um grupo formado de acordo com linhas de descendência legítima. O modo de construção desses grupos de descendência depende dos princípios sobre os quais se constroem as linhas de parentesco. Os grupos de descendência formam o sistema de referência para as regras do casamento. Estas são essencialmente exogâmicas, garantindo o intercâmbio entre mulheres de famílias de descendências diferentes. As regras dos casamentos variam na base comum de uma proibição do incesto, extensiva às relações sexuais entre pais e filhos e entre irmãos.

Além disso, o sistema das relações de parentesco forma uma espécie de instituição global. As *pertenças sociais* são definidas por relações de parentesco; e especificações de papéis só são possíveis no âmbito das dimensões de parentesco, tais como sexo, geração e descendência. A delimitação das relações de parentesco também traça o *limite da unidade social*. Ela divide o mundo da vida em duas esferas: a da interação com parentes e a da interação com não parentes. Aquém desse limite, o comportamento é submetido à lealdade, à sinceridade e ao apoio mútuo; em suma: ao agir orientado pelo entendimento. O princípio da *amity*, introduzido aqui por Meyer-Fortes, pode ser entendido como uma metanorma que nos obriga, no momento em que nos *relacionamos com parentes*, a *preencher os pressupostos do agir comunicativo*. Isso não exclui, todavia, a rivalidade, as dissensões, nem as inimizades latentes. Mas não admite um agir estratégico manifesto: "Two of the commonest discriminating indices are the locus of prohibited or prescribed marriage, and the control of strife that might cause bloodshed. Kinship, amity, the regulation of marriage and the restriction of serious fighting form a syndrome. Where kinship is demonstrable or assumed, regardless of its grounds, there amity must prevail and this posits prescription, more commonly proscription, of marriage and a ban on serious strife. Conversely where amity is the rule in the relations of clans or tribes or communities, there kinship or quasikinship by myth or ritual allegiance or by such institutions as the East African joking relationships, is invoked and the kind of fighting that smacks of war is outlawed. By contrast, non-kin, whether or not they are territorially close or distant, and regardless of the social and cultural affinities of the parties, are very commonly identified as being outside the range of prescriptive altruism and therefore marriageable as well as potentially hostile to the point of serious fighting (or, nowadays, litigation) in a dispute. It is as if marriage and warfare are thought of as two aspects of a single constellation the direct contrary of which is kinship and amity."[56]

De outro lado, a fronteira criada pela delimitação das relações de parentesco tem de ser porosa, dado que as sociedades diminutas só podem praticar a exogamia na hipótese de que seja possível entabular relações de parentesco com tribos estranhas – nós nos casamos com aqueles que guerreamos, afirmam os Tallensi[57]: "Different communities, even those of different tribal of linguistic provenance, can exchange personnel by marriage, and can fuse for particular ceremonial occasions by, so to speak, intermeshing their kinship fields. It seems, therefore, that the view that an Australian *community* or *society* is a closed system is in part illusory. It is the kinship calculus that is closed – by its very nature, one might argue – not any community, as such. It is the kinship calculus which, by reason of its exact limitation of range, serves as the basic boundary-setting mechanism for the field of social relations that is at one and the same time the maximum kinship field and the maximum politico-jural field for a specified group."[58]

---

56. M. Fortes. *Kinship and Social Order*. Chicago, 1969, p. 234.
57. Fortes, 1969, p. 234.
58. Fortes, 1969, p. 104.

As linhas da descendência legítima e a pressão para a exogamia cuidam para que haja, de um lado, um limite claro, não necessariamente ligado aos territórios, e para que esse limite seja, de outro lado, flexível e poroso. A fronteira marcada no campo da interação pode ser porosa, uma vez que as cosmovisões míticas dificultam o traçado de um limite social claro. Conforme vimos, no nível dos sistemas de interpretação míticos, as naturezas interna e externa são assimiladas à ordem social; as manifestações naturais, a relações interpessoais, e os eventos, a manifestações comunicativas. De um lado, o mundo da vida sociocultural deságua no mundo como um todo, assumindo a figura de uma ordem objetiva do mundo; de outro lado, não há nada tão estranho, nenhum evento, nenhuma pessoa que não possa ser inserida no contexto universal das interações e transformada em algo familiar. Nas cosmovisões míticas, não se encontra uma distinção categorial entre a sociedade e seu entorno natural[59]. Por isso, não pode haver nenhum grupo tão estranho a ponto de não ter nenhum acesso a seu próprio sistema de parentesco.

As normas do sistema de parentesco extraem sua força vinculante dos fundamentos religiosos. Por isso, os membros da tribo formam sempre uma *comunidade de culto*. Em sociedades tribais, a validade das normas sociais tem de ser mantida sem que se possa lançar mão do poder de sanção do Estado. O controle social necessita de uma fundamentação religiosa ancorada no culto; e uma transgressão contra normas centrais do sistema de parentesco vale como sacrilégio. Entretanto, a ausência de um

---

59. Th. Luckmann. "On the Boundaries of the Social World", in M. Natanson (org.). *Phenomenology and Social Reality*, Haia, 1970.

poder sancionador externo pode ser suprida, uma vez que a cosmovisão mítica satisfaz o potencial de negação e de inovação da fala, ao menos no âmbito do sagrado.

Já chamei a atenção para o fato de que as cosmovisões míticas não somente confundem as distinções categoriais entre mundo objetivo, social e subjetivo, como também impedem o traçado de uma linha clara entre as interpretações do mundo e a própria realidade. Os nexos internos de sentido se misturam com relações entre coisas. Inexiste um conceito para a validade não empírica que atribuímos a manifestações simbólicas. Conceitos de validade, tais como moralidade e verdade, são confundidos com conceitos de ordem empírica, tais como, por exemplo, causalidade e saúde. Uma vez que a compreensão mítica do mundo controla as orientações da ação atual, o agir orientado pelo entendimento e o agir orientado pelos resultados ainda não conseguem se desligar um do outro, nem o "não" de um participante da interação consegue significar crítica ou recusa de uma pretensão de validade. O mito amarra o potencial crítico do agir orientado pelo entendimento, obstruindo de certa forma a fonte das contingências internas que brotam da própria comunicação. Além disso, o espaço para intervenções inovadoras na tradição cultural é relativamente apertado, pois o elemento cultural é transmitido oralmente e exercitado quase sem nenhum distanciamento. Ainda não se pode distinguir com facilidade o núcleo garantidor da identidade em relação à periferia da tradição, sujeita a revisões; em quase todas as suas figuras, o mito fundamenta a identidade da tribo e de seus membros.

A forte homogeneidade do mundo da vida não deve nos enganar, porém, acerca do fato de que a estrutura social de sociedades tribais já oferece um espaço relativamente amplo para diferenciações[60]. O sexo, a idade e a descendência constituem dimensões em que os papéis se diferenciam. Estes ainda não podem se condensar formando papéis profissionais. Em sociedades pequenas que dependem de uma tecnologia simples, ou seja, em sociedades nas quais as forças produtivas se encontram num nível baixo, a divisão do trabalho ainda não se apóia em habilidades especializadas e exercidas durante toda a vida. Em geral, os homens assumem atividades que os afastam de casa, exigindo força física, tais como a guerra, a caça, a guarda do gado, a pesca, o comércio marítimo etc.; compete às mulheres o trabalho na casa e no jardim e, com frequência, no campo. Uma divisão do trabalho correspondente existe entre as gerações, uma vez que, quando conseguem andar, as crianças recebem tarefas na casa e no jardim; enquanto os velhos, especialmente os homens velhos, assumem tarefas "políticas" em sentido amplo. Por conseguinte, na esfera da reprodução material existem estímulos para uma diferenciação da estrutura social.

Os sistemas de interação regulam sua troca com o entorno social e natural por intervenções coordenadas no mundo objetivo. Na perspectiva dos membros, trata-se da manutenção do substrato material do mundo da vida, portanto da produção e da distribuição de bens e tarefas militares, da solução de conflitos internos etc. Tais tarefas exigem cooperação, podendo ser dominadas de modo mais ou menos econômico e de modo mais ou menos efetivo. Tarefas simples, tais como a preparação de uma festa e a construção de um bote, exigem a coordenação adequada das atividades complexas de diferentes pessoas, bem como

---

60. Há uma síntese em L. Mair. *An Introduction to Social Anthropology*, ed. rev.,. Oxford, 1972, pp. 54 ss.

serviços e bens estranhos. À proporção que a *economia* dos gastos e o *grau de eficiência* do emprego dos meios servem como medidas intuitivas para a solução bem-sucedida de tais tarefas, advêm estímulos para a *especificação funcional das realizações* e uma *diferenciação* correspondente *dos resultados*. Em outras palavras, há prêmios quando os sistemas de interação simples se adaptam às condições de uma *cooperação realizada em termos de uma divisão do trabalho*. Há estímulos para que as interações sejam reguladas de tal modo que as realizações especializadas se *conectem de modo competente* e os produtos ou resultados das realizações diferenciais sejam *permutados*. A junção competente das realizações especializadas exige a delegação de *poder* a pessoas que assumem realizações de organização[61]; e a permuta funcional de produtos exige a produção de relações de troca. Desse modo, o incremento da divisão do trabalho só pode ser esperado em sistemas de interação que criam medidas para institucionalizar o *poder de organização* e as *relações de troca*.

Tão logo passamos a considerar a permuta de uma sociedade com seu entorno natural e social na perspectiva do sistema, abandonamos o pressuposto da teoria da ação segundo o qual uma combinação de atividades teleológicas realizadas sob as condições de uma divisão do trabalho e destinadas a aumentar a capacidade de adaptação e de obtenção de objetivos de um sistema social tem de ser desejada *intencionalmente* pelos participantes (ao menos por alguns). A divisão do trabalho, que na perspectiva dos participantes parece induzida por tarefas, resulta, na perspectiva do sistema, do aumento da complexidade

---

61. Sobre os componentes da organização social em sociedades tribais, cf. R. Firth. *Elements of Social Organization*. Londres, 1971, pp. 35 ss.

social. A capacidade de controle de um sistema de ação pode ser medida pelos efeitos agregados da ação que contribuem para a manutenção do sistema, independentemente do fato de a adequação objetiva de sequências de ação ter sido ou não gerada por determinações dos sujeitos. Também sob pontos de vista sistêmicos, as *relações de poder* e *de troca* constituem dimensões em que os sistemas de interações se afinam com exigências da especificação funcional da cooperação social. Em todo o caso, ao investigar os mecanismos utilizados por sociedades tribais para ampliar sua complexidade no espaço social determinado por relações de parentesco, topamos com essas duas dimensões.

(2) As pequenas associações de famílias que empregam tecnologias simples podem aumentar sua complexidade diferenciando-se internamente ou integrando-se para formar unidades sociais maiores. E uma vez que essas associações de famílias adquirem uma *estrutura semelhante*, gerando *produtos semelhantes*, a permuta não pode, em primeira linha, ser motivada economicamente. Tem de haver uma pressão normativa que impeça a autarquia, isto é, a autossatisfação pelo consumo de bens e por realizações próprias, obrigando à troca de produtos, mesmo dos que, por seu valor de uso, não necessitariam de permuta. O casamento exogâmico inserido no princípio da organização do parentesco satisfaz a essa condição. Ele pode ser entendido como uma norma que obriga a troca das mulheres que atingiram a idade para o casamento. As relações bilaterais, produzidas por meio do casamento, fundam uma rede de reciprocidades permanentes que irão, na seqüência, estender-se aos objetos de uso e de valor, às realizações de serviços, às lealdades e aos favores não materiais.

A permuta de mulheres, regulada por regras do casamento, torna possível uma *diferenciação segmentária* da sociedade. Esta pode adquirir complexidade pelo fato de que em certos grupos sociais se formam subgrupos ou pelo fato de que unidades sociais semelhantes se reúnem em unidades maiores, conservando uma estrutura semelhante. Pela divisão celular ou pela combinação de células, a dinâmica segmentária se desenvolve, formando conjuntos de células. No entanto, ela pode reagir de diferentes maneiras à pressão demográfica e a outras circunstâncias ecológicas, ou seja, essa dinâmica não precisa seguir na direção de uma *maior complexidade**, podendo se desdobrar na linha de uma *dispersão não diferenciadora*; e, quando a solidariedade do parentesco se mantém, certos subgrupos se tornam independentes[62].

No tocante à geração de reciprocidades permanentes entre pessoas originariamente estranhas, a permuta ritual de objetos de valor equivale funcionalmente à troca de mulheres. Em sua pesquisa clássica sobre a troca circular de presentes valiosos e sem utilidade prática nos grupos de ilhas da Nova Guiné Oriental, Malinowski[63] demonstra que a troca normativa de dois tipos de objetos simbólicos (pulseiras e colares que não podem ser usados como enfeite) consegue criar, aos pares, parcerias entre milhares de membros de diferentes tribos que vivem espalhadas numa imensa região. Apoiando-nos nessa compreensão

---

* Diferenciadora. (N. do T.)

62. Sobre a dinâmica segmentária, cf. Chr. Sigrist. *Regulierte Anarchie*. Frankfurt/M., 1979, pp. 21 ss.

63. B. Malinowski. *The Circulation Exchange of Valuables in the Archipelago of Eastern New Guinea*. Manchester, 1920, pp. 97 ss.; trad. al. in Kramer, Sigrist, t. 1, 1978, pp. 57 ss.

da troca entre os Kula, podemos interpretar a festa de aniquilamento (Potlacht), observada por Boas entre os Kwakiutl, e o sistema de endividamento, observado por Leach entre os Kachin, como exemplos de um *mecanismo de troca* capaz de transformar relações bélicas em obrigações recíprocas. Em todo o caso, a troca ritual de objetos de valor e o consumo simbólico de objetos de uso não servem à acumulação de riqueza, e sim à estabilização de relações de amizade com o entorno social e à incorporação de elementos estranhos no próprio sistema[64].

A *diferenciação segmentária* que flui nas *relações de troca* aumenta a complexidade de uma sociedade em virtude de uma peculiar *fricção horizontal* resultante de associações estruturadas de modo semelhante. Porém, isso não promove necessariamente a especificação funcional da cooperação social, uma vez que, para haver *organização* (que implica a existência de certos diferenciais de poder utilizáveis num ensamblamento competente de realizações especializadas), faz-se mister uma *estratificação vertical* dos grupos de descendência não lineares. Em sociedades tribais, o poder de organização ainda não possui a forma de poder político, mas de um prestígio generalizado. Os grupos de descendência dominantes (ascendência, filiação) devem seu *status* a um prestígio fundado, via de regra, numa procedência genealógica nobre ou divina. Shapera, no entanto, ao observar os bosquímanos australianos, constatou que entre pequenos grupos nômades de cinquenta a cem pessoas pode se desenvolver uma divisão do trabalho dirigida pelo cacique: "The chief is the leader, not in the sense that he can overrule the

---

64. Cf. a pesquisa clássica de M. Mauss. "Die Gabe", in id., *Soziologie und Anthropologie*, vol. 2, Munique, 1975.

opinion of the other men (which would be impossible since he has no means of compelling them to accept his wishes), but in the sense that he is expected to organize the activities that have been decided upon; he tells the hunters where they are to go, when they bring back meat he divides it, he leads them in their moves from one water-hole to the next and in attacks on neighboring bands, and he conducts negotiations with other bands on such matters as permission to enter his territory, or the conclusion of a marriage with one of their members, or the organization of a joint ritual."[65]

O planejamento de efeitos cumulativos da ação exige posições competentes para dar ordens pois as decisões de uma parte têm de ser atribuíveis ao todo. Para garantir que as decisões de alguém autorizado a dar ordens sejam acatadas pelos outros como premissas de suas próprias decisões, as coletividades asseguram sua capacidade de ação por meio de uma organização. Não obstante, isso também pode ser conseguido por meio de *estratificação*. Em sociedades tribais estratificadas, os membros dos grupos de ascendência mais antigos e mais nobres aspiram a posições de mando, e a ordem de *status* apoiada no prestígio permite uma integração de tribos bem maiores. O exemplo mais conhecido é o das tribos Nuer, investigadas por Evans-Pritchard: cada tribo particular constitui uma unidade soberana de até sessenta mil membros; e cada tribo se identifica com um grupo "aristocrático" de ascendência dominante. Evans-Pritchard sublinha que os grupos dominantes gozam de autoridade perante as associações "comuns" de famílias, dispondo de um poder de organização correspondente; porém, não exercem poder políti-

---

65. Mair, 1972, p. 115.

co nem possuem vantagens materiais. Em outros casos, a estratificação da tribo também se estende a classes de idade. Ela abre um amplo espaço de organização em assuntos cultuais e profanos, tais como a produção, a condução da guerra, a prolação do direito etc.

A dinâmica segmentária não aponta apenas na direção do crescimento e da condensação da população; e o mecanismo da estratificação nem sempre vem acompanhado de um efeito represador. Nesse sentido, as pesquisas de Leach em Burma revelam que o processo de hierarquização dos grupos de ascendência não tem retorno[66]. Os relatórios que remontam aos inícios do século XIX confirmam a variabilidade do tamanho das associações tribais na área Kachin; elas podiam assumir a forma de pequenas unidades autônomas, compostas de mais ou menos quatro famílias, ou a forma de sociedades maiores, compostas de quarenta e nove subgrupos, dos quais alguns abrangiam respectivamente cem aldeias. M. Gluckmann comparou essa dinâmica sistêmica com a alternância entre expansão e contração de certos reinos africanos antes da invasão europeia[67]. Tudo indica que a complexidade desses sistemas de sociedade se adapta às condições cambiantes do entorno social, ecológico e demográfico; e os processos de diferenciação e de eliminação das diferenças realizam-se não somente pela diferenciação segmentária, mas também pela estratificação.

Em sociedades tribais, o mecanismo de troca assume funções econômicas num âmbito limitado. Nas sociedades em que predomina uma economia de subsistência

---

66. E. Leach. *Political System of Highland Burma*. Londres, 1964.
67. M. Gluckmann. "Rituals of Rebellion in South East Africa", in id., *Order and Rebellion in Tribal Africa*. Londres, 1963, pp. 110 ss.; trad. al. in Kramer, Sigrist, 1978, pp. 250 ss.

existem certamente princípios de uma relação de mercado, pois a permuta entre certos bens permite superar grandes distâncias. Além disso, o comércio envolve, antes de tudo, matérias-primas, instrumentos e adornos, e não objetos do uso diário. Certas categorias de bens, tais como gado ou peças de vestuário, servem, às vezes, como formas primitivas de moeda – Karl Polanyi cunhou a expressão "*special purpose money*". Mesmo assim, nas sociedades tribais, as transações econômicas em sentido estrito não têm efeitos formadores de estruturas. De modo semelhante ao que acontece com o mecanismo de formação do poder, o mecanismo da troca só adquire força diferenciadora sistêmica nos contextos em que se conecta diretamente com a religião e com o sistema de parentesco. Pois aqui os *mecanismos sistêmicos ainda não se desligaram das instituições que realizam a integração social*. Assim, uma parte importante da circulação dos bens econômicos depende de relações de casamento; e realizações de serviços circulam quase sempre na forma não econômica de realizações de ajuda recíprocas, impostas normativamente. Conforme vimos, a permuta ritual de objetos valiosos serve para fins da integração social. E, uma vez que no intercâmbio econômico não monetizado das sociedades arcaicas o mecanismo de troca ainda adere a contextos normativos, é quase impossível uma separação clara entre valores econômicos e não econômicos[68]. Por conseguinte, para desenvolver sua dinâmica própria e intensificadora da complexidade, o mecanismo de troca tem de ser, ao mesmo tempo, componente integral do sistema de parentesco.

---

68. F. Steiner. "Notiz zur vergleichenden Ökonomie", in Kramer, Sigrist, 1978, pp. 85 ss.

Na troca de mulheres regulada por regras de casamento, os dois tipos de integração, a saber, a social e a sistêmica, coincidem. O mesmo vale para o mecanismo de formação do poder. Ele opera no âmago das dimensões do sexo, da geração e da descendência, dadas preliminarmente pelo sistema de parentesco, só permitindo diferenciações de *status* apoiadas no prestígio, não na posse de poder político. Tal enlaçamento entre integração sistêmica e social, típico das sociedades tribais, reflete-se também no plano da metodologia.

Nas sociedades arcaicas, as ligações funcionais possuem uma peculiar transparência. E, quando não são acessíveis de modo trivial, isto é, na perspectiva da prática cotidiana, são cifradas em ações rituais. O relatório de Meyer Fortes sobre a grande festa dos Tallensi ilustra bem tal fato. Nessa festa se conjura e, ao mesmo tempo, se visualiza através de um arranjo de encontros e de uniões rituais a cooperação – em termos de uma divisão de trabalho – entre grupos de ascendência antigos e imigrados, entre os quais são recrutados os líderes políticos e religiosos[69]. Provavelmente, o funcionalismo das ciências sociais pôde se impor inicialmente na antropologia cultural dado o fato de que nas sociedades tribais certos nexos sistêmicos se refletem diretamente nas estruturas normativas. Porém, uma vez que o sistema da sociedade ainda se confunde, nesse nível de desenvolvimento, com o mundo da vida sociocultural, a antropologia não encontrou nenhum motivo que a obrigasse a abandonar a hermenêutica, tida como a ciência por excelência. É certo que os esforços hermenêuticos são colocados à prova quando se descobre que, pelo entrelaçamento entre integração sistêmica e social, os processos sociais se tornam ao mes-

---

69. Cf. a interpretação de Mair, 1972, pp. 237 s.

mo tempo transparentes e obscuros. Porque, de um lado, esse entrelaçamento introduz todos os processos sociais no horizonte do mundo da vida, conferindo-lhes a aparência de compreensibilidade – os membros da tribo sabem o que fazem quando realizam seus ritos de caça, de fecundidade, de iniciação e de casamento. De outro lado, a estrutura mítica das narrativas, mediante as quais os membros tornam plausível seu mundo da vida e as próprias ações, torna-se incompreensível *para nós*. O antropólogo se encontra perante o seguinte paradoxo: o mundo da vida de uma sociedade arcaica se abre, em princípio, por meio do saber intuitivo dos membros; porém, pela distância hermenêutica, ele também se fecha teimosamente à nossa compreensão. Tal circunstância explica, por seu turno, a atualidade antropológica dos procedimentos da hermenêutica das profundezas, seja na linha da psicanálise, seja na do estruturalismo linguístico. Eu considero o assim chamado *paradoxo hermenêutico*, que traz inquietações à antropologia cultural, um reflexo metodológico da falta de diferenciação entre a coordenação sistêmica da ação e a coordenação por via da integração social. É possível que uma prática ritual, portadora de determinada estrutura social, consiga integrar no mundo da vida uma sociedade já sistematizada e com ramificações funcionais, uma vez que tal prática coloca sob o mesmo denominador a comunicação e a atividade teleológica.

Entretanto, a partir do momento e à medida que as estruturas do mundo da vida se diferenciam, os mecanismos da integração social começam a se separar da integração sistêmica. Tal processo evolutivo fornece a chave para entender a problemática weberiana da racionalização social.

(3) A diferenciação segmentária que flui através de relações de troca e a estratificação das sociedades tribais que corre através de relações de poder caracterizam dois

níveis distintos *de diferenciação do sistema*. A integração social (no sentido da coordenação de *orientações* da ação) só é necessária à manutenção do sistema à medida que assegura um leque de condições para as subordinações funcionalmente necessárias de *efeitos* da ação. Porém, os mecanismos que fomentam a complexidade não se harmonizam *a priori* com os mecanismos que cuidam da coesão social da coletividade mediante um consenso normativo e um entendimento linguístico. Os mecanismos sistêmicos só permanecem entrelaçados estreitamente com mecanismos da integração social durante o tempo em que se apegam a estruturas sociais *dadas preliminarmente*, ou seja, no sistema de parentesco. Quando se forma um poder político, cuja autoridade não depende mais do prestígio de grupos de ascendência dominantes, mas da disposição sobre poderes de sanção judiciais, o mecanismo do poder se desprende das estruturas de parentesco. E o poder de organização que se constitui no nível do poder político torna-se o núcleo de cristalização de uma nova instituição, o Estado. Tal fato me leva a falar num mecanismo de *organização estatal*, que não se coaduna com a estrutura social de sociedades organizadas pelo sistema de parentesco, pois encontra a estrutura social que lhe é adequada numa ordem política global, à qual se incorporam e se subordinam as camadas sociais.

Nas sociedades organizadas na forma de Estado, surgem mercados de bens controlados pelo dinheiro, ou seja, por relações de troca simbolicamente generalizadas. Entretanto, esse meio só consegue produzir um efeito estruturador no sistema da sociedade como um todo quando a economia se separa da ordem do Estado. E, junto com o surgimento da economia capitalista na Europa, surge um sistema parcial diferenciado pelo meio "dinheiro", que impõe, por seu turno, uma reorganização do Estado. E tais subsistemas complementares da economia de mercado e da administração moderna fornecem uma estrutura social adequada ao meio de controle caracterizado por Parsons como *meio da comunicação generalizado simbolicamente*.

O seguinte esquema contém os quatro mecanismos da diferenciação do sistema, já citados, numa seqüência que reproduz o processo da evolução social. Nesse esquema, todo o mecanismo que assume evolutivamente a dianteira caracteriza um nível superior de integração, a partir do qual os mecanismos precedentes são degradados e, ao mesmo tempo, redirecionados e suprassumidos dialeticamente. Cada nova etapa de diferenciação sistêmica abre um espaço para novos aumentos de complexidade, ou seja, para novas especificações funcionais e para uma integração mais abstrata das novas diferenciações. Os mecanismos 1 e 4 operam por meio de mecanismos de troca, e os mecanismos 2 e 3, por meio de mecanismos de poder. Enquanto os mecanismos 1 e 2 permanecem ligados às estruturas sociais dadas preliminarmente, os mecanismos 3 e 4 provocam a formação de novas estruturas sociais. Nesse ponto, a troca e o poder não podem mais se apoiar na figura concreta da troca de mulheres, regulada por regras do casamento, nem na figura concreta de uma estratificação de grupos de descendência, delimitada por diferenciais de prestígio; por isso, transformam-se em duas grandezas abstratas: um poder de organização e um meio de controle. Os mecanismos 1 e 2 provocam a diferenciação de grupos de parentesco, portanto, de unidades estruturadas de modo semelhante; ao passo que os mecanismos 3 e 4 significam a diferenciação de classes de posse e de organizações, portanto de unidades já especificadas funcionalmente. As estruturas assumidas por essas unidades trazem as marcas dos mecanismos atuantes na etapa anterior:

Fig. 24 *Mecanismos de diferenciação sistêmica*

Coordenação da ação por meio de / Diferenciação e integração de	Troca	Poder
Unidades estruturadas de modo semelhante	1. diferenciação segmentária	2. estratificação
Unidades dissemelhantes especificadas de modo funcional	4. meio de controle	3. organização estatal

Os quatro mecanismos designam níveis de integração que abrangem uma determinada formação da sociedade:

Fig. 25 *Formações da sociedade*

Mecanismos sistêmicos / Estruturas sociais	Mecanismos de troca	Mecanismos de poder
dadas preliminarmente	1. sociedades estamentais igualitárias	2. sociedades estamentais hierarquizadas
induzidas sistemicamente	4. sociedades de classes constituídas economicamente	3. sociedades de classes estratificadas politicamente

Na verdade, as formações da sociedade não se diferenciam apenas de acordo com o grau de complexidade do sistema. Elas são determinadas, em maior ou menor grau, por *complexos de instituições* que *ligam* qualquer novo mecanismo de diferenciação sistêmica *ao mundo da vida*: a diferenciação segmentária é institucionalizada na forma de relações de parentesco; a estratificação, na forma de *status*; a organização estatal, na forma de poder político; e o primeiro mecanismo de controle, na forma de relações entre pessoas privadas detentoras de direitos. As instituições correspondentes são as seguintes: os papéis do sexo e da idade, o *status* de grupos de descendência, o ministério político e o direito privado burguês.

Em sociedades arcaicas, as interações são determinadas pelo repertório de papéis do sistema de parentesco. Nesse nível podemos aplicar sem problemas o *conceito de papéis,* uma vez que o agir comunicativo é prejulgado quase inteiramente por padrões de comportamento normativo. Em sociedades tribais estratificadas, quando surge um sistema de *status* em que as associações familiares são hierarquizadas de acordo com a nobreza, os papéis referentes ao sexo e à geração são relativizados: para o *status* social do indivíduo, a posição da família à qual pertence é mais importante que o lugar que ele mesmo ocupa no interior da família. Nesse plano, podemos empregar inequivocamente o *conceito de status*, porque a sociedade se estratifica de acordo com a reputação que a família goza graças à sua descendência. Já em sociedades organizadas de modo estatal, a ordem de *status* é relativizada. Quando a estrutura da sociedade não é mais determinada pelo parentesco, mas pelo Estado, a estratificação social é acoplada a características da participação no poder político e à posição no processo de produção. Nesse patamar, o *conceito de "autoridade do cargo"* adquire seu pleno sentido. O soberano e os estamentos políticos que possuem as prerrogativas de mando gozam de autoridade em virtude de cargos, os quais, entretanto, continuam pressupondo a unidade entre as esferas da vida privada e pública, pois são interpretados como um direito próprio e pessoal. Finalmente, a autoridade do Estado e o poder político em geral são relativizados perante a ordem do direito privado tão logo o dinheiro, que constitui um meio de controle, é institucionalizado numa forma jurídica que visa a um intercâmbio econômico despolitizado. Nesse plano, o direito formal se torna uma garantia para a previsibilidade do comércio privado[70].

Se entendermos a institucionalização dos níveis de diferenciação sistêmica como característica básica das formações da sociedade, poderemos estabelecer um paralelismo com os conceitos marxistas "base" e "superestrutura". Os impulsos para uma diferenciação do sistema da

---

70. Esta série explica o conteúdo histórico-evolutivo dos conceitos sociológicos básicos: papel, *status*, cargo e direito formal. Tais conceitos se tornam imprecisos ou, ao menos, necessitam de uma explicitação maior, tão logo são utilizados para a análise de fenômenos que não fazem parte das correspondentes formações da sociedade. Assim, por exemplo, o conceito de papel é central para a explicação do processo de socialização, uma vez que a criança cresce para dentro do seu mundo social, à medida que se apropria do sistema de papéis da família. Mesmo assim, os impulsos mais fortes para uma reformulação do conceito de papéis saíram da pesquisa da socialização, porque esse conceito, além de ser inferido apenas do sistema de parentesco, só pode ser aplicado sem quebras em fenômenos de sociedades organizadas pelo parentesco; ao passo que os processos de socialização modernos se subtraem a uma psicologia social talhada conforme a internalização de papéis. Cf. Krappmann, 1971. Sobre a historicidade de conceitos sociológicos fundamentais, cf. D. Zaret. "From Weber to Parsons and Schütz: The Ellipse of History in Modern Social Theory", in *AJS*, 85, 1980, pp. 1180 ss.

sociedade provêm do âmbito da reprodução material. Por isso, podemos interpretar o complexo institucional, que liga o mecanismo sistêmico preponderante ao mundo da vida, como "base"; isso implica, por sua vez, uma circunscrição do espaço em que se move a intensificação complexificadora, possível em determinada formação da sociedade. Tal interpretação é recomendável, especialmente quando seguimos Kautsky, interpretando a distinção entre "base" e "superestrutura" no contexto de uma teoria da evolução[71]. De acordo com ela, o conceito "base" circunscreve o âmbito de problemas a serem levados em conta quando se tenta explicar a passagem de uma formação da sociedade para outra. Nessa interpretação, no âmbito da base surgem os problemas sistêmicos cuja solução depende de inovações, como é o caso da institucionalização de um nível superior de diferenciação do sistema. Entretanto, a equiparação entre "base" e "estrutura econômica" gera confusões, pois nem nas sociedades capitalistas o âmbito da base coincide exatamente com o sistema econômico.

Marx descreve as instituições da base de uma sociedade lançando mão de seus modos de produção. No entanto, convém lembrar que qualquer formação da sociedade admite diferentes modos de produção (e relações entre modos de produção). É sabido que Marx caracteriza os modos de produção pelo nível de desenvolvimento das forças produtivas e por intermédio de certas formas de intercâmbio social, isto é, por meio de relações de produção. As *forças produtivas* consistem: a) na força de trabalho dos que agem na produção, ou seja, dos produtores; b) no saber tecnicamente aproveitável, à medida que é

---

71. Habermas, 1976a, pp. 158 s.

transformado em técnicas de produção e em meios de trabalho capazes de aumentar a produtividade; c) no saber de organização, à proporção que é utilizado para movimentar eficazmente forças de trabalho, para qualificar forças de trabalho e para coordenar a cooperação dos trabalhadores na linha de uma divisão de trabalho (mobilização, qualificação e organização da força de trabalho). As forças produtivas determinam o grau do possível domínio sobre processos naturais. De outro lado, as instituições e mecanismos sociais – que determinam o modo como as forças de trabalho, em determinado nível das forças produtivas, podem ser combinadas com os meios de produção disponíveis – valem *enquanto relações de produção*. A regulação do acesso aos meios de produção e a forma de controle da força de trabalho utilizada socialmente também influem indiretamente na distribuição da riqueza produzida socialmente. As relações de produção expressam a distribuição do poder social; por meio do padrão de distribuição das chances de satisfação de interesses socialmente reconhecidos, elas prejulgam a estrutura de interesses que subsiste numa sociedade.

Godelier sublinha, com razão, que em sociedades tribais, estratificadas ou não, o sistema de parentesco assume o papel das relações de produção[72]. A sociedade se configura simultaneamente como base e como superestrutura, uma vez que a própria religião não se diferencia tanto das instituições de parentesco, a ponto de poder ser caraterizada como superestrutura. Em sociedades tradicionais, as relações de produção se incorporam na ordem

---

72. M. Godelier. *Ökonomische Anthropologie*. Hamburgo, 1973, pp. 26 ss.; id., "Infrastructures, Societies and History", in *Current Anthrop.*, 19, 1978, pp. 763 ss.

política global, enquanto as cosmovisões religiosas assumem funções ideológicas. Somente no capitalismo, em que o mercado também preenche a função de estabilização de relações de classes, as relações de produção assumem uma figura econômica. Em consonância com isso, a esfera da base se diferencia da superestrutura, da seguinte maneira: inicialmente, o poder tradicional do Estado se desprende das cosmovisões religiosas que legitimam o poder; a seguir, os sistemas parciais, especializados na adaptação e na obtenção de fins, se destacam das esferas de ação que preenchem primariamente as funções da reprodução cultural, da integração social e da socialização. A base e a superestrutura só podem se desligar uma da outra quando a estrutura social portadora desmorona, rompendo o elo que une os mecanismos sistêmicos e os integra na sociedade. Nas páginas seguintes, pretendo elucidar os níveis de diferenciação sistêmica atingidos pelas sociedades de classes, constituídas economicamente e estratificas politicamente.

(a) Em *sociedades tribais hierarquizadas*, o incremento das relações de organização implica uma especificação funcional, ou seja, nelas é possível diferenciar papéis especiais para as funções de liderança na guerra e na paz, para as ações rituais e práticas de cura, para a arbitragem de conflitos jurídicos etc. No entanto, tal especificação se mantém nos limites de um sistema de parentesco, cujas unidades apresentam estruturas basicamente idênticas. Somente em *sociedades organizadas na forma de Estado*, a especificação funcional avança sobre o modo de vida dos grupos sociais. Sob condições do poder político, a estratificação se desliga do substrato do sistema de parentesco. As unidades sociais podem ser especificadas de modo funcional pela exclusão ou pela participação no poder político, a saber: de um lado se colocam os grupos de *status* dominantes, tais como funcionários, militares, latifundiários; de outro lado, a massa da população formada por pescadores, colonos, operários das minas, artesãos etc. Mediante tal processo, os estamentos baseados no nascimento se transformam em *estamentos baseados na posse garantida politicamente*. As camadas não se diferenciam mais pela magnitude da posse, mas pelo tipo de aquisição e pela posição no processo de produção. Surgem classes socioeconômicas que ainda não apresentam uma figura econômica, isto é, que ainda não se apresentam como classes aquisitivas. Elas se estratificam de acordo com o poder político e de acordo com critérios da conduta de vida. Na base de uma dicotomia, cada vez mais nítida, entre cultura superior e cultura popular[73], as classes criam entorno, orientações axiológicas e mundos da vida próprios. No lugar da estratificação de unidades sociais semelhantes, entra a *organização estatal de unidades sociais dessemelhantes*, e no lugar dos grupos de descendência, hierarquizados, entram as classes estratificadas.

Os grandes impérios da Antiguidade revelam que, graças ao mecanismo da organização estatal, os sistemas da sociedade conseguem desenvolver uma complexidade muito maior que as sociedades tribais. Estudos de campo antropológicos sobre os sistemas de poder de culturas tribais na África revelam que as sociedades anteriores às civilizações, que já conhecem uma certa organização estatal, são mais complexas que as mais complexas sociedades organizadas pelo sistema de parentesco[74]. Os an-

---

73. Luckmann. *Zwänge und Freiheiten*. 1972, pp. 191 s.
74. M. Fortes, E. Evans-Pritchard (orgs.). *African Political Systems*. Oxford, 1970.

tropólogos sociais analisam tais formações sociais tomando como critério o surgimento de "governos", isto é, organizações centrais de poder que desenvolveram um certo quadro administrativo rudimentar, uma alimentação por meio de tributos e uma jurisprudência que garante obediência às ordens do soberano. Sob pontos de vista sistêmicos, o elemento decisivo consiste no fato de que eles dispõem de um poder de sanção, que torna possíveis decisões obrigatórias: "Na nossa opinião, o surgimento e a função do poder organizado num sistema constitui a característica distintiva mais importante dos tipos de governo centralizados na forma de pirâmide, como é o caso dos Ngwato, Bemba etc., e dos tipos de sistemas políticos segmentados, como é o caso dos Logoli, dos Tallensi e dos Nuer. No primeiro grupo de sociedades, o fato de se *dispor de um poder organizado* constitui a principal expressão dos direitos e privilégios do soberano e da autoridade exercida sobre seus súditos. Tal fato autoriza um rei africano a governar temporariamente com o auxílio de métodos de opressão; porém, um bom soberano usa as forças militares que dependem de seu controle no interesse público, isto é, como instrumentos de governo destinados à defesa da sociedade e à luta contra o inimigo comum; e também como meios de sanção para impor a lei e o respeito mediante a constituição."[75]

O *poder de dispor dos meios de sanção para impor decisões vinculantes* constitui a base de uma autoridade derivada do cargo, a qual permite, pela primeira vez, a institucionalização do poder organizacional *enquanto tal* – o qual deixa de ser um simples apêndice destinado a preen-

---

75. M. Fortes, E. Evans-Pritchard. "Afrikanische Politische Systeme", introdução, in Kramer, Sigrist, 1978, p. 163.

cher estruturas sociais inerentes ao sistema de parentesco. No Estado, uma organização que garante a capacidade de ação da coletividade em seu todo adquire imediatamente uma figura institucional. A partir de agora, a sociedade pode ser entendida como uma organização. E a pertença social à coletividade é interpretada como pertença ao Estado. Nós entramos na família pelo nascimento; já a cidadania tem início num *ato jurídico*. Nós não "possuímos" a cidadania no sentido de algo herdado, visto que podemos não somente adquiri-la, mas também perdê-la. A cidadania pressupõe um reconhecimento – em princípio livre e voluntário – da ordem política; o poder (político) significa que os cidadãos se obrigam, ao menos implicitamente, a seguir em geral as ordens dos detentores do poder. Nesse processo, muitos colocam nas mãos de poucos a competência de agir em nome de todos. Eles renunciam ao direito que os participantes podem pretender para si em interações simples, o qual consiste em orientar suas ações exclusivamente pelo consenso atual com outras pessoas presentes.

(b) Nas sociedades tradicionais, o Estado configura uma organização em que se *concentra* a capacidade de ação de uma coletividade, isto é, da sociedade como um todo; já as sociedades modernas renunciam à acumulação das funções de controle no quadro de uma única organização. Ou seja, as funções relevantes para a sociedade, tomada como um todo, são distribuídas em diferentes sistemas de ação. Por meio da administração, do exército e da jurisprudência, o aparelho do Estado se especializa em realizar fins coletivos lançando mão de decisões vinculantes. Outras funções perdem seu sentido político, sendo entregues a *subsistemas não estatais*. O sistema econômico capitalista abre o caminho para esse nível de diferenciação sistêmica; ele surge graças ao dinheiro, que constitui um novo mecanismo de controle. Tal meio se especializa na função da atividade econômica da sociedade global, cedida pelo Estado, formando a base para um subsistema que se emancipa dos contextos normativos. A economia capitalista não pode mais ser entendida como uma ordem institucional – semelhante à do Estado tradicional. Ela se institucionaliza apenas como meio de troca, ficando de fora o subsistema em geral que se diferencia por esse meio, configurando um fragmento de socialidade destituído de caráter normativo.

O dinheiro constitui um mecanismo especial de troca, que transforma os valores de uso em valores de permuta, o comércio natural de bens em tráfico de mercadorias. Os mercados internos e externos já existiam em sociedades tradicionais; porém, no capitalismo surge um sistema econômico que transfere para canais monetários não somente o intercâmbio interno entre os empreendimentos, mas também a troca com o entorno não econômico, com as economias privadas e com o Estado. A institucionalização do trabalho assalariado, de um lado, e a do Estado tributário, de outro[76], são tão constitutivas para o novo modo de produção, como foi o surgimento da empresa capitalista. Somente quando o dinheiro se torna um *meio de troca intersistêmica*, ele consegue gerar efeitos formadores de estrutura. Por ser um *subsistema controlado monetariamente*, a economia só pode se constituir à medida que regula a permuta com seu entorno social através do meio "dinheiro". Os entornos complementares se formam quando o processo de produção é translada-

---

76. A respeito desse conceito cf. R. Goldscheid, O. Schumpeter. *Die Finanzkrise des Steuerstaates*. Frankfurt/M., 1976.

do para o trabalho assalariado e o aparelho do Estado é retroligado à produção, por via dos impostos dos empregados. Ou seja, o Estado se torna dependente do subsistema econômico, controlado por meios; isso o obriga a uma reorganização, em que o poder político é equiparado à estrutura de um meio de controle e o poder econômico é assimilado ao dinheiro.

No interior de um subsistema que se especializa para uma única função relevante à sociedade como um todo, amplia-se ainda mais o espaço para realizações organizatórias. A partir de agora, as atividades de organizações diferentes para funções iguais e as atividades de organizações iguais para funções diferentes podem ser enfeixadas. Sob tais condições, as organizações são institucionalizadas como empresas e institutos, ou seja, nelas se torna realidade o que sempre tinha sido uma ficção: o Estado enquanto organização política global. Empresas e institutos concretizam o princípio da associação voluntária, a qual viabiliza formas autônomas de organização: "Devemos caracterizar como formalmente organizados... sistemas sociais que colocam como condição para a associação ao sistema o reconhecimento de certas expectativas de comportamento. Somente quem aceita determinadas expectativas, bem explícitas, pode se tornar membro de sistemas sociais organizados formalmente e continuar nesse estado."[77] O Estado tradicional constitui uma organização que estrutura a sociedade em sua totalidade. Por isso, ao definir os modos de associação, de configuração dos programas e de recrutamento do pessoal, ele é obrigado a levar em conta os mundos da vida, já constituídos, de uma sociedade de classes estratificadas e as cor-

---

77. N. Luhmann, 1968, p. 339.

respondentes tradições culturais, pois a empresa capitalista e a administração moderna configuram unidades sistemicamente independentes no interior de subsistemas destituídos de conteúdo normativo. À proporção que levam em conta condições de associação, aceitas em bloco, as *organizações que se tornaram autônomas* podem, segundo Luhmann, libertar-se dos contextos do mundo da vida estruturados comunicativamente, das orientações axiológicas concretas, predispostas a conflitos, e das disposições de ação das pessoas, encurraladas no entorno organizacional[78].

(4) Até o presente momento, abordei a evolução social sob o ponto de vista de uma intensificação da complexidade sistêmica; no entanto, a institucionalização de novos níveis de diferenciação sistêmica também é percebida na perspectiva interna dos mundos da vida afetados. Em sociedades tribais, por exemplo, a diferenciação sistêmica se liga diretamente a estruturas de interação existentes, lançando mão dos mecanismos da troca de mulheres e da formação do prestígio; por isso, ela ainda não se torna perceptível quando há interferências nas estruturas do mundo da vida. Porém, quando o Estado emerge nas sociedades estratificadas, o nível das simples interações é suplantado por um novo nível de relações sistêmicas. E tal diferença de nível se reflete na relação entre a totalidade política e as suas partes, determinante para a teoria clássica do Estado; as imagens refletidas, que surgem no espectro da cultura superior e da cultura popular, distinguem-se consideravelmente uma da outra. Além

---

78. N. Luhmann. "Allgemeine Theorie organisierter Sozialsysteme", in id., *Soziologische Aufklärung*, vol. 1, Opladen, 1975; cf. também, abaixo, pp. 556 ss.

disso, o novo nível de diferenciação sistêmica adquire a figura de uma ordem política global necessitada de legitimação; e esta só pode ser introduzida no mundo da vida ao preço de uma interpretação ilusória da sociedade de classes, ou seja, somente à medida que as cosmovisões religiosas assumem funções ideológicas. No final desse processo, o sistema de trocas que fluem através de meios dá origem a um terceiro nível de relações funcionais e sistêmicas, que se transformam em subsistemas destituídos de sentido normativo. E estes desafiam a força de assimilação do mundo da vida. Eles se coagulam, formando uma segunda natureza, ou seja, uma socialidade livre de normas, que pode aparecer no mundo objetivo como algo dado, como um contexto vital *reificado*. A separação entre sistema e mundo da vida reflete-se no interior dos mundos da vida modernos, inicialmente como reificação. O sistema da sociedade explode definitivamente o horizonte do mundo da vida, subtraindo-se à pré-compreensão da prática comunicativa cotidiana e tornando-se, a partir de então, acessível apenas ao saber contraintuitivo das ciências sociais que começam a surgir no século XVIII.

Além disso, uma perspectiva interna parece confirmar as conclusões da teoria de sistemas, obtidas numa perspectiva externa: quanto mais complexos os sistemas da sociedade, tanto mais provincianos se apresentam os mundos da vida. Num sistema social diferenciado, o mundo da vida se encolhe, assumindo contornos de um subsistema. Não podemos, todavia, interpretar tal afirmação numa linha causal, como se as modificações das estruturas do mundo da vida fossem consequência direta do aumento da complexidade sistêmica. Na realidade, acontece exatamente o contrário, ou seja, os aumentos de complexidade dependem das diferenciações estruturais do mundo da vida. E tal mudança de estrutura, independentemente do modo como se explica sua dinâmica, obedece ao sentido próprio de uma racionalização comunicativa. Pretendo, a partir de agora, utilizar sistematicamente essa tese que desenvolvi a partir dos textos de Mead e de Durkheim, utilizando-a na análise do mundo da vida.

Conforme vimos acima, a detecção do nível do possível aumento de complexidade implica a introdução de um novo mecanismo sistêmico; além disso, qualquer mecanismo de diferenciação do sistema que toma a dianteira tem de estar ancorado no mundo da vida e ser *institucionalizado* pelo *status*, pela autoridade do cargo ou pelo direito privado civil. Pois as formações da sociedade se distinguem, em última instância, de acordo com complexos institucionais, os quais definem, segundo Marx, a base da sociedade. Ora, tais instituições de base provocam uma série de inovações no nível de uma evolução, cuja admissibilidade implica o pressuposto de que o mundo da vida já se encontra suficientemente racionalizado e de que o direito e a moral atingiram um correspondente nível de desenvolvimento. Além disso, a institucionalização de um novo nível de diferenciação do sistema exige reformas no núcleo institucional da regulação consensual de conflitos de ação no âmbito do direito e da moral.

A moral e o direito têm como especialidade represar conflitos escancarados, a fim de que a base do agir orientado pelo entendimento – e, com isso, a integração social do mundo da vida – não seja prejudicada. Eles asseguram um ulterior nível de consenso, ao qual podemos recorrer quando fracassa o mecanismo de entendimento na esfera da comunicação cotidiana, regulada por normas, isto é, quando a coordenação das ações, prevista para o caso normal, não acontece, abrindo espaço para o risco de um confronto violento. Por conseguinte, as normas morais e jurídicas constituem *normas de ação de segunda ordem* indicadas especialmente para estudar as formas de integração social. Conforme vimos, Durkheim analisou a mudança das formas de integração social tomando como referência o desenvolvimento da moral e do direito; ele afirma que o direito e a moral se tornam, no longo prazo, mais abstratos e gerais, distanciando-se cada vez mais um do outro. À luz da ontogênese e de acordo com os conceitos subjacentes de expectativa de comportamento, de norma (= expectativa generalizada de comportamento) e de princípio (= norma de nível superior), que caracterizam o aspecto cognitivo da interação, é possível reconstruir os níveis de desenvolvimento da moral e do direito. É notório que L. Kohlberg distingue três níveis de consciência moral: o nível pré-convencional, em que são levadas em conta apenas as consequências da ação; o nível convencional, em que entram em jogo também a orientação por normas e a infração de normas; e o nível pós-convencional, em que as próprias normas são avaliadas à luz de princípios[79]. K. Eder demonstrou que, nas sociedades arcaicas, tradicionais e modernas existem estruturas de consciência semelhantes ao desenvolvimento do direito e da moral[80]. E W. Schluchter adotou tais pontos de vista para interpretar a tipologia jurídica weberiana apoiada na história[81]. Eu me contento aqui em reproduzir esquematicamente tais ideias:

---

79. L. Kohlberg. *Zur kognitiven Entwicklung des Kindes*. Frankfurt/M., 1974.
80. Eder, 1976.
81. Schluchter, 1979, pp. 122 ss.; aqui pp. 179-80.

Fig. 26 *Níveis de desenvolvimento do direito*

Níveis da consciência moral	Conceitos básicos cognitivo-sociais	Éticas	Tipos de direito
pré-convencional	Expectativas de comportamento particulares	Ética mágica	Direito revelado
convencional	Norma	Ética legal	Direito tradicional
pós-convencional	Princípio	Ética da consciência e ética da responsabilidade	Direito formal

Na primeira faixa horizontal do esquema, o direito e a moral não estão separados; na segunda estão separados apenas por uma linha tracejada para indicar o processo de diferenciação em andamento, que se completa no nível pós-convencional, em que a moralidade se desliga da legalidade. No nível da consciência moral orientada por princípios, a moral é desinstitucionalizada, a ponto de ficar ancorada apenas no sistema da personalidade, servindo como controle *interno* do comportamento. Da mesma forma, o direito se desenvolve como um poder *externo*, imposto a partir de fora, a tal ponto que o direito de coação moderno, sancionado pelo Estado, se transforma numa instituição desconectada dos motivos éticos dos membros do direito, ficando na dependência de uma obediência abstrata ao direito. Não obstante, tal desenvolvimento faz parte da diferenciação estrutural do mundo da vida – nele se espelha, de um lado, a autonomização dos componentes sociais do mundo da vida, portanto, do sistema de instituições que se tornam independentes da cultura e da personalidade; de outro lado, ele manifesta a tendência segundo a qual as ordens legítimas se tornam cada vez mais dependentes dos procedimentos formais de criação e de fundamentação das normas.

Estamos abordando a tese segundo a qual na evolução social não se podem estabelecer níveis de integração superiores, antes que se tenham formado instituições jurídicas que incorporam uma consciência moral típica do nível convencional ou pós-convencional[82]. Enquanto o sistema de parentesco representa uma instituição total, como é o caso das sociedades tribais, não há lugar para a jurisdição enquanto *meta*instituição. As práticas da jurisdição não se formam como instituições superiores, e sim como instituições ao lado de outras. Isso pode explicar o porquê das constantes discussões dos antropólogos sobre a correta definição do conceito "direito". Os direitos resultam de *todas* as normas de ação reconhecidas socialmente; já *o* direito se refere somente ao tratamento das transgressões de normas tidas como tão graves que não podem ser reparadas imediatamente nem toleradas sem mais nem menos. De outro lado, o conceito moderno de "direito coativo", que se apresenta como um sistema de leis protegidas pelo poder de sanção do Estado, é demasiado estreito. Nas sociedades tribais, o direito ainda não é um direito cogente. A autoajuda das partes litigantes continua sendo a *ultima ratio*, não podendo ser substituída obrigato-

---

82. Desenvolvi mais amplamente essa tese em Habermas, 1976a, especialmente na introdução e no capítulo VI.

riamente pela sentença de um juiz. Além disso, nem todas as sociedades possuem instituições especializadas na administração da justiça (ou na aplicação de penas); no entanto, mesmo onde não existem tribunais são encontráveis rotinas para a solução *arbitrada* de casos conflituosos que afetam os interesses de um indivíduo e de sua família ou o bem-estar de uma coletividade: "Recent work done by anthropologists has concentrated on the careful recording of cases, as far as possible in the context of what is already known about the disputants, their relative status, and the events that led up to a 'trouble case'. P. H. Gulliver, a London anthropologist who has done much work of this kind in Tanzania, maintains what is implicit in Hoebel, that when we are studying law what we should really be looking for is *the process of dispute settlement*. By a dispute he means a quarrel that has reached the point where the man who thinks he is injured demands some kind of third-party intervention to establish what his rights are and give him the satisfaction due to him. He reminds us that 'settlement' does not necessarily dispose of the issue. But once a *quarrel* has been treated by either party as a *dispute* something has to be done."[83]

A distinção durkheimiana entre pecados ou crimes punidos pelo direito penal e delitos que exigem a reparação de uma das partes, cujos interesses foram afetados, foi aceita por Radcliffe-Brown; no entanto, o material empírico não permite mantê-la no sentido visado por Durkheim. Em nosso contexto importa, antes de tudo, o fato de que a ideia do restabelecimento de um estado integral ou de uma ordem normal pode encontrar aplicação também nos

---

83. Mair, 1972, pp. 145 ss.

casos aos quais a distinção durkheimiana entre litígios penais e civis pode ser aplicada: "There are two main ways of dealing with a complaint that somebody has broken the law. One is to persuade or compel him to make restitution to the person he has wronged. The other is to punish the lawbreaker; if that method is chosen, it could be argued that he is making restitution to the community as a whole, being held by his action to have injured them all."[84] O caso é julgado sob os pontos de vista pré-convencionais da compensação de um prejuízo causado; só são moralmente relevantes as consequências da ação, não as intenções dos réus. Assim, por exemplo, a violação do tabu do incesto é tida como um crime, cujas conseqüências contaminam a sociedade, uma espécie de poluição do meio ambiente – e a pena a ele relacionada não é tida como um castigo pela transgressão individual de uma norma, e sim como afastamento de um perigo que ameaça a coletividade. A validade das normas está enraizada diretamente nas ações rituais da comunidade de culto; ela não se apoia em sanções externas monopolizadas por um senhor do tribunal. A pena pelas transgressões contra a ordem sagrada adquire o caráter de uma reparação que não pode ser forçada, em última instância, por uma autoridade social.

Esse momento da adoção de uma pena se torna ainda mais claro nos conflitos entre partes litigantes que têm como objeto o direito civil. Ante o pano de fundo do direito ao desafio ou de outras rotinas de autoajuda, os tribunais arbitrais podem, quando muito, provocar as partes ligantes a que se ponham de acordo; porém, não podem

---

84. Mair, 1972, p. 146.

impor um juízo, isto é, não podem fazer com que o aceitem contra sua vontade: "One cannot divide societies neatly into those in which disputes are fought out, and those in which they are argued out before an impartial authority which decides who is right and what is to be done. The latter type indubitably have legal institutions; some of the former might be said to go only part of the way. Thus, among the Luhya of western Kenya, the heads of descent groups were traditionally held do be responsible for the actions of their members, and if someone was involved in a dispute the elders of the two groups got together and tried to agree on a solution. Except within the narrowest descent group, no solution could be imposed unless the parties agreed. In the case of a dispute between members of a larger lineage, it was not considered permissible to fight the matter out, but if no reconciliation could be attained the weaker party numerically (who could not have won in a fight) moved away and broke off relations with the rest of the lineage."[85]

Nas sociedades organizadas na forma de Estado, as coisas não acontecem desse modo. A base da autoridade política se situa na disposição sobre meios de sanção centralizados, que conferem um caráter vinculante às decisões dos que detêm os cargos. A autoridade do soberano não deriva de algo meramente fático, e sim de um poder de sanção reconhecido como legítimo pelos membros do direito. No entanto, a disposição legítima sobre meios de sanção, a qual configura o núcleo do poder político, deriva, segundo uma hipótese desenvolvida por K. Eder, do cargo de juiz real. E esse cargo só se pode formar quando

---

85. Mair, 1972, pp. 148 s.

as instituições da jurisdição foram transportadas para um nível de consciência moral convencional. Ora, sob pontos de vista convencionais, um crime aparece como transgressão de normas reconhecidas intersubjetivamente, praticada por um indivíduo. O desvio da norma se mede pelas intenções de um sujeito que age responsavelmente, e o castigo se destina a um agir culposo, não à simples compensação por consequências desvantajosas resultantes da ação. Nesse nível do juízo moral, a regulação consensual de conflitos de ação não se orienta pela idéia da reconstituição de um *status quo ante*, lesado, mas pela ideia segundo a qual a injustiça feita tem de ser reparada e as normas feridas, revigoradas.

Com isso, as funções da jurisdição e a posição do juiz se modificam na consciência dos membros da comunidade jurídica: O juiz mantém a integridade da ordem jurídica; e o poder por ele pretendido no exercício dessa função adquire sua legitimidade da ordem jurídica respeitada como válida. O poder judicial não se apoia mais no prestígio de seu *status* de nascimento, mas na legitimidade de uma ordem jurídica, que implica a posição de um defensor do direito dotado de suficiente poder de sanção. *E, dado que o próprio ofício de juiz configura uma fonte de poder legítimo, o poder político pode se cristalizar em torno desse cargo.*

Na base do direito tradicional, realiza-se uma separação clara entre direito civil e direito penal, já insinuada em instituições jurídicas arcaicas; o direito civil emerge quando a jurisdição arbitral, concebida de modo pré-convencional, é transferida para o nível convencional da consciência moral. Além do mais, a partir de agora, o direito assume a posição de uma metainstituição à qual se atribui uma espécie de garantia por danos quando a força vinculante das instituições de primeira ordem fracassa. A ordem política global se constitui como ordem jurídica; no entanto, ela envolve a sociedade como se fora uma cápsula cujos núcleos ainda não estão organizados conforme o direito. O intercâmbio social se institucionaliza preferentemente em formas de eticidade tradicional. Entretanto, isso tudo muda com o advento das sociedades modernas.

Nesse momento surge, ao lado da economia diferenciada pelo "dinheiro", um sistema de ação neutralizado eticamente. E tais instituições de primeira ordem, garantidas juridicamente, transladam *diretamente* o sistema do trabalho social para normas do direito civil. E, à medida que as ações são coordenadas pelo dinheiro, que constitui um meio não linguístico, as interações reguladas por normas se transformam em transações entre sujeitos de direito privado, que se orientam pelo sucesso. Sob os tópicos "positividade", "legalismo" e "formalismo do direito", abordei acima a transformação do direito tradicional, o qual passa a ser, de um lado, um meio de organização utilizável para certos fins, isto é, torna-se um direito coativo imposto exteriormente e desatrelado de motivos éticos; de outro lado, ele se torna um instrumento para a delimitação de domínios de arbítrio legítimo. Tentei mostrar também, no mesmo contexto, que esse direito moderno incorpora estruturas da consciência que necessitam do nível pós-convencional da consciência moral para poderem se formar. O sistema do direito privado positivado, que entra no lugar das normas do agir orientado pelo entendimento, apoiadas na tradição, depende de uma legislação permanente, de uma jurisdição profissional e de uma administração legal instruída juridicamente. E, uma vez que o direito civil perde as funções de metainstituição, forma-se no interior do próprio sistema jurídico um escalonamento de instituições de primeira e de segunda ordem, funcionalmente equivalentes.

O direito privado é separado do público e, a seguir, diferenciado em direito penal e direito civil. Enquanto a sociedade burguesa domesticada pelo direito se institucionaliza como esfera da concorrência permanente entre pessoas privadas que agem estrategicamente, os órgãos do Estado, organizados numa forma pública e jurídica, constituem uma plataforma sobre a qual é possível reconstruir o consenso em casos de conflitos mais profundos. A partir daqui, a problemática da fundamentação se agudiza e se aprofunda. E, à proporção que o direito se positiviza, os caminhos da legitimação se tornam mais longos. A legalidade das decisões, medida pela observância de procedimentos incontestáveis do ponto de vista formal, alivia o sistema do direito do peso de uma problemática de fundamentação que permeia todo o direito tradicional. De outro lado, tal problemática tem de se agudizar no ponto em que a necessidade de justificação e a criticabilidade das normas do direito representam apenas o outro lado de sua positividade – uma vez que o princípio da fundamentação e o princípio da positivação se pressupõem mutuamente. O sistema jurídico *como um todo* necessita de uma ancoragem em instituições básicas capazes de legitimá-lo. No Estado constitucional burguês, tal papel é desempenhado, em primeira linha, pelos direitos fundamentais e pelo princípio da soberania do povo; neles se incorporam estruturas da consciência pós-convencional. Ao lado dos fundamentos prático-morais do direito penal e do direito civil, eles constituem a ponte entre uma esfera jurídica desmoralizada e alienada, de um lado, e uma moral internalizada, de outro.

Esbocei os dois níveis da evolução do direito e da moral, a fim de mostrar que a passagem para concepções convencionais e pós-convencionais do direito e da moral preenche condições *necessárias* para o surgimento da moldura institucional de sociedades de classes de tipo político e econômico. E entendo isso da seguinte maneira: só é possível introduzir novos níveis de diferenciação do sistema, quando a racionalização do mundo da vida atinge um nível correspondente. E neste caso é preciso explicar por que o desenvolvimento do direito e da moral rumo ao universalismo implica uma racionalização do mundo da vida e novos níveis de integração. É possível entender isso quando prestamos atenção nas duas tendências opostas que se impõem, no nível das interações e das orientações da ação, no bojo de uma progressiva "generalização de valores".

(5) Parsons utiliza a expressão "generalização de valores" para designar a tendência segundo a qual as orientações valorativas exigidas institucionalmente dos agentes assumem feições cada vez mais formais no decorrer da evolução. Tal tendência constitui a necessidade estrutural de um desenvolvimento do direito e da moral, a qual empurra a garantia do consenso, prevista para os casos de conflito, para níveis cada vez mais abstratos. É certo que nem os sistemas de interação mais simples conseguem funcionar sem um certo número de orientações de ação *generalizadas*. Pois em qualquer sociedade se coloca o problema básico da coordenação da ação, que pode ser formulado da seguinte maneira: de que modo o *ego* pode levar o *alter* a prosseguir uma interação numa determinada forma desejada? Ou ainda: como ele consegue evitar um conflito que interromperia a sequência da ação? Se tomarmos como ponto de partida interações simples

no quadro da prática comunicativa cotidiana e perguntarmos pelos motivos generalizados, capazes de mover o *alter* a aceitar globalmente as ofertas de interação feitas pelo *ego*, toparemos com certos elementos triviais, não ligados a pressupostos especiais, tais como o prestígio de que o *ego* goza e a influência que exerce. Quando uma pessoa influente e de prestígio toma iniciativas, pode contar com uma antecipação de confiança que, dado o caso, se faz sentir numa predisposição ao consenso e à obediência, a qual *ultrapassa situações particulares*. Também podemos dizer que o prestígio de que gozam certas pessoas possui uma relação com as orientações da ação, generalizadas, dos outros participantes da interação.

Em sociedades tribais hierarquizadas, a influência e o prestígio marcam a estrutura social. E o adiantamento da confiança passa das pessoas para os grupos. A disposição de aceitação, que transcende a situação, estende-se agora aos grupos de descendência dominantes; membros de grupos de *status* superiores encontram obediência para expectativas de comportamento que não precisam mais do seu respaldo pessoal. Em sociedades constituídas politicamente, a autoridade do cargo do soberano amplia o espaço para orientações valorativas generalizadas; já em esferas de ação relevantes, estas se desligam das relações de parentesco particulares. A disposição de consentir e de obedecer não se dirige aqui, em primeira linha, a famílias influentes, mas à autoridade legal do Estado. Dominação política significa competência na implantação de decisões apoiadas em normas obrigatórias; e a ordem estatal se torna legítima à proporção que consegue se respaldar na fidelidade à lei por parte dos cidadãos. Tal dever de obediência em relação aos detentores do poder é menos particularista que a disposição de obedecer aos membros de uma camada dirigente. Finalmente, a sociedade burguesa moderna exige um nível ainda mais elevado de generalização dos valores. À medida que a eticidade tradicional se cinde em moralidade e eticidade, passa-se a exigir, para as relações privadas, a aplicação autônoma de princípios gerais e, para a esfera profissional, a obediência a um direito estatuído positivamente. Enquanto os motivos dos agentes são controlados inicialmente pelas orientações valorativas concretas dos papéis de parentesco, a generalização dos motivos e dos valores é levada a tal ponto que a obediência abstrata ao direito passa a ser a única condição a ser preenchida pelo ator nos domínios da ação organizados formalmente.

No plano da interação, a propensão à generalização dos valores desencadeia duas tendências que caminham numa direção contrária. E, quanto mais se aprofunda a generalização dos valores e dos motivos, tanto mais o agir comunicativo se desprende dos padrões de comportamento concretos e veiculados pela tradição. Tal desligamento faz com que o fardo da integração social seja tirado paulatinamente do consenso ancorado na religião e passado para processos de formação do consenso no interior da linguagem. Tal mudança de polaridade, ou seja, a passagem da coordenação da ação para o mecanismo do entendimento, faz com que as estruturas gerais do agir orientado pelo entendimento se tornem cada vez mais nítidas. Nessa medida, a generalização dos valores constitui uma condição necessária para o nascimento do potencial de racionalidade inserido no agir comunicativo. Isso nos autoriza a entender o desenvolvimento do direito e da moral, do qual depende a generalização dos valores, como um aspecto da racionalização do mundo da vida.

Por outro lado, a emancipação do agir comunicativo de orientações valorativas particulares significa, ao mesmo tempo, a separação entre o agir orientado pelo sucesso e o agir orientado pelo entendimento. A generalização dos motivos e dos valores abre espaços para subsistemas do agir racional teleológico. E a partir deste momento – em que se diferenciam contextos de agir estratégico – a coordenação da ação pode ser transladada para meios de comunicação que não necessitam mais da linguagem (*entsprachlicht*). Enquanto a moral desinstitucionalizada e internalizada liga a regulação de conflitos de ação exclusivamente à ideia do resgate discursivo de pretensões de validade, isto é, a procedimentos e pressupostos da argumentação moral, o direito coativo – destituído de conteúdos morais – impõe um caminho de legitimação que possibilita o controle do agir social através de meios.

Nessa polarização se reflete a separação entre integração social e integração pelo sistema. No plano da interação, a integração social pressupõe uma diferenciação, não somente entre o agir orientado pelo sucesso e a atividade orientada pelo entendimento, mas também entre os correspondentes *mecanismos de coordenação da ação*, dependendo do modo como o *ego* leva o *alter* a continuar a interação e da base sobre a qual o *alter* forma orientações de ação cada vez mais gerais. No plano das orientações da ação cada vez mais gerais, surge uma rede cada vez mais densa de interações que não necessitam mais de um controle normativo imediato, uma vez que sua coordenação segue *outros caminhos*. Para a satisfação dessa crescente necessidade de coordenação, não temos à disposição um entendimento linguístico nem mecanismos de desafogo capazes de diminuir os dispêndios de comunicação ou os riscos de dissenso. Enquanto o processo de diferenciação entre o agir orientado pelo entendimento e o agir orientado pelo sucesso transcorre, formam-se na comunicação *dois tipos de mecanismos de desafogo, na forma de meios de comunicação* que *condensam* ou simplesmente *substituem* o entendimento linguístico. Já conhecemos o prestígio e a influência, geradores primitivos da disposição de obedecer. Ora, a formação dos meios se inicia a partir deles.

O prestígio é atribuído preferentemente à pessoa; a influência deriva do fluxo da comunicação. Mesmo que o prestígio e a influência constituam grandezas interdependentes – o prestígio aumenta a influência, e a influência proporciona maior prestígio –, podemos mantê-los separados numa perspectiva analítica, tendo em vista suas fontes. Nos casos mais simples, o prestígio se apoia em atributos da personalidade e a influência, no poder de disposição sobre fontes. No catálogo das características relevantes para o prestígio, podemos encontrar não somente a força e a atração física, as habilidades práticas e técnicas, as capacidades intelectuais, mas também aquilo que intitulo "capacidade de um sujeito que age de modo comunicativo", o qual pode justificar seus atos. E integram essa capacidade a força de vontade, a credibilidade e a confiabilidade, portanto as virtudes cognitivas, expressivas e prático-morais de um agir orientado por pretensões de validade. De outro lado, a posse e o saber constituem as duas fontes mais importantes da influência. Utilizo aqui a expressão "saber" num sentido amplo, capaz de abranger tudo o que pode ser adquirido mediante a aprendizagem e a apropriação da tradição cultural – e esta última compreende não somente os componentes cognitivos, mas também os que concernem à integração social, ou seja, os componentes expressivos e os prático-morais.

Podemos concluir que a disposição generalizada do *alter* em aceitar as ofertas de interação do *ego* resulta de certas fontes de prestígio ou da influência do *ego*, ou, mais precisamente: de vinculações motivadas empiricamente por meio de estímulo ou intimidação, no caso da força física; da atração corporal, de habilidades cognitivo-instrumentais e da disposição sobre posses; da confiança motivada racionalmente por meio de um acordo fundamentado, quando a pessoa é capaz de responder por seus atos na interação, e da disposição sobre um saber. A partir daqui, é possível elaborar uma classificação provisória da disposição de aceitação induzida por influência e por prestígio:

Fig. 27 *Fontes da disposição generalizada de aceitação*

Imputação de prestígio e influência / Motivação	Atributos	Recursos
empiricamente	*Força*: intimidação por meio de um castigo temido, atração por meio da proteção esperada. *Poder*: estímulo pelo sucesso esperado. *Atração física*: ligação sentimental.	*Posse*: estímulo pela recompensa esperada
racionalmente	*Imputabilidade*: confiança na autonomia racional.	*Saber*: confiança num saber válido

Esse esquema não pretende ser sistemático; trata-se de uma simples ilustração para o fato de que nas fontes do prestígio e da influência existe uma diferenciação entre vinculação motivada empiricamente e confiança motivada racionalmente. O *alter* aceita a oferta do *ego* porque se orienta pelas recompensas ou castigos que o *ego* pode distribuir ou porque ele confia no fato de que o *ego* dispõe de um saber suficiente, sendo autônomo o bastante para garantir o resgate das pretensões de validade que ele manifesta comunicativamente.

A partir de agora, o problema dos riscos da comunicação e do dissenso pode ser resolvido em um nível mais alto pelo fato de que a influência e o prestígio, além de induzirem à obediência e ao consenso e, eventualmente, obterem efeitos *formadores de estrutura*, podem ser generalizados. E assim se formam os *meios de controle*.

A condição requerida para a formação de meios é a diferenciação das fontes de influência, especialmente a separação entre vinculações motivadas empiricamente e as diferentes formas de confiança motivadas racionalmente. Os *meios: dinheiro e poder* se apoiam em ligações motivadas empiricamente, ao passo que as *formas generalizadas de comunicação*, tais como a reputação profissional e o "compromisso com valores", ou seja, a liderança prático-moral, dependem de determinados tipos de confiança motivados racionalmente.

Podemos clarificar da seguinte maneira essa diferença de tipos: a prática comunicativa cotidiana está inserida, conforme vimos, num contexto em forma de mundo da vida, determinado por tradições culturais, ordens legítimas e indivíduos socializados. Já as interpretações se nutrem de um adiantamento de consenso formado no mundo da vida[86].

---

86. "Normalmente, não há necessidade de considerar os fundamentos da convivência ou as condições de sua continuidade, nem de

Entretanto, o potencial de racionalidade do entendimento linguístico é atualizado à medida que a generalização de motivos e de valores progride, e as zonas do que não é problemático se encolhem. A crescente pressão de racionalidade, exercida por um mundo da vida problematizado sobre o mecanismo do entendimento, eleva a necessidade de entendimento e, com isso, aumenta o ônus da interpretação e os riscos de dissenso (uma vez que se apela para as capacidades de crítica). Tais exigências e perigos podem ser atenuados através dos meios de comunicação. E o modo de funcionamento desses meios pode ser interpretado de duas maneiras: ou eles *arrebatam* a formação linguística do consenso, estabelecendo uma *hierarquização* dos processos de entendimento e uma *especialização* centrada em certos aspectos da validade, ou eles *desconectam,* em geral, a coordenação da ação da *formação linguística do consenso*, neutralizando-a em relação à alternativa: acordo ou entendimento fracassado.

Tal reorientação da coordenação da ação, que passa da linguagem para meios de controle, faz com que a interação seja desligada dos contextos do mundo da vida. Meios como o dinheiro e o poder se assentam sobre vinculações motivadas empiricamente; codificam uma forma teleológica de tratar quantidades de valores calculáveis, tornando possível uma influenciação estratégica generalizada nas decisões de outros participantes da interação, *passando ao largo* dos processos de formação linguística do consenso. À medida que simplificam a comunicação lin-

---

justificar as ações, de criar motivos ou de exibi-los. Pois as problematizações e tematizações jamais são excluídas, permanecendo sempre como uma possibilidade; porém, tal possibilidade não atual já é suficiente, em geral, como base da interação: caso ninguém lance mão dela, tudo estará em ordem." Luhmann, 1975e, p. 70.

guística e a substituem por uma generalização simbólica de prejuízos e ressarcimentos, o contexto do mundo da vida, em que os processos de entendimento estão inseridos, é desvalorizado em benefício de interações controladas por meios, e, como consequência, a coordenação das ações não necessita mais do mundo da vida.

Os subsistemas sociais, que podem ser diferenciados por esses meios, tendem a se afastar de um mundo da vida transformado em mero entorno do sistema. Por isso, na perspectiva do mundo da vida, a transposição do agir para meios de controle aparece não somente como um desafogo tendo em vista os riscos e o ônus da comunicação, mas também como um condicionamento de decisões em espaços contingenciais ampliados e, nesse sentido, como uma *tecnicização do mundo da vida*.

A generalização da influência, que decorre da confiança na posse de um saber cognitivo-instrumental, moral ou estético, não pode provocar tal efeito. Onde entram em jogo a reputação ou a autoridade moral, a coordenação da ação tem de ser conseguida por meio das fontes de formação linguística do consenso. Porque meios desse tipo não podem desconectar as interações do contexto do saber cultural compartilhado, das normas em vigor ou das motivações imputáveis, uma vez que elas têm de lançar mão das fontes de formação linguística do consenso. Isso também explica por que elas não necessitam de uma retroligação especial com o mundo da vida, mesmo que dependam de uma racionalização do mundo da vida.

Uma influência especializada em termos cognitivos, tal como, por exemplo, a reputação científica, só pode se formar à proporção que as esferas dos valores culturais se diferenciam no sentido de Weber, permitindo uma elaboração da tradição cognitiva sob o aspecto exclusivo da verdade. Uma influência especializada em termos normativos, como é o caso da liderança moral, só pode se formar à medida que o desenvolvimento do direito e da moral atingem o nível pós-convencional, em que a consciência moral está ancorada no sistema da personalidade por meio de controles internos. Ambos os tipos de influência exigem, além disso, *tecnologias da comunicação* com o auxílio das quais é possível formar uma *publicidade*. O agir comunicativo só pode ser controlado por meios, tais como a reputação profissional e o compromisso com valores, à medida que as manifestações comunicativas já estão inseridas, em sua origem, numa rede virtualmente presente de conteúdos comunicativos, que podem estar distanciados no espaço e no tempo, mas têm de ser acessíveis em princípio.

A escrita, a imprensa e os meios eletrônicos constituem as inovações mais significativas nesse campo, pois são técnicas que permitem disponibilizar atos de fala para um número ilimitado de contextos, retirando-os das limitações contextuais. A passagem para sociedades desenvolvidas na forma de Estado acompanha a descoberta da escrita: esta serve inicialmente para fins da técnica administrativa e, mais tarde, para a "literalização" de uma camada de eruditos. Além disso, permite o surgimento de vários papéis novos, tais como o do autor capaz de dirigir suas emissões a um público geral indefinido; o do exegeta que dá continuidade a uma tradição servindo-se da doutrina e da crítica; e o do leitor que decide, mediante a escolha de sua leitura, qual vai ser a comunicação a ser transmitida pela cultura e da qual ele gostaria de participar. A imprensa só consegue desenvolver seu significado cultural e político na modernidade. Ela provoca um destravamento do agir comunicativo, cujo potencial aumenta com os meios eletrônicos da comunicação de massa, desenvolvidos no século XX.

Entretanto, quanto mais a formação do consenso linguístico é facilitada pelos meios, tanto mais complexa se torna a rede de interações controladas por meios. Não obstante, os dois tipos de mecanismos de desafogo exigem *tipos diferentes* de comunicação multiplicada. Meios de comunicação não linguísticos, tais como o dinheiro e o poder, ligam as interações ao espaço e ao tempo, formando redes cada vez mais complexas e não transparentes que fogem à responsabilidade de qualquer pessoa. E, se a capacidade de responder pelos próprios atos significa que podemos orientar nossas atitudes segundo pretensões de validade criticáveis, uma coordenação da ação desatrelada do consenso produzido comunicativamente, isto é, "desmundanizada", não pode exigir dos participantes da interação a capacidade de responder pelos próprios atos. Já meios de comunicação tais como a reputação e o compromisso com valores, que condensam e escalonam processos de entendimento, sem os substituírem, conseguem aliviar a interação da necessidade de tomar posição perante pretensões de validade criticáveis; porém, isso só é possível em primeira instância. Pois eles dependem de tecnologias da comunicação, as quais possibilitam a formação de publicidades, ou seja, fazem com que as próprias redes de comunicação, condensadas, possam ser engatadas na tradição cultural; e nesse caso as tornam dependentes, em última instância, do agir de atores imputáveis.

(6) Nas tendências contrapostas entre si, delineadas há pouco, desenha-se uma polarização entre os tipos de mecanismos coordenadores da ação e o desengate entre integração social e integração sistêmica. Através dos subsistemas diferenciados por meios de controle, os meca-

nismos sistêmicos criam suas próprias estruturas sociais isentas de normas, que pairam acima do mundo da vida. Mesmo assim, tais estruturas continuam retroligadas à prática comunicativa cotidiana por meio do direito burguês, que constitui uma instituição básica. O fato de a integração social e a sistêmica estarem desligadas uma da outra impede o estabelecimento de dependências lineares numa direção ou noutra. Aqui podemos imaginar dois casos distintos: ou as instituições que ancoram os mecanismos de controle no mundo da vida, tais como o dinheiro e o poder, canalizam a influência do mundo da vida para as esferas da ação organizadas formalmente, ou, ao contrário, levam a influência do sistema para os contextos da ação estruturados comunicativamente. No primeiro caso, elas funcionam como moldura institucional que submete a manutenção do sistema às restrições normativas do mundo da vida; no segundo, funcionam como uma base que submete o mundo da vida às coações sistêmicas da reprodução material, desencadeando o processo da "mediatização" desse mundo.

Ambos os modelos de pensamento foram utilizados na teoria da sociedade e do Estado: as modernas doutrinas do direito natural não se interessavam pelas leis capazes de estabilizar funcionalmente a sociedade burguesa, uma vez que se opunham a um Estado construído de forma inteiramente racional; e os clássicos da economia política se esforçavam para demonstrar que os imperativos do sistema estavam basicamente em harmonia com as normas básicas de uma comunidade garantidora da liberdade e da justiça. Na forma de uma crítica da economia política, Marx detonou essa ilusão prenhe de consequências práticas, mostrando que as leis da produção capitalista de mercadorias têm como função latente manter uma estrutura de classes que zomba dos ideais burgueses. Marx desvaloriza o mundo da vida das camadas portadoras do capitalismo interpretado no direito natural racional e nos ideais da cultura burguesa, definindo-o como superestrutura sociocultural. E, ao utilizar a imagem da base e da superestrutura, ele expressa uma exigência metódica segundo a qual é necessário sair de uma perspectiva do observador e entrar numa perspectiva interna ao mundo da vida, a qual permite apreender os imperativos sistêmicos da economia autônoma que influem *a tergo* no mundo da vida burguês. Segundo Marx, o encanto exercido pelo sistema sobre o mundo da vida só poderia ser quebrado numa sociedade socialista, pois aí é possível dissolver a dependência da superestrutura em relação à base.

De certo modo, o novo funcionalismo sistêmico acolhe a herança do marxismo; ao mesmo tempo que o radicaliza, ele o desarma. De um lado, a teoria de sistemas se apropria da ideia segundo a qual as coações sistêmicas da reprodução material devem ser tidas como imperativos de manutenção do estoque do sistema da sociedade que perpassam as estruturas simbólicas do mundo da vida. De outro lado, porém, ela elimina o aguilhão crítico do teorema "base-superestrutura", à proporção que reinterpreta numa pré-decisão analítica o que tinha sido pensado como diagnóstico empírico. Marx toma de empréstimo da teoria burguesa da sociedade um pressuposto que reencontramos em Durkheim: o fato de as formas de integração social, que podem ser alvo de um consenso, poderem ser reprimidas e substituídas por formas anônimas de socialização, sistêmicas, é extremamente importante para uma sociedade. Ora, um princípio teórico que representa o mundo da vida como mero subsistema controlado anonimamente escamoteia tal distinção. As teorias sistêmicas, ao tratar as realizações sociais e integradoras do sistema como equivalentes funcionais, renunciam ao critério da racionalidade comunicativa. Sem ele, no entanto, a intensificação da complexidade, obtida *à custa* de um mundo da vida racionalizado, não pode ser identificada *como* ônus. A teoria sistêmica não possui meios analíticos em condições de abordar o questionamento inserido por Marx em sua metáfora referente à base e à superestrutura e que Weber tinha renovado, à sua maneira, quando tratou da questão do paradoxo envolvendo a racionalização social. Em nosso entender, essa questão tem de ser colocada da seguinte maneira: será que a racionalização do mundo da vida não se torna paradoxal quando da passagem para a sociedade moderna? O mundo da vida racionalizado possibilita o surgimento e o crescimento de certos subsistemas, cujos imperativos, ao se tornarem autônomos, ricocheteiam de modo destrutivo sobre o próprio mundo da vida!

Pretendo inspecionar inicialmente os meios conceituais que permitem apreender tal hipótese de modo mais claro. A aceitação de uma "mediatização" do mundo da vida implica a descoberta de fenômenos de interferência que se manifestam nos contextos em que o mundo da vida e o sistema se diferenciaram um do outro, a ponto de um conseguir influenciar o outro. A "mediatização" do mundo da vida se realiza nele mesmo e com o auxílio de suas próprias estruturas; pois ela não faz parte dos processos disponíveis tematicamente *no interior* do mundo da vida, não podendo, por isso, ser extraída dos estoques da tradição, nem dos conteúdos da comunicação, ou do saber intuitivo dos membros. De outro lado, os fenômenos de interferência também não são acessíveis na perspectiva externa da teoria sistêmica. Eles não são percebidos na intuição ou na perspectiva interna do mundo da vida; no entanto, delineiam-se nas condições formais do agir comunicativo.

No início, a separação entre integração sistêmica e social significa apenas uma diferenciação entre tipos diferentes de coordenação da ação, uma vez que a coordenação acontece por meio do consenso dos participantes ou mediante contextos de ação funcionais. Entretanto, certos mecanismos integradores do sistema operam sobre os efeitos da ação. Uma vez que perpassam as orientações da ação de um modo que não é percebido pelos sujeitos, eles podem deixar intocados os contextos da ação utilizados de modo parasitário; em nosso entender, tal entrelaçamento entre a integração social e a sistêmica acontece em sociedades tribais. Porém, o mesmo não se dá quando a integração sistêmica atinge as formas da própria integração social; pois neste caso, mesmo que se trate de nexos funcionais que permanecem latentes, a não-percepção subjetiva de coações sistêmicas que *instrumentalizam* um mundo da vida estruturado comunicativamente adquire o caráter de um engano ou de uma consciência objetivamente falsa. As influências do sistema sobre o mundo da vida, que modificam a estrutura dos contextos da ação de grupos integrados socialmente sem prejudicar a aparência autárquica do mundo da vida, têm de se ocultar, de certa forma, nos poros do agir comunicativo. Isso provoca uma *violência estrutural*, a qual se apropria, sem se manifestar, da forma de intersubjetividade do entendimento possível. A violência estrutural é exercida por meio de restrições sistemáticas à comunicação; e ela está ancorada de tal forma nas condições formais do agir comunicativo, que os participantes da comunicação não podem mais distinguir claramente os elos que unem os três mundos entre si, a saber: o mundo objetivo, o social e o subjetivo. Para caracterizar tal *a priori* do entendimento, que possui analogias com o *a priori* cognitivo da forma de objeto (Lukács), eu gostaria de introduzir o conceito "forma de entendimento".

Lukács tinha determinado certas formas de objetividade como constituindo princípios que predeterminam, por meio da totalidade social, a luta dos indivíduos com a natureza objetiva, com a realidade normativa e com sua própria natureza subjetiva. Lukács fala em *formas* a priori *de objetividade* porque, no âmbito da filosofia da consciência, tinha de tomar como ponto de partida as relações fundamentais entre um sujeito cognoscente ou agente e a esfera dos objetos perceptíveis e manipuláveis. Entretanto, na teoria da comunicação, que muda de paradigma, as características formais da intersubjetividade do entendimento possível podem assumir o lugar das condições de objetividade da experiência possível. Formas de entendimento constituem respectivamente um compromisso entre as estruturas gerais do agir orientado pelo entendimento e as pressões da reprodução, não disponíveis tematicamente no interior de um mundo da vida dado. As formas históricas do entendimento constituem de certo modo superfícies que emergem nos pontos em que coações sistêmicas da reprodução material se introduzem imperceptivelmente nas formas da integração, "mediatizando" o mundo da vida.

Eu gostaria de ilustrar inicialmente o conceito "forma de entendimento" tomando como referência sociedades em que imagens do mundo religiosas e metafísicas assumem funções ideológicas (a), a fim de configurar os pontos de vista analíticos necessários para uma seqüência hipotética de formas de entendimento (b).

(a) Em sociedades organizadas na forma de Estado, é possível constatar uma necessidade de legitimação que, por razões estruturais, não era sentida em sociedades tribais. Pois em sociedades organizadas de acordo com o parentesco o sistema de instituições está ancorado numa prática que se interpreta mediante narrativas míticas, estabilizando sua validade normativa a partir de si mesma. Já a validade das leis nas quais se articula uma ordem política global tem de ser garantida inicialmente pelo poder de sanção de um soberano. Porém, o poder político só adquire força socialmente integradora à proporção que a disposição sobre os meios de sanção não repousa apenas na repressão bruta, mas também na autoridade de um cargo ligado a uma ordem jurídica. Por isso, as leis necessitam do reconhecimento intersubjetivo dos cidadãos, ou seja, têm de ser legitimadas como justas. E com isso a cultura assume a tarefa de justificar por que a ordem política vigente *merece* reconhecimento. Ao interpretar uma prática ritual, tornando-a compreensível, as narrativas míticas constituem elas mesmas uma parte dessa prática. Já as cosmovisões metafísicas e religiosas de origem profética têm a forma de doutrinas elaboradas intelectualmente, as quais explicam e justificam uma ordem de poder existente no quadro de uma ordem do mundo que se explica por si mesma[87].

---

87. S. N. Eisenstadt. "Cultural Traditions and Political Dynamics: the Origins and Modes of Ideological Politics", in *Brit. J. Soc.*, 32, 1981, pp. 155 ss. As religiões universalistas surgem numa época relativamente tardia. Em sociedades anteriores às grandes civilizações, que atingiram o nível de organizações estatais, necessita-se de outros fundamentos da legitimação. Nesse contexto, as pesquisas de M. Bloch sobre os reinos existentes nas regiões centrais de Madagascar merecem interesse especial: M. Bloch. "The Disconnection of Power and Rank as a Process", in S. Friedman, M. J. Rowland (orgs.). *The Evolution of Social Systems*. Londres, 1977; id., "The Past and the Present in the Present", in *Man*, 1978, pp. 278 ss. Bloch demonstra que, por razões de legitimação, não somente determinados ritos, como também as funções das hierarquias sociais garantidas pelo rito, são modificados quando da passagem de sociedades tribais es-

Em sociedades de cultura elevada, tal necessidade de legitimação, nascida estruturalmente, é especialmente premente. Quando se comparam as velhas civilizações com as sociedades tribais fortemente hierarquizadas, é impossível não constatar um aumento da desigualdade. No quadro de organizações estatais, é possível especificar funcionalmente unidades estruturadas de modo dessemelhante. Tão logo as organizações do trabalho social se desligam das relações de parentesco, torna-se mais fácil modificar os recursos e recombiná-los de modo mais eficaz. Porém, essa ampliação da reprodução material implica uma transformação do sistema de estratificação familial, que culmina numa sociedade estratificada em classes. Aquilo que, sob aspectos sistêmicos, aparece como uma integração da sociedade no nível de uma reprodução material ampliada significa, sob aspectos de uma integração social, um aumento da desigualdade social, ou seja, a exploração econômica em massa e a repressão juridicamente consentida das classes dependentes. A história das execuções penais fornece indícios claros do elevado nível de repressão que se fazia necessário em todas as civilizações antigas, sem exceção. Movimentos sociais tidos pelas análises estruturais como lutas de classes ameaçam a integração social, mesmo que não sejam reconhecidos como tais. Por isso, no contexto sistêmico da reprodução material, as funções de exploração e de repressão exercidas pela autoridade oficial do soberano e das classes dominantes têm de ser mantidas latentes. E a partir desse momento as imagens de mundo passam a funcionar como ideologias.

---

tratificadas para sociedades de classes organizadas na forma de Estado. As estruturas hierárquicas das sociedades tribais ultrapassadas continuam existindo como uma fachada atrás da qual se escondem as estruturas de classes dos novos reinos organizados na forma de Estado.

Max Weber demonstrou que o problema da legitimidade da distribuição desigual dos bens e da felicidade entre os homens predomina nas religiões universais. As cosmovisões teocêntricas desenvolvem teodiceias, a fim de satisfazer a necessidade de explicação do sofrimento tido como injusto, reinterpretando-o no contexto da salvação individual. As visões de mundo cosmocêntricas, por sua vez, oferecem soluções equivalentes para o mesmo problema. Por conseguinte, as imagens de mundo religiosas e metafísicas têm em comum uma estrutura mais ou menos dicotômica que permite referir o mundo da vida sociocultural a um mundo situado no além. Ora, o mundo situado *atrás* do mundo visível e dos fenômenos representa uma ordem fundamental; e, quando se consegue representar as ordens da sociedade estratificada em classes lançando mão de homologias com essa ordem do mundo, tais cosmovisões podem assumir funções ideológicas. As grandes religiões perpassam simultaneamente a cultura popular e a erudita; elas têm um efeito avassalador porque suas afirmações e promessas conseguem satisfazer uma necessidade de justificação situada em diferentes níveis da consciência moral.

Porém, parece impossível explicar como a interpretação ideológica do mundo e da sociedade consegue se afirmar *contra a evidência* de injustiças bárbaras. As pressões exercidas na reprodução material não poderiam ter invadido de modo tão brutal os mundos da vida específicos das diferentes camadas das sociedades detentoras de uma cultura elevada, caso a tradição cultural não estivesse imunizada contra experiências dissonantes. Pretendo explicar tal inatacabilidade lançando mão de restrições e entraves estruturais a que a comunicação é submetida. Entretanto, mesmo que as cosmovisões metafísico-religiosas tenham exercido grande força de atração nas camadas intelectuais; mesmo que tenham desafiado os esforços hermenêuticos de muitas gerações de professores, de teólogos, de leigos ilustrados, de pregadores, de mandarins, de burocratas, de cidadãos etc.; e mesmo que tenham sido configuradas argumentativamente, introduzidas numa forma dogmática, sistematizadas e racionalizadas a partir de seus próprios motivos, é necessário reconhecer que os conceitos religiosos e metafísicos estavam situados num plano de pretensões de validade indiferenciadas, em que o potencial de racionalidade da linguagem permanecia vinculado mais fortemente à fala que à prática cotidiana trivial, não elaborada intelectualmente. Graças a uma fusão entre aspectos de validade ônticos, normativos e expressivos, e graças à fixação cultual de uma atitude de fé, os conceitos fundamentais, que, por assim dizer, carregam o peso de legitimação das imagens do mundo ideologicamente eficazes, são imunizados contra objeções que se levantam no domínio cognitivo da comunicação cotidiana. Tal imunização pode ser bem-sucedida quando a própria disjunção institucional entre contexto de ação sagrado e profano cuida para que os fundamentos da tradição não sejam tematizados no "lugar errado": pois no âmbito do sagrado a comunicação é *restringida sistematicamente*, uma vez que as esferas de validade ainda não estão suficientemente diferenciadas em virtude das *condições formais de entendimento possível*[88].

---

88. M. Bloch também utiliza um princípio apoiado numa teoria da comunicação para explicar as funções ideológicas que as ações herdadas dos períodos em que predominavam as sociedades tribais podem assumir nas sociedades de classes. As seguintes contraposições podem revelar que o formalismo, que permite à prática ritual assumir tais fun-

Nesse estado de coisas, o modo de legitimação de sociedades dotadas de uma cultura elevada depende de uma forma de entendimento que limita sistematicamente as possibilidades da comunicação, porque ainda não existe uma diferenciação suficiente entre pretensões de validade. Em páginas anteriores, caracterizamos as cosmovisões míticas, metafísico-religiosas e modernas de acordo com o grau de descentração da compreensão do mundo. De modo análogo, podemos ordenar as orientações da ação e as esferas por elas determinadas de acordo com o grau de diferenciação dos aspectos de validade, a fim de nos aproximarmos do *a priori* relativo da forma de entendimento dominante em cada caso. É certo que as estruturas das cosmovisões dominantes não se constituem simetricamente nessas *formas de intersubjetividade do en-*

ções, pode ser caracterizado segundo propriedades típicas resultantes de restrições impostas à comunicação:

"Everyday speech acts	Formalized speech acts
Choice of loudness	Fixed loudness patterns
Choice of intonation	Extremely limited choice of intonation
All syntactic forms available	Some syntactic forms excluded
Complete vocabulary	Partial vocabulary
Flexibility of sequencing of speech acts	Fixity of sequencing of speech acts
Few illustrations from a fixed body of accepted parallels	Illustrations only from certain limited sources, e. g. scriptures, proverbs
No stylistic rules consciously held to operate	Stylistic rules consciously applied at all levels"

(M. Bloch. "Symbols, Song, Dance and Features of Articulation", in *Arch. Europ. Sociol.*, 15, 1974, pp. 55 ss.).

tendimento possível – os sistemas de interpretação estabelecidos não perpassam com a mesma intensidade todas as esferas da ação. Conforme vimos, em sociedades de cultura elevada, a força imunizadora da forma de entendimento deriva de um peculiar desnível de racionalidade que permeia duas esferas de ação; as orientações das ações sagradas gozam de uma autoridade maior do que as profanas, mesmo que, na esfera da ação sagrada, a esfera de validade seja menos diferenciada e se faça um uso menor do seu potencial de racionalidade.

(b) Tendo em vista um estudo sistemático das formas de entendimento, destaco quatro esferas de ação: (1) a prática cultual; (2) a esfera da ação em que os sistemas de interpretação religiosa possuem uma força orientadora imediata para a prática cotidiana; e, finalmente, as esferas da ação profana, em que o acervo cultural é utilizado para (3) comunicações e para (4) a atividade orientada por fins, sem que as estruturas das imagens de mundo se imponham imediatamente nas orientações da ação.

Ao situar (1) e (2) na esfera da ação sagrada, evito as dificuldades que resultam da divisão durkheimiana, por demais simplificada.

Práticas mágicas, exercitadas pelo indivíduo fora da comunidade cultual, não devem ser atribuídas à esfera profana, conforme sugerido por Durkheim, uma vez que certas cerimônias que não podem ser interpretadas de modo utilitarista perpassam amplamente a prática cotidiana. É razoável não limitar a esfera da ação sagrada à prática cultual, pois ela também abrange a classe das ações em que subjazem padrões de interpretação religiosos[89].

---

89. Cf. também Mair, 1972, p. 229: "In fact Leach's distinction between the technical and the ritual – between acts that we, as observers

Além disso, existem relações internas entre a estrutura das cosmovisões e o tipo de ações cultuais, ou seja: o mito vem acompanhado de uma prática *ritual* (e de sacrifícios) dos membros da tribo; já as cosmovisões metafísico-religiosas culminam numa prática sacramental (e em orações) da comunidade; finalmente, a religião humanista do início da modernidade atualiza *de modo contemplativo* obras de arte dotadas de aura. Nessa linha, a prática cultual, no sentido de Max Weber, é "desencantada", perdendo o caráter de coação oriundo da divindade; e quem a exerce perde cada vez mais a consciência de que o poder divino pode ser *forçado* a algo[90].

No campo da ação profana, distingo entre comunicação e atividade teleológica. Suponho que esses dois aspectos podem ser separados um do outro na prática

---

with some knowledge of scientific principles, can see produce the ends they aim at and those which do not – though it is not the same as Durkheim's distinction between sacred and profane, is the one that all anthropologists have made in distinguishing the magico-religious from the field of everyday life. As we see it, there is an aspect of life in which people seek to attain ends that are either not attainable by any human action or not attainable by the means they are using. They purport to be calling in aid beings or forces which *we* consider to be outside the course of nature as we understand it, and so call 'supernatural'. To this field of activity belong both the religious and the magical."

90. Sobre a contraposição entre prática ritual e sacramental, cf. M. Douglas. *Natural Symbols*. Londres, 1973, p. 28: "Ritualism is taken to be a concern that efficacious symbols be correctly manipulated and that the right words be pronounced in the right order. When we compare the sacraments to magic there are two kinds of view to take into account: on the one hand the official doctrine, on the other the popular form it takes. On the first view the Christian theologian may limit the efficacy of sacraments to the internal working of grace in the soul. But by this agency external events may be changed since decisions taken by a person in a state of grace will presumably differ from those of others. Sacramental efficacy works internally; magical efficacy works externally."

cotidiana, mesmo nos contextos em que os correspondentes *tipos* de ação (e as *esferas* de ação determinadas por esses tipos) ainda não se diferenciaram. Entretanto, no âmbito do sagrado, a distinção entre comunicação e atividade teleológica não é relevante. Em meu entender, a proposta que se apoiou nesses pontos de vista, contrapondo a prática mágica e o culto religioso, fracassou[91].

No próximo passo, eu gostaria de escalonar a prática nos diferentes campos de ação, adotando como critério o crescente *grau de diferenciação de aspectos de validade*: num dos extremos da escala se encontra a prática ritual; no outro, a prática argumentativa. E, se levarmos em conta, além disso, que a direção em que se move o campo de ação sagrado (que se inclina para a autoridade) é oposta à do campo de ação profano (que se inclina para a racionalidade), disporemos de pontos de vista relevantes para estabelecer uma sequência sistemática de formas de entendimento. O esquema seguinte apresenta quatro formas de entendimento ordenadas na linha de uma liberação progressiva do potencial de racionalidade inserido no agir comunicativo. Os campos (1-2) e (3-4) delineiam as formas de entendimento de sociedades arcaicas; os campos (5-6) e (7-8) apresentam as formas de entendimento de sociedades organizadas politicamente; e os campos (9-10) e (11-12), as formas de entendimento de sociedades que se formaram no início da modernidade (fig. 28).

Tomando como exemplo a forma de entendimento arcaica (1-4), tentarei explicar mais detalhadamente os sentidos contrários inerentes ao diferencial de autorida-

---

91. Mair, 1972, p. 229.

Fig. 28 *Formas de entendimento*

Campos de ação / Diferenciação de esferas de validade	sacralmente		profanamente	
	práticas cultuais	imagens de mundo orientadoras da prática	comunicação	atividade orientada por fins
Confusão entre nexos de validade e nexos causais: atitude instrumental performativa	1. rito (institucionalização de solidariedade social)	2. mito	—	—
Diferenciação entre nexos de validade e nexos causais: atitude orientada pelo sucesso *vs.* atitude orientada pelo entendimento	5. oração/sacramento (institucionalização de caminhos de salvação e de conhecimento)	6. imagens de mundo religiosas e metafísicas	3. agir comunicativo particularista orientado por uma validade holista	4. atividade orientada por fins como componente de papéis orientados pela solução de tarefas (utilização de invenções técnicas)
Diferenciação de pretensões de validade específicas no plano da ação: atitude objetivadora *vs.* atitude conforme a normas *vs.* atitude expressiva	9. atualização contemplativa da arte aurática (institucionalização da fruição da arte)	10. ética religiosa da consciência, direito natural racional, religião dos cidadãos	7. agir comunicativo regulado por normas, tratamento argumentativo de pretensões de verdade	8. agir teleológico organizado por meio de um poder legítimo (utilização de um saber especializado, ensinável e ligado à prática de ofícios)
Diferenciação de pretensões de validade específicas no plano do discurso: agir comunicativo *vs.* discurso	—	—	11. agir comunicativo liberado de contextos normativos, crítica institucionalizada	12. agir teleológico enquanto atividade racional neutra do ponto de vista ético (utilização de tecnologias e estratégias científicas)

de e de racionalidade o qual perpassa os campos de ação do sagrado e do profano; limitar-me-ei a um comentário lacônico das formas do entendimento típicas das sociedades organizadas politicamente (5-8) e das sociedades do início da era moderna (9-12).

(*ad* 1 e 2) Podemos observar um comportamento ritualizado nas sociedades de vertebrados; é provável que na transição das hordas de primatas para as sociedades paleolíticas a integração social fluísse, em primeira linha, através de modos de comportamento fortemente ritualizados, que atribuímos acima às interações mediadas simbolicamente. Só se atinge o ponto de partida sociocultural, em que o *comportamento* ritualizado se transforma numa *atividade* ritual, quando os primitivos sistemas de gritos dão lugar a uma linguagem diferenciada em termos proposicionais e regulada por uma gramática – pois a linguagem abre, por assim dizer, a visão interna do rito. A partir daí, não é mais necessário *descrever* o comportamento ritualizado enfocando apenas as características observáveis ou as funções aceitas hipoteticamente; visto que podemos tentar *entender* os rituais por meio dos resíduos que se conservaram e foram descritos por estudos de campo.

O observador moderno fica impressionado com o caráter extremamente irracional da prática ritual. Nela, os aspectos do agir que hoje mantemos separados fundem-se num mesmo ato. O momento da atividade orientada por fins aparece quando a prática ritual procura provocar magicamente certos estados no mundo; o momento do agir regulado por normas se torna perceptível no caráter de obrigatoriedade que emana das forças invocadas ritualmente, as quais atraem e assustam ao mesmo tempo; e o momento do agir expressivo vem à tona nas exteriorizações padronizadas das cerimônias rituais; finalmente, não se pode esquecer o momento assertórico, que se revela à proporção que a prática ritual se presta à representação e à repetição de processos exemplares e de cenas originais relatadas em forma mítica.

Convém ressaltar, todavia, que a prática ritual constitui parte integrante de uma forma de vida sociocultural em que o surgimento da fala gramatical possibilitou uma forma superior de comunicação. A linguagem rompe a unidade dos aspectos teleológicos, normativos, expressivos e cognitivos do agir. Entretanto, o pensamento mítico protege a prática ritual contra tendências de dissolução que surgem no nível da própria linguagem (diferenciação entre agir orientado pelo entendimento e agir orientado pelo sucesso e transformação do comportamento adaptativo em atividade teleológica). No plano da interpretação, o mito mantém coesos os aspectos que, no nível prático, se dissolvem no ritual. A interpretação do mundo que confunde contextos de sentido internos com contextos objetivos externos, ou ainda validade com eficácia empírica, impede que o tecido criado pela comunicação e pelo agir teleológico se rompa no nível da prática ritual. Isso explica a coexistência de contextos de cooperação em que ações teleológicas são coordenadas de acordo com critérios de eficácia extraídos do sistema de papéis familiais. As experiências que se condensam na prática cotidiana são elaboradas no mito e vinculadas às explicações narrativas da ordem do mundo e da sociedade. Nessa medida, o mito cobre os dois campos de ação.

As estruturas formais das orientações da ação permitem entrever desníveis e diferenciais de racionalidade, que perpassam as esferas de ação sagradas e profanas. A prática ritual constitui o núcleo da esfera da ação sagrada, porém somente enquanto as atitudes orientadas pelo sucesso e as atitudes orientadas pelo entendimento, ou seja, enquanto a atividade teleológica e a comunicação estão entrelaçadas. Ela se estabiliza mediante uma compreensão do mundo configurada numa forma narrativa, portanto, no nível linguístico; no entanto, suas estruturas se assemelham apenas do ponto de vista categorial, uma vez que, nos conceitos fundamentais do mito, os contextos de validade e de eficácia ainda se confundem. De outro lado, a cosmovisão mítica está aberta à afluência de experiências da esfera de ação profana, pois a prática cotidiana admite uma diferenciação entre aspectos de realidade e de validade.

(*ad* 3 e 4) Nos campos da produção e da condução da guerra, desenvolve-se uma divisão do trabalho que exige um agir orientado pelo êxito. Do ponto de vista da história da evolução, a eficácia constitui o aspecto mais antigo da racionalidade da ação. Certamente, o *know-how* investido nas regras técnicas e estratégicas ainda não consegue assumir a forma de um saber explícito enquanto não se consegue isolar as pretensões de verdade no nível do agir comunicativo. Ao contrário da magia, a prática cotidiana profana exige uma diferenciação entre atitudes orientadas pelo sucesso e atitudes orientadas pelo entendimento. Entretanto, na atividade comunicativa, as pretensões de verdade, de veracidade e de correção das normas formavam uma síndrome que só se dissolveu quando a descoberta da escrita permitiu o estabelecimento de uma camada de eruditos que aprendeu a produzir e a elaborar textos.

O espaço normativo do agir comunicativo é delimitado por relações de parentesco particularistas. Sob o aspecto do preenchimento de tarefas padronizadas, as ações cooperativas, voltadas a um fim, continuam inseridas numa prática comunicativa que serve, por sua vez, ao preenchimento de expectativas de comportamento bem circunscritas. Estas resultam de uma estrutura social que vale como componente da ordem do mundo, explicada por meio de mitos e assegurada por meio de ritos. O sistema de interpretação mítica fecha o círculo entre as esferas de ação sagradas e profanas.

(*ad* 5 e 6) Quando se constitui um conceito holista de validade, torna-se possível estabelecer uma diferença entre relações internas de sentido e relações externas objetivas, mesmo que ainda não seja possível a discriminação entre os diferentes aspectos de validade. Nesse nível desabrocham, no entender de Max Weber, imagens de mundo religiosas e metafísicas. Seus conceitos fundamentais resistem a qualquer tentativa de separar os aspectos do verdadeiro, do bom e do perfeito. A essas imagens de mundo corresponde uma prática sacramental, que se manifesta em formas de oração e de exercício ascético, ou seja, vem acompanhada de uma comunicação profana que se estabelece entre os crentes e o ser divino. As cosmovisões são mais ou menos dicotômicas, pois erigem um mundo transcendente, relegando o aquém desmitologizado, ou seja, o mundo "dessocializado" dos fenômenos, entregando-o a uma prática cotidiana desencantada. E no campo da ação profana se formam estruturas que dissolvem o conceito holista de validade.

(*ad* 7 e 8) No plano do agir comunicativo, a síndrome das pretensões de validade se desfaz. Os participantes conseguem diferenciar não somente entre atitudes orientadas pelo entendimento ou pelo sucesso em geral, mas também entre diferentes atitudes pragmáticas fundamentais. Uma comunidade organizada na forma de Estado, detentora de instituições jurídicas convencionais, tem de se apoiar na obediência à lei, portanto numa atitude de conformidade a normas, tendo em vista um direito legítimo. No agir cotidiano, os cidadãos têm de ser capazes de diferenciar essa atitude de uma atitude objetivadora em relação à natureza exterior e de uma atitude expressiva assumida em relação à própria natureza interna. Nesse nível dos contextos particularistas, o agir comunicativo pode se libertar, ainda que permaneça vinculado ao espaço circunscrito pelas normas de ação consagradas pela tradição. O uso argumentativo de textos traz à consciência as diferenças entre agir comunicativo e discurso; mesmo assim, as pretensões de validade específicas só se diferenciam no nível da ação. Ainda não se manifestam formas específicas de validade das argumentações[92].

A atividade orientada por fins também atinge um nível superior de racionalidade. Quando as pretensões de verdade podem ser isoladas, existe a possibilidade de descobrir a relação interna entre a eficácia de ações orientadas pelo sucesso e a verdade de proposições empíricas. O saber prático de determinada profissão pode assumir, por exemplo, uma figura objetiva e ser transmitido pelo ensino. A atividade teleológica se desatrela dos papéis específicos da idade e do sexo. E, à proporção que o trabalho social é organizado por um poder legítimo, as atividades especiais podem definir o conteúdo dos papéis profissionais.

(*ad* 9 e 10) As tradições culturais do início da modernidade revelam que as pretensões de validade situadas nesse nível ainda não estão plenamente diferenciadas. Formam-se, evidentemente, esferas autônomas de valo-

---

92. A rigor, nem o discurso filosófico dos gregos era especializado na pretensão à validade da verdade proposicional.

res culturais, porém no início somente a ciência consegue ser unívoca, isto é, institucionalizada sob o aspecto de uma única pretensão de validade. Por seu turno, ao se tornar autônoma, a arte mantém sua aura e a fruição da arte conserva um caráter contemplativo; não obstante, a procedência de ambos continua sendo cultual. De outro lado, a ética da consciência continua amarrada ao contexto de tradições religiosas subjetivadas; no direito natural racional, as ideias jurídicas pós-convencionais continuam acopladas a pretensões de verdade, formando o núcleo daquilo que R. Bellah designou como "religião do cidadão". Portanto, mesmo que a arte, a moral e o direito configurem esferas diferenciadas de valores, ainda não se desligaram inteiramente da esfera do sagrado, e seu desenvolvimento interno ainda abrange vários aspectos de validade. De outro lado, certas formas da religiosidade moderna lançam fora a pretensão dogmática fundamental, liquidando os mundos sobrenaturais, não contrapondo mais, de forma dicotômica, o aquém à transcendência, o mundo dos fenômenos à realidade de uma essência subjacente. Isso permite a formação de certas estruturas nas esferas da ação profana, determinadas por uma diferenciação irrestrita das pretensões de validade no nível da ação *e* da argumentação.

(*ad* 11 e 12) Aqui, a síndrome das pretensões de validade se diferencia no nível dos discursos. Nas comunicações do dia a dia, os participantes podem identificar não somente as atitudes pragmáticas fundamentais, mas também os níveis da ação e do discurso. Esferas de ações reguladas positivamente pelo direito e instituições jurídicas pós-tradicionais pressupõem que os participantes são capazes de sair do domínio das ações realizadas ingenuamente e passar para argumentações reflexivas. O potencial crítico da fala pode ser dirigido contra instituições existentes, à proporção que a abordagem hipotética de pretensões de validade normativas é institucionalizada. Os sujeitos agentes continuam naturalmente a ver as ordens legítimas como algo normativo; porém, tal normatividade modifica sua qualidade à medida que as instituições não se legitimam mais por si mesmas, apelando para visões de mundo metafísicas e religiosas.

A atividade orientada por fins se emancipa dos contextos normativos. No âmbito da cooperação social guiada por tarefas, o agir orientado pelo êxito permanecera vinculado a normas de ação e inserido no agir comunicativo. Porém, quando o meio "dinheiro" se institucionaliza juridicamente, o agir orientado pelo sucesso e controlado por cálculos egocêntricos do lucro se desliga do agir orientado pelo entendimento. E esse agir estratégico, desligado do mecanismo do entendimento, torna-se o padrão para a abordagem metódica de uma natureza objetivada cientificamente. Por conseguinte, no próprio domínio instrumental, a atividade teleológica se desprende das restrições normativas, passando a se conectar a fluxos de informação oriundos do sistema das ciências.

As duas casas da esquerda no campo inferior do esquema estão vazias porque a esfera da ação sagrada desaparece – à medida que as sociedades modernas se desenvolvem – ou perde seu significado enquanto formadora de estruturas. No nível de uma esfera de valores inteiramente diferenciada, a arte se desfaz de sua procedência cultual, do mesmo modo que o direito e a moral se desprendem de seu pano de fundo metafísico e religioso. No torvelinho da secularização da cultura burguesa, as esferas culturais de valores se separam nitidamente, passando a se desenvolver de acordo com um sentido de validade próprio. Porém, a partir desse momento, a cultura perde as características formais que lhe tinham permitido assumir funções ideológicas. Quando tais tendências – esboçadas esquematicamente – se impõem, dando origem às sociedades modernas, o poder estrutural dos imperativos sistêmicos que influenciam as formas de integração social não pode mais se *ocultar* atrás da inclinação à racionalidade que perpassa os campos da ação sagrada e profana. Porque a forma moderna de entendimento é por demais transparente, a ponto de não proporcionar mais nichos para a violência estrutural que se esconde por detrás de restrições imperceptíveis à comunicação. Sob tais condições, é de esperar que a concorrência entre formas de integração social e sistêmica se torne *mais visível*. Entretanto, no final de tudo, mecanismos sistêmicos reprimem formas de integração social, também em áreas nas quais a coordenação consensual da ação não pode mais ser substituída, ou seja, nas quais está em jogo a reprodução simbólica do mundo da vida. A partir daí, a *mediatização* do mundo da vida se transforma em *colonização*.

Entretanto, antes de adotar a forma moderna de entendimento como ponto de partida para uma teoria da modernidade apoiada na tese weberiana da racionalização, gostaria de retomar os fios da história da teoria. E a história da obra de Talcott Parsons pode revelar uma forma de mediação entre os conceitos fundamentais da teoria de sistemas e da teoria da ação. Isso permitirá não somente uma atualização da discussão sobre os fundamentos das ciências, mas também uma retomada teórica do problema da reificação, que será retraduzido em termos de *patologias do mundo da vida induzidas pelo sistema.*

VII
TEORIA DA SOCIEDADE DE TALCOTT PARSONS: PROBLEMAS DE CONSTRUÇÃO

Foi graças aos trabalhos de Talcott Parsons que Max Weber, George Herbert Mead e Émile Durkheim entraram para a história dos clássicos da sociologia. Hoje em dia, tratamos esses autores como contemporâneos. Não obstante isso, não se pode afirmar que Parsons seja um clássico já que, por mais que valorizemos sua posição, existem dúvidas quanto ao seu *status* como clássico. Por isso, não é de todo despropositada uma justificação de sua obra, quando a tomamos como ponto de referência para uma discussão sistemática.

Iniciemos pelos pontos que gozam de unanimidade: nenhum autor contemporâneo desenvolveu uma teoria da sociedade tão complexa. Além disso, a autobiografia intelectual publicada em 1974[1] fornece dados sobre sua determinação e sobre os esforços por ele despendidos durante mais de cinquenta anos na construção de uma única teoria. Não existe nenhuma obra que se compare a essa, no

---

1. "On Building Social System Theory: A Personal History", in T. Parsons. *Social Systems and the Evolution of Action Theory*. Nova York, 1977, pp. 22 ss.

que diz respeito ao nível de abstração, à riqueza de detalhes, ao alcance teórico-social, à sistematicidade e à capacidade de absorver resultados de diferentes esferas de pesquisa. Mesmo que o interesse por essa teoria tenha diminuído a partir de meados dos anos 1960 e mesmo que a obra tardia de Parsons tenha sido temporariamente colocada num segundo plano por teorias críticas e hermenêuticas, nenhuma teoria da sociedade que passe por alto a obra de Parsons pode ser levada a sério. E quem se engana sobre tal circunstância costuma ser vítima de modismos. Isso vale, também, para um neomarxismo que ignora Parsons. E a história da ciência nos revela que erros desse tipo têm de ser corrigidos mais depressa do que se pensa!

Além disso, ninguém manteve, no círculo dos teóricos da sociedade mais produtivos, um diálogo tão intenso e incansável com os clássicos da disciplina, nem tentou com igual intensidade inserir a própria teoria na tradição. Mesmo os que não compartilham a convicção parsoniana, segundo a qual a convergência e a coincidência com as grandes tradições teóricas devem constituir a pedra de toque do princípio teórico próprio[2], têm de admitir que a capacidade de se apropriar das melhores tradições, e de elaborá-las, revela a abertura e o talento de alguém que consegue absorver teorias da sociedade que visam à realização de um determinado paradigma enraizado na autocompreensão coletiva. As teorias de Durkheim, de Weber e de Freud forneceram a Parsons um sistema de referência e de autocontrole que ele jamais abandonou[3]. Tal sis-

---

2. Sobre a tese da convergência, cf. Parsons, 1949a, pp. 722 ss.

3. Parsons retornou muitas vezes aos trabalhos de Durkheim. Cf. "Durkheim's Contribution to the Theory of Integration of Social Systems", in Talcott Parsons. *Sociological Theory and Modern Society*. Nova York, 1967, pp. 3 ss. Cf., além disso: "Durkheim on Religion Revisited: Another Look at the Elementary Forms of the Religious Life", in Char-

tema implicava não somente a delimitação contínua em relação ao empirismo filosófico, mas também uma imunização contra Marx e Mead, contra o modo materialista e simbólico-interacionista de uma teoria crítica da sociedade respaldada em Kant e Hegel[4]. Não obstante, convém observar que não combina com o estilo ecumênico de um sistemático que tudo incorpora o fato de ele ter praticamente se fechado em relação à filosofia: os únicos pontos de contato surgiram por meio da influência de Whitehead em suas primeiras obras e de uma referência vaga a Kant, num de seus últimos trabalhos[5]. Além disso, Parsons também não lançou mão dos meios da filosofia analítica, nem mesmo da teoria da linguagem e da ação, os quais lhe teriam sido de grande ajuda.

No entanto, a razão principal que me leva a tratar de Parsons tem a ver com o tema da minha "Segunda considerada intermediária".

Na dinâmica do desenvolvimento da obra de Parsons, assume singular importância a concorrência entre dois paradigmas: o da ação e o da teoria de sistemas. Convém ressaltar que, no âmbito das teorias da sociedade, Parsons foi o primeiro a utilizar um conceito rigoroso de sistema. Para ele, o problema de construção mais importante tem relação

---

les Y. Glock e Ph. E. Hammond (orgs.). *Beyond the Classics? Essays in the Scientific Study of Religions*. Nova York, 1973, pp. 156 ss.

4. Somente em 1968, em seu artigo para a Enciclopédia Internacional das Ciências Sociais (IEES), intitulado "Social Interaction", Parsons liga-se espontaneamente ao interacionismo simbólico (in Parsons, 1977a, pp. 145 ss.).

5. "A Paradigm of the Human Condition", in T. Parsons. *Action Theory and the Human Condition.* Nova York, 1978, pp. 352 ss. A referência global às críticas de Kant não é suficiente para se poder falar num "núcleo kantiano" embutido na teoria de Parsons. Cf. R. Münch. "T. Parsons und die Theorie des Handelns I und II", in *Soziale Welt*, 1979, pp. 385 ss., e 1980, pp. 3 ss.

com o engate da teoria do agir numa estratégia conceitual delineada em termos de sistemas mantenedores de limites. Já antes do surgimento do modelo cibernético, no final dos anos 1940, o qual lhe permitiu reformular o funcionalismo das ciências sociais, ele tinha desenvolvido um sistema de categorias para a descrição da esfera do agir social ordenado. Diferindo de muitos jovens teóricos do sistema, ele não podia cair na tentação de, ao *aplicar* o modelo do sistema nesse campo de objetos, vir a esquecer a *constituição* do campo de objetos intitulado "ação" ou "sociedade". É muito instrutiva a tensão que se mantém até o fim entre os dois paradigmas; uma tensão[6] que os discípulos mais ortodoxos negam[7]. Já os menos ortodoxos tentam diluí-la, seguindo duas direções opostas: na linha de um funcionalismo sistêmico autonomizado[8] ou na linha de uma retomada de posições do neokantismo[9].

---

6. K. Menzies. *T. Parsons and the Social Image of Man*. Londres, 1976.

7. Assim, por exemplo, Münch, 1979, pp. 385 ss., e 1980a, pp. 3 ss. H. P. M. Adriansen sublinha a continuidade do desenvolvimento teórico de Parsons: "The Conceptual Dilemma", in *Britt. J. Soc.*, 30, 1979, pp. 7 ss.

8. Os títulos de seus dois últimos livros revelam que Parsons jamais abandonou a ideia de interpretar empiricamente o modelo de sistemas abertos e, ao mesmo tempo, mantenedores de limites, desenvolvido na teoria geral de sistemas e representado na linguagem da teoria da informação. Ele pretendia concretizar seu intento estabelecendo uma analogia com a biologia, ciência em que Parsons se formou. Diferentemente de Luhmann, Parsons não chegou a pensar que os próprios conceitos básicos das ciências sociais que servem para a interpretação empírica de sistemas no nível do desenvolvimento das ciências humanas e, com isso, para a constituição do campo de objetos poderiam ser *deduzidos* de conceitos fundamentais da teoria de sistemas, tais como decisão, informação, escolha, complexidade etc. Cf. R. C. Baum. "Communication and Media", in J. S. Loubser, R. C. Baum, A. Effeat, V. M. Lidz. *Explorations in General Theory in Social Science*. 2 vols., Nova York, 1976 (cit. como FS Parsons), vol. 2, pp. 533 ss.; aqui, pp. 661 ss.

9. Esta tendência aparece claramente em Jeffrey Alexander, que realizou a reconstrução mais abrangente da obra de Parsons: *Theoretical*

Parsons, por seu turno, está convencido de que o engate da teoria da ação na estratégia conceitual do modelo sistêmico foi bem-sucedido ao conseguir responder às críticas de Dubin[10]. Todavia, certos intérpretes, tais como Ken Menzies, concluem que "that at the centre of (Parsons') world lies a fundamental confusion. His voluntarism is too eclectic to reconcile positivism and idealism. Running throughout his work are two different programmes – a social action one in the idealist tradition and a social system one in the positivist tradition. The action programm focuses on the meaning of an action to an actor, while his social systems programm focuses on the consequences of an activity for a system of activity. Parsons does not have an action system, as he claims, but only a behavioural system and a separate action theory."[11]. A peculiar tensão entre teoria de sistemas e teoria da ação se revela também nas influências que a obra de Parsons exerce na história. A maioria de seus discípulos mais velhos, assim como os leitores que o interpretam apoiando-se em seus escritos referentes à teoria da socialização, afirmam ou supõem tacitamente que os conceitos fundamentais da teoria da ação têm a primazia. Já os discípulos mais jovens e os leitores que se concentram nos escritos macrossociológicos afirmam que os conceitos teórico-sistêmicos são os mais importantes para a cons-

---

Logic in Sociology, vol. IV. *Reconstruction of Classical Antinomies: Talcott Parsons*. Berkeley, 1983. Aí se encontra também uma discussão intensiva e ampla da bibliografia secundária; além disso, uma interpretação neokantiana de Parsons pode ser conferida em W. Schluchter. "Gesellschaft und Kultur", in id., *Verhalten, Handeln und System*. Frankfurt/M., 1980, pp. 106 ss.

10. "Pattern Variables Revisited. A Response to R. Dubin", in T. Parsons, 1967a, pp. 192 ss.

11. Menzies, 1976, p. 160.

trução da teoria. Vale a pena ilustrar tais apreciações: para uns, a chave para a compreensão da obra global se encontra em *Toward a General Theory of Action* e na relação entre cultura, sociedade e pessoa (sendo a institucionalização e a internalização os mecanismos mais importantes para a troca de relações entre os sistemas); para outros, a chave tem de ser procurada em *Economy and Society* (que se apóia no esquema de uma troca entre relações intersistêmicas). O próprio Parsons, por seu lado, jamais deixou de insistir no primado metódico da teoria da ação. Ao permitir a reimpressão de seus dois artigos publicados na *Enciclopédia Internacional das Ciências Sociais*, ele solicitou que o item "Social Interaction" viesse antes de "Social Systems", apresentando o seguinte argumento: "That the subject of social interaction is in a fundamental sense logically prior to that of social system."[12] Porém, apesar dessa afirmação explícita, parece que, de fato, a prioridade da construção teórica parsoniana foi outra.

Ainda teremos ocasião de constatar que a ortodoxia parsoniana desliza sobre inconsistências que aparecem quando se analisa o desenvolvimento de sua teoria. De outro lado, a afirmação segundo a qual Parsons teria perseguido dois programas teóricos inconciliáveis não faz jus à intenção central, sem a qual sua teoria da sociedade ruiria por completo. O mesmo vale para as duas interpretações seletivas e contrárias que reduzem respectivamente a obra de Parsons, seja a uma teoria da ação, seja a uma teoria de sistemas. O importante é salientar que somente poderemos aprender algo dessa grande tentativa se levarmos a sério a intenção de Parsons e se acompanhar-

---

12. Parsons, 1977a, p. 145.

mos as contradições instrutivas em que se envolve no decorrer da realização desta intenção.

Tomo como ponto de partida a ideia de que o problema de construção, ou seja, o que tem a ver com a possibilidade de conectar entre si os conceitos fundamentais da teoria da ação e os da teoria de sistemas, está bem colocado. Minha fórmula provisória, segundo a qual as sociedades têm de ser entendidas como contextos de ação de grupos sociais estabilizados sistemicamente, já contém esses dois aspectos. A questão acerca da possibilidade de pensar a sociedade como um conjunto de ações, ponto de partida de Parsons, justifica que iniciemos o trabalho pelo problema da coordenação da ação, que pode ser formulado da seguinte maneira: De que tipo são os mecanismos que conectam as ações do *alter* às do *ego*, de tal forma que os conflitos capazes de ameaçar o contexto de uma ação dada possam ser evitados ou, ao menos, domesticados até certo ponto? Elaboramos uma distinção entre mecanismos de uma integração social que se apóiam em orientações da ação e uma integração sistêmica que perpassa as orientações da ação. No primeiro caso, as ações dos atores são coordenadas por uma harmonização das orientações da ação da qual os participantes têm consciência; no segundo caso, por meio de um entrelaçamento funcional de consequências da ação que permanecem latentes, isto é, que podem ir além do horizonte das orientações dos participantes. Segundo Parsons, a integração social de contextos de ação é realizada por um consenso assegurado normativamente; e a integração sistêmica, por uma regulação não normativa de processos que asseguram a manutenção do sistema. Em síntese, a orientação do sujeito agente, que leva em conta valores e normas, é constitutiva para o estabelecimento de uma ordem em termos de integração social, não para uma integração sistêmica.

No século XVIII, o mecanismo do mercado, que constitui um mecanismo de socialização anônimo, pôde servir como modelo para uma integração sistêmica, quando a economia política tomou como modelo de análise científica um sistema econômico diferenciado em termos de uma ordem política global. A partir de então, emerge um novo problema que as doutrinas do direito não conheciam: de que modo essas duas formas de integração de contextos de ação se relacionam entre si? Em outros termos, de que modo a integração que se realiza de certa forma mediante a consciência dos atores, sendo atualizada como pano de fundo do mundo da vida, se entrelaça com a integração que perpassa silenciosamente as orientações dos atores participantes? Na filosofia do direito, Hegel resolve esse problema no sentido de uma passagem idealista do espírito subjetivo para o objetivo. E Marx introduz a teoria dos valores, a fim de construir um elo entre proposições econômico-políticas sobre contextos anônimos de um sistema e proposições histórico-sociológicas sobre contextos de ação em que se situam atores, indivíduos e coletividades que se estruturam num mundo da vida. Entretanto, tais estratégias de solução perderam sua plausibilidade. De tal modo que a teoria de sistemas e a teoria da ação podem ser entendidas como os *membros dispersos* (*disjecta membra*) desse legado hegeliano-marxiano. A sociologia alemã mais antiga, que liga Dilthey, Husserl e (Max Weber) ao neokantismo alemão, elabora seus conceitos no âmbito de uma teoria da ação. Ao mesmo tempo, surgem os fundamentos de uma teoria econômica que assume de Hobbes e do utilitarismo a ideia de uma ordem instrumental, transformando-a no conceito de um sistema controlado pelo *medium* "dinheiro".

Podemos, pois, interpretar a história da teoria que tem início em Marx como a da progressiva separação entre dois paradigmas que não podem ser integrados num único conceito de sociedade, uma vez que englobam respectivamente o sistema e o mundo da vida. Instrumentos críticos, tais como o conceito de ideologia, perdem seu gume, uma vez que nenhum dos dois paradigmas separados permite o desenvolvimento de um quadro metateórico suficientemente complexo. Por isso, é de grande interesse observar como essas duas linhas da história da teoria se unem novamente na obra de Parsons. No que se segue, pretendo desenvolver três teses, a saber:

(1) A moldura da teoria da ação é demasiado apertada, não permitindo o desenvolvimento de um conceito de sociedade na perspectiva da ação; por isso, Parsons é levado a representar diretamente os contextos de ação como sistemas, abandonando o primado categorial da teoria da ação em favor da teoria de sistemas.

(2) Entretanto, a assimilação e a reinterpretação da teoria da ação nos termos de uma teoria de sistemas vieram acompanhadas de muitas ressalvas. Além disso, a variante parsoniana do funcionalismo sistêmico continua retroligada a uma teoria da cultura herdada de Durkheim, de Freud e, acima de tudo, de Max Weber.

(3) A teoria da modernidade, desenvolvida por Parsons nesse quadro, sugere uma imagem harmônica porque não dispõe de meios adequados para uma explicação plausível dos padrões de desenvolvimento patológicos.

1. PASSAGEM DA TEORIA NORMATIVISTA DA AÇÃO À TEORIA SISTÊMICA DA SOCIEDADE

Quando tomamos como ponto de partida as "representações coletivas", de Durkheim, as "interações simbolicamente mediadas", de Mead, ou o "agir comunicativo", sugerido por mim, como conceitos fundamentais, podemos conceber a sociedade como *o mundo da vida dos membros de um grupo social*. Por esse caminho, o conceito "ordem social" pode ser introduzido pelo viés de uma teoria da ação, não necessitando de um conceito técnico de sistema. Ora, Parsons não fornece uma ideia equivalente. Por isso, tentarei mostrar que sua teoria da ação não é suficientemente complexa a ponto de permitir a dedução de um conceito de sociedade. Como consequência disso, ele é forçado a interpretar a passagem conceitual do plano da ação individual para o plano dos conjuntos de ação como uma mudança da perspectiva analítica e como uma transformação dos conceitos fundamentais correspondentes.

Entretanto, a adoção de tal procedimento desperta a falsa impressão de que a análise funcionalista de conjuntos de ação aponta *por si mesma* em direção a um conceito de sociedade em que esta aparece como um sistema autocontrolado. Quando introduzimos o "mundo da vida" como conceito complementar ao "agir comunicativo" e como pano de fundo formador dos contextos dos processos do entendimento, a reprodução do mundo da vida pode ser analisada sob diferentes pontos de vista. Separamos inicialmente a reprodução simbólica do mundo da vida da reprodução material e interpretamos, a seguir, o agir comunicativo como um meio pelo qual as estruturas simbólicas do mundo da vida se reproduzem. E ao fazer isso estabelecemos uma diferença funcional entre os processos da reprodução cultural, da integração social e da socialização, que não exigem uma mudança da perspectiva conceitual básica. No meu entender, ao construir sua teoria da sociedade, Parsons subestima a capacidade e o grau de autarquia da estratégia conceitual e analítica da teoria da ação, o que o leva a situar os pontos de sutura entre o modelo sistêmico e o modelo da ação num nível demasiado profundo.

Parsons também não capta as vantagens metodológicas inerentes aos projetos que tentam transformar essas duas perspectivas conceituais. O princípio da teoria da ação liga a análise sociológica à perspectiva interna dos membros de grupos sociais. Isso coloca um problema para o sociólogo: como conectar hermeneuticamente a compreensão própria à compreensão dos participantes? Já a teoria sistêmica liga a análise sociológica à perspectiva externa de um observador. Por isso, a questão metateórica da relação entre a teoria da ação e a teoria sistêmica não pode ser decidida sem se levar em conta a questão metodológica da possibilidade de uma conexão entre conceitos reconstrutivos objetivistas e conceitos reconstrutivos desenvolvidos na perspectiva interna. Parsons não se interessou pela hermenêutica, isto é, pelos problemas do acesso compreensivo ao campo de objetos das ciências sociais. Porém, com essa atitude, ele não somente abre os flancos aos princípios concorrentes da sociologia compreensiva – conforme uma observação tardia de Viktor Lidz[13] –, mas também desconhece o ponto principal da questão metodológica, que consiste em saber se a teoria sistêmica tem de ser enquadrada na teoria da ação ou subordinada a ela.

Abordarei inicialmente o projeto da teoria da ação, redigido por Parsons em 1937, enfocando um problema de construção que o obrigará, nos anos subsequentes, a uma reconstrução da teoria (1). A partir desse ponto, abordarei o valor posicional das "variáveis-padrão" (*pattern-variables*) na concepção desenvolvida em 1951 (2), colocando em relevo as razões que o levaram a abandonar também essa segunda versão de sua teoria da ação em favor do funcionalismo sistêmico (3).

(1) As características fundamentais da teoria normativista da ação parsoniana aparecem em sua primeira grande obra, intitulada *The Structure of Social Action* [A estrutura da ação social]. Nela, Parsons se envolve numa controvérsia com tradições empiristas, que ele enfrenta por dois lados: de um lado, ele analisa o conceito do agir racional-teleológico, a fim de mostrar que o utilitarismo não consegue fundamentar a liberdade de decisão do sujeito da ação (dilema utilitarista); de outro lado, ele se concentra no conceito de uma ordem instrumental, para mostrar que a questão acerca da possibilidade da ordem social não pode ser solucionada sob pressupostos empiristas (problema hobbesiano). Com relação aos dois con-

---

13. Ch. W. Lidz, V. M. Lidz. "Piaget's Psychology of Intelligence and the Theory of Action", in *FS Parsons*, vol. I, 1976, pp. 195 ss.; aqui pp. 278-9.

ceitos centrais, ou seja, a unidade da ação (*action unit*) e o sistema da ação (*action system*), Parsons divide os seus opositores em dois partidos que se digladiam e não conseguem acertar o verdadeiro problema; dito de outra forma: os conceitos da ação, racionalistas e empiristas, não conseguem apreender a autonomia do agir; já os conceitos de ordem, idealistas e materialistas, não conseguem captar a legitimidade de um contexto de ação apoiado em interesses. Contra eles, Parsons formula um conceito voluntarista de ação (a) e um conceito de ordem normativista (b).

(a) Parsons coloca sua pesquisa sobre a estrutura do agir social sob o seguinte lema, tomado de empréstimo a Weber e reproduzido no original alemão: "Toda a reflexão teórica sobre os derradeiros elementos do agir humano dotado de sentido tem a ver, inicialmente, com as categorias 'meio' e 'fim'." Por conseguinte, quando Parsons se decide a seguir Weber, ele toma a estrutura teleológica da atividade orientada por fins, imanente a todas as ações, como fio condutor para a análise do conceito "agir social". E nesse processo ele busca as determinações mais gerais da menor unidade do agir, esperando conseguir uma moldura *em termos de uma teoria da ação* capaz de definir os conceitos fundamentais do campo de objetos das ciências da ação[14].

---

14. "Just as the units of a mechanical system in the classical sense, particles, can be defined only in terms of their properties, mass, velocity, location in space, direction of motion, etc., so the units of action systems also have certain basic properties without which it is not possible to conceive of the unit as 'existing'. Thus, to continue the analogy, the conception of a unit of matter which has mass but which cannot be located in space is, in terms of the classical mechanics, nonsensical. It should be noted that the sense in which the unit act is here spoken of as an existent entity is not that of concrete spatiality or otherwise sepa-

O modelo do agir teleológico trabalha com a ideia de um ator numa determinada situação, o qual estabelece fins escolhendo e aplicando os meios que ele julga adequados à sua realização. Parsons define o "fim" como um estado futuro que o ator gostaria de concretizar; e a "situação" como algo que se compõe, na perspectiva do ator, de elementos que podem ser controlados (meios) ou que se subtraem a um controle (condições). A decisão entre meios alternativos depende de máximas; e a escolha do fim se orienta por valores e normas. No início, ele coloca ambos sob o conceito de "*standards* normativos". Por conseguinte, as ações podem ser analisadas num nível elementar em termos de *orientações da ação* atribuídas a um *ator* numa determinada situação da ação.

Tal quadro teórico da ação implica uma série de conceitos importantes para Parsons. Pois o modelo pressupõe, em primeiro lugar, que o ator não somente dispõe de competências cognitivas, mas também pode tomar decisões orientadas normativamente pelas dimensões da colocação dos fins e da escolha dos meios. Sob esse aspecto, ele lança mão de uma teoria da ação "voluntarista". Além disso, o conceito de situação pressupõe que os meios e as condições, que entram nas orientações da ação, sejam interpretados na perspectiva do próprio agente, tornando-se acessíveis a uma avaliação na perspectiva de uma terceira pessoa. Nessa linha, a teoria da ação revela um traço "subjetivista", uma vez que exclui o objetivismo no âmbito dos conceitos da ação, reformulados pelas ciências do comportamento. Finalmente, a formulação do conceito "orientação da ação" é de tal ordem que permite uma

---

rate existence, but of conceivability as a unit in terms of a frame of reference." Parsons, 1949a, pp. 43 s.; cf. pp. 76 ss.

dupla interpretação do caráter processual da ação e da sua extensão no tempo. A ação é representada como um processo que visa à obtenção de um objetivo, levando em conta padrões normativos. Sob o aspecto da *obtenção do objetivo*, a ação exige um esforço ou dispêndio, compensado pela satisfação ou pelo rendimento (a dimensão motivacional: *instrumental/consumatory*). Sob o segundo aspecto, isto é, *levando em conta padrões normativos*, a ação cobre a distância que se coloca entre as regiões do ser (*Sein*) e do dever-ser (*Sollen*), entre as regiões dos fatos e dos valores, entre as *condições* de uma determinada situação e as orientações do agente, determinadas por valores e normas (a dimensão ontológica: *conditions/norms*). Com isso, o "esforço" exigido por uma ação perde o sentido empírico de uma busca de gratificação: "esforço" passa a ser, em primeiro lugar, "a name for the relating factor between the normative and conditional elements of action. It is necessitated by the fact that norms do not realize themselves automatically but only through action, so far as they are realized at all"[15].

Evidentemente, tal implicação, segundo a qual o agir exige um certo esforço moral, liga-se ao "voluntarismo" da moldura conceitual proposta; entretanto, Parsons não consegue explicá-lo enquanto limita sua análise à unidade fundamental do agir. No quadro de uma teoria da ação, a qual abrange apenas as orientações de um ator solitário, não é possível elucidar o conceito "orientação normativa da ação".

O fim, os meios e as condições são suficientes para determinar as *funções* dos padrões valorativos: estes devem *regular decisões* no nível da determinação do fim e da

---

15. Parsons, 1949a, p. 719.

escolha dos meios. No entanto, ao limitar sua análise à unidade fundamental do agir, Parsons não consegue explicar o fato de um ator que orienta suas decisões por valores.

Por essa razão, a parte principal do livro é dedicada aos conceitos referentes à ordem social desenvolvida por Durkheim e Max Weber.

(b) Para enfrentar a questão acerca da possibilidade da ordem social, Parsons toma como linha diretriz uma ideia que surgiu na controvérsia desencadeada entre Durkheim e Spencer. Ele adota a ideia de Durkheim segundo a qual as ações de vários atores só podem ser coordenadas suficientemente na base de normas reconhecidas intersubjetivamente. Tal *integração social* exige dos atores individuais respeito por uma autoridade moral, sobre a qual a pretensão de validade de regras de ação coletivamente obrigatórias pode se apoiar. Nesse ponto, Parsons desenvolve a ideia de um sistema de valores morais obrigatórios, incorporado em normas sociais e ancorado nos motivos dos sujeitos agentes: "Applied to the permanent regulation of conduct in a set of relatively settled conditions, such a value system also becomes embodied in a set of normative rules. They not only serve directly as the ends of a specific act, and chains of them, but they govern as a whole, or in large part, the complex action of the individual."[16] Isso exige, por seu turno, a criação de controles internos de comportamento: "The normal concrete individual is a morally disciplined personality. This means above all that the normative elements have become 'internal', 'subjective' to him. He becomes, in a sense 'identified' with them."[17]

---

16. Parsons, 1949a, p. 400.
17. Parsons, 1949a, pp. 385 s.

Nesse momento, Parsons ainda não está interessado nos processos de incorporação e da ancoragem, ou seja, da institucionalização e da internalização de valores (mesmo que ele já aponte para o conceito freudiano da introjeção e para a formação das estruturas do superego)[18]. No começo, ele se contenta em caracterizar a dimensão do elemento normativo apoiando-se na atitude que permite a um sujeito agente obedecer a mandamentos obrigatórios ou agir contra eles. No entender de Parsons, a distinção durkheimiana entre coação moral e causal, entre a coação da consciência e uma coação por meio de circunstâncias externas, estabelece a ruptura definitiva com os preconceitos empiristas. Durkheim consegue fazer tal distinção ao se dar conta de "that fear of sanctions constitutes only the secondary motive for adherence to institutional norms; the primary is the sense of moral obligation. With this the primary meaning of constraint becomes moral obligation and a clear-cut distinction is drawn between social constraint and the of natural facts"[19]. Naturalmente, o agente pode adotar perante valores e normas a mesma atitude que assume em relação a fatos; porém, ele não *entenderia* o significado das normas ou valores, caso não *pudesse* assumir em relação a eles uma atitude coerente apoiada no reconhecimento de sua pretensão de validade. Somente nessa atitude o agente experimenta a pressão moral que se manifesta nos sentimentos de obrigação e nas reações de culpa e de vergonha – uma coação que não somente é *conciliável* com a autonomia do agir, como também a constitui, de certa maneira. É a "coação" que o ator assume a tal ponto como

---

18. Cf. a nota de rodapé in Parsons, 1949b, p. 386.
19. Parsons, 1949a, p. 709.

sua, que já não consegue experimentá-la como algo que lhe vem de fora, ou seja, como um poder exterior, mas como algo que penetra os motivos a partir de dentro, organizando-os.

Por conseguinte, Parsons tenta revestir a ideia kantiana de liberdade, entendida como obediência a leis dadas autonomamente, com roupagens sociológicas, ou melhor, tenta reencontrar essa ideia da autonomia nos conceitos sociológicos de Durkheim e M. Weber. Nesse empreendimento, é essencial não somente a relação simétrica entre a autoridade de normas vigentes, com as quais o ator se defronta, e o autocontrole ancorado em sua personalidade, mas também a correspondência entre a institucionalização e a internalização de valores. Nisso se reflete o caráter duplo de uma liberdade constituída mediante o reconhecimento *pessoal* de uma vinculação a ordens *suprapessoais*.

O que Durkheim caracteriza como a autoridade moral de uma ordem se transforma, em Weber, na legitimidade. Parsons elabora a convergência desses conceitos fundamentais à proporção que delineia os dois modos de coordenação da ação destacados por Weber, a saber: a complementaridade das situações de interesses e o consenso acerca de valores. No primeiro caso, constitui-se a ordem fática das consequências da ação que não variam empiricamente; conforme o caso, ela pode ser produzida mediante orientações teleológicas da ação. No segundo caso, surge uma ordem institucional de relações interpessoais reguladas legitimamente; em certas circunstâncias, ela pode exigir para a ação orientações axiológicas. Todavia, Parsons está convencido de que as ordens sociais não podem ser estabilizadas *unicamente* por meio de situações de interesses. Pois as ordens fraudadas em sua substância normativa e reduzidas a um entrecruzamento artificial de situações de interesses culminam num estado anômalo: "A social order resting on interlocking of interests alone, and thus ultimately on sanctions, is hence hardly empirically possible though perhaps theoretically conceivable given the order as an initial assumption."[20] Por conseguinte, a resposta à questão "Como é possível a ordem social?" tem de ser a seguinte: as instituições não se limitam a incorporar valores, uma vez que os *integram* em situações de interesses. Portanto, ao se orientar pelas ordens legítimas, o agente não pode excluir a orientação pelos interesses próprios.

Com isso, Parsons consegue abordar um problema que ele não tinha conseguido clarificar no quadro de uma análise da unidade da ação. À medida que nas ordens legítimas os valores ou "fins últimos" já se encontram pré-referidos seletivamente a situações de interesses existentes, o agir institucionalizado pode ser entendido como um processo de *realização de valores sob condições fáticas*. Por isso, teria sido mais adequado relacionar entre si os conceitos do agir e da ordem, desenvolvidos em (a) e (b). Parsons, no entanto, isola os dois níveis de análise, agudizando ainda mais o problema de construção que irá obrigá-lo, mais tarde, a modificar suas colocações. Poderemos entender isso melhor se atualizarmos o contexto em que Parsons desenvolve sua teoria da ação.

(c) *O dilema utilitarista*. Três momentos da versão utilitarista do conceito "agir racional orientado por fins" são importantes para Parsons. O ator tem de enfrentar um mundo objetivo ou um conjunto de estados de coisas existentes dispondo apenas de conhecimentos empíricos mais

---

20. Parsons, 1949a, p. 404. Essa tese é contestada in Th. Burger. "T. Parsons, The Problem of Order in Society", in *AJS*, 83, 1978, pp. 320 ss.

ou menos precisos sobre eventos e estados nesse mundo. O empirismo equipara o sujeito agente ao sujeito da moderna teoria do conhecimento e da ciência, o qual produz representações e juízos: "The starting point is that of conceiving the actor as coming to know the facts of the situation, in which he acts, and thus the condictions necessary and the means available for the realization of his ends."[21] A única categoria de saber admitida é a do saber empírico controlável cientificamente. Parsons qualifica tal conceito de ação como "racionalista".

Ele sublinha, também, que o sucesso maior ou menor de uma atividade teleológica orientada pelos resultados depende do fato de a ação atingir ou não o alvo. Além da maximização do proveito, as únicas normas admitidas no modelo do agir racional-teleológico se referem à eficácia dos meios escolhidos, isto é, à eficácia da intervenção realizada com seu auxílio: "There has been an... overwhelming stress upon one particular type (of normative element) which may be called the 'rational norm of efficiency'."[22] Os padrões normativos se limitam à regulação das relações entre fins postos, meios disponíveis e condições dadas. Portanto, o modelo da ação *deixa indeterminada a escolha dos fins*. Por isso, Parsons fala numa "*randomness of ends*" – os fins da ação variam de acordo com as probabilidades do acaso[23].

O terceiro momento tem a ver com esses elementos. O conceito do agir racional-teleológico não prevê nenhum mecanismo pelo qual as ações de diferentes atores possam ser coordenadas entre si. Por isso, Parsons também caracteriza o conceito do agir estratégico como

---

21. Parsons, 1949a, p. 58.
22. Parsons, 1949a, p. 56.
23. Parsons, 1949a, p. 59.

"atomista". Quando um ator discerne apenas um mundo de estados de coisas existentes, as decisões de outros atores só adquirem relevância sob o ponto de vista do próprio sucesso. Entretanto, uma relação estável entre dois ou mais atores poderia ser o resultado contingente, por exemplo, da circunstância de que os interesses dos participantes se entrelaçam de modo complementar, estabilizando-se mutuamente.

Entretanto, caso nos decidíssemos a seguir o exemplo de Parsons e tentássemos saber como a liberdade de decisão pode ser concebida como núcleo da liberdade de ação, descobriríamos que o conceito utilitarista de ação se transforma num dilema. As reflexões um tanto confusas sobre o dilema utilitarista podem ser sintetizadas, mais ou menos, da seguinte maneira: o conceito utilitarista de ação preenche uma condição necessária para a tematização da liberdade de decisão do ator. Os fins podem variar, independentemente dos meios e das condições. Ora, Parsons pretende mostrar que tal condição é necessária para seu conceito de liberdade de ação, porém não suficiente. Enquanto as orientações normativas se referirem apenas à eficácia da escolha dos meios e ao sucesso da ação, e enquanto não forem admitidos, ao lado dessas máximas de decisão, *valores* que regulam a própria seleção dos fins, o modelo de ação utilitarista abrirá espaço para duas interpretações contrárias, ambas deterministas e inconciliáveis com o postulado da liberdade de decisão. As duas tentativas de explicação do processo de colocação de fins, a positivista e a racionalista, culminam numa assimilação dos fins a condições empíricas da ação. No primeiro caso, os fins derivam de disposições inatas ou adquiridas; "they are assimilated to... elements analyzable in terms of non-subjective categories, principally heredity or environment..."²⁴. No segundo caso, a colocação do fim é entendida como função dos conhecimentos que o agente possui acerca de sua situação: "If ends were not random, it was because it must be possible for the actor to base his choise of ends on scientific knowledge of some empirical reality... action becomes a process of rational adaptation to conditions. The active role of the actor is reduced to one of the understanding of his situation and forecasting of its future course of development."²⁵ No entanto, as duas interpretações do modelo de ação utilitarista – a racionalista e a positivista – não conseguem explicar por que o ator pode errar em vários sentidos, *não apenas num sentido cognitivista*.

Aqui se insinua a dimensão conceitual pela qual Parsons não se interessou: ele entende a liberdade de decisão no sentido de uma autonomia, cuja característica principal é a falibilidade moral. Ele não se contenta com a liberdade de escolha no sentido de uma opção entre alternativas, determinada empiricamente (por disposições internas e pelo entorno) ou cognitivamente (pelo saber e pelo cálculo). Por isso, ele amplia o conceito dos padrões normativos, atribuindo-lhes o *status* de padrões de valores ou de fins últimos não instrumentalizáveis, a partir dos quais orientações valorativas correspondentes podem regular a própria colocação dos fins: "the term normative will be used as applicable to an... element of a system of action

---

24. Parsons, 1949a, p. 64.
25. Parsons, 1949a, pp. 63 s. A proposta de Luhmann pode ser tomada como um exemplo atual dessa estratégia conceitual positivista, uma vez que ele considera como equivalentes funcionais expectativas normativas e cognitivas; o único critério para distingui-las é saber se um ator (ou um sistema de ação) se decide a estabilizar contrafaticamente uma expectativa dada ou a mantê-la aberta a revisões. Cf. N. Luhmann. "Normen in soziologischer Perspektive", in *Soziale Welt*, 20, 1969, pp. 28 ss.

if and only insofar as it may be held to manifest... a sentiment that something is an end in itself"[26].

(d) *O problema hobbesiano*. Para desenvolver o conceito de uma ordem legítima que regula normativamente relações interpessoais, Parsons também lança mão da tradição empirista. Desta vez, ele escolhe a filosofia social de Thomas Hobbes como ponto de referência. Em Hobbes, ele descobre o pensador que formula coerentemente a questão acerca da possibilidade da ordem social em termos empiristas, oferecendo uma base adequada para uma crítica imanente. Antecipando-se ao utilitarismo, Hobbes toma como ponto de partida os sujeitos singulares dotados da capacidade de agir racionalmente tendo em vista certos fins. Além disso, supõe que as capacidades racionais estão a serviço de paixões que ditam os fins da ação. E uma vez que as paixões dos indivíduos variam conforme o acaso, não sendo coordenadas pela natureza, a persecução racional dos interesses próprios de cada um degenera numa luta por segurança e por bens escassos, travada por todos contra todos. Quando se consideram *apenas* os dons naturais dos indivíduos interessados, que agem racionalmente visando a fins, as relações sociais não podem assumir por si mesmas a forma de uma concorrência pacífica. O conceito do agir orientado pelos resultados permite apenas concluir que, para cada ator, as decisões de qualquer outro ator têm de ser entendidas como meio ou como condição para a realização de fins próprios. Por isso, todas as regulações artificiais são precedidas pela máxima natural segundo a qual cada um tenta exercer influência sobre todos e obter o poder, isto é, uma influência generalizada.

---

26. Parsons, 1949a, p. 75.

Parsons reformula o problema hobbesiano nos seguintes termos: quando tomamos como ponto de partida o conceito "agir racional-teleológico", "it is inherent in the latter that the actions of men should be potential means to each other's ends. Hence as a proximate end it is a direct corollary of the postulate of rationality that all men should desire and seek power over one another. Thus the concept of power comes to occupy a central position in the analysis of the problem of order. A purely utilitarian society is chaotic and unstable, because in the absence of limitations on the use of means, particularly force and fraud, it must, in the nature of the case, resolve itself into an unlimited struggle for power; and in the struggle for the immediate end, power, all prospect of attainment of the ultimate, of what Hobbes called the diverse passions, is irreparably lost"[27].

A solução sugerida por Hobbes, isto é, a ideia de um contrato de dominação implicando a sujeição incondicional de todos sob o poder absoluto de um só, pressupõe uma situação em que os sujeitos que agem teleologicamente já estão dispostos a preencher as condições necessárias para a celebração de um contrato. Essa é uma situação "where the actors come to realize the situation as a whole instead of pursuing their own ends in terms of their immediate situation, and then take the action necessary to eliminate force and fraud, and, purchasing security at the sacrifice of the advantages to be gained by their future employment"[28].

---

27. Parsons, 1949a, pp. 93 s.
28. Parsons, 1949a, p. 93. Cf. também R. Martin. "Hobbes and the Doctrine of Natural Rights: the Place of Consent in his Political Philosophy", in *Western Polit. Quarterly*, 1980, pp. 380 ss.

Para Parsons, tal solução não é convincente por duas razões: o modelo do agir racional-teleológico não consegue explicar de que modo os atores que celebram um acordo *racional* são capazes de levar em consideração os interesses *de todos* os participantes. Por isso, ele tem de ampliar ou "esticar" implicitamente[29] o conceito de racionalidade teleológica, a fim de que os atores possam perseguir seus interesses bem entendidos, não apenas na linha de uma *coação calculada de uns sobre os outros*, mas também pelo caminho de uma *formação racional da vontade, que implica colaboração mútua*. Diante disso, Parsons pensa em dois conceitos de racionalidade rigorosamente distintos, a saber, a racionalidade técnica e a racionalidade prática; e distingue dois métodos de busca de interesses. A tentativa indireta de influenciar a situação da ação de outro ator significa a tentativa de um condicionamento de suas decisões com o auxílio de meios de sanção que incluem a violência e a fraude; de outro lado, a influenciação direta nas orientações da ação de um outro ator significa a tentativa de convencimento pelos meios argumentativos da formação do consenso: a *force* e a *fraud* se opõem à *rational persuasion*[30].

Parsons elucida tal alternativa lançando mão da teoria de Locke, o qual apela para uma razão prática que proíbe a busca racional de interesses próprios exclusivamente na linha de imperativos teleológicos. Não obstante, ele já concebe o estado de natureza sob o ponto de vista da validade *intersubjetiva* de um *direito natural* à satisfação teleológica de interesses próprios. Pelo fato de ser acessível *a priori* a todos os outros, o direito de cada um a

---

29. Parsons, 1949a, p. 93.
30. Parsons, 1949a, p. 101.

se comportar racionalmente dessa forma é limitado: "By employing the term reason Locke apparently implies that this attitude is something at which men arrive by a cognitive process. It includes the recognition that all men are equal and independent and that they have a reciprocal obligation to recognize each other's rights and thus take upon themselves sacrifices of their own immediate interests."[31]

Por conseguinte, a primeira objeção tem em mente que as obrigações – inclusive a obrigação de um único ato de sujeição sob um poder absoluto – precisam se apoiar num consenso normativo, que não pode ser fruto *apenas* de considerações teleológicas. A agregação de diferentes cálculos de relações em termos de "meio" e "fim", que o ator desenvolve apoiado em conhecimentos empíricos e orientado pelo próprio sucesso, pode fazer com que todos tenham como *desejável* a obediência a uma norma comum. Porém, a desejabilidade de uma norma ainda não explica a *força vinculante* que emana de normas válidas – a qual não deriva de sanções, mas do reconhecimento intersubjetivo (racionalmente motivado) de expectativas de comportamento recíprocas: "Thus at the basis of the position (of Locke) lies the postulate of rational recognition."[32]

No entanto, mesmo admitindo o sucesso da tentativa para reduzir a razão prática à capacidade de escolha racional dos meios[33] – tentativa repetida na tradição em-

---

31. Parsons, 1949a, p. 96.
32. Parsons, 1949a, p. 96.
33. Alguns autores desenvolveram esforços notáveis. Entre eles Lewis, 1969, e J. Elster. *Ulysses and the Sirenes*. Cambridge, 1979, pp. 141 ss. No entanto, trata-se apenas de sugestões para a solução de um problema já redefinido de modo empirista; o fenômeno a ser explicado, isto é, o do caráter obrigatório de normas válidas, se perde.

pirista, porém sempre fracassada –, não estaria eliminada outra objeção, essencialmente empírica. Parsons compartilha com Weber e com Durkheim a ideia de que a ordem coativa artificial de Hobbes, que garante a observância de normas mediante sanções externas, não pode ser duradoura. Por isso, não podemos tomá-la como modelo apropriado para explicar o modo como uma ordem social se torna possível. De acordo com Parsons, isso vale para qualquer ordem social produzida faticamente *apenas* em razão de interesses. Pouco importa o modelo que se toma para manter os padrões de comportamento: o hobbesiano, apoiado no poder de dominação e no medo de sanções negativas; o da economia política, apoiado na troca de mercadorias e na busca de sanções positivas; ou o da concorrência entre esses dois mecanismos. O citado argumento durkheimiano mostra que no próprio campo do comportamento econômico, orientado pelo mercado – pelo qual se orientam as explicações empíricas de Locke a Spencer –, um comportamento social exercitado faticamente não pode ser estabilizado sem algum tipo de norma que limita o agir dos atores orientados por valores[34].

---

34. "A contractual agreement brings men together only for a limited purpose, for a limited time. There is no adequate motive given why men should pursue even this limited purpose by means which are compatible with the interests of others, even though its attainment as such should be so compatible. There is a latent hostility between men which this theory does not take account of. It is as a framework of order that the institution of contract is of primary importance. Without it men would, as Durkheim explicity says, be in a state of war. But actual social life is not war. In so far as it involves the pursuit of individual interests it is such interests, pursued in such a manner as greatly to mitigate this latent hostility, to promote mutual avantage and peaceful co-operation rather than mutual hostility and destruction. Spencer and others who think like him have entirely failed to explain how this is accomplished. And in arriving at his own explanation Durkheim first

As ordens sociais não podem ser explicadas no sentido de um instrumentalismo coletivo, pois uma ordem fática, que resulta da concorrência entre indivíduos que agem de forma racional e teleológica, buscando o poder ou a riqueza, é instável enquanto não surge o momento moral da consciência e da obrigação, isto é, do agir orientado segundo valores obrigatórios.

Nesse ponto, Parsons estabelece uma relação simétrica entre duas posições contrárias e igualmente falsas. O *materialismo* sociológico não nega o fato de que as relações interpessoais em geral possam ser reguladas normativamente; porém, ele reduz as normas a regulações impostas a partir de fora, desconhecendo a circunstância segundo a qual a institucionalização de expectativas de comportamento tem início nas orientações do agente – as quais se ligam a normas –, não na manipulação fática das consequências da ação. Por outro lado, o idealismo sociológico cai no erro de subestimar a coação seletiva que nasce dos componentes não normativos da situação da ação, isto é, do substrato material do mundo da vida. Isso explica as reservas de Parsons em relação a Durkheim[35]. A instituição é o conceito de ordem social que Parsons desenvolve ao esboçar uma crítica simétrica a essas duas posições. Tal conceito segue o modelo weberiano da realização de uma ordem que integra interesses e valores. Vimos que "action must always be thought of as involving a state

---

points to an empirical fact: this vast complex of action in the pursuit of individual interests takes place within the framework of a body of rules, independent of the immediate motives of the conctracting parties. This fact the individualists have either not recognized at all, or have not done justice to. It is the central empirical insight from which Durkheim's theoretical development starts, and which he never lost." Parsons, 1949a, pp. 313 s.

35. Parsons, 1949a, p. 446.

of tension between two different orders of elements, the normative and the conditional"³⁶.

(e) *Interação social*. As ideias anteriores sugerem que a atitude mais lógica consistiria em conectar, no mesmo nível analítico, o conceito de ação ao conceito de ordem, de tal modo que ambos se completassem no conceito de *interação social*. O conceito de *acordo normativo* poderia servir como ponte entre os conceitos da atividade teleológica orientada por valores e os de uma ordem que integra interesses com valores. Isso abriria o caminho para que as interpretações dos participantes da interação e suas tomadas de posição mediante "sim/não", portadoras do consenso sobre valores e do reconhecimento de normas, pudessem passar para o centro da teoria da ação. Nesse centro já não estaria mais a *estrutura formada pelos meios e fins do agir*, mas a *formação do consenso dependente da linguagem*, uma vez que ela constitui o mecanismo capaz de estabelecer uma relação entre os planos de ação de diferentes atores, possibilitando interações sociais. No entanto, Parsons não toma esse caminho³⁷. Ele fica preso às

---

36. Parsons, 1949a, p. 732. O fato de Parsons ter apoiado esse conceito em Durkheim e Weber desencadeou, após décadas, uma controvérsia acalorada: cf. W. Pope, J. Cohen, E. Hazelrigg. "On the Divergence of Weber and Durkheim: A Critique of Parsons' Convergence Thesis", in *ASR*, 40, 1975, pp. 417 ss. Cf. também R. St. Warner. "Toward a Redefinition of Action Theory", in *AJS*, 83, 1978, pp. 1317 ss.; W. Pope, J. Cohen. "On R. St. Warners' Redefinition of Action Theory", in *AJS*, 83, 1978, pp. 1359 ss.; T. Parsons, "Comment on R. St. Warner's Redefinition of Action Theory", in *AJS* 83, 1978, pp. 1351 ss.

37. No texto "The Structure of Social Action", Parsons situa os dois conceitos do agir e da ordem em dois planos diferentes, não os relacionando entre si. Ele pensa em duas dimensões em que é possível agregar unidades da ação e compô-las formando sistemas de ação: a conexão das ações de atores diferentes e a conexão de diferentes ações do mesmo ator. A agregação interpessoal produz sistemas sociais que podem assu-

tradições empiristas das quais tenta se distanciar. O princípio individualista de uma teoria orientada pela teleologia do agir deixa marcas profundas: Parsons limita a atividade teleológica lançando mão de padrões de valores e de orientações axiológicas correspondentes; porém, o elemento que decide tudo, em última instância, continua sendo a ação singular de um ator individual. Eu gostaria de ventilar essa *primeira decisão importante para a construção da teoria,* tomando como pano de fundo uma teoria do agir comunicativo.

Parsons escolhe como ponto de partida um ator concebido monadicamente. Além disso, ele pretende estabelecer a passagem conceitual da unidade da ação para o contexto da ação apoiando-se na ideia de que a interação elementar compreende simplesmente as ações independentes de dois atores. O ponto de partida da análise é dado pela orientação *singular* da ação. Esta é tida como o resultado de *decisões contingentes entre alternativas.* A orientação valorativa manifesta que os valores correspondentes determinam preferências por uma das alternativas dadas. Uma vez que a força reguladora dos valores culturais não afeta a contingência das decisões, toda interação entre dois atores que entabulam uma relação está sujeita às condições da "dupla contingência"[38]. Esta desempenha o papel de um fato gerador de problemas, visto que ela torna funcionalmente necessário o estabelecimento de ordens. Na construção lógica da interação, a dupla contin-

---

mir a forma de simples interações ou alcançar a forma de sociedades globais. Já as pesquisas teórico-históricas realizadas em *The Structure of Social Action* sugerem uma simetria entre o conceito de ação e o conceito de ordem. No final do livro, fica claro que a distância conceitual entre a ação e o sistema da personalidade não é maior que a existente entre a ação e o sistema de interação (cf. Parsons, 1949a, pp. 737-48).

38. T. Parsons. *The Social System.* Glencoe, 1951, p. 36.

gência da liberdade de escolha do *ego* e do *alter* precede os mecanismos de ordem que coordenam a ação. No nível analítico da unidade da ação, os *standards* de valores são atribuídos aos atores singulares na qualidade de posse subjetiva: por isso eles necessitam de uma sintonia intersubjetiva. O elemento da orientação valorativa deve apenas impedir a adoção contingente de processos de colocação de fins e fazer com que a autonomia da colocação de fins não seja absorvida por uma equiparação racionalista ou positivista das orientações da ação a determinantes da situação da ação. Parsons mantém o núcleo do conceito utilitarista da ação, ou seja, a interpretação da liberdade de decisão do ator como sendo uma escolha entre meios alternativos, quando são dados certos fins. Talvez ele acredite que o voluntarismo só possa ser salvo quando a liberdade de decisão for concebida como uma liberdade de escolha contingente; na linguagem do idealismo alemão: quando ela for entendida como *arbítrio*.

Tal modo de ver as coisas contrasta com o conceito de um sistema de valores culturais compartilhados intersubjetivamente – desde sempre. Aí reside precisamente o problema de construção, que pode ser formulado da seguinte maneira: de que modo Parsons conseguirá conectar o conceito de ação, concebido monadicamente, com o conceito intersubjetivista de ordem, tomado de empréstimo a Durkheim? O problema poderia ser solucionado se Parsons transformasse as interpretações dos participantes da interação, as quais tornam possível o consenso, num componente nuclear do agir social. Processos de entendimento dependentes da linguagem se desenrolam, conforme vimos, ante o pano de fundo de uma tradição compartilhada intersubjetivamente, especialmente de uma tradição de valores aceitos em comum. Neste caso, o contexto que serve de referência a um texto pode servir como modelo para aquilo que funda a ordem. E de acordo com tal modelo o problema da coordenação da ação, devido à relação duplamente contingente entre atores capazes de tomar decisões, poderia ser solucionado mediante uma orientação por pretensões de validade de normas que dependem de um reconhecimento intersubjetivo.

Entretanto, tomadas de posição por meio de "sim/não" perante pretensões de validade normativas não dependem de uma liberdade de escolha *contingente*, e sim de convicções prático-morais; elas estão, ao menos implicitamente, submetidas à força vinculante que brota de qualquer bom argumento. Todavia, se procedêssemos como Parsons, concebendo as decisões orientadoras da ação como *produto do arbítrio privado de atores singulares*, careceríamos de um mecanismo capaz de explicar como os sistemas de ação se dividem em unidades de ação[39]. Tal dificuldade talvez consiga explicar os reajustes ocorridos na teoria da ação, especialmente os que aparecem nas duas obras publicadas em 1951 (*The Social System* e *Towards a General Theory of Action*).

(2) No *início do período intermediário*, Parsons já não se limita mais a apreender a unidade da ação lançando mão de conceitos referentes à orientação de um sujeito que age em determinada situação: ele tenta, em vez disso, entender a própria orientação da ação como um produto das influências conjuntas da cultura, da sociedade e da personalidade[40]. Ele analisa a orientação *a tergo*, pro-

---

39. Não abordo aqui a tentativa de explicação apoiada em idéias da teoria da aprendizagem. O assim chamado modelo de sanções pode, quando muito, explicar de que modo expectativas de comportamento não normativas podem ser conectadas no modo condicional.

40. Parsons, 1951a, pp. 3-23; id., *Toward a General Theory of Action*. Nova York, 1951, pp. 3-25; pp. 53-109.

curando descobrir a contribuição de cada um desses três componentes para a realização de uma ação concreta. Desse modo, o ator é colocado na perspectiva de uma agência controlada simultaneamente por valores e necessidades. O sistema da personalidade participa da orientação do agir mediante orientações motivacionais; e o sistema social se faz valer mediante orientações normativas.

Nesse meio tempo, Parsons tinha conseguido se familiarizar com a teoria freudiana da personalidade e com a antropologia cultural de Malinowski. Isso contribuiu para o deslocamento da perspectiva teórica. Ora, quem toma tais elementos como ponto de partida já não pode construir os sistemas de ação apoiando-se sobre suas unidades elementares, pois se trata agora de tomar como ponto de partida os próprios sistemas. Parsons inicia sua construção lançando mão do conceito de cultura e explica os sistemas de ação da "sociedade" e da "personalidade" como corporificações institucionais e como ancoragens motivacionais de padrões culturais. As unidades elementares deixam de ser unidades de ação, passando a ser padrões culturais ou significados simbólicos. E estes se juntam, formando configurações ou sistemas culturais de valores e de interpretações. Os padrões culturais constituem a parte da tradição cultural imediatamente relevante para sistemas de ação. Eles configuram a matéria-prima que pode ser trabalhada em duas linhas: na da institucionalização, criando expectativas de comportamento obrigatórias e normas válidas intersubjetivamente, e na linha da internalização, configurando motivos pessoais ou disposições de ação formadoras do caráter. Dessa maneira, Parsons concebe ambos os sistemas de ação como canais complementares, que permitem a transformação de valores culturais em ações motivadas: "... social systems are systems of motivated action organized about the relations of actors to each other; personalities are systems of motivated action organized about the living organism"[41].

Tal procedimento, no entanto, vai de encontro a dois problemas: em primeiro lugar, é necessário explicar como a determinação cultural de orientações da ação tem de ser pensada (a); em segundo lugar, é preciso ver como esses três conceitos de ordem do sistema, ou seja, do sistema da cultura, da sociedade e da personalidade, podem ser articulados com o conceito de ação, que eles não podem tomar como base de construção (b). Discutirei ambas as questões, destacando as dificuldades inerentes a uma teoria monológica da ação, que toma como ponto de partida apenas o ator singular, não utilizando sistematicamente os mecanismos de coordenação do entendimento linguístico.

(a) Nas diferentes versões de sua teoria da ação, apresentada no início dos anos 1950, Parsons já não se limita a decompor a orientação da ação em seus elementos analíticos seguindo o ponto de vista de uma realização de fins orientada por valores. Nesse momento, ele está mais interessado na análise conceitual dos elementos que ligam entre si as motivações e as orientações valorativas. E ele desenvolve essa *segunda versão de sua teoria da ação* seguindo quatro passos.

Ao tratar da orientação da motivação de um agente, que tem de se decidir entre meios alternativos ao serem dadas certas condições e colocados determinados fins, Parsons distingue entre dois tipos de orientações: a *orientação "catética"*, que se dá mediante objetivos e objetos que

---

41. Parsons, 1951b, p. 54.

são o alvo dos interesses e sentimentos do ator, e a *orientação cognitiva*, por meio de alternativas e estados que ele apreende e calcula. Ambos os aspectos são indissociáveis, podendo ser separados apenas em nível analítico, pois qualquer objeto utilizado "cateticamente" tem de ser conhecido; e todo objeto apreendido cognitivamente tem de ser relevante para a satisfação de necessidades. Ambas as orientações abrangem, em igual medida, projeções subjetivas de fins, bem como componentes objetivos da situação.

Porém, o processo de orientação não poderia ser entendido como uma decisão entre alternativas distintas, caso não fosse possível decodificar um terceiro aspecto na orientação motivacional da ação, a saber, uma *orientação apreciativa* que tem como objetivo estabelecer a relação mais vantajosa possível no âmbito das gratificações alcançáveis e das inevitáveis privações: "The evaluative mode involves the cognitive act of balancing out the gratification-deprivation significances of various alternative courses of action with a view to maximizing gratification in the long run."[42] Os únicos padrões dedutíveis das dimensões da *kathexis* e da cognição são a eficiência e o proveito – precisamente os padrões admitidos no conceito de ação utilitarista. No entanto, para que a orientação apreciativa possa adquirir independência diante das orientações catético-cognitivas, mister se faz que a garantia do balanceamento das gratificações siga medidas não utilitaristas. Trata-se de *padrões culturais*, isto é, de orientações apreciativas da motivação da ação, cuja influência normativa sobre os motivos da ação é decisiva[43].

---

42. Parsons, 1951b, p. 71.

43. "... we say that the evaluative mode designates the point in the system of motivation at which these values or cultural standards of the

A orientação apreciativa constitui uma espécie de caixa de mudanças, à qual a cultura se liga pelas orientações motivacionais do agente. Parsons toma isso como pretexto para inferir, a partir da classificação das orientações motivacionais, a classificação de padrões de valores e a ordenação das correspondentes orientações valorativas. E ele introduz uma distinção entre padrões cognitivos, morais e apreciativos (*cognitive, appreciative, moral standards*). A dimensão cognitiva tem a ver com critérios para a verdade, a objetividade, a ilação lógica etc., ao passo que a dimensão da *kathexis* engloba padrões estéticos e critérios para a veracidade, a autenticidade, a adequação etc. Finalmente, na dimensão apreciativa se coloca o problema dos pontos de vista normativos sob os quais os padrões cognitivos e apreciativos podem ser escolhidos e integrados. Para Parsons, os *standards* mais elevados são morais.

Esses três tipos de *standards* representam apenas uma parte da tradição cultural, mais precisamente os valores culturais ou componentes apreciativos da cultura. Pois a cultura contém, além disso, esquemas cognitivos para a *interpretação* daquilo que é o caso e formas *de expressão* simbólica para a representação de experiências expressivo-estéticas.

Por conseguinte, a determinação cultural do agir implica os seguintes componentes determinantes: a) com-

---

value-orientation become effective... The evaluative mode itself concerns the weigthing of alternatives and the act of choosing. When this evaluation is made with an eye to any standards for guiding choice, then the evaluative mode has brought in some aspect of the value-orientation. It should be remembered that the act of choosing is essentially the aspect of orientation implied by the term evaluative mode; the standards on which choices are based are the aspects of orientation implied by the term value-orientations". Parsons, 1951b, pp. 71 ss.

ponentes do *sistema cultural*, a saber, esquemas de interpretação cognitiva, formas de expressão simbólica e modelos de valores; b) *standards de valores*: *standards* para a solução de problemas cognitivo-instrumentais, *standards* de apreciação e *standards* para a solução de problemas prático-morais; c) *orientações normativas* correspondentes: cognitivas, apreciativas e morais; d) *orientações motivacionais*: cognitivas, catéticas e apreciativas. As relações reproduzidas na figura 29 decorrem desses elementos.

Fig. 29 *Determinantes culturais da orientação da ação* (de acordo com Parsons, *Toward a General Theory of Action*, 1951)

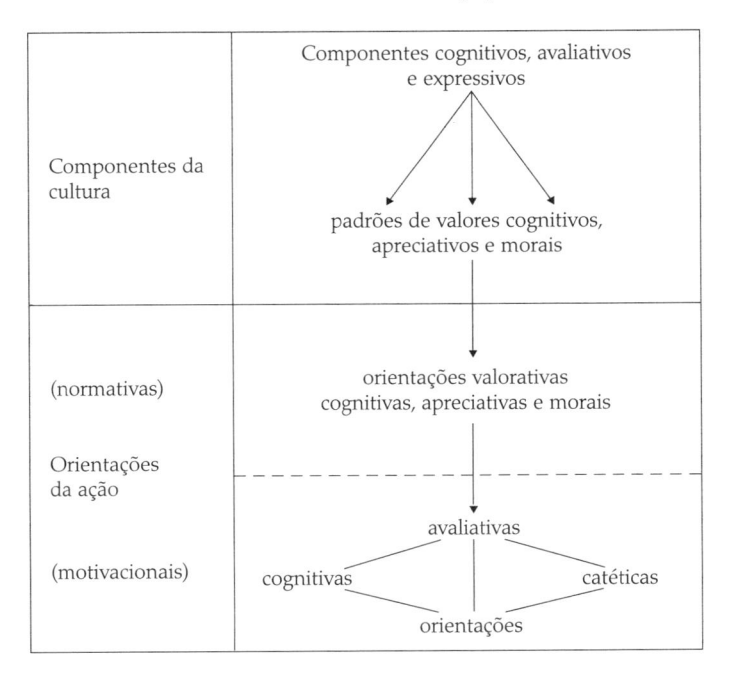

Componentes da cultura	Componentes cognitivos, avaliativos e expressivos ↓↓↓ padrões de valores cognitivos, apreciativos e morais
(normativas) Orientações da ação (motivacionais)	orientações valorativas cognitivas, apreciativas e morais ↓ avaliativas cognitivas catéticas orientações

O esquema de Parsons foi construído de baixo para cima, tomando como ponto de partida as orientações motivacionais. Mesmo assim, ele tem de ser lido de cima para baixo e entendido como uma ilustração para o modo como certos reguladores culturais se impõem aos motivos da ação. A representação de uma determinação cultural de orientações da ação tem como finalidade solucionar o problema da coordenação, não solucionado pela primeira versão da teoria da ação, a saber: os *standards* de valores já não são atribuídos a atores singulares, como qualidades subjetivas; em vez disso, os padrões culturais valorativos são introduzidos, desde o princípio, como uma posse intersubjetiva. Entretanto, no começo, eles valem apenas como componentes da tradição cultural, não configurando nenhuma obrigatoriedade normativa natural. Por conseguinte, quando pretendemos apresentar as condições para interações reguladas normativamente e ancoradas em motivos, não basta engatar *diretamente* os elementos da orientação da ação nos componentes do sistema cultural. Retomarei esse problema adiante. No momento, é mais importante descobrir de que modo Parsons explica o fato de que o agente se orienta por valores culturais.

(b) De acordo com o esquema, a cultura só entra em relação com as orientações da ação por intermédio de seus componentes apreciativos, pois ela só desenvolve sua força reguladora mediante a orientação do agente que se apóia em modelos de valores culturais. Entretanto, tais modelos não abrangem apenas a esfera apreciativa em sentido estrito; pois, ao lado dos *standards* para aquilo que vale como "bom" (como melhor ou como pior), Parsons considera *standards* que valem para a solução de questões cognitivo-instrumentais e prático-morais. Parece que se trata de *padrões* que permitem medir, no quadro de uma determinada tradição cultural, a validade de proposições descritivas, normativas, apreciativas e expressivas. Porém, tais *standards abstratos de validade* não esgotam o rico conteúdo de uma cultura. O espaço superior do esquema parece sugerir que os padrões de interpretação cognitivos e as formas de manifestação expressivas não têm acesso às orientações da ação. Todavia, esta não pode ter sido a intenção de Parsons; mesmo assim, tal impressão não surge por acaso. Pois o modelo que ele adota para explicar o que significa para um ator o fato de orientar seu agir no contexto de uma tradição é demasiado simples. A idéia dele é a seguinte: um ator age no quadro de sua cultura à medida que se orienta por *objetos culturais*. Ele chega a mencionar que a linguagem constitui o meio exemplar para a transmissão da cultura; porém, não aproveita essa ideia para fecundar sua teoria da ação. O esquema revela indiscutivelmente que ele passa por alto o aspecto comunicativo da coordenação da ação.

Agir no quadro de uma cultura significa que os participantes da interação extraem interpretações de um estoque de saber garantido culturalmente e partilhado intersubjetivamente, a fim de se entenderem sobre sua situação e, a partir dessa base, buscar seus respectivos fins. Na perspectiva conceitual do agir orientado pelo entendimento, a apropriação interpretativa de conteúdos culturais transmitidos se apresenta como o ato pelo qual a determinação cultural do agir se realiza. Ora, Parsons abandona esse caminho uma vez que entende a orientação por valores como orientação por *objetos*.

Inicialmente, ele classificou os objetos aos quais um ator pode se referir na perspectiva da atividade teleológica. Eles aparecem como meios (ou fontes) e como condições (ou restrições). Ora, sob o ponto de vista da estrutura interativa do contexto da ação, impõe-se outra classificação. O *ego* faz uma distinção entre dois tipos de objetos: objetos sociais que podem assumir o papel de um *alter* e objetos não sociais. E estes são classificados em objetos físicos, que só podem surgir como meios ou condições, e objetos culturais. Os objetos físicos se distinguem dos culturais por suas *condições de identificação*. Objetos físicos são entidades no espaço e no tempo, ao passo que os objetos simbólicos representam padrões culturais que podem ser transmitidos e ser objeto de apropriação, sem que seu significado sofra modificações. Pois a individuação no espaço e no tempo não afeta o conteúdo semântico, apenas o substrato material em que o padrão de significado adquire conteúdo simbólico.

Portanto, a caracterização parsoniana dos objetos físicos e culturais é ontológica, ou seja, realizada na perspectiva de um sujeito cognoscente; porém, ao dar esse passo, escapa-lhe por entre os dedos a diferença mais importante a ser detectada na perspectiva do sujeito que fala e age, a saber, a diferença entre *objetos* individuados no espaço e no tempo, e *significados* incorporados em símbolos. Os primeiros podem ser observados e manipulados, isto é, modificados por intervenções teleológicas; os segundos só podem ser entendidos ou produzidos, e nosso acesso até eles passa pelo caminho de uma participação (ao menos virtual) em processos de comunicação. Parsons desconhece tal diferença ao equiparar padrões culturais transmissíveis e elementos da situação, aos quais o ator se refere como se fossem objetos. Tal reificação impede a descoberta do papel que a tradição cultural desempenha como contexto e como pano de fundo para o agir comunicativo.

A *reificação dos conteúdos culturais transmissíveis* pode ser detectada na ideia parsoniana segundo a qual o ator pode criar orientações motivacionais com relação a objetos culturais do mesmo modo que as formas em relação a outros elementos da situação, quer se trate de parceiros, de meios ou condições. Certamente, um ator também pode se referir à tradição cultural de modo reflexivo; pode, por assim dizer, voltar-se a fim de transformar ideias, valores ou símbolos expressivos em objetos de uma análise, para avaliá-los de modo positivo ou negativo, apoiando-se em *standards* correspondentes. Porém, isso não vale para o caso normal de um enfoque performativo, em que um agente comunicativo lança mão de sua tradição.

A tarefa principal de sujeitos que agem comunicativamente consiste em encontrar uma definição comum para sua situação e em se entender sobre temas e planos de ação no interior dessa moldura de interpretação. E nesse trabalho de interpretação eles se servem de um estoque de saber transmitido. Além disso, já tivemos ocasião de ver que os padrões culturais de interpretação, de valores e de expressão possuem uma dupla função. Tomados em conjunto, formam o contexto do saber inquestionável que serve de pano de fundo; ao mesmo tempo, porém, alguns padrões culturais entram no conteúdo semântico das *respectivas* manifestações. Nesse momento, a cultura sai da sombra do agir comunicativo, despe-se das certezas que servem de pano de fundo e assume a figura de um saber criticável. Porém, os padrões culturais de interpretação não chegam a assumir o *status* de objetos aos quais os atores poderiam se referir como se fossem componentes da situação da ação.

À proporção que os participantes da interação extraem interpretações do fundo de suas tradições, eles tentam produzir um consenso sobre algo no mundo. E ao fazer isso referem-se a objetos identificáveis no mundo. Pode tratar-se de coisas e eventos num mundo de estados de coisas existentes (portanto, de objetos físicos); de componentes de um mundo social constituído de relações interpessoais legitimamente reguladas; ou de algo num mundo subjetivo que comporta vivências acessíveis por um caminho privilegiado (portanto, de objetos sociais em sentido amplo). As ideias, valores ou formas de expressão simbólicas que entram no processo de entendimento servem à comunicação *sobre* tais objetos; porém, eles mesmos não são objetos no mesmo sentido. Em todo caso, podemos afirmar que, no momento em que intérpretes, tradutores, cientistas, artistas, críticos de arte, teóricos do direito e da moral elaboram reflexivamente ideias, valores e formas de expressão simbólicas, estão se referindo a objetos culturais.

Ora, Parsons contrapõe os componentes da cultura que foram internalizados ou institucionalizados aos padrões de significado cultural que surgem supostamente como "objetos" em situações de ação. Porém, com essa distinção, ele não consegue superar a reificação da cultura; pelo contrário: ao introduzir contrastes falsos, ele a pereniza. Segundo esta ideia, quando padrões de valores culturais são internalizados e institucionalizados, cunhando motivos e definindo expectativas de papéis, eles se transformam em componentes empíricos, isto é, em elementos de personalidades ou sistemas de interação, individuados no espaço e no tempo. Os objetos culturais, ao contrário, continuam sendo exteriores aos atores e às suas orientações da ação. Mesmo que se atribua a tais objetos culturais uma espécie de função controladora, eles não conseguem desenvolver a força motivadora nem a força normativa dos valores que foram incorporados em pessoas ou instituições: "Unlike need-dispositions and role-expectations, the *symbols* which are the postulated controlling entities in this case are not internal to the systems whose orientations they control. Symbols control systems of orientations, just as do need-dispositions and role-expectations, but they exist not as postulated internal factors but as objects of orientations (seen as existing in the external world alongside of the other objects oriented by a system of action)."

Com tal tentativa de transformar a diferença entre conteúdos culturais *flutuantes* e padrões de valores *incorporados* numa diferença entre "objetivo" e "não objetivo", aumenta ainda mais a confusão. Conforme vimos, o sujeito da teoria do conhecimento, voltado para objetos, constitui um modelo falso desde o princípio. É recomendável substituí-lo pelo modelo da estrutura do agir orientado pelo entendimento, o qual permite estudar o modo como a cultura, a sociedade e a personalidade cooperam na determinação das orientações da ação. A partir das características formais das interpretações de atores que harmonizam suas atividades mediante atos comunicativos, é possível demonstrar como as tradições culturais, as ordens institucionais e as competências pessoais, que assumem a forma de autoevidências difusas de um mundo da vida, tornam possível um entrelaçamento comunicativo, bem como uma estabilização de sistemas de ação.

À semelhança da tradição cultural, as competências do indivíduo socializado e as solidariedades dos grupos integrados por valores e normas constituem fontes para o pano de fundo que aglutina as certezas do mundo da vida; porque elas formam, à semelhança da tradição, um contexto para situações de ação. Quando afirmamos que a cultura contribui para o agir orientado pelo entendimento, esboçamos uma distinção entre duas funções, a saber: a função produtora do contexto e a função formadora do contexto. No entanto, por mais que a contribuição do acervo de saber cultural seja específica para a produção de um texto, não se pode esquecer que a personalidade, a sociedade, as capacidades adquiridas na socialização e as ordens institucionais também são decisivas para a constituição do pano de fundo do mundo da vida. Pois o pano de fundo – ante o qual se desenrolam as cenas da interação e se originam, de certa forma, as situações do agir orientado pelo entendimento – não consiste apenas em certezas culturais, isto é, em padrões de interpretação, de valores e de expressões, ou seja, em ideias básicas aceitas sem discussão: esse pano de fundo consiste também, conforme vimos, em *habilidades* individuais, no saber intuitivo que nos indica *como* enfrentar uma situação concreta e em *práticas* exercitadas socialmente, ou seja, no *saber* quase-intuitivo *sobre o qual* podemos nos apoiar numa situação. Além disso, as certezas do mundo da vida não abrangem apenas o caráter cognitivo de tradições culturais transformadas em hábito, mas também o caráter, de certa forma político, de competências adquiridas e exercitadas, bem como o caráter, mais social, de solidariedades comprovadas. A inquestionabilidade do mundo da vida, a qual permite agir comunicativamente, não deriva apenas da segurança oriunda *do que cada um sabe* de modo trivial, mas também do tipo de certeza oriunda da consciência de que *somos capazes* de fazer algo ou de que podemos *confiar* em alguém. Certamente, a *inquestionabilidade específica,* que *priva* paradoxalmente o saber sabido do caráter de um saber falsificável, parece que só se dá porque, nas certezas do mundo da vida, os três componentes ainda se entrelaçam, mesmo que de maneira difusa, isto é, o saber *como* se faz algo e o saber *sobre o qual* podemos nos apoiar se entrelaçam com *aquilo que* se sabe. Enquanto *"know how"*, ele só se separa do *"know that"* no momento em que as certezas culturais são transformadas em conteúdos da comunicação e, assim, num saber acoplado a pretensões de validade criticáveis[44].

(c) O conceito "agir comunicativo" fornece não apenas um ponto de referência para a análise das contribuições fornecidas pela cultura, pela sociedade e pela personalidade, quando surgem orientações para a ação; ele permite, além disso, esclarecer o modo como a cultura, a sociedade e a personalidade se relacionam entre si enquanto componentes do mundo da vida estruturado simbolicamente. Para entender corretamente tal problema de construção, é necessário ter presente que as três ordens, a saber, a cultura, a sociedade e a personalidade, são introduzidas inicialmente como "sistemas", porém, num sentido extremamente amplo. Parsons ainda segue a idéia segundo a qual, na perspectiva da teoria da ação, a sociedade pode ser entendida como um complexo de ações que se decompõem nesses elementos. A ideia de que as estruturas simbólicas do mundo da vida se reproduzem por meio do agir comunicativo pode servir como indicador para uma análise promissora do *nexo entre cultura,*

---

44. Recebi sugestões nesse sentido num seminário sobre "Background-Knowledge", realizado em Berkeley em 1980 e dirigido por J. Searle e H. Dreyfuss. As tentativas desenvolvidas no âmbito da filosofia da linguagem para apreender a estrutura do pano de fundo do mundo da vida por meio do modelo do contexto parecem-me mais promissoras que as tentativas de reconstrução da fenomenologia. Cf., entretanto, M. Polanyi. *Personal Knowledge*. Londres, 1958; id., *The Tacit Dimension*. Nova York, 1966; cf. também M. Grene. "Tacit Knowing", in *J. Brit. Soc. Phenom.*, 8, 1977, pp. 164 ss.; R. Harré. "The Structure of Tacit Knowledge", in *J. Brit. Soc. Phenom.*, 8, 1977, pp. 672 ss.

sociedade e personalidade. Quando perguntamos sobre o modo como a reprodução cultural, a integração social e a socialização lançam mão do mesmo mecanismo de entendimento, utilizando-o de modo diferente, surgem as interdependências dos três componentes do mundo da vida. Entretanto, como Parsons constrói sua teoria da ação sem utilizar o mecanismo do entendimento, ele se vê forçado a buscar *outras* premissas capazes de desempenhar o papel exercido pelo conceito "mundo da vida".

E, ao tomar como ponto de partida um modelo apoiado na decisão de um ator orientado por valores que escolhe entre alternativas de ação, ele tem de elaborar os meios conceituais que permitem pensar o surgimento da orientação de uma ação a partir da convergência entre a cultura, a sociedade e a personalidade. Nesse intuito, Parsons introduz as assim chamadas *"pattern-variables of value orientations"*[45]. E esta constitui sua *segunda decisão importante em termos de construção*. Valores culturais funcionam como padrões de escolha entre alternativas de ação; eles determinam as orientações de um agente, ao fixarem as preferências, sem afetar a contingência das decisões. Nesse ponto ele afirma que existem cinco problemas a serem enfrentados por qualquer tipo de situação da ação, os quais se colocam *inevitavelmente* para todo o ator, na forma de alternativas *gerais e abstratas* de decisão, *esquematizadas de modo binário*[46]. Em certo senti-

---

45. Parsons, 1951a, pp. 58 ss.; 1951b, pp. 78 ss.

46. Os problemas de que Parsons extrai a tabela das *"pattern-variables"* são os seguintes:

(1) Será que o agente deve seguir imediatamente seus interesses ou admitir considerações normativas em que transparecem interesses gerais? A alternativa proposta aqui é a orientação por interesses próprios ou por interesses gerais. (2) Será que o agente deve seguir imediatamente seus afetos e desejos ou reprimi-los postergando gratifica-

do, Parsons atribui às *pattern-variables* um valor posicional transcendental: qualquer orientação da ação deve ser entendida como resultado de uma decisão que leva em conta cinco alternativas gerais e inevitáveis.

ções que poderiam ser obtidas em curto prazo? A alternativa se coloca entre uma atitude impulsiva, sentimental, e uma atitude neutra, disciplinada. (3) Será que o agente deve analisar a situação em que se encontra assumindo pontos de vista distanciados que dizem respeito a todos, ou deve assumir uma perspectiva participante entregando-se às constelações especiais da situação? Como alternativa, oferece-se uma orientação por meio de *standards* gerais ou a consideração das relações particulares dependentes de um contexto. Esses três problemas se referem às posições que o ator assume em relação a si mesmo. Outros dois problemas têm a ver com as categorias de que o ator lança mão para descrever os objetos, especialmente os outros participantes da interação: (4) Será que o agente deve avaliar e tratar outros atores de acordo com suas realizações e as funções que preenchem ou de acordo com seu valor intrínseco e as qualidades que possuem naturalmente? O ator tem de decidir se pretende concentrar-se nas qualidades relacionais ou qualitativas. (5) Será que o agente deve considerar objetos concretos e parceiros em sua complexidade ou limitar-se a aspectos singulares relevantes, analiticamente circunscritos? Aqui surge como alternativa uma apreensão difusa de uma totalidade não analisada ou uma especificação de qualidades determinadas.

A partir desses cinco problemas, Parsons elabora uma tabela das alternativas de decisão, com o auxílio das quais os valores culturais – enquanto padrões de preferências – podem regular as orientações de um agente sem prejudicar a contingência de suas decisões:

1) The private vs. collective interest dilemma: self vs. collectivity orientation.

2) The gratification-discipline dilemma: effectivity vs. effective neutrality.

3) The dilemma of transcendance vs. immanence: universalism vs. particularism.

4) The choice between object modalities: performance vs. quality (achievement vs. ascription).

5) The definition of the scope of interest in the object: specifity vs. diffuseness.

Mesmo que não exista nenhum vestígio de uma dedução transcendental, o citado catálogo de problemas e a tabela correspondente de alternativas adquirem uma certa evidência no contraste que Tönnies introduz entre "comunidade" e "sociedade". As *pattern-variables* se situam em dimensões nas quais a sociologia mais antiga tinha descrito a passagem das sociedades tradicionais para as sociedades modernas, ou seja, os processos de racionalização social. O próprio Parsons chama a atenção para esse fato[47]. "Comunidade" e "sociedade" designam tipos de estruturas sociais às quais correspondem orientações valorativas de ações sociais. A combinação de preferências em termos de orientação para a coletividade, de afetividade, de particularismo, de atribuição e de difusão (*colectivity orientation, affectivity, particularism, ascription, diffuseness*) forma o padrão de decisão característico das "comunidades"; ao passo que a combinação de preferências contrárias forma o padrão de decisão para as "sociedades". Os processos de racionalização social aos quais Weber dedicou seu empenho podem ser descritos nessa linha como institucionalização progressiva de orientações

---

Parsons não conseguiu demonstrar que essa tabela constitui realmente um *sistema*. Ele tentou deduzir as alternativas de decisão da análise das orientações da ação reproduzidas na figura 29; porém, não retomou mais essas indicações pouco plausíveis. Cf. Parsons, 1951b, pp. 88 ss. Ele se limitou à seguinte afirmação dogmática: "... the actor must make a series of choices before the situation will have a determinate meaning. Specifically, we maintain, the actor must make five specific dichotomous choices before any situation will have a determinate meaning. The five dichotomies which formulate these choice alternatives are called the pattern-variables because any specific orientation (and consequently any action) is characterized by a pattern of five choice." Parsons, 1951b, p. 76.

47. Parsons, 1977b, pp. 41 ss.

valorativas, as quais fazem com que os atores sigam seu (bem entendido) interesse (por exemplo, nas relações econômicas), assumam uma atitude neutra em relação aos sentimentos, privilegiem normas universalistas, avaliem parceiros sociais de acordo com suas funções e especifiquem situações da ação de acordo com os meios e as condições, ou seja, de um modo racional-teleológico. Aquilo que fora descrito por Weber como racionalidade teleológica institucionalizada da economia e da administração é reformulado por Parsons com o auxílio das variáveis-padrão.

Tal reformulação possui duas vantagens a seu favor: em primeiro lugar, Parsons pode se apoiar na idéia weberiana segundo a qual um modelo de ação utilitarista que atribui diretamente ao ator a busca racional-teleológica do interesse próprio, deslocando-a desse modo para um nível psicológico, não é suficiente para explicar o agir econômico capitalista. As relações econômicas reguladas pelos mercados só podem ser constituídas à proporção que o modelo de organização do agir racional-teleológico é estabelecido obrigatoriamente *como valor cultural* – o qual não depende de características pessoais, tais como o egoísmo e a capacidade de imposição – e erigido sobre uma base ética. Em segundo lugar, Parsons pode se libertar do concretismo da tipologia assentada sobre os conceitos "comunidade" e "sociedade" e mostrar, apoiando-se no exemplo de orientações profissionais acadêmicas, especialmente na área da medicina, que o "agir da sociedade", desenvolvido por Weber – que se amparara no exemplo do comportamento dos empresários – constitui apenas um dos muitos tipos possíveis de agir racional orientado por valores e por fins. O médico moderno age de acordo com padrões universais e funcionais, do mesmo modo que o homem de negócios da economia capitalista; porém, ele está submetido, ao mesmo tempo, às regras de uma ética profissional que o impedem de buscar unicamente seus interesses econômicos próprios, lançando mão de todos os meios permitidos legalmente.

Os primeiros trabalhos em que Parsons desenvolve esses dois argumentos[48] explicitam o contexto de surgimento das *pattern-variables*. E aqui se torna claro que Parsons indica os conjuntos de problemas e as possibilidades de decisão alternativas que podem ser combinadas, formando diferentes tipos de comportamento racional-teleológico e racional-axiológico[49]. Por isso, as *pattern-variables* são apropriadas para a descrição de estruturas da sociedade e de orientações da ação sob pontos de vista da racionalização. Sociedades modernas manifestam uma elevada diferenciação estrutural de esferas de ação, que exige dos atores as seguintes capacidades: saber diferenciar entre essas alternativas de decisão fundamentais; poder adotar, eventualmente e de modo consciente, padrões de decisão diferentes (eventualmente contrários) nos diferentes domínios da vida; poder passar de uma combinação de preferências para outra contrária.

Talvez exista a possibilidade de deduzir as *pattern-variables* de dimensões inerentes à compreensão descentrada do mundo, característica da modernidade. Em todo caso, não consigo vislumbrar nenhum caminho mais promissor para fundamentar a pretensão de formar um *sistema*, a qual transparece na tabela das *pattern-variables*.

De qualquer forma, as *pattern-variables* devem permitir um exame do modo como valores culturais estru-

---

48. T. Parsons. "The Professions and the Social Structure" e "The Motivation of Economic Activities", in Parsons, 1949b, pp. 34 ss. e 50 ss.
49. Parsons, 1949c, pp. 45 s.

turam o espaço de decisão dos atores por meio de combinações de decisões fundamentais possíveis *a priori*. Além disso, os padrões de preferências descritos com o auxílio de *pattern-variables* podem ser tidos como o núcleo estrutural que une a orientação da ação não somente com a cultura transmitida, mas também com a sociedade e a personalidade[50]. O ativismo instrumental característico, segundo Parsons, das orientações da ação dos médicos americanos e dos homens de negócios nos anos 1940 e 1950, e que transparece nas decisões fundamentais em favor do universalismo, na orientação para o êxito e numa atitude neutra em relação aos sentimentos, bem como num estilo cognitivo voltado ao que é específico, forma-se simultaneamente em três níveis, a saber: no nível dos motivos da ação análogos à estrutura; no nível dos papéis profissionais; e no nível dos valores culturais[51].

Entretanto, se as *pattern-variables* descrevem um núcleo comum aos três componentes, elas não podem servir, ao mesmo tempo, para esclarecer as *diferenças específicas no modo como a personalidade, a sociedade e a cultura influem nas orientações da ação*. A ideia global segundo a qual decisões contingentes são reguladas mediante decisões contingentes *não* fornece pontos de vista para uma diferenciação entre impulso motivacional para o agir, vinculação normativa do agir e orientação do agir mediante valores culturais. Aqui também se faz sentir a *falta de um elemento capaz de fazer jus ao mecanismo do entendimento*.

O espaço de decisão regulado por padrões de preferências não é preenchido pelos atos de interpretação do ator. O modelo não se permite iniciativas que possam ser

---

50. Parsons, 1951b, pp. 76 ss.
51. Parsons, 1951b, p. 78.

tomadas para analisar de que modo as diferentes fontes do mundo da vida, as competências adquiridas, as normas reconhecidas e o saber cultural transmitido confluem entre si formando uma reserva, da qual os participantes da interação lançam mão para formar orientações comuns para a ação. As *pattern-variables* servem para identificar estruturalmente componentes análogos, ou seja, os setores em que os três sistemas se "interpenetram"[52] ou se sobrepõem parcialmente. Porém, na perspectiva de uma ação pensada como atividade teleológica regulada por valores, não é possível explicar como a cultura, a sociedade e a personalidade se interconectam.

Tal visão não consegue fornecer o conceito complementar de um mundo compartilhado intersubjetivamente. E, *sem a conexão com um mundo da vida centrado no agir comunicativo, tanto a cultura como a sociedade e a personalidade perdem os elos que as conectam entre si*. E isso leva Parsons a considerar essas três ordens como sistemas independentes que agem imediatamente uns sobre os outros e se interpenetram parcialmente.

Parsons desiste da idéia de uma *teoria da ação* capaz de explicar a incorporação dos valores culturais da sociedade e da personalidade pelos canais da institucionalização e da internalização. Em vez disso, ele dá preferência ao modelo da *interpenetração recíproca de sistemas separados analiticamente*.

(3) A terceira decisão importante para a construção da teoria consiste na formulação mais precisa do conceito "sistema", até então empregado de forma não sistemática. Até 1951, Parsons utilizara o conceito de sistema formulado pelas ciências sociais funcionalistas, o qual

---

52. Essa expressão aparece in Parsons, 1951a e 1951b.

indicava simplesmente que um sistema representa uma quantidade ordenada de elementos, tendendo a manter o respectivo estoque de estruturas. Nesse contexto, os estados do sistema deveriam ser analisados à luz da seguinte questão: será que eles preenchem funções para a manutenção das estruturas do sistema? E, em caso afirmativo, de que modo isso é possível? A "estrutura" e a "função" constituíam os conceitos centrais. Em sua contribuição para a *"General Theory of Action"*, elaborada juntamente com Shils, Parsons ensaiou os primeiros reparos críticos, quase-imperceptíveis; a partir daí, passou a caracterizar os sistemas de ação com o auxílio dos conceitos fundamentais da teoria geral de sistemas. A ideia decisiva é aquela segundo a qual os sistemas têm de assegurar sua integridade nas condições de um entorno variável e supercomplexo, cujo controle jamais é total. O modelo de um organismo que se mantém a si mesmo, há muito utilizado, sugere que os sistemas autocontrolados mantêm seus limites opondo-se a um entorno supercomplexo. Na visão de Parsons, o que antes era visto como tendência à manutenção de um equilíbrio passa a ser interpretado no sentido de uma manutenção de limites[53]. No lugar do funcionalismo estrutural (da antropologia cultural), entra o funcionalismo do sistema (biocibernético). Neste, os conceitos "função" e "estrutura" já não estão situados no mesmo plano, pois os imperativos de um sistema que mantém os limites são preenchidos

---

53. "This is the tendency to maintain equilibrium... within certain boundaries relative to an environment – boundaries which are not imposed from outside but which are self-maintained by the properties of the constituent variables as they operate within the system." Parsons, 1951b, p. 108.

por estruturas e processos – eventualmente, estruturas e processos formam equivalentes funcionais recíprocos[54].

Todavia, tal conceito mais rigoroso só é aplicável à "sociedade" e à "personalidade"; já o peculiar sistema dos significados culturais transmissíveis representa uma totalidade complexa regulada "gramaticalmente", no sentido amplo desse termo – em todo o caso, um "sistema" no sentido do estruturalismo de Saussure a Lévy-Strauss. Quando Parsons fala na "estrutura de uma tradição" ou de um "sistema de valores culturais", tem na mira a ordem das relações internas entre componentes de significado, e não a ordem que se coloca nas relações externas, funcionais, entre os componentes empíricos de um todo organizado. Por isso, ele também é levado a estabelecer uma distinção entre o sentido lógico da "integração" de sistemas que mantêm os limites[55]. A coerência de formações produzidas de acordo com regras tem de ser avaliada sob aspectos da validade; já a coerência de um sistema que sofre as influências do entorno precisa ser avaliada sob o ponto de vista da manutenção da integridade. Parsons reserva a expressão "*integração*" para nexos empíricos que se estabelecem entre componentes do sistema; e os nexos coerentes entre significados são caracterizados como "*consistência*": "... cultural systems are symbolic systems in which the components have logical or meaningful rather than functional relationships with one another. Hence the imperatives which are characteristic of the two classes of systems are different. In systems of action the imperatives which impose certain adaptations on the components result from the empirical possibili-

---

54. Parsons, 1970, p. 35.
55. Parsons, 1951a, p. 15.

ties or necessities of coexistence which we designate *as scarcity*, and from the properties of the *actor as an organism*; in cultural systems the internal imperatives are independent of the compatibilities or incompatibilities of coexistence. In cultural systems the systematic feature is coherence; the components of the cultural system are either *logically consistent or meaningfully congruous*."[56]

No entanto, quando os valores culturais são incorporados em sistemas de ação e ligados a interesses e motivos, eles modificam seu *status*, tornando-se componentes funcionais de sistemas de ação identificáveis empiricamente. Tal ideia se apoia no dualismo da teoria do valor, de Rickert e Weber. Os valores fazem parte da esfera de validade. Eles só adquirem *status* empírico ao entrar em relação com fatos e ao serem realizados em objetos culturais. Além disso, Parsons atribui características de sistema à realidade sociocultural; por isso, ele reinterpreta as esferas da existência e da validade como esferas do puro ser e do funcionamento: "A cultural system does not 'function' except as part of a concrete action system, it just 'is'."[57]

Em Parsons, o conceito de sistema possui um sentido duplo, pois ele o liga ao conceito weberiano de realização de valores e ao conceito de um sistema que mantém seus limites, tomado de empréstimo à cibernética. E ao atribuir uma posição de destaque à cultura, relegando os sistemas de ação empíricos a um segundo plano, Parsons consegue introduzir no funcionalismo de sistemas o dualismo neokantiano que separa os fatos dos valores. E essa barreira teórico-axiológica separa o funcionalismo sistê-

---

56. Parsons, 1951b, p. 173.
57. Parsons, 1951a, p. 17.

mico parsoniano do luhmanniano. A manutenção do sistema é definida, em ambos os casos, por uma série de valores culturais, que são incorporados às ordens institucionais da sociedade ou ancorados na base motivacional da personalidade. Ora, como esses valores são tomados de empréstimo ao sistema cultural, e uma vez que este pertence a uma esfera em que não se trava a luta pela sobrevivência, eles conseguem desenvolver uma força definidora da própria integridade capaz de se opor ao imperativo supremo do sistema, o qual consiste em sacrificar certos componentes quando se trata da manutenção do todo.

Isso pode ser constatado quando se analisam os dois problemas fundamentais a serem solucionados pelas sociedades e personalidades, tão logo são entendidas como sistemas mantenedores de limites, estruturados culturalmente: de um lado, elas têm de preencher os imperativos funcionais que resultam das limitações do entorno do sistema; de outro lado, têm de integrar e manter os padrões definidores da integridade do todo, os quais se impõem pela institucionalização ou internalização de valores. Parsons menciona duas tarefas: a da conservação interna da integridade do sistema, à qual corresponde a função da "alocação"; e a da conservação externa, à qual corresponde a função da "integração"[58]. A alocação abrange funções de adaptação e de busca de fins, a criação, a mobilização, a distribuição e o emprego efetivo de recursos escassos. Nesse contexto, ele insiste em falar de restrições em termos de tempo, de espaço e de dados naturais, bem como nos limites impostos pela natureza orgânica do homem. A solução desses problemas de alocação em sentido amplo serve para a "*integração funcional*" do sistema de ação, a qual se distingue nitidamente da "*integração so-*

---

58. Parsons, 1951a, pp. 114 ss.

cial"[59]. Esta abrange as funções de manutenção e de integração dos valores culturais incorporados ao sistema de ação. A integração social não se mede por imperativos funcionais resultantes da relação de um sistema com seu entorno, mas por exigências de consistência resultantes, via de regra, das relações semânticas internas de um sistema de valores culturais. Enquanto *sistemas mantenedores de limites*, a sociedade e a personalidade obedecem a imperativos oriundos da relação entre sistema e entorno; porém, enquanto *sistemas de ação estruturados culturalmente*, dependem também de exigências de consistência, uma vez que os padrões de valores institucionalizados ou internalizados dependem do sentido próprio da cultura.

A dupla relação que o sistema de ação mantém com o entorno e a cultura pode ser entendida melhor por meio da seguinte figura, em que as relações externas entre sistema e entorno, que deixam entrever uma inclinação à complexidade, são representadas por setas e as relações constitutivas para semelhanças estruturais, por linhas tracejadas:

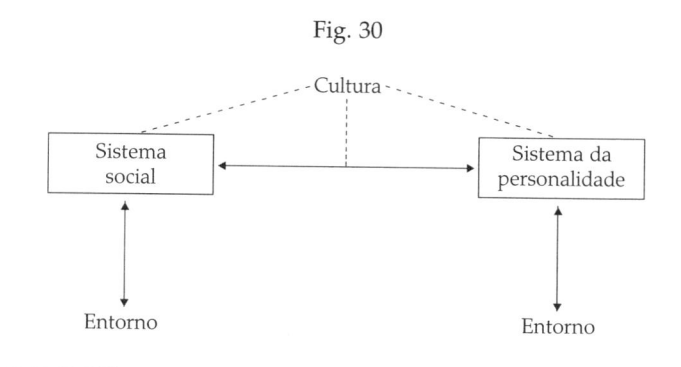

Fig. 30

```
                    - - Cultura - -
              ╱ ─ ─ ─ ─ │ ─ ─ ─ ─ ╲
    ┌──────────┐        │        ┌──────────────┐
    │ Sistema  │ ←─────────────→ │  Sistema da  │
    │  social  │                 │ personalidade│
    └──────────┘                 └──────────────┘
         ↕                              ↕
      Entorno                        Entorno
```

---

59. Parsons, 1951b, pp. 107 ss.

Essa construção implica, no entanto, uma fusão não esclarecida entre conceitos fundamentais delineados em dois paradigmas diferentes. O sistema cultural constitui uma espécie de lugar-tenente, que entra no lugar do conceito "mundo da vida", inexistente. E dessa forma ele adquire o *status* ambíguo de um entorno situado, ao mesmo tempo, *dentro* dos sistemas de ação e *acima* deles. Ora, tal entorno não possui as características empíricas de um entorno de sistemas. Por isso, a instabilidade da construção aparece quando tentamos investigar de que modo certas exigências, que podem ser feitas aos sistemas de ação por parte da cultura e do entorno, concorrem entre si e de que modo podem ser colocadas em equilíbrio. Parsons entende as estruturas e processos de um sistema de ação como um compromisso, constantemente renovado, entre os imperativos da integração funcional e da integração social, que têm de ser preenchidos: "Integration, both within an individual's value system and within the value system prevailing in a society is a compromise between the functional imperatives of the situation and the dominant value-orientation patterns of the society. Every society is of necessity shot through with such compromises."[60] Parsons transpõe o conceito da realização de valores, que subjaz no conceito weberiano da ordem legítima, para sistemas autorregulados. Ele procura dar contornos precisos ao processo da institucionalização e da internalização de valores adotando o ponto de vista da formação de um compromisso entre as exigências de consistência da cultura e a pressão dos imperativos funcionais.

Por seu turno, os compromissos podem ser considerados sob dois aspectos. Na visão do sistema cultural, a

---

60. Parsons, 1951b, p. 203.

institucionalização/internalização de valores tem a ver com a especificação de significados gerais para situações típicas da ação, consideradas fora de seu contexto. Em normas e papéis, isto é, em estruturas do superego e em motivos da ação, os valores perdem seu significado generalizado, pois se encontram referidos a contextos limitados e a situações típicas. Na visão de um entorno supercomplexo, que força o sistema de ação a reações de adaptação, a institucionalização e a internalização de valores não têm nada a ver com a elaboração meticulosa de significados gerais, apenas com a ancoragem empírica dos significados talhados de acordo com situações. As expectativas de comportamento são ligadas a mecanismos de controle sociais ou intrapsíquicos, ou seja, ligadas a sanções.

A formação do compromisso tem à disposição um espaço reduzido, uma vez que a integração completa constitui um caso-limite, que jamais acontece, ou só acontece raramente. As sociedades complexas têm como tarefa específica captar os conflitos resultantes do embate entre exigências de consistência e imperativos funcionais, domesticando-os. Parsons enumera vários mecanismos destinados a absorver os conflitos. Ele varia, por exemplo, o grau da institucionalização e da internalização nos diferentes campos de ação. Outro método consiste em segregar os campos de ação em que dominam padrões de valores conflitantes[61]. No entanto, os conflitos mais interessantes são os que não podem ser represados *pelos caminhos normais*.

Aqui, Parsons passa a se referir a eventos históricos e a modificações repentinas nas constelações que entram *obstinadamente* em conflito com as exigências de consis-

---

61. Parsons, 1951b, pp. 174, 178.

tência colocadas pelo sistema de valores culturais, constituindo, nesse sentido, "fatos problemáticos": "Problematical facts in the present sense are those which it is functionally imperative to face and which necessitate reactions with value implictations incompatible with the paramount value system."[62] Para enfrentar tais conflitos e salvar a integração do sistema de ação, fazem-se necessários mecanismos que, no entanto, *implicam patologias* sociais e individuais: "Where this order of strain exists, the accomodation will often be facilitated by 'rationalization' or ideological 'masking' of the conflict. This reduces awareness of the existence of a conflict and its extent and ramifications. Mechanisms of the personality and mechanisms of social control in the social system operate in these areas of strain to bring the system into equilibrium. Their inadequacy to reestablish such an equilibrium constitutes a source of change."[63] É certo que os mecanismos que *reprimem* um conflito atual, excluindo-o do âmbito das interpretações da situação e das orientações da ação ou revestindo-o com um véu de ilusões, têm efeitos colaterais patológicos. Pois levam a soluções instáveis a longo prazo; mesmo assim, conseguem assegurar temporariamente uma *integração forçada* do sistema de ação.

Parsons se apoia no modelo da elaboração inconsciente de conflitos, formadora de sintomas, desenvolvida pela psicanálise. Entretanto, tais patologias sociais e tais patologias da personalidade revelam a fragilidade da construção dualista do sistema de ação. De um lado, Parsons permite que essa construção se choque com as formas patológicas da elaboração de conflitos; de outro lado,

---

62. Parsons, 1951b, pp. 173, nota 14.
63. Parsons, 1951b, p. 174.

não fica claro o modo como ele pode acolher tais fenômenos no seio de sua construção.

Parsons detecta os *casos-limite de uma elaboração ilusória de conflitos,* porque neles se manifesta uma resistência do sentido cultural, o qual se opõe aos imperativos funcionais de manutenção da integridade. Se os imperativos funcionais gozassem de um primado incondicional, certos componentes aleatórios poderiam ser revistos em benefício da manutenção da integridade do todo. Ora, tais sistemas *ultraestáveis* se mantêm mediante transformações, das quais *nenhum* componente do sistema está excluído em princípio. E eles não podem admitir formas patológicas de estabilização. Na perspectiva da relação "sistema-entorno", não existe nenhum ângulo que permita focalizar efeitos colaterais ou sintomas. Isso se torna possível quando a identidade do sistema de ação é ligada, mediante definições da integridade, a uma esfera de valores capaz de estabelecer imperativos "próprios", em condições de se oporem à pressão de adaptação exercida por um entorno supercomplexo. Parsons caracteriza a cultura da seguinte maneira: ela se faz valer através de pretensões que não obedecem aos padrões da adaptação bem-sucedida de sistemas ao seu entorno. Por isso, os problemas a serem elaborados no âmbito das relações *internas* entre manifestações simbólicas não podem receber as mesmas soluções, formuladas para problemas no âmbito das relações *externas*.

As formas patológicas de absorção e de elaboração de conflitos se aproveitam da circunstância especial de que o sentido cultural próprio não é infalível – os fenômenos do engano e do autoengano podem surgir somente na esfera das pretensões de validade. Nesses casos, a estabilização de sistemas de ação vem acompanhada de sintomas; estes podem ser entendidos como um *preço a ser pago pela lesão objetiva de pretensões de validade*, que parecem ser resgatadas *subjetivamente*, isto é, na perspectiva dos participantes. Os sintomas constituem um tributo a ser pago pelos enganos no ato da compra da estabilidade. Os efeitos colaterais sintomáticos são sentidos como patológicos, porque neles se manifesta a vingança do sentido cultural que sofreu desorientação e foi induzido a erro no sistema de ação, por pressões do sistema. Desorientação é o modo pelo qual as exigências de uma racionalidade, que se manifesta no sentido próprio da cultura, pode ser eludida, ou seja, *desrespeitada imperceptivelmente*. Se essa intuição – que tenta explicar as razões que levaram Parsons a detectar manifestações de elaboração de conflitos capazes de gerar sintomas – estiver correta, teremos de concluir pela ambiguidade de uma construção que interpreta sistemas mantenedores de limites com meios teóricos oriundos da cultura neokantiana.

A questão que se coloca a seguir é esta: como uma cultura que transcende de certa forma a sociedade e a personalidade, mesmo não conseguindo influenciá-las na forma de um entorno supercomplexo, consegue fortalecer a retaguarda das pretensões de validade que foram tomadas de empréstimo a ela, ou seja, como ela pode atribuir-lhes facticidade e eficácia? Caso as exigências de consistência, colocadas pela cultura, não conseguissem eficácia empírica, a integração dos sistemas de ação poderia ser assegurada por meio de um preenchimento, mesmo que ilusório, de pretensões de validade, sem provocar riscos ou efeitos colaterais. De acordo com Parsons, a facticidade de pretensões de validade deriva de sanções internas e externas, com as quais se ligam valores institucionalizados/internalizados. Nesse caso, porém, é difícil entender por que um conjunto de valores que se tornam disfuncionais por pressões oriundas dos imperativos de manutenção da integridade de um sistema ameaçado pelo entorno, produzindo conflitos, não poderia ser substituído por outro conjunto de valores, mais funcionais e igualmente apoiados em sanções. Que tipo de barreiras internas Parsons poderia aventar contra uma mudança de valores, induzida por relações modificadas no complexo sistema-entorno? Ora, se as *pattern-variables* têm apenas o sentido elementar de permitir a interpretação de culturas diferentes como combinações diferentes do mesmo padrão de decisão; e se elas não descrevem simultaneamente uma estrutura que subordina a mudança desses padrões de decisão a limitações internas, então Parsons não dispõe de instrumentos teóricos capazes de explicar a *resistência que os padrões culturais oferecem aos imperativos funcionais*. Entretanto, um conceito duplo de sociedade, que liga entre si sistema e mundo da vida, poderia explicar a formação patogênica de conflitos provocada pelas exigências da integração social e funcional.

O conceito "mundo da vida" permitiria introduzir preliminarmente a esfera das pretensões de validade que Parsons situa na transcendência dos conteúdos de significação cultural, os quais pairam acima dos contextos empíricos da ação identificáveis no espaço e no tempo. Se tomássemos a formação do consenso como mecanismo de coordenação da ação e, além disso, supuséssemos que as estruturas simbólicas do mundo da vida se reproduzem pelo meio do "agir orientado pelo entendimento", então o sentido próprio das esferas de valores culturais estaria inserido na base de validade da fala e, assim, no mecanismo de reprodução dos contextos do agir comunicativo. Se as pretensões de validade funcionam como papéis por meio dos quais transcorre a formação do consenso e a reprodução simbólica do mundo da vida, elas podem ser tidas como fatos sociais independentemente do seu conteúdo normativo – e nesse caso sua facticidade não necessitaria de fundamentação. Nessa concepção, a cultura constitui um componente do mundo da vida, ao lado da sociedade e da personalidade; ela não configura um elemento transcendente em relação aos demais componentes. Com isso, não desaparece inteiramente o dualismo resultante do confronto entre exigências da cultura e imperativos de sobrevivência. A despeito disso, ele muda de figura quando desenvolvemos o conceito de sistema a partir do conceito de mundo da vida e desistimos da ideia de sobrepô-lo *imediatamente* ao conceito de ação. Eu gostaria de expor resumidamente tal estratégia conceitual alternativa.

No nível de interações simples, os atores, ao concretizar seus planos de ação, encontram-se submetidos a restrições temporais, espaciais e objetivas impostas pela situação. Pois o mundo da vida de um grupo social está sujeito a limitações. Por seu substrato material, cada mundo da vida se encontra numa situação de troca com determinado *entorno* formado pela ecologia da natureza externa, pelos organismos dos membros e pelas estruturas de mundos da vida estranhos. O modelo para o entorno *de um mundo da vida sociocultural* tem mais a ver com a *situação da ação* do que com o *entorno de um sistema*. Dado seu substrato material, o mundo da vida se encontra sob condições contingentes que os membros consideram mais como barreiras para a realização de planos de ação do que como restrições ao autocontrole. Tal substrato tem de ser mantido pela utilização de fontes escassas e pelo trabalho social; Parsons descreveu as tarefas correspondentes como problemas de alocação. E nesse sentido o aspecto do entendimento é mais importante para a reprodução simbólica do mundo da vida; já o aspecto da atividade teleológica passa a ser fundamental para a reprodução material. Esta se realiza pelo "meio" das intervenções teleológicas no mundo objetivo.

Entretanto, em casos-limite, a reprodução material do mundo da vida assume dimensões tão previsíveis, que pode ser representada como o resultado visado por um trabalho coletivo cooperativo. Ela se realiza normalmente como preenchimento de funções latentes, que vão *além das orientações da ação* dos participantes. Entretanto, à medida que os efeitos de ações cooperativas preenchem imperativos de manutenção do substrato material, esses contextos de ação podem ser estabilizados de modo funcional, isto é, por meio de uma reelaboração dos efeitos colaterais funcionais. É isso que Parsons tem em mente ao introduzir a diferença entre integração "funcional" e "social".

Tais considerações, que ainda se movimentam no âmbito do paradigma do mundo da vida, sugerem uma modificação do método e da perspectiva conceitual, ou melhor, uma *interpretação objetivadora do mundo da vida como sistema*. À medida que a reprodução material é levada em conta, já não estão em jogo as estruturas do próprio mundo da vida, apenas os processos de troca do mundo da vida com seu entorno, dos quais depende, segundo nossa definição, a manutenção do substrato material. Com relação a tais "processos de metabolismo" (Marx), recomenda-se *objetivar* o mundo da vida como um sistema mantenedor de limites, pois existem nexos funcionais que não podem ser explicados suficientemente quando se lança mão do saber intuitivo acerca de contextos do mundo da vida. Os imperativos de sobrevivência exigem uma integração funcional do mundo da vida, a qual atravessa as estruturas simbólicas do mundo da vida, não podendo, por isso, ser apreendida sem mais nem menos na perspectiva de participantes. Por essa razão, eles exigem a análise contraintuitiva do ponto de vista de um observador, que descreve o mundo da vida como algo objetivo.

Nessa visão *metódica*, é possível separar os dois aspectos sob os quais os problemas de integração de uma sociedade podem ser tematizados: em primeiro lugar, a *integração social* que se apresenta como parte da reprodução simbólica do mundo da vida, a qual depende não somente de uma reprodução de solidariedades ou de associações, mas também de tradições culturais e de processos de socialização; em segundo lugar, a *integração funcional* que tem a ver com a reprodução material do mundo da vida, a qual pode ser concebida como manutenção do sistema. A passagem de um domínio de problemas para o outro depende de uma mudança metódica do enfoque e do aparelho conceitual. Além disso, a integração funcional não pode ser elaborada adequadamente na linha de uma análise que se desenrola numa perspectiva interna ao mundo da vida, visto que ela somente aparece quando o mundo da vida é objetivado e representado como um sistema que mantém limites. No entanto, o modelo do sistema não constitui um simples artefato. A mudança de enfoque é consequência de uma atualização reflexiva dos limites, ou melhor, da "limitabilidade" do conceito "mundo da vida", que *não pode*, por razões hermenêuticas, *ser passado por alto*. As funções latentes das ações exigem o conceito "ligação sistêmica", que ultrapassa o entrelaçamento comunicativo das orientações da ação.

Quando adquirimos clareza sobre esse passo metódico, as patologias individuais e sociais – que Parsons não sabe onde colocar – já não oferecem dificuldades. A intuição que acompanhou Parsons durante a descrição dos conflitos formadores de sintomas pode ser explicitada quando se interpreta a sociedade como um conjunto de ações de grupos socialmente integrados, que se estabilizaram sistemicamente. As funções – que diferentes esferas de ação de um mundo da vida diferenciado assumem para a manutenção do substrato material – permanecem geralmente latentes, pois não se apresentam como o alvo das orientações dos atores participantes. O caso especial enfocado por Parsons tem a ver com a *possibilidade de essas funções se manifestarem quando a integração social é ameaçada*.

Por conseguinte, Parsons entende a integração de uma sociedade como a renovação continuada de um compromisso entre duas séries de imperativos. As condições para a integração social do mundo da vida são definidas pela base de validade dos processos de entendimento, que coordenam ação, e pelas estruturas de uma cosmovisão dominante; já as condições para a integração funcional da sociedade são determinadas pelas relações que um mundo da vida objetivado como sistema mantém com um entorno controlado apenas parcialmente. Ora, se um compromisso entre pretensões de validade (internas) e imperativos de sobrevivência (externos) tem de ser obtido mediante a institucionalização/internalização de orientações valorativas, que não estão em sintonia com as funções reais das correspondentes orientações da ação, o compromisso só fica de pé enquanto essas funções permanecem latentes. Portanto, nessas condições, o caráter ilusório do preenchimento das pretensões de validade – que carregam um consenso em relação a valores e possibilitam a integração social – não pode ser descoberto. Torna-se necessária uma limitação sistemática da comunicação, a fim de que a aparência na forma de "pretensões de validade reunidas" possa se transformar num poder objetivo. A facticidade das pretensões de validade, sem a qual as convicções – inclusive as convicções falsas – não conseguem se estabilizar, se expressa no fato de que a ilusão exige um preço que é, a um só tempo, discreto e perceptível. A consciência falsa – coletiva ou intrapsíquica – que se manifesta na forma de ideologias ou de autoenganos vem acompanhada de sintomas, portanto de limitações que os participantes da interação não atribuem ao entorno, mas ao próprio contexto vital social, passando a *senti-las* de forma mais ou menos consciente como repressão.

Na linha dessa estratégia conceitual alternativa, teria sido possível evitar a *fusão de paradigmas*, à qual a segunda versão da teoria parsoniana sucumbe no início dos anos 1950. Porém, a base da teoria da ação continua sendo, conforme vimos, por demais estreita, não permitindo desenvolver um conceito de sociedade a partir do conceito da ação. Por isso, Parsons tem de explicar os contextos da ação como sistemas, *sem* poder se apoiar numa *mediação* e sem poder tomar consciência da mudança de enfoque que se faz necessária quando se chega metodicamente ao conceito de sistema de ação pelo caminho da *objetivação do mundo da vida*. É verdade que Parsons toma como ponto de partida o primado da teoria da ação; porém, como ele não a elabora de modo radical, o valor posicional dos conceitos fundamentais da teoria de sistemas não fica claro. E, uma vez que sua tentativa de construir uma passagem da unidade da ação para o contexto da ação não foi coroada de êxito, ele desiste de introduzir o conceito de sistema na teoria da ação. Por isso, o sistema cultural adquire, enquanto lugar-tenente do conceito "mundo da vida" – que está ausente –, o *status* ambíguo e insustentável de um entorno dos sistemas da ação, que é ao mesmo tempo interno e superior, não possuindo, de certa forma, nenhuma das características empíricas próprias de um entorno de sistemas.

Parsons tenta se livrar das dificuldades inerentes à sua interpretação dualista dos sistemas de ação, estruturados culturalmente, atribuindo sumariamente a primazia conceitual à teoria de sistemas.

2. DESENVOLVIMENTO DA TEORIA DE SISTEMAS

A guinada rumo à teoria de sistemas acontece quando Parsons não advoga mais um *status* especial para a teoria da ação. Esse é o único caso em que ele mesmo admite uma revisão envolvendo a estrutura da sua teoria como um todo. A ruptura no desenvolvimento da teoria acontece no âmbito de três decisões que Parsons justifica, nem sempre com igual clareza.

Em primeiro lugar, ele concebe os sistemas de ação como um caso especial de sistemas vivos, tidos como sistemas mantenedores de limites, podendo ser analisados com o auxílio dos conceitos da teoria de sistemas. No nível de um desenvolvimento sociocultural, o "agir" ou "comportamento orientado pelo sentido" surge como um complexo de características. Parsons utiliza seu quadro de referências, construído sobre a teoria da ação, para definir tais qualidades emergentes. E nesse processo distingue entre o ator, tido como um abstrato guardador de lugar, e o sistema de ação. Ora, um sistema de ação não age, apenas funciona. Por isso, a relação entre ator e situação da ação não pode ser assimilada à relação entre sistema de ação e entorno. Para o sistema de ação, são constitutivas as relações analíticas entre os componentes de uma orientação da ação, ou seja, as relações entre os valores, as normas, os objetivos e as fontes. A seguinte frase de Luhmann consegue sintetizar esse ponto: "A ação é sistema por sua estrutura analítica interna."[64] Com isso ficam estabelecidas as quatro preferências sob as quais um sistema particular de ação pode ser analisado. Este se compõe de sistemas parciais especializados, respectivamente, na produção e na conservação de um componente do agir, de modo que a cultura se especializa em valores, a sociedade em normas, a personalidade em objetivos e o sistema de comportamento em meios ou fontes: "Each of these primary action subsystems is defined on the basis of theoretical abstraction. Concretely, every empirical system is all of them at once; thus, there is no concrete human individual who is not an organism, a personality, a member of a social system, and a participant in a cultural system."[65]

No conceito do sistema de ação, os atores não aparecem como sujeitos agentes; eles passam a ser unidades abstratas às quais são atribuídas decisões e, desse modo, efeitos de ações. E, à medida que as ações são consideradas em sua estrutura interna e interpretadas como resultado de um conjunto complexo de aportes específicos de sistemas parciais, os atores são tidos como guardadores de lugar abstratos, que cuidam dos aspectos do organismo capaz de aprender, do estoque de motivos de uma pessoa, dos papéis e parcerias de um sistema social e das

---

64. N. Luhmann. "T. Parsons: die Zukunft eines Theorieprogramms", in *ZfS*, 9, 1980, p. 8.
65. Parsons, 1970, p. 44.

tradições de uma cultura, as quais são capazes de determinar a ação.

Tal decisão fundamental leva, em segundo lugar, à já citada reinterpretação do sistema cultural. Até aqui, Parsons reservara à cultura, enquanto esfera da validade e dos valores, um lugar extramundano. Esses três sistemas, mais o organismo e o sistema de comportamento, passam a ser sistemas parciais subordinados ao *recém-introduzido sistema geral da ação*. A partir de agora, Parsons coloca em relevo a distinção entre objetos culturais que mantêm relações internas entre si e a cultura enquanto sistema de ação: "A body of knowledge, though a cultural object, is more specifically a complex of meanings symbolized within a code. A cultural system as a system of action, however, consists not only of cultural objects but, as a system, of all the components of action insofar as they are oriented in terms of cultural objects."[66] O sistema da cultura emerge quando observamos os sistemas de ação e nos perguntamos: como as decisões de um ator são reguladas por tradições vivas?

A sociedade, a personalidade e o sistema de comportamento resultam de abstrações semelhantes. Esses sistemas parciais também *constituem* o sistema de ação sob outro aspecto. Entretanto, a determinação dos quatro aspectos não é meramente convencional, pois eles não fazem valer simplesmente os pontos de vista arbitrários do teórico. Uma vez que os pontos de referência correspondem aos componentes que perfazem a própria ação, o significado da divisão em subsistemas deixa de ser apenas analítico. No próprio enfoque empírico, os sistemas

---

66. T. Parsons e M. Platt. *The American University*. Cambridge, Mass., 1973, p. 17.

parciais que se revelam sob os quatro aspectos citados possuem certa independência. As personalidades não podem existir fora de determinado meio social, assim como as pessoas e sociedades não podem viver sem cultura; já esses sistemas parciais podem, no âmbito de certos limites, *variar sem afetar* os demais.

Entretanto, o aspecto mais inovador da nova interpretação é dado pela independência empírica da cultura em relação à sociedade: "A cultural system can die out through the extinction of the personalities and societies which are its bearers, but it can also survive its bearers. Culture is not only transmitted from generation to generation through teaching and learning; it can be embodied in externalized symbols, for example, works of art, the printed page, or storage devices such as computer tapes. Though there are differences between hearing Plato philosophize in the Academy of Athens and reading The Republic, especially in a language other than classical Geek, there is a sense in which the meaning of the cultural object is the same. Hence persons living in the twentieth century can share with Plato's contemporaries parts of the culture of Athens in the fourth century B. C. This is temporal continuity that no person can approach. Thus, a cultural system can be stable over time and relatively insulated from the effect of its environments, which include not only the physico-organic world but social, psychological, and organic subsystems of action. This stability enables a cultural system to serve as the prototype of an *autonomous action system*."[67]

A partir de agora, a cultura passa a ser entendida como um subsistema que segue imperativos próprios de

---

67. Parsons e Platt, 1973, p. 16 (os sublinhados são de minha autoria).

manutenção da integridade, trabalhando com fontes escassas e "perpassando" outros subsistemas no sentido de que sistemas, que formam entorno uns para os outros, podem se sobrepor parcialmente em zonas marginais e se entrelaçar entre si. Entretanto, tal revisão implica, em terceiro lugar, uma ruptura silenciosa com o método que Parsons caracterizara como "realismo analítico".

Até os anos 1960, Parsons reforça o princípio segundo o qual "that scientific theory is a body of interrelated generalized propositions about empirical phenomena within a frame of reference"[68]. Tal quadro de referência possui o *status* de conceitos e ideias fundamentais, que não devem ser confundidos com as teorias empíricas que podem ser criadas com seu auxílio. Nesse sentido, o quadro de referência da teoria da ação também deveria *constituir* o campo de objetos das ciências sociais. Parsons não o introduzira como modelo teórico, uma vez que ele não deveria representar as características básicas abstraídas da própria realidade sob pontos de vista analíticos. Em vez disso, o realismo analítico insiste numa ordenação dos problemas em diferentes níveis, a qual propicia relações não empíricas entre a moldura categorial, as teorias empíricas, os prognósticos/explicações científicos e os fatos. Tal hierarquia não foge ao universo linguístico da comunidade comunicativa das ciências.

No entanto, após Parsons ter identificado a moldura da teoria da ação com as características emergentes na evolução de sistemas naturais no nível de formas de vida socioculturais, ele desvaloriza o realismo analítico. A partir de agora, a moldura da teoria da ação serve apenas

---

68. T. Parsons, E. Shils, K. D. Naegele e J. R. Pitts (orgs.). *Theories of Society*. Nova York, 1961, p. 965.

para a caracterização de determinado tipo de sistemas mantenedores de limites; e compete à teoria geral de sistemas a tarefa de criar novos modelos capazes de simular aspectos relevantes da realidade. Entretanto, as proposições sobre relações analíticas entre valores, normas, fins e fontes se transformam sub-repticiamente em proposições sobre relações empíricas entre componentes do sistema. *A unidade da ação, reinterpretada de modo empirista, forma-se em processos de troca entre seus componentes*. E sob esse pressuposto essencialista o organismo e o sistema de comportamento podem ser aglutinados à tríade pessoa, sociedade e cultura. E o mesmo essencialismo vale para os demais níveis do sistema. Aquilo que antes tinha sido entendido como projeto construtivo do cientista adquire agora a conotação de uma reconstrução de características de sistemas de ação que se estruturam a si mesmos[69].

Se minhas observações estão corretas, não é possível entender como Parsons e muitos dos seus discípulos podem negar a guinada da teoria de sistemas e, ao mesmo tempo, afirmar uma continuidade da história da obra. Nas páginas que se seguem, eu gostaria de fundamentar a tese segundo a qual a ruptura no desenvolvimento da teoria pode permanecer imperceptível porque Parsons empreende a construção de uma teoria sistêmica da sociedade sob *reservas características*. Com os *Working Papers in the Theory of Action* (1953) tem início um período de transição que culmina na resposta de Parsons à crítica de

---

69. Tais componentes essencialistas, presentes na versão sistêmica luhmanniana e parsoniana, não são reconhecidos por certos discípulos de Parsons, tais como J. Alexander e R. Münch, que pendem mais para a interpretação da ciência formulada pelo primeiro Parsons, que se apoiava no neokantismo.

Dubin em 1960[70]. Nessa época, Parsons constrói sua teoria da sociedade com o auxílio de conceitos extraídos da teoria de sistemas. Ele desenvolve o esquema de quatro funções e a ideia das relações de troca recíprocas entre quatro sistemas parciais especificados funcionalmente. Nas duas obras principais desse período – *Family, Socialization and Interaction Process* (1955) e *Economy and Society* (1956) –, ele utiliza esses novos instrumentos teóricos pela primeira vez para delinear uma teoria da personalidade e da socialização, bem como uma teoria da economia inserida em sistemas sociais. Com isso, estão lançadas as bases de uma teoria da sociedade, que será ampliada nos anos 1960 com o auxílio da teoria dos meios de comunicação e da teoria da evolução social. Nos anos 1970, os problemas antropológicos ocupam o primeiro plano, levando Parsons a retomar o tema do sistema geral da ação, até então posto de lado. Nessa fase tardia, Parsons extrai as consequências metafísicas de um programa teórico, que tinha sido fruto de uma *decisão discrepante*, tomada no início dos anos 1950.

Desde então, mantém-se fiel ao objetivo de transferir a teoria da sociedade, apoiada no primado da teoria da ação, para a teoria de sistemas, mantendo a ideia de que os sistemas de ação têm de ser entendidos como encarnações de padrões de valores culturais. Desse modo, o desenvolvimento da teoria que tem início nos *Working Papers* e se estende por mais de duas décadas e meia pode ser caracterizado mediante *três propriedades que surgem simultaneamente*, a saber, pela construção de uma teoria sistêmica da sociedade, pela correspondente assimilação

---

70. R. Dubin. "Parsons' Actor: Continuities in Social Theory", in Parsons, 1967a, pp. 521 ss.; cf. também Parsons, 1967a, pp. 192 ss.

e reinterpretação da moldura categorial da teoria da ação e pelo reengate do funcionalismo sistêmico numa teoria da cultura, a qual Parsons extrai da herança de Durkheim, de Freud e de Max Weber. Eu gostaria de apresentar alguns exemplos importantes que permitem ilustrar tais tendências (1), a fim de comprovar, a seguir, a fragilidade desse compromisso teórico, seja na filosofia antropológica tardia (2), seja na teoria dos meios de comunicação (3).

(1) Na introdução ao primeiro volume de sua teoria da evolução social[71], Parsons apresenta um conceito de sociedade que caracteriza muito bem o princípio teórico desenvolvido desde 1953. Nesse texto, a sociedade é interpretada *em primeiro lugar* como *um sistema num entorno*, capaz de chegar à autossuficiência ou autarquia (*self-sufficiency*) por meio da capacidade do autocontrole: "The selfsufficiency of a society is a function of the balanced combination of its controls over its relations with the environments and of its own state of internal integration."[72] O nível de desenvolvimento de uma sociedade se mede pelo grau de autonomia que ela, enquanto totalidade integrada, consegue firmar em relação ao entorno. Nesse caso temos apenas uma integração funcional.

Em segundo lugar, Parsons determina a sociedade como *sistema de ação* em que a cultura e a linguagem constituem as determinações mais importantes, entrando no lugar da atividade teleológica orientada por valores: "We prefer the term 'action' to 'behavior' because we are interested not in the physical events of behavior for their own sake, but in their patterning, their patterned meaningful products... Human action is cultural in that meanings

---

71. T. Parsons. *Societies*. Englewood Cliffs, 1966.
72. Parsons, 1966, p. 9.

and intentions concerning acts are formed in terms of symbolic systems."[73] Nos sistemas de ação, os padrões culturais transmitidos se entrelaçam – graças à linguagem – com os elementos orgânicos dos membros da sociedade transmitidos geneticamente. As coletividades compostas de indivíduos socializados são as portadoras dos sistemas de ação, formando uma estrutura própria no âmago dos limites traçados pela cultura e pelas disposições da espécie.

Por isso, Parsons representa, *em terceiro lugar*, cada sistema de ação em particular como uma zona de interação e de cruzamento recíproco de *quatro subsistemas*: a cultura, a sociedade, a personalidade e o organismo. Cada um desses subsistemas se especializa numa função básica da reprodução social de contextos de ação. E os sistemas de ação podem ser observados por meio de quatro aspectos funcionais: "Within action systems, cultural systems are specialized around the function of pattern-maintenance, social systems around the integration of acting units (human individuals or, more precisely, personalities engaged in roles), personality systems around goal-attainment, and the behavioral organism around adaptation..."[74]

Uma vez que possuem certa autonomia, os subsistemas mantêm entre si relações contingentes. Entretanto, as relações entre subsistemas são, de certa forma, prejulgadas pela pertença a um sistema de ação comum. Os subsistemas formam entorno uns para os outros, porém continuam se encontrando em relações de troca reguladas. *Em quarto lugar*, as realizações recíprocas entre os subsistemas podem ser analisadas como fluxos de uma

---

73. Parsons, 1966, p. 5.
74. Parsons, 1966, p. 7.

troca intersistêmica. Já nas zonas marginais dos subsistemas, os quais se tocam mutuamente, tais relações se condensam em novas estruturas; e nesses casos Parsons fala em "interpenetração".

Ele não se contenta, todavia, com a ideia de que existem relações horizontais com o mesmo *status*; por isso postula, *em quinto lugar*, uma *hierarquia de controle* equivalente a uma avaliação das quatro funções básicas (fig. 31).

Parsons explica da seguinte maneira a coluna situada no lado direito do diagrama: "The upward-pointed arrow indicates the hierarchy of conditions, which at any given cumulative level in the upward series is, in the common formula, 'necessary but not sufficient'. The downward-

Fig. 31 *Sub-systems of Action*

I *Functions in General Action Systems*	II	III *Intra-Action Environments of Social Systems*	IV *Environments of Action*	V *Cybernetic Relations*
			"Ultimate Reality"	High Information (Controls)
Pattern Maintenance -----		Cultural System		↑
Integration -----	Social System		Hierarchy of Conditioning Factors	Hierarchy of Controlling Factors
Goal Attainment -----		Personality System		
Adaptation -----		Behavioral Organism		
			Physical-Organic Environment	↓ High Energy (Conditions)

pointed arrow designates the hierarchy of controlling factors, in the cybernetic sense. As we move downward, control of more and more necessary conditions makes the implementation of patterns, plans, or programs possible. Systems higher in the order are relatively high in information while those lower down are relatively high in energy."[75]

Com exceção das relações de troca intersistêmicas, que ainda retomarei quando tratar da teoria dos meios de controle, o esquema contém as características fundamentais da teoria da sociedade como sistema, desenvolvida por Parsons em meados dos anos 1960. Entretanto, esse *flash* instantâneo pouco ou nada revela sobre a dinâmica teórica que produziu essa imagem estática. Nas páginas seguintes, gostaria de apresentar as decisões construtivas que levaram Parsons a formular um compromisso entre o funcionalismo sistêmico e uma teoria da cultura neokantiana.

(a) Em sua primeira fase intermediária, Parsons refere as *funções de sistemas de ação* a duas classes de imperativos resultantes, respectivamente, da relação sistema-entorno e da relação com a cultura. Na época, Parsons via as tarefas da "integração social" como simples problemas de alocação envolvendo a preparação, a mobilização e a aplicação correta de fontes. Entretanto, as tarefas da "integração social" não visam apenas nem imediatamente à manutenção de solidariedades e de pertenças, mas também à tradição cultural e à socialização. E, levando em conta os conceitos que introduzimos, ali se trata da reprodução material do mundo da vida; aqui está em jogo a reprodução de suas estruturas simbólicas. Ora, a par-

---

75. Parsons, 1966, p. 28.

tir de 1953, tal divisão dicotômica é substituída pelo esquema das quatro funções básicas – o famoso esquema AGIL[76]. As funções de alocação são especificadas como adaptação (*adaptation*) e como consecução de objetivos (*goal-attainment*); e sob a manutenção de estruturas (*pattern-maintenance*) se oculta a reprodução cultural e a socialização. Todavia, em nosso contexto interessa, acima de tudo, o *nivelamento* simultâneo da diferença anteriormente estabelecida entre integração funcional e integração social; ambas são reduzidas à "integração". Com isso, *ficam descaracterizados* os pontos de sutura que ligavam os paradigmas "ação" e "sistema". Parsons toma a decisão importante, porém não explicitada, de renunciar ao conceito de integração social de contextos de ação, produzida de acordo com valores e normas, limitando-se a falar numa "integração" genérica.

Tal decisão é camuflada pela forma intuitiva com que o conceito sistêmico de sociedade é introduzido. Parsons continua tomando como ponto de partida o subsistema integrativo, tido como núcleo do sistema social, e continua descrevendo tal núcleo lançando mão dos conceitos "ordem legítima" e "relações interpessoais"[77]. Essa *comuni-*

---

76. T. Parsons et al. *Working Papers in the Theory of Action*. Nova York, 1953, pp. 183 ss.

77. "The core of a society, as a system, is the patterned normative order through which the life of a population is collectively organized. As an order, it contains values and differentiated and particularized norms and rules, all of which require cultural references in order to be meaningful and legitimate. As a collectivity it displays a patterned conception of membership which distinguishes between those individuals who do and do not belong. Problems involving the 'jurisdiction' of the normative system may make impossible an exact coincidence between the status of 'coming under' normative obligations and the status of membership, because the enforcement of a normative system seems in-

dade social representa inicialmente o conjunto difuso da sociedade como um todo; e o conjunto sugere um mundo da vida, ainda mais que Parsons representa, logo a seguir, a relação complementar entre "comunidade social", de um lado, e cultura e personalidade, de outro[78]. As categorias mediante as quais a "comunidade social" é analisada – os valores, as normas, as coletividades e os papéis – despertam inicialmente a impressão de que esse subsistema se estrutura na forma de um mundo da vida simbólico e se especializa numa integração *social*, isto é, numa integração criada por meio de um entendimento normativo.

Todavia, essa imagem se modifica quando Parsons começa a descrever as diferenciações da "comunidade social", a qual se decompõe em quatro subsistemas de acordo com o esquema das quatro funções[79].

Ora, a função atribuída à "comunidade social", tida como um dos sistemas parciais (ao lado da economia, da política, da reprodução cultural e da socialização), adquire agora o sentido abstrato de uma "integração" no sentido de uma garantia da coesão de um sistema ameaçado em seus elementos pelo entorno supercomplexo, que o obriga a evitar o risco de se desintegrar decompondo-se em seus elementos. Nesse ponto, torna-se preponderante a ideia que Parsons ligara anteriormente à expressão "integração *funcional*". Os imperativos funcionais, em que a "comunidade social" se especializa a partir de agora, *po-*

---

herently linked to the control (e. g. through the 'police function') of sanctions exercized by and against the people actually residing within a territory." Cf. Parsons, 1966, p. 10.

78. Parsons, 1966, pp. 10-5.

79. Parsons, 1966, pp. 24 ss., e T. Parsons. *The System of Modern Societies*. Englewood Cliffs, 1971, pp. 10 ss.

dem continuar sendo preenchidos pelo caminho do consenso normativo; porém, nas sociedades modernas, os espaços da "sociabilidade vazia de conteúdo normativo" se ampliam a tal ponto que a necessidade de integração *tem de* ser suprida por um caminho que evita, cada vez mais, o mecanismo do entendimento.

De um lado, a "comunidade social", como núcleo de uma sociedade, é introduzida tendo em conta aspectos culturais; de outro lado, os subsistemas, extraídos desse todo difuso, são determinados exclusivamente sob aspectos funcionais – no decorrer da *apresentação* Parsons muda novamente de paradigma, passando de um conceito de sociedade apoiada numa teoria da ação para o conceito de sistema social.

Seus subsistemas podem ser *ilustrados* por meio de instituições significativas, tais como a empresa (economia), a administração do Estado (política), o direito (subsistema integrador), a Igreja e a família (manutenção de modelos culturais); porém, não podem ser identificados com essas ordens institucionais prototípicas. Toda a instituição em particular precisa *adaptar-se* a condições marginais cambiantes lançando mão de reservas próprias; toda a instituição tem de *selecionar* fins e *persegui-los*, para que possa mediar entre as orientações axiológicas dos membros e os limites externos; toda instituição precisa *ordenar normativamente* interações por meio das relações entre membros, e toda instituição é obrigada a buscar *legitimação* lançando mão de valores reconhecidos. E, uma vez que toda instituição pertence, sob diferentes aspectos, *a todos* os subsistemas sociais, nenhuma delas pode ser tomada como característica definidora para nenhum dos subsistemas *em particular*. Por isso, eles têm de ser diferenciados de acordo com funções.

A partir daí, Parsons define as funções num nível relativamente abstrato, em termos de adaptação, de consecução de objetivos, de integração e de manutenção de modelos estruturais. No nível da teoria sociológica, em que Parsons *introduz* as funções, estas podem ser *visualizadas concretamente* por meio de indicações sobre as realizações e os produtos da economia, sobre as realizações organizatórias das administrações estatais, sobre os efeitos integradores do direito e sobre as capacidades de normalização da tradição e da socialização familial. Nesse nível, ainda é possível compreender intuitivamente a subordinação introduzida por Parsons no esquema das quatro funções e dos conceitos fundamentais da teoria da ação. A moldura da teoria da ação, reificada em sistema geral da ação, decompõe-se em subsistemas especializados, respectivamente, em produzir um dos componentes das orientações da ação. Tais produtos, ou seja, valores, normas, fins e fontes, permitem reconhecer a função do respectivo subsistema (fig. 32).

Fig. 32 *Funções e orientações da ação*

Componentes de orientações da ação	Subsistemas	Funções
Valores	Cultura	Manutenção de padrões culturais
Normas	Sociedade	Integração
Fins	Personalidade	Obtenção de fins
Meios, recursos	Sistema de comportamento	Adaptação

Quando se levam na devida conta as representações da história da teoria, é possível descobrir que as subordinações arbitrárias ou carentes de fundamentação levadas a cabo no plano geral da ação adquirem uma plausibilidade maior no nível do sistema social (fig. 33).

Fig. 33 *Sistema social*

A			G
	Economia (recursos)	Política (metas)	
	Sistema mantenedor de estruturas (valores)	Subsistema integrador (normas)	
L			I

Não obstante, tais tentativas ilustrativas ainda não podem ser tomadas como solução definitiva para os dois problemas que se colocam quando se introduz o esquema das quatro funções. Parsons precisa justificar, em primeiro lugar, por que justamente esses quatro pontos de vista funcionais são necessários e suficientes para a análise de sistemas de ação. Além disso, tem de reinterpretar os conceitos fundamentais da teoria da ação à luz da teoria de sistemas.

(b) Parsons entende a teoria sistêmica da sociedade como um caso especial da teoria de sistemas vivos, de modo que o esquema das quatro funções tem de ser aplicável em sistemas sociais e em sistemas de ação. No entanto, suas pretensões ultrapassam os limites desses sistemas. Pois ele toma como ponto de partida as características formais de um sistema situado num entorno, a fim de justificar a *validade geral* de um esquema que abrange quatro funções. Apoiado no processo de formação do sistema, ele aborda o problema mais amplo da manutenção dos componentes tendo em vista os aspectos do espaço e do tempo. No eixo "interior/exterior", há que resolver um problema de delimitação: os processos e estruturas atribuídos aos componentes do sistema precisam ser separados dos eventos e dos estados que afetam o sistema no entorno. No eixo "presente/futuro" – os sistemas só têm passado enquanto projeção atual –, emerge o problema da aplicação correta de fontes disponíveis tendo em vista estados finais antecipados. Da combinação desses dois problemas nascem as quatro funções desejadas (cf. fig. 34).

Fig. 34 *Dedução das funções*

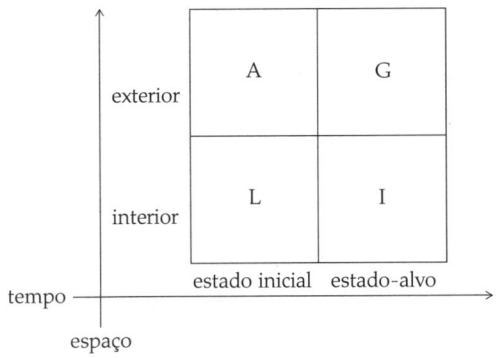

	estado inicial	estado-alvo
exterior	A	G
interior	L	I

tempo →
espaço

Parsons determina o problema da manutenção dos limites apoiando-se no diferencial de complexidade entre sistema e entorno: "It is assumed that the system of reference is characterized by a pattern of functioning by virtue of which its internal states are at any given time different from those of the environment in significant respects. The direction of these differences is toward greater stability and a higher level of organization than that of the environment in the respects relevant to the system of reference."[80]

O problema da consecução de estados finais coloca Parsons em contato com a dimensão "instrumental-consumptiva", já conhecida na teoria da ação, configurando uma interpretação especial do eixo "tempo": "This is a somewhat narrow designation but in the right direction. A pattern does not in the real world actualize itself. The system for which it is a template must meet conditions and utilize environmentally available resources. Meeting conditions and utilization are possible only through processes which are inherently time-extended. Time is *one* aspect of processes which include energy input and utilization, organization or combination of components, and evaluation of stages."[81]

A solução dos dois problemas precisa ser analisada, *ao mesmo tempo*, sob dimensões de espaço e de tempo; isso significa que um sistema tem de garantir sua integridade em relação ao entorno (sistema/entorno), em relação a si mesmo (dentro/fora), como também em relação aos estados iniciais atuais e em relação aos estados finais antecipados (instrumental/consumptivo). Da

---

80. Parsons, Platt, 1973, p. 10.
81. Parsons, Platt, 1973, p. 11.

combinação desses pontos de referência resultam quatro aspectos funcionais da manutenção da integridade, que podem ser juntados aos pares, caso resolvamos distinguir as funções referindo-as, de um lado, ao intercâmbio com o entorno ou com o próprio sistema (*adaptation/goal-attainment vs. pattern maintenance/interation*) ou, de outro lado, referindo-as aos estados iniciais orientados a um fim ou aos estados finais (para os quais os estados atuais constituem meros potenciais) (*adaptation/pattern-maintenance vs. goal attainment/integration*). Por esse caminho, Parsons chega a uma fundamentação geral do "esquema AGIL", *que prescinde* dos conceitos da teoria da ação.

(c) Uma vez que o esquema das quatro funções básicas não possui raízes na teoria da ação, apenas nos sistemas vivos em geral, os componentes analíticos da ação têm de ser interpretados como solução de problemas sistêmicos. Conforme foi mostrado, Parsons subordina valores, normas, fins e fontes a uma das funções básicas. Tal decisão construtiva impõe uma *reinterpretação* das variáveis-padrão (*pattern-variables*), que até o momento tinham ocupado uma posição central. Parsons leva a cabo tal revisão durante o debate com Dubin. As alternativas abstratas de decisão tinham sido introduzidas para esclarecer, sob pontos de vista universalistas, o modo como valores culturais podem ser reduzidos a um número finito de padrões de preferências. Quando Parsons abandona a perspectiva da teoria da ação, as *pattern-variables* perdem tal valor posicional. Agora já não se trata da questão envolvendo a determinação cultural das orientações da ação, mas do modo como as decisões dos atores surgem, sem mediação, dos processos de formação de sistemas. As *pattern-variables* podem ser mantidas como um prisma através do qual a luz dos problemas sistêmicos é rompida de tal modo que as ações podem aparecer no reflexo da dinâmica dos sistemas. Parsons elimina pura e simplesmente um dos cinco pares de alternativas básicas[82], desengata-o das orientações valorativas de sujeitos agentes, passando a utilizar as restantes variáveis (duas vezes quatro) para descrever as quatro funções básicas. Entretanto, esse nível de descrição certamente não possui grande significado para a teoria madura.

Dubin estiliza essa reinterpretação, opondo entre si dois modelos. Nessa linha, o Parsons I tomaria como ponto de partida o modelo do ator que age em determinada situação, e a orientação da ação pode ser analisada em termos de uma orientação que toma como referência ob-

---

82. No início, o par "*self-orientation vs. collectivity-orientation*" desempenhara a função mais importante no trabalho de distinção das orientações "racionais" da ação de homens de negócios e profissionais. Em *Economy and Society* (1956), essa dimensão é excluída do catálogo das *pattern-variables*. E o argumento apresentado pressupõe sub-repticiamente a mudança da perspectiva conceitual, ou seja, a mudança da teoria da ação para a teoria de sistemas; a partir de agora, a "*self-orientation*" e a "*collectivity-orientation*" não podem mais permanecer na mesma dimensão, uma vez que sua relação com o sistema é diferente: "In the course of time it became apparent that the categories of this pair were not significant as defining characteristic of one specific system of action; rather they defined the relations between two systems placed in a hierarchical order. Self-orientation defined a state of relative independence from involvement of the lower-order in the higher-order system, leaving the norms and values of the latter in a regulatory, i. e. limit-setting relation to the relevant courses of action. Collectivity-orientation on the other hand defined a state of positive membership whereby the norms and values of the higher-order system are positively prescriptive for the action of the lower." T. Parsons e N. J. Smelser. *Economy and Society*. Londres, Nova York, 1956, p. 36.

jetos (sociais e não sociais). Os tipos puros da orientação da ação (intelectual, expressivo, responsivo, instrumental) podem ser caracterizados mediante padrões de decisão e com o auxílio das *pattern-variables*. Já o Parsons II se concentraria nos problemas mais gerais de sistemas de ação. Esses correspondem aos quatro aspectos funcionais sob os quais o problema fundamental da manutenção da integridade do sistema pode ser analisado: "A radical departure from Model I was presented by Parsons when he turned his attention to analyzing the social act from the standpoint of social system problems. Perceiving the need to articulate social action with the requirements of a social system, Parsons started with problems of social structure and attempted to move from there to the level of the individual actor in the system. Parsons' Model I essentially 'looks out' to the social system from the vantage point of the actor; his Model II 'looks down' at the individual actor from the perspective of the social system."[83] As *pattern-variables* permitem que os problemas do sistema se transformem em orientações para a ação, de tal modo que o ponto de referência da análise já não é dado pela decisão dos atores, mas pela dinâmica solucionadora de problemas inerentes ao sistema de ação que se estabiliza a si mesmo: "The essencial difference between these two solutions lies in the units out of which the models are constructed. In Model I the social act is seen as the product of the actor's evaluations of objects and of his orientations towards them – both of which are subjective or social psychological units. In Model II the social act is viewed as a *product of role definitions peculiar to the four presumably universal social system problems*. Hence the primary analytical unit becomes the systems modalities

---

83. Dubin, in Parsons, 1967a, p. 530.

from which the actor's evaluation of objects and orientations towards them are uniquely derived."[84]

Para que a pressão dos problemas inerentes à dinâmica da manutenção da integridade possa ser transmitida às orientações da ação, é necessário o engate não contingente dos problemas do sistema às decisões do ator. O Parsons II soluciona tal problema estabelecendo uma relação analítica entre as quatro funções básicas e algumas combinações de alternativas. Dubin resume essas relações construindo o seguinte esquema:

Fig. 35 *Parsons' Model II of the Social Act*

Social System *MODALITIES* *(System Problems)*	*Actor's* *EVALUATION* *of Objects*	*Actor's* *ORIENTATION* *towards Objects*
Adaptive	→ Universalism	Specificity
Goal Attainment	→ Performance	Affectivity
Integrative	→ Particularism	Diffuseness
Pattern-maintenance and Tension Management	→ Quality	Neutrality

Dubin apoia sua interpretação sobre sugestões que Parsons teria formulado em *Economy and Society*, ao reconsiderar os resultados de sua cooperação com R. F. Bales[85]. Nes-

---

84. Dubin, in Parsons, 1967a, p. 530.

85. "It was then discovered that these correspondences converged logically with Bales' fourfold classification of the functional problems of systems of action. In the terminology finally adopted, the adaptive problem was defined from the attitudinal point of view in terms of specificity, from the object-categorization point of view in terms of universalism; the goal-attainment problem from the attitudinal point of view in terms of affectivity, from that of object-categorization in terms of performance; the integrative problem from the attitudinal point of

sas passagens, Parsons remete aos capítulos II e V dos *Working Papers*. Porém, em nenhuma delas se afirma que as alternativas de decisão dependem de funções básicas e que essa dependência resulta de uma análise *lógica* ou *conceitual*. Em 1953, Parsons pretendia apenas mostrar que tinha conseguido fundamentar *empiricamente* a relação entre orientações específicas da ação e cada um dos quatro problemas do sistema, seguindo o caminho da interpretação dos resultados da pesquisa de pequenos grupos, realizada por Bales. Além disso, ele lançou mão de certas analogias vagas com concepções básicas da termodinâmica.

Tal oscilação revela o caráter arbitrário de uma conexão que é, sem dúvida alguma, central para a absorção da teoria da ação na teoria de sistemas, a qual passa a ser predominante. Não obstante, Parsons não consegue fundamentá-la nem lógica nem empiricamente. Por isso, suas subordinações *arbitrárias* não resistem a nenhum teste reflexivo, por mais intuitivo que este seja. E J. Alexander pergunta, com razão: por que os problemas de integração não podem ser resolvidos mediante orientações universalistas ou particularistas? Ou ainda: por que os problemas de manutenção de padrões culturais não podem ser solucionados por meio de uma orientação que leva em conta as realizações, em vez de se tomar a orientação pelas qualidades de um outro?

(d) A mudança de interpretação do conceito "valores culturais" fornece outro exemplo capaz de revelar como os conceitos básicos da teoria da ação se fundem na teo-

---

view in terms of diffuseness, from the object-categorization point of view in terms of particularism; finally, the pattern-maintenance and tension-management problem from the attitudinal point of view in terms of affective neutrality, from the object-categorization point of view in terms of quality." Cf. Parsons-Smelser, 1956, p. 36.

ria de sistemas. Parsons interpreta a validade dos valores culturais no sentido cibernético de funções de controle adscritas a "valores que entidades físicas ou matemáticas devem ter" (*Sollwerte*) nos sistemas autorregulados. E as *relações semânticas* entre valores culturais são reinterpretadas sub-repticiamente como *relações empíricas* entre variáveis controladoras. Tal deslocamento constitui um exemplo de que não está extinta a tendência que se contrapõe à eliminação completa dos vestígios da teoria da ação.

Ao criticar o utilitarismo, Parsons formulara a ideia de uma seleção de fins regulada por máximas e valores; e tinha assumido de Weber o conceito de realização de valores. Ambas as ideias tinham se aglutinado na concepção segundo a qual os valores culturais são referidos a situações de ação, pelo caminho da internalização e da institucionalização, o que implica uma ligação com sanções; por esse caminho, os valores teriam de se concretizar na realidade das formas de vida e das histórias de vida, adquirindo a forma de uma eticidade substancial que não se modifica. Ora, sistemas de ação cobrem a distância que separa os valores e as normas – pelas quais o agente se orienta – das condições da situação, as quais limitam seu espaço de ação. Ou seja, sistemas de ação sobrepujam uma tensão normativa, que continua sendo mantida. As relações entre valores, normas, fins e fontes conservam seu sentido no próprio conceito de sistema de ação, transladado para os conceitos fundamentais da teoria de sistemas. Porém, uma vez que a cultura é rebaixada ao nível de um sistema parcial, que se coloca ao lado de outros, elimina-se o desnível que existe entre a esfera dos valores e das normas, os quais pretendem validade, e o domínio das condições fáticas. A fim de evitar tal consequência, Parsons traduz a tensão entre o normativo e o fático lançando mão da analogia cibernética, já citada.

Num agregado físico, os processos controlados exigem um certo aporte de energia; já o controle de um fluxo de informação exige menos energia. Parsons equipara os valores culturais a valores de controle e trata as bases orgânicas do sistema de ação como fonte de energia. A partir daí, ele estabelece uma hierarquia entre o sistema de comportamento, a personalidade e o sistema da sociedade e o da cultura, de tal modo que o sistema que se encontra embaixo é superior ao mais alto em termos de energia consumida; e o sistema que se encontra em cima é superior ao mais baixo em termos de informação e de capacidade de controle. Tal ordenação linear dos quatro subsistemas segundo o modelo de uma *hierarquia de controle* permite ao sistema cultural manter sua posição como senhor do controle; ao mesmo tempo, ele continua dependente do aporte de energia dos outros subsistemas.

À medida que diferencia *duas categorias de entorno*, Parsons estabelece os marcos para um determinismo cultural, além de contribuir decisivamente para a introdução de modelos da teoria de sistemas na teoria da sociedade.

No polo inferior da hierarquia de controle, o sistema da ação é limitado por um entorno natural ou empírico; e no polo oposto é limitado por um entorno de tipo não empírico, sobrenatural: "Neither the individual personality nor the social system has any direct relation to the physical environment; their relations with the latter are mediated entirely through the organism, which is action's primary link with the physical world. This, after all, is now a commonplace of modern perceptual and epistemological theory... In essentially the same sense, neither personalities nor social systems have direct contact which the ultimate objects of reference, with the 'ultimate reality' with poses 'problems of meaning' in the sense sociologists associate above all with the work of Max

Weber. The objects that personalities and social systems know and otherwise directly experience are in our terminology cultural objects, which are human artifacts in much the same sense as are the objects of empirical cognition. Hence, the relations of personalities and social systems with ultimate 'non-empirical reality' are in a basic sense mediated through the cultural system."[86]

À medida que Parsons liga arbitrariamente o conceito cibernético de hierarquia de controle à ideia de realização de valores, insere o conceito de transcendência de valores e de pretensões de validade nas conceituações empiristas da teoria de sistemas; ora, isso implica rupturas. Na primeira fase intermediária, ele tinha levado a sério a ideia de realização de valores, atribuindo um lugar especial à cultura, pois afirmara que uma cultura incorporada ao sistema da ação tem de conseguir sua força reguladora do contato com um "entorno não empírico". Contudo, tal conceito constitui um corpo estranho na teoria de sistemas. Pois esta concebe a manutenção *auto*rregulada de componentes do sistema de um modo tal que os limites do sistema são ameaçados *de igual modo, em todas* as frentes. Por isso, eles têm de ser defendidos, *em todos os lados*, contra invasões procedentes do entorno supercomplexo. Os processos de manutenção da integridade são controlados exclusivamente por meio de valores que habitam no interior de respectivo sistema; *fora* dos limites do sistema, existem apenas variáveis condicionadoras, não reguladoras.

Parsons está ciente de que, ao estabelecer esse ponto, seu conceito de sistema se desvia dos demais: "Of course, directionality may be conceived as internal to the system of reference. However, at the action level what is more

---

86. T. Parsons. "Social Systems", in Parsons, 1977a, p. 181.

prevalent are attempts to legitimate selections among alternative paths by invoking some source of authority outside the system of action as currently conceived by the acting units."[87] Não obstante, Parsons não mostra como o modelo de sistemas autorregulados pode ser adaptado às necessidades de uma teoria da cultura – cuja origem é totalmente diferente – sem que o paradigma se altere.

(e) A introdução da hierarquia de controle modifica o valor das quatro funções básicas, uma vez que a direção em que as funções são engatadas, uma após a outra, adquire, além da significação temporal, um sentido hierárquico. A ideia da realização de valores sublima-se, passando a um patamar abstrato, que impede *a priori* que os sistemas parciais, especificados funcionalmente, influam uns sobre os outros de modo desordenado, instaurando um determinismo cultural que canaliza essa influência no sentido LIGA. Esse "pré-conceito" está inserido subrepticiamente na *técnica dos diagramas cruzados*. De acordo com o sentido latente desse formalismo, o aspecto da validade de manifestações simbólicas é retraduzido de modo empirista[88]; ao mesmo tempo, a mudança de valo-

---

87. Parsons, Platt, 1973, p. 32.

88. Parsons aplica o esquema AGIL a todos os objetos sem distinção. Uma teoria científica, por exemplo, é então tratada da mesma maneira que um sistema de ação empírico. Cf. o diagrama in Parsons, 1973, p. 65:

Components of Knowledge as Cultural Object-Type

		Resources	"Pay-offs"	
Logical	L	Frame of reference	Theory	I
Referencial	A	Facts	Problem solutions	G

res é imunizada contra concepções materialistas[89]. A própria divisão do sistema cultural pode revelar o modo como a técnica dos diagramas cruzados assegura o idealismo secreto do funcionalismo sistêmico de Parsons. No início, ele tinha seguido a divisão tripartite de Weber: padrões cognitivo-interpretativos, padrões de valores prático-morais e padrões de expressão estético-expressiva. Ora, a introdução do formalismo obriga a uma divisão quádrupla. O quarto campo se destina ao simbolismo constitutivo, ou seja, à religião, mesmo que na modernidade a ciência, a técnica, o direito, a moral e a arte se tenham diferenciado das tradições metafísico-religiosas, situando-se num nível histórico e estrutural distinto do simbolismo religioso.

O formalismo dos diagramas cruzados desabrocha plenamente na filosofia tardia de Parsons: nesta, o sistema da ação geral é subordinado a uma transcendência reificada num "sistema télico" (*telic system*)[90]. Aqui se revela o que Parsons contrabandeara para a teoria da sociedade ao utilizar o conceito "hierarquia de controle".

(2) Quando o sistema geral, que abrange a cultura, a sociedade, a personalidade e o sistema de comportamento, é introduzido como um sistema parcial, ao lado de outros três sistemas e subordinado à função I (função de integração), surge a necessidade de construir o sistema da constituição fundamental do homem, ao qual Parsons atribui o nome de "*Human Condition*". Nele se atribui à função L um *sistema télico*, que se conecta ao polo superior do sistema da ação, o qual assume o lugar do *entorno su-*

---

89. M. Gould. "Systems Analysis, Macrosociology, and the Generalized Media of Social Action", in Loubser, Baum, Effeat e Lidz. *Explorations in General Theory in Social Science,* vol. II, 1976, pp. 470 ss.

90. Parsons, 1978b, p. 382.

praempírico. É interessante observar o problema de construção, que se coloca de forma aparentemente simétrica no polo inferior do sistema de ação.

Parsons imaginara inicialmente que o sistema de ação parcial mais baixo na hierarquia de controle era o portador orgânico da personalidade enquanto organismo humano. No entanto, este, dada sua dotação específica fixada geneticamente, dificilmente pode ser adscrito ao sistema de ação. Por isso, anos mais tarde Parsons se apropriou de uma sugestão de Lidz e Lidz, passando a dar preferência a uma interpretação psicológica do sistema de comportamento[91]. Ao contrário da personalidade, que Parsons continua interpretando na linha da tradição psicanalítica, o sistema de comportamento passa a abranger não mais o substrato natural da pessoa, mas as competências gerais do conhecer, do falar e do agir, no sentido de Piaget. E a partir daí o organismo humano assume o lugar de um entorno para o sistema da ação: o sistema da ação se limita com a natureza orgânica por meio do sistema de comportamento.

De acordo com a mesma lógica, o sistema cultural é interpretado de modo tão estreito, que tudo o que até aqui possuía conotações de uma instância de controle ou de regulação suprema, ou seja, na linguagem teológica de Tillich, de uma "realidade suprema", assume a posição de um entorno para o sistema da ação. Por meio de seu sistema cultural parcial, este faz fronteira com a transcendência, reificada em sistema télico: "Clearly, we think of the telic system, standing as it does in our treatment in a relation of cybernetic superordination to the action system, as having to do especially wich religion. It is prima-

---

91. Lidz, Lidz, in Loubser et al. *Explorations...*, pp. 195 ss.

rily in the religious context that throughout so much of cultural history belief in some kind of 'reality' of the non-empirical world has figured prominently."[92]

Ao dar esse passo especulativo, Parsons inicia sua *filosofia tardia*, introduzindo mais três subsistemas, que permitem arredondar o sistema da ação:

Fig. 36 *Sistema da condição humana fundamental (The Human Condition)*

L			I
Estruturas finais	Sociedade	Cultura	
	Personalidade	Sistema de comportamento	
Natureza físico-química	Organismo humano		
A			G

Do ponto de vista metodológico, a constituição humana fundamental possui um *status* diferente de todos os demais sistemas estudados pela teoria da sociedade ou por ciências sociais particulares. *Em primeiro lugar*, o sistema télico, que tradicionalmente vale como o domínio da fé religiosa, não pode ser introduzido como um domínio científico de objetos, semelhante aos outros sistemas – a não ser na forma de um objeto de análise sociológica; neste caso, porém, a religião teria de encontrar um lugar no quadro do sistema cultural. Parsons sublinha que o discurso sobre um sistema télico *pressupõe* a fé numa esfera de

---

92. Parsons, 1978b, p. 356.

realidade última. Tal estratégia conceitual se aproxima muito do Schelling tardio, que, para introduzir sua filosofia "positiva", tinha tomado como ponto de partida a experiência da existência de Deus: "With full recognition of the philosophical difficulties of defining the nature of that reality we wish to affirm our sharing the age-old belief in its existence."[93]

Entretanto, a peculiaridade do lugar posicional do sistema da condição humana deriva de *um outro motivo:* ele exige uma interpretação metodológica, uma vez que representa o mundo em sua totalidade na perspectiva do sistema da ação. O campo religioso e as esferas do organismo humano e da natureza inanimada são concebidos de modo que possam ser percebidos como entorno do sistema da ação: "... the paradigm categorizes the world accessible to human experience in terms of the *meanings* to human beings of its various parts and aspects."[94]

Vimos como a técnica de diagramas cruzados levou Parsons a uma complementação do sistema da ação por meio de três sistemas situados no mesmo nível analítico. Mesmo assim, a ordenação dos sistemas num esquema dividido em quatro campos se presta a confusões. Porque, a rigor, o sistema da ação deveria assumir uma posição dupla: a de um referente para a teoria da sociedade e a de um sujeito epistemológico, *para* o qual são "dadas" as estruturas finais, a natureza subjetiva do organismo humano e a natureza objetiva ou fenomênica. Por isso, o fato de Parsons introduzir o sistema da constituição humana fundamental, lançando mão de uma referência a Kant, não constitui simples acaso: "For two reasons we have treated the human action system as the primary point of

---

93. Parsons, 1978b, p. 356.
94. Parsons, 1978b, p. 361.

reference. The first is the mundane reason that it marks the intellectual path by which the formulation of the larger conceptual scheme has been reached. There is something to be said, as investigative policy, for proceeding from the relatively well known to the unknown rather than vice versa. The second reason, however, is that... we conceive the human condition as a version of whatever universe may in some sense be knowable and which is quite specifically and selfconsciously formulated and organized *from the perspective of its significance to human beings* and indeed relatively contemporary ones. From this point of view it is the system of action that constitutes the necessary reference base for such an enterprise."[95]

Parsons toma o sistema geral da ação – que até agora servira como ponto de referência da teoria sistêmica da sociedade – como *ponto de partida* para uma abordagem *reflexiva* do sistema da constituição humana fundamental. *Porém*, ao dar esse passo, *o teórico perde a chance de um ponto de vista independente desse sistema parcial*; ele já *não consegue se evadir* da perspectiva do sistema da ação. Em todos os demais níveis do sistema, a teoria da sociedade conseguira se afinar, *intentione recta*, com seus objetos; no nível antropológico, porém, ela se torna autorreferencial. E para desenvolver tal teoria da sociedade, que opera de modo autorreferencial, Parsons se inspira no modelo da crítica do conhecimento formulada por Kant: "We have already maintained that human 'orientation' to the world takes the form of treating the world, including that of action itself, as composed of entities that have symbolically apprehendable *meaning* to human actors. We therefore think it appropriate to call these enti-

---

95. Parsons, 1978b, pp. 382 s.

ties 'objects' and to speak of a subject-object relationship... We think it legitimate to adop the Kantian account of *knowing* as the prototype of a mode of relation between human actors and worlds outside the action system as well as objects within it."[96] É interessante notar que Parsons não consegue manter coerentemente esse enfoque. Pois ele mistura a *interpretação quase-transcendental* da *Human Condition* com uma interpretação *objetivista*, imposta pelo princípio da teoria de sistemas.

Na interpretação transcendental[97], o sistema télico determina as condições gerais e necessárias que permitem ao sistema de ação referir-se à natureza exterior, à natureza interior e a si mesmo; por meio dessa medida, ele determina as "ordens transcendentais" sob as quais a natureza objetiva, a natureza subjetiva e o sistema da ação estão *para* o próprio sistema da ação: "The general prosposition is that for each of the modes of human orientation there is a *meta*-level that is concerned with 'conditions' or 'assumptions' that are necessary in order for an orientation to be meaningful, to 'make sense'."[98] À proporção que Parsons extrai das cosmovisões atitudes abstratas em relação ao mundo, ele atribui às estruturas finais uma função semelhante à que Max Weber atribuíra às cosmovisões metafísico-religiosas. No seu entender, somente determinados modos de ver o mundo possibilitam a compreensão descentrada do mundo que se forma na modernidade, à qual o próprio Parsons se liga por meio do seu sistema da constituição humana fundamental[99].

---

96. Parsons, 1978b, pp. 367 s.
97. R. Münch interpreta nesse sentido os sistemas da condição humana fundamental: Münch, 1979 e 1980a.
98. Parsons, 1978b, p. 370.
99. Parsons, 1978b, p. 383.

Parsons se refere ligeiramente às três "Críticas" de Kant, interpretando-as como tentativas que visam à reconstrução das condições transcendentais para a objetivação da natureza exterior (sob pontos de vista cognitivo-instrumentais), para a constituição dos contextos da ação (sob pontos de vista prático-morais) e para a relação não objetivadora com a própria natureza interna (sob pontos de vista estéticos)[100].

Nessa linha, a religião aparece como um produto, até certo ponto híbrido, da objetivação de ordenações transcendentais: estas são reificadas e convertidas num ser divino transcendente. Ora, poderíamos interpretar dessa forma a ideia kantiana da religião, traçada nos limites da simples razão. Entretanto, tal religião racional não é suficiente para Parsons: "There is according to our paradigm a fourth sphere of transcendental ordering to which Kant did not devote a special critique. We think it has particularly to do with religion. It seems possible that Kant, as a good child of the Enlightenment, was sufficiently sceptical in this sphere so that he did not venture to say anything positive but rested content with stating his famous denial of the *probability* of the existence of God. There is, however, a logical grap here that demands to be filled."[101]

Não obstante, o preenchimento que veio a ser feito não resultou apenas das necessidades religiosas do autor, mas também, como o próprio Parsons sublinha com razão, de exigências inerentes à construção do seu sistema. E isso não apenas porque nele existe uma quarta célula a ser preenchida. É que o próprio princípio da teoria de sistemas se opõe à desejada interpretação transcendental

---

100. Parsons, 1978b, pp. 370 s.
101. Parsons, 1978b, p. 371.

da constituição humana, a qual impõe uma compreensão objetivista. O sistema das ordenações tem de ser reinterpretado e transformado num sistema de valores de controle supremos ou de estruturas finais, ou seja, num mundo de entidades supraempíricas, a fim de que possa interagir com outros mundos, a saber, com o mundo físico-químico, com o mundo orgânico e com o mundo sociocultural. Esse conjunto de ideias leva a especulações que não posso abordar neste momento. Do mesmo modo que em Comte e nos saint-simonistas, o desenvolvimento da teoria parsoniana deságua na tentativa de criar um substituto teórico-social para as funções integradoras da religião, que se vê atacada em sua substância[102].

Existe, entretanto, outro aspecto da filosofia madura, que parece ser mais interessante. A análise realizada até agora sugere que a teoria parsoniana da sociedade está construída sobre uma assimilação ambígua da teoria da ação à teoria de sistemas. Ela tem a forma de um compromisso teórico entre duas séries de categorias antagônicas, o qual apenas encobre o conflito, não conseguindo resolvê-lo. O fato é que, após o término da construção da teoria sistêmica, o conflito reprimido reapareceu no momento em que Parsons retomou os problemas do sistema geral da ação. Este resultara, como sabemos, de uma reificação da moldura da teoria da ação, desenvolvida em *The Structure of Social Action*. Assim, no final de sua complexa trajetória intelectual, Parsons se viu confrontado com problemas colaterais.

As estruturas finais introduzem no sistema da condição humana um sentido derivado da teoria da ação, pois o sistema da ação é concebido como um sujeito que as-

---

102. Gouldner, 1970; aqui, 1974, pp. 363 ss.

sume relações com a natureza exterior, com a natureza interior e consigo mesmo, tendo em vista determinadas condições transcendentais. E nesse ponto Parsons, coerente com seu conceito monológico de ação, tem diante dos olhos o modelo epistemológico do sujeito *cognoscente*, extraído de Kant. Esse modelo foi introduzido na teoria da sociedade desde a época de Simmel e de Max Adler. No entanto, nas variantes fenomenológicas e neokantianas da sociologia hermenêutica, que remontam a Rickert e Husserl, ele provocou mais confusões que soluções. Para fins de fundamentação da teoria da sociedade, o modelo do sujeito capaz de linguagem e de ação parece mais adequado que o modelo epistemológico. Por isso, vale a pena tentar decifrar a versão transcendental da filosofia madura de Parsons à luz do modelo do agir orientado pelo entendimento. Nesse processo, poderemos descobrir que atrás do sistema da constituição fundamental do homem, isto é, por detrás dos quatro subsistemas da *"Human Condition"*, se ocultam de forma confusa as estruturas do mundo da vida, complementares ao agir comunicativo.

Quando passamos a entender o sistema da condição humana como o nível analítico em que devem ser localizadas as ações coordenadas mediante um entendimento, o campo superior esquerdo deve conter as estruturas gerais da compreensão do mundo, que determinam o modo como os participantes podem se referir, por suas manifestações comunicativas, a algo no mundo. O campo inferior esquerdo representa o mundo objetivo; o campo inferior direito, o mundo subjetivo; e o campo superior direito, o mundo social das relações possíveis. O próprio Parsons se refere a "mundos", isto é, ao mundo físico, ao mundo do organismo humano e ao mundo das relações interpessoais. Nessa linha, o sistema télico representa o sistema de referência sobre o qual os sujeitos que agem comunicativamente apoiam seus processos de entendimento, enquanto os outros três subsistemas representam, respectivamente, a totalidade sobre a qual é possível um entendimento à proporção que os que agem comunicativamente se referem a algo no mundo objetivo, no mundo social ou no mundo subjetivo.

Nesse sentido, o esquema de quatro campos introduzido sob o título "*Human Condition*" pode ser tido como uma variante do esquema sugerido mais acima para delinear as relações do agir comunicativo com o mundo (fig. 20).

Porém, quando Parsons introduz o sistema da condição humana *intentione recta*, isto é, pelo caminho da complementação do sistema da ação mediante três novos subsistemas, as coisas se tornam confusas. Pois, se levássemos a sério tal consideração objetivadora, o sistema da ação teria de coincidir com o mundo da vida, o qual constitui o *pano de fundo* e fornece *recursos* para o agir orientado pelo entendimento. Nesse caso, os três outros subsistemas, bem como o próprio mundo da vida, poderiam ser interpretados como *regiões* que colaboram indiretamente na produção do agir comunicativo. Mas não podem fazer isso *de modo direto*, como os componentes do mundo da vida.

Já explicamos o modo como os componentes do mundo da vida participam "diretamente" da produção e do entrelaçamento comunicativo de interações lançando mão da interdependência entre o mundo da vida e o agir comunicativo. Este não depende apenas de um saber cultural, de ordens legítimas e de competências desenvolvidas no processo de socialização, ou seja, ele não se alimenta apenas dos recursos do mundo da vida, uma vez que constitui, por seu turno, o meio pelo qual as estruturas do mundo da vida se reproduzem. *Isso não vale, porém, para o substrato material do mundo da vida* – quer se trate dos componentes físico-químicos da natureza exterior, com os quais a sociedade se liga mediante os processos do metabolismo do corpo humano, quer se trate das disposições genéticas ou dos processos de reprodução sexual do organismo humano. Naturalmente, os processos sociais intervêm tanto na natureza anorgânica como nos processos da distribuição do potencial genético humano; porém, para se reproduzir, a natureza não necessita, como o mundo da vida, do meio do agir orientado pelo entendimento – uma vez que o agir humano apenas retroage sobre ela.

Neste *segundo modo de ver as coisas*, os dois campos inferiores representam regiões das quais o agir comunicativo depende "indiretamente" mediante o substrato material do mundo da vida. A natureza orgânica e a anorgânica aparecem aqui em sua conexão funcional com a reprodução material do mundo da vida, e não como campos de objetos, passíveis de conhecimento, nem como campos de referência do agir comunicativo.

O sistema télico pretende ocupar uma posição semelhante. No entender de Parsons, tal sistema constitui uma região que influi *indiretamente* no agir comunicativo por meio da reprodução simbólica do mundo da vida. Ele postula claramente *uma contrapartida sobrenatural para a natureza físico-química e para a dotação genética* da espécie humana. As estruturas finais devem gozar de autarquia e de independência em relação às estruturas do mundo da vida, semelhantes às da natureza orgânica e anorgânica. Entretanto, a teoria da sociedade não conseguiu forjar indicadores capazes de abranger uma transcendência *independente* da prática comunicativa, dos sacrifícios, das conjurações e das orações dos homens, nem um Deus concebido à imagem da mística judaica, que não precisa ser salvo pelos esforços dos homens. Por isso, a posição autárquica do sistema télico, postulada pela segunda interpretação, resulta de uma *duplicação injustificada dos componentes culturais do sistema da ação*, o qual substitui, em Parsons, o mundo da vida.

Somente a primeira interpretação – que transfere o ponto de vista transcendental do modelo de conhecimento, apoiado no sujeito e no objeto, para o entendimento intersubjetivo entre sujeitos capazes de linguagem e de ação – permite atribuir às estruturas finais e às suas ordenações um sentido sustentável teoricamente e resgatável empiricamente.

(3) Entretanto, os paradoxos resultantes das pressões construtivas da técnica dos diagramas cruzados revelam a fragilidade do compromisso conceitual da teoria da ação com a teoria de sistemas. Também é problemática a exigência de se derivar as formas de integração social, produzidas por consenso, de casos de integração sistêmica. Parsons é obrigado a *reduzir* as estruturas da intersubjetividade produzida linguisticamente – as quais se encontram na base não somente da posse comum de uma cultura, mas também da validade social de normas – a mecanismos de troca e de organização, que asseguram a coesão de um sistema sem levar em conta os atores. O exemplo mais impressionante dessa redução pode ser constatado na ideia das relações de troca intersistêmicas e na introdução de meios de comunicação que regulam essa troca. Por esses dois meios de construção, a arte de reformulação da teoria de sistemas penetra nos recintos

internos da teoria do agir comunicativo. De sua parte, Parsons pretendia reduzir a integração mediante a comunicação linguística a *mecanismos de troca que eludem as estruturas da intersubjetividade linguística, retirando definitivamente de circulação a distinção entre integração social e integração sistêmica*.

Nas notas autobiográficas sobre o desenvolvimento de sua obra[103], Parsons descreve os problemas que forneceram o primeiro impulso para uma teoria dos meios de comunicação. O "*interchange paradigm*", apresentado pela primeira vez em 1963, que descreve as complexas relações de troca entre quatro subsistemas sociais, mediadas por seis "mercados"[104], nasceu no contexto de uma tentativa de integrar a ciência econômica, tida como a ciência social mais desenvolvida do ponto de vista metódico, na teoria da sociedade[105]. A tarefa consistia em demonstrar que o sistema econômico constitui apenas um dos muitos subsistemas especializados da sociedade.

A teoria econômica neoclássica tinha concebido a economia como um sistema dotado de limites permeáveis, o qual permuta *outputs* próprios por *inputs* provenientes do entorno; ela se concentrara no caso do intercâmbio entre as economias domésticas e as empresas, analisando preferencialmente as relações entre capital e trabalho sob o ponto de vista de uma troca sistêmica entre as grandezas reais "força de trabalho" e "bens de consumo", de um lado, e as correspondentes grandezas monetárias, "salários" e "despesas privadas", de outro. Entretanto, quando alguém se interessa pelas relações entre a

---

103. Parsons, 1977b, pp. 22 ss.
104. Cf. o apêndice a Parsons, 1967e, in Parsons, 1967a, pp. 347 ss.
105. Parsons/Smelser, 1956.

economia e os demais subsistemas sociais, como é o caso de Parsons e dos teóricos da sociedade – que não se limitam, como os economistas, a enfocar a dinâmica do sistema econômico e tentam explicar os parâmetros não econômicos do processo econômico –, colocam-se duas questões. Primeira questão: qual é o *status* conceitual da moeda enquanto meio que regula a troca intersistêmica entre grandezas reais, tais como a força de trabalho e os bens de consumo? Segunda questão: será que *os demais* sistemas sociais parciais regulam, de forma semelhante, permutas com seu entorno? "The major problem has been, whether the same principles... could be generalized beyond the case of money to that of other media."[106]

Parsons perseguiu essa questão durante os anos 1960. Em 1963, publicou um artigo sobre o conceito de poder[107]. Essa tentativa de interpretar o *poder* como um meio de controle ancorado no sistema político, estruturalmente análogo ao dinheiro, foi considerada por ele como um teste bem-sucedido para a universalizabilidade do conceito "meio". No mesmo ano apareceu o trabalho sobre o conceito de *influência* e, alguns anos mais tarde, a investigação sobre o conceito *compromisso valorativo*[108].

Parsons analisa as características básicas de quatro meios, na seguinte ordem: o dinheiro, o poder, a influência e o compromisso valorativo. E cada um deles é subordinado a um dos subsistemas sociais: o dinheiro, ao sistema econômico; o poder, ao sistema político; a influência, ao sistema da integração social; e o compromisso valorativo, ao sistema de manutenção dos padrões estruturais.

---

106. Parsons. "Review of H. J. Bershady", in Parsons, 1977a, p. 128.
107. Parsons, 1967e.
108. T. Parsons. "On the Concept of Value Commitment", in *Soc. Inquiry*, 38, 1968, pp. 135 ss.

Ora, essa *primeira rodada de universalização do conceito "meio"*, a qual inclui o nível do sistema social, vem acompanhada de uma segunda rodada: para o nível do sistema da ação em geral, que consiste no sistema de comportamento, na personalidade, na sociedade e na cultura, Parsons introduz *mais* quatro meios, a saber: a inteligência, a capacidade de realização, o afeto e a interpretação[109]. E essa sistemática exige a especificação de mais quatro meios para os níveis do sistema de comportamento, da pessoa e da cultura, especificação que deve ter o mesmo grau de generalidade que o dinheiro, o poder, a influência e o compromisso valorativo. Ora, esse processo de arredondamento continua em curso[110].

Quando se segue a vereda da generalização do conceito "meio" – que se inicia no dinheiro e culmina no compromisso valorativo, o qual parte dos meios da sociedade e chega aos meios do sistema da ação em geral, atingindo finalmente os meios situados nos níveis do sistema de comportamento, da pessoa e da cultura –, é possível constatar que as analogias estruturais com o meio "dinheiro" se tornam cada vez mais imprecisas e as determinações conceituais cada vez mais abstratas, a ponto de se diluírem, no final, em metáforas. Isso vale principalmente para os meios que Parsons adscreveu aos subsistemas do sistema abrangente da condição humana (ordem transcendental, significado simbólico, saúde e ordem empírica)[111]. Ora, poder-se-ia afirmar que tais imprecisões são fruto de obra que se encontra "*in progress*". No

---

109. Parsons, in McKinney, Tiryakian, 1970, pp. 27 ss.; Parsons/Platt, 1973, apêndice.

110. R. C. Baum. "On Societal Media Dynamics", in Loubser et al. *Explorations...*, vol. II, 1976, pp. 579 ss.

111. Parsons, 1978b, p. 393.

entanto, poderia haver uma outra razão, menos trivial, formulada da seguinte maneira: a generalização desse modelo é excessiva, a ponto de não conseguir estabelecer uma base segura para toda a construção. Por isso, eu gostaria de retomar a questão que o próprio Parsons colocou no início dos anos 1960: será que esses princípios podem ser generalizados além dos limites traçados pelo dinheiro?

Vou me concentrar nas ideias desenvolvidas na "primeira rodada de generalização". E aqui se coloca a seguinte questão: seria casual a sequência temporal, adotada por Parsons para analisar os diferentes conceitos de meios no nível do sistema social, ou se refletiria neles uma problemática objetiva? O fato de a ciência econômica já ter analisado o dinheiro como um meio que regula a utilização otimizada de recursos escassos constituía uma vantagem heurística, certamente aproveitada por Parsons. Porém, tal circunstância chama nossa atenção para outro fato; ela revela que, no âmbito do modo de produção capitalista, a economia foi o primeiro subsistema funcional a se diferenciar. Ou seja, o dinheiro foi o primeiro meio a se institucionalizar. Poderíamos supor, pois, que Parsons elaborou os meios de controle seguindo a ordem de sua aparição histórica e de acordo com o grau de sua implantação institucional. Neste caso, teríamos uma boa justificativa para a crescente imprecisão que acompanha as elaborações do seu conceito de meio. Entretanto, as características estruturais de um meio só são *reconhecíveis* quando ancoradas em normas, o que permite a diferenciação de um subsistema da sociedade. Em outras palavras, a própria evolução social tem de preencher as condições necessárias para que a ligação sistemática que une os meios possa ser reconhecida e elaborada. Todavia, tal suposição é insuficiente para criticar a arrojada estratégia de generalização concebida por Parsons – poderíamos objetar, por exemplo, que ele não foi suficientemente arrojado, ou melhor, não foi suficientemente lógico. Pois, se o dinheiro representa apenas um dos sessenta e quatro meios relevantes para uma teoria da sociedade, é impossível saber quais características estruturais do dinheiro são características dos meios em geral[112].

No entanto, haveria outra maneira de explicar a crescente imprecisão dos conceitos destinados a descrever os meios, a sequência em que Parsons os elabora, bem como a incompletude de sua sistemática. O conceito de meio talvez só possa ser aplicado a determinados campos de ação porque a estrutura do agir permite uma formação de subsistemas para *determinadas funções*, por exemplo para a função de adaptação, mas não para a função de reprodução cultural. Caso essa hipótese se confirme, a tentativa de generalizar o meio "dinheiro" para a sociedade, para o sistema da ação e para o sistema da constituição humana tem de enfrentar a objeção da generalização excessiva. Neste caso, o problema não residiria na incompletude da sistemática dos meios, mas na tese de que existe um *sistema de meios de controle*. Apresento a seguir alguns argumentos a favor da tese da generalização excessiva.

No âmbito dos organismos e das sociedades, a relação de troca entre o entorno e o sistema, bem como a permuta entre unidades especificadas funcionalmente no interior de um sistema, tem de se realizar por algum tipo de meio. É evidente que a comunicação pela linguagem

---

112. R. C. Baum é desta opinião: "One cannot go into extensive detail mapping of the components unless one has the general action media worked out. In the reverse case, as for instance starting with the societal level, which actually happened, there is the danger of premature detail specification." R. C. Baum. "Introduction to Generalized Media in Action", in Loubser et al. *Explorations...*, vol. II, 1976, p. 449.

constitui um meio para sistemas de ação do qual as linguagens especiais, tais como o dinheiro e o poder, extraem sua estrutura. Ao mesmo tempo, o mecanismo do entendimento linguístico é tão importante para a coordenação da ação, que a teoria da ação, quando se lhe atribui o primado metódico, é forçada a esclarecer o conceito do agir lançando mão do conceito da linguagem.

No início, Parsons assumira o conceito de linguagem no sentido da antropologia cultural, como um meio que possibilita a intersubjetividade e carrega o consenso valorativo relevante para ordens normativas. A linguagem entra como um modelo destinado a explicar de que modo deve ser entendido o fato de que atores *compartilham* orientações valorativas. A participação comunicativa em conteúdos de significado idêntico e o consenso de uma comunidade de linguagem serviam como modelo para explicar a posse comum de valores culturais e a obrigação que liga uma coletividade a uma ordem normativa: "The concept of a shared basis of normative order is basically the same as that of a common culture or a symbolic system. The prototype of such an order is language."[113] Ora, no momento em que Parsons enfrentou a tarefa de representar meios de controle, tais como o dinheiro e o poder, como especializações da comunicação linguística, descobriu que o conceito culturalista de linguagem era insuficiente, por duas razões principais: em primeiro lugar, já não se trata daquele tipo especial de comunhão representada pela intersubjetividade do entendimento linguístico, mas de analogias estruturais entre a linguagem, de um lado, e os meios "dinheiro" e "poder", de outro. Parsons vislumbra tais analogias na estrutura de *Code*

---

113. Parsons, 1977e, p. 168.

e *Message*. Em segundo lugar, após a guinada teórico-sistêmica, impôs-se uma questão até então descuidada acerca do lugar sistemático a ser ocupado pela comunicação linguística.

Inicialmente, a linguagem fazia parte do sistema da cultura. Parsons a entendia como o meio pelo qual se transmitem as tradições. É verdade que a institucionalização e a internalização – mecanismos que cruzam o sistema e ancoram os padrões culturais no sistema da sociedade e da personalidade – já tinham provocado a colocação da seguinte questão: será que a linguagem não tem de deixar de ser tida como central *para o sistema da ação em geral*, isto é, será que ela não tem de ser analisada no *mesmo* nível que o conceito "agir"? A teoria dos meios de controle tornou esse problema inevitável. A declaração programática de V. M. Lidz tenta justificar isso: "Language has often been discussed as a prototypical instance of the media. Indeed, it has stood second only to money in being treated as a prototypical medium. Yet, no convincing analysis has been put forward of the precise functional location within action systems that should be attributed to language. It has remained something of a 'freefloating' medium, therefore, and the value of holding it up as a prototypical medium has perhaps been considerably reduced on that account. Here, a functional location for language will be proposed, and it will be maintained, moreover, that this functional location makes clear why language should be given high theoretical priority as a model for the treatment of other media. Language will be discussed as comprizing the core of the generalized mechanism of the whole system of action. It stands 'over' the media which have been treated as specialized about regulation of the combinatorial and interchange processes of each of the four primary subsystems of action. Thus it provides the basis in common meaning by which the processes generated by the respective action subsystem media may be coordinated with one another."[114]

Para enfrentar tal tarefa, dispomos de duas estratégias opostas: de um lado, podemos iniciar a análise da linguagem no nível de uma teoria do agir comunicativo – essa parece ser a opção de Victor Lidz. Nesse caso, podemos nos conectar à linguística geral, à filosofia da linguagem e à teoria sociológica da ação, que analisam a interpretação e o entendimento como um mecanismo de coordenação da ação. De outro lado, existem os que negam tal possibilidade, *escamoteando* as pesquisas da teoria da linguagem e da ação e apoiando-se numa *teoria de sistemas*, em que o mecanismo do entendimento linguístico é tido como relevante para a teoria da sociedade, porém apenas sob o ponto de vista funcional da formação do sistema. Por esse caminho, as características reconstruídas do agir comunicativo, que descrevem um determinado nível de emergência na evolução, são substituídas por elementos em que *apenas se repetem* as determinações abstratas de processos gerais formadores de sistemas.

Luhmann adota tal estratégia ao formular a tese segundo a qual "as ordens emergentes têm de constituir os elementos que elas unem (mesmo que estejam ligadas a realizações preliminares de ordens de níveis inferiores, sobre as quais elas constroem)... Nesse caso, não estaríamos construindo uma teoria do sistema da ação... a partir de uma analítica do agir, à qual se acrescentam pontos

---

114. V. M. Lidz. "Introduction to General Action Analysis", in Loubser et al. *Explorations...*, vol. I, 1976, p. 125.

de vista da teoria geral de sistemas; mas estaríamos utilizando reflexões construtivas de uma teoria geral de sistemas para inferir delas de que modo os sistemas constituem ações no nível de emergência que aqui nos interessa"[115]. Na área da escola parsoniana, R. C. Baum fez sua essa opção e tentou, num primeiro momento, inferir as quatro funções básicas dos processos fundamentais da redução e/ou incremento de complexidade; a seguir, tentou caracterizar o nível da comunicação linguística com o auxílio de um esquema de produção do sentido, dotado de quatro funções[116]. À proporção que Baum, servindo-se do esquema de quatro funções, refere a linguagem a processos gerais de formação do sistema, *passando por cima* das estruturas linguísticas acessíveis internamente, ele toma uma decisão analítica extremamente problemática. Uma vez que a comunicação linguística e, com isso, o entendimento como mecanismo de coordenação da ação são vistos *apenas sob aspectos de controle*, os teóricos dos sistemas tomam como ponto de partida a ideia de que é possível extrair da linguagem *qualquer tipo* de meio de controle. Eles nem aventam a hipótese de que a própria estrutura da linguagem poderia submeter esse processo a limitações.

Contrapondo-me a esse modo de ver, eu gostaria de provar que somente os domínios funcionais da reprodução material podem ser diferenciados por meio de mecanismos de controle. Já as estruturas simbólicas do mundo da vida são reproduzidas mediante o agir orientado pelo entendimento, que constitui o meio fundamental;

---

115. N. Luhmann. *Soziologische Aufklärung*, vol. 3, Opladen, 1981, pp. 50 ss.
116. Baum, 1976b, pp. 553 ss.

pois os sistemas da ação, por dependerem da reprodução cultural, da integração social e da socialização, permanecem ligados às estruturas do mundo da vida e do agir comunicativo.

Retomarei inicialmente o conceito "meio de controle" (a), mostrando, a seguir, o modo como Parsons elucida tal conceito tomando como exemplo o dinheiro (b) e as dificuldades resultantes da tentativa de transferir o conceito de "meio" para relações de poder (c) ou para outras esferas da ação do sistema social (d). Tais considerações nos reconduzem à distinção entre formas generalizadas da comunicação e meios de controle, esboçada mais acima (e).

(a) O meio "dinheiro" substitui em certas situações e sob certos aspectos a comunicação linguística; e essa substituição diminui não somente o custo do labor interpretativo, mas também o risco de um fracasso do entendimento. Para poder identificar de modo mais preciso as realizações de substituição, pretendo comparar a interação regulada por meios com um caso específico do agir comunicativo.

Uma ordem surge normalmente na seqüência de uma prática cotidiana comunicativa (que nem sempre é explicitamente linguística). A unidade elementar abrange uma manifestação do *ego* e uma tomada de posição do *alter*. Sob o aspecto comunicativo, sua interação pode ser descrita como um processo de entendimento; no que respeita ao problema da interação, que eles têm de solucionar, o entendimento serve para a coordenação de ações teleológicas de ambos os atores. À medida que o *ego* dá uma ordem ao *alter* e este a aceita, ambos se entendem sobre algo no mundo e coordenam suas ações mediante esse entendimento. Sua comunicação serve, ao mesmo tempo, à informação e à coordenação da ação. Esta é bem-sucedida quando o *alter* diz "sim" à pretensão de validade inerente à emissão do *ego*, isto é, quando o *alter* assume uma posição afirmativa em relação à pretensão do *ego*. Ora, Parsons chamou a atenção para a dupla contingência das decisões dos atores. No agir comunicativo, a dupla contingência aparece no momento em que cada participante da interação pode não somente colocar (ou deixar de colocar) pretensões criticáveis em princípio, mas também aceitá-las (ou rejeitá-las); e ele toma suas decisões pressupondo que isso também vale para os demais participantes da interação. O *entendimento duplamente contingente* repousa nas interpretações dos atores, que têm de chegar a uma definição comum da situação enquanto estão orientados pelo entendimento e não pelo interesse egocêntrico do próprio sucesso, e enquanto procuram atingir seus objetivos por meio de um acordo comunicativo. Nesse contexto, pretendo lembrar que, para as ações serem coordenadas pela formação linguística de um consenso, a prática comunicativa cotidiana precisa estar inserida no contexto de um mundo da vida determinado por meio de tradições culturais, de ordens institucionais e de competências. O labor interpretativo se alimenta desses recursos fornecidos pelo mundo da vida.

Entrementes, o trabalho de entendimento e o risco de dissenso crescem por unidade de ação à proporção que os que agem comunicativamente já não podem pressupor ingenuamente uma antecipação do consenso do mundo da vida. Quando são obrigados a confiar em suas *próprias* interpretações, aumenta o potencial de racionalidade do entendimento linguístico, que se manifesta no fato de que o acordo obtido comunicativamente (e o dissenso regulado comunicativamente) depende do reconhecimento intersubjetivo de pretensões de validade criticáveis.

O potencial de racionalidade do entendimento linguístico precisa ser atualizado à medida que o contexto do mundo da vida comum em que o agir comunicativo está inserido perde caráter quase-natural. Assim aumenta não somente a necessidade do entendimento, mas também o labor interpretativo e o risco do dissenso. Ora, tais exigências e perigos podem ser minorados – em contextos bem circunscritos – pelos meios que substituem o entendimento linguístico enquanto mecanismo de coordenação: "Instead of negotiating to consensus ad idem on all four elements of action... men rely on symbols 'promising' the experience of meaning as a statistical probability over many acts. They are freed from the efforts to negotiate basics all the time."[117] Aqui, os meios não servem apenas para poupar informação e tempo e, com isso, diminuir o labor interpretativo: eles também podem evitar o rompimento das sequências da ação. Os meios "dinheiro" e "poder" podem economizar os custos do dissenso porque desengatam a coordenação da ação da formação do consenso pela linguagem. A partir daí, já não faz sentido colocar como alternativa: acordo ou falta de entendimento.

Nessa perspectiva, os meios de controle não podem ser entendidos como uma especificação funcional da linguagem, pois eles substituem certas funções especiais dela. Em outros aspectos, porém, a linguagem serve de modelo para os meios. Os meios de controle imitam certas características, por exemplo a incorporação simbólica de conteúdos semânticos ou a estrutura "pretensão/res-

---

117. Baum, 1976c, p. 580.

gate"; outras características, porém, não são reproduzidas – especialmente a estrutura racional interna de um entendimento que culmina no reconhecimento de pretensões de validade criticáveis –, pois estão inseridas num contexto do mundo da vida. Quando a coordenação da ação é transferida da linguagem para os meios de controle, a interação é desengatada dos contextos do mundo da vida em geral.

Nesse contexto, Luhmann fala numa *tecnicização do mundo da vida*, que implica um "alívio para os processos de vivência e de ação que elaboram o sentido: eles são eximidos da tarefa de recolher, de formular e de explicar comunicativamente as relações de sentido implícitas"[118] (poderíamos acrescentar: implícitas no contexto mundano e vital do agir orientado pelo entendimento). As interações regidas por meios podem se ligar no espaço e no tempo formando redes cada vez mais complexas, sem que essas concatenações comunicativas tenham de ser tidas como um conjunto pelo qual alguém é responsável, ou tidas como um saber cultural compartilhado coletivamente. Se a capacidade de responder pelas próprias ações significa que podemos orientá-las por pretensões de validade criticáveis, então uma coordenação da ação desconectada do consenso obtido comunicativamente já não pressupõe participantes da interação capazes de responder pelas próprias ações. Esse é o primeiro aspecto. O outro tem a ver com o fato de que uma interação aliviada do peso das tomadas de posição em termos de "sim/não" perante pretensões de validade suscetíveis de crítica que os atores manifestam e se atribuem reciprocamente amplia os graus de liberdade do

---

118. Luhmann, 1975e, p. 71.

agir orientado pelo sucesso: "A codificação e a simbolização aliviam a consciência, aumentando a capacidade de se orientar por contingências."[119] Max Weber tem na mira tal aspecto quando interpreta o surgimento da economia capitalista e da moderna administração do Estado, subsistemas que, no entender de Parsons, só puderam se diferenciar pelos meios "dinheiro" e "poder", porque houve uma institucionalização do agir racional-teleológico.

Pretendo a seguir, e sem sair do *âmbito da teoria da ação*, examinar a seguinte questão: como deve ser constituído um meio de controle quando o mundo da vida é tecnicizado mediante o translado do agir comunicativo para a interação regida por meios, o que elimina o risco da formação linguística do consenso aumentando as chances do agir racional-teleológico?

(b) Parsons desenvolve seu conceito tomando como exemplo o meio "dinheiro". Ele destaca quatro grupos de características:

Características estruturais. O dinheiro possui as características de um código que viabiliza a transmissão de informações de um emissor para um receptor. Esse meio permite a geração e a transmissão de expressões simbólicas em que está embutida uma estrutura de preferências. Elas podem informar o receptor sobre uma oferta e estimulá-lo a aceitá-la. Entretanto, tal aceitação não depende de uma tomada de posição diante de uma pretensão de validade sujeita a crítica porque ela deve desenrolar-se automaticamente, portanto, *à margem dos processos de formação do consenso*. Por isso, o código dos meios vale somente:

---

119. Luhmann, 1975e, p. 72.

– para uma classe bem circunscrita de situações-
-*standard*,
– definida mediante constelações de interesses precisos e nos seguintes termos:
– as orientações da ação dos participantes são determinadas por meio de um valor generalizado;
– o *alter* pode optar basicamente entre duas tomadas de posição contrapostas;
– o *ego* pode controlar essas tomadas de posição por meio de ofertas; e
– os atores se orientam somente pelas consequências das ações, tendo por conseguinte a liberdade de tomar suas decisões levando em conta apenas o êxito da ação.

No caso exemplar do dinheiro, a *situação-standard* é definida pelo processo da troca de bens. Os parceiros da troca seguem *interesses* econômicos à proporção que, utilizando recursos escassos, tentam otimizar a relação custo/benefício. O lucro constitui aí o *valor generalizado*, ou seja, é o valor que vincula em todo tempo e lugar e de igual maneira todos os atores que participam do mercado monetário. O código "dinheiro" esquematiza as possíveis tomadas de posição do *alter,* de tal modo que ele aceita a oferta de troca proposta pelo *ego* ou a rejeita, o que o leva a aceitar ou a rejeitar uma posse. Sob tais condições, os parceiros de uma troca podem, por meio de suas ofertas, condicionar reciprocamente suas *tomadas de posição* sem ter de confiar na disposição à comunicação (que, no entanto, é pressuposta no agir comunicativo). Os atores assumem um enfoque objetivador em relação à situação da ação e uma orientação racional que se orienta pelas consequências da ação. A *rentabilidade* constitui a medida para o cálculo do êxito.

Ao passar para as interações controladas por meios, os atores adquirem novos graus de liberdade[120].

Características qualitativas. O preenchimento das duas funções específicas do meio não implica apenas a existência de um código apropriado; o meio tem de demonstrar, além disso, certas características. Tem de ser constituído de tal maneira que

– possa ser medido;

– possa se alienar em qualquer tipo de quantidade; e

– possa ser armazenado.

Tais condições resultam normalmente das seguintes exigências: numa interação controlada por meios, o *ego* tem de estar em condições de influenciar, de modo racional e teleológico, as decisões do *alter*; além disso, o próprio meio representa a medida de seu êxito e a única forma permitida de exercer influência. Parsons formula essa ideia da seguinte maneira: o meio é, ao mesmo tempo, "*mesure and store of value*". Enquanto uma formulação linguística só adquire valor informacional mensurável à proporção que se relaciona com o nível de informação

---

120. Parsons especifica esses graus da liberdade de escolha racional sob quatro aspectos: "In exchange for its lack of direct utility money gives the recipient four important degrees of freedom in his participation in the total exchange system. (1) He is free to spend his money for any *item* or combination of items available on the market which he can afford, (2) he is free to shop *around* among alternative sources of supply for desired items, (3) he can choose his own *time* to purchase, and (4) he is free to consider *terms* which, because of freedom of time and source he can accept or reject or attempt to influence in the particular case. By contrast, in the case of barter, the negotiator is bound to what his particular partner has or wants in relation to what he has and will part with at the particular time. On the other side of the gain in degreess of freedom is of course the risk involved in the probabilities of the acceptance of money by others and of the stability of its value." Cf. Parsons, 1967e, p. 307.

do emissor – nível que depende do contexto –, os meios precisam incorporar quantidades mensuráveis de valor e assumir a forma de uma grandeza objetiva à qual os participantes possam se referir independentemente dos contextos. Além disso, enquanto o conteúdo semântico de uma manifestação linguística não pode se tornar propriedade *exclusiva* de nenhum ator (a não ser que a exclusividade seja conseguida com o auxílio de barreiras especiais de comunicação), os meios de controle precisam incorporar, em doses variáveis, quantidades de valor, que podem se tornar propriedade exclusiva e passar de mão em mão, o que permite que *circulem*. Finalmente, as quantidades de valor incorporadas aos meios precisam ser *depositadas* em bancos, permitindo a criação de crédito, e *investidas* de acordo com o modelo do empresário sugerido por Schumpeter – uma característica que a linguagem não possui. Num sistema econômico monetarizado existem basicamente quatro opções para o dinheiro que alguém possui: gastá-lo, guardá-lo, colocá-lo na poupança ou investi-lo.

Estrutura da pretensão e do resgate. O fenômeno denominado "*banking*" chama a atenção para outro aspecto. O dinheiro não é uma "coisa" nem um fator de produção; ele simboliza quantidades de valor; porém, enquanto meio, ele não possui um valor como característica inerente. Nessa medida, não se diferencia do meio da "linguagem". Pois em manifestações comunicativas expressamos uma forma de saber; no entanto, as expressões simbólicas não constituem esse saber. Ora, o meio "dinheiro" deve substituir a linguagem não somente enquanto portadora da informação, mas, principalmente, nas funções de coordenação. No agir comunicativo, esta é alcançada no momento em que o *ego* levanta, por sua exteriorização, uma pretensão de validade, motivando o *alter* a aceitá-la.

Para cumprir essa tarefa, o *ego* não dispõe de outros recursos, a não ser *razões*, das quais ele lança mão – caso seja necessário – para resgatar sua pretensão de validade, a fim de mover o *alter* a assumir uma posição com um "sim". Num caso ideal-típico, as pretensões de validade, suscetíveis de crítica, proporcionam aos atos de entendimento a capacidade de coordenar a ação, visto que elas podem ser resgatadas mediante argumentos e ser transformadas em portadoras do consenso quando reconhecidas intersubjetivamente. O *valor real* do entendimento consiste, pois, num acordo construído comunicativamente, limitado por pretensões de validade e *respaldado* em argumentos potenciais (que poderiam ser aduzidos se necessário).

O meio "dinheiro" copia tal estrutura, que implica pretensão e resgate. As pretensões nominais fixadas pelo código, distribuídas em valores de troca, podem ser resgatadas mediante valores de uso reais; elas têm o respaldo de reservas de um tipo especial, que consistem em ouro ou direitos de saque no Banco Mundial. Evidentemente, não podemos esquecer as diferenças. Os valores reais ou *"intrinsic satisfyers"* são, num caso, razões que desenvolvem uma *força racionalmente motivadora*; noutro caso, são componentes físicos da situação da ação ou *"real things"*, que possuem uma *força empiricamente motivadora* tendo em vista chances de satisfação de necessidades. Além disso, a linguagem constitui um meio que não necessita de ulterior certificado, uma vez que os que agem comunicativamente já se encontram nela, inevitavelmente; já o simples funcionamento do dinheiro não desperta suficiente "confiança sistêmica", fazendo-se necessária uma ulterior *ancoragem institucional*. Esta se torna possível graças às instituições privadas da propriedade e do contrato.

Esse ponto possui um grande alcance. Não podemos desconfiar de nossa língua-mãe (a não ser em certos casos-limite da experiência mística e da inovação criativa da linguagem). Pois a tradição cultural, a socialização e a integração social fluem pelo meio "formação linguística do consenso"; por isso, o agir comunicativo sempre se insere em contextos do mundo da vida. O meio "dinheiro", ao contrário, funciona de tal modo que a interação não tem acesso a tais contextos vitais. Ora, tal disjunção torna necessário um *reengate* formal do meio *no mundo da vida*. Isso pode acontecer mediante a figura da normatização do direito privado, o qual regula as relações de troca lançando mão da propriedade e do contrato.

Não pretendo abordar aqui o *efeito gerador de sistemas* que o dinheiro pode produzir sob determinadas condições evolutivas, conforme foi mostrado acima. O fato de a discussão sobre os meios ter-se desencadeado na mesma época em que o sistema econômico capitalista passou a ser o grande evento histórico não é casual. Os seguintes indicadores de uma formação bem-sucedida de subsistemas são importantes:

- as oscilações críticas numa relação quantitativa de valores incorporados pelo meio e os valores reais representados por eles (portanto, a dinâmica da inflação e da deflação);
- o escalonamento reflexivo do meio, que possibilita, por exemplo, o surgimento dos mercados de capital.

De mais a mais, em nosso contexto adquire importância outro aspecto. Um subsistema social, como é o da economia, só pode ser diferenciado por meio do dinheiro quando surgem mercados e formas de organização que colocam sob controle monetário o intercâmbio imanente ao sistema e, principalmente, o intercâmbio com um entorno relevante. As relações de troca com as economias domésticas e com o sistema administrativo passam a ser monetarizadas, o que pode ser comprovado pelo surgimento de instituições inovadoras, tais como o Estado fiscal e o trabalho assalariado. Tal regulação monetária das relações exteriores não exige necessariamente um *duplo* relacionamento, no sentido de uma troca de pares de fatores e produtos, a qual flui por dois meios distintos. Pois, quando o poder representa um meio tal como o dinheiro, a relação entre a economia e o Estado pode ser concebida, de acordo com o modelo parsoniano, como *dupla* troca. Porém, no caso das relações entre a economia e a esfera das economias domésticas, não é evidente que a força de trabalho, trocada por salário, seja introduzida no sistema econômico por um meio não monetário tal como o compromisso valorativo. O ponto de partida de toda crítica do capitalismo sempre residiu na seguinte questão: será que a passagem das relações de trabalho, pré-burguesas e organizadas de modo normativo, para o meio "dinheiro", ou seja, a *monetarização da força de trabalho*, significou uma intervenção em condições de vida e em esferas da interação, que não se integram pelo caminho dos meios, não podendo, por isso, ser desatreladas das estruturas do agir orientado pelo entendimento sem que haja efeitos sociais patológicos?

A formação de um subsistema controlado por meios parece exigir apenas uma troca simples, controlada por *um único* meio que estabelece limites com *todo* o entorno. Isso desencadeia mudanças nas esferas de interação que formam entorno para o subsistema controlado por meios.

A monetarização da força de trabalho, por exemplo, revela que o meio estranho possui um certo efeito de apropriação. Parsons acredita que a reação do entorno a esse desafio transforma-o num subsistema controlado por meios, situando a troca no nível dos meios. Eu gostaria de contestar isso, mostrando que o entendimento enquanto mecanismo coordenador da ação nos domínios da vida que preenchem as funções da reprodução cultural, da integração social e da socialização pode ser ampliado como técnica da comunicação, mediado em termos de organização, ou ainda *racionalizado*, mas jamais substituído por meios ou *tecnicizado*.

(c) Parsons transferiu o conceito de "meio", desenvolvido a partir do modelo "dinheiro", para o conceito de "poder". Pretendo assinalar, de um lado, as analogias entre dinheiro e poder, que justificam tal generalização; e procuro, de outro lado, tomar como pretexto as diferenças evidentes, a fim de detectar as características dos meios mais favoráveis a uma institucionalização. Os outros dois meios introduzidos por Parsons no nível do sistema social, ou seja, a "influência" e o "compromisso valorativo", podem servir a partir daí como teste para o resultado da comparação entre os meios.

Considerado como meio de controle, o poder representa a incorporação simbólica de medidas de valor, mesmo que ele próprio não tenha nenhum valor intrínseco. O poder não consiste em realizações afetivas, nem no emprego da força física. E nele também se reflete a estrutura "pretensão/resgate".

As pretensões nominais determinadas pelo código, que obrigam a prestar obediência a decisões vinculantes, podem ser resgatadas em valores reais, estando respaldadas em reservas de tipo especial. Parsons sugere que ao "poder", enquanto valor de troca, corresponde uma realização de fins coletivos, enquanto "valor de uso"; e a disposição sobre meios de coação, que podem ser utilizados como ameaça de sanções ou como violência direta, funciona como respaldo[121].

Podemos atribuir ao código do poder uma série de *características estruturais*, seguindo o mesmo procedimento utilizado para definir o código do dinheiro. O código vale para a situação em que se obedece a imperativos. Porém, aqui se supõe, mais do que no caso da interação entre parceiros de troca, que o *alter* e o *ego*, isto é, o detentor do poder e o que é submetido a ele, pertencem à mesma coletividade. Pois os interesses do poder se definem pelo fato de que, para atingir os fins desejados *coletivamente*, devem-se mobilizar potenciais de realização. Aqui, a eficiência da realização dos fins constitui o valor generalizado (no caso do dinheiro, era o proveito). O código "poder" esquematiza de modo binário possíveis tomadas de posição do *alter*, de tal modo que este pode se submeter ou se opor às exigências do *ego*; a sanção que o *ego* coloca em perspectiva perante o *alter*, no caso de um não cumprimento da ordem, faz com que o código traga inscrita uma preferência pela obediência. Nessas condições, o detentor do poder pode condicionar a tomada de posição de quem é submetido ao poder, sem depender da disposição deste último para a cooperação. Ambas as partes alimentam a expectativa de uma atitude objetivadora em relação à situação da ação e uma orientação pelas possíveis consequências da ação. Na ótica do detentor do poder, é prevista uma medida semelhante à da rentabilida-

---

121. T. Parsons. "Some Reflections on the Place of Force in Social Process", in Parsons, 1967a, pp. 264 ss.

de, com o auxílio da qual ele pode calcular o sucesso de suas decisões. Ora, Parsons oscila entre "*sovereignty*" e "*sucess*", pois a soberania constitui, acima de tudo, um padrão para a luta pelo poder, isto é, para a adquisição e a manutenção do poder; ao passo que o sucesso constitui um padrão para o emprego da força.

Independentemente do critério de racionalidade, o meio "poder" não deve garantir apenas um certo automatismo no desenrolar de interações, e sim criar novos graus de liberdade de escolha racional para detentores do poder (e para os que competem pelo poder). As pretensões de encontrar a disposição para a obediência a decisões vinculantes, determinadas pelo código e incorporadas ao meio, constituem uma massa de valores que não pode ser manipulada *na mesma medida* que os valores de troca.

Isso se torna patente ao descobrirmos que não temos à disposição um sistema de sinais comparável ao do dinheiro. Existe uma variedade imperceptível de símbolos do poder, uniformes e emblemas do poder, carimbos, logotipos e assinaturas; porém, sob pontos de vista sintáticos, não há nada que se compare aos preços. Isso nos coloca perante o problema da mensurabilidade. Não há como quantificar o poder de modo exato; tampouco é fácil atribuir unidades numéricas a grandezas políticas. Por essa razão, recorre-se à ordenação hierárquica das competências formais de decisão ou às hierarquias de *status*. Entretanto, as pesquisas empíricas e a experiência do dia a dia revelam que tais indicadores podem enganar.

O poder constitui, outrossim, uma grandeza passível de alienação; porém, ela não pode circular *tão livremente* como o dinheiro. O poder pode assumir naturalmente a figura de um meio, mas somente se não está atrelado a certos detentores ou a certos contextos. Mesmo assim, é inerente a ele a tendência a se ligar à pessoa do poderoso e ao contexto do exercício do poder, formando uma simbiose; já a tendência do dinheiro a se unir à pessoa do rico e ao seu negócio não chega a ser tão forte. As vantagens de que goza o chefe do executivo nas campanhas eleitorais podem ilustrar bem esse fato. Entretanto, o poder não pode ser depositado de modo tão seguro como se deposita dinheiro nos bancos. Mesmo assim, as analogias saltam aos olhos: podemos *interpretar*, por exemplo, a missão que a direção de um partido recebe dos eleitores, de assumir o governo durante o período de um mandato, como um procedimento institucionalizado destinado a depositar o poder. Entretanto, parece que um potencial de poder depositado dessa forma tende a degenerar, e não somente no sentido de um capital não investido com o qual não se trabalha.

O governo tem de movimentar seu depósito de poder, ou seja, tem de manter o vigor de seu poder mediante atualizações e confrontações, e tem de demonstrá-lo por meio de testes. O uso demonstrativo do poder é necessário, pois o detentor do poder, ao contrário do dono de um banco, não pode estar seguro de que dispõe de seu depósito. A importância dos sucessos extrapolíticos para o uso de uma política interna constitui um exemplo ilustrativo.

Portanto, o dinheiro e o poder se distinguem pelas características da mensurabilidade, da capacidade de circulação e da depositabilidade; porém, essas diferenças não são tão grandes, a ponto de desvalorizar completamente o conceito do poder como "meio". No entanto, é justificado afirmar que o poder não pode ser calculado do mesmo modo que o dinheiro.

Há que destacar também diferenças com relação aos *efeitos sistêmicos* do poder. Nesse campo, os fenômenos da dinâmica dos meios conhecidos na economia não são tão bem delineados, a ponto de poderem ser estudados, por exemplo, como regularidades empíricas de inflação ou de deflação do poder. Além disso, as consequências resultantes da taxionomização dos meios não são as mesmas nos dois campos: enquanto o financiamento do dinheiro, isto é, a concessão de créditos, constitui um mecanismo que, via de regra, aumenta a complexidade do sistema econômico, a autopotencialização do poder constitui um mecanismo gerador de contrapoder, que geralmente obnubila o sistema do poder[122].

A comparação entre os dois meios permite descobrir uma série de diferenças e nos leva a perguntar se, para explicá-las, basta afirmar que o meio "poder" ainda não está *suficientemente* institucionalizado, ou que, em condições mais favoráveis, ele poderia ser institucionalizado, ou, ainda, que a relação de poder incorpora barreiras estruturais que se opõem a uma institucionalização *ampla*. Nessa linha, recomenda-se prestar atenção no modo como *os dois meios se inserem normativamente* no mundo da vida.

O dinheiro é institucionalizado por meio de institutos do direito privado burguês, tais como a propriedade e o contrato; ao passo que o poder é institucionalizado pela organização de cargos, regulada pelo direito público. Duas diferenças chamam especialmente a atenção. A primeira foi ventilada por Parsons sob os tópicos envolvendo o aspecto hierárquico da organização dos cargos (a); a segunda concerne ao aspecto da legitimação (b).

ad a) O direito de possuir dinheiro implica o acesso a mercados em que é possível efetuar transações; enquanto o direito de exercer o poder implica, via de regra,

---

122. N. Luhmann. "Zur Theorie symbolisch generalisierter Kommunikationsmedien", in *ZfS*, 1974, pp. 236 ss.; id., 1975e, pp. 112 ss.

a ocupação de um posto no quadro de uma organização, na qual as relações de poder estão ordenadas hierarquicamente. Diferentemente do dinheiro, o poder só pode perdurar e ser empregado para fins coletivos caso haja organizações. Os poderes de mando, diferentemente dos direitos de propriedade, necessitam de uma organização, que canaliza o fluxo de decisões vinculantes por meio de postos e programas[123].

Quando se parte do fato de que o poder somente pode ser exercitado de um modo socialmente relevante, isto é, como *poder organizado*, é possível compreender a diferença dos caminhos percorridos pelo dinheiro e pelo poder. O dinheiro já era um meio circulante em épocas muito primitivas, bem antes de adquirir efeitos formadores de sistemas. O poder, ao contrário, surge na forma de uma autoridade ligada ao cargo e a posições, antes de ser diferenciado num meio (limitadamente circulante), no contexto das condições modernas do poder legal e da administração racional. "De si mesmo", o poder não é, como o dinheiro, um meio circulante.

ad b) E assim chegamos à diferença mais importante, a saber: a de que o poder não necessita apenas de um respaldo (na forma de ouro ou de meios de coação), como é o caso do dinheiro; tampouco necessita apenas de uma regulação jurídica ou da posse da titularidade de um cargo (na figura de direitos de propriedade); o poder necessita de uma base *ulterior* de confiança, a saber, a *legitimação*. E neste ponto não encontramos nenhuma analogia estrutural com o dinheiro. Certamente, a administração da justiça e a aplicação de penas asseguram a ordem do direito privado contra conflitos. Isso, no entanto, também vale para o direito público. E, tão logo certos confli-

---

123. Parsons, 1967e, p. 318; Luhmann, 1975e, p. 98.

tos relacionados com determinadas relações de propriedade se transformam num conflito amplo envolvendo os fundamentos da ordem do direito privado, a legitimidade da ordem jurídica é questionada enquanto componente da ordem *política*. Naturalmente, Parsons teve na devida conta o fato de que o poder necessita de legitimação; a troca intersistêmica prevê que o sistema político haure, enquanto fator de produção, legitimações do sistema de manutenção dos padrões culturais. No momento, porém, eu me movimento no nível analítico da comparação entre meios, especialmente no nível da institucionalização do dinheiro e do poder.

E aqui Parsons passa por alto a assimetria que reside no fato de que a confiança no sistema do poder tem de ser assegurada *num nível mais alto* que a confiança no sistema do dinheiro. As instituições do direito privado burguês devem assegurar o funcionamento do movimento monetário que flui através dos mercados, do mesmo modo que a organização dos cargos assegura o exercício do poder. Entretanto, a organização dos cargos exige, além disso, uma antecipação de confiança, que não significa apenas uma "*compliance*", isto é, um cumprimento das leis, mas "*obligation*", uma obrigação que se apóia no reconhecimento de pretensões de validade normativas. As objeções socialistas contra o poder de organização dos possuidores de capital, assegurado por meio do direito privado, sempre tomaram como base tal *assimetria*.

A explicação dessa assimetria nos conduz à questão atinente às possibilidades de institucionalização dos meios. Se tomarmos as *situações-padrão subjacentes*, poderemos entender por que o poder necessita de legitimação, exigindo uma *ancoragem normativa mais pretensiosa* que a do dinheiro. A relação de troca não prejudica estruturalmente nenhum dos participantes em seu cálculo do proveito, pois o processo de troca é do interesse de ambos os lados; numa relação de poder, no entanto, o subalterno se encontra em desvantagem perante o detentor do poder. Pois este se apoia na possibilidade de prejudicar a quem não obedece – ele pode eventualmente implementar alternativas que o subalterno teme ainda mais do que a obediência à ordem. Entretanto, essa *desvantagem* de uma das partes, que está embutida na situação-standard e entra no código do poder, pode ser compensada por meio de uma relação com fins coletivos desejados. Entretanto, como o detentor do poder utiliza seu poder de definição e determina que objetivos devem valer para a coletividade, o balanceamento da desvantagem estrutural só pode ser conseguido se os que estão submetidos ao poder têm condições de avaliar os fins, isto é, de aceitá-los ou rejeitá-los; pois eles precisam estar em condições de questionar os fins determinados, o que implica aceitação ou rejeição. *Nas relações de poder, o equilíbrio – que sempre se encontra numa relação de troca ideal-típica – só pode ser restabelecido por meio da relação com fins coletivos legitimáveis.* No processo de troca, a avaliação dos interesses não necessita de um entendimento entre os parceiros da troca; entretanto, a questão envolvendo o que é do interesse *geral* exige um consenso entre os membros de uma coletividade, o qual pode estar armazenado preliminarmente na tradição ou ser produzido mediante processos de entendimento. De qualquer modo, é evidente *a vinculação a uma formação linguística de consenso,* respaldada unicamente em razões potenciais. Aparentemente, enquanto meio, o poder ainda retém algo do poder de mando, que, em termos de uma teoria da ação, tem mais a ver com exigências normatizadas do que com imperativos simples. Tal vinculação revela que o poder não parece indicado para assumir o papel de um meio de controle livre do peso e dos riscos da formação linguística de um consenso, como é o caso do dinheiro, que não necessita de legitimação.

Eu gostaria de sintetizar os resultados obtidos delineando três teses:

i. As medidas de valor, incorporadas simbolicamente, despendidas em valores de troca ou decisões vinculantes, estão respaldadas em reservas de ouro ou meios de coação, podendo ser resgatadas na forma de valores de uso ou na forma de uma realização efetiva de fins coletivos. A constituição das reservas de respaldo e dos valores reais é de tal ordem, que lhes é inerente uma força empiricamente motivadora capaz de *substituir* uma motivação racional baseada em argumentos.

ii. O poder e o dinheiro são grandezas manipuláveis, em relação às quais os atores podem assumir uma atitude objetivadora orientada diretamente pelo sucesso próprio. Eles podem ser calculados, pois são talhados de acordo com o agir racional-teleológico. Por isso, tem de haver a possibilidade de movimentar, de concentrar e de manter trancados os recursos que servem de respaldo (dinheiro ou armas). Além disso, as seguintes condições são necessárias: a mensurabilidade, a capacidade de circulação e a depositabilidade dos valores incorporados nos meios. E sob esse aspecto é possível constatar diferenças de grau, pois não se consegue medir tão bem o poder, nem aliená-lo tão facilmente ou depositá-lo tão seguramente, como é o caso do dinheiro.

iii. Expliquei essas diferenças afirmando que o meio "dinheiro" pode ser retroligado, por via da institucionalização jurídica, com o mundo da vida, estruturado comunicativamente; não obstante, ele não pode ser colocado *na dependência* da formação linguística de um consenso, como é o caso do meio "poder", que necessita de legitimação.

(d) Tal comparação entre características de meios permite inferir certas condições para sua institucionalização otimizada: valores reais e reservas de garantia precisam ser estruturados de modo que adquiram força empiricamente motivadora. E tem de ser possível o controle físico de fundos de garantia. Os meios precisam ser mensuráveis, alienáveis e depositáveis. A ancoragem normativa dos meios não deve produzir *novos* dispêndios de comunicação, nem provocar *novos* riscos de dissenso. A adoção desses critérios leva à constatação de que a generalização do conceito de meio na esfera do sistema social está sujeita a certos limites. Naturalmente, podemos continuar encontrando novos *nomes* para novos meios; entretanto, estes constituem simples postulados, cuja fecundidade tem de ser demonstrada antes. Na economia, o conceito "dinheiro" se comprovou empiricamente como um meio, ao menos em princípio; enquanto na ciência política foram feitas tentativas para aproveitar o conceito "poder" na investigação de processos eleitorais e na comparação entre sistemas internacionais. No caso de outros meios, no entanto, pesquisas semelhantes não conseguiram ultrapassar o nível inicial das definições operacionais[124].

A generalidade do conceito de meio foi testada inicialmente em sistemas da ação social, que se especializam funcionalmente na reprodução simbólica do mundo

---

124. Sobre a tentativa de introduzir o conceito de "compromisso valorativo", enquanto meio, nas pesquisas relacionadas com a educação, cf. St. Jensen e J. Naumann, "Commitments: Medienkomponente einer Kulturtheorie?", in *ZfS*, 9, 1980, pp. 79 s. Nesse trabalho interessante, descobre-se que o conceito de "compromisso valorativo", à medida que é utilizado para a análise de processos cíclicos do sistema de educação, tem de ser assimilado ao conceito do dinheiro, empregado na economia da educação.

da vida, a saber: a "*societal community*", à proporção que esta preenche tarefas de integração social; e o "*pattern maintenance system*", que preenche tarefas de socialização e de reprodução cultural. A comparação entre meios, realizada até aqui, nos proporciona condições de provar, pelo caminho de uma crítica imanente, que os meios de controle, postulados para ambos os campos de ação, não conseguem preencher, no nível de uma análise conceitual, as condições necessárias a uma institucionalização. Afirmo isso tomando como base os conceitos "influência" e "compromisso valorativo", inseridos no esquema representado abaixo, formulado por Parsons.

A aplicação do conceito "meio" aos conceitos "influência" e "compromisso valorativo", a qual toma como base nossa compreensão intuitiva do valor, é ambígua à primeira vista. Pois esse conceito parece inicialmente plausível, uma vez que pessoas e instituições podem dispor de um certo prestígio que lhes permite exercer, por meio de explicações, *influência* sobre as convicções de outros, bem como sobre a formação da opinião coletiva, sem ser necessário apresentar argumentos ou comprovar competências. Instâncias influentes encontram seus clientes dispostos a aprender. As manifestações de pessoas influentes não são autorizadas por um cargo: elas conseguem agir de modo autoritário graças à força de convicção, que produz consenso. Algo semelhante vale para a *autoridade moral* de líderes e associações cujas exortações conseguem provocar em outras pessoas a disposição de assumir obrigações concretas, sem ter de aduzir argumentos ou comprovar legitimidade. Suas manifestações também não se apóiam na autoridade de um cargo, pois exercem autoridade em virtude de uma força crítico-apelativa capaz de despertar um engajamento. Nos dois casos, trata-se de *formas generalizadas de comunicação* (fig. 37).

Fig. 37 *Meios de controle no nível do sistema social*

Meio \ Componentes	Situação-padrão	Valor generalizado	Pretensão nominal	Critérios de racionalidade	Atitude do ator	Valor real	Fundos de garantia	Formas de institucionalização
Dinheiro	troca	utilidade	valores de troca	rentabilidade	orientada pelo sucesso	valor de uso	ouro	propriedade e contrato
Poder	emissão de ordens	efetividade	decisões vinculantes	eficácia (soberania)	orientada pelo sucesso	realização de fins coletivos	meios de coerção	organização dos cargos
Influência	emissão de instruções	lealdade	declarações dotadas de autoridade (anúncios, interpretações e pareceres técnicos)	assentimento	orientada pelo entendimento	fundamentação de convicções	tradições culturais e formas de vida sociais	hierarquias de prestígio
Compromisso valorativo	apelo moral	integridade	admoestações dotadas de autoridade (crítica e encorajamento)	*"Pattern consistency"*	orientada pelo entendimento	justificação de obrigações	valores internalizados, sanções internas	liderança moral

De outro lado, não há razões plausíveis que permitam colocar o compromisso valorativo e a influência no mesmo plano que o dinheiro e o poder, pois eles não podem ser calculados do mesmo modo. A abordagem estratégica da influência e do compromisso valorativo só é admitida quando a influência e o compromisso valorativo são tratados *como* um depósito em dinheiro ou em poder, *portanto quando transformamos bens não manipuláveis em bens manipuláveis*. Naturalmente, podemos *interpretar* a influência e o compromisso valorativo como meios. A quantidade de valor, incorporada no meio, é posta em circulação por via de pretensões nominais, ou seja, por admoestações e explicações autoritárias, que podem ser resgatadas em valores reais, tais como fundamentações ou justificações, estando respaldadas em fundos ou reservas que podem assumir a forma de um acervo de saber cultural comum ou de um estilo de vida, ou seja, valores internalizados e sancionados internamente. Não obstante, tal interpretação parece forçada. Por isso, vamos percorrer, em sentido inverso, as condições a serem preenchidas para a institucionalização de meios, assinaladas acima.

Tudo indica que não existem instituições análogas às dos direitos de propriedade de cargos, que permitam uma ancoragem normativa bem circunscrita da influência e do compromisso valorativo. Os conceitos "hierarquia de prestígio" e "liderança moral" traduzem apenas um embaraço, uma vez que não permitem uma diferenciação clara entre o meio e sua institucionalização: podemos traduzir aproximadamente a influência por meio do "prestígio" ou da "reputação", e o compromisso valorativo mediante a "autoridade moral". O curioso é que a posse de prestígio e de autoridade moral é mais desenvolvida em sociedades pré-modernas – nas quais as hierarquias de prestígio estavam ancoradas profundamente na estratificação social e a liderança moral em instituições sagradas – do que em sociedades desenvolvidas, nas quais esses meios, de acordo com Parsons, deveriam estar mais diferenciados. Existe uma exceção no tocante ao sistema da ciência, controlada pela reputação e pela especialização na produção de um saber validado; o mesmo vale para as profissões acadêmicas que aplicam um saber altamente especializado. No entanto, tais exemplos não justificam a afirmação segundo a qual o meio "influência" está institucionalizado no sistema da integração social, portanto num espaço público produzido pelos meios de comunicação de massa, em que se trata, em primeira linha, da influência de escritores, de chefes de partidos, de intelectuais, de artistas etc.

Além disso, é evidente que a possibilidade de medir, de alienar e de armazenar a influência e o compromisso valorativo é ainda mais problemática que a do poder. O líder carismático que Parsons compara a um "banqueiro" que armazena e investe influência e autoridade moral constitui uma prova de que tais meios dependem muito das pessoas e dos contextos especiais. Podemos visualizar isso analisando as visitas do papa destinadas a incrementar os "depósitos" em termos de vinculações religiosas. O perigo, sempre presente, de que o carisma se trivialize constitui um indício de que os bancos não têm muita confiança na influência nem na autoridade moral. Não obstante, as coisas não são muito melhores no contexto do controle das reservas ou fundos de garantia. Admite-se que somente nas sociedades pré-modernas – em que as igrejas tinham nas mãos os bens da salvação e a administração central – havia um pano de fundo cultural comum, além de motivos e sentimentos de culpa, que podiam ser "aquartelados" do mesmo modo que o ouro e as armas.

Finalmente, temos de entender o que significa o fato de os valores reais e os fundos de garantia, necessários para a influência e o compromisso valorativo, não possuírem nenhuma força empiricamente motivadora. As situações típicas do ensino e do apelo moral representam relações comunicativas, casos especiais de formação linguística de consenso, e um dos lados sobressai em termos de competências (do saber, da visão prático-moral, da força de convencimento e da autonomia). As duas situações não contêm nenhum elemento capaz de *estimular* um destinatário orientado pelo próprio sucesso a aceitar a oferta do *ego*, como é o caso da troca ou do imperativo. Para levar o *alter* a continuar a interação, o *ego* não tem à disposição algo que se compare a valores consumíveis e a sanções, em que ele pudesse se apoiar *sem lançar mão do recurso do entendimento*.

No caso do exercício da influência e da mobilização para o engajamento, a coordenação da ação precisa ser efetivada por meio dos *mesmos* recursos empregados na formação linguística do consenso. Como base de segurança (*security-base*) serve o pano de fundo de uma cultura comum, orientações valorativas dessocializadas e controles de comportamento; como satisfatórios intrínsecos (*intrinsic satisfier*) servem fundamentações e justificações em que se enraízam convicções e obrigações. Todavia, a pessoa influente e o detentor de autoridade reivindicam a competência do "iniciado" e do especialista em assuntos do saber e da moral. Por isso, eles podem lançar mão do mecanismo do entendimento *num plano superior*: aquilo que no agir comunicativo vale como fundo de garantia, isto é, os possíveis argumentos mediante os quais o *ego* poderia eventualmente defender sua pretensão de validade contra a crítica do *alter*, assume – na interação controlada pela influência e pela autoridade moral – o valor posicional de um valor real, e os fundos de garantia são deslocados para o pano de fundo cultural e socializador.

Tais reflexões conduzem à tese segundo a qual a influência e o compromisso valorativo constituem, de um lado, formas generalizadas de comunicação que permitem uma economia do labor interpretativo e dos riscos do entendimento; de outro lado, porém, o caminho pelo qual eles conseguem tais efeitos de alívio *se distingue* do caminho seguido pelo dinheiro e pelo poder. Pois eles não conseguem desatrelar as interações do contexto vital do saber cultural compartilhado, das normas em vigor e das motivações imputáveis, uma vez que têm de se apoiar nos recursos da formação do consenso mediante a linguagem. Isso explica também por que eles não necessitam de uma retroligação institucional especial com o mundo da vida. A influência e o compromisso valorativo não são tão neutros como o acordo e o entendimento malsucedido, a ponto de elevar a solidariedade e a integridade *à condição de valor generalizado,* dois casos de consenso que dependem do reconhecimento de pretensões de validade cognitivas e normativas. Ao contrário dos meios "dinheiro" e "poder", eles não conseguem *substituir* a linguagem em sua função de coordenação, visto que apenas a *desafogam,* fazendo abstração da complexidade do mundo da vida. Em suma: *esses meios não conseguem tecnicizar o mundo da vida*.

(e) Introduzi uma distinção entre meios de controle que substituem a linguagem em sua função de coordenadora da ação e formas generalizadas de comunicação que apenas simplificam contextos supercomplexos do agir orientado pelo entendimento, continuando, porém, dependentes da linguagem e de um mundo da vida dotado de algum tipo de racionalização. Eu gostaria de tornar mais precisa essa distinção lançando mão da tentativa parsoniana, que fundamenta a teoria dos meios numa teoria da ação. Parsons elabora uma distinção entre modos de interação que corre, de certa forma, paralela à nossa contraposição entre poder/dinheiro, de um lado, e compromisso valorativo/influência, de outro: "My suggestion is that there is a very simple paradigm of modes by which one acting unit – let us call him Egocan attempt to get results by bringing to bear on another unit, which we may call Alter, some kind of communicative operation: call it pressure if that term is understood in a nonpejorative sense. It can be stated in terms of two variables. The first variable is whether Ego attempts to work through potential control over the *situation* in which Alter is placed and must act, or through an attempt to have an affect on Alter's *intentions*, independently of changes in his situation."[125]

O ponto de partida é dado naturalmente pelo problema da coordenação da ação, o qual pode ser formulado da seguinte maneira: de que modo o *ego* consegue induzir o *alter* a prosseguir a interação numa direção dada, sem que surja algum tipo de conflito capaz de interromper a sequência da ação? Parsons lança mão do modelo interacional desenvolvido pela teoria da aprendizagem, segundo o qual existe entre o emissor e o receptor uma troca de mensagens que exprime, de um lado, que o emissor espera por parte do receptor um determinado comportamento e, de outro lado, anuncia que o emissor recompensa ou castiga o receptor, caso o comportamento esperado acon-

---

125. Parsons, 1967e, p. 361.

teça/não aconteça. Não obstante, tal interação, que flui de acordo com o esquema estímulo/reação, complica-se pelo fato de que o *ego* e o *alter* podem agir visando interpretar a situação de sua ação à luz de valores, normas e fins, o que os leva a distinguir entre condições marginais e recursos. Além disso, eles sabem que ambos dispõem de competências, e isso os leva a compreender suas ações como resultado de uma decisão entre ações alternativas. Cada decisão é contingente, ou seja, poderia ter sido diferente; por isso, *ego* e *alter* têm de tentar condicionar de tal modo a liberdade um do outro, que as decisões do outro venham a ser favoráveis aos próprios interesses. Quando se admite apenas uma escolha entre sanções positivas e negativas e se deixam abertos dois canais para influenciar as opiniões e obrigações do *alter* ou sua situação, abre-se a perspectiva de quatro *estratégias de condicionamento*. Parsons as caracteriza como modos de interação, atribuindo a cada uma delas um meio específico:

Fig. 38 *Fundamentação dos meios numa teoria da ação*

Ego influi sobre / Sanções	a intenção do *alter*	a situação do *alter*
positivas	convencimento (influência)	estímulo (dinheiro)
negativas	admoestação (compromisso valorativo)	intimidação (poder)

Vários aspectos desse esquema foram criticados[126]. O que mais me incomoda é o fato de que os conceitos empiristas, ao mesmo tempo que utilizam a assimetria entre o modo estratégico e o consensual de exercer influência, a eliminam sub-repticiamente.

As estratégias designadas como "incitação" e "intimidação" podem ser ligadas a sanções positivas (recompensas) ou negativas (castigos) e utilizadas para caracterizar a troca e a emissão de mandatos, isto é, as situações típicas que, segundo Parsons, têm a ver com os meios: "dinheiro" e "poder". Isso, porém, não vale para as outras duas estratégias, pois o *ego* pode influenciar as opiniões e obrigações do *alter* por meio de informações e explicações, por meio de tomadas de posição crítica, mediante admoestações críticas e encorajamentos. J. J. Loubser ilustra tal fato subordinando a essas duas estratégias certas expressões positivas e negativas. Estratégias de convencimento positivas são caracterizadas por meio de verbos como *concordar, aprovar, assentir, reconhecer* etc.; as negativas, por meio dos verbos *discordar, desaprovar, protestar, não consentir* etc. Para estratégias de encorajamento, ele sugere os verbos *aceitar, encorajar, elogiar* etc.; para estratégias de admoestação, utilizam-se os verbos *deplorar, desencorajar, censurar* etc. Não obstante, esse problema não pode ser solucionado pelo caminho sugerido por Loubser, ou seja, por meio de um diagrama cruzado e diferenciado. A falha de Parsons tem de ser procurada em outro ponto: Ele não leva em consideração, nem sua teoria da ação permite pensar *que o conceito de sanção não pode ser aplicado*

---

126. M. Gould. "Development and Revolution in Science", apêndice manuscrito, Starnberg, 1977; cf. também Baum, 1976b, pp. 544 ss.; J. J. Loubser. "General Introduction", in Loubser et al. *Explorations...*, pp. 10 ss.

a tomadas de posição em termos de sim/não perante pretensões de validade suscetíveis de crítica. Isso se torna claro quando examinamos o ponto em que os dois pares de estratégias, "estímulo/intimidação" e "convencimento/admoestação", se distinguem. No primeiro caso, o *ego* intervém na situação da ação do *alter*, a fim de movê-lo a uma decisão favorável à realização de seus próprios objetivos. Isso pode ser conseguido mediante o agir instrumental ou por meios verbais, porém sempre de modo que o *ego* consiga se orientar pelas consequências de seu agir. No outro caso, o *ego* tem de falar com o *alter*, com a finalidade de obter um consenso; ele não tem outro caminho a não ser o do entendimento. Quando pretende influenciar as opiniões e obrigações do *alter*, o *ego* tem de convencer o *alter* da existência de estados de coisas ou dar a entender que, na situação dada, ele tem de se comportar desta ou daquela maneira. O *ego* tem de mover o *alter* a aceitar a pretensão de verdade por ele manifestada mediante seus atos de fala constatativos ou a pretensão de correção por ele colocada mediante suas recomendações normativas. Por isso, ele não pode se orientar exclusivamente pelas consequências de seu agir, uma vez que é obrigado a se entender com o *alter*.

No primeiro caso, o comportamento do *ego* se orienta pelo sucesso; no segundo, pelo entendimento. Isso também pode ser controlado pelas expressões que Loubser atribui aos dois pares de estratégias. Para as estratégias de convencimento e de admoestação, ele aduz verbos que permitem formar proposições utilizáveis de modo "ilocucionário"; já nas outras duas estratégias, lança mão de expressões que não podem ser utilizadas para a realização de um ato ilocucionário, mas para a descrição de efeitos "perlocucionários", que podem ser desencadeados num ouvinte: *subornar, manter na ignorância, extorquir, ameaçar* etc. Ora, as sanções pertencem à classe de ações de ameaça, das quais o *ego* pode se servir por serem eficazes e, caso elas sejam de tipo linguístico, por terem efeitos perlocucionários. Não é possível ligar diretamente sanções a atos ilocucionários, os quais permitem ao *ego* e ao *alter* adotar uma relação interpessoal, a fim de se entender sobre algo. Por isso, os modos interacionais de convencimento e de admoestação, descritos intencionalmente, e aos quais Parsons atribui os meios da influência e do compromisso valorativo, não se adaptam ao esquema de sanções.

Quando afirmamos que a tomada de posição afirmativa perante uma pretensão de validade foi provocada por sanções, recompensas ou castigos, estamos submetendo tal tomada de posição a categorias que não permitiram ao próprio ator levar a sério o seu "sim". Pois o esquema de sanções só pode assumir modos de interação em que o *ego* desenvolve esforços para mover o *alter* a continuar *empiricamente* a interação. Analiticamente, não está prevista nenhuma motivação mediante razões; no quadro categorial sugerido, a liberdade que pode ser colocada em movimento mediante motivos racionais para o reconhecimento de pretensões de validade criticáveis tem de ser previamente *reinterpretada* na contingência de decisões que se deixam condicionar. Pode ser que em outros contextos teóricos haja boas razões para um conceito empirista de liberdade de arbítrio; no nosso, porém, trata-se da distinção entre dois tipos de meios. Formas generalizadas de comunicação, tais como o compromisso valorativo e a influência, exigem atos ilocucionários, dependendo, por isso, dos efeitos vinculantes de um uso da linguagem orientada pelo entendimento. Meios de controle como o dinheiro e o poder regulam interações mediante intervenções do *ego* na situação do *alter* e, conforme o caso, por meio de efeitos perlocucionários. Uma vez que o esquema parsoniano não deixa espaço para outras vinculações motivadas empiricamente, ele não consegue realizar, no interior de seu esquema de sanções, a diferenciação pretendida pela teoria da ação.

Em páginas anteriores (pp. 326 ss.) desenvolvi um princípio alternativo. De acordo com ele, podemos afirmar que a disposição do *alter* em aceitar a influência ou o prestígio do *ego* tem a ver com o fato de que as *vinculações motivadas empiricamente* mediante estímulo ou intimidação podem ser nitidamente diferenciadas da *confiança motivada racionalmente*, isto é, da confiança resultante de um acordo fundamentado. Ou o *alter* aceita a oferta do *ego* porque se orienta pelas recompensas ou castigos que o *ego* tem o poder de distribuir, ou ele confia no fato de que o *ego* dispõe do saber necessário, sendo suficientemente autônomo para garantir o resgate das pretensões de validade colocadas comunicativamente.

Ora, podemos imaginar que o prestígio e a influência, inicialmente atribuídos a determinadas pessoas, são generalizáveis. Nesse caso, o prestígio produziria efeitos capazes de formar estruturas; pois a generalização leva à formação de sistemas de *status* que podem surgir ao longo de um prestígio diferencial de coletividades, inicialmente em grupos de famílias. A generalização da influência provoca a formação de meios, e até mesmo certos atributos vinculados ao corpo podem ser transformados em recursos e configurados como meios. Assim, por exemplo, a força e as capacidades físicas podem ser transformadas em poder; ao contrário, outros atributos, tais como a confiabilidade, a beleza corporal ou a atração sexual, não se transformam em recursos. É que nem todos os recursos podem ser tomados como base adequada para uma generalização da influenciação especializada nas tomadas de posição de um dos parceiros da interação. A caracterização do amor como meio, por exemplo, é pura metáfora. Entretanto, é possível distinguir nitidamente os meios quando se levam em conta dois critérios, a saber: se eles se cristalizam em vinculações motivadas empiricamente ou se se condensam em formas de uma confiança motivada racionalmente.

Nas vinculações motivadas empiricamente, cristalizam-se meios de controle como o poder e o dinheiro. Eles codificam o trato racional teleológico com quantidades de valor calculáveis, possibilitando uma influenciação estratégica generalizada sobre as decisões de outros participantes da interação, passando por alto os processos de formação do consenso mediante a linguagem. À proporção que tais meios de controle não apenas simplificam a comunicação linguística, mas a *substituem* por uma generalização simbólica de prejuízos e compensações, o contexto do mundo da vida em que os processos de entendimento sempre estão inseridos é *desvalorizado* e submetido a interações controladas por meios. E a partir de então o mundo da vida se torna desnecessário para a coordenação de ações.

Os subsistemas sociais diferenciados mediante tais meios podem se tornar independentes de um mundo da vida forçado a se deslocar para o entorno do sistema. Por isso, na perspectiva do mundo da vida, a transferência do agir para os meios se apresenta não somente como um alívio perante o risco e o dispêndio de comunicação, mas também como um condicionamento de decisões num espaço ampliado de contingências – e, nesse sentido, como uma *tecnicização do mundo da vida*.

A generalização da influência não pode surtir tal efeito, mesmo que esteja apoiada na confiança racionalmente motivada, que é depositada na posse de um saber cognitivo-instrumental, na ideia de uma visão moral ou na capacidade de um juízo estético. As interações reguladas mediante uma motivação racional generalizada constituem apenas uma *especialização de processos de formação de consenso por meio da linguagem*; por meio do mecanismo do entendimento, elas próprias continuam dependentes do pano de fundo cultural e de elementos que constituem a estrutura da personalidade. Tais formas de comunicação generalizada possibilitam uma separação mais nítida entre o "agir orientado pelo entendimento" e as ordens institucionais ou contextos normativos em geral. Porém, eles continuam a se nutrir dos recursos que viabilizam a formação do consenso linguístico. Uma influência especializada cognitivamente, por exemplo a reputação científica, pode se formar à proporção que as esferas de valores culturais, no sentido de Max Weber, se diferenciam permitindo uma elaboração da tradição cognitiva sob o aspecto da verdade. Já a formação de uma influência especializada normativamente, como por exemplo a liderança moral, depende do desenvolvimento da moral e do direito: estes têm de atingir um nível pós-convencional, em que a moral, separada do direito, é desinstitucionalizada e ancorada preponderantemente no sistema da personalidade. Ambos os tipos de influência exigem, além disso, tecnologias de comunicação capazes de liberar os atos de fala dos limites contextuais e espaço-temporais, tornando-os disponíveis para um sem-número de contextos.

Tomamos como ponto de partida a seguinte questão: até que ponto é possível generalizar o conceito "meio"

– desenvolvido a partir do modelo "dinheiro" – aplicando-o a outros campos da ação? O caminho da crítica imanente levou-nos a dois tipos contrários de meios de comunicação, ou seja, a um *dualismo de meios*, que permite explicar a peculiar resistência que as estruturas do mundo da vida opõem, em determinados campos da ação, à transferência da integração social para a integração sistêmica. Ora, a teoria parsoniana, seja em sua forma mais madura (teoria dos meios de comunicação), seja na forma da filosofia antropológica tardia, não conseguiu solucionar o conflito que dilacera essas duas estratégias conceituais. Parsons apenas o encobriu. Por isso, ele tem de pagar um alto preço, ao pretender criar uma teoria com teor empírico.

3. TEORIA DA MODERNIDADE

A teoria sistêmica da sociedade delineada por Parsons resultou de um compromisso que conserva a lembrança dos problemas da teoria da cultura neokantiana. Por outro lado, ela exclui um conceito de sociedade capaz de contemplar tais problemas. E tal compromisso impede uma separação entre aspectos sob os quais certos contextos de ação poderiam ser analisados respectivamente como sistema ou como mundo da vida. Desse modo, a reprodução do mundo da vida, acessível na perspectiva interna, é alienada quando da passagem para a perspectiva externa da conservação do sistema, sem que esse passo metódico de objetivação tenha deixado algum vestígio reconhecível. Recordemos as duas teses desenvolvidas por mim na "Segunda reflexão intermediária": a disjunção ampla entre mundo da vida e sistema foi uma das condições necessárias para que a sociedade de classes estratificadas do feudalismo europeu pudesse passar para a sociedade de classes econômicas, da modernidade; entretanto, o padrão capitalista da modernização deforma as estruturas simbólicas do mundo da vida, submetendo-as aos imperativos de subsistemas que se diferenciam e se autonomizam por meio do dinheiro e do poder, o que equivale a uma reificação. Caso essas duas teses se comprovem, teríamos de admitir a fraqueza de uma teoria que apaga a diferença entre os conceitos fundamentais "mundo da vida" e "sistema".

A teoria global de Parsons e sua teoria da modernidade revelam uma dupla face. De um lado, elas se diferenciam de um funcionalismo sistêmico, fixado exclusivamente na complexidade das sociedades modernas. Nessa teoria, a complexidade das sociedades deriva da nítida diferenciação de sistemas parciais, relativamente independentes uns dos outros, que formam entorno uns para os outros, entrando num intercâmbio recíproco, regulado de forma que permita o surgimento de zonas de interpenetração recíproca. Nessa linha se situa mais ou menos a teoria da evolução, de Luhmann, que destrói definitivamente a idéia neokantiana da realização de valores, esvazia o céu dos valores culturais e rompe o espartilho do esquema dotado de quatro funções. E ao dar esse passo ele confere maior mobilidade à teoria da modernidade, pois "tudo poderia ter sido diferente!". De qualquer forma, Luhmann pretende explicar historicamente tudo o que Parsons prevê no nível teórico, ou seja, o fato de que o desenvolvimento das sociedades modernas atravessa três revoluções sucessivas.

Para Parsons, a diferenciação constitui apenas um mecanismo ao lado de outros três, a saber: a ampliação de capacidades adaptativas, a generalização ou inclusão cada vez maior de membros em grupos e a generalização de valores[127]. Ele formula um esquema de quatro funções a

---

127. Parsons, 1966, pp. 21 ss.

fim de explicar o que a complexidade e a maior capacidade de controle podem significar para os sistemas sociais. Mediante tal explicação, consegue obter certas vantagens perante um funcionalismo sistêmico, mais consequente e menos determinado. A inclusão e a generalização de valores são subordinadas às duas funções em que os conceitos "realização de valores", "institucionalização" e "internalização de valores" são captados e conservados. Diferentemente de Luhmann, Parsons consegue traduzir o aumento de complexidade sistêmica das sociedades modernas, observável externamente, para a autocompreensão dos membros do sistema, ligada à perspectiva interna do mundo da vida. Ele relaciona a crescente autonomia do sistema com a progressiva autonomia na compreensão prático-moral, interpretando a inclusão e a generalização cada vez maiores de valores no sentido de uma aproximação de ideais de justiça universalistas[128].

De um lado, podemos constatar que, ao estabelecer um compromisso entre o neokantismo e o funcionalismo sistêmico, Parsons mantém aberta a possibilidade de engatar o funcionalismo de sua teoria da modernidade na problemática weberiana do racionalismo ocidental; pois ele entende a modernização social como uma racionalização, ao mesmo tempo sistêmica e referida à ação. De outro lado, porém, e como foi mostrado, não encontramos nele um conceito de sociedade desenvolvido na perspectiva da ação; por isso, ele não consegue descrever a racionalização do mundo da vida e a intensificação da complexidade de sistemas de ação como processos separados, interagentes e, às vezes, opostos. No que tange à modernidade, Parsons se limita a lançar mão dos tópicos "indi-

---

128. Parsons, 1971, pp. 114 ss.

vidualismo institucional" e "secularização" para estabelecer relações entre o sistema – com seus níveis de diferenciação e de autonomia – e a cultura moderna interpretada no sentido weberiano como institucionalização ampliada de normas, de valores e de orientações da ação, racionais em termos de fins[129].

Uma vez que não elimina a concorrência entre o paradigma do sistema e o do mundo da vida, contentando-se em silenciá-la mediante um compromisso, ele se vê forçado a *equiparar* a racionalização do mundo da vida à intensificação da complexidade sistêmica. Por isso, não tem condições de apreender a dialética inserida nos processos da modernização, que atinge a estrutura interna do mundo da vida; ele é obrigado a reduzir tais fenômenos ao figurino de manifestações de crise, explicáveis de acordo com o modelo "inflação e deflação". Ora, tal dinâmica dos meios refere-se apenas a entraves ocasionais e temporários do equilíbrio de processos de troca, intersistêmicos. Parsons não consegue explicar a pressão sistêmica de certas patologias que Marx, Durkheim e Weber tinham em mente. Refiro-me às deformações que surgem quando certas formas de racionalidade econômica e administrativa invadem esferas da vida cujas estruturas comunicativas internas não são racionalizáveis nesses termos.

Eu gostaria de apresentar as razões por que a teoria parsoniana da modernidade é cega no que tange às patologias sociais, as quais Max Weber pretendeu explicar lançando mão da tese da racionalização. Ao se voltar para a teoria de sistemas, Parsons perdeu a possibilidade de fundamentar uma medida racional capaz de fundamen-

---

129. Cf. os correspondentes padrões de valores para os diferentes meios do sistema geral da ação, in Parsons, Platt, 1973, p. 446.

tar a racionalização da modernização social numa teoria da ação (1). Ora, tal deficiência não pode ser compensada pelo abandono puro e simples dos elementos do funcionalismo sistêmico a favor da teoria neokantiana da cultura, pois isso equivaleria a um rompimento do próprio compromisso parsoniano (2).

(1) Inicialmente, Parsons ordena os fenômenos da modernização ocidental sob pontos de vista de uma diferenciação estrutural. E nesse procedimento ele escolhe o subsistema integrativo como ponto de referência, fato que não deve ser considerado trivial, uma vez que tal decisão transforma o desenvolvimento da moral e do direito em variáveis-chave da evolução; já a dinâmica da reprodução material do mundo da vida e, com isso, os conflitos resultantes da estrutura de classes e da ordem do poder passam para o segundo plano. Essa tese pode ser resumida numa única frase: "What is thought of as *modern* society took shape in the seventeenth century in the northwest corner of the European system of societies, in Great Britain, Holland, and France. The subsequent development of modern society included three processes of revolutionary structural change: the Industrial Revolution, the Democratic Revolution, and the Educational Revolution."[130]

Do ponto de vista da teoria de sistemas, as três "revoluções" podem ser explicadas como surtos evolucionários em que o sistema integrativo se desprende respectivamente de um dos três subsistemas. Parsons interpreta a Revolução Industrial que tem início na Inglaterra em fins do século XVIII, a Revolução Francesa de 1789 (e as revoluções que seguem tais modelos), bem como a Revolução

---

130. Parsons, Platt, 1973, p. 1.

da Educação, ou seja, a ampliação da formação escolar formal, enraizada nas ideias do século XVIII e concretizada em meados do século XX, como formas de diferenciação estrutural do sistema da comunidade societal diante dos subsistemas econômico, político e cultural[131].

Essas três revoluções separam a *primeira* modernidade da modernidade *desenvolvida*. Elas preenchem as condições iniciais para um sistema internacional de sociedades altamente complexas, às quais se aplica o modelo parsoniano dos sistemas sociais compostos de quatro subsistemas. Mediante os quatro meios e os seis "mercados", esses subsistemas mantêm entre si relações de intercâmbio em que certos "produtos" são trocados por determinados "fatores". Cada um deles se especializa numa das quatro funções gerais da sociedade. Todavia, o grau de modernização é medido por uma complexidade da sociedade global, que não pode ser apreendida apenas sob o ponto de vista da diferenciação estrutural. Graças à economia capitalista, que visa à mobilização de potenciais de realização e de fontes naturais, as sociedades modernas adquirem um elevado grau de capacidade de adaptação; graças ao sistema da sociedade, orientado universalisticamente e talhado conforme normas abstratas, elas conseguem correlacionar e integrar todas as relações de pertença particulares; e graças a uma cultura secularizada

---

131. Parsons, 1971, p. 101. Essa construção não é, de forma alguma, conclusiva. Eventualmente Parsons interpreta as três "revoluções" como processos em que um único subsistema se destaca *de todos os demais*. Ora, se subordinarmos as três revoluções citadas (tomando como base esse sentido) ao subsistema econômico, político e cultural, teremos que esperar outra revolução para o subsistema integrador, talvez a revolução que Parsons intitula "Expressive Revolution". Cf. "Religion in Postindustrial America", in Parsons, 1978a, pp. 320 ss.

torna-se possível a universalização de valores culturais, especialmente morais[132].

No entender de Parsons, os eventos que caracterizam a modernidade no Noroeste da Europa, desde o século XVIII, podem ser tomados como ilustrações de seu conceito sistêmico de sociedade. E tais ilustrações se tornam mais claras à medida que prestamos maior atenção ao valor posicional atribuído à Reforma e ao Renascimento, os dois acontecimentos magnos da primeira fase da modernidade. Eles constituem as "revoluções precursoras" que tornaram possível a passagem para a modernidade, pois desamarraram os potenciais cognitivos contidos na Antiguidade greco-romana e na tradição do cristianismo, elaborados pelas elites culturais das universidades e das ordens monacais, tornando-os efetivos em nível institucional. Nesse ponto, Parsons retoma a teoria weberiana da racionalização social, a qual afirma que, assim como a Reforma dissolve as barreiras existentes entre o clero, as ordens religiosas e os leigos, liberando os impulsos da ética da consciência religiosa para a configuração de campos de ação profanos, assim também o humanismo do Renascimento torna acessível a herança greco-romana da ciência, da jurisprudência e da arte, que se emancipam da Igreja; isso tudo abre o caminho para um sistema jurídico moderno. Parsons interpreta as tradições culturais do Ocidente como um código, cuja implementação fenotípica necessita de uma implementação no nível das instituições sociais. Ora, o Renascimento e a Reforma se prestam para a implementação desse processo.

---

132. Além disso, Parsons menciona a reflexivização de meios de controle como um novo mecanismo evolucionário, que ele explica tomando como exemplo os créditos bancários. Parsons, 1971, p. 27.

O *rumo do desenvolvimento* do racionalismo ocidental é determinado pelo código cultural, formado por meio da racionalização das cosmovisões; entretanto, a moldura institucional capaz de desencadear uma racionalização da sociedade só se forma na esteira do Renascimento e da Reforma. Nesse particular, Parsons analisa a progressiva institucionalização e a internalização das atividades econômicas e administrativas tomando como base o desenvolvimento do direito inglês a partir do final do século XVI[133]. As instituições de um poder legal – apoiado na tolerância religiosa – e de uma produção agrícola, que depende do trabalho assalariado, constituem as bases para as três "revoluções", já citadas, por meio das quais a modernização rompe os invólucros de uma sociedade de classes, estratificada e fixada nas corporações profissionais. Segundo Parsons, o fato de a Europa dos primeiros tempos da modernidade ter chegado à exaustão do potencial de racionalidade coletado pela tradição tem de ser explicado com o auxílio das condições marginais aduzidas por Weber. Podem ser assinalados os seguintes fatos, que constituem um ponto de partida favorável: o direito canônico da Igreja Católica Romana; a constituição republicana das cidades medievais; a tensão entre uma orientação que leva em conta necessidades e uma orientação em função do lucro, a qual se desenvolveu principalmente no seio da burguesia artesanal e mercantil dos burgos; finalmente, a concorrência entre Estado e Igreja, e a descentralização dos poderes na Europa Central.

A representação parsoniana da passagem para a modernidade e do desenvolvimento das sociedades modernas inspira-se na explicação weberiana do racionalismo ocidental, porém sem levar em conta a moldura de uma

---

133. Parsons, 1971, pp. 50 ss.

teoria da racionalização. No final dos anos 1960, a terminologia parsoniana deixa entrever elementos que ele toma de empréstimo à teoria da evolução biológica. Pois ele passa a considerar o desenvolvimento cultural como um equivalente para as transformações do *código genético*. A implementação social do potencial cognitivo inserido em cosmovisões corresponde à seleção no campo de *variantes culturais*, ao passo que os diferentes caminhos de desenvolvimento encetados pelas modernas sociedades nacionais fornecem indicadores para saber sob que circunstâncias as inovações formadoras de estruturas podem ser *estabilizadas*. Weber mencionara a passagem da racionalização cultural para a racionalização social, que tem a ver com a incorporação institucional e a ancoragem motivacional de estruturas cognitivas, surgidas ao longo do caminho de racionalização das cosmovisões; na teoria da evolução parsoniana, certos mecanismos seletivos e estabilizadores agem em conjunto com um mecanismo de variação, situado no nível do código cultural. Ao mesmo tempo, ele cruza a teoria da evolução social com uma teoria de sistemas, o que lhe permite interpretar a modernização – que Weber tinha representado como racionalização social – como intensificação da complexidade do sistema, a qual se faz sentir quando uma sociedade consegue diferenciar, com meios de controle especiais, os subsistemas da economia e da administração do Estado.

Com isso, Parsons assimila a racionalização do mundo da vida a processos de diferenciação do sistema. E esta é configurada de acordo com seu esquema de quatro funções, que contém a ideia da realização de valores. Por essa razão, existe um nexo analítico entre as crescentes capacidades de controle do sistema social, de um lado, e uma maior inclusão e generalização de valores, de outro. Tal engate, no entanto, realizado no nível analítico, torna ambígua a interpretação da modernidade, pois ela *permite* compreender os processos de modernização descritos pela teoria de sistemas de duas maneiras distintas, a saber: como autonomia crescente da sociedade em relação a seu entorno e como racionalização do mundo da vida (a); além disso, ela faz com que tal racionalização seja identificada com a autonomia – uma vez que a crescente complexidade do sistema significa, *eo ipso*, um progresso na dimensão das condições de vida configuradas racionalmente (b). Tentarei mostrar que tal dilema não é solucionado, nem mesmo quando apelamos para a interpretação neokantiana da teoria da modernidade elaborada por Parsons.

(a) Formulei o conceito "racionalização do mundo da vida", interpretando certos princípios de Durkheim e de Mead. Nesse contexto, ela tem a ver com tendências de transformação das estruturas do mundo da vida, que implicam uma diferenciação crescente entre cultura, sociedade e personalidade. Durkheim interpreta a generalização de valores, a universalização do direito e da moral, bem como a individuação e a crescente autonomia do indivíduo, como consequências de uma adaptação que se impõe quando se passa de uma integração social garantida pela fé a uma integração obtida mediante a cooperação e o consenso comunicativo. Na perspectiva de Mead, essas mesmas tendências podem ser interpretadas como lingüistificação ou diluição do sagrado em linguagem e como liberação do potencial de racionalidade inserido no agir orientado pelo entendimento. Tal potencial é transladado para uma racionalização do mundo da vida de grupos sociais, à proporção que a linguagem assume as funções do entendimento, da coordenação da ação e da socialização dos indivíduos, transformando-se, assim, no meio pelo qual se realizam a reprodução cultural, a integração social e a socialização. Parsons interpreta essas tendências como "secularização" e "individualismo institucionalizado"; no meu entender, porém, elas resultam da diluição comunicativa do consenso religioso inicial.

O *individualismo institucionalizado* decorre de dois padrões entrelaçados e complementares de socialização e de integração social. A formação de "identidades-eu" pós-convencionais acontece quando tem início a universalização do direito e da moral, ou seja, quando a eticidade se ramifica em legalidade e moralidade e quando nasce o agir comunicativo, a partir de certos contextos normativos que se tornam cada vez mais abstratos. Por isso, o modelo do individualismo institucionalizado necessita, ao mesmo tempo, de uma ampliação dos espaços que permitem alternativas de compromissos e de pertenças generalizadas: "I have in a number of places referred to the conception of 'institutionalized individualism' by deliberate contrast with the utilitarian version. In the pattern of institutionalized individualism the keynote is not the direct utilitarian conception of 'the rational pursuit of self-interest' but a much broader conception of the self-fulfillment of the individual in a social setting in which the aspect of solidarity... figures at least as prominently as does that of self-interest in the utilitarian sense."[134]

O conceito "individualismo institucionalizado" foi desenvolvido na perspectiva de uma dialética do geral e do particular. Sem dúvida, Parsons não destaca tanto a variedade das opções individuais, detendo-se mais na capacidade de realização de valores, que pressupõe a coletividade e os indivíduos nela socializados: "Institutionalized

---

134. Parsons, 1978c, p. 321.

individualism means a mode of organization of the components of human action which, on balance, enhanced the capacity of the average individual and of collectivities to which he belongs to implement the values to which he and they are committed. This enhanced capacity at the individual level has developed concomitantly with that fo social and cultural frameworks of organization and institutional norms, which form the framework of order for the realization of individual and collective unit goals and values."[135]

O conceito de *secularização* vem associado à generalização de valores, que se desenha no nível do sistema geral da ação. Segundo Parsons, a secularização de ideias e valores religiosos não implica uma perda de seu caráter obrigatório, uma vez que, à medida que a ética da consciência religiosa deita raízes no mundo, os conteúdos prático-morais *não pairam mais no ar*. Mesmo assim, as orientações valorativas, secularizadas, não se dissociam necessariamente de seu solo religioso; parece que uma fé tolerante se insinua ecumenicamente no círculo das demais confissões (incluindo as radicalmente secularizadas e os tipos não religiosos que abrangem éticas fundadas no humanismo): "The contemporary Catholic, Protestant or Jew may, with variations within his own broader faith, even for Catholics, be a believer in the wider societal moral community. This level he does not share in regard to specifics with those of other faiths. He has, however, ... come to respect the religious legitimacy of these other faiths. The rest of this legitimacy is that he and the adherents of these other faiths recognize that they can belong to the same moral community – which may be a predom-

---

135. Parsons, Platt, 1973, p. 1.

inantly secular, politically organized society – and that this common belongingness means sharing a religious orientation at the level of *civil religion*."[136]

Parsons elucida esse conceito de *religião cidadã*, tomado de empréstimo a R. Bellah, lançando mão das atitudes políticas que servem de sustentação à constituição americana: "The new society became a secular society in which religion was relegated to the private sphere. The other theme is no less important: the building of the kingdom of God and earth. The establishment of the new American nation was a culmination of this process. The very facts of independence and a new constitution 'conceived in liberty and dedicated to the proposition that all men are created equal' were developments that could not fail to carry with them a religious dimension. This took a form that was relatively consistent with traditional Christian conceptions and definitions, and it is this that is the core of what Bellah calls the American civil religion. There was no radical break the primary religions heritage, though there was a careful avoidance of any attempt to define the new civil religion as Christian in a specifically dogmatic sense. Bellah documents, for example, how the many official statements – notably presidential inaugural addresses – that use the term 'God' or various synonyms such as 'Supreme Being' carefully avoid reference to Christ."[137]

Para Parsons, a secularização dos poderes da fé significa uma "desdogmatização", que permite às confissões – que antes rivalizavam entre si numa luta de vida ou morte – coexistir na base de certas convicções éticas básicas e compartilhadas. Nesse contexto, a secularização com-

---

136. Parsons. "Belief, Unbelief, and Disbelief", in id., 1978a, p. 240.
137. Parsons, 1978c, p. 309.

porta e fomenta uma generalização de valores, dando prosseguimento ao processo de implementação social, analisado exemplarmente na ética protestante. A secularização de orientações valorativas de cunho religioso significa o aprofundamento de sua eficácia institucional. Com o auxílio do conceito de "secularização", Parsons consegue formular uma interpretação do desenvolvimento do direito e da moral, diferente da de Weber. Este pensara que a ética protestante não consegue se afirmar no capitalismo avançado porque os fundamentos religiosos da ética da consciência são incapazes de enfrentar os desafios de uma cultura cientificizada, sucumbindo a uma secularização que generaliza as orientações valorativas religiosas e retira delas todo o fundamento ético em que se enraízam. Entretanto, é preciso distinguir dois aspectos no argumento weberiano: sua fundamentação teórica e a afirmação empírica nela contida.

A fundamentação se baseia no ceticismo valorativo segundo o qual uma consciência moral orientada por princípios não pode lançar raízes na sociedade ou ser explicada filosoficamente caso não se pressuponha sua inserção numa cosmovisão religiosa. Ora, tendo em vista os princípios cognitivistas que orientam a filosofia que vai de Kant a Rawls, tal ideia não pode ser mantida. Tampouco ela está em consonância com evidências empíricas relativas à difusão de uma consciência moral esclarecida humanisticamente, as quais prevalecem desde os tempos da *Aufklärung*. Nessa linha, adquire maior plausibilidade a tese parsoniana acerca da secularização, segundo a qual nas sociedades modernas desenvolvidas, à medida que somos obrigados a recorrer a convicções prático-morais, não existem alternativas para a consciência moral pós-tradicional, nem para a consciência jurídica ou para o nível de justificação correspondente. Com isso, continua intocada, é verdade, a parte empírica da afirmação weberiana sobre o fim da ética profissional protestante.

A ética da profissão, difundida inicialmente entre os empresários capitalistas e funcionários de formação jurídica, não conseguiu se impor, de acordo com Weber, no sistema de empregos do capitalismo avançado; ela teria sido substituída por orientações instrumentalistas, também em domínios nucleares das profissões acadêmicas. O solapamento positivista do poder legal e o recalque dos fundamentos morais do direito moderno constituiriam fenômenos paralelos. Ora, esse enunciado empírico também é contestado por Parsons.

"In my opinion the Protestant Ethic is far from dead. It continues to inform our orientations to a very important sector of life today as it did in the past. We do value systematic rational work in 'callings', and we do so out of what is at some level a religious background. In my opinion the instrumental apparatus of modern society could not function without a generous component of this kind of evaluation."[138]

---

138. Parsons, 1978c, p. 320. "In part I am being deliberately paradoxical in attributing to the concept secularization what has often been held to be its opposite, namely not the loss of commitment to religious values and the like, but the institutionalization of such values, and other components of religious orientation in evolving cultural and social Systems." Cf. Parsons, 1978d, pp. 241 s., nota 11. Com relação aos estudos de Weber sobre a ética protestante, Parsons acrescenta: "Put into sociological terminology, there is the possibility that religious values should come to be institutionalized, by which we mean that such values come to be the focus of the definition of the situation for the conduct of members of secular societies, precisely in their secular roles." Cf. Parsons, 1978d, p. 241. Cf. também a introdução de Parsons a Max Weber. *The Sociology of Religion*. Boston, 1964, pp. XIX ss.; R. K. Fenn. "The Process

(b) Confrontado com a crítica da civilização, que eclodiu durante os anos do protesto estudantil, o professor universitário Parsons adotou, em questões de diagnóstico da contemporaneidade, uma posição contrária à de Weber. Ele não acreditava que, após o colapso das cosmovisões religiosas e metafísicas, as relações solidárias e a identidade dos indivíduos, que já não podiam orientar suas vidas por "ideias últimas", estivessem ameaçadas. Ele tinha plena convicção de que as sociedades modernas proporcionaram para a massa da população um acréscimo inigualável de liberdade[139]. Parsons rejeita, pois, *ambos* os componentes do diagnóstico weberiano do nosso tempo, ou seja, a tese da perda de sentido e a tese da perda de liberdade. Não teríamos de nos preocupar com essa diferença de interpretações, caso se tratasse aqui de meras afirmações genéricas opostas sobre tendências globais de difícil comprovação. Entretanto, a posição de Parsons é notável, uma vez que ela decorre logicamente de uma interpretação do processo de modernização. E, uma vez aceita tal descrição teórica, já não se podem tecer *outras* afirmações sobre sociedades altamente complexas. Porque se as sociedades modernas desenvolvidas ostentam como característica principal uma elevada complexidade, e se elas só conseguem aumentar essa complexidade quando ela abrange *simultaneamente* as quatro dimensões (capacidade de adaptação, diferenciação de subsistemas regidos por meios, inclusão e generalização de valores), existe um *nexo analítico* entre a elevada complexidade sistêmica, as formas universalistas da integração social e o

---

of Secularization: a Post-Parsonian View", in *Scientific Study of Religion*, 9, 1970, pp. 117 ss.; F. Ferrarotti. "The Destiny of Reason and the Paradox of the Sacred", in *Social Research*, 46, 1979, pp. 648 ss.

139. Parsons, 1978c, pp. 320 ss., e Parsons, 1971, pp. 114 s.

individualismo institucionalizado livremente. Ora, tal esquema analítico constrange Parsons a desenhar uma imagem harmonizadora de tudo o que entra na descrição de sociedades modernas.

Entretanto, os argumentos aduzidos por Parsons contra a tese weberiana da burocratização são interessantes: "We have argued that the main trend is actually not toward increased bureaucracy, but rather toward associationism. But many sensitive groups clearly *feel* that bureaucracy has been increasing... There are in the expression of this sense of deprivation two especially prominent positive symbols. One is *'community'*, which is widely alleged to have grossly deteriorated in the course of modern developments. It is pointed out that the residential community has been 'privatized' and that many relationships have been shifted to the context of large formal organizations. We should note again, however, that bureaucratization in its most pejorative sense is not threatening to sweep all before it. Furthermore, the whole system of mass communications is a functional equivalent of some features of *Gemeinschaft* and one that enables an individual selectively to participate according to his own standards and desires. The second positive symbol is *'participation'*, especially in the formula of 'participatory democracy'. Demands for it are often stated as if 'power', in an specific technical sense, were the main desideratum, but the very diffuseness of these demands casts doubt on this conclusion. We suggest that the demands are mainly another manifestation of the desire for inclusion, for full 'acceptance' as members of solidary groups."[140]

---

140. Parsons, 1971, pp. 116 s.

Não obstante, ao efetuar tal diagnóstico, Parsons menospreza dois fatos. Pois a rede da moderna comunicação de massa não está em condições de enfrentar a "privatização" do estilo de vida; além disso, a generalização de pretensões jurídicas formais não pode ser interpretada sem mais nem menos no sentido de uma ampliação de processos de formação democrática da vontade. Parsons traça suas categorias de tal modo que *os mesmos* fenômenos que Weber interpretara como indícios de patologias sociais passam a constituir novas provas de que as sociedades modernas do Ocidente conseguem criar novas formas de solidariedade adaptadas à sua complexidade. Ora, a *sincronização entre a racionalização do mundo da vida e a intensificação da complexidade do sistema social* impede que se façam as distinções necessárias para apreender as patologias que surgem na modernidade.

Parsons é obrigado a reduzir os fenômenos patológicos que surgem na sociedade a desequilíbrios sistêmicos; e assim se perde o elemento específico das crises sociais. Para sistemas autorregulados, obrigados a assegurar sua permanência arriscada mediante a adaptação às condições de um entorno contingente e supercomplexo, os *desequilíbrios internos constituem o estado normal*. Na perspectiva do observador, o teórico de sistemas está em condições de dizer quando esses desequilíbrios atingem um "ponto crítico" se tomar como critério certos limites de sobrevivência, identificáveis de modo unívoco, como é o caso dos organismos. Entretanto, no contexto dos sistemas sociais, não se coloca um problema tão claro como o da morte[141]. O cientista social só pode falar em crises quando grupos sociais relevantes *experimentam* as mudanças estruturais

---

141. Döbert, 1973a.

– induzidas pelo sistema – como críticas à manutenção do sistema e como ameaças à sua própria identidade[142]. À medida que Max Weber interpreta a modernização como racionalização social, ele cria um nexo entre as cosmovisões garantidoras da identidade e as estruturas do mundo da vida, que determinam as condições de consistência das experiências sociais. Ele consegue extrair do próprio conceito "complexo de racionalidade" medidas para (avaliar) as experiências "paradoxais" e "aporéticas" geradas estruturalmente, que assumem eventualmente a forma de patologias sociais. Parsons não dispõe de meios conceituais desse tipo; ele emprega o conceito "crise" no sentido de um obstáculo que afeta relações de troca intersistêmicas, as quais transcorrem independentemente das experiências dos afetados e sem a referência a problemas de identidade. Por isso, ele só consegue captar as crises que surgem nas sociedades modernas lançando mão de conceitos extraídos da dinâmica dos meios; e para isso servem de modelo os processos econômicos denominados "inflação" e "deflação"[143].

No próprio círculo de Parsons se tem ciência de que esse tipo de análise não consegue atingir as aporias mais evidentes da modernidade (os sintomas do tempo), ou seja, os fenômenos de crise que acompanham o modelo da escalada da modernização capitalista. Nesse sentido, R. C. Baum tenta fazer jus às patologias sociais resultantes da modernização lançando mão dos instrumentos parsonianos. Inicialmente, ele descreve as "conflações" de

---

142. Habermas, 1973a, pp. 9 ss.
143. Parsons e Platt, 1973, pp. 304 ss. O próprio Parsons atribuiu a crise das universidades a oscilações da conjuntura que produziram reações de pânico na esfera da "inteligência" e da "influência".

diferentes meios como processos parciais de uma dinâmica que ultrapassa vários meios; em seguida, assevera que o fato de Weber ter discordado de Marx – que atribuíra essa mesma privação da liberdade à monetarização – e afirmado que a privação da liberdade é consequência da burocratização é resultado de uma *ambiguidade das categorias utilizadas para descrever as competências dos diferentes meios*.

Baum toma como ponto de partida a ideia segundo a qual, nas sociedades economicamente avançadas, os quatro meios não se desenvolveram por igual nem foram suficientemente institucionalizados, pois nessas sociedades também não aconteceu a distribuição de produtos e de fatores em seis mercados, descrita no *interchange paradigm* e prevista teoricamente. Somente um desses meios, o dinheiro, está ancorado institucionalmente, a ponto de poder funcionar não somente como *measure of account*, mas também como *store of value*. No entanto, se os meios se desenvolvem de modo desigual, impõe-se uma tendência que leva a definir os problemas de controle seguindo o meio ou os meios mais fáceis de manejar: "The tremendous trend towards increasing rationalization in the Western world so brilliantly exposed by Max Weber amounts to a net preference to use the most rational yardsticks available in legitimating social action. Relative to the other media and in measurement efficacy this is money. Men, therefore, may prefer to use money as a yardstick even in efforts which do not have the aim of making additions to a society's stock of utility. Even where the aim is to add to solidarity, collective effectiveness, or societal authenticity, men, once committed to rationalization, deploy a variety of cost-benefit analyses to measure their performance. As neither power, influence nor value commitments as media have as yet proved usable as measures of account, they use money instead. But money, designed, so to speak, to measure utility cannot reflect adequately what it is supposed to reflect, – additions to the other realities of societal functions. A whole host of social problems from urban renewal to delinquency prevention projects remain a mess, in part because of the use of money for ends that money alone cannot serve."[144] Desse modo, a destruição do entorno urbano, resultante do crescimento capitalista desordenado ou da superburocratização do sistema escolar, pode ser interpretada como "abuso" do meio "dinheiro" ou do meio "poder". E abusos resultam da falsa percepção dos participantes, que pensam que a solução racional dos problemas de controle só pode ser conseguida mediante relações calculadas com o dinheiro e o poder.

No entender de Baum, a teoria dos meios deve criticar tal percepção distorcida e desenvolver pressões para que se consiga chegar a um emprego mais cuidadoso dos meios mais avançados, despertando a consciência para o fato de que os meios "influência" e "compromisso valorativo" têm de superar seu atraso. Ora, Baum só poderia argumentar dessa forma se estivesse disposto a atribuir um peso valorativo aos estados de equilíbrio de sistemas, nesse caso o desenvolvimento equilibrado dos quatro meios de controle postulados para a sociedade. Todavia, Parsons sempre se recusou a atrelar a teoria sistêmica da sociedade a premissas normativas. Isso pode explicar por que Baum tenta introduzir nesse ponto as representações e os ideais normativos, contidos nas tradições culturais das sociedades.

---

144. Baum, 1976c, pp. 604 ss.

Para explicar as deformações sistemáticas da percepção, que induzem a preferências por determinados meios perigosos, Baum apela para a seletividade das imagens de mundo dominantes. De acordo com o tipo da "boa sociedade", projetada e sugerida por uma determinada imagem de mundo, certas funções irão assumir um lugar privilegiado na percepção dos participantes. Ora, tal prioridade pode levar a uma sobrecarga do meio correspondente, provocando problemas que não são de sua competência. Entretanto, as próprias imagens de mundo e de sociedade estão sujeitas à dinâmica dos meios. Por isso, não se vê como as imagens de mundo, sob a pressão cumulativa de problemas não solucionados, conseguiriam manter as barreiras normativas por elas levantadas contra uma repartição categorial adequada dos problemas e contra uma distribuição equilibrada do peso entre os diferentes meios. Somente uma resistência *interna* contra as revisões funcionalmente indispensáveis das imagens de mundo e de sociedade, dotada de uma lógica específica, conseguiria explicar as crises, ou seja, as perturbações sistemáticas que representam algo mais do que simples desequilíbrios temporais. Entretanto, nem Baum, nem Parsons dispõem de meios analíticos capazes de identificar tais restrições internas do desenvolvimento cultural. Já a teoria weberiana da racionalização possui essa vantagem, pois opera com pressupostos neokantianos, com um conceito de racionalidade não funcionalista e com um conceito não empirista de validade. Por isso, alguns discípulos de Parsons, que se deram conta de que a teoria da modernidade não consegue se manter sem uma medida capaz de avaliar os processos de modernização sacudidos por crises, estão sendo coerentes quando tentam libertar a teoria parsoniana da cultura de seus revestimentos funcionalistas e sistêmicos.

(2) *Excurso sobre uma tentativa de rekantianizar Parsons.* R. Münch tenta ligar a teoria sistêmica da sociedade, de Parsons, à teoria da racionalização, de Weber. Nesse sentido, ele introduz uma distinção ainda mais nítida que a de Weber entre a racionalização cultural e a racionalização social: "Quando se pretende reconstruir a problemática weberiana envolvendo a explicação do processo de racionalização típico do Ocidente, é necessário decompô-la em duas partes: na primeira, Weber elaborou a conduta da vida racional e metódica própria do Ocidente. Por esse caminho, ele pretendia explicar o impulso que leva à racionalização e à direção geral da racionalização. A direção geral da racionalização é determinada mediante a cosmovisão institucionalizada no interior de um círculo cultural. Sob esse ponto de vista, ele investigou o confucionismo, o hinduísmo e a religião judeo-cristã – especialmente o protestantismo ascético –, interpretando-os como cosmovisões capazes de gerar três atitudes opostas diante do mundo e de determinar a direção geral da racionalização dos modos de vida. Ora, essas três *direções gerais* da racionalização se conectam, por seu turno, com as assim chamadas leis próprias de esferas sociais particulares. Da combinação entre atitudes gerais perante o mundo e leis específicas de esferas sociais resultam as direções específicas da racionalização das esferas sociais particulares, tais como a política, a economia, o direito, a administração e a ciência. A 'legalidade própria' dessas esferas depende do modo como suas respectivas problemáticas são definidas no quadro de um enfoque específico em relação ao mundo."[145] Münch é da opinião de que

---

145. R. Münch. "Max Webers Anatomie des okzidentalen Rationalismus", in *Soziale Welt*, 29, 1978, pp. 217 ss.; aqui pp. 265-6.

a "direção" determinante para o Ocidente consiste na dominação ativa do mundo; apoiando-se em Parsons, ele se limita a sugerir as seguintes características: "universalista-individualista" e "ativista-racionalista". A questão que mais o preocupa, no entanto, tem a ver com a transformação da racionalização cultural em racionalização social.

Weber encarara esse problema no sentido de uma interpenetração: a ética religiosa e o mundo se interpenetram na conduta de vida racional-metódica das camadas portadoras das sociedades do capitalismo inicial; e essa "interpenetração" provoca uma configuração ética do agir cotidiano, atingindo todas as esferas da vida, bem como a institucionalização do agir econômico e do agir administrativo, racionais em termos teleológicos. Entretanto, Weber não conseguiu oferecer um modelo convincente para a *liberação dos potenciais cognitivos*, decisiva para o processo de evolução. Nesse ponto, Münch retoma Parsons. Com o propósito de tomar o surgimento do racionalismo ocidental como exemplo para a *interpenetração dos sistemas de ação*, ele descreve a incorporação institucional e a ancoragem motivacional das estruturas cognitivas, produzidas pela racionalização de imagens de mundo religiosas, utilizando a linguagem da teoria de sistemas: "O elemento específico do desenvolvimento ocidental moderno consiste, para Weber, na interpenetração recíproca entre ética religiosa e mundo, que tem de ser avaliada numa dupla perspectiva: em primeiro lugar, como interpenetração entre comunidade e esfera religiosa (depositária fiel da cultura), mediante a qual a ética da comunidade é sistematizada e universalizada; em segundo lugar, como interpenetração entre a comunidade e as esferas política e econômica, o que possibilita o surgimento de uma ordem econômica e política, fazendo com que a ética da comunidade assuma cada vez mais um caráter objetivo, formal e jurídico."[146]

Münch restaura a teoria weberiana de tal modo que o direito moderno e a ética protestante passam a representar o resultado de uma interpenetração *vertical* entre cultura e sociedade (ou seja, entre os respectivos subsistémas integrativos), ao passo que a economia capitalista e a administração racional do Estado ficam dependentes de uma interpenetração *horizontal* entre o sistema da comunidade – já revolucionado pelas representações morais e jurídicas universalistas – e as esferas da ação econômica e administrativa, que obedecem a leis próprias. Na ótica de uma teoria da evolução, tal processo pode ser descrito da seguinte maneira: "Se pretendemos explicar o desenvolvimento das sociedades ocidentais tomando como ponto de partida seu código genético, temos de formular a seguinte pergunta: como a institucionalização e a internalização de informações genotípicas permitiu a esse código se tornar fenotípico? Ou seja, temos de explicar as estruturas normativas concretas lançando mão do grau de sua ancoragem em comunidades e mediante o grau de interpenetração entre elas e o agir adaptativo."[147]

A terminologia utilizada nessa reformulação chama a atenção para dois pontos principais. Em primeiro lugar, Münch continua utilizando as expressões "institucionalização" e "internalização" para designar a incorporação e a ancoragem de estruturas cognitivas. Por meio delas, Parsons caracterizara a incorporação de padrões de valores culturais, isto é, a incorporação de *conteúdos*; já o di-

---

146. R. Münch. "Über Parsons zu Weber, von der Theorie der Rationalisierung zur Theorie der Interpenetration", in *ZfS*, I, 1980, p. 47.

147. R. Münch. *Rationalisierung und Interpenetration*. Manuscrito, 1980, p. 35.

reito moderno e a ética protestante exprimem uma racionalização social apenas à medida que incorporam ou ancoram as *estruturas formais* de um nível superior da consciência moral. Em segundo lugar, Münch não utiliza a expressão "interpenetração" apenas para o processo "vertical" da implementação social de uma compreensão do mundo descentrada e objetivada, mas também para o cruzamento "horizontal" da moldura institucional – transformada em moral pós-tradicional – com os subsistemas: "Estado" e "economia". Certamente, a institucionalização do agir econômico e do agir administrativo, racionais em termos teleológicos, resulta da ação conjunta de ambas as "interpenetrações". Porém, somente a interpenetração vertical possui um significado equivalente ao da interpenetração entre ética e mundo, isto é, equivalente ao do processo de aprendizagem evolucionária, a qual permite a transformação inovadora da racionalização cultural em racionalização social. Entrementes, somente sob *esse* aspecto pode se dar uma racionalização do *mundo da vida*, que pode ser inferida da racionalidade da *conduta de vida*. Todavia, a interpenetração vertical preenche condições necessárias à horizontal; sabemos que o direito moderno e a ética protestante servem para a institucionalização do dinheiro e do poder, os quais constituem os mecanismos reguladores mediante os quais as sociedades modernas atingem um elevado nível de integração. Münch, no entanto, lança os dois "processos de interpenetração" na mesma vala – e nesse ponto segue Parsons –, uma vez que não distingue suficientemente entre o aumento de complexidade do sistema da sociedade e a progressiva racionalização do mundo da vida.

Münch só consegue manter sua intenção de introduzir na teoria parsoniana o conceito weberiano de "racionalismo ocidental" porque liga Parsons às premissas weberianas, passando a extrair do invólucro teórico-sistêmico o núcleo da teoria da cultura neokantiana. Ou seja, Münch anula, de certa forma, a guinada parsoniana rumo ao funcionalismo sistêmico. Ele apaga todas as conotações essencialistas, considerando os "sistemas" como simples sistemas de referência, analíticos. Eles não "agem" nem "funcionam". Ou seja, Münch interpreta Parsons de tal modo que o esquema de quatro funções já não pode ser utilizado para explicações funcionalistas; pois o esquema não permitiria, segundo ele, manter a afirmação segundo a qual "todo o sistema social depende do preenchimento das quatro 'funções AGIL'. Entretanto, na aplicação do esquema analítico não se segue essa direção. Pois essa aplicação se orienta mais pela tese segundo a qual só podemos explicar um aspecto particular da realidade mediante o tipo de ação conjunta dos sistemas diferenciáveis, dinamizáveis e controláveis de acordo com o esquema analítico"[148]. Münch é levado a essa tese ousada, pois pretende preservar o conteúdo genuíno da tese da racionalização. Por isso interpreta a "diferenciação estrutural... como um resultado de... interpenetração, e não como resultado da adaptação funcional de um sistema a um entorno mais complexo"[149]. Ele explica a interpenetração no sentido da realização de valores, inserida por Parsons em seu conceito "atividade teleológica regulada por valores"[150].

Por isso, ele considera o conceito "hierarquia de controle" como o núcleo de uma teoria estruturalista dos sistemas da ação. E tal interpretação se torna mais plausível quando Münch tenta atualizar o conteúdo filosófico

---

148. Münch, 1980c, p. 33.
149. Münch, 1980c, p. 33.
150. Münch, 1979, p. 397.

confuso, inserido por Parsons no conceito "hierarquia de controle", lançando mão do conceito de interpenetração. A disposição hierárquica das quatro funções – e dos subsistemas correspondentes – só faz sentido quando se admite a premissa segundo a qual o processo de salvaguarda dos sistemas da ação constitui, ao mesmo tempo, um processo de realização de valores. A partir daí, qualquer fato social pode ser analisado como fruto da cooperação entre subsistemas dinamizadores (condicionadores) e controladores do agir. O valor posicional assumido pelos subsistemas na hierarquia de controle é determinado de acordo com suas contribuições – controladoras ou dinamizadoras – para o processo que busca a realização de valores. Nesse contexto, a especificação funcional dos subsistemas passa para segundo plano.

Tal arranjo permite a Münch empregar o conceito de interpenetração num sentido que ultrapassa o nível descritivo. E, uma vez que ele constitui um equivalente para o conceito weberiano de racionalização, tem de ser capaz de absorver conteúdos normativos. A expressão "interpenetração" se refere, simultaneamente, ao *processo empírico* de entrelaçamento recíproco de subsistemas e ao *estado normativo* que dois sistemas atingem quando se interpenetram *equilibradamente* de tal modo que surge a possibilidade de uma solução dos problemas de ambos. Münch distingue adequadamente esse caso de *interpenetração bem-sucedida* dos casos de *isolamento recíproco*, bem como da *adaptação* (dos sistemas controladores aos dinamizadores, que são menos ordenados) e do *estrangulamento* (dos sistemas dinamizadores por meio da preponderância dos sistemas controladores). Ora, tais ideias normativas adotam o *jargon* da teoria de sistemas; entretanto, pouco têm a ver com a ideia normativa de um equilíbrio de sistemas sob as condições de uma elevada complexidade. Elas expressam apenas a intuição segundo a qual existe um *desdobramento de potenciais inseridos na cultura*. A modernização da sociedade pode ser considerada como expressão fenotípica de um código cultural, o qual não constitui apenas um potencial arbitrário de orientações valorativas, devendo ser considerado, em vez disso e com o auxílio da teoria weberiana da racionalização religiosa, como resultado de processos de aprendizagem e como um novo nível de aprendizagem.

Entretanto, a interpretação normativa do conceito de interpenetração, elaborada por Münch, não consegue expressar adequadamente tal intuição. Weber pôde entender a modernização como *racionalização social* porque conseguiu esclarecer antes a racionalidade da moderna compreensão do mundo surgida no Ocidente. Em Münch, inexiste tal passo; ele considera racional um código quando este se adapta a uma "interpenetração entre ética e mundo": "mediante essa forma de institucionalização e de internalização de um sistema de valores, as "sociedades e personalidades atingem um grau crescente de vinculação entre duas orientações opostas, ou seja, entre a preservação ampla de espaços de liberdade – e possibilidades de mudança – e seu caráter ordenado"[151]. Por conseguinte, ao utilizar a expressão "interpenetração", Münch sugere um programa de mediação; o interessante é que, longe de qualquer dialética, ele está convencido do valor das mediações dialéticas! Em vez de se certificar do conceito complexo de racionalidade, que serve de orientação implícita para Weber, ele recai nas representações reificadoras da teoria de sistemas. Em última instância, Münch

---

151. Münch, 1980b, p. 30.

justifica a revalorização normativa da interpenetração da seguinte maneira: "(Pela interpenetração) o mundo se torna cada vez mais complexo, mantendo porém seu caráter ordenado, ou seja, ele aumenta constantemente a *complexidade ordenada*. Temos aqui uma definição do rumo da evolução, ancorada no código 'télico' da *conditio humana*, ou melhor, na compulsão apriorística que leva à constituição do sentido em meio a um mundo complexo e destituído de qualquer sentido direto."[152]

Por conseguinte, Münch interpreta inicialmente a modernidade europeia e americana de modo harmonizador; a seguir, analisa os estados de um equilíbrio diferenciado na perspectiva da realização de valores, que Parsons entendera – à luz da teoria de sistemas – como interpenetração bem-sucedida. Isso significa que Münch tematiza os processos de racionalização social à luz do conceito de interpenetração, lançando mão da interpretação parsoniana da modernidade. E nesse trabalho consegue até ultrapassar o idealismo de Parsons! O que Weber afirmara sobre os inícios da modernidade deve também valer posteriormente, isto é, para seu desenvolvimento a partir do século XVIII: "A interpenetração entre comunidade e economia possibilita concomitantemente a extensão da solidariedade e a expansão da racionalidade econômica, sem prejuízos para nenhuma das partes. Nesse sentido, o agir pode se tornar, a um só tempo, mais moral, mais solidário e mais racional em termos econômicos; e o incremento da solidariedade pode constituir uma das condições do agir econômico e racional, o qual deixa de ser uma atividade meramente utilitarista para ser agir econômico regulado eticamente."[153]

---

152. Münch, 1980b, p. 30.
153. Münch, 1980c, pp. 38 s.

Münch e Parsons coincidem na criação de uma imagem esterilizada das sociedades capitalistas desenvolvidas, descritas como isentas de patologias sociais. E tal coincidência não é simples fruto do acaso. Pois derivam dela as fraquezas complementares de uma construção teórica que arria a distinção entre mundo da vida e sistema, impedindo-a de vislumbrar os indicadores weberianos que apontam para uma modernidade que se decompõe a si mesma. Em seus conceitos fundamentais, Parsons sincroniza de tal modo a racionalização do mundo da vida com o aumento de complexidade do sistema de ação, que se torna impossível vislumbrar os fenômenos de resistência contidos nas esferas da vida estruturada comunicativamente, os quais podem desafiar os imperativos funcionais. Já na teoria da interpenetração, a modernização é interpretada como esgotamento de um potencial cultural. E Münch chega a enfraquecer as pressões oriundas da reprodução material, interpretando-as como condições para a realização de valores. Com isso, porém, ele perde a chance de apreender sua dinâmica sistêmica específica.

VIII
CONSIDERAÇÃO FINAL: DE PARSONS A MARX, PELA MEDIAÇÃO DE WEBER

A estrutura categorial do nosso conceito de sociedade, o qual interconecta aspectos do sistema e do mundo da vida, adquiriu contornos mais precisos durante a discussão dos problemas inerentes à construção da teoria da sociedade engendrada por Parsons. Constatamos que o objeto da teoria da sociedade se modifica no decorrer da evolução social e que, quanto mais a reprodução material do mundo da vida estruturado comunicativamente se diferencia, tanto mais necessária se torna uma análise em termos de uma teoria de sistemas, capaz de desvendar aspectos da socialização que normalmente fogem à intuição. Entretanto, tal mudança de perspectiva precisa ser realizada com todo o cuidado, a fim de não confundir os métodos nem os paradigmas. Constatamos que as tentativas de Parsons para solucionar esse problema não foram bem-sucedidas. De outro lado, tomamos ciência de que Weber investigara fenômenos de racionalização contraditória que pressupõem um enfoque teórico sensível à distinção analítica entre integração social e integração sistêmica. Todavia, por mais que tente aprender com Weber,

Parsons não consegue explorar a fundo os elementos que sua *Consideração intermediária* (*Zwischenbetrachtung*) oferece para a compreensão de nossa época, os quais foram destacados por W. Schluchter. Pois bem, nenhum dos componentes desse diagnóstico perdeu sua atualidade durante as seis ou sete décadas que transcorreram desde então.

Isso vale não somente para a tese da perda de sentido, mas também para a da perda da liberdade. Aos olhos de Weber, o poder unificador não coercitivo – inerente a convicções compartilhadas coletivamente – desfaz-se quando a religião, a metafísica e as figuras de uma razão objetiva, descrita no sentido de Horkheimer, sofrem eclipse. Nesse caso a razão, reduzida aos aspectos cognitivo-instrumentais, coloca-se pura e simplesmente a serviço da autoafirmação subjetiva. Weber menciona um politeísmo dotado de poderes impessoais, um antagonismo entre ordens de valores últimos e uma concorrência entre poderes religiosos irreconciliáveis. Ora, à proporção que a razão se encolhe, transformando-se em razão subjetiva, extingue-se o poder reconciliador que a cultura exerce no campo dos interesses e das convicções particulares[1]. Por outro lado, Weber evoca, numa passagem famosa, "o invólucro da servidão do futuro à qual os homens têm de se submeter – à semelhança dos Felás do antigo Egito – quando uma administração tecnicamente superior passa a constituir o valor último e único a decidir sobre o modo de conduzir seus assuntos pessoais, o que implica uma provisão e uma administração racional e burocrática". A força explanatória desse diagnóstico se torna patente quando passamos a entender a burocrati-

---

1. Sobre a assim chamada "crise de sentido", cf. D. Bell. *The Cultural Contradiction of Capitalism*. Nova York, 1976 (trad. al. Frankfurt/M., 1978); id., *The Winding Passage*. Cambridge, 1980.

zação das esferas da ação como modelo de uma tecnicização do mundo da vida a qual priva as ações dos atores do seu contexto de sentido[2].

Retomarei as considerações weberianas sobre o paradoxo da racionalização social, analisando-as à luz da hipótese mais ampla da "mediatização do mundo da vida", uma vez que essa ideia pode ser formulada de modo mais conciso após a análise da teoria da sociedade de Parsons (1). Entretanto, essa segunda tentativa de absorver o conteúdo de Weber presente no espírito do marxismo ocidental toma como base o conceito "razão comunicativa" (que desenvolvi acima, inspirando-me em Durkheim e Mead). E esse procedimento me obriga a adotar uma atitude crítica, mesmo em relação à tradição marxista. Nas sociedades industriais avançadas do Ocidente, a domesticação dos conflitos de classes por iniciativa do Estado social provoca a reificação das esferas de ação estruturadas comunicativamente; e tal dinâmica continua sendo condicionada pelo capital; no entanto, ela se despe cada vez mais das características específicas de uma classe (2). Mesmo assim, o aprimoramento crítico de alguns princípios básicos do marxismo pode abrir a visão para as aporias da modernização social mais evidentes nos dias de hoje. No final, tentarei delinear as tarefas a serem enfrentadas por uma teoria crítica da sociedade em condições de enfrentar a concorrência com outras teorias (3).

---

2. Sobre a expropriação do ator, privado das próprias ações, cf. R. P. Hummel. *The Bureaucratic Experience*. Nova York, 1977.

1. VISÃO RETROSPECTIVA SOBRE A TEORIA WEBERIANA DA MODERNIDADE

A análise da teoria weberiana da racionalização, desenvolvida no capítulo 2, chegou a resultados conflitantes. Ela revelou, de um lado, que essa teoria continua sendo o instrumento mais promissor para o esclarecimento das patologias sociais que emergem na esteira da modernização capitalista. De outro lado, porém, descobriu um sem-número de inconsistências, as quais sugerem que o conteúdo sistemático dessa teoria tem de passar por uma reconstrução, caso pretendamos continuar a utilizá-la hoje em dia, o que implica um aprimoramento do seu instrumentário conceitual.

O *primeiro problema* resulta do fato de Weber ter analisado a racionalização dos sistemas da ação apenas sob o ângulo da racionalidade teleológica. Ora, quem pretende seguir as pegadas de Weber e descrever adequadamente as patologias da modernidade necessita de um conceito mais complexo de racionalidade, capaz de abranger a modernização da sociedade que ocupa o espaço aberto pela racionalização das cosmovisões ocidentais. Somente então a racionalização dos sistemas de ação pode ser analisada, não somente sob um aspecto parcial cognitivo-instrumental, mas em todas as dimensões prático-morais e estético-expressivas. Tentei resgatar esse desiderato lançando mão da história da teoria sociológica e de uma explicação analítica dos conceitos: "agir orientado pelo entendimento", "mundo da vida estruturado simbolicamente" e "razão comunicativa".

O *segundo problema* tem a ver com uma opção de Weber, que, levado pelas aporias que permeiam sua teoria da ação, equipara o padrão capitalista de modernização à racionalização social em geral. Por isso, ele não conseguiu descobrir que os sintomas do tempo derivavam de uma exploração meramente seletiva do potencial cognitivo armazenado na cultura. Portanto, se quisermos aproveitar o diagnóstico weberiano do tempo, convém levar na devida conta os efeitos patológicos colaterais provocados por uma estrutura de classes, os quais não são captados por uma teoria da ação. Entretanto, quando levamos tais efeitos na devida conta, a evolução dos subsistemas do agir racional-teleológico adquire um novo valor posicional. Entretanto, é necessário estabelecer uma distinção analítica rigorosa entre os subsistemas racionais da atividade administrativa e os sistemas econômicos. Existe, no entanto, outro desiderato, a saber: é necessário passar da análise de orientações da ação, conflitantes entre si, para a análise de princípios antagônicos inerentes à integração social. Discuti inicialmente a tendência que leva à disjunção entre o mundo da vida e o sistema; enfrentei a seguir, apoiando-me em Parsons, o problema de uma possível ligação entre os conceitos fundamentais dos respectivos paradigmas. Não obstante, é necessário perguntar: Será que tal procedimento permite formular uma nova perspectiva de interpretação capaz de sanar as inconsistências contidas nas explicações weberianas acerca do racionalismo ocidental? É chegado o momento de apresentar uma resposta a tal pergunta!

No entanto, antes de prosseguir, convém recapitular as principais *dificuldades detectadas, especialmente as seguintes*:

– Weber tem razão ao descrever a ética da profissão e a correspondente conduta de vida racional e metódica como encarnação de uma consciência moral regida por princípios; entretanto, ele não conseguiu fazer jus ao fato de que a ascese profissional egocêntrica, baseada no particularismo da graça, representa uma encarnação eminentemente irracional da ética da fraternidade religiosa.

– Weber fala numa erosão das orientações da ética profissional e num avanço das orientações instrumentalistas no âmbito do trabalho profissional; porém, as provas apresentadas no sentido de que a erosão da ética profissional é causada por processos de secularização não são convincentes. Uma consciência moral regida por princípios não se vincula necessariamente ao interesse pela salvação pessoal; o que se pode constatar é que, de fato, ela se estabilizou em determinadas camadas sociais, assumindo uma forma secularizada.

– Ao observar os estilos da conduta de vida, Weber constatou que eles configuram dois polos: o polo dos especialistas e o dos hedonistas; porém, não é convincente a afirmação segundo a qual essa polarização resulta do antagonismo que permeia esferas de valores culturais que seguem leis próprias. Pois, em princípio, uma razão substancial que se decompõe em seus momentos pode conservar sua unidade na forma de uma racionalidade procedimental.

– Finalmente, ao considerar o desenvolvimento do direito moderno, Weber descobriu uma discordância sistemática entre dois tipos de racionalização, a saber: a formal e a material; porém, conforme vimos, ele não conseguiu inserir consistentemente no modelo de racionalização das sociedades modernas os problemas de legitimação provocados por uma dominação legal solapada de modo positivista, porque ele próprio defendia ideias juspositivistas.

Ora, é possível sanear o método explicativo weberiano libertando-o dessas e de outras dificuldades semelhantes, caso assumamos os seguintes princípios:

– (p) o desenvolvimento das sociedades modernas, que são acima de tudo capitalistas, exige a incorporação institucional e a ancoragem motivacional de idéias morais e jurídicas de tipo pós-tradicional;

– (q) além disso, a modernização capitalista segue um padrão segundo o qual a racionalidade cognitivo-instrumental não se limita às esferas da economia e do Estado, alastrando-se para outros domínios da vida, estruturados comunicativamente, em que consegue obter a primazia à custa da racionalidade prático-moral e prático-estética;

– (r) esse fato provoca perturbações na esfera da reprodução simbólica do mundo da vida.

A interpretação weberiana do nascimento das sociedades modernas se concentra na afirmação (p); seu diagnóstico da sociedade se refere aos efeitos colaterais patológicos enunciados em (r); no entanto, ele não afirma (q); e tal interpretação é compatível com o ponto de vista da "Reflexão intermediária" acima citada. As afirmações (p), (q) e (r) podem ser interligadas e formar um esboço argumentativo mais solto, caso estejamos dispostos a dar mais dois passos: em primeiro lugar, ampliando o quadro teórico no sentido sugerido, o que permite uma interpretação da ação em termos de uma teoria do agir comunicativo que leva em conta o conceito "mundo da vida" e a perspectiva segundo a qual as estruturas tematizadas por esse conceito evoluem; em segundo lugar, situando os conceitos básicos da teoria da sociedade num duplo plano, o que sugere a progressiva independência dos contextos de ação integrados pelo sistema, os quais se opõem a um mundo da vida que se integra por meio da sociedade.

Do ponto de vista da análise dos processos da modernização, podemos formular a hipótese global segundo a qual um mundo da vida em vias de racionalização é paulatinamente desligado da economia e da administração do Estado, isto é, de esferas de ação organizadas formalmente e em processo de complexificação; e no decorrer desse processo ele é submetido a elas. Tal dependência – consequência da *mediatização* do mundo da vida por obra de imperativos sistêmicos – assume as formas patológicas de uma *colonização interna*, à medida que os desequilíbrios que ocorrem na reprodução material (crises de controle analisáveis à luz de uma teoria de sistemas) já não podem ser compensados, a não ser por meio de entraves na reprodução simbólica do mundo da vida (patologias ou crises de identidade vivenciadas "subjetivamente").

Se tomarmos essa ideia como fio condutor, poderemos ligar as afirmações (p) e (q) interpretando a institucionalização da atividade econômica e administrativa como um processo mediante o qual os meios "dinheiro" e "poder" se ancoram no mundo da vida. A afirmação (q) passa a significar, então, que os subsistemas diferenciados pelos meios "dinheiro" e "poder" passam a um nível de integração superior ao das sociedades de classes organizadas de modo estatal, impondo concomitantemente sua reestruturação (em sociedades de classes constituídas de modo econômico). Finalmente, as afirmações (q) e (r) podem ser interligadas com o auxílio da ideia segundo a qual, nas sociedades capitalistas desenvolvidas, os mecanismos de integração via sistema se alastram atingindo os campos de ação cujo funcionamento depende das condições de uma integração social. Caso adotemos esse esboço e o completemos com os argumentos formulados por Weber, poderemos lançar uma luz nova sobre o processo de surgimento e de desenvolvimento da modernidade. Nas páginas seguintes adotarei o seguinte procedimento: tomarei como ponto de partida a tese weberiana da burocratização (1); retomarei a seguir a explanação do surgimento das sociedades capitalistas (2); e, apoiando-me nessa reconstrução, tentarei reformular o diagnóstico weberiano acerca do nosso tempo (3).

(1) Para Max Weber, a burocratização constitui a chave para entender as sociedades modernas. Pois uma de suas características principais consiste no advento de um novo tipo de organização, ou seja, à medida que a produção econômica assume a forma capitalista com o auxílio de empresários que calculam racionalmente, a administração pública se torna burocrática com o auxílio de funcionários especializados em direito, ou seja, ambas se organizam respectivamente na forma de empresa ou de instituição. Os meios materiais da empresa se concentram nas mãos de proprietários ou de líderes, ao passo que a pertença à organização já não necessita de características adscritivas. Por esse caminho, as organizações adquirem uma grande flexibilidade interna e uma grande autonomia no foro externo. E, como decorrência de sua eficiência, as formas de organização da economia capitalista e da moderna administração do Estado se impõem também em outros sistemas da ação, a ponto de se poder falar numa "sociedade de organizações". Para o sociólogo, esse novo

tipo de organização constitui um exemplo capaz de ilustrar o conceito de um sistema social autorregulado. Por isso, não é casual o fato de as categorias da teoria de sistemas terem sido aplicadas inicialmente na sociologia das organizações[3].

Weber ainda imaginava a atividade das organizações como uma espécie de ação racional-teleológica em grande formato. Segundo ele, para medir a racionalidade de uma organização é necessário analisar até que ponto a empresa ou a instituição possibilita ou garante o agir racional-teleológico dos membros. Entretanto, esse *modelo finalista*, posteriormente abandonado pela nova teoria da organização, não consegue explicar por que as organizações não conseguem resolver basicamente seus problemas de autoconservação por meio do comportamento racional teleológico de seus membros. Além disso, não se pode supor, no âmbito da economia e da administração capitalista, uma dependência linear entre a racionalidade da organização e a racionalidade da ação dos membros. Por isso, o funcionalismo social já não se apoia na racionalidade do saber de sujeitos dotados da capacidade de saber e de agir. Para enfrentar os processos de racionalização social, ele escolhe como ponto de referência a racionalidade do sistema: o "saber" racionalizável se manifesta na capacidade que os sistemas possuem de se autorregularem. Weber entendera a racionalização social como uma institucionalização do agir econômico e administrativo, levada a cabo nas formas de organização da empresa e da instituição; já na teoria de sistemas, o comportamento racional em termos de fins deixa de ser importante: a partir de agora, o que interessa em primeira linha é a con-

---

3. R. Mayntz (org.). *Bürokratische Organisation*. Colônia, 1968.

tribuição funcional que os programas, os cargos e as decisões, os elementos e os estados podem dar para a solução de problemas do sistema[4].

Weber afirma que nas tendências de burocratização da sociedade em geral se impõe não somente a forma mais elevada da racionalidade social, mas também a subsunção mais eficaz dos sujeitos que agem sob o poder objetivo de um aparelho que se tornou autônomo. Um olhar mais atento, porém, descobre que essa tese da perda da liberdade é fruto do sentido ambíguo inerente à expressão "racionalização". Conforme o contexto, seu significado se desloca imperceptivelmente, passando da racionalidade da ação para a racionalidade do sistema. Weber admira a capacidade de organização das burocracias modernas; entretanto, tão logo ele assume a perspectiva dos membros e dos clientes, passando a analisar a reificação das relações sociais nas organizações em termos de despersonalização, ele passa a descrever a racionalidade das burocracias que desenvolvem sua própria dinâmica à margem de atitudes ético-profissionais que são racionais em termos de valores (*wertrational*), lançando mão da imagem da *máquina que trabalha racionalmente*: "Uma máquina sem vida é espírito engessado. E, como consequência disso, ela tem o poder de coagir os homens sob seu serviço e de determinar o dia a dia de sua vida de trabalho, à semelhança do que acontece realmente numa fábrica. Espírito engessado também é a máquina viva representada pela organização burocrática com sua especialização em termos de trabalho, com sua determinação das competências, com seus regulamentos e suas relações de obediência hierar-

---

4. N. Luhmann. "Zweck – Herrschaft – System", in *Der Staat*, 1964, pp. 129 ss.

quicamente estabelecidas."[5] Por conseguinte, em consonância com a máquina morta, a máquina viva da burocracia autonomizada tenta produzir os "abrigos da servidão", aos quais já nos referimos mais acima. Sem dúvida alguma, somente máquinas mortas "trabalham" no sentido de um conceito físico de trabalho; fora disso, dizemos que as máquinas "*funcionam*" mais ou menos bem. A metáfora da máquina *viva* se distancia do modelo finalista, sugerindo a ideia de um sistema que se estabiliza em relação a um entorno contingente. A distinção entre racionalidade sistêmica e racionalidade teleológica só foi introduzida mais tarde; mesmo assim, Weber já intuíra algo semelhante. Em todo o caso, pode-se dar maior plausibilidade à tese da perda da liberdade considerando a burocratização como sinal de um novo nível de diferenciação do sistema. À medida que os meios do dinheiro e do poder permitem aos subsistemas da economia e do Estado se diferenciar de um sistema de instituições inserido no horizonte do mundo da vida, despontam *esferas de ação organizadas formalmente,* não mais integradas pelo mecanismo do entendimento, as quais irão se destacar dos contextos do mundo da vida, cristalizando-se numa espécie de socialidade sem normas.

As novas organizações geram perspectivas sistêmicas, à luz das quais o mundo da vida é percebido como algo distanciado e confuso, que não se distingue dos componentes do respectivo entorno. Elas se tornam autônomas mediante uma *delimitação neutralizadora, que se contrapõe às estruturas simbólicas do mundo da vida*; e nesse processo elas se tornam *indiferentes* em relação à cultura, à sociedade e à personalidade. Luhmann chega a descrever esses efeitos como "desumanização da sociedade".

---

5. Weber, 1964, p. 1060.

Parece que a realidade social global se encolhe, assumindo a forma de uma realidade organizacional sem vínculos normativos. De fato, porém, a "desumanização" significa apenas que, graças aos meios de controle, certos campos de ação organizados formalmente se separam do mundo da vida; por isso, ela não significa apenas uma despersonalização no sentido de uma separação entre sistemas de ação organizados e estruturas da personalidade, pois uma neutralização semelhante pode ser comprovada nos outros dois componentes do mundo da vida. Tratarei inicialmente da relação de indiferença entre personalidade e organização.

Empresas e institutos modernos levam a sério o princípio da filiação voluntária. Pois aos olhos dessas instituições os motivos, as orientações valorativas e as realizações necessárias de um ponto de vista funcional são definidos como contribuições dos membros da organização. Por meio das condições de filiação, e com o auxílio da disposição generalizada em obedecer, uma organização já não depende das disposições concretas para a ação, dos fins, dos contextos particulares ou das características da personalidade, os quais bloqueariam sua capacidade de organização: "A diferenciação do papel de membro constitui uma zona situada entre o sistema e a pessoa, capaz de amortecer impactos e de viabilizar um amplo desengate entre as relações de sentido da atividade conforme ao sistema e os motivos e estruturas de sentido pessoais. Com o auxílio do papel de membro, a motivação que leva à participação no sistema pode ser assegurada e, numa forma generalizada, aproveitada numa estrutura sistêmica interna complexa e flexível no tempo."[6]

---

6. Gabriel, 1979, p. 107; J. Grünberger. *Die Perfektion des Mitglieds*. Berlim, 1981.

A empresa capitalista constitui um bom exemplo histórico de uma relação de indiferença entre uma organização e os que a ela pertencem, reduzidos a "membros" neutros. Aos olhos da empresa, os contextos da vida privada *de todos* os empregados se convertem em mero entorno.

Além do mais, existe uma zona de indiferença entre a organização e a sociedade. Os fatos históricos envolvendo a separação entre a Igreja e o Estado secularizado, bem como o surgimento de um poder estatal leigo e tolerante, ensinam que as formas modernas de organização têm de ser independentes das cosmovisões legitimadoras e das tradições culturais em geral, até então satisfeitas com uma simples interpretação "continuísta". Entretanto, a neutralidade ideológica das organizações lhes permite subtrair-se ao poder das tradições, que limitariam o espaço e a utilização soberana de sua competência em formular programas. Do mesmo modo que as pessoas, na qualidade de membros, são despojadas de sua estrutura de personalidade e neutralizadas quando consideradas simples portadoras de realizações, assim também as tradições culturais – transformadas em ideologias – perdem sua força normativa vinculante, sendo transformadas em matéria-prima para fins de planejamento da ideologia, ou seja, para uma elaboração administrativa de contextos de sentido. As organizações têm de cobrir por si mesmas suas necessidades de legitimação. Luhmann foi quem melhor descreveu o modo como uma cultura reificada e transformada num mero entorno de um sistema é instrumentalizada, a fim de manter a integridade do sistema: "Sistemas de organização se especializam em organizar as conseqüências da ação e as ações de neutralização de seus fins, constituindo assim contextos 'ideológicos' de valores e de interpretação, que trazem impressa a marca de sua relatividade e de sua contingência."[7]

Entretanto, as organizações não se desfazem apenas das obrigatoriedades culturais, das orientações e enfoques específicos da pessoa, uma vez que se tornam independentes dos contextos do mundo da vida, neutralizando o pano de fundo normativo dos contextos de ação eticamente regulados e exercitados informalmente. O elemento social não é absorvido enquanto tal por sistemas de ação organizados, mas dividido em dois tipos de esferas de ação: os constituídos na forma de um mundo da vida e os que são neutralizados em relação aos mundos da vida. Os primeiros são estruturados comunicativamente, enquanto os outros se organizam formalmente. Porém, eles não se encontram numa relação *hierárquica*, em que o nível da interação estaria acima do nível da organização; eles se *contrapõem* simplesmente como dois campos de ação, a saber: a ação integrada sistemicamente e a ação integrada socialmente. Nos campos de ação organizados formalmente, o mecanismo do entendimento linguístico, essencial para a integração social, é parcialmente posto de lado e substituído por meios de controle. Esses, evidentemente, têm de ser ancorados no mundo da vida pelos meios do direito formal. Por essa razão, o *modo como acontece a juridificação* de relações sociais constitui – conforme iremos ver – um bom indicador para os limites que se insinuam entre o sistema e o mundo da vida.

No meu entender, todas as relações sociais que surgem em subsistemas direcionados por meios são organizadas formalmente, uma vez que tais relações são *produ-*

---

7. Gabriel, 1979, p. 102.

zidas por meio do direito positivo. Além disso, elas abrangem as relações de troca e de poder que ultrapassam os limites da organização, constituídos no nível de um direito privado ou público. Nas sociedades pré-modernas, o trabalho social e o poder político se apoiavam em instituições de primeira ordem, que apenas *ganhavam a forma do direito*; já nas sociedades modernas, eles são substituídos por ordens da propriedade privada e do poder legal, que assumem diretamente as formas do direito positivo. Além disso, o direito coativo moderno não se liga mais a motivos éticos; pois ele funciona como um meio de delimitação das esferas em que as pessoas podem usar legitimamente seu arbítrio ou dos espaços em que os detentores do poder podem exercer sua autoridade legal. Nesses campos de ação, as normas jurídicas *substituem* o substrato pré-jurídico da eticidade pública, o qual era tido como uma metainstituição à qual todos se referiam. O direito já não toma como ponto de partida estruturas de comunicação já existentes, uma vez que produz formas de relacionamento e séries de ordens conformes aos meios de comunicação, o que faz com que os contextos do agir orientado pelo entendimento, vivenciados de modo tradicional, sejam deslocados para o entorno de sistemas. De acordo com esse critério geral, os limites entre o sistema e o mundo da vida se configuram mediante a separação entre os subsistemas da economia e da administração burocratizada do Estado, de um lado, e os domínios da vida privada (família, vizinhança e associações livres) e da esfera pública (as pessoas privadas e os cidadãos), de outro lado. Esse ponto também será retomado mais adiante.

As relações sociais que se estabelecem no interior das organizações revelam a constituição de contextos de ação no âmbito do direito formal. Revelam, também, que as redes da atividade comunicativa são deslocadas para o entorno do sistema. As pesquisas empíricas apoiadas na razão orientada por fins não permitem responder até que ponto os espaços viabilizados pela organização formal podem ser utilizados, as atividades indicadas podem ser realizadas ou os conflitos no interior da empresa podem ser abordados; tampouco indicam até que ponto os imperativos da rentabilidade econômica da empresa, aos quais a empresa capitalista está sujeita, interferem nas orientações da ação dos membros da empresa. Não obstante, a racionalidade teleológica não constitui a principal característica das orientações da ação dos membros; o ponto decisivo tem a ver com a circunstância de que todas as ações se encontram sob condições de pertença à organização, ou seja, encontram-se sob as premissas de um campo de interações reguladas pelo direito. Ao entendermos as empresas como sistemas autorregulados, a organização jurídica passa para o primeiro plano.

Contra os princípios idealizadores do modelo clássico da burocracia, foi levantada a seguinte objeção: quando a estrutura organizacional – que se manifesta em programas e posições – se transforma num agir organizacional calculado, impessoal e acessível a um controle objetivo e independente da situação, acontecem distorções[8].

---

8. No tocante à situação do trabalho em organizações estatais, St. Wolff chega à seguinte conclusão: "Conseguimos mostrar que tal objetivação é problemática quando se leva em conta a prática concreta da ação do Estado:
  – no aspecto *cognitivo*, o contexto local e histórico do agir social condiciona o trabalho de definição e de tipificação;
  – no aspecto *social*, a aplicação de regulamentações da ação tem de se orientar pelos contextos mais estreitos ou mais amplos da ação, de acordo com a situação;

Nos próprios domínios da ação, organizados formalmente, as interações se entrelaçam mediante o mecanismo do entendimento. A tal ponto que, se todos os processos de entendimento genuíno fossem banidos da organização, já não seria possível manter a regulação formal das relações sociais, nem realizar os fins da organização. Apesar disso, o modelo clássico da burocracia tem razão ao estabelecer que a atividade da organização se encontra *sob as premissas* de uma esfera de interação regulada formalmente. E, uma vez que essa esfera é neutralizada do ponto de vista ético por uma organização moldada juridicamente, *o agir comunicativo perde sua base de validade no espaço interno das organizações*.

Os membros da organização continuam a agir comunicativamente, porém, *com restrições*. Eles sabem que *podem* recorrer a regulamentações formais, não somente em casos de exceção, mas também em casos normais, uma vez que não são *obrigados* a buscar um consenso utilizando meios comunicativos. Sob as condições do direito moderno, a formalização de relações interpessoais significa a delimitação legítima de espaços de decisão, que podem ser *eventualmente* utilizados estrategicamente. As relações no interior da empresa, constituídas por meio da filiação à organização, não substituem o agir comunicativo, porém *extraem dele a força* de suas bases de validade, uma vez que abrem a possibilidade, legítima, de redefinir arbitra-

---

– no aspecto *motivacional*, e precisamente no âmbito de organizações estatais, não é possível sustentar que existe uma motivação de atores sociais orientada *unicamente* por valores de troca, isto é, totalmente estranha ao eu."
(St. Wolff. "Handlungsformen und Arbeitssituationen in staatlichen Organisationen", in E. Treutner, St. Wolff, W. Bonss. *Rechtsstaat und situative Verwaltung*. Frankfurt, 1978, p. 154.)

riamente a esfera do agir comunicativo como uma situação da ação não orientada à busca do consenso. Entretanto, a organização informal, que se encontra na base de toda a organização formal, revela a impossibilidade de uma externalização completa dos contextos do mundo da vida. A organização informal abrange as relações no interior da empresa, reguladas legitimamente, que podem ser moralizadas, mesmo após a juridificação da moldura. Por meio dela, o mundo da vida dos membros, que jamais pode ser ocultado por completo, entra na realidade da organização.

Por conseguinte, podemos afirmar que, na perspectiva interna das organizações, as tendências que levam à burocratização tornam-se cada vez mais independentes (*selbstständig*) em relação aos componentes do mundo da vida, impelidos para o entorno do sistema. E na perspectiva oposta, do mundo da vida, o mesmo processo se apresenta como uma autonomização nociva (*Verselbständigung*). Pois as esferas de ação, integradas via sistema e transferidas para meios de comunicação que não necessitam da linguagem, são *subtraídas* às ordens institucionais do mundo da vida. A constituição de contextos de ação, não mais integrados socialmente, significa que certas relações sociais são desligadas da identidade dos atores agentes. E o sentido objetivo dos contextos de ação, estabilizados funcionalmente, já não pode ser recuperado nem recolhido no contexto das referências intersubjetivas de um agir dotado de sentido do ponto de vista subjetivo; todavia, Th. Luckmann observa que tal sentido pode ser percebido nas experiências e nos sofrimentos dos atores, em que se manifesta como uma causalidade do destino: "O decurso da ação é determinado objetivamente pelo contexto do sentido 'racional-teleológico' da respectiva esfera institucional especializada; todavia, ele já não se encaixa, sem mais nem menos, no contexto de sentido 'subjetivo' da biografia de um indivíduo isolado. Em outras palavras, na maioria das esferas da existência cotidiana tidas como importantes para a manutenção da sociedade, o sentido objetivo da ação já não coincide automaticamente com o sentido subjetivo do agir."[9] Porém, o fato de os sistemas da ação desbordarem o horizonte do mundo da vida e já não serem percebidos pelos atores como uma totalidade não implica necessariamente a existência de problemas de identidade[10]. No entanto, tais problemas se tornam *inevitáveis* quando admitimos a existência de uma tendência *incontida* em direção a uma burocratização *cada vez maior*.

O funcionalismo sistêmico de Luhmann se apoia de fato no pressuposto de que nas sociedades modernas o mundo da vida estruturado simbolicamente foi impelido para certos nichos que restaram numa estrutura sistêmica autônoma pelos quais passou a ser colonizado. Entretanto, tal afirmação pode ser questionada, uma vez que os meios de controle "dinheiro" e "poder" têm de estar ancorados institucionalmente no mundo da vida, ao menos para se poder falar num primado das esferas de ações integradas socialmente perante conjuntos sistêmicos reificados. É verdade que o entendimento, um mecanismo de coordenação, perde parcialmente sua força no interior das esferas de ações organizadas formalmente; porém, a questão da importância a ser atribuída às duas integrações, à social e à sistêmica, é de difícil solução, uma vez que implica comprovação empírica.

---

9. Luckmann, in Gadamer, Vogler, vol. 3, 1972, p. 190.
10. Gabriel, 1979, pp. 168 ss.

Será que as tendências de burocratização, descritas por Weber, culminarão num estado orwelliano em que todos os processos de integração, antes realizados pelos mecanismos de socialização do entendimento linguístico – que considero fundamental –, são transferidos para mecanismos sistêmicos? E será que tal estado não implica uma reorientação de estruturas antropológicas profundas? Tais questões ainda não encontraram respostas satisfatórias. Para mim, a fraqueza metódica de um funcionalismo sistêmico absoluto reside precisamente no fato de que ele escolhe as categorias fundamentais pressupondo que o processo, cujos inícios Weber captou, já está concluído; que a burocratização completa desumanizou a sociedade transformando-a num sistema desligado de um mundo da vida estruturado comunicativamente, o qual é rebaixado ao *status* de um subsistema ao lado de outros. Para Adorno, esse "mundo administrado" constituía a visão mais assustadora; ao passo que para Luhmann ela se transformou num pressuposto trivial[11].

(2) Antes de retomar o diagnóstico weberiano acerca da época atual, lançando mão do conceito "mediatização do mundo da vida", gostaria de examinar se sua tese da burocratização pode ser traduzida para as categorias "sistema" e "mundo da vida" e relacionada com sua teoria da racionalização em geral.

Para a sociedade capitalista emergente, é fundamental a diferenciação entre o sistema econômico e a ordem de poder do feudalismo europeu. Ela se reorganiza, por seu turno, sob os imperativos funcionais do novo modo de produção, assumindo a figura do Estado moderno. Na

---

11. Gabriel, 1979, p. 114, destaca esse aspecto tido como ponto crucial da controvérsia entre Weber e Luhmann.

economia capitalista, as leis do mercado fazem com que a produção seja descentralizada e regulada de modo não político. O Estado – que não se dedica a atividades econômicas produtivas e que, para fazer frente às suas funções ordenadoras, obtém os recursos a partir de rendimentos privados – organiza e garante as relações jurídicas entre os concorrentes, que enquanto pessoas privadas são portadores do processo de produção. Dessa forma, os dois núcleos institucionais, a saber, a empresa capitalista e o moderno aparelho administrativo, passam a ser os fenômenos carentes de uma explicação. Ora, para Weber, a conquista mais significativa no âmbito da empresa capitalista consiste não na institucionalização do trabalho assalariado, mas no caráter planificado das decisões econômicas, que se orientam pelo lucro e pela contabilidade racional. A explicação weberiana não se refere inicialmente ao estabelecimento de mercados de trabalho, que transformam a força de trabalho abstrata num fator de custos na contabilidade empresarial, voltada ao êxito, mas ao "espírito do capitalismo", ou seja, à mentalidade característica do agir econômico dos empresários do capitalismo inicial, a qual é racional-teleológica. Enquanto Marx caracteriza o modo de produção como o fenômeno a ser explicado e analisa a acumulação do capital como o novo mecanismo da *integração via sistema*, Weber canaliza a pesquisa em outra direção. Para ele, o *explanans* consiste na mudança de pólos, ou seja, a economia e a administração do Estado passam para o plano das orientações da ação, racionais em termos de fins; e tais mudanças caem na dimensão das formas da *integração social*. Entretanto, a nova forma de integração social abre a possibilidade de uma institucionalização do mecanismo do dinheiro, permitindo assim novos mecanismos de integração via sistema.

Marx toma como ponto de partida problemas de integração sistêmica, ao passo que Weber se dedica aos problemas da integração social. Ora, separando esses dois níveis analíticos, é possível inserir a teoria weberiana da racionalização no modelo de explicação que esbocei alhures[12], construído sobre os seguintes pontos:

– As capacidades de aprendizagem, adquiridas inicialmente por membros particulares da sociedade ou por grupos marginais, entram no sistema de interpretação da sociedade por meio de processos de aprendizagem exemplares. E as estruturas de consciência, compartilhadas coletivamente, bem como os estoques de saber representam um *potencial cognitivo*, que pode ser utilizado na sociedade, seja em termos de conhecimentos empíricos, seja em termos de interpretações prático-morais.

– As sociedades aprendem à proporção que resolvem problemas, os quais constituem desafios a serem enfrentados no âmbito de um processo evolucionário. Que tipo de problemas? Os que sobrecarregam as capacidades de controle, acessíveis nos limites de determinada formação social. As sociedades podem *aprender de modo evolucionário* à medida que aproveitam as idéias morais e jurídicas contidas nas imagens do mundo, a fim de reorganizar os sistemas de ações e para criar novas formas de integração. Tal processo pode ser imaginado como a incorporação institucional de estruturas de racionalidade já delineadas na esfera institucional.

– O estabelecimento de uma *nova forma de integração social* permite a implementação de um saber técnico-organizatório já existente (ou a implementação de um novo saber), isto é, um *incremento das forças produtivas* e a am-

---

12. Habermas, 1976a, pp. 30 ss. e 175 ss.

pliação da complexidade do sistema. E para a evolução social os processos de aprendizagem no campo da consciência prático-moral têm um papel pioneiro.

De acordo com essa teoria, um impulso evolucionário tem a ver com instituições que possibilitam a solução de problemas sistêmicos geradores de crises na base de elementos que se originam da incorporação de estruturas de racionalidade. Ora, juntamente com a incorporação institucional de estruturas de racionalidade, que já tinham se formado na cultura da velha sociedade, surge um novo *nível de aprendizagem*. Aqui, a institucionalização não significa tornar obrigatórios certos padrões culturais ou certos *conteúdos* de orientação; em vez disso, trata-se de novas possibilidades *estruturais* que se abrem para a racionalização do agir. O processo de aprendizagem evolutivo é representado como implementação de um potencial de aprendizagem. E esse processo tem de ser explicável em termos causais, tendo em vista estruturas e eventos. Não pretendo enfrentar aqui um problema metodológico de difícil solução, que pode ser formulado nos seguintes termos: como apreender conceitualmente a influência recíproca entre estruturas e eventos? Como interpretar o impulso proveniente de eventos geradores de problemas? Quais as categorias mais adequadas à apreensão dos desafios provenientes das possibilidades abertas pelas estruturas?[13]

Quem adota tais orientações hipotéticas está em condições de reconstruir a espinha dorsal da explicação weberiana da seguinte maneira: com relação aos complexos institucionais, característicos do nível de desenvolvimento moderno, é necessário mostrar que eles não são apenas funcionais para a solução de problemas sistêmicos até então insolúveis (i), uma vez que incorporam estruturas

---

13. Cf. Schluchter, 1979, pp. 256 ss.

de uma consciência moral situada num nível superior (ii). A partir daí, a explicação causal passa a consistir na prova de que existe um potencial cognitivo correspondente ao das imagens de mundo racionalizadas (iii); na apresentação das condições sob as quais as incorporações institucionais das estruturas da consciência, já delineadas, podem ser experimentadas e estabilizadas (iv); e na identificação dos processos históricos que permitem entrever a evolução dos processos de aprendizagem (v). Por conseguinte, a explicação causal implica uma combinação de vários tipos de explicações funcionalistas e estruturalistas. Não me encontro em condições de ilustrar tal modelo de explicação; mesmo assim, gostaria de sugerir o modo como o modelo poderia ser "ocupado" com os pontos de vista adotados por Weber para analisar o racionalismo ocidental.

ad i) A tarefa de uma análise funcionalista consistiria essencialmente na apresentação dos problemas sistêmicos da sociedade feudal da alta Idade Média, que não podiam ser solucionados na base de uma produção agrária estruturada sobre o direito do feudo, sobre mercados locais, sobre cidades organizadas na base de associações de artesãos nem sobre um comércio exterior apoiado no consumo de artigos de luxo, uma vez que excediam a capacidade de controle e a capacidade de aprendizagem das classes políticas. A característica especificamente européia não reside propriamente na forma assumida por tais problemas sistêmicos, mas no fato de que eles são apreendidos como *desafios evolucionários*. A segunda tarefa de uma análise funcionalista consistiria em demonstrar por que o modo de produção, formado ao redor do núcleo da empresa capitalista, consegue resolver tais problemas quando se desenvolve um *poder do Estado moderno*, que assegura – para mercados que assumem uma certa dimensão, como é o caso do Estado territorial – a ordem burguesa do direito privado e, com isso, a institucionalização do meio "dinheiro", bem como os pressupostos para a manutenção de um processo econômico despolitizado, sem assumir nenhum compromisso com normas éticas ou orientações de valor de uso[14].

ad ii) À *análise estrutural* seria atribuída a tarefa de explicação das características formais das orientações da ação funcionalmente necessárias para empresas capitalistas e administrações modernas. Weber investigou a normatização do agir racional teleológico sob *aspectos jurídicos* tendo em mente a *ética da profissão*. Entretanto, a ancoragem motivacional das orientações da atividade racional teleológica, que são amplas e constantes a ponto de constituírem um verdadeiro papel profissional, implica a força sistematizadora de uma consciência regulada por princípios. Por isso, a análise estrutural se orienta pela "afinidade eletiva" que existe entre a "*ética protestante*" e o "*espírito do capitalismo*", a qual se cristalizou na moderna cultura da profissão. Weber lança mão da estrutura da ética da consciência, desinstitucionalizada e apoiada no particularismo da graça, para explicar as razões que permitem a essa estrutura penetrar em todas as esferas e estádios da vida, dramatizando o trabalho profissional como um todo e provocando, ao mesmo tempo, a reificação das relações interpessoais. De outro lado, o sistema de instituições exi-

---

14. Para o modelo explicativo marxista, os novos modos de produção não derivam de fatores externos, mas da dinâmica interna do sistema econômico. E aí reside sua força. Cf. nesse contexto a discussão interessante sobre princípios, de P. Sweezy, I. Wallerstein e A. G. Frank, in R. Brenner. "The Origins of Capitalist Development: a Critique of Neo-Smithian Marxism", in *New Left Rev.*, 104, 1977, pp. 25 ss.; B. Fine. "On the Origins of Capitalist Development", in *New Left Rev.*, 109, 1978, pp. 88 ss.

ge um *direito apoiado no princípio da positivação e da fundamentação*, a fim de que o agir racional teleológico possa ser engatado num agir racional com relação a valores. Aqui, a análise estrutural vai à busca dos fundamentos da validade do direito moderno, que substitui a validade tradicional colocando em seu lugar um acordo obtido de forma racional. Tal processo de positivação, de legalização e de formalização do direito, necessário para a institucionalização do dinheiro e do poder e para uma correspondente organização da atividade econômica e administrativa, implica ao mesmo tempo a separação entre a legalidade e a moralidade. Por isso, o sistema jurídico como um todo passa a depender de uma fundamentação autônoma, que só é possível nas categorias de uma moral pós-tradicional.

ad iii) Após identificação das instituições que permitem descrever a passagem para sociedades modernas como um processo de aprendizagem evolucionária, seria preciso demonstrar que as estruturas de racionalidade nelas incorporadas tornaram-se acessíveis *enquanto estruturas de certas imagens de mundo*. Em seus estudos comparativos sobre a ética econômica das religiões, Weber pretendeu realmente mostrar que na linha da tradição judeo-cristã, e somente nela, a racionalização das cosmovisões culminou numa compreensão descentralizada do mundo e numa diferenciação de esferas de valores culturais com sentido próprio; tal fato tornou possível uma interpretação pós-tradicional do direito e da moral. Isso constitui uma *condição necessária* para o processo de "interpenetração entre ética e mundo", ao longo do qual as ordens profanas da sociedade são transformadas.

ad iv) Entretanto, a *explicação causal* da passagem para o mundo moderno poderia ser bem-sucedida caso se consolidasse a possibilidade de encontrar as condições *suficientes* para a utilização, mesmo que seletiva, das inovações institucionais *características*. No item i) constatamos que tais inovações apontam para uma nova forma de integração social; elas abrem espaço para um novo nível de diferenciação sistêmica, permitindo ampliar a capacidade de controle para além das fronteiras de uma sociedade política de classes estratificadas. Fazem parte desse contexto certos fatores sobre os quais Weber discorreu longamente, e retomados ulteriormente por Parsons, a saber: a posição destacada das cidades manufatureiras da Idade Média, os direitos políticos dos cidadãos, a organização rigorosa da Igreja Católica oficial, o papel exemplar do direito canônico, a concorrência entre o poder eclesiástico e o poder secular, a centralização dos poderes de mando no interior de uma sociedade quase homogênea do ponto de vista cultural etc. Outros fatores têm de esclarecer por que os novos complexos institucionais conseguiram se impor e se estabilizar. A sociedade capitalista conseguiu entrar no estágio de uma reprodução autossuficiente e controlada por seus próprios mecanismos propulsores quando a economia de mercado se consolidou, atingindo as dimensões de um Estado territorial. A partir daí, o poder legal se reconfigurou como ordem da constituição e do direito burguês e se estabeleceu uma relação de complementação funcional e de estabilização recíproca entre a economia capitalista e o Estado improdutivo.

ad v) Entretanto, mesmo que o esboço explicativo conseguisse ordenar os acontecimentos históricos sob esses pontos de vista teóricos, ainda restaria a tarefa principal, que consiste em descrever o processo de aprendizagem evolucionária em categorias de movimentos sociais e revoluções políticas. Max Weber se concentrou quase exclusivamente na Reforma e em alguns movimentos sectários oriundos dela; ele não se ocupou das revoluções burguesas nem dos movimentos de massa do século XIX.

Mesmo assim, fareja um vestígio de institucionalização pós-tradicional em novas estruturas da consciência. Tal processo tem início quando as atitudes da ética da profissão se modificam, provocando a institucionalização formal e jurídica das relações de mercado e do poder político, a qual culmina numa ampliação imperial de campos de ação organizados formalmente (e nos efeitos colaterais em termos de patologias sociais provenientes da burocratização). Tal pista é interessante à medida que permite interpretar a formação de subsistemas controlados por meios *a partir de um ângulo de visão que leva em conta o mundo da vida*. Ao focar as atitudes da ética da profissão, Weber descobre que o processo de aprendizagem evolucionária é desencadeado por uma racionalização do mundo da vida, atingindo inicialmente a cultura e a estrutura da personalidade e, a seguir, as ordens institucionais.

Weber se apóia num amplo material histórico, que permite entrever que a ancoragem do meio "dinheiro" no mundo da vida constitui um processo que *se iniciou* quando as orientações racionais da ação passaram a ser ancoradas nos motivos das camadas portadoras do capitalismo inicial; ou seja, antes de assumir uma figura *institucional e jurídica*, esse processo se baseava em orientações da ação *éticas*. A pista parte da ética da profissão, protestante, e chega à ordem do direito privado burguês. O sistema da economia capitalista, que regula o tráfego interno (entre os empresários capitalistas) e externo (as trocas com o Estado que depende de impostos e com as economias que dependem de salários) por meio do dinheiro, não surgiu simplesmente do "*fiat*" de um legislador que decidiu utilizar meios jurídicos de organização a fim de implantar um novo modo de produção. Os Estados absolutistas, em que a implantação desse novo modo de produção pôde ser fomentado de modo mercantilista, fazem parte desse processo de acumulação primordial, que se tornou possível graças à atividade racional-teleológica de alguns empresários do capitalismo inicial; entretanto, ele passou a exigir não somente a atividade administrativa, racional e teleológica de funcionários especializados em direito, mas também o disciplinamento repressivo das camadas empobrecidas e desarraigadas, forçadas à disciplina do trabalho capitalista e a formas de vida proletárias. Mesmo assim, a institucionalização das relações de troca econômicas, reguladas pelos mercados, constitui o *fecho* desse desenvolvimento. Convém assinalar que a institucionalização jurídica do meio "dinheiro" nas ordens do direito privado burguês do final do século XVIII e dos inícios do século XIX torna o sistema econômico independente dos motivos externos – especiais e improváveis – de grupos singulares. Após o estabelecimento da economia capitalista como um sistema controlado por meios, tal institucionalização já não depende de uma ancoragem ética, isto é, racional-axiológica, das orientações racionais da ação. O fato de as empresas e organizações já não levarem em conta os motivos da ação de seus membros comprova isso.

Por conseguinte, o caminho da racionalização sugerido por Weber pode ser explicado da seguinte maneira: quando as estruturas simbólicas do mundo da vida atingem um nível de diferenciação suficiente, as esferas da ação formalmente organizadas podem se afastar dos contextos do mundo da vida. A juridificação das relações sociais exige um elevado grau de generalização de valores, uma ampla desconexão do agir social em relação aos contextos normativos, bem como a bifurcação da eticidade concreta em moralidade e eticidade. Por isso, o mundo da vida tem de passar por um processo de racionalização até o ponto em que campos da ação eticamente neutralizados possam ser regulados legitimamente com o auxílio de procedimentos formais envolvendo a criação e a fundamentação de normas. Além disso, a tradição cultural tem de estar diluída até o ponto em que ordens legítimas possam prescindir de fundamentos dogmáticos apoiados em tradições. E, no contexto de esferas de ação normatizadas de modo abstrato e geral, as pessoas têm de estar em condições de agir autonomamente, a ponto de poderem passar dos contextos moralmente definidos da atividade orientada pelo entendimento a campos de ação organizados juridicamente, sem que isso implique uma ameaça à sua própria identidade[15].

(3) Se introduzirmos tal interpretação da teoria weberiana em nosso modelo explicativo, o paradoxo da racionalização social que transparece nos fenômenos da burocratização poderá ser interpretado de outro modo. A perda da liberdade atribuída por Weber à burocratização já não pode ser entendida como fruto de uma mudança ocorrida na racionalidade prática e racional-teleológica (*wertrational*), a qual se transforma em racionalidade teleológica destituída de raízes éticas. Em nosso modelo, os respectivos fenômenos já não podem ser descritos como orientações altamente racionalizadas da ação. Eles são interpretados como *efeitos de uma disjunção entre mundo da vida e sistema*. O paradoxo já não decorre das relações entre diferentes tipos de orientações da ação, mas das relações entre diferentes princípios de socialização. A racionalização do mundo da vida possibilita a passagem da integração social para meios de controle independentes da linguagem e, com isso, um desmembramento de esferas da ação organizadas formalmente, as quais têm, por seu turno, efeitos retroativos sobre os contextos do agir co-

---

15. Cf. St. Seidman, M. Gruber. "Capitalism and Individuation in the Sociology of Max Weber", in *Brit. J. Soc.*, 28, 1977, pp. 498 ss.

municativo, impondo ao mundo da vida, agora marginalizado, imperativos próprios. A partir daí, a neutralização de atitudes profissionais éticas já não pode ser tida, por si mesma, como indício de uma patologia social. A burocratização que se instala quando a ética é substituída pelo direito constitui apenas um indício de que a institucionalização do meio de controle está se tornando plena.

A adoção de tal interpretação torna supérflua a hipótese da secularização, extremamente questionável, a qual era tomada para explicar a erosão de atitudes da ética da profissão. Isso permite, no entanto, lançar uma nova luz sobre os aspectos irracionais da ética protestante, que não puderam ser entendidos enquanto eram tidos como condição necessária para a ancoragem motivacional do agir racional-teleológico. Porém, se a burocratização deve ser tida como um componente normal do processo de modernização, temos de perguntar: como separar dela as variantes patológicas, que Weber inclui em sua tese da perda da liberdade? Pretendo delinear inicialmente, e com a maior nitidez possível, as relações de troca que se estabelecem entre o mundo da vida e o sistema, a fim de analisar o umbral em que *a mediatização do mundo da vida se transforma numa colonização*.

(a) Interpretamos o capitalismo e o instituto estatal moderno como subsistemas que se diferenciam do sistema de instituições, ou melhor, dos componentes sociais do mundo da vida pelos meios: "dinheiro" e "poder". Entretanto, o mundo da vida revela um modo peculiar de reagir a tal estado de coisas. Na sociedade burguesa, as esferas da ação integradas socialmente assumem a forma de uma esfera privada e de uma esfera pública complementares entre si. O núcleo institucional da esfera privada é constituído pela família, que se especializa em tarefas de socialização, sem encargos de produção, sendo definida

– na perspectiva sistêmica da economia – como entorno das *economias domésticas privadas*. Já o núcleo institucional da esfera pública é formado pelas redes de comunicação intensificadas pelas atividades culturais, pela imprensa e, mais tarde, pelos meios de comunicação de massa, os quais tornam possível a participação de um público de pessoas privadas na reprodução da cultura e na fruição da arte, bem como a participação do público de cidadãos na integração social, viabilizada pela opinião pública. Na perspectiva sistêmica do Estado, a esfera pública cultural e política são definidas como entorno relevante para a *obtenção da legitimação*[16].

Do ângulo dos subsistemas "economia" e "Estado", as interações com o respectivo mundo da vida se realizam na forma de relações de troca ligadas paralelamente. O sistema econômico troca o salário por trabalho (como *input* específico), assim como bens e serviços (como *output* de produtos próprios) pela demanda dos consumidores. A administração pública permuta realizações organizatórias por impostos (como *input* específico) e decisões políticas (como *output* de produtos próprios) pela lealdade das massas.

Entretanto, o esquema só leva em consideração a troca entre esferas de ação que dependem de princípios de integração social diferentes, negligenciando, por conseguinte, as relações de troca que as esferas do mundo da vida e os subsistemas mantêm entre si. Segundo Parsons,

---

16. Analisei detalhadamente a estrutura social da sociedade burguesa in *Strukturwandel der Öffentlichkeit*. Neuwied, 1962 [trad. bras. *Mudança estrutural da esfera pública*. Rio de Janeiro: Tempo Brasileiro, 1984]. Sobre a história dos conceitos "esfera privada" e "esfera pública", cf. L. Hölscher. *Öffentlichkeit und Geheimnis*. Stuttgart, 1979. Sobre a história social da esfera pública, H. U. Gumbrecht et al. (orgs.). *Sozialgeschichte der Aufklärung in Frankreich*, 2 vols., Munique, 1981.

todos os sistemas de ação formam entorno uns para os outros e criam meios próprios, regulando a troca intersistêmica através desses meios. Já o nosso conceito de sociedade, articulado em dois planos, exige a distinção entre as perspectivas do sistema e as perspectivas do mundo da vida. A permuta representada na figura 39 resulta da perspectiva dos subsistemas administrativo e econômico. Dado que a esfera privada e a esfera pública constituem campos de ação estruturados de modo comunicativo, cuja coesão não pode ser mantida através de meios de controle, as relações de troca só podem fluir através de dois meios. Na perspectiva do mundo da vida, essas relações de troca constituem o ponto de cristalização dos papéis sociais do trabalhador e do consumidor, de um lado, e do cliente e do cidadão, de outro (por razões de simplicidade passo por alto a estrutura de papéis inerentes às permutas relacionadas com a arte e com a esfera pública artístico-literária).

Nas categorias (1) e (1a), as relações são definidas mediante *papéis que dependem de organização*. O sistema de ocupação regula sua troca com o mundo da vida mediante o papel do membro de uma organização, ao passo que a administração referida a um público regula essa troca mediante o papel do cliente. Ambos os papéis são constituídos tendo em vista organizações constituídas na forma do direito. Atores que assumem o papel de assalariados ou de clientes da administração pública se desligam dos contextos do mundo da vida e adaptam seu comportamento a campos de ação organizados formalmente. Eles dão uma contribuição específica à organização da qual recebem uma compensação (normalmente na forma de salário) ou eles recebem uma prestação específica da organização, para a qual têm de contribuir (normalmente na forma de impostos).

Fig. 39 *Relações entre sistema e mundo da vida e sistema na perspectiva do sistema*

Ordens institucionais do mundo da vida	Relações de troca	Subsistemas controlados por meios
Esfera privada	1) Trabalhador $\xrightarrow{P'}$ Força de trabalho $\xleftarrow{D}$ Salário 2) Consumidor $\xleftarrow{D}$ Bens e serviços $\xrightarrow{D'}$ Demanda	Sistema econômico
Esfera pública	1a) Cliente $\xrightarrow{D'}$ Impostos $\xleftarrow{P}$ Serviços de organização 2a) Cidadão $\xleftarrow{P}$ Decisões políticas $\xrightarrow{P'}$ Lealdade da massa	Sistema administrativo

D = Meio "dinheiro".
P = Meio "poder".

Do ponto de vista histórico, a monetarização e a burocratização da força de trabalho, bem como as realizações do Estado, não acontecem sem algum tipo de sofrimento, uma vez que exigem em troca a destruição de formas de vida tradicionais. As resistências que se opõem ao desenraizamento da população rural plebeia e do proletariado urbano, as revoltas contra a implantação do Estado absolutista, contra impostos, contra o controle dos preços, contra as prescrições da indústria, contra a prisão de mercenários etc. debruam o caminho da modernização capitalista[17]. Entretanto, as reações inicialmente defensivas são substituídas, desde o século XIX, pelas lutas do movimento organizado dos trabalhadores. A despeito dos efeitos colaterais destrutivos do violento processo de acumulação e de formação do Estado, as novas formas de organização desenvolvem, graças à maior eficiência decorrente de um nível de integração superior, uma grande capacidade de implantação e de resistência. O modo de produção capitalista e o poder legal burocrático são capazes de preencher tarefas da reprodução material do mundo da vida (na linguagem de Parsons: as funções de adaptação e de obtenção de fins), superando nesse ponto as instituições feudais e as instituições do Estado estamental, que vieram primeiro. Trata-se da "racionalidade" da organização empresarial ou institucional, um dos temas constantes de Weber

Com a categoria das relações de troca isso não ocorre, pois os papéis do consumidor (2) e do participante em

---

17. Ch. Tilly. "Reflections on the History of European State-Marking", in id. (org.), *The Formation of National States in Western Europe*. Princeton, 1975, pp. 3 ss.; A. Griessinger. *Das symbolische Kapital der Ehre. Streikbewegungen und collektives Bewusstsein deutscher Handwerksgesellen im 18. Jh*. Frankfurt M., 1981.

processos da opinião pública (2a) são definidos *tendo em vista* esferas de ação organizadas formalmente; eles mesmos, no entanto, *não dependem* da organização. O consumidor estabelece relações de troca, e o membro do público é, à medida que exerce funções de cidadania, membro do sistema político; porém, seus papéis não são produzidos por meio de um *fiat* jurídico, como é o caso do trabalhador e do cliente. As regras jurídicas correspondentes têm a forma de relações contratuais ou de direitos subjetivos públicos; estes têm de ser preenchidos por orientações da ação em que se manifesta uma conduta privada de vida ou a forma de vida política e cultural dos indivíduos socializados. Por isso, os papéis do consumidor e do cidadão apontam para processos de formação anteriores em que se formaram preferências, orientações valorativas, atitudes etc. Tais orientações se formam na esfera privada e na publicidade da opinião pública; por isso, elas não podem ser "compradas" ou "arrecadadas" por organizações privadas ou públicas como se fossem impostos ou força de trabalho. Isso talvez esclareça por que os ideais burgueses têm preferência por esses papéis. A *autonomia da decisão de compra*, de consumidores independentes, e a *autonomia da decisão de votar*, de cidadãos soberanos, constituem sem dúvida postulados da economia burguesa e da teoria do Estado. Tais ficções, no entanto, que implicam determinados padrões de legitimação e de demanda cultural revelam estruturas dotadas de uma lógica própria; elas permanecem ligadas a contextos do mundo da vida, não se abrindo à economia e à política do mesmo modo que a força de trabalho e os impostos, que são grandezas mais abstratas.

Mesmo assim, a força de trabalho não constitui naturalmente uma grandeza abstrata. Marx, aliás, serviu-se do modelo da transformação das ações concretas de trabalho em força de trabalho abstrata – alienada em mercadoria – a fim de estudar o processo de abstração real que tem lugar quando o mundo da vida, ao entrar numa relação de troca com o sistema da ação econômica ou administrativa, é levado a se *adaptar* a um meio de controle. Assim como o trabalho concreto tem de ser transformado em trabalho abstrato para que possa ser trocado por salário, assim também as orientações conformes a valores de uso têm de ser transformadas em preferências de demanda, e as opiniões publicamente articuladas e as manifestações da vontade coletiva têm de ser transformadas, de certo modo, em lealdades de massa, para poderem ser trocadas por bens de consumo e por liderança política. Os meios do dinheiro e do poder só podem regular as relações de troca entre o mundo da vida e o sistema à medida que os produtos do mundo da vida se ajustam aos meios de controle, passando por um processo de abstração que os reduz a *inputs* do subsistema correspondente, o qual necessita de um meio de controle para se relacionar com seu entorno.

Conforme ainda veremos, um processo de abstração semelhante tem lugar na relação que se estabelece entre clientes e administrações do Estado social. Esse processo constitui, aliás, um exemplo de colonização do mundo da vida, o qual acompanha os fenômenos de reificação das sociedades do capitalismo tardio. Tal colonização tem lugar quando a destruição de formas de vida tradicionais já não pode ser compensada pelo preenchimento efetivo de funções da sociedade como um todo. À proporção que certos componentes de conduta da vida privada e de uma forma de vida político-cultural são arrancados das estruturas simbólicas do mundo da vida – mediante a redefinição monetária de fins, de relações, de serviços, de espaços e tempos de vida, bem como mediante a burocratização de decisões, deveres, direitos, responsabilidades e dependências –, percebe-se que os meios "dinheiro" e "poder" estão ligados a certas funções. Com o auxílio da teoria dos meios, de Parsons, descobrimos que somente as esferas de ação que preenchem funções econômicas e políticas podem ser transportadas para meios de controle. Tais meios fracassam nas esferas da reprodução cultural, da integração social e da socialização; pois nessas funções eles não conseguem substituir o mecanismo do entendimento, coordenador da ação. Sua reprodução simbólica, diferentemente da reprodução material do mundo da vida, não pode ser deslocada para os fundamentos da integração sistêmica sem que haja efeitos secundários patológicos.

A monetarização e a burocratização parecem transgredir os limites da normalidade, uma vez que instrumentalizam as contribuições do mundo da vida. Max Weber focaliza as pressões que surgem quando a conduta da vida privada entra numa relação organizada de trabalho ou quando a forma de vida é submetida às diretrizes rígidas de uma autoridade organizada de forma jurídica. Ele interpreta a adaptação do trabalhador à condição de membro de uma organização, bem como a adaptação do cliente à condição de dependente de uma organização, como ameaças à liberdade individual e como possível *privação da liberdade*.

(b) Entretanto, essa mesma moldura teórica permite explicar os fenômenos da perda de sentido que atraíram a atenção de Weber, a saber: os estilos parciais da conduta de vida e o enxugamento burocrático do espaço público político. Nossa interpretação permite prever que, quando os imperativos funcionais das esferas de ação altamente formalizadas se apoderam da esfera privada e da esfera da vida pública, isto é, das esferas do mundo da vida, socializadas por meio da comunicação, irão surgir as interferências observadas por Weber.

À medida que a ética profissional protestante perde influência na conduta da vida privada, o comportamento metódico e racional da vida das camadas burguesas é paulatinamente solapado pelo estilo de vida especializado e utilitarista do "especialista sem espírito" e pelo estilo de vida estético-hedonista do "homem do prazer sem coração", ou seja, mediante modos de vida complementares, logo assimilados pela massa. Ambos os estilos podem se manifestar em diferentes tipos de personalidade. Eles também podem, todavia, apropriar-se da mesma pessoa; e nesse momento acontece uma fragmentação da pessoa, a tal ponto que o indivíduo perde a capacidade de imprimir coerência à sua história de vida.

À proporção que a conduta racional e metódica perde suas raízes morais, as orientações da ação racional-teleológica adquirem autonomia, ou seja, a adaptação inteligente ao meio reificado das grandes organizações vincula-se a um cálculo racional-teleológico e utilitarista dos interesses próprios. A conduta do especialista é dominada por atitudes cognitivo-instrumentais em relação a si mesmo e aos outros. E a obrigação ética para com a profissão cede lugar ao enfoque instrumental direcionado a um ofício, o qual abre perspectivas de ganho e de carreira, não mais oportunidades de assegurar-se da própria salvação pessoal ou de concretizar uma autorrealização secularizada. Por isso, Weber classifica a ideia da profissão/vocação como um *caput mortuum*[*][18]. Já o estilo de vida

---

[*] Tema que já não possui atualidade. (N. do T.)
[18]. Weber, 1964, p. 314.

do homem voltado ao prazer é determinado por atitudes expressivas. Weber considera esse tipo sob o ponto de vista da compensação de frustrações impostas por uma conduta de vida racional. A manifestação esteticamente criativa de uma subjetividade excitável, a dedicação a experiências estéticas e a intensificação da capacidade de viver experiências sexuais e eróticas passam a configurar o centro de um modo de vida que promete a "redenção intramundana, a saber: a libertação do dia a dia da pressão crescente do racionalismo teórico e prático"[19].

Entretanto, Weber teme que a esfera privada perca cada vez mais sua força orientadora. Pois a força interna necessária para substituir a unidade intersubjetiva de um mundo da vida protegido pela tradição e para colocar em seu lugar uma conduta de vida privada com feições subjetivas, orientada moralmente e inspirada na consciência, não pode ser obtida do modo de vida instrumentalista, nem do estilo de vida expressivo, nem de uma combinação de ambos.

A esses *problemas de orientação* correspondem *problemas de legitimação* na esfera pública, uma vez que, no entender de Weber, todo poder legal e burocrático provoca uma atrofia da legitimação que é inevitável objetivamente mas insuportável do ponto de vista subjetivo. A atividade política se reduz à luta pelo poder legítimo e pelo exercício dele. Além disso, ele constata "a eliminação total de todo elemento ético nos arrazoados políticos"[20]. A legitimidade do poder, monopolizada pelo Estado moderno, consiste na legalidade de decisões e na manutenção de procedimentos conformes ao direito, e a legalidade se apoia, em última

---

19. Weber, 1963, p. 555.
20. Weber, 1963, p. 548.

instância, no poder dos que podem definir o que deve valer como procedimento conforme ao direito.

Weber pensa que tais consequências não se impõem apenas a ele, na qualidade de cientista social; pois ele supõe que elas determinam também as premissas da ação dos cidadãos que participam do processo de legitimação. Aos olhos deles, uma ordem política que não é mais capaz de uma justificação normativa nem suporta uma luta pelo poder político – travada em nome de crenças subjetivas – já não está em condições de assegurar legitimação. E um sistema político que já não tem à sua disposição a força vinculante de cosmovisões metafísico-religiosas está ameaçado com a perda da legitimidade. Weber teme especialmente a sobrecarga resultante de expectativas de legitimação falsas, não mais resgatáveis, como também a insatisfação dos que não conseguem se conformar "com o fato básico" de que "nosso destino consiste em viver numa época distanciada de Deus e dos profetas"[21], o que os leva a procurar falsos profetas ou sucedâneos. Weber não acredita que o niilismo heroico, o único capaz de se adequar ao modo de legitimação de um tipo de poder apoiado no ceticismo em relação a valores, possa ser socializado entre a massa da população. Ainda mais que "o moderno despertar dos problemas de classes" faz com que se fortaleçam entre os operários, com o apoio de ideólogos do direito, os "motivos gerais que enfraquecem o formalismo jurídico". O poder legal se constrói sobre um formalismo fraco do ponto de vista da legitimação e de difícil aceitação por parte dos sujeitos, uma vez que ele ofende "os instintos das classes não privilegiadas, as quais exigem justiça material"[22].

---

21. Weber, 1958, p. 610.
22. Weber, 1964, p. 654.

Segundo Weber, os problemas de orientação existentes na esfera privada e os problemas de legitimação política decorrem da decomposição da razão substancial, implicando uma "perda de sentido". Entretanto, ele não conseguiu demonstrar que a polarização entre o especialista e o homem dos prazeres resulta do antagonismo entre esferas de valores dotadas de leis próprias, nem provar que a fraca legitimidade do poder legal, solapado de modo positivista, decorre do padrão de racionalização das sociedades modernas. Entretanto, em nossa versão da tese da burocratização, os fenômenos descritos na crítica à era presente podem ser interpretados como consequência de uma colonização do mundo da vida levada a cabo por imperativos sistêmicos, que reprimem os elementos prático-morais excluindo-os dos domínios da conduta da vida privada e da esfera pública política. As causas da unilateralização dos estilos de vida e das necessidades de legitimação não satisfeitas não devem ser buscadas na irreconciliabilidade de esferas de valores culturais ou no choque entre as ordens vitais racionalizadas à sua luz, mas na monetarização e na burocratização da prática cotidiana, no âmbito da esfera privada e da pública. A partir daí, as observações críticas tecidas por Weber tendo em vista seu tempo adquirem novo significado.

À medida que o sistema econômico submete a seus imperativos a forma de vida das economias domésticas privadas e a conduta de vida de consumidores e assalariados, o consumismo e o individualismo possessivo, bem como os motivos relacionados com o rendimento e a competitividade, se transformam na força configuradora. A prática comunicativa cotidiana é racionalizada unilateralmente a favor de um estilo de vida marcado pela especialização e pelo utilitarismo; e tal mudança para orientações da ação racional-teleológicas, induzida pelos meios, provoca a reação de um hedonismo que tenta aliviar essa pressão oriunda da racionalidade. Do mesmo modo que o sistema econômico solapa a esfera privada, a esfera pública é esvaziada pelo sistema administrativo. A burocracia se apodera dos processos espontâneos de formação da opinião e da vontade, privando-os de seu conteúdo; a partir daí, amplia-se o espaço para uma mobilização planejada da lealdade das massas e se facilita, de outro lado, a separação entre as decisões políticas e os contextos concretos da vida que formam a identidade e fornecem elementos para a legitimação. À proporção que tais tendências se impõem, surge a imagem weberiana de um poder legal que redefine as questões práticas em termos técnicos, rejeitando as exigências de justiça material e acenando para a ideia positivista de uma legitimação mediante procedimentos.

No entanto, quando passamos a interpretar os problemas de legitimação e de orientação não como destruição das condições cognitivas sob as quais os princípios metafísicos e religiosos conseguem desenvolver sua força fundadora de sentido, mas como decomposição de contextos vitais integrados socialmente que são, a seguir, adaptados às esferas de ação da sociedade capitalista e do aparelho do Estado burocrático, organizados formalmente, temos de colocar a seguinte pergunta: qual é o valor da tese weberiana acerca da perda do sentido? É que, em virtude da instrumentalização do mundo da vida por obra das coações sistêmicas, a prática comunicativa cotidiana sofre com as orientações instrumentais e cognitivas da ação, tendendo para reações correspondentes. Porém, tal racionalização unilateral ou reificação da prática cotidiana, que naturalmente depende do jogo entre os elementos cognitivos, prático-morais e estético-expressivos, não pode ser confundida, na minha opinião, com o fenômeno complementar do empobrecimento cultural, que ameaça a substância tradicional de um mundo da vida desvalorizado. Tal fenômeno pode ser caracterizado como "perda de sentido", porém não no mesmo sentido da tese weberiana.

(c) Segundo Weber, o que caracteriza a modernidade cultural é o fato de que a razão substancial expressa nas imagens de mundo religiosas e metafísicas se decompõe em seus momentos característicos, que a partir de agora só podem ser mantidos juntos de modo formal, isto é, na forma de uma fundamentação argumentativa. À medida que os problemas transmitidos pela tradição podem ser isolados sob os pontos de vista específicos da verdade, da correção normativa, da retidão, da autenticidade ou da beleza e tratados respectivamente como questões de conhecimento, de justiça e de gosto, chega-se a uma diferenciação entre as esferas de valor da ciência, da moral e da arte. Nos respectivos sistemas culturais de ação, os discursos científicos, as investigações sobre a moral e o direito, bem como a produção artística e a crítica da arte, são institucionalizados como assuntos que dizem respeito a especialistas. Ora, a elaboração profissionalizada da tradição cultural sob um *único* aspecto de validade abstrato permite a emersão das características próprias dos conjuntos de saber: cognitivo-instrumentais, prático-morais e estético-expressivos. A partir de agora, começa a adquirir contornos concretos uma história *interna* das ciências, da teoria da moral, da teoria do direito e da arte – certamente não se trata de desenvolvimentos lineares, mas de processos de aprendizagem.

Como consequência dessa profissionalização, aumenta a distância entre as culturas de especialistas e o grande público. Isso significa que aquilo se acrescenta à cultura mediante a elaboração especializada e a reflexão não se torna, sem mais nem menos, posse da prática cotidiana. Entretanto, a racionalização cultural ameaça empobrecer o mundo da vida, já desvalorizado em sua substância tradicional. Tal problemática só foi captada nitidamente no século XVIII, provocando o projeto da *Aufklärung*. Entretanto, os filósofos do século XVIII ainda tinham a esperança de que conseguiriam não somente desenvolver o sentido específico das ciências objetivadoras, dos fundamentos universalistas da moral, do direito e da arte autônoma, mas também de liberar *simultaneamente* os potenciais cognitivos de sua forma esotérica, tornando-os *aproveitáveis* para a práxis, isto é, para uma configuração racional das condições da vida. Iluministas do porte de Condorcet eram animados pela expectativa efusiva de que as artes e as ciências iriam promover não somente o controle das forças da natureza, mas também a interpretação do mundo e de si mesmo, o progresso moral, a justiça das instituições sociais, e inclusive a felicidade do homem.

No século XX, muito pouco restou desse otimismo. Mesmo assim, os espíritos esclarecidos não sabem bem se continuam mantendo, bem ou mal, as intenções do Esclarecimento, se dão o projeto da modernidade como perdido ou se pretendem represar os potenciais cognitivos – à proporção que não confluem para o progresso técnico, o crescimento econômico e a administração racional – nos enclaves de sua forma superior, isolando-os de uma prática de vida apoiada em tradições que se tornaram obtusas.

Ora, os processos de entendimento, que constituem o centro do mundo da vida, necessitam de uma tradição cultural *em toda a sua amplitude*. Na prática comunicativa cotidiana, as interpretações cognitivas, as expectativas morais, as expressões e valorações têm de se interpenetrar formando um conjunto racional mediante a transferência de validade, possível num enfoque performativo. Ora, tal infraestrutura comunicativa é ameaçada por duas tendências que se reforçam mutuamente: a *reificação induzida pelos sistemas* e o *empobrecimento cultural*.

O mundo da vida é assimilado a esferas de ação, que são juridificadas e formalizadas. Isso o impede de receber os afluxos de uma tradição cultural ininterrupta. Como consequência, os sintomas de engessamento, presentes nas deformações da prática cotidiana, se ligam aos sintomas de desertificação. O primeiro momento, a saber, o da racionalização unilateral da comunicação do dia a dia, tem sua origem na autonomização de subsistemas controlados por meios que se reificam além do horizonte do mundo da vida, formando uma realidade anômica, o que lhes permite penetrar, por seus imperativos, nos núcleos do mundo da vida. O segundo momento, da extinção de tradições vitais, é provocado por uma diferenciação entre a ciência, a moral e a arte, o que não significa apenas que os setores elaborados por especialistas se tornam autônomos, mas também que eles rompem com as tradições que perderam sua credibilidade, continuando, porém, a operar normalmente no solo da hermenêutica do cotidiano.

A introdução dos diagnósticos weberianos acerca de nosso tempo no quadro de interpretação de minha teoria da comunicação traz pelo menos uma vantagem: podemos descobrir em que sentido os fenômenos observados podem ser interpretados como patologias, isto é, como sintomas de uma prática cotidiana desvirtuada. No entanto, isso ainda não explica por que patologias desse tipo podem surgir. Até o momento, ainda não reconstruímos por completo o paradoxo da racionalização social. Pois não explicamos por que a diferenciação de sistemas econômicos e administrativos ultrapassa os limites da institucionalização do dinheiro e do poder, funcionalmente necessária; nem por que esses subsistemas desenvolvem uma *dinâmica própria irrefreável*, passando sistematicamente por alto certas esferas da ação, que dependem da integração social. Tampouco esclarecemos por que a racionalização cultural, que libera a legalidade própria das esferas de valores culturais, é encapsulada em culturas de especialistas; também não explicamos por que as ciências modernas servem ao progresso técnico, à promoção do crescimento capitalista e à administração racional, e não à compreensão do mundo e à autocompreensão de cidadãos que se comunicam entre si. Em suma, não apresentamos as razões por que os conteúdos explosivos da modernidade cultural são desativados. Weber, por sua parte, recorre nesse contexto ao sentido próprio das esferas de valores culturais, apelando para a eficácia das novas formas de organização.

Com isso, porém, não se explica por que a modernização segue um padrão altamente seletivo, que parece excluir não somente a criação de instituições da liberdade capazes de proteger as esferas de ação comunicativas – estruturadas na esfera privada e pública – contra a dinâmica reificadora do sistema de ação administrativo e econômico[23], mas também a religação da cultura moderna com uma prática cotidiana empobrecida em termos de

---

23. Essa é a intenção fundamental que serve de diretriz a H. Arendt: *The Human Condition*, Nova York, 1958; trad. al. Munique, 1959. Cf. também J. Habermas. "H. Arendts Begriff der Macht", in id., 1981a; J. T. Knauer. "Motive and Goal in H. Arendt's Concept of Political Action", in *Am. Pol. Sc. Rev.*, 74, 1980, pp. 721 ss.

tradição, que continua, no entanto, na dependência de tradições fundadoras de sentido[24].

O fato de Parsons apoiar sua imagem harmonizadora da modernidade sobre as análises weberianas não é casual. Entretanto, Weber, ao contrário de Parsons, era sensível ao *preço* que a modernização capitalista cobra do mundo da vida para chegar a um novo patamar de diferenciação sistêmica; não obstante, ele também não se ocupou do *mecanismo propulsor* de um sistema econômico autonomizado e em expansão, nem de seu complemento estatal. Aqui talvez seja útil uma explicação de tipo marxiano, pela seguinte razão: pode ser que a referência a uma dominação econômica de classes, que se entrincheira na dinâmica anônima de um processo de aproveitamento desligado de orientações de valor de uso, possa explicar por que os imperativos que Weber atribui à expressão "burocratização" interferem nas esferas da ação estruturadas comunicativamente a tal ponto que os espaços abertos pela racionalização do mundo da vida não podem ser utilizados para a formação da vontade prático-moral, para a autorrepresentação expressiva ou para a satisfação estética.

(d) Caso interpretemos os diagnósticos weberianos do tempo adotando a perspectiva marxiana, o paradoxo da racionalização pode ser reformulado. Pois nesse caso a racionalização do mundo da vida possibilita a diferenciação de subsistemas autônomos, delineando ao mesmo tempo o horizonte utópico de uma sociedade burguesa, em que as esferas da ação dos *Bourgeois* (economia e aparelho do Estado), organizadas formalmente, formam a

---

24. Sobre essa intenção básica da teoria da arte, de Walter Benjamin, cf. J. Habermas. "W. Benjamin – Bewusstmachende oder rettende Kritik", in id., 1981a, pp. 336 ss.

base para o mundo da vida pós-tradicional do *Homme* (esfera privada) e do *Citoyen* (esfera pública). Desde o século XVIII, as características de uma forma de vida em que é liberado o potencial da atividade orientada pelo entendimento refletem-se na autoconsciência da burguesia europeia, humanista, em suas teorias políticas, em seus ideais de educação, na arte e na literatura[25].

As cosmovisões religiosas e metafísicas transferem a função da legitimação do poder para os princípios do direito natural racional; estes justificam o Estado moderno na perspectiva de uma ordem social isenta de coação e centrada nas relações de troca organizadas em termos de um direito privado. Ao mesmo tempo, os ideais burgueses penetram na esfera da vida privada, determinando o individualismo das relações de amizade e de amor, bem como a cultura da moral e dos sentimentos nas relações familiares internalizadas. Nessa visão, o sujeito do direito privado, que se exaure nas relações funcionais da reprodução material, pode ser identificado com o *homem* que se realiza na esfera privada, e com o *homem privado*, que forma, na publicidade e junto com outros, o *público* dos cidadãos.

Tal *utopia racional da época da Aufklärung*[26] foi desmentida pelas realidades da vida burguesa e transmitida como *ideologia burguesa*. Entretanto, essa ideologia constituía uma aparência objetiva, brotada das estruturas de mundos da vida diferenciados, limitados pelas características de certas

---

25. Teóricos de orientação marxista, tais como Adorno, Bloch, Lukács, Löwenthal e Hans Mayer, destacaram esse conteúdo utópico nas obras clássicas da arte burguesa e da literatura; cf. agora L. Löwenthal. *Das bürgerliche Bewusstsein in der Literatur*. Ges. Schriften, vol. 2, Frankfurt M., 1981.

26. P. Kondylis. *Die Aufklärung im Rahmen des neuzeitlichen Rationalismus*. Stuttgart, 1981.

camadas, porém racionalizados. E caso as análises coincidentes de Mead e Durkheim sejam corretas, quando a cultura, a sociedade e a personalidade se separam e, de outro lado, a base de validade do agir orientado pelo entendimento passa a substituir os fundamentos sagrados da integração social, afloram *indícios de uma comunicação cotidiana pós-tradicional*, autônoma, que impõe limites à dinâmica própria dos subsistemas autonomizados. Ela é capaz de romper as cápsulas das culturas de especialistas, conseguindo eludir os perigos da reificação e da desertificação. E tais indícios de tipo quase-transcendental, que superam a ideologia burguesa, são sugeridos pelo mundo da vida.

Não obstante, a racionalização do mundo da vida induzida pelo sistema, a qual abre o caminho para a reificação, também favorece paradoxalmente a perspectiva utópica, que continua atribuindo à modernização capitalista a mácula de ter dissolvido as formas de vida tradicionais sem conseguir repor sua substância comunicativa. Ou seja, ela destrói tais formas de vida, porém não as transforma de modo que o nexo entre os momentos cognitivo-instrumentais, prático-morais e expressivos, que existia numa prática cotidiana não racionalizada, seja preservado num patamar superior mais diferenciado. Contra tal pano de fundo, as imagens das formas de vida tradicionais, rurais e urbano-artesanais, bem como o próprio modo de viver plebeu dos operários do campo, recentemente absorvido pelo processo de acumulação[27], adquirem o encanto melancólico de algo definitivamente perdido e o brilho de

---

27. E. P. Thompson. *Plebejische Kultur und moralische Ökonomie*. Frankfurt M., 1980; P. Kriedte, J. Medick e J. Schimbohm. *Industrialisierung vor der Industrialisierung*. Göttingen, 1978.

uma recordação nostálgica do que foi sacrificado – sem nenhuma compensação – em prol da modernização. Eu me atreveria a afirmar que os processos de modernização trazem em sua bagagem um certo instinto instruído pela razão, isto é, a sensação de que a canalização unilateral e a destruição das possibilidades de expressão e de comunicação na esfera pública e privada diminuem as chances de se conseguir reunir novamente e sem coação, numa prática cotidiana pós-tradicional, os momentos que tinham formado uma unidade difusa e ilusória nas formas de vida tradicionais e nas interpretações metafísicas e religiosas.

Quando interpretamos o paradoxo weberiano da racionalização social dessa maneira, estamos modificando sua argumentação em dois pontos importantes. Entretanto, desde seus inícios no final do século XVIII, a crítica burguesa da cultura atribuiu as patologias da modernidade a uma das seguintes causas: elas aparecem porque as imagens do mundo perdem sua força social integradora ou porque o elevado nível de complexidade da sociedade sobrecarrega a força de integração dos indivíduos. A apologética da cultura burguesa reproduziu os dois argumentos exemplares como um eco, afirmando que o desencantamento e a alienação constituem as condições necessárias da liberdade (esta é representada apenas como decisão individual entre possibilidades de escolha garantidas institucionalmente). Max Weber tentou unir ambos os pares de argumentos e contra-argumentos como um paradoxo inserido no próprio desenvolvimento ocidental. Por meio das teses da perda do sentido e da liberdade, ele retoma os temas da crítica cultural burguesa, modificando-os, ao afirmar que nesses fenômenos a razão do racionalismo ocidental tem de se implantar como se fosse um destino – e com isso ele também vai ao encontro de necessidades apologéticas.

Todavia, as modificações que introduzi nas teses de Weber não se adaptam à linha argumentativa da teoria da cultura burguesa. Pois elas se opõem não somente à linha das argumentações críticas e apologéticas, mas também à sua ligação paradoxal. As deformações que foram objeto de interesse de Marx, Durkheim e Weber não dependem da racionalização do mundo da vida em geral, nem da crescente complexidade do sistema enquanto tal. Além disso, a secularização das cosmovisões e a diferenciação estrutural da sociedade não têm, por si mesmas, efeitos patológicos colaterais. A diferenciação e o desenvolvimento próprio das esferas de valores culturais não provocam o empobrecimento cultural da prática comunicativa cotidiana, uma vez que este só aparece quando as culturas de especialistas se distanciam dos contextos do agir cotidiano comunicativo. A racionalização unilateral e a reificação da prática comunicativa cotidiana não são frutos da disjunção entre formas de organização dos subsistemas controlados por meios e pelo mundo da vida, mas da penetração de formas da racionalidade econômica e administrativa em esferas de ações que resistem à transferência para os meios "dinheiro" e "poder", uma vez que se especializam na tradição cultural, na integração e na educação social, ficando na dependência do entendimento como mecanismo de coordenação da ação. Se pressupusermos, além disso, que esses dois fenômenos, isto é, a perda de sentido e a de liberdade, não são fortuitos, mas induzidos estruturalmente, teremos de tentar explicar por que os subsistemas controlados por meios desenvolvem uma *dinâmica própria incontrolável*, que *provoca* concomitantemente a colonização do mundo da vida e sua segmentação em ciência, moral e arte.

2. MARX E A TESE DA COLONIZAÇÃO INTERNA

O retorno a Marx, ou melhor, à interpretação de Marx sugerida pela recepção de Weber no marxismo ocidental, recomenda-se pelos seguintes argumentos: em primeiro lugar, a dinâmica da luta de classes poderia explicar a *dinâmica própria* inerente à burocratização, ou seja, o crescimento hipertrofiado dos subsistemas controlados por meios, que provoca uma intromissão dos mecanismos de controle – administrativos e monetários – no mundo da vida. Em segundo lugar, a reificação de esferas de ação estruturadas comunicativamente não produz, em primeira linha, efeitos *que possam ser atribuídos a determinada classe*. Os fenômenos que Max Weber atribui às tendências de burocratização não caracterizam determinadas situações de classes, mas sociedades modernizadas em geral. Lukács já ligara a teoria da racionalização, weberiana, à economia política de Marx, de um modo tal que lhe permitiu interpretar os efeitos colaterais do processo de modernização não específicos de uma determinada classe como consequências de um conflito de classes, formador de estruturas. Todavia, enquanto Marx pensava que havia um caminho direto ligando a análise da forma da mercadoria à pobreza material dos modos de vida proletários, Lukács conclui que a subsunção da força de trabalho sob a forma da mercadoria permite inferir uma forma de objetividade com o auxílio da qual se torna possível decifrar qualquer "forma de subjetividade das sociedades burguesas". Lukács já tem, pois, na mira uma *deformação objetivadora da subjetividade em geral*, uma reificação da consciência, que atinge não somente a cultura burguesa, a ciência e a mentalidade das camadas burguesas, mas também a autocompreensão economicista e reformista do movimento dos trabalhadores. Por isso, ele pode afirmar que a burguesia compartilha com o proletariado a reificação de todas as manifestações vitais; a posição no processo de produção, que separa as duas classes, privilegia os trabalhadores assalariados, porém apenas no tocante à possibilidade de *reconhecer* a causa da alienação, a saber, a subsunção de contextos vitais sob a forma de uma mercadoria. Somente quando a teoria da reificação for conectada à teoria da consciência de classes, ela poderá atribuir a racionalização abrangente a uma estrutura de classes, cujas condições determinam os processos de modernização das sociedades capitalistas.

Entretanto, constatamos que tal filosofia da história com feições hegelianas acarreta consequências inaceitáveis, que levaram Adorno e Horkheimer a abandonar *a teoria da consciência de classes*. Esses autores resolveram o problema da ligação entre Marx e Weber, apoiando-se ainda mais claramente em Weber. Ora, quando entendemos a racionalização de ordens da vida na perspectiva de Weber, como a institucionalização de um agir racional-teleológico, parece adequado interpretar a reificação da consciência como expressão da razão instrumental; e, quando pensamos, como ele, que os subsistemas do agir racional-teleológico se solidificam inevitavelmente num invólucro encouraçado, facilmente passamos da teoria lukacsiana da reificação para a crítica da razão instrumental, isto é, para a visão de um mundo totalmente administrado e reificado, em que a racionalidade teleológica se mistura com dominação. Tal teoria possui, além disso, a vantagem de orientar a visão para os sintomas de uma deformação de contextos vitais estruturados comunicativamente, que já não é provocada por uma determinada classe e sim induzida pelo sistema. Porém, sua fraqueza advém do fato de atribuir a erosão do mundo da vida aos sortilégios de uma racionalidade teleológica, que assume as formas demoníacas da razão instrumental. E desse modo a crítica da razão instrumental comete o mesmo erro da teoria weberiana, não podendo nem mesmo colher os frutos dessa teoria que levava em conta, apesar de tudo, os efeitos do sistema.

O conceito de razão instrumental sugere que a racionalidade de sujeitos que conhecem e agem se amplia sistemicamente, constituindo uma racionalidade teleológica de ordem superior. Ora, a racionalidade de sistemas autoregulados assume a figura de uma *racionalidade teleológica totalizada*, cujos imperativos ultrapassam a consciência dos membros que se integram nela. A confusão entre racionalidade da ação e racionalidade do sistema impediu Horkheimer e Adorno, como já impedira Weber, de descobrir a diferença entre a racionalização das orientações da ação no quadro de um mundo da vida diferenciado estruturalmente e a ampliação das capacidades de controle de sistemas sociais diferenciados. Por isso, eles não conseguem localizar a espontaneidade ainda não atingida pelo poder reificador da racionalização sistêmica, a não ser em forças irracionais – na força carismática de líderes ou na força mimética da arte e do amor.

Horkheimer e Adorno desconhecem a racionalidade comunicativa de um mundo da vida, a qual se desenvolveu na sequência da racionalização das cosmovisões, antes de se cristalizar em esferas de ação organizadas formalmente. Somente essa *racionalidade comunicativa*, que se reflete na autocompreensão da modernidade, confere uma lógica interna à resistência contra a mediatização do mundo da vida provocada pela dinâmica própria de sistemas que se tornaram autônomos – não é suficiente a ira impotente de uma natureza que se revolta. Horkheimer e Adorno não conseguem se apropriar do conteúdo sistemático do diagnóstico weberiano da era presente, nem desenvolvê-lo nas ciências sociais, pelas seguintes razões:

– Eles não dão o devido valor à pesquisa de Weber sobre a racionalização das imagens de mundo e sobre o sentido próprio da modernidade cultural.

– Mantêm uma atitude ingênua em relação a Marx (conservando os princípios da teoria do valor como núcleo de sua ortodoxia secreta, o que os torna cegos em relação às realidades do capitalismo desenvolvido, o qual procura satisfazer o conflito de classes por meio do Estado social).

– Também são ingênuos em relação a Weber (mantendo o modelo da racionalidade teleológica, o que os impede de desenvolver a crítica da razão instrumental como uma crítica da razão funcionalista).

Não há necessidade de retomar o último ponto. Quanto aos outros dois, adotarei o seguinte procedimento: em primeiro lugar, tentarei destacar os pontos fracos e as possíveis contribuições da teoria marxiana do valor para uma teoria da reificação traduzida para os conceitos mundo da vida/sistema (1); a seguir, indicarei como a pacificação do conflito de classes pode ser explicada no quadro das democracias de massa, que se apoiam no Estado social, e como a doutrina marxiana da ideologia pode ser ligada às considerações weberianas acerca da modernidade cultural (2). Finalmente, desenvolverei a tese da colonização interna chamando a atenção para certas tendências de juridificação (3).

(1) A superioridade teórica e estratégica do princípio marxiano, a qual se evidencia quando o comparamos com outros projetos teóricos dotados de igual grau de abstração, é fruto de um lance genial que tem a ver com a análise da forma da mercadoria. Pela análise do caráter duplo da mercadoria, Marx conseguiu formular os princípios da teoria do valor, que permite descrever o processo de desenvolvimento das sociedades capitalistas numa dupla perspectiva: na perspectiva econômica do observador, como processo de autoaproveitamento do capital, que se desdobra em meio a crises; e na perspectiva histórica dos interessados (ou participantes virtuais), como interação conflituosa entre classes sociais. Nos conceitos da teoria do valor, é possível explicar a relação de troca entre força do trabalho e capital variável – institucionalizada no contrato de trabalho e fundamental para o modo de produção – como *mecanismo de controle* de um processo de reprodução autorregulado e como *relação reflexiva* que permite entender o processo de acumulação como um processo de exploração anônima.

Marx toma como ponto de partida a ideia de que *a forma* da disputa, que se desencadeia em todas as sociedades de classes quando se trata da apropriação privilegiada da riqueza produzida socialmente, assume feições características quando o modo de produção capitalista se impõe. Nas sociedades estratificadas e estruturadas politicamente, a dinâmica de classes se manifesta no nível dos interesses opostos de grupos sociais; já na sociedade burguesa, ela é ocultada e objetivada pelo meio "valor de troca", o que equivale a uma reificação. O mecanismo do mercado de trabalho institucionalizado mediante o direito privado assume funções do poder social e da exploração econômica, até então institucionalizados numa forma política. Além disso, a monetarização da força do trabalho se torna a base das relações de classes. Por isso, a análise das relações de classes tem de tomar como ponto de partida o caráter duplo da mercadoria "força do trabalho".

De um lado, a força do trabalho se esgota em ações concretas e contextos de cooperação; de outro, é reivindicada como realização abstrata para um processo de trabalho organizado formalmente sob pontos de vista de aproveitamento. Nessa medida, a força do trabalho, vendida pelo produtor, forma uma categoria em que os imperativos da integração sistêmica se encontram com os da integração social; ou seja, enquanto *ação*, ela faz parte do mundo da vida do produtor; e enquanto *realização* pertence ao contexto das funções da empresa capitalista e do sistema econômico como um todo. Marx procura detectar a ilusão que interpreta a força do trabalho como uma mercadoria semelhante a qualquer outra: "A instituição do mercado de trabalho e do 'trabalho assalariado livre' é fictícia, à medida que na mercadoria 'força do trabalho' sempre interessa o que a distingue de todas as outras mercadorias, ou seja, o fato de ela ser força do trabalho 'viva', o que implica: 1. ela não surge para fins de venda; 2. não pode ser desligada de seus proprietários; 3. só pode ser colocada em movimento por seus proprietários. Tal junção ineludível entre sujeito e força do trabalho faz com que, no trabalho assalariado, as categorias 'agir' e 'funcionar', 'integração social' e 'integração sistêmica' estejam indissoluvelmente entrelaçadas."[28]

As relações do trabalho assalariado neutralizam as realizações dos produtores em relação ao contexto de suas ações, situadas no mundo da vida. Elas determinam as condições de pertença a uma organização, sob as quais o trabalhador assalariado declara sua disposição de alienar sua força do trabalho como contribuição (de acordo com o programa) para a manutenção da empresa capitalista. Marx qualifica essa força do trabalho transformada em moeda, adquirida como mercadoria que se torna alheia ao contexto vital dos produtores, como *trabalho abstrato*: "Ela é indiferente em relação ao objeto de uso natural e em relação à necessidade de satisfazê-lo; ela é indiferente em relação ao caráter especial da atividade, em relação ao indivíduo trabalhador e em relação à sua situação social. E esses tipos de indiferença se manifestam nas determinações do trabalho que coloca os valores de troca, determinados como 'trabalho igual', 'abstrato', 'sem individualidade', 'indiferenciado', 'geral', 'humano'; além disso, eles se perpetuam nas relações de indiferença... as quais têm a ver com a atitude em relação aos outros e com a atitude dos trabalhadores para consigo mesmos."[29] A análise do caráter duplo da mercadoria "força do trabalho" acompanha passo a passo os lances de neutralização mediante os quais se constitui a força do trabalho abstrata, posta à disposição de imperativos sistêmicos indiferentes ao mundo da vida.

---

28. C. Offe. "Unregierbarkeit", in J. Habermas. *Stichworte zur geistigen Situation der Zeit*. Frankfurt/M., 1979, p. 315.

29. G. Lohmann. "Gesellschaftskritik und normativer Massstab", in A. Honneth e U. Jaeggi (orgs.). *Arbeit, Handlung, Normativität*. Frankfurt/M., 1980, pp. 270-2.

Marx explica tal processo de *abstração real* levando em conta a *objetivação de contextos de ação integrados socialmente*, a qual tem lugar quando as interações já não são coordenadas por normas e valores, nem por processos de entendimento, mas por meio de "valor de troca". Neste caso, os participantes estão interessados, em primeira linha, nas consequências de seu agir. E à medida que se orientam por "valores" num sentido racional-teleológico, como se estes fossem objetos de uma segunda natureza, eles assumem uma perspectiva objetivadora em relação a si mesmos e em relação aos outros, transformando relações sociais e intrapsíquicas em relações instrumentais. Nesse sentido, a transformação do trabalho concreto em trabalho abstrato equivale a um processo de reificação da vida social e da particular. Gostaria de sublinhar inicialmente as virtudes inerentes a esse princípio teórico (a) para então discutir suas fraquezas (b).

(a) Quando nos decidimos a retomar o caminho que vai de Weber a Parsons, descobrimos que a teoria marxiana acerca do valor é importante tanto do ponto de vista metodológico como do ponto de vista do conteúdo. Tal teoria fornece regras para a *relação de troca* entre o sistema econômico e o mundo da vida, *fundamental* para a apropriação da força do trabalho regulada pelo mercado. Tais regras permitem traduzir proposições sistemáticas (sobre relações anônimas entre valores) em proposições históricas (sobre relações de interação entre classes sociais). Dessa maneira, os problemas da integração sistêmica – ou seja, o modelo do processo de acumulação do capital, sacudido por crises – podem ser reproduzidos no nível da integração social e conectados à dinâmica das lutas de classes. Hauke Brunkhorst[30],

---

30. Num trabalho inédito, intitulado *Zur dialektik von Verwertungssprache und Klassensprache*. Frankfurt/M., 1980.

apoiando-se numa interpretação elaborada por E. M. Lange, que discute a teoria de Marx[31], distingue duas linguagens teóricas e duas linguagens observacionais, que se referem – de acordo com os papéis pragmáticos de seus conceitos fundamentais – a estados e eventos típicos do mundo da vida dos capitalistas e dos assalariados ou a relações sistêmicas do aproveitamento do capital. A linguagem das classes (Lc) é formulada com o auxílio de conceitos da teoria da ação, tais como "trabalho concreto", "interesse de classe" etc.; já a linguagem do aproveitamento (La) lança mão de categorias da teoria de sistemas: "trabalho abstrato" e "valor".

No âmago de cada uma dessas linguagens, os conceitos teóricos têm de ser operacionalizados e *subordinados* a conceitos de uma linguagem observacional[32]. A seguir, os enunciados – expressos numa linguagem teórica ou observacional – têm de ser *traduzidos* em enunciados da outra linguagem teórica ou observacional. A partir daí, podemos interpretar a teoria do valor como tentativa de explicitar tais regras de tradução. Assim, a metáfora da transformação do trabalho concreto em abstrato tem a ver com uma intuição, da qual Marx lança mão para esclarecer de que modo enunciados de Lct podem ser traduzidos em enunciados Lvt. Sobre essa base é possível estabelecer, mediante regras de correlação, correspondências entre enunciados em Lvo e Lco. Ora, tais correlações per-

---

31. E. M. Lange. "Wertformanalyse, Geldkritik und die Konstruktion des Fetichismus bei Marx", in *Neue Phil. Hefte*, 13, 1978, pp. 1 ss.

32. Um problema de subordinação bem conhecido tem a ver com a relação entre situações de classes atribuídas objetivamente (a classe em si) e os enfoques e ações objetivamente identificáveis (classe para si); também é famoso o problema de transformação que se coloca quando se tenta correlacionar valores e preços.

mitem concluir que as crises econômicas constituem um risco para a vida dos trabalhadores. Apoiando-se em certas hipóteses empíricas, tais como a dos efeitos de solidarização das formas de cooperação nascidas sob as condições do sistema de fábricas, Marx toma os enunciados que se referem a patologias e desfigurações das formas de vida práticas e os conecta a enunciados sobre a organização política do movimento dos trabalhadores e sobre a dinâmica da luta de classes; trata-se, pois, de formulações de uma teoria da revolução, também formuladas em Lco.

Uma vez que a teoria marxiana liga entre si as categorias da teoria de sistemas e da teoria da ação, torna-se possível descobrir a posição central da teoria do valor. O seguinte esquema, que apresenta as regras de *correlação* de *expressões* ou de *tradução* de *enunciados*, permite visualizar esse ponto:

Fig. 40 *A estrutura das linguagens da ciência em* O capital
(segundo Brunkhorst)

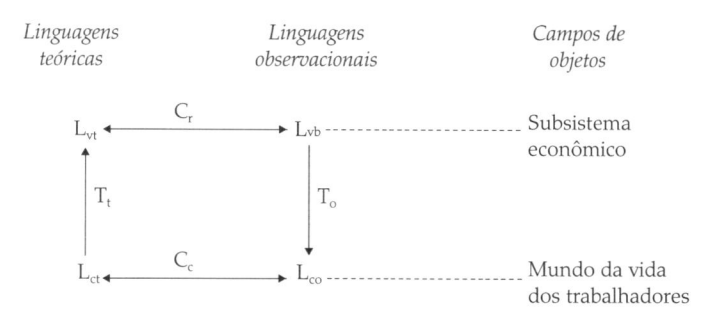

Linguagens teóricas	Linguagens observacionais	Campos de objetos
L_{vt} ←—— C_r ——→	L_{vb}	Subsistema econômico
↑ T_t	↓ T_o	
L_{ct} ←—— C_c ——→	L_{co}	Mundo da vida dos trabalhadores

C = Regras de correlação   T = Regras de tradução

Quando representamos a teoria elaborada em *O capital* lançando mão dessa linguagem científica, compete à teoria explicar as regras de tradução Tt, as quais permitem passar da teoria das classes, que descreve hermeneuticamente relações de trabalho concretas inseridas em contextos do mundo da vida, para a descrição objetivadora (de relações de valor no sistema econômico). Nessa passagem de uma descrição teórica para outra, as referências têm de ser mantidas, a fim de permitir uma eventual retradução de enunciados sobre problemas da integração sistêmica em enunciados sobre problemas da integração social.

Do ponto de vista metodológico, a teoria marxiana do valor é semelhante à teoria dos meios de controle, elaborada por Parsons. *Do ponto de vista do conteúdo*, porém, a conexão entre teoria de sistemas e teoria da ação possui um sentido crítico prévio inexistente em Parsons; Marx *denuncia* o processo de manutenção da integridade do sistema econômico como uma dinâmica da exploração, que se torna irreconhecível em virtude da reificação.

G. Lohmann elaborou uma interpretação original do método marxista, especialmente a intenção da "representação crítica", tomando como ponto de partida textos de *O capital* que segundo ele permitem explicar a relação entre os "excursos históricos" e as "passagens econômicas" em sentido estrito. A verdade sobre o sistema dos processos de troca que abandonam os contextos do mundo da vida só pode ser captada contra o pano de fundo histórico da destruição do contexto vital dos produtores explorados. Ou seja, os segredos do capital só podem ser descobertos por entre os vestígios históricos de destruição provocados pelo sistema econômico capitalista independentizado, que podem ser vislumbrados num mundo da vida submetido a seus imperativos. Quanto mais ele concentra a produção da riqueza social num sistema controlado autonomamente pelo meio "valor de troca", que se tornou um fim em si mesmo – uma vez que equipara a realidade social do mundo do trabalho às categorias fundamentais da teoria de sistemas –, tanto mais o todo se manifesta como a não-verdade. Os excursos históricos desmascaram a "subsunção dos modos de vida e de trabalho pré-capitalistas ao domínio do capital, as ações de resistência e as lutas dos trabalhadores por uma vida de acordo com suas pretensões, mas também a formação de seus processos e das circunstâncias de vida"[33].

Marx se eleva do mundo da vida concreto do trabalho para o plano do aproveitamento econômico do trabalho abstrato; por isso, ele pode retroceder desse nível da análise sistêmica para o nível histórico da representação da prática cotidiana à luz de teoria de classes, como também pode apresentar a fatura dos custos da modernização capitalista. *A dualidade da linguagem da representação teórica* fornece o aguilhão crítico aos conceitos dialéticos em que Marx tenta comprimir sua teoria da ação e do sistema: "Se em Hegel a progressão rumo a categorias mais desenvolvidas constitui um progresso rumo à manifestação da 'verdade', em Marx a crescente compreensão categorial da totalidade constitui um progresso rumo ao descobrimento da *verdade sobre* o capital, ou seja, ele descobre que este constitui, enquanto totalidade, um 'negativo', ou seja, algo modificável historicamente."[34]

(b) Nesse ponto topamos com uma *primeira* dificuldade inerente à teoria do valor. Em minha reconstrução,

---

33. Lohmann, 1980, p. 259.
34. Lohmann, in Honneth e Jaeggi, 1980, p. 251.

tomei tacitamente como ponto de partida o problema da ligação entre o paradigma ação/mundo da vida e o paradigma do sistema, formulado pioneiramente por Parsons. É verdade que se trata de uma estilização arrojada. Marx se movimenta em dois níveis analíticos, a saber: o do "mundo da vida" e o do "sistema"; porém, sua separação não é propriamente *pressuposta* nos conceitos da economia política, que ficam presos à lógica hegeliana. Ademais, o nexo entre as proposições teóricas de ambos os tipos só pode ser elucidado pelo caminho de uma explicação semântica do uso de termos fundamentais responsáveis por um deslocamento de significados quando pressupomos que existe um nexo lógico (no sentido hegeliano) entre o desenvolvimento do sistema e a mudança de estruturas do mundo da vida. À luz desse pressuposto, Marx pode pretender se assegurar – de um só golpe e com o auxílio de uma teoria do valor que *procede semanticamente* – de uma totalidade que junta os dois momentos. Caso contrário, ele teria de se apoiar em pesquisas empíricas sobre as abstrações reais, isto é, sobre as transformações do trabalho concreto *in abstracto*.

De fato, Marx entende a unidade do mundo da vida e do mundo do sistema à semelhança do jovem Hegel, isto é, à luz do modelo da unidade de uma *totalidade ética dilacerada*, que se compõe de momentos separados abstratamente, estando condenados a perecer. Ora, sob tal premissa, o processo de acumulação, livre de qualquer orientação em termos de valor de uso, nada mais é que aparência – o sistema capitalista *nada mais é* que a figura fantasmagórica das relações de classes anônimas. E a autonomização sistêmica dos processos de produção assume o caráter do encantamento. Marx está convencido *a priori* de que em *O capital* ele não se ocupa *de outra coisa a não ser* da figura mistificada de uma relação de classes. E tal instância de interpretação não permite questionar se o nexo entre a economia capitalista e a moderna administração do Estado constitui ou não um nível de integração mais vantajoso do ponto de vista da evolução ou superior ao das sociedades organizadas de modo estatal. Marx entende a sociedade capitalista como totalidade e chega a desconhecer o valor evolucionário próprio dos subsistemas controlados por meios. Ele não percebe que a diferenciação entre aparelho do Estado e economia *também* constitui um nível superior de diferenciação do próprio sistema, o qual abre simultaneamente novas possibilidades de controle e impõe uma reorganização das velhas relações de classes feudais. E esse nível de integração adquire um novo significado por meio da institucionalização de uma *nova relação entre as classes*.

Tal percepção falha traz conseqüências para a teoria da revolução, uma vez que Marx não pretende apenas representar o modo como o processo do sistema de autoaproveitamento do capital, sistemicamente autônomo, é experimentado; ou seja, não quer mostrar apenas que a exploração continuada da vida dos assalariados e a subsunção da força do trabalho sob a forma da mercadoria são capazes de arrancar os trabalhadores de suas condições de vida tradicionais ou que elas desenraízam modos de vida estamentais e plebeus, proletarizando-os em seguida. Ele se preocupa também em delinear uma perspectiva de ação *prático-política*, cujos pressupostos se opõem frontalmente à perspectiva tácita do funcionalismo sistêmico. Pois a teoria de sistemas pressupõe que o processo histórico e mundial da instrumentalização do mundo da vida em benefício de imperativos de sistemas autorregulados, especialmente do mundo do trabalho, denunciado por Marx, chegou ao seu final. Nessa ótica, o mundo da vida marginalizado só poderia sobreviver à medida que se transformasse, por seu turno, num subsistema controlado por meios, expelindo de si mesmo a cápsula vazia da prática comunicativa cotidiana, que é substituída por esferas da ação organizadas formalmente. Opondo-se a isso, Marx tem em vista um estado futuro em que a aparência enganosa do capital terá sido desfeita e o mundo da vida – submetido aos ditados da lei do valor – terá readquirido sua espontaneidade. Ele prevê que as forças do proletariado industrial, que se limitam no início a *desencadear uma revolta*, irão formar um movimento liderado pela vanguarda teoricamente esclarecida, a qual irá assumir o poder político a fim de *revolucionar* a sociedade. Tal vanguarda irá destruir não somente a propriedade privada dos meios de produção, mas também os fundamentos institucionalizados do meio pelo qual a economia capitalista se diferenciou, recolocando o processo de crescimento econômico, que se organizara num sistema autônomo, no horizonte do mundo da vida.

Em Marx, o mundo da vida e o sistema são representados respectivamente pelas metáforas do "reino da liberdade" e do "reino da necessidade". A revolução socialista tem como tarefa libertar o primeiro da ditadura do segundo. E parece que a crítica teórica necessita apenas dissolver o feitiço que tomou conta do trabalho, tornando-o abstrato e subsumido sob a forma da mercadoria; e para que a vanguarda consiga mobilizar o trabalho *criticamente vivificado* contra o trabalho morto, levando o mundo da vida a triunfar sobre o sistema da força do trabalho desenraizado do mundo, basta libertar a intersubjetividade dos trabalhadores, paralisada pelo movimento do capital.

Entretanto, o prognóstico weberiano segundo o qual "a eliminação do capitalismo privado... não iria significar, de forma alguma, a quebra do invólucro encouraçado do moderno trabalho fabril"³⁵ comprovou sua verdade. O erro marxiano deriva, em última instância, do enganchamento dialético entre análise do sistema e análise do mundo da vida, que não permite uma separação suficientemente nítida entre o *nível de diferenciação dos sistemas*, formado na modernidade, e as *formas de sua institucionalização, específicas das classes*. Marx não resistiu às tentações do pensamento hegeliano apoiado na totalidade, interpretando dialeticamente a unidade entre o mundo da vida e o sistema como uma "totalidade falsa". Caso contrário, ele não poderia se enganar sobre o fato de que *qualquer* sociedade moderna, independentemente de sua estrutura de classes, tem de oferecer um elevado grau de diferenciação estrutural.

Isso põe a descoberto uma *segunda fraqueza* do princípio da teoria do valor: Marx não possui critérios para estabelecer uma distinção clara entre a destruição de formas de vida tradicionais e a reificação de mundos da vida pós-tradicionais.

Em Marx – e na tradição marxista –, o conceito de alienação foi aplicado especialmente ao modo de viver dos trabalhadores assalariados. Nos *Manuscritos de Paris*, o modelo expressivista da produtividade criadora, na qual o artista ao desenvolver sua obra desenvolve, ao mesmo tempo, suas próprias forças naturais, ainda constitui a medida para a crítica do trabalho alienado. E essa perspectiva finca raízes na antropologia e na fenomenologia³⁶.

---

35. Weber, 1964.
36. Cf. as contribuições de J. P. Arnason, A. Honneth e G. Markus, in Honneth, Jaeggi, 1980; cf. também minha resposta a Agnes Heller, in Habermas, 1981c.

Não obstante, ao passar para a teoria do valor, Marx se libertou do ideal de formação determinado por Herder e pelo romantismo[37]. A teoria do valor, ao adotar a ideia da troca entre equivalentes, mantém apenas um ponto de vista formal de justiça distributiva, o qual permite julgar a subsunção da força do trabalho sob a forma da mercadoria. A transformação da "força do trabalho concreta" em "trabalho abstrato" faz com que o conceito de alienação perca sua determinabilidade, pois agora ele já não se refere aos desvios em relação ao modelo de uma prática exemplar, mas à instrumentalização de uma vida representada como um fim em si mesmo: "O trabalhador assalariado tem de assumir uma atitude em relação à totalidade de suas *possibilidades de vida* à medida que ele abstrai de uma parte delas de tal modo que são determinadas como *capacidades de trabalho*, passando a ser alienadas como *força* objetificada... Com isso, a vida já não é vivida por causa dela mesma, uma vez que a totalidade das realizações da vida é utilizada para concretizar um determinado tipo de atividade, a alienação da força do trabalho. Aquilo que na 'compra e venda da força do trabalho' é 'colocado' apenas conforme a possibilidade, por meio da integração capitalista – a saber, a redução escalonada de todas as possibilidades de vida a capacidades de trabalho e sua abstração em força do trabalho –, realiza-se, por assim dizer, para trás, no desenvolvimento da produção capitalista."[38]

Tal conceito de alienação mantém-se indeterminado à medida que o conceito "vida" – que oscila entre Aris-

---

37. Ch. Taylor. *Hegel*. Cambridge, 1975, pp. 5-29; trad. al. Frankfurt/M., 1977.

38. Lohmann, 1980, p. 275.

tóteles e Hegel, sendo limitado em suas possibilidades em consequência da violação da ideia de justiça inerente à troca de equivalentes – carece de um *índice histórico*. Marx fala abstratamente da vida e das possibilidades vitais; ele não dispõe de um conceito de racionalização do mundo da vida dotado de estruturas simbólicas diferenciadas. Por isso, no contexto histórico de suas pesquisas, o conceito de alienação permanece curiosamente ambíguo.

Marx utiliza esse conceito para a crítica das condições de vida que surgiram em decorrência da proletarização dos artesãos, dos camponeses e dos plebeus rurais durante a modernização capitalista. Entretanto, ao analisar o desenraizamento repressivo de formas de vida tradicionais, ele não distingue entre a *reificação* e a *diferenciação estrutural* do mundo da vida – pois o conceito de alienação não possui a necessária força discriminadora. A teoria do valor não oferece uma base para um conceito de reificação capaz de identificar síndromes da alienação nos respectivos graus de racionalização atingidos por um mundo da vida. No nível de formas de vida pós-tradicionais, a dor provocada pela separação entre cultura, sociedade e personalidade nos que crescem nas sociedades modernas, e nelas formam sua identidade, é sentida como processo de individuação e não como alienação. Num mundo da vida amplamente racionalizado, a reificação tem de ser medida pelas condições da socialização comunicativa em geral e não por formas de vida do passado pré-moderno, evocadas nostalgicamente, muitas vezes romantizadas.

A *terceira* fraqueza da teoria do valor, que considero decisiva, consiste na generalização excessiva de um caso especial de subsunção do mundo da vida sob imperativos do sistema. Mesmo que *façamos derivar* a dinâmica da luta de classes da "contradição fundamental" entre capital e trabalho assalariado, os processos de reificação não surgem necessariamente na esfera em que são provocados, a saber, no mundo do trabalho. Como foi visto acima, a economia controlada monetariamente depende da complementação funcional por meio de um sistema de ação administrativo, diferenciado pelo meio "dinheiro". Por isso, as esferas da ação organizadas formalmente podem absorver em si mesmas complexos vitais comunicativos lançando mão de *dois* meios: o dinheiro *e* o poder. O processo de reificação pode se manifestar em domínios públicos e privados, aninhando-se tanto no papel do consumidor como no do empregado. A teoria do valor, em vez disso, conta com *um único* canal, pelo qual a monetarização da força de trabalho desapropria os produtores de suas ações de trabalho, transformando-as em realizações abstratas.

Podemos observar uma falha nas bases da teoria do valor, semelhante à que existe em Weber, nas duas linhas do marxismo ocidental que se apóiam em Weber, e em Parsons: pois o modelo da atividade teleológica é tido como fundamental também para o agir social. Marx não conseguiu interpretar a transformação do trabalho concreto em abstrato como caso especial de uma reificação de relações sociais em geral, induzida pelo sistema, porque ele toma como ponto de partida o modelo do *ator que age tendo em vista um fim*, o qual, ao ser expropriado de seus produtos, também perde a possibilidade de desenvolver as forças e potencialidades naturais de seu ser. A teoria do valor é desenvolvida em termos de uma teoria da ação, o que a obriga a situar a gênese da reificação *abaixo* do nível da interação e a tratar como fenômenos *derivados* as deformações decorrentes das relações interativas, ou seja, a "desmundanização" do agir comunicativo – transportado para meios de comunicação – e a consequente tecnicização do mundo da vida. "Tal formato unilateral do conceito fundamental da ação, que só consegue entender a ação como atividade objetiva e produtiva, paga o preço de uma subdeterminação do grau de indiferença, porque a atividade produtiva é reduzida a trabalho abstrato. Por conseguinte, as categorias de Marx são por demais ingênuas quando se trata de determinar as indiferenças da ação necessárias para a integração sistêmica..."[39]

As três fraquezas da teoria do valor que acabamos de analisar podem esclarecer por que a *Crítica da economia política*, apesar de apoiada num conceito de sociedade articulado em dois níveis, em que o mundo da vida é combinado com o sistema, não conseguiu fornecer uma explicação satisfatória do capitalismo tardio. É que o princípio marxiano promove uma interpretação economicista, portanto reduzida, das sociedades capitalistas desenvolvidas. Marx acertou ao afirmar que nelas existe um primado evolutivo da atividade econômica, ou seja, os problemas desse subsistema determinam a linha de desenvolvimento da sociedade em sua totalidade. Entretanto, tal primado não deve nos levar a reduzir a relação complementar entre economia e aparelho do Estado, interpretando-a como uma relação trivial entre base e superestrutura. Opondo-nos ao monismo da teoria do valor, temos de contar com dois meios de controle e com quatro canais, *por meio* dos quais *dois* subsistemas – *que se completam um ao outro* – submetem o mundo da vida aos seus imperativos. Efeitos de reificação podem resultar tanto da burocratização das esferas da vida pública e privada como da monetarização dessas mesmas esferas.

(2) A abordagem crítica da teoria do valor serve como pretexto para inserir a dinâmica de um processo de acu-

---

39. Lohmann, 1980, p. 271.

mulação, convertido num fim em si mesmo, no modelo acima desenvolvido, que tem a ver com as relações de troca entre economia e Estado, entre esfera privada e pública (fig. 39). Tal modelo, além de impedir que caiamos numa interpretação economicista, estreita, oferece uma explicação para as características inerentes aos sistemas políticos de sociedades capitalistas *desenvolvidas*. A ortodoxia marxiana encontra dificuldades para fornecer uma explicação plausível do intervencionismo estatal, da democracia de massa e do Estado do bem-estar social. O princípio economicista fracassa quando tenta explicar a pacificação do conflito de classes e o sucesso alcançado, no longo prazo, pelos programas reformistas e socialdemocratas em sentido amplo, nos países europeus, desde o final da Segunda Guerra Mundial. Pretendo levantar inicialmente os déficits teóricos que prejudicam as tentativas marxistas quando tentam explicar o capitalismo tardio, especialmente o intervencionismo estatal, a democracia de massa e o Estado do bem-estar social (a); em seguida, apresentarei um modelo capaz de explicar as estruturas de compromisso inerentes ao capitalismo tardio, bem como suas fraturas (b); no final retornarei ao papel da cultura, ao qual a doutrina marxiana da ideologia não consegue fazer jus (c).

(a) *Intervencionismo do Estado*. Quando tomamos como ponto de partida um modelo construído sobre dois subsistemas complementares cujos problemas também se complementam, a teoria das crises, apoiada unicamente na economia, torna-se insuficiente. Mesmo que os problemas do sistema sejam consequência de um modo de crescimento *econômico* envolto em crises, os desequilíbrios econômicos podem ser balanceados por meio do Estado que intervém para suprir as lacunas funcionais do mercado. Entretanto, a substituição de funções do mercado por funções do Estado não pode ameaçar o nível de investimento das empresas privadas, que tem de ser preservado em princípio. O crescimento econômico perderia sua *dinâmica* capitalista *própria* e a economia o seu primado, se o processo de produção fosse controlado pelo meio "poder". As intervenções do Estado não podem afetar a divisão do trabalho entre a economia, dependente do mercado, e o Estado, improdutivo do ponto de vista econômico; nas três dimensões centrais (da *garantia* militar jurídico-institucional *dos pressupostos do* modo de produção, da *influenciação da conjuntura* e da *política de infraestrutura* que visa ao aproveitamento das condições do capital), as intervenções estatais mantêm a forma indireta de uma manipulação de condições marginais de decisões de empreendedores privados e a forma reativa de estratégias de defesa ou de compensação de efeitos colaterais. O mecanismo propulsor de uma economia controlada pelo meio "dinheiro" determina esse modo lacunar de se servir do poder de decisão da administração.

Em decorrência desse dilema estrutural, certas tendências de crise, condicionadas economicamente, são elaboradas administrativamente, alongadas, absorvidas e transportadas involuntariamente para o sistema de ação administrativo. Nele, podem assumir diferentes formas, por exemplo a forma de conflitos entre objetivos da política de conjuntura e de infraestrutura, a forma de sobrecarga do fator tempo (endividamento do Estado), a de sobrecarga das capacidades de planificação burocrática etc.; isso pode provocar, por seu turno, estratégias de desafogo com o objetivo de recolocar o peso do problema no sistema econômico. Claus Offe envidou esforços para esclarecer esse padrão complicado de crises e de manobras que tentam contornar as crises, as quais oscilam, sendo deslocadas de um sistema para o outro, de uma dimensão para outra[40].

Democracia de massa. Quando se toma como ponto de partida um modelo com dois meios de controle, a saber, o dinheiro e o poder, a teoria desenvolvida no sentido do funcionalismo marxista é insuficiente. Ao comparar os dois meios, tivemos ocasião de constatar que o poder necessita de uma institucionalização mais pretensiosa que a do dinheiro. O dinheiro está ancorado no mundo da vida por meio das instituições do direito privado burguês; por isso, a teoria do valor pode tomar forma a partir da relação contratual que se estabelece entre os proprietários do capital e os trabalhadores assalariados. Já para o poder não é suficiente o contrapeso jurídico público da organização dos cargos, uma vez que se necessita, além disso, da legitimação da ordem do poder. Sob as condições de um mundo da vida racionalizado, integrado por membros altamente individuados, por normas que se tornaram abstratas, positivas e carentes de justificação, bem como por tradições cuja pretensão de autoridade foi quebrada pela reflexão e diluída comunicativamente, a legitimidade só pode ser produzida, em princípio, mediante procedimentos democráticos de formação política da vontade[41]. Assim, o movimento organizado dos trabalhadores busca o mesmo fim que os movimentos de emancipação burgueses. No final, o processo de legitimação é regulado na base da liberdade de opinião e de organização, por uma concorrência entre os partidos, que assume a forma de eleições livres, secretas e iguais. Entretanto, a partici-

---

40. C. Offe. *Strukturprobleme des kapitalistischen Staates*. Frankfurt/M., 1972.

41. J. Habermas. *Legitimationsprobleme im modernen Staat*. 1976a, pp. 271 ss.

pação política dos cidadãos se encontra sob determinadas restrições estruturais.

Existe uma *indissolúvel* relação de tensão entre o capitalismo e a democracia, uma vez que eles configuram uma concorrência entre dois princípios opostos de integração social. Se dermos fé à autocompreensão expressa nos princípios da constituição democrática, diremos que as sociedades modernas afirmam o primado do mundo da vida contra os subsistemas que se separaram de suas ordens institucionais. O sentido normativo da democracia pode ser formulado numa teoria da sociedade da seguinte maneira: os limites do preenchimento das necessidades funcionais de esferas de ação integradas sistemicamente têm de ser procurados na integridade do mundo da vida, isto é, nas exigências das esferas de ação que dependem da integração social. De outro lado, a dinâmica capitalista do sistema econômico só pode ser preservada à medida que o processo de acumulação é desengatado das orientações do valor de uso. Isso significa que o mecanismo propulsor do sistema econômico tem de ser mantido o mais longe possível das restrições do mundo da vida e, por conseguinte, das exigências de legitimação dirigidas para a esfera da ação administrativa. Do ponto de vista de uma teoria da sociedade, o sentido sistêmico próprio do capitalismo pode ser formulado da seguinte maneira: as necessidades funcionais das esferas de ação integradas pelos canais do sistema têm de ser preenchidas em certos casos à custa de uma tecnicização do mundo da vida. O funcionalismo de sistemas, de cunho luhmanniano, transforma imperceptivelmente esse postulado prático em teórico, o que acarreta a eliminação do conteúdo normativo das esferas da ação.

C. Offe interpretou a tensão entre capitalismo e democracia como concorrência entre dois princípios contrários de integração social: "As sociedades capitalistas se distinguem de todas as outras, não pelo *problema* de sua reprodução ou da *combinação* entre integração social e sistêmica, mas pelo fato de que elas elaboram esse problema fundamental *em todas* as sociedades seguindo *ao mesmo tempo* dois caminhos de solução que se excluem logicamente: o da diferenciação e da privatização da produção *e* o de sua socialização ou politização. Ambas as estratégias se cruzam, provocando uma paralisação mútua. Por isso, o sistema se vê continuamente confrontado com o seguinte dilema: ele tem de abstrair das regras normativas e dos contextos de sentido dos sujeitos e, mesmo assim, não pode prescindir deles. Dessa forma, a neutralização política da esfera do trabalho, da produção e da distribuição é reforçada e, ao mesmo tempo, anulada."[42] Tal paradoxo reaparece em outro contexto: quando os partidos pretendem conquistar o poder do governo ou mantê-lo, têm de conquistar, *ao mesmo tempo*, a confiança dos investidores privados e a lealdade da massa.

O choque entre esses dois imperativos acontece especialmente no âmbito da esfera pública política, em que a autonomia do mundo da vida tem de se comprovar perante o sistema de ações administrativas. O significado da "opinião pública" muda quando passamos da perspectiva do mundo da vida para a do sistema do Estado[43]. As sociologias políticas assumem ora uma, ora outra perspectiva, desenvolvendo-as no sentido de teorias pluralistas, de crítica da ideologia ou de princípios autoritários. De um lado, por exemplo, a opinião pública geral e a vontade dos eleitores, partidos e agremiações é tida como ma-

---

42. C. Offe, in Habermas, 1979, p. 315.
43. N. Luhmann. "Öffentliche Meinung", in id., *Politische Planung*. Opladen, 1971, pp. 9 ss.

nifestação pluralista de um interesse geral: o consenso social é considerado como *primeiro elo* na corrente de formação da vontade política e como *base* da legitimação. De outro lado, o mesmo consenso é tido como resultado da aquisição de legitimação – ou seja, como o *derradeiro elo* na corrente de produção da lealdade das massas que o sistema político procura conquistar para tornar-se independente das restrições do mundo da vida. Entretanto, a oposição entre essas duas linhas de interpretação – empírica e normativa – é falsa; pois, de fato, cada uma delas abrange apenas um dos aspectos da democracia de massa. A formação da vontade, levada a cabo por meio da concorrência entre os partidos, resulta tanto da pressão de processos de formação de normas e valores como do choque produzido pela formação organizacional do sistema político.

O sistema político garante a lealdade das massas por dois caminhos: pelo caminho positivo aberto pela perspectiva de um resgate de programas do Estado social; e pelo caminho seletivo que exclui da discussão pública certos temas e contribuições. E isso pode acontecer não somente mediante o uso de *filtros* sociais e estruturais que controlam o acesso à esfera pública política, mas também pela *deformação* burocrática das estruturas da comunicação pública ou por um *controle* manipulador dos fluxos da comunicação.

A interação entre essas diferentes variáveis pode explicar por que a autorrepresentação simbólica das elites políticas na esfera pública pode ser desligada dos reais processos de decisão no interior do sistema político[44]. De

---

44. M. Edelmann. *The Symbolic Use of Politics*. Urbana, 1964; D. O. Sears, R. R. Lau, T. R. Tyler, H. M. Allen. "Self-Interest vs. Symbolic Politics", in *Am. Pol. Rev.*, 74, 1980, pp. 670 ss.

outro lado, o *papel do eleitor é geralmente segmentado*. A decisão dos eleitores tem influência apenas no recrutamento dos líderes, e seus motivos não são, via de regra, objeto de uma formação discursiva da vontade. Tal arranjo tende a uma *neutralização* das *possibilidades* da participação política, abertas juridicamente pelo papel do cidadão[45].

Estado social. Quando tomamos como ponto de partida um modelo de troca entre as esferas de ação formalmente organizadas da economia e da política, de um lado, e os campos de ação da esfera privada e pública, estruturadas comunicativamente, de outro, temos de contar com a possibilidade de que os problemas que surgem no mundo do trabalho poderão ser deslocados das esferas da vida privada para as da vida pública, em que serão transformados em hipotecas da legitimação sob as condições de concorrência que regulam a formação democrática da vontade. As sequelas sociais do conflito de classes, especialmente as privadas, não podem ser mantidas longe da esfera pública política. Desse modo, o Estado social se transforma no conteúdo da democracia de massa. Descobrimos, pois, que o sistema político não pode se emancipar pura e simplesmente das orientações do valor de uso dos cidadãos, uma vez que ele não consegue

---

45. De qualquer modo, essa neutralização chega ao ponto em que a questão empírica decisiva, que atingiria o âmago da autocompreensão normativa da democracia de massa, não chega a aflorar na consciência política cotidiana, a saber: "se num processo que se desenrola pelo caminho institucional se trata do resultado de um consenso obtido livremente e, por conseguinte, garantidor da *legitimidade*, ou se esse processo produz por si mesmo uma *lealdade* passiva *das massas* que se submetem mais ou menos às suas limitações institucionais, construindo dessa forma um fundamento autoconstruído de aclamação pseudodemocrática". Cf.: W. D. Narr e C. Offe. *Wohlfahrtsstaat und Massenloyalität*. Colônia, 1975, Introdução, p. 28.

produzir *ad libitum* a lealdade das massas, ou seja, é obrigado a fazer *ofertas de legitimação testáveis*.

A institucionalização jurídica do conflito que envolve tarifas e salários transformou-se mediante uma política reformista que se apoia numa legislação trabalhista formulada em termos do Estado social e toma medidas para enfrentar os principais riscos decorrentes da existência dos trabalhadores assalariados, compensando os prejuízos que atingem as posições de mercado estruturalmente mais fracas (dos trabalhadores, dos inquilinos, dos clientes etc.). Ora, a política social absorve inseguranças e desfavorecimentos extremos sem tocar, no entanto, nas relações de dependência, de propriedade e de rendimentos, estruturalmente desiguais. No entanto, as regulações e prestações do Estado social não visam apenas ao equilíbrio social mediante compensações individuais, mas também o domínio de efeitos externos perceptíveis coletivamente, por exemplo nas áreas do planejamento das cidades e do trânsito – sensíveis ecologicamente –, bem como a política energética e a política de fornecimento de água, sem esquecer a proteção da paisagem e as áreas da política da saúde, da cultura e da educação.

É verdade que a política direcionada para a edificação do Estado social se encontra perante um dilema que se manifesta, em âmbito fiscal, no jogo da soma zero imposto aos orçamentos públicos destinados a tarefas da política social e a tarefas da política de conjuntura e de infraestrutura que promovem o crescimento. O dilema eclode no momento em que o Estado social é obrigado a absorver não somente os efeitos negativos que o sistema de ocupação organizado de modo capitalista provoca no mundo da vida, mas também os efeitos colaterais disfuncionais de um crescimento econômico controlado pela acumulação do capital, sem poder tocar na forma de organização, na estrutura ou no mecanismo propulsor da produção econômica. Em última instância, o Estado social não pode ferir as condições de estabilidade nem as exigências de mobilidade do crescimento capitalista porque intervenções corretivas no modelo de distribuição das compensações sociais provocam geralmente reações por parte dos grupos privilegiados, a não ser que possam ser sufragadas pelo incremento do produto social, não tocando em estamentos de posse; caso contrário, tais intervenções corretivas não conseguiriam preencher sua função específica, que consiste na delimitação e no apaziguamento do conflito de classes.

Por isso, existem limites fiscais que regulam o volume dos investimentos do Estado social; além disso, o tipo de prestações e a organização da seguridade social têm de se adaptar à estrutura da troca – que se dá entre as esferas de ação organizadas formalmente e o seu respectivo entorno – controlada mediante o dinheiro e o poder.

(b) À medida que o sistema político das sociedades capitalistas desenvolvidas consegue dominar os dilemas estruturais com que o intervencionismo estatal, a democracia de massa e o Estado do bem-estar social se defrontam, formam-se as estruturas do capitalismo tardio, que assumem uma forma paradoxal na perspectiva da teoria econômica marxiana, por demais estreita. Na linha do Estado social, a pacificação do conflito de classes se dá sob a condição da continuidade de um processo de acumulação, cujo mecanismo propulsor, capitalista, é protegido por intervenções do Estado, mas não modificado. Nos países ocidentais, governados por regimes conservadores ou socialdemocratas, o reformismo apoiado no instrumentário da política econômica keynesiana transformou tal desenvolvimento num programa que produziu resultados inequívocos na economia e na política social, especialmente na fase posterior a 1945, que é a da reconstrução e da ampliação das capacidades de produção destruídas. Entretanto, as estruturas da sociedade que se consolidaram nesse processo não devem ser interpretadas no sentido das teorias de Otto Bauer ou de Karl Renner, marxistas austríacos que as interpretam como o resultado de um compromisso de classes. Por meio da institucionalização do conflito de classes, a oposição social que se desencadeia a partir do poder privado de dispor sobre os meios de produção da riqueza social perde cada vez mais seu poder de configurar estruturas para o mundo da vida de grupos sociais, mesmo que esse conflito continue sendo decisivo para a estrutura do sistema econômico. O capitalismo tardio aproveita, a seu modo, a disjunção relativa entre sistema e mundo da vida. Ao ser transladada do mundo da vida para o sistema, a estrutura de classes se desfaz de seus contornos históricos. Já a distribuição desigual de compensações sociais reflete um padrão de privilégios que já não pode ser atribuído, sem mais nem menos, a situações de classes. As velhas fontes da desigualdade não secaram, porém sofrem interferências, não somente por parte das compensações do Estado do bem-estar social, mas também por parte de desigualdades de outro tipo, tais como disparidades e conflitos marginais. Quanto mais o conflito de classes, que se insere na sociedade mediante a forma de acumulação econômica privada, pode ser represado e mantido latente, tanto mais se abre o espaço para a emergência de problemas que não ferem *diretamente* interesses específicos de determinada classe.

Não pretendo abordar aqui o complexo problema da modificação das regras de composição que controlam o padrão das diferenças sociais no capitalismo tardio; meu interesse focaliza especialmente o modo como *certas classes conseguem desencadear um novo tipo de efeitos de reificação* e as razões que levam esses efeitos – filtrados através do padrão da desigualdade social e difundidos de modo diferencial – a se impor nas esferas de ações estruturadas comunicativamente.

O compromisso do Estado social modifica as condições das quatro relações de troca que se estabelecem entre o sistema (economia e Estado) e o mundo da vida (esfera privada e pública), em torno das quais se aglutinam os papéis do trabalhador e do consumidor, do cliente de burocracias públicas e do cidadão. A teoria do valor, cunhada por Marx, focalizou apenas a troca que se estabelece entre força do trabalho e salário, captando os sintomas da reificação no mundo do trabalho. Ele tinha em mente o tipo de alienação historicamente limitado que Engels ilustrara no texto *Situação da classe trabalhadora na Inglaterra*[46]. À luz do modelo do trabalho alienado, praticado nas fábricas durante as primeiras fases da industrialização, Marx desenvolveu um conceito de alienação que ele mesmo estendeu, a seguir, ao mundo proletário como um todo. Tal conceito não faz distinção entre a dissolução de mundos da vida tradicionais e a destruição de mundos da vida pós-tradicionais. Também não discrimina entre o empobrecimento que tem a ver com a reprodução material do mundo da vida e os entraves que impedem a reprodução simbólica do mundo da vida; ou seja, não faz distinção entre problemas de necessidade interna e externa. Ora, tal tipo de alienação se intensifica à medida que o Estado social se implanta.

---

46. St. Marcus. *Engels, Manchester and the Working Class*. Londres, 1974.

No Estado social, os papéis oferecidos pelo sistema de emprego se normalizam de certa forma. Já no quadro de mundos da vida pós-tradicionais, a diferenciação estrutural dos empregos na forma de organizações não constitui uma novidade; e as hipotecas resultantes de um trabalho determinado por outros tornam-se suportáveis pelos sujeitos, seja pela "humanização" do local de trabalho, seja pela oferta de compensações monetárias e de garantias jurídicas, o que permite uma absorção das desvantagens e dos riscos decorrentes do *status* de trabalhadores e empregados. E tendo em vista a elevação ininterrupta do nível de vida, mesmo que diferenciado de acordo com as classes, o papel de empregado perde suas características proletárias mais irritantes. Quando a esfera privada se protege contra as consequências evidentes dos imperativos sistêmicos que influem no mundo do trabalho, os conflitos de distribuição perdem sua força explosiva; eles só reaparecem em casos excepcionais e dramáticos, que ultrapassam os limites institucionais das discussões sobre os valores dos salários.

Esse novo *equilíbrio entre o papel normalizado do empregado e o papel valorizado do consumidor* é, conforme salientado, resultado de um arranjo por parte do Estado social, que se torna possível sob as condições da democracia de massa. A teoria do valor se equivoca ao menosprezar as relações de troca que se estabelecem entre o sistema político e o mundo da vida – a pacificação do mundo do trabalho constitui apenas a contrapartida para um *equilíbrio* que se produz, por outro lado, entre o *papel do cidadão*, que é ampliado e, ao mesmo tempo, *neutralizado*, e o *papel de cliente*, que é inflado. A implantação de direitos políticos fundamentais no quadro da democracia de massa significa, de um lado, a universalização do papel do cidadão; de outro lado, a segmentação desse mesmo papel em relação ao processo de decisão e o esvaziamento da participação política, que passa a não ter mais conteúdo participativo. A legitimidade e a lealdade da massa confluem formando um amálgama que não pode ser analisado pelos participantes nem decomposto em seus componentes críticos.

O Estado social compra a neutralização do papel generalizado de cidadão utilizando a moeda dos valores de uso, adquiridos pelos cidadãos enquanto clientes das burocracias do Estado do bem-estar social. Clientes são os indivíduos que chegam ao gozo do Estado social; e o papel de cliente é o *pendant* que torna aceitável uma participação política diluída abstratamente e esvaziada de sua efetividade. As sequelas da institucionalização de um modo alienado de codeterminação são depositadas no papel de cliente, do mesmo modo que o peso da normalização do trabalho alienado é depositado no papel do consumidor. Entretanto, esses dois canais permitem o surgimento de novos potenciais de conflito para as sociedades pós-capitalistas, o que irrita os marxistas em geral. Marcuse e Adorno constituem uma exceção nesse particular, mesmo que a moldura da crítica da razão instrumental, no interior da qual se movem, seja por demais estreita. Ora, para explicar os conflitos que teimam em se manifestar sob o teto de um compromisso mais ou menos bem-sucedido do Estado social – e não assumem originariamente a figura de um conflito de classes mas, mesmo assim, derivam de uma estrutura de classes reprimida em esferas de ação integradas sistemicamente –, é necessário adotar a perspectiva de uma crítica da razão funcionalista. Nosso modelo, que é destinado a explicar as sociedades pós-capitalistas altamente estilizadas e trabalha com um número reduzido de princípios idealizadores, sugere a seguinte explicação:

Caso a dinâmica do crescimento capitalista, protegida por intervenções do Estado, não se atrofie, a democracia de massa típica do Estado social pode ser tida como um arranjo domesticador do antagonismo de classes presente no sistema econômico. Nesse caso, tem-se à disposição um estoque de compensações que podem ser distribuídas em discussões ritualizadas, as quais acontecem de acordo com critérios consensuais, podendo ser canalizadas para os papéis de clientes e consumidores a fim de impedir que as estruturas do trabalho e da codeterminação, alienadas, deflagrem sua força explosiva. Entrementes, a dinâmica própria do sistema econômico, apoiada na política, produz um acréscimo mais ou menos continuado de complexidade sistêmica, a qual implica não somente a *extensão*, mas também a *condensação* interna de esferas de ação organizadas formalmente. Isso vale inicialmente para as relações que se estabelecem no interior dos subsistemas da economia e da administração pública, bem como para as trocas dos subsistemas entre si; tal crescimento interno explica os processos de concentração nos mercados de capital, de bens e do trabalho, bem como a centralização de empresas e organizações, inclusive a expansão das funções e das atividades do Estado (que se revela na tendência de aumento da quota do Estado). Porém, o crescimento desse grande complexo atinge igualmente o intercâmbio entre os subsistemas e entre as esferas do mundo da vida, redefinidas como entorno do sistema; ou seja, ele envolve, em primeira linha, as economias privadas modificadas em termos de consumo de massa e, em seguida, as relações de clientela, exercitadas como provisão burocrática da vida.

De acordo com os princípios básicos de nosso modelo, as compensações acontecem por esses dois canais que o Estado social coloca à disposição para a pacificação do mundo do trabalho e para a neutralização da participação nos processos de decisão política, garantidos juridicamente. Ao lado dos desequilíbrios geradores de crises, passados para o mundo da vida numa forma administrativa, o crescimento capitalista desencadeia conflitos no interior do mundo da vida, em consequência da condensação e da extensão do complexo burocrático-monetário, principalmente nos pontos em que certos contextos do mundo da vida, integrados pela sociedade, têm sua função modificada pelos papéis do cliente e do consumidor, sendo assimilados a esferas de ações integradas pelo sistema. Tais processos sempre fizeram parte da modernização capitalista; e eles conseguiram se manter durante tanto tempo porque se tratava, em primeira linha, de transferir a reprodução material do mundo da vida para esferas de ação organizadas formalmente. E o mundo da vida consegue oferecer grande resistência na linha que o separa do mundo do sistema, isto é, nos pontos que envolvem funções da reprodução simbólica do mundo da vida.

(c) Antes de aprofundar essas questões empíricas, é preciso retomar uma linha de argumentação abandonada. Tínhamos interpretado a tese weberiana acerca da perda da liberdade no sentido de uma reificação de esferas de ação estruturadas comunicativamente, induzida pelo sistema; a seguir, apoiando-nos na abordagem crítica do princípio da teoria do valor, tínhamos formulado hipóteses capazes de explicar por que nas sociedades capitalistas em geral ainda se manifestam certas tendências de reificação. A questão que interessa agora é a seguinte: como combinar essa recepção marxiana com a segunda tese da crítica cultural weberiana, referente à decomposição das imagens de mundo metafísicas e religiosas e aos fenômenos da perda do sentido? Em Marx e em Lukács, a *teoria da reificação* é complementada e garantida por meio de uma *teoria da consciência de classes*. Esta se volta ideologicamente contra as formas de consciência existentes, reclamando chances de conhecimento privilegiadas para o lado oposto. Entretanto, tendo em vista a pacificação do conflito de classes pelo Estado social e levando em conta que a estrutura de classes já não é focalizada normativamente, a teoria da consciência de classes perde sua referência empírica. Ela já não é aplicável a uma sociedade em que se torna cada vez mais difícil identificar mundos da vida absolutamente específicos de uma única classe. Como consequência, Horkheimer e seus colaboradores a substituem por uma *teoria da cultura de massa*.

Marx desenvolvera seu conceito dialético de ideologia tomando como exemplo a cultura burguesa do século XVIII. Tais ideais de cultura, que tinham encontrado sua expressão clássica na ciência e na filosofia, no direito natural e na economia, na arte e na literatura, tinham-se introduzido não somente na autocompreensão e na configuração privada da vida dos burgueses e da nobreza aburguesada, mas também nos princípios da ordem do Estado. Marx reconheceu o conteúdo ambivalente da cultura burguesa. Enquanto ela alimenta pretensões à autonomia, à cientificidade, à liberdade individual, ao universalismo e ao autodesvelamento radical, ela constitui o resultado de uma racionalização cultural; e sem a retaguarda da autoridade da tradição ela é sensível à crítica e à autocrítica. De outro lado, porém, o conteúdo normativo de suas ideias intemporais que ultrapassam a realidade social pode servir não somente para a introdução de uma prática crítica e modificadora, mas também para a transfiguração idealista de uma prática afirmativa, confirmadora. Esse duplo caráter, utópico-ideológico, da cultura burguesa foi ressaltado na linha que vai de Marx a Marcuse[47]. E tal descrição se ajusta às estruturas da consciência que compõem uma forma moderna de entendimento.

Tínhamos delineado uma "forma moderna do entendimento", que constitui uma estrutura de comunicação cujos atos comunicativos se desligam nitidamente dos contextos normativos, condensando-se em espaços contingenciais ampliados. De outro lado, certas formas de argumentação se diferenciam institucionalmente, a saber: os discursos teóricos adquirem contornos diferenciados nos empreendimentos científicos; os discursos prático-morais, na esfera pública política e no sistema do direito; finalmente, a crítica estética, no circuito da arte e da literatura (cf. fig. 28). No início da modernidade, a esfera sagrada ainda não sofrera um nivelamento completo; ela conservava seus traços numa forma secularizada, e eles se manifestavam na contemplação de uma arte que ainda não fora privada de sua aura, nas tradições religiosas e filosóficas praticamente eficazes e nas formas de transição de uma cultura burguesa ainda não totalmente laicizada. À medida, porém, que essa esfera sagrada residual é nivelada e a síndrome das pretensões de validade é dissolvida, torna-se perceptível a "perda de sentido", objeto das preocupações de Weber. A partir de agora, começa a desaparecer o diferencial de racionalidade que permeava a

---

47. H. Marcuse. "Über den affirmativen Charakter der Kultur", in id., *Schriften*, vol. 3, Frankfurt/M., 1979, pp. 186 ss.; id., *Versuch über Befreiung*. Frankfurt/M., 1969; id., *Konterrevolution und Revolte*. Frankfurt/M., 1973; cf. também J. Habermas. "Über Kunst und Revolution", in id., 1981a, pp. 253 ss.

relação entre a esfera sagrada e a profana. Até então, o potencial de racionalidade gerado na esfera profana tinha sido delimitado e neutralizado pelas cosmovisões. E de um ponto de vista estrutural o nível de racionalidade dessas visões de mundo, apesar de inferior ao da racionalidade da consciência cotidiana, era mais bem articulado e elaborado em termos intelectuais. Além disso, as cosmovisões míticas ou religiosas tinham suas raízes fincadas numa prática ritual ou cultual, a tal ponto que os motivos e orientações valorativas que se tinham formado livremente em convicções coletivas continuaram impermeáveis à afluência de experiências dissonantes e à racionalidade do cotidiano. Entretanto, a secularização da cultura burguesa modifica tudo isso. Quando tal processo tem início, desaparece a força sagrada de um nível de racionalidade superado na prática cotidiana, cujos vínculos eram irracionais; e com isso a substância das convicções fundamentais – sancionadas culturalmente sem a necessidade de uma argumentação – se evapora.

A própria lógica da racionalização cultural fornece o ponto de fuga para o qual converge a modernidade cultural. Além disso, a eliminação do diferencial de racionalidade que distinguia a esfera da ação profana e uma cultura definitivamente desencantada faz com que esta última perca as características que a tinham colocado em condições de assumir funções ideológicas.

É verdade que esse estado caracterizado por Daniel Bell como o "fim da ideologia" não surgiu por acaso. A Revolução Francesa, desencadeada em nome dos ideais burgueses, apenas abriu a era dos movimentos de massa, determinados ideologicamente. Os clássicos *movimentos de emancipação da burguesia* provocaram *reações tradicionalistas* regressivas, típicas de uma imitação da substancialidade pré-burguesa; de outro lado, formou-se uma síndrome de *reações modernas* não coincidentes. Estas cobrem um amplo espectro de visões, quase sempre pseudocientíficas, tais como o anarquismo, o fascismo, o nacional-socialismo, o comunismo e o socialismo, bem como orientações sindicalistas, democrático-radicais e revolucionárias de tipo conservador. Tais reações constituem a *segunda geração* das *ideologias* que surgiram no solo da sociedade *burguesa* no século XIX. Apesar das diferenças formais e da respectiva capacidade sintetizadora, elas possuem algo em comum, que é o fato de se diferenciarem das ideologias burguesas clássicas. Elas procuram fazer jus a fenômenos de frustração especificamente modernos, em especial às deficiências que o mundo da vida experimenta no contexto da modernização social. Nessa direção apontam, por exemplo, os desejos visionários de uma renovação moral ou estética da esfera pública política, e de um reavivamento da política em geral, que se encolheu reduzindo-se a administração pura. Tendências de moralização encontram sua expressão em ideais de autonomia e de participação, que em geral predominam nos movimentos democrático-radicais e socialistas. Na busca de autenticidade e de autoapresentação expressiva manifestam-se tendências à estetização, que podem predominar tanto em movimentos autoritários (fascismo) como em movimentos antiautoritários (anarquismo). Tais tendências estão em conformidade com a modernidade, uma vez que sua pretensão de fazer valer os momentos expressivos e prático-morais reprimidos ou desleixados pelo modelo capitalista de racionalização não pretende "salvá-los" lançando mão de imagens de mundo religiosas ou metafísicas satisfatórias, mas concretizá-las em novas formas de vida de uma sociedade construída sobre os escombros de uma revolução.

Entretanto, apesar das diferenças de conteúdo, tais cosmovisões continuam compartilhando com as ideologias da primeira geração, com os derivados do direito natural racional, do utilitarismo, da filosofia burguesa da história e da sociedade a forma totalizadora encontrada nos conceitos de ordem endereçados à consciência política de companheiros e camaradas de combate. Ora, essa forma de interpretação total e integradora *desenvolvida na perspectiva do mundo da vida tem de ser abandonada quando a estrutura comunicativa da modernidade desenvolvida* se faz presente. Após a eliminação dos vestígios da aura do sagrado e a dissipação dos produtos gerados pela força de imaginação inspirada nas imagens de mundo, a forma de entendimento, inteiramente diferenciada em sua base de validade, torna-se tão transparente que a prática comunicativa cotidiana já não encontra nichos para neles depositar o poder estrutural das ideologias. A partir daí, os imperativos dos subsistemas autonomizados têm de intervir, a partir de fora, nas esferas da ação integradas socialmente. No entanto, isso tem de ser feito *às claras*; eles já não podem se ocultar atrás da inclinação à racionalidade que pervade os campos de ação sagrados e profanos, nem penetrar furtivamente em orientações da ação, para subsumir o mundo da vida a contextos funcionais inacessíveis à intuição.

No entanto, se o mundo da vida racionalizado perde suas possibilidades estruturais de formular ideologias e se os fatos que falam a favor de uma instrumentalização do mundo da vida já não podem ser afastados de seu horizonte, é de esperar a instauração de uma *concorrência aberta* entre formas de integração mediante o sistema e a integração mediante a sociedade. Entretanto, as sociedades do capitalismo tardio, ou melhor, do Estado social pacificador, não confirmam tal suposição. Tudo indica que elas desenvolveram um equivalente funcional capaz de substituir a formação de ideologias. No lugar da tarefa positiva de cobrir ideologicamente uma certa necessidade de interpretação, surge a exigência negativa que não permite interpretações no nível das ideologias. A partir de agora, o mundo da vida se constitui na forma de um saber global compartilhado intersubjetivamente pelos participantes; por isso, o equivalente para as ideologias, não mais disponíveis, não pode mais consistir num saber comum, difuso e totalizador, situado abaixo do nível de articulação do que a modernidade cultural considera como saber válido e aceitável. Isso significa que a *consciência do cotidiano* é espoliada de sua força sintetizadora, o que provoca uma *fragmentação*.

Tal efeito é causado pelo fato de que a diferenciação entre a ciência, a moral e a arte, típica do racionalismo ocidental, traz como consequência não somente a autonomização progressiva de setores elaborados de modo sofisticado, mas também seu distanciamento em relação a uma corrente de tradições que se formou *naturalmente* na prática cotidiana. E essa separação sempre foi sentida como um problema. As tentativas de superação e de conservação da "filosofia" e da arte constituíram uma rebelião contra estruturas que submetem a consciência cotidiana às medidas exclusivas de culturas de especialistas, impedindo seu abastecimento[48]. A consciência cotidiana se sente ligada a tradições cuja pretensão de validade foi suspensa; por isso, ela se encontra irremediavelmente *frag-*

---

48. Essa intervenção direta dos especialistas no dia a dia e a cientificização tecnocrática da prática provocam tendências de desprofissionalização que U. Oevermann pretende explicar com o auxílio de uma teoria pretensiosa.

mentada, a não ser nos casos em que cai nas redes do tradicionalismo. Hoje em dia, a consciência "falsa" é substituída pela *fragmentada*, que evita qualquer tipo de esclarecimento sobre o mecanismo da reificação. E a partir desse momento ficam preenchidas as condições para uma *colonização do mundo da vida*. Pois no instante em que os imperativos dos subsistemas autonomizados conseguem levantar seu véu ideológico eles se infiltram no mundo da vida a partir de fora – como senhores coloniais que se introduzem numa sociedade tribal –, impondo a assimilação; ademais, as perspectivas difusas da cultura autóctone não se deixam coordenar num ponto que permita entender, a partir da periferia, o jogo desenvolvido pelas metrópoles e pelo mercado mundial.

Por conseguinte, a teoria da reificação do capitalismo tardio, reformulada em termos de mundo da vida/sistema, tem de ser complementada por uma análise da modernidade cultural, que assume o lugar de uma teoria da consciência de classes, já superada. Em vez de se colocar a serviço de uma crítica da ideologia, ela teria de explicar o empobrecimento cultural e a fragmentação da consciência cotidiana; em vez de correr atrás dos vestígios apagados de uma consciência revolucionária, teria de investigar as condições que tornam possível religar a cultura racionalizada à comunicação cotidiana dependente de tradições vitais.

(3) *Tendências de juridificação*. Expliquei acima os sintomas de reificação evidenciados nas sociedades capitalistas chamando a atenção para o fato de que os subsistemas "economia" e "Estado", controlados por meios, interferem na reprodução simbólica do mundo da vida por meios burocráticos e monetários. Entretanto, de acordo com nossas hipóteses, a "colonização do mundo da vida" só tem lugar nos seguintes casos:

– quando as formas de vida tradicionais estiverem desmanteladas a ponto de os componentes estruturais do mundo da vida (cultura, sociedade e personalidade) poderem se diferenciar;

– quando as relações de troca entre os subsistemas e o mundo da vida estiverem reguladas por meio de papéis diferenciados (para o emprego em locais de trabalho organizados, para a demanda de economias domésticas privadas, para as relações do cliente de burocracias públicas e para a participação formal no processo de legitimação);

– quando abstrações reais, que permitem disponibilizar a força de trabalho dos empregados e mobilizar os votos dos cidadãos eleitores, forem aceitas pelos interessados em troca de compensações conformes ao sistema;

– quando tais indenizações – de acordo com o padrão do Estado social – são financiadas pelo incremento do crescimento capitalista e canalizadas para os papéis do consumidor e do cliente, nos quais vêm se alojar as esperanças privatizadas de autodeterminação e de autorrealização, extraídas do mundo do trabalho e da esfera pública.

Entretanto, as afirmações sobre uma colonização interna do mundo da vida se encontram num nível relativamente elevado de generalização. E o exemplo do funcionalismo de sistemas revela que as reflexões de uma teoria da sociedade se movimentam normalmente nesse plano. Mesmo assim, tal teoria, exposta continuamente ao perigo de uma generalização excessiva, tem de estar em condições de mostrar *qual* é o tipo de realidade empírica que lhe corresponde. Por isso, pretendo apresentar um exemplo que permite testar a tese da colonização interna, ou seja, o caso da juridificação de esferas de ação estruturadas comunicativamente. Escolhi esse caso porque ele não oferece grandes problemas, seja do ponto de vista metódico, seja do conteúdo. Além disso, o desenvolvimento do direito constitui uma das áreas inquestionáveis da pesquisa sociológica desde os trabalhos clássicos de Weber e Durkheim.

Caso concordemos com a ideia de que a reprodução simbólica do mundo da vida não pode ser transladada para os fundamentos da integração via sistema sem a ocorrência de efeitos colaterais patológicos, e caso essa tendência constitua um efeito colateral inevitável de um arranjo bem-sucedido do Estado social, teria de haver (nas esferas da reprodução cultural, da integração social e da socialização) uma adaptação a esferas de ação organizadas formalmente. No nosso entender, as relações sociais organizadas formalmente se constituem nas formas do direito moderno. Por isso, é de esperar que a passagem da integração social para a integração sistêmica assuma a figura de processos de juridificação. E os previsíveis efeitos de reificação teriam de ser analisáveis nesse nível – mais precisamente, como consequência sintomática *de determinado tipo* de juridificação.

Prefiro analisar tal juridificação tomando como exemplo o direito de família e as normas jurídicas referentes à escola. Aqui a juridificação constitui a ramificação tardia de uma juridificação que acompanhou a sociedade burguesa desde os seus primórdios. De modo geral, a expressão "juridificação" (*Verrechtlichung*) tem a ver com a tendência à multiplicação do direito escrito, difundida nas sociedades modernas. No entanto, podemos fazer uma distinção entre a *extensão* do direito, ou seja, a normatização jurídica de novos fatos sociais, até então regulados de modo informal, e a *condensação* do direito, isto é, a especialização de matérias jurídicas globais que se solidificam em matérias particulares[49]. Otto Kirchheimer introduziu o

---

49. R. Voigt. "Verrechtlichung in Staat und Gesellschaft", in id. (org.), *Verrechtlichung*. Frankfurt/M., 1980, p. 16.

termo na discussão científica durante a República de Weimar. Nessa época, ele se referia, em primeira linha, à institucionalização do conflito de classes em termos de um direito do trabalho e do salário; em segundo lugar, tinha em mente o engessamento jurídico de controvérsias sociais e de lutas políticas. Tal desenvolvimento rumo ao Estado social, que encontrou sua expressão nos direitos de participação social da Constituição de Weimar e foi alvo de grande interesse por parte da doutrina do Estado contemporâneo (especialmente em Heller, Smend e Carl Schmitt), constitui apenas o derradeiro elo numa corrente de impulsos de juridificação. Em linhas bem amplas, podemos distinguir quatro processos de juridificação que marcaram época: o primeiro impulso culminou no *Estado burguês* da Europa Ocidental, formado na época do absolutismo. O segundo impulso conduziu ao *Estado de direito democrático*, que assumiu forma exemplar na monarquia alemã do século XIX. O terceiro impulso deu origem ao *Estado de direito*, que se difundiu na Europa e na América do Norte, como conseqüência da Revolução Francesa. Finalmente, o derradeiro impulso culminou no *Estado de direito democrático* e *social*, conquistado pelo movimento dos trabalhadores europeus no decorrer do século XX, sendo codificado, por exemplo, no artigo 21 da Lei Fundamental da República Federal da Alemanha. Pretendo abordar esses quatro impulsos globais de juridificação lançando mão de uma teoria da sociedade que permite levar em conta a disjunção entre o mundo da vida e o sistema, bem como o conflito entre o mundo da vida e a dinâmica própria de subsistemas que se tornaram autônomos.

a) O desenvolvimento do direito europeu durante a fase do absolutismo pode ser entendido basicamente como institucionalização de dois meios, que permitem à economia e ao Estado se diferenciarem em subsistemas.

O *Estado burguês* constitui a ordem política no interior da qual a transformação da sociedade estamental dos inícios da modernidade culmina numa sociedade capitalista aquisitiva. De um lado, o comércio entre proprietários individuais de mercadorias é normatizado no sentido de uma ordem de direito privado, talhada conforme pessoas de direitos que agem estrategicamente e celebram contratos. Conforme vimos, tal ordem jurídica apresenta as características da positividade, da generalidade e da formalidade, tendo sido construída com o auxílio do moderno conceito de lei e de pessoas de direitos que podem celebrar contratos, adquirir, alienar ou herdar posses. Ela tem por objetivo garantir a liberdade e a propriedade da pessoa privada, a segurança jurídica e a igualdade formal de todas as pessoas de direitos perante a lei e, com isso, a calculabilidade de todas as ações reguladas pelo direito. De outro lado, o direito público autoriza um poder soberano do Estado que dispõe do monopólio do poder como única fonte do poder legal. O soberano não está obrigado a se orientar por certos conteúdos ou fins do Estado, pois ele é definido de modo instrumental, isto é, somente em relação aos meios do exercício legal de um poder organizado burocraticamente. O meio da alocação efetiva do poder transforma-se no fim único.

Na perspectiva da filosofia do direito hegeliana, esse primeiro surto de juridificação permite a constituição da "sociedade burguesa". A autocompreensão dessa fase encontrou sua expressão mais coerente no *Leviatã*, de Hobbes. Isso é interessante em nosso contexto, pois Hobbes constrói a ordem social exclusivamente na perspectiva sistêmica de um Estado que constitui a sociedade burguesa; e determina o mundo da vida de modo negativo – pois ele abrange tudo o que é excluído do sistema e depende do arbítrio privado. O mundo da vida é aquilo de que o cidadão se emancipa por meio do direito privado e do poder legal, ou seja, é a soma das condições de vida corporativas e dependentes do *status*, que tinham encontrado sua expressão particularista no direito estamental da pessoa, da profissão, do solo, do ofício. O que resta disso no Estado burguês é atribuído a uma esfera a ser caracterizada de modo privado – garantindo a sobrevivência física mediante um mínimo de paz e estimulando as carências empíricas de sujeitos particulares que concorrem entre si de acordo com as leis do mercado e da escassez das fontes. O mundo da vida passa a ser o reservatório indeterminado e impreciso do qual a economia e o Estado extraem aquilo de que necessitam para sua reprodução, a saber, o trabalho e a disposição à obediência[50].

A construção hobbesiana atinge diretamente o nível de abstração em que as inovações do Estado burguês, a saber, as medidas jurídicas para a institucionalização do dinheiro e do poder, podem ser caracterizadas. À medida que prescinde do substrato jurídico das formas de vida pré-modernas, ele antecipa na teoria as posteriores abstrações reais de Marx. Sem esse substrato do mundo da vida, o Estado absolutista não teria encontrado uma base de legitimação, nem teria podido funcionar. Entretanto, o Estado burguês acelera a dissolução desse substrato, do qual ele se nutre sub-repticiamente; porém, das formas de vida tradicionais, consumidas, e das condições de vida institucionalizadas e em vias de dissolução brotam as estru-

---

50. U. K. Preuss. "Der Staat und die indirekten Gewalten". Conferência proferida num colóquio sobre Hobbes realizado em Berlim de 12 a 14 de outubro de 1980; cf. também a investigação pioneira de Franz Neumann, realizada nos anos 1930: F. Neumann. *Die Herrschaft des Gesetzes*. Frankfurt/M., 1980.

turas de um mundo da vida moderno que ostenta inicialmente características de classe, não detectadas por Hobbes porque ele só tem olhos para o enfoque sistêmico do Estado burguês. Nessa perspectiva, tudo o que não é constituído nas formas do direito moderno aparece como *destituído de forma*. E nessa linha o mundo da vida moderno e as formas de vida históricas são despojados de estruturas próprias. Nos *próximos* surtos de juridificação, um mundo da vida, no início colocado à disposição do mercado e do poder absolutista, faz valer cada vez mais suas pretensões de validade. Finalmente, os meios "dinheiro" e "poder" necessitam de uma *ancoragem* num mundo da vida moderno; somente por esse caminho pode o Estado burguês obter uma legitimidade não parasitária e adequada ao nível moderno de justificação. No final das contas, a única fonte de legitimação continua sendo o mundo da vida diferenciado estruturalmente, do qual dependem funcionalmente os Estados modernos.

b) No constitucionalismo alemão do século XIX, o *Estado de direito burguês* encontrou uma figura prototípica, analisada pelos teóricos do *Vormärz**, especialmente: Karl von Rottek, Robert von Mohl[51] e F. J. Stahl[52]. Entre-

---

* O termo *Vormärz* é utilizado para caracterizar a época que se estende de 1830 a março de 1848, ano da Revolução Alemã. Foi uma época sacudida por movimentos revolucionários e contrarrevolucionários. (N. do T.)

51. H. Boldt. *Deutsche Staatslehre im Vormärz*. Düsseldorf, 1975.

52. I. Maus. "Entwicklung und Funktionswandel der Theorie des bürgerlichen Rechtsstaates", in M. Tohidipur (org.). *Der bürgerliche Rechtsstaat*, vol. 1, Frankfurt/M., 1978, pp. 13 ss. De acordo com essa famosa definição, "o Estado deve ser Estado de direito, pois essa é a solução e, em verdade, a tendência do desenvolvimento da nova era. Ele deve determinar exatamente e garantir firmemente, ao modo do direito, os caminhos e os limites de sua eficácia, bem como a esfera livre de

tanto, no momento em que se tenta utilizar esse conceito como categoria analítica, descobre-se que ele se refere a aspectos mais gerais de um surto de juridificação, o qual não coincide plenamente com o desenvolvimento do direito ocorrido na Alemanha[53]. Esse segundo surto significa a normatização jurídico-constitucional de um poder público até então limitado e contido pela forma legal e pelos meios burocráticos do exercício do poder. A partir de agora, os burgueses, enquanto pessoas privadas, adquirem direitos subjetivo-públicos reclamáveis perante um soberano, cuja formação da vontade ainda não depende de uma participação democrática. Por esse caminho da *juridificação do Estado,* a ordem burguesa do direito privado é coordenada de tal modo com o aparelho do exercício do poder, que o princípio da legalidade da administração pode ser interpretado no sentido de um "império da lei". A partir de agora, a administração já não pode interferir *contra, praeter* ou *ultra legem* na esfera da liberdade privada dos burgueses. As garantias da vida, da liberdade e da propriedade de pessoas privadas já não constituem efeitos colaterais funcionais de um intercâmbio econômico institucionalizado juridicamente em termos de um direito privado; mediante a ideia do Estado

---

seus cidadãos; ele não deve concretizar ou impor diretamente idéias éticas além do que é exigido pela esfera do direito, ou seja, deve se contentar com aquilo que é absolutamente indispensável para uma circunscrição elementar. Esse é o conceito do Estado de direito. Ele não significa que o Estado apenas manipula a ordem jurídica sem buscar fins administrativos ou que ele se limita inteiramente à proteção dos direitos do indivíduo, pois se trata de um conceito que não faz referência aos fins e conteúdos do Estado, apenas ao tipo e ao modo de concretizá-los". Cf. F. J. Stahl. *Die Philosophie des Rechts*, vol. II, Darmstadt, 1963, pp. 137 s.

53. E. W. Böckenförde. "Entstehung und Wandel des Rechtsstaatsbegriffs", in id., *Staat, Gesellschaft, Freiheit.* Frankfurt/M., 1976, pp. 65 ss.

de direito, elas adquirem o *status* de normas constitucionais justificadas moralmente, imprimindo sua marca na estrutura do poder como um todo.

Do ponto de vista de uma teoria da sociedade, tal fenômeno pode ser enfocado por dois ângulos, a saber, na perspectiva do mundo da vida e na do sistema. De um lado, o Estado absolutista se autointerpretara como simples advogado dos subsistemas diferenciados pelo dinheiro e pelo poder, tratando o mundo da vida – relegado à esfera privada – como matéria informe; a partir de agora, essa ordem jurídica incorpora elementos segundo os quais o mundo da vida da burguesia moderna merece ser protegido. Aos olhos de um observador externo, isso pode ser interpretado como um primeiro passo do Estado moderno rumo à legitimidade apoiada num direito próprio e a legitimações *na base* de um mundo da vida moderno.

c) O *Estado de direito democrático* recebeu seus primeiros contornos na Revolução Francesa, passando a ser objeto de estudo da teoria do Estado, desde Rousseau e Kant até nossos dias. Retomo tal conceito numa perspectiva analítica, aplicando-o ao surto de juridificação, que resgata, no âmbito do direito constitucional, a ideia de liberdade inserida no conceito de lei do direito natural. O poder do Estado, ao ser "constitucionalizado", é democratizado, pois os burgueses adquirem direitos de participação política quando são tidos como cidadãos. A partir de agora, as leis só entram em vigor quando têm a seu favor a suposição, democraticamente assegurada, de que expressam um interesse geral e de que todos os interessados poderiam concordar com elas. Tal exigência deve ser satisfeita mediante um procedimento que vincula a legislação à discussão pública e à formação parlamentar da vontade. A *juridificação do processo de legitimação* impõe-se na forma do direito de voto igual e geral, bem como no reconhecimento da liberdade de organização para agremiações e partidos políticos. Com isso, torna-se mais agudo o problema da divisão dos poderes, isto é, o da relação entre as instituições estatais do legislativo, do executivo e do judiciário, que se diferenciam funcionalmente. Tal questão já fora levantada no âmbito do Estado de direito, porém tinha sido limitada ao contexto das relações entre a justiça e o executivo.

Do ponto de vista da teoria da sociedade, esse surto de democratização se situa na mesma linha da juridificação do Estado, considerada anteriormente. O mundo da vida moderno se faz valer, uma segunda vez, contra os imperativos de uma estrutura de poder que abstrai de todas as condições de vida concretas. Com isso, o próprio processo de ancoragem do meio "poder" num mundo da vida racionalizado e diferenciado em condições que já não são exclusivas da burguesia chega a um certo termo.

O primeiro surto de juridificação, decisivo para a sociedade burguesa, ainda estava imbuído de ambivalências, detectadas por Marx ao analisar o trabalho assalariado "livre". A ironia dessa liberdade consistia no fato de que a emancipação social dos trabalhadores, isto é, sua vontade livre e espontânea, em que se apoia o contrato de trabalho e a pertença a uma organização, exigia como pagamento a proletarização sub-reptícia de seu modo de vida. Os dois surtos seguintes já entranham o *páthos* emancipatório dos movimentos burgueses. Na linha da constitucionalização e da democratização de um poder burocrático, que assumira inicialmente uma figura absolutista, revela-se o caráter das normatizações jurídicas *inequivocamente* voltadas à garantia da liberdade. Em todas as situações em que o direito formal burguês faz valer claramente as pretensões do mundo da vida contra o domínio burocrático, ele se despe da ambivalência que acompanha uma liberdade comprada ao preço de efeitos colaterais destrutivos. O *Estado social* que se desenvolve no âmbito do Estado de direito democrático – e dispensa ulteriores conceituações – prolonga a linha de uma *juridificação garantidora da liberdade*. Aparentemente, ele domestica o sistema de ações econômicas, assim como os surtos anteriores tinham submetido o sistema administrativo. De qualquer modo, as conquistas do Estado social de garantir a liberdade foram obtidas e consolidadas graças a lutas políticas. E isso sugere o seguinte paralelismo: como antes houve uma reconciliação entre a dinâmica interna do exercício burocrático do poder e um mundo da vida, aqui acontece o mesmo entre a dinâmica inerente ao processo de acumulação econômica e as estruturas peculiares de um mundo da vida igualmente racionalizado.

d) De fato, o desenvolvimento que desemboca no *Estado social* e no *Estado de direito democrático* pode ser entendido como constitucionalização de uma relação de poder social ancorada em estruturas de classe. Constituem exemplos clássicos a limitação do tempo de trabalho, a liberdade sindical e de associação, a autonomia tarifária, a proteção contra a demissão, o seguro social etc. Nesses casos, trata-se de processos de juridificação num mundo do trabalho inicialmente sujeito ao poder de disposição ilimitado e ao poder de organização dos meios de produção dos proprietários privados. Também se trata de juridificações destinadas a equilibrar o poder *no interior* de uma esfera de ação *já constituída juridicamente*.

Na perspectiva dos beneficiários e do legislador democrático, as normas que circunscrevem o conflito de classes e desenvolvem o Estado social possuem um caráter garantidor da liberdade. Porém, isso não vale inequivocamente para todas as regulações do Estado social. Por isso, a política do Estado social vem acompanhada desde o início da seguinte *ambivalência: garante a liberdade* e, ao mesmo tempo, *a subtrai*[54]. A ambivalência do primeiro surto de juridificação, constitutivo para as relações entre capital e trabalho, resultara de uma contradição entre o sentido social emancipatório das normas do direito privado burguês, de um lado, e dos seus efeitos socialmente repressivos naqueles que eram obrigados a oferecer sua força de trabalho como mercadoria, de outro lado. Agora, no entanto, a rede de garantias oferecidas pelo Estado social deve absorver os efeitos externos de um processo de produção apoiado no trabalho assalariado. Não obstante, quanto mais fechadas as malhas dessa rede, tanto mais aparecem ambivalências *de outra espécie*. Os efeitos negativos desse surto de juridificação, por ora o derradeiro, não se apresentam como efeitos colaterais, uma vez que fluem *da própria estrutura da juridificação*. Em outras palavras, os próprios meios que garantem a liberdade colocam-na em risco.

Na esfera da *política do Estado social*, tal circunstância teve grande ressonância sob o título "juridificação e burocratização enquanto limites da política social"[55]. No caso do direito do seguro social, repetiu-se muitas vezes[56] que, em se tratando do seguro, as pretensões jurídicas a certas prestações monetárias (por exemplo, ao auxílio no

---

54. T. Guldimann, M. Rodenstein, V. Rödel, F. Stille. *Sozialpolitik als soziale Kontrolle*. Frankfurt/M., 1978.

55. A bibliografia pode ser encontrada in E. Reidegeld. "Vollzugsdefizite sozialer Leistungen", in Voigt, 1980, pp. 275 ss.

56. Chr. v. Ferber. *Sozialpolitik in der Wohlstandsgesellschaft*. Hamburgo, 1967.

caso de doença ou de velhice) significam um progresso histórico em relação ao modo tradicional de cuidar dos pobres; porém, tal juridificação dos riscos de vida exige um preço elevado, a ser pago na forma de *interferências no mundo da vida* dos beneficiados, as quais provocam uma reestruturação desse mundo. Tais custos resultam da realização burocrática e do resgate monetário das pretensões do direito social. A estrutura do direito burguês implica a necessidade de formular claramente as garantias oferecidas pelo Estado social em termos de pretensões a direitos *individuais* relativos a matérias gerais.

No direito social, a individualização – ou seja, o fato de as pretensões serem atribuídas a um sujeito de direitos que age estrategicamente correndo atrás de seus interesses privados – pode ser até mais adequada às situações vitais carentes de regulamentação do que, por exemplo, no direito de família. Mesmo assim, uma definição individualizadora, tal como o seguro de vida, acarreta consequências agravantes para a autocompreensão dos interessados e para suas relações com o cônjuge, com os amigos, com os vizinhos etc., bem como para a disposição de prestar ajuda solidária à comunidade. Uma pressão considerável para a redefinição de situações do cotidiano procede da especificação do conjunto de fatos, ou seja, aqui, da compensação do seguro social: "... por 'seguro' se entende aqui normalmente a 'ocorrência de casos que mudam repentinamente o curso da vida, aos quais o seguro social deve dar proteção'. Dessa forma, por meio da juridificação de fatos sociais, a estrutura 'se-então' do direito condicional, por si mesma 'estranha' às relações sociais, às causas sociais, a dependências e carências, foi aceita no negócio envolvendo a distribuição econômica e social. Entretanto, tal estrutura não permite reagir de maneira adequada, nem preventiva, às causas que geraram um fato carente de compensação."[57] Finalmente, é bom lembrar que a *generalidade* ou tipificação do caso é talhada conforme a *capacidade de realização burocrática*, ou seja, é configurada conforme a administração, que enfrenta o problema social resultante da pretensão jurídica. A situação carente de regulamentação, inserida no contexto de uma história de vida e de uma forma de vida concreta, tem de ser submetida a uma violenta abstração, não apenas porque ela tem de ser subsumida ao direito, mas também para que ela possa ser enfrentada de um ponto de vista administrativo. As burocracias encarregadas de fornecer o benefício têm de proceder de modo seletivo porque se veem obrigadas a *escolher* as situações sociais carentes, que podem ser apreendidas recorrendo-se a meios de um poder burocrático que procede legalmente tendo em conta a ficção jurídica de prejuízos a serem compensados. Tal procedimento favorece uma elaboração centralizada e computadorizada das situações sociais calamitosas em grandes organizações situadas longe dos grandes centros; nesse caso, as distâncias espaciais e temporais vêm somar-se à distância psicológica e social dos clientes em relação às burocracias do Estado do bem-estar social.

Além disso, os riscos envolvendo a vida são compensados, na maioria das vezes, *de forma monetária*. Pensemos, por exemplo, na aposentadoria compulsória ou na perda do emprego; as novas situações resultantes de tais eventos não suportam, em geral, redefinições de cunho consumista. Para compensar a inadequação das indenizações conformes ao sistema, foram introduzidos *serviços sociais* cuja finalidade é prestar *ajuda terapêutica*.

---

57. Reidegeld, in Voigt, 1980, p. 277.

No entanto, tal procedimento apenas reproduz em outro nível as contradições oriundas da intervenção do Estado social. A forma do tratamento administrativo ministrado por um especialista contradiz, via de regra, a finalidade da terapia, que visa promover a autoatividade e a autonomia do cliente: "... o processo de prestação de serviços sociais adquire uma realidade própria alimentada principalmente pela competência profissional dos funcionários públicos, pelas condições básicas da atividade administrativa, pelas contingências biográficas, pelo estado de ânimo atual, pela capacidade e pela disposição de cooperação dos que procuram o serviço de atendimento ou se submetem a ele. Tais formas de auxílio físico, psicossocial e emancipatório implicam modos de funcionamento, critérios de racionalidade e modos de organização que não se afinam com uma administração estruturada burocraticamente. E enquanto isso os seguintes problemas continuam sem uma solução definitiva: a utilização exclusiva de tais serviços por determinadas camadas sociais; a destinação feita mediante tribunais, organizações penais e outras instâncias burocráticas; e a configuração e a localização adequadas dos serviços na rede das organizações burocráticas do Estado do bem-estar social"[58].

A ambivalência do derradeiro impulso de juridificação do Estado social aparece com nitidez nas consequências paradoxais dos serviços sociais, especialmente na "terapeutocracia", que abrange, de um lado, o auxílio aos detentos, o acompanhamento clínico de doentes mentais, drogados ou que revelam comportamento desviante, bem como nas formas clássicas do trabalho social e nas novas formas psicoterapêuticas e de dinâmica de grupo utiliza-

---

58. Reidegeld, in Voigt, 1980, p. 281.

das para prestar orientação existencial, espiritual ou religiosa; de outro lado, tal ambivalência aparece nos órgãos públicos, que têm a ver com o trabalho juvenil, com o sistema educacional, da saúde, e com todo tipo de medidas gerais de prevenção. À medida que o Estado social consegue pacificar o conflito de classes que surge imediatamente na esfera da produção e estender sobre as esferas da vida privada uma rede de relações clientelistas, emergem com maior nitidez os efeitos colaterais patológicos de uma juridificação que vem acompanhada da burocratização e da monetarização de esferas centrais do mundo da vida. A *estrutura paradoxal desse tipo de juridificação* consiste no fato de que as garantias fornecidas pelo Estado social visam, ao mesmo tempo, à integração e à desintegração social de contextos vitais, ou seja: quando se dá uma intervenção social conforme ao direito, tais contextos vitais são desconectados do mecanismo coordenador do entendimento e transferidos para meios tais como o dinheiro e o poder. Nesse sentido, R. Pischas interpreta a crise da política social do Estado como uma crise de integração social[59].

---

59. "No campo em que o Estado de direito e o Estado social se encontram, a política social que valoriza uma configuração social 'ativa' em termos de uma organização estatal da liberdade corre o risco de subjugar a pretensão do indivíduo à autoajuda. Nesse ponto, o sistema de prestações do Estado não dissolve apenas a distribuição de mandatos entre o Estado e a sociedade. Por meio da configuração das prestações sociais, ele imprime seu cunho em *grandes áreas da vida*: quando a vida dos cidadãos é juridificada e assegurada contra *todas* as vicissitudes da vida, desde o nascimento até a morte, conforme se depreende do direito à previdência por parte dos parentes do morto, o indivíduo se acomoda nesses invólucros sociais; ele leva sua vida livre de cuidados materiais, porém ao mesmo tempo com medo do cuidado excessivo do Estado e com medo de ser privado deles." R. Pitschas. "Soziale Sicherung durch fortschreitende Verrechtlichung", in Voigt, 1980, p. 155.

No âmbito de uma análise empírica desses fenômenos, importa esclarecer os critérios que permitem distinguir entre os aspectos que garantem a liberdade e os que a suprimem. Ora, sob pontos de vista jurídicos, temos à disposição a divisão clássica dos direitos fundamentais em direitos de liberdade e direitos de participação; poder-se-ia supor que a estrutura do direito formal burguês se torna paradoxal quando se tenta utilizá-lo não somente para delimitar negativamente os domínios do arbítrio privado, mas também para garantir positivamente a participação em instituições e prestações. Caso tal suposição seja digna de crédito, a transformação da proteção da liberdade em privação da liberdade já aconteceria no terceiro surto da juridificação, o democratizador, não sendo necessário esperar o quarto, que transfere tudo para o Estado social. De fato, existem indícios de que a *organização do exercício das liberdades cidadãs* prejudica consideravelmente as possibilidades da formação espontânea da opinião e da formação discursiva da vontade, uma vez que existe a segmentação do papel do eleitor, a concorrência das elites políticas, a formação vertical da opinião nos aparelhos dos partidos engessados burocraticamente, as corporações parlamentares autonomizadas, as redes de comunicação adquiridas por meio de herança etc. Tais argumentos, não obstante, permitiriam apenas concluir que os aspectos da privação da liberdade não procedem da *forma* dos direitos de participação, e sim, do modo burocrático de sua *implementação*. É quase impossível negar que os *princípios* do direito universal ao voto, à liberdade de opinião, à expressão escrita e à reunião, que têm de ser interpretados, sob condições da moderna comunicação de massa, no sentido de direitos de participação democrática, garantem inequivocamente a liberdade.

Existe outro critério da sociologia do direito que pode ser interpretado na linha de uma teoria da sociedade, permitindo avançar um pouco mais. Segundo ele, as normas do direito podem ser consideradas sob dois aspectos: de um lado, podem ser legitimadas unicamente mediante procedimentos, como pretende o positivismo; de outro lado, são capazes de uma justificação material. Quando se coloca em questão a legitimidade de uma norma jurídica, é suficiente em muitos casos apontar para os processos formalmente corretos de criação de uma lei, de um ato administrativo ou de uma sentença judicial. O positivismo jurídico se contenta com uma "legitimação mediante procedimentos", sem perceber que tal modo de legitimação não basta, uma vez que apenas aponta para a necessidade de legitimação dos poderes legitimadores do Estado[60]. Entretanto, tendo em vista a massa do direito positivo, que aumenta e se transforma constantemente, os modernos sujeitos de direitos se contentam, em casos de dúvida, com uma legitimação mediante procedimentos, pois em muitos casos uma justificação material é impossível ou até destituída de sentido do ponto de vista do mundo da vida. Isso vale para os casos em que o direito serve como *meio de organização para subsistemas regulados por meios*, que se tornaram independentes dos contextos normativos da atividade orientada pelo entendimento. Situa-se nesse contexto a maioria das matérias do direito administrativo, empresarial e comercial. Aqui, o direito é combinado de tal modo com os meios do dinheiro e do poder, que ele mesmo assume o papel de um meio de controle. Mesmo assim, o *meio "direito"* continua vinculado ao *direito como instituição*. Para mim, as *instituições*

---

60. Cf. vol. 1, pp. 461 ss.

do direito nada mais são que normas jurídicas, as quais não podem ser suficientemente legitimadas mediante procedimentos positivistas. Os fundamentos do direito constitucional, os princípios do direito penal e processual penal, bem como as regulamentações de atos penalizáveis que se situam nas imediações da moral (assassinato, aborto, violação etc.), tipificam isso. Tão logo a validade *dessas* normas é colocada em questão na prática cotidiana, a indicação de sua legalidade já não é suficiente. Elas necessitam de uma justificação material, *porque fazem parte das ordens legítimas do próprio mundo da vida*, configurando, junto com as normas de ação informais, o pano de fundo do agir comunicativo.

No direito moderno, o princípio da positivação se combina com o princípio da fundamentação. Tal estrutura possibilita não somente o prolongamento positivista dos caminhos da fundamentação, como também a agudização moralizadora da problemática envolvendo os fundamentos. Agora podemos discernir como a separação entre o mundo da vida e o sistema se adapta a tal estrutura do direito. O direito utilizado como meio de controle é aliviado do peso da problemática da fundamentação e vinculado, por procedimentos formalmente corretos, ao *corpus* do direito necessitado de legitimação material. Já as instituições jurídicas fazem parte dos componentes sociais do mundo da vida. Do mesmo modo que as demais normas de ação não cobertas pelo poder de sanção do Estado, elas podem ser eventualmente moralizadas. Além disso, as bases de legitimação modificadas não tocam diretamente nas normas do direito; mesmo assim, conseguem desencadear uma transformação legal do direito vigente, que pode, em casos extremos, ser revolucionária.

À proporção que funciona como um meio complexo que une o dinheiro e o poder, o direito abrange esferas de ação organizadas formalmente e, enquanto tais, constituídas diretamente nas formas do direito formal burguês. De outro lado, as instituições do direito não têm força *constituinte*, pois sua função é meramente *regulativa*. Estão inseridas num amplo contexto social, político e cultural, ligando-se a formas éticas e a esferas de ação pré-constituídas informalmente; elas emprestam às esferas de ação já constituídas informalmente uma forma obrigatória respaldada em sanções do Estado. A partir daí, é possível analisar os processos de juridificação tendo em vista as duas questões seguintes: será que eles se conectam às instituições do mundo da vida, já existentes, atribuindo-lhes forma jurídica? Ou será que apenas condensam as relações jurídicas que constituem as esferas de ação integradas pelo sistema? Neste caso, pode servir como um primeiro teste a questão envolvendo o modo correto da legitimação. As matérias jurídicas, tecnicizadas e desmoralizadas, inerentes às complexidades do sistema econômico e administrativo, têm de ser avaliadas tendo em vista imperativos funcionais e a concordância com normas superiores. Do ponto de vista histórico, o aumento constante do direito escrito tem de ser atribuído aos efeitos de tais imperativos, significando simplesmente que o meio "direito" é cada vez mais solicitado. De outro lado, os surtos epocais de juridificação provocam o surgimento de novas instituições do direito, que se refletem na consciência jurídica da prática cotidiana. E, para serem formuladas, as questões acerca de uma avaliação normativa têm de ser contrapostas a essa segunda categoria de juridificação.

O primeiro surto de juridificação possuía um caráter capaz de garantir a liberdade, à medida que o direito privado burguês e um poder exercido com os meios da legalidade provocavam, apesar de tudo, a emancipação em relação a condições pré-modernas de violência e de dependência. Os três surtos de juridificação subsequentes garantiram um aumento de liberdade à proporção que podiam vincular a dinâmica política e econômica – que tinha sido liberada pela institucionalização jurídica do dinheiro e do poder – ao interesse dos sujeitos de direitos privados. O desenvolvimento gradual rumo ao Estado de direito democrático se volta contra as modernas condições de violência e de dependência, decorrentes da empresa capitalista e do aparelho burocrático do poder, em suma, das esferas de ação da economia e do Estado, organizadas formalmente. Ora, a dinâmica própria desses sistemas de ação realiza-se também nas formas de organização do direito, porém de tal modo que aqui o direito assume apenas o papel de um meio de controle, não complementando os componentes institucionais do mundo da vida.

Em seu papel como meio, o direito vigente pode ser mais ou menos funcional; porém, fora do horizonte de um mundo da vida não faz sentido perguntar se as normatizações jurídicas preservam ou excluem a liberdade. Tal ambivalência tem pouco a ver com a dialética resultante do fato de o direito ser, ao mesmo tempo, uma instituição e um meio, uma vez que a alternativa entre garantia da liberdade e privação da liberdade só pode ser colocada na perspectiva do mundo da vida, isto é, tendo em vista as instituições do direito.

Até o momento nos apoiamos no pressuposto de que o direito só é utilizado como meio em esferas de ação organizadas formalmente, visto que, por ser um meio de controle, ele é indiferente ao mundo da vida e às questões de justificação material que surgem no horizonte desse mundo.

Ora, tal pressuposto caduca quando se levam na devida conta as intervenções do Estado social. A política social estatal utiliza o direito como um meio, a fim de regular as situações de calamidade que aparecem em esferas de ação estruturadas comunicativamente. Certamente, o princípio da participação social e da compensação social – do mesmo modo que o direito à liberdade de associação – constitui uma instituição inserida no direito constitucional, que pode ser ligada sem problemas às ordens legítimas do mundo da vida moderno. Todavia, o direito social, que permite organizar as compensações sociais, difere, por exemplo, no que tem a ver com o direito de negociar aumentos de salários. Aqui a liberdade à livre associação se torna eficaz, uma vez que, ao contrário dos contratos coletivos envolvendo salários, as medidas do direito social, que quase sempre são tomadas em termos de compensações monetárias, não interferem numa esfera de ação *já* organizada formalmente; porém, regulam situações calamitosas, que, enquanto situações do mundo da vida, fazem parte de uma esfera de ações estruturadas comunicativamente. No meu entender, isso pode explicar efeitos de reificação comprováveis na política social do Estado: eles aparecem porque as *instituições do direito,* que garantem compensações sociais, só se tornam eficazes mediante um *direito social utilizado como meio*. Sob pontos de vista de uma teoria da ação, o paradoxo dessa estrutura jurídica pode ser explicado da seguinte maneira: enquanto meio, o próprio direito social é talhado conforme esferas de ação que se constituem em formas de organização jurídica; por isso ele necessita de mecanismos sistêmicos para se manter coeso. Ao mesmo tempo, porém, o direito social abrange situações de ação embutidas nos contextos informais do mundo da vida.

Em nosso contexto, a política social do Estado possui um valor apenas ilustrativo. A tese da colonização interna afirma que os subsistemas "economia" e "Estado" se tornam cada vez mais complexos em decorrência do crescimento capitalista, introduzindo-se cada vez mais profundamente na reprodução simbólica do mundo da vida. Essa tese tem de ser comprovada no âmbito de uma sociologia do direito em que o estofo tradicionalista da modernização capitalista se esgarça e áreas centrais da reprodução cultural, da integração social e da socialização caem no fluxo do crescimento econômico e da juridificação. Isso não se aplica apenas aos temas da proteção do meio ambiente, da segurança dos reatores, da proteção de dados etc., dramatizados na esfera pública. Quanto mais o lazer, a cultura, o turismo e a cura são atingidos pelas leis da economia apoiada na mercadoria e pelas definições do consumo de massa, quanto mais as estruturas da família burguesa se adaptam aos imperativos do sistema de empregos e quanto mais a escola assume concretamente a função de distribuir chances de vida e oportunidades profissionais, tanto mais as tendências de juridificação de esferas do mundo da vida, reguladas informalmente, impõem-se em amplas frentes.

Nos parágrafos do direito que se referem à escola e no direito de família, a estrutura de juridificação gera ambivalências semelhantes às que podem ser encontradas no direito social. No contexto da República Federal da Alemanha, alguns aspectos da evolução do "direito escolar"[61]

---

61. A. Laaser. "Die Verrechtlichung des Schulwesens", in Projektgruppe Bildungsbericht (org.). *Bildung in der BRD*. Hamburgo, 1980; I. Richter. *Bildungsverfassungsrecht*. Stuttgart, 1973; id., *Grundgesetz und Schulreform*. Weinheim, 1974.

e do direito de família[62] dominam as discussões dos políticos e juristas. Em ambos os casos, a juridificação significa inicialmente a *implantação de princípios do Estado de direito*, a atenção aos direitos fundamentais da criança, da mulher e dos estudantes. Sob o lema da "igualdade de direitos" e do "bem-estar da criança", a posição autoritária do pai de família, sancionada juridicamente pelo código civil em tudo o que concerne ao regime de bens da família, é desmontada em benefício de uma distribuição mais simétrica das competências e pretensões dos outros membros da família. A juridificação dessa relação de poderes patriarcais naturais na família, fundados economicamente, corre junto com a constitucionalização, na área da escola, da relação especial de poder que ligava a escola e a burocracia do Estado até os anos 1950. Enquanto as áreas nucleares do direito de família (casamento, dever de pensão, regime de bens, divórcio, cuidado dos filhos e tutela paterna) foram reformadas por meio da jurisprudência e do legislador, a juridificação da escola, ou seja, a regulação do espaço extrajurídico definido pelas autoridades da educação, sugerida pela jurisprudência, foi empreendida pela burocracia do ministério da educação seguindo caminhos burocráticos[63]. A burocracia teve de envidar esforços para que os processos de ensino e as medidas administrativas – conforme eram relevantes para a vida dos alunos e os desejos dos pais – adquirissem uma forma que os tornasse acessíveis a um exame judicial. Apenas recentemente a justiça exigiu do legislador medidas para

---

62. S. Simitis e G. Zenz (orgs.). *Familie und Familienrecht*, vols. I e II, Frankfurt/M., 1975; cf. P. Finger. *Familienrecht*. Königstein, 1979; G. Beitzke. *Familienrecht*. Munique, 1979.

63. Sobre a crescente presença da jurisprudência na regulação da escola, cf. Laaser, 1980, pp. 1348 ss.

colocar nos trilhos legais a juridificação burocrática que ameaçava extravasar[64].

A ampliação da proteção do direito e a implantação dos direitos fundamentais na família e na escola exigem um elevado grau de diferenciação das matérias jurídicas, das exceções e das consequências. Por esse caminho, as esferas da ação são abertas às intervenções burocráticas e aos controles judiciais. Ora, a família e a escola não são esferas de ação organizadas formalmente. Se o fossem, isto é, se estivessem *naturalmente* constituídas na forma do direito, a condensação de normas jurídicas poderia levar a uma redistribuição do poder e do dinheiro sem que houvesse a necessidade de recorrer a outro princípio de socialização. Porém, nessas esferas do mundo da vida existem de fato, e antes de qualquer tipo de juridificação, normas e contextos de ação que dependem de modo funcional e necessário do entendimento como mecanismo de coordenação da ação. Por isso, a juridificação dessas esferas não significa a condensação de uma rede de regulações formais, e sim a complementação jurídica de um contexto comunicativo de ações. E essa complementação se dá pela implantação do direito como meio, não através de instituições jurídicas.

Aos olhos dos participantes, a formalização das relações na família e na escola significa uma objetivação da convivência familiar e escolar, regulada formalmente. Enquanto sujeitos de direitos, eles adotam, uns em relação aos outros, um enfoque objetivador orientado pelo sucesso. Simitis descreve o papel complementar que o direito desempenha em esferas da ação integradas por meio da sociedade: "O direito de família complementa um siste-

---

64. Sobre a legislação escolar, cf. Laaser, 1980, pp. 1357 ss.

ma de regras do comportamento social apoiadas na moral; por isso, sua função é meramente subsidiária."[65] O mesmo vale para a escola: aqui o processo pedagógico do ensino constitui algo que, de certa forma, *vem antes* das normas jurídicas. Os processos de formação na escola e na família, que se desenrolam mediante a atividade comunicativa, têm de poder funcionar independentemente das regulações jurídicas. Por isso, quando a estrutura de juridificação passa a exigir controles administrativos e judiciais que não somente *complementam* contextos integrados socialmente por meio de instituições jurídicas mas também os *transferem* para o meio do direito, surgem desequilíbrios funcionais. Essa é a explicação dos efeitos negativos da juridificação, do ponto de vista da teoria da ação.

Simitis e seus colaboradores analisaram empiricamente a estrutura paradoxal de uma juridificação da família tomando como exemplo o direito dos pais de cuidar da prole[66]. O grupo se concentra na prática de decisão dos tribunais de tutela de menores. E nesse contexto o direito fundamental à proteção da criança só pode ser implantado se o Estado tem condições de intervir nos privilégios dos pais, tidos anteriormente como intocáveis. A dialética dessa juridificação inspirou Simitis a fazer uma pesquisa que chegou às seguintes conclusões: "Por mais que as ações do Estado sejam imprescindíveis, elas não trazem apenas vantagens para os membros da família, uma vez que provocam ao mesmo tempo uma crescente dependência. Na família, a emancipação só acontece mediante a assunção de novos vínculos, uma vez que, para poder se constituir como pessoa, o membro individual da família

---

65. Simitis, Zenz, vol. I, 1975, p. 48.
66. S. Simitis et al. *Kindeswohl*. Frankfurt/M., 1979; G. Zenz. *Kindesmisshandlung und Kindesrecht*. Frankfurt/M., 1979.

se vê obrigado a apelar para a colaboração do Estado. Aquilo que inicialmente se configura como instrumento de dissolução de estruturas de poder intrafamiliares se revela, a quem olha as coisas mais de perto, como veículo de outra forma de dependência."[67] A pesquisa revela ainda que os juízes tutelares entrevistados julgam apoiando-se em informações deficientes, ou seja, eles se orientam mais pelo "bem físico" da criança do que pelo "bem espiritual". As deficiências psicológicas comprovadas nas sentenças judiciais não dependem tanto de uma falta de preparo profissional dos juristas para essa tarefa quanto da "justicialização" de fatos que necessitam *de outro tipo* de tratamento: "Quase não há iniciativas... para estimular melhores possibilidades de solução de conflitos. As razões podem ser encontradas nos próprios pais, mas também no fato de que eles são tendencialmente transformados em 'objetos' de negociações entre o juiz e o juizado de menores, o que os transforma em 'pessoas submetidas a um procedimento', deixando de ser 'pessoas que participam de um procedimento'."[68] Em quase todos os casos se descobre que "os meios especificamente jurídicos de que o juiz dispõe não o ajudam muito, seja na comunicação com a criança, que é imprescindível para o procedimento, seja na compreensão dos fatores importantes para o seu desenvolvimento."[69] Neste caso, o próprio meio do direito fere as estruturas comunicativas da esfera de ação juridificada.

Nessa perspectiva adquire plausibilidade a seguinte recomendação da política do direito: o legislador deve limitar a um mínimo as intervenções do Estado, destinadas a proteger juridicamente a criança: "... entre as soluções

---

67. Simitis, Zenz, vol. I, 1975, p. 40.
68. Simitis et al., 1979, p. 39.
69. Simitis, Zenz, vol. I, 1975, p. 55.

possíveis, deve ser preferida a que outorga ao juiz o menor espaço de decisão. Por isso, a regulação legal não deve favorecer exageradamente – como até agora vinha acontecendo – uma intervenção judicial ampla. Ao contrário, ela tem de envidar todos os esforços para que o conflito seja 'desjusticializado'"[70]. Todavia, o remédio não consiste em substituir simplesmente o juiz pelo terapeuta; o assistente social é apenas um especialista a mais, que não liberta o cliente da burocracia do Estado benfeitor de sua condição de objeto. Por outro lado, a redefinição do direito de tutela em medidas terapêuticas somente aceleraria a assimilação do direito de família à legislação relativa ao bem-estar do jovem: "Nesse direito parafamiliar existe uma autoridade estatal, ou seja, o juizado de menores que dá as cartas. Aqui a educação se realiza sob a inspeção do Estado, e os pais são obrigados a prestar contas. A linguagem utilizada por certos comentários mais antigos revela, mais que qualquer prescrição, o verdadeiro objetivo. A intervenção do Estado simplesmente compensa a normalidade rompida."[71] É instrutiva, sem dúvida alguma, a intuição que está na base da proposta da "desjusticialização" dos conflitos juridificados na área da família. Pois a juridificação de esferas de ação estruturadas comunicativamente não deve ir além da implantação de princípios do Estado de direito e da institucionalização jurídica da constituição *exterior*, seja da família, seja da escola. Entretanto, o lugar do direito utilizado como meio deve ser ocupado por procedimentos de regulação de conflitos adequados às estruturas do agir orientado pelo entendimento, isto é, por processos de formação discursiva da vonta-

---

70. Simitis, Zenz, vol. I, pp. 51 s.
71. Simitis, Zenz, vol. I, p. 36.

de e por procedimentos de negociação e de decisão orientados pelo consenso. Tal exigência pode parecer mais ou menos aceitável em esferas privadas, tais como a família, e estar conforme às orientações da educação da classe média. Não obstante, na esfera pública e no sistema educacional, a exigência de "desjusticialização" e de desburocratização encontra resistências[72]. A exigência de uma maior estruturação pedagógica do ensino e de uma democratização das estruturas de decisão não se combina sem mais nem menos com a neutralização do papel do cidadão[73], e menos ainda com o imperativo sistêmico que manda desconectar o sistema educacional do direito fundamental à educação e agregá-lo ao sistema de empregos. A atual disputa em torno das orientações fundamentais da política educacional pode ser interpretada, no nível da teoria da sociedade, como luta a favor ou contra a colonização do mundo da vida. Entretanto, pretendo me manter no plano analítico da juridificação; e nesse plano a juridificação age de modo ambíguo, tanto na esfera da educação como na da família.

A proteção jurídica de pais e estudantes contra medidas pedagógicas (resultados de provas, reprovações etc.) ou contra atos da escola e do ministério da educação que ferem direitos fundamentais (medidas disciplinares) é obtida ao preço de uma burocratização e de uma "justicialização" que interferem profundamente nos processos de ensino e de aprendizagem. De um lado, os órgãos do Es-

---

72. Nesse contexto, L. R. Reuter propõe uma "reconstrução da tarefa pedagógica apoiada na responsabilidade das instituições educativas". Cf. L. R. Reuter. "Bildung zwischen Politik und Recht", in Voigt, 1980, p. 130.

73. Cf. U. Scheuner. *Das Mehrheitsprinzip in der Demokratie*. Opladen, 1973, pp. 61 s.

tado encarregados dos problemas referentes ao direito e à política educacional estão sobrecarregados, do mesmo modo que os juizados de menores encarregados de cuidar do bem da criança. De outro lado, o meio "direito" colide com a forma do agir pedagógico. Desse modo, a socialização pedagógica se decompõe num mosaico de atos administrativos impugnáveis. A subsunção da educação sob o meio "direito" provoca a "inclusão abstrata dos que participam no processo pedagógico como sujeitos individualizados do direito, os quais agem num sistema de concorrência visando ao rendimento e à competência. A abstração consiste no fato de que as normas do direito escolar têm validade independentemente das necessidades e interesses das pessoas envolvidas, seccionando suas experiências e desfazendo os contextos em que suas vidas se desenrolam"[74]. Ora, isso coloca em risco a liberdade pedagógica e a iniciativa do professor. A pressão destinada a assegurar as notas pelo recurso à justiça e a super-regulamentação curricular provocam os fenômenos da despersonalização, do imobilismo, da inibição diante das inovações, da supressão da responsabilidade etc.[75] Frankenberg investiga as consequências da juridificação do trabalho pedagógico tomando como base a seguinte questão: de que modo os professores e os destinatários das normas apreendem as ordens do direito e como reagem a elas?

Existem diferenças estruturais entre a forma do direito, em que a justiça e a administração escolar exercem suas competências, e a tarefa educativa, que necessita do agir orientado pelo entendimento para se realizar. Fran-

---

74. G. Frankenberg. *Elemente einer Kritik und Theorie des Schulrechts*. Tese de doutorado. Munique, 1978, p. 217.

75. Reuter, in Voigt, 1980, pp. 126 s.

kenberg consegue destacá-las adequadamente: "Podemos assinalar como características dominantes da dimensão jurídico-política do trabalho pedagógico os seguintes pontos: 1) A discrepância entre as prescrições de comportamento e a situação concreta da ação. 2) A 'dupla cobertura' do 'encargo pedagógico' que o Estado confere ao professor, sujeito à administração escolar, a qual possui 'competência para formular as diretrizes', e aos tribunais administrativos, que têm o poder de concretização. 3) A delimitação imprecisa do espaço da ação pedagógica dos professores. 4) As ameaças de sanção, abertas ou dissimuladas, ao comportamento contrário às regras. Por conseguinte, o complexo emaranhado de normas que cobre o atual sistema educacional tem de contar com mais uma variável, a da imprevisibilidade das ordens ministeriais que determinam a prática pedagógica."[76] Tais diferenças estruturais geram no professor insegurança e reações descritas por Frankenberg como transgressão ou como subutilização do espaço da ação pedagógica, isto é, como adaptação exagerada às normas vigentes ou como desobediência disfarçada em relação a elas.

A juridificação estatal da relação de poder criada pela escola certamente elimina os resíduos de um poder absolutista do Estado; entretanto, a juridificação dessa esfera de ação estruturada comunicativamente se realiza na forma de intervenções do Estado social. E a escola, controlada pela justiça e pela administração, transforma-se repentinamente num órgão destinado a cuidar da existência, organizando e distribuindo a educação como se esta fosse uma prestação social. Como no caso da família, aqui também se coloca uma exigência jurídica e política, que

---

76. Frankenberg, 1978, pp. 227 s.

implica a desburocratização e a "desjusticialização" do processo pedagógico. O quadro de uma constituição escolar em termos do Estado de direito, capaz de transladar o "direito privado do Estado para um genuíno direito público", teria de ser preenchido mediante procedimentos orientados pelo consenso, ou seja, mediante "procedimentos de decisão que partem do pressuposto de que os participantes do processo pedagógico são livres e capazes de defender por si mesmos seus interesses e de regular seus assuntos"[77], não necesssitando do meio "direito".

Quando se investiga a estrutura paradoxal da juridificação nas esferas da família, da escola, da política social etc., é fácil decifrar o sentido das exigências regularmente apontadas por essas pesquisas. Trata-se de preservar esferas da vida que dependem necessária e funcionalmente de uma integração social apoiada em valores, normas e processos de entendimento, a fim de que não caiam sob os imperativos dos sistemas da economia e da administração – que possuem uma dinâmica de crescimento própria – e não sejam transportadas – pelo meio de controle "direito" – a um princípio de socialização que não lhes é funcional.

---

77. Frankenberg, 1978, p. 248; o projeto de lei de um dos Estados, apresentado pela Comissão de Direito Escolar do Congresso de Juristas Alemães, aponta nessa direção: *Schule im Rechtsstaat*, vol. I, Munique, 1981.

3. TAREFAS DE UMA TEORIA CRÍTICA
   DA SOCIEDADE

Abordei a tese da colonização interna tomando como exemplo novas tendências de juridificação constatáveis na República Federal, a fim de mostrar de que modo os processos de abstração real, focalizados por Marx, podem ser analisados mesmo que não tenhamos ainda uma nova teoria capaz de superar a teoria do valor. Com isso retomo uma questão central das atuais ciências sociais, que pode ser formulada da seguinte maneira: será que a teoria do valor tem de ser substituída ou ampliada até o ponto em que ela possa ligar entre si enunciados teóricos sobre o mundo da vida a enunciados sobre o sistema? Conforme vimos, Marx interpretara os complexos sistêmicos do autoaproveitamento do capital como totalidade fetichista; e disso resultara a seguinte exigência metódica: tudo o que pode ser descrito corretamente em termos de uma teoria de sistemas tem de ser decifrado como processo de reificação do trabalho vivo. Entretanto, tal pretensão desmedida perde seu sentido quando reconhecemos no sistema econômico capitalista não apenas uma nova formação de relações de classes, mas também um nível avançado de diferenciação sistêmica, dotado de leis próprias. Sob tal premissa, a *questão semântica* acerca do modo como algo pertencente a uma linguagem científica pode ser traduzido em outra transforma-se numa *questão empírica* que pode ser formulada da seguinte maneira: quando é que o crescimento do complexo burocrático-monetário afeta âmbitos de ação que não podem ser adaptados a mecanismos de integração sistêmica sem que haja efeitos colaterais patológicos? A análise da teoria parsoniana relativa aos meios levou-me a pensar que esse limite é transgredido quando imperativos sistêmicos se introduzem nas esferas da reprodução cultural, da integração social e da socialização. Tal hipótese poderia ser comprovada caso fossem constatadas "abstrações reais" nas zonas nucleares do mundo da vida. Ora, o problema semântico da conexão entre descrições apoiadas numa teoria de sistemas e descrições apoiadas numa teoria da ação exige uma solução em que as questões substanciais têm de ser encaradas sem preconceitos.

Introduzi o conceito de sistema seguindo o caminho de uma objetivação *metódica* do mundo da vida e justifiquei a mudança de perspectivas, isto é, a passagem da perspectiva do participante para a do observador – a qual acompanha inevitavelmente tal objetivação – em termos de uma teoria da ação. Ora, a exemplo da teoria do valor, tal justificação possui a forma de uma explicação conceitual; ou seja, ela deve explicar o que acontece com a reprodução simbólica do mundo da vida quando a atividade comunicativa é substituída por interações controladas por meios e quando a função coordenadora da linguagem é substituída pelos meios "dinheiro" e "poder". Entretanto, aqui os efeitos reificadores não se apresentam automaticamente, como no caso da transformação do trabalho concreto em abstrato. Pois a adaptação a outro mecanismo de coordenação da ação e, com isso, a outro princípio de socialização só terá como consequência uma reificação, ou seja, uma deformação patológica de infraestruturas comunicativas do mundo da vida, caso a passagem do mundo da vida para sistemas de ação controlados por meios implique sofrimento. Ora, tudo indica que esse é o caso da reprodução material. Desse modo, e com o auxílio de transformações semânticas, os fenômenos da reificação perdem o *status* ambíguo de fatos deduzidos de enunciados econômicos sobre relações entre valores, uma vez que as "abstrações reais" passam a formar, a partir de agora, um domínio de objetos investigáveis empiricamente. Elas se tornam objeto de um programa de pesquisa que já não necessita dos instrumentos de tradução fornecidos pela teoria do valor.

Entretanto, uma teoria da modernização capitalista, elaborada com o auxílio de uma teoria do agir comunicativo, continua a operar, mesmo assim, com outros aspectos do modelo marxiano, assumindo uma atitude crítica perante as ciências sociais contemporâneas e a realidade social capturada pela rede de seus conceitos. Ela critica a realidade das sociedades desenvolvidas, porque estas não aproveitam o potencial de aprendizagem disponível culturalmente e se entregam sem reservas à crescente e descontrolada complexidade. Conforme vimos, tal complexidade assume a forma de um poder quase-natural, que se apodera de reservas não regeneráveis – passando por cima de formas de vida tradicionais e atacando a infraestrutura comunicativa de mundos da vida amplamente racionalizados. No entanto, a supracitada teoria também se posiciona criticamente perante as ciências sociais, tidas como incapazes de decifrar os paradoxos da racionalização social, uma vez que elas analisam os sistemas sociais complexos sob um único aspecto abstrato, sem justificar (no sentido de uma sociologia reflexiva) a constituição histórica de seu campo de objetos[78]. Mesmo assim, a teoria crítica da sociedade não se considera adversária nem concorrente das linhas de pesquisa estabelecidas, uma vez que ela tenta realçar os pontos positivos e as limitações dessas teorias apoiando-se em sua própria interpretação da história das sociedades modernas.

Se colocarmos de lado a teoria behaviorista, por sua evidente falta de complexidade, poderemos descobrir *três direções de pesquisa* principais que se ocupam do fenômeno das sociedades modernas. Não se pode afirmar que elas concorrem entre si, uma vez que seus contatos são raros. E as tentativas de comparação entre elas jamais culminam numa crítica recíproca fecunda. Ou seja, a crítica capaz de promover um empreendimento comum não chega a absorver as distâncias, limitando-se ao espaço estreito da própria escola[79]. Existem boas razões capazes de explicar essa falta de compreensão recíproca, especialmente as duas seguintes: os campos de objetos dessas linhas de investigação concorrentes não se tocam; além disso, elas resultam de abstrações unilateralizadoras, que cortam inconscientemente o nexo existente entre mundo da vida e sistema, o qual porém é essencial para a compreensão das sociedades modernas.

---

78. Gouldner, vol. I, 1974, pp. 29 ss.; B. Gruenberg. "The Problem of Reflexivity in the Sociology of Science", in *Philos. Soc. Science*, 8, 1978, pp. 321 ss.

79. Cf. as contribuições de K. O. Hondrich, K. Eder, J. Habermas, N. Luhmann, K. D. Matthes e K. H. Opp para uma "Comparação teórica na sociologia", in R. Lepsius (org.). *Zwischenbilanz der Soziologie*. Stuttgart, 1976, pp. 14 ss.

Seguindo as pegadas de Weber e, em parte, da historiografia marxista, formou-se uma *linha de pesquisa de cunho histórico e social*, de orientação comparativa e tipificadora, caracterizada como *história da sociedade* (*Gesellschaftsgeschichte*). Nela, a dinâmica da luta de classes recebe uma atenção maior ou menor, dependendo do autor em questão: R. Bendix, R. Lepsius, C. W. Mills, B. Moore ou U. Wehler; mesmo assim, o núcleo teórico é formado sempre por conceitos que visam apreender a diferenciação estrutural da sociedade em sistemas de ação especificados funcionalmente. Entretanto, o contato estreito com a pesquisa histórica não permite que a *teoria da diferenciação estrutural* desemboque num programa teórico mais vigoroso semelhante ao do funcionalismo sistêmico. É que nela os processos de modernização são referidos ao nível de diferenciação estrutural. Além disso, a distinção feita entre o modo de ver estruturalista e o funcionalista não é suficientemente radical, o que não permite descobrir a concorrência que permeia essas duas estratégias conceituais. Sem dúvida alguma, as ramificações da modernização da sociedade são analisadas; porém, certas dimensões do processo global de diferenciação estrutural não são levadas na devida conta. Passa-se por alto o fato de que ele constitui um processo de diferenciação de segunda ordem em que se dá uma disjunção progressiva entre o mundo da vida e o sistema, fazendo com que os subsistemas controlados por meios consigam, após ter atingido um suficiente nível de desenvolvimento, influenciar os mundos da vida, que também atingiram um nível de diferenciação estrutural. É por isso que essa linha de pesquisa não consegue tematizar as patologias da modernidade enquanto tais; falta-lhes um instrumentário conceitual adequado para captar as diferenças entre:

a) a diferenciação estrutural do mundo da vida, especialmente a de seus componentes sociais, b) a autonomização de sistemas de ação diferenciados através de meios de controle, bem como a diferenciação interna desses subsistemas, e c) os processos de diferenciação que "desdiferenciam" ao mesmo tempo esferas de ação integradas socialmente no sentido de uma colonização do mundo da vida.

Em estreita ligação com a teoria econômica neoclássica e com o funcionalismo sociológico, formou-se uma *linha de pesquisa teórico-sistêmica* que se implantou principalmente na economia e nas ciências da administração. Tais ciências sistêmicas nasceram, por assim dizer, na esteira dos subsistemas controlados por meios. Enquanto elas visavam acima de tudo à complexidade interna do sistema da economia e da administração, contentavam-se com modelos fortemente idealizados. Entretanto, à medida que foram forçadas a introduzir em suas análises as limitações do respectivo entorno social, surgiu a necessidade de uma teoria integrada capaz de abranger a interação entre a economia e o Estado, dois subsistemas integrados funcionalmente.

No passo seguinte, quando a sociedade em seu conjunto vai ser submetida a categorias teórico-sistêmicas, as ciências que trabalham nessa linha excederam a conta. A *teoria social de sistemas*, iniciada por Parsons e desenvolvida consequentemente por Luhmann, analisa o surgimento e o desenvolvimento das sociedades modernas sob o ponto de vista da crescente complexidade do sistema. Entretanto, após lançar fora todos os resquícios da "escória" da tradição sociológica, o funcionalismo sistêmico perde a sensibilidade para com as patologias sociais, que podem ser entrevistas nas características estruturais de esferas de ação integradas socialmente. Ele desloca os destinos – que se realizam em mundos da vida estruturados comunicativamente – para o plano em que se desenrola a dinâmica dos meios, constatável na perspectiva do observador. E este os assimila a desequilíbrios de relações de troca intersistêmicas, privando-os do significado que possuíam na perspectiva participante, em que eram interpretados como deformações que ameaçam a identidade.

Entretanto, o encontro entre fenomenologia, hermenêutica e interacionismo simbólico permitiu a formação de uma *linha de pesquisa em termos de uma teoria da ação*. Ora, as várias linhas de uma *sociologia compreensiva* coincidem num ponto crucial, à medida que procedem de forma generalizadora, que tem a ver com o interesse num esclarecimento das estruturas de formas de vida e de imagens de mundo. O núcleo dessa linha de pesquisa consiste numa *teoria da vida cotidiana* ligada a análises históricas, como é o caso dos trabalhos de E. P. Thompson. Nessa linha, os processos de modernização podem ser representados pelo ângulo de mundos da vida específicos de grupos ou camadas; o dia a dia das subculturas sorvidas pelo torvelinho dos processos de modernização é descoberto com o auxílio dos meios da pesquisa de campo elaborada pela antropologia. Eventualmente, tais estudos se condensam formando fragmentos de uma história escrita na perspectiva dos vencidos. Nesse caso, a modernização aparece como a história dos sofrimentos dos que tiveram de pagar o preço exigido pela implantação dos novos modos de produção e do moderno sistema de Estados, a qual provoca a deterioração das tradições e das formas de vida. Tais pesquisas agudizam o sentido para assincronias históricas, estimulando a recordação crítica no sentido de Benjamin. No entanto, elas não levam na devida conta a dinâmica sistêmica que acompanha o desenvolvimento da economia, das nações e dos Estados, nem o sentido estrutural próprio de mundos da vida racionalizados. Por isso, os reflexos subculturais em que as patologias sociais da modernidade se tornam visíveis continuam apresentando o caráter subjetivo e contingente de eventos cujo sentido *não* foi *devidamente compreendido*.

Uma teoria crítica da sociedade pode se assenhorear dos resultados dessas três linhas de pesquisa. Antes, porém, tem de demonstrar que as esferas da ação, assumidas ingenuamente por *cada uma delas, surgiram* no início da história da modernidade como consequência do desligamento entre sistema e mundo da vida.

A simples disjunção entre aspectos do sistema e aspectos do mundo da vida, levada a cabo pela teoria da diferenciação estrutural, não é satisfatória; de outro lado, as linhas de pesquisa derivadas da teoria da ação e da teoria de sistemas isolam um único aspecto e o generalizam de modo inadequado. Por isso, nos três casos, as abstrações metódicas levam ao mesmo resultado. As teorias da modernidade que possibilitam tais linhas de pesquisa permanecem insensíveis em relação ao que Marx designou como "abstrações reais", que podem ser descobertas quando se lança mão de uma análise que persegue, *ao mesmo tempo*, a racionalização dos mundos da vida e o aumento de complexidade dos subsistemas controlados por meios, não se esquecendo da natureza paradoxal de suas interferências. Já mostramos que é possível falar, num sentido não-metafórico, de condições de vida paradoxais, quando a diferenciação estrutural dos mundos da vida é descrita em termos de racionalização; além disso, as patologias não podem ser medidas por critérios de estados biológicos, pois é necessário tomar como ponto de partida as contradições que podem irromper em interações comunicativas, uma vez que na prática cotidiana – que depende da facticidade de pretensões de validade – pode haver enganos e autoilusões que adquirem um poder próprio.

Ao falar em "abstrações reais", Marx não tinha em mente apenas os paradoxos que os participantes percebem como deformações de seu mundo da vida, mas também os dilemas resultantes de uma análise da reificação (ou da racionalização), como, por exemplo, o seguinte: os desafogos sistêmicos conseguidos por meio da racionalização do mundo da vida se transformam, ao mesmo tempo, numa sobrecarga da infraestrutura comunicativa desse mesmo mundo da vida. Sugeri tal interpretação para a tese weberiana da racionalização no momento em que encetei uma *quarta* linha de pesquisa, a saber, a do *estruturalismo genético* da psicologia do desenvolvimento, a fim de me apropriar da sociologia da religião, de Weber, da teoria da comunicação, de Mead, e da teoria da integração social, de Durkheim[80]. Por esse caminho, desenvolvi um quadro de categorias fundamentais, que não constitui naturalmente um fim em si mesmo. Sua tarefa precípua consiste em identificar e explicar as patologias da modernidade que outras linhas de pesquisa não conseguem detectar por razões metódicas.

Essa tinha sido a tarefa assumida pela Teoria Crítica mais antiga, antes de ela se distanciar progressivamente das pesquisas das ciências sociais, a partir do início dos anos 1940. Por isso, pretendo recordar inicialmente os núcleos temáticos que absorveram a atenção da Teoria Crítica em seus primórdios (1) e mostrar de que modo é pos-

---

80. W. W. Mayol. "Genetic Structuralism and the Analysis of Social Consciousness", in *Theory and Society*, 5, 1978, pp. 20 ss.

sível retomar algumas dessas intenções, desde que libertas dos conceitos filosófico-históricos que formavam seu invólucro (2). A seguir, tratarei com mais detalhes da questão da crítica do positivismo, pois ela adquire um novo sentido na atual era pós-positivista (3).

(1) Até o início dos anos 1940, data em que o círculo dos colaboradores reunidos em Nova York se dissolveu, os trabalhos do Instituto para a Pesquisa Social giraram em torno de seis temas. É bom lembrar que seus interesses de pesquisa se refletem nos artigos que apareciam na parte principal da *Revista para a Pesquisa Social* (*Zeitschrift für Sozialforschung*). Os temas são os seguintes: a) as formas de integração das sociedades pós-liberais; b) a socialização na família e o desenvolvimento do eu; c) a cultura de massa e os meios de comunicação de massa; d) a psicologia social do protesto que silenciou; e) a teoria da arte; f) a crítica da ciência e do positivismo[81]. Nesse amplo leque de temas, reflete-se a ideia programática de Horkheimer que visa a uma ciência social interdisciplinar[82]. Essa fase esteve voltada para a questão formulada acima como "racionalização enquanto reificação", que deveria ser elaborada com os meios mais sofisticados das mais variadas disciplinas sociais[83]. No início, Horkheimer e seu círculo tinham transformado as "abstrações reais" em tema de pesquisas empíricas; entretanto, a *Crítica da razão instrumental*, adotada a seguir, reinseriu a reificação no âmbito da filosofia da história. Sob esse ponto de vista teórico,

---

81. Cf. a reimpressão em nove volumes da revista *Zeitschrift für Sozialforschung* pela editora Kösel, Munique, 1979.
82. Cf. o inventário feito por W. Bonss e A. Honneth (orgs.). *Sozialforschung als Kritik*. Frankfurt/M., 1982; G. Brandt. "Ansichten kritischer Sozial-Forschung 1930-1980", in *Leviathan*, cad. especial, 4, 1981, pp. 9 ss.
83. Dubiel, 1978, Parte II.

torna-se relativamente fácil descobrir a unidade na pluralidade dos temas elencados.

(a) Após as profundas transformações sofridas pelo capitalismo liberal, fazia-se mister uma especificação mais detalhada do conceito de reificação[84]. O fenômeno do regime nacional-socialista impunha uma análise mais acurada das novas relações estabelecidas entre a economia e o Estado, a fim de encontrar respostas para as seguintes questões: será que a transição da República de Weimar para o Estado autoritário sinaliza um novo princípio de organização da sociedade? Será que o fascismo possui semelhanças fortes com as sociedades capitalistas do Ocidente ou será que, dada sua constituição política totalitária, ele se aproxima mais do stalinismo? Pollock e Horkheimer opinavam que tanto no regime nacional-socialista como no soviético estabelecia-se um *regime de capitalismo de Estado* em que a propriedade privada dos meios de produção mantinha apenas um caráter formal e o controle dos processos da economia global saía do mercado, passando para burocracias planejadoras; e neste processo os *managers* dos grandes trustes industriais se confundiam com as elites dos partidos e das burocracias. À luz dessa interpretação, tal Estado autoritário pressupõe uma sociedade totalmente administrada. A forma da integração social é determinada, ao menos intencionalmente, mediante o exercício racional-teleológico de um poder administrativo controlado a partir de um centro.

No entanto, Neumann e Kirchheimer se contrapunham a essa teoria do capitalismo de Estado, formulando a seguinte tese: o Estado autoritário constituiria apenas o invólucro totalitário de um capitalismo monopolizador – que continua intacto – em que continua funcionando o

---

84. Para o que se segue cf. Dubiel, Söllner, 1981, pp. 7 ss.

mecanismo do mercado. De acordo com esse ponto de vista, o fascismo, por mais desenvolvido que seja, não consegue eliminar o primado que os imperativos econômicos exercem sobre o Estado. Ora, os compromissos selados entre as elites da área econômica, política e administrativa só são possíveis graças a *um sistema econômico construído sobre o capitalismo privado*. Nessa linha de interpretação, é possível descobrir analogias estruturais entre as sociedades capitalistas desenvolvidas, sejam elas totalitárias ou democráticas. E, uma vez que o Estado totalitário não pode ser tido como o centro do poder, a integração social também não pode se realizar exclusiva ou preferentemente nas formas de uma racionalidade administrativa universalizada tecnocraticamente[85].

(b) e (c) A relação entre sistema de ação econômico e administrativo decide sobre o modo como a sociedade é integrada e sobre as formas de racionalidade que comandam o contexto da vida dos indivíduos. Entretanto, a subsunção dos indivíduos socializados sob o padrão dominante de controle social, isto é, o próprio processo de reificação, teria de ser analisado em outro contexto, ou seja, na família enquanto agência de socialização, que prepara as crianças para os imperativos do sistema de empregos; e na esfera pública, política e cultural, em que a cultura de massa, utilizando os meios de comunicação de massa, estimula a obediência às instituições políticas. A teoria do capitalismo tardio consegue explicar apenas o *tipo* da integração social. Já a psicologia social analítica, que Erich Fromm[86], seguindo a tradição da esquerda freu-

---

85. Como já foi exposto por H. Marcuse. "Some Social Implications of Modern Technology", in *ZfS*, 9, 1941, pp. 414 ss.

86. E. Fromm. "Über Methode und Aufgabe einer analytischen Sozialpsychologie", in *Zeitschrift für Sozialforschung*, 1, 1932, pp. 28 ss.

diana[87], ligara a questões da teoria da sociedade marxista, tem como tarefa explicar os processos mediante os quais a consciência individual se adapta às exigências funcionais de um sistema formado pela economia monopolizadora e pelo Estado autoritário.

Os colaboradores do Instituto se interessaram por dois processos: de um lado, pela *mudança estrutural da família burguesa*, que tinha provocado, entre outras coisas, a perda de função e o enfraquecimento do papel do pai, a mediatização do espaço de proteção da família e a entrega gradual da educação das crianças a instâncias não-familiais; de outro lado, pelo *desenvolvimento de uma indústria cultural* que dessublimara a cultura, privando-a de seus conteúdos racionais, e redefinira suas funções com a finalidade de manipular a consciência. Durante esse processo, a reificação continua sendo, como em Lukács, uma categoria da filosofia da consciência, sendo detectada nas ideias e modos de comportamento dos indivíduos. E os fenômenos da consciência reificada devem ser explicados de modo empírico, isto é, com o auxílio da teoria psicanalítica da personalidade. O caráter autoritário, destituído de personalidade e facilmente manipulável, manifesta-se em fenômenos típicos da época; as correspondentes formações do superego são atribuídas a um jogo complexo envolvendo a estrutura social e os destinos pulsionais.

Nesse caso também se delineiam duas linhas de interpretação: de um lado, Horkheimer, Adorno e Marcuse permanecem fiéis à doutrina freudiana das pulsões, contando com a dinâmica de uma natureza interna que, apesar de reagir às pressões sociais, continua a resistir em seu

---

87. Dahmer, 1973; id. (org.), *Analytische Sozialpsychologie*. Frankfurt/M., 1980.

núcleo contra o poder da socialização[88]. Fromm, de outro lado, capta estímulos da psicologia do eu, decompondo o processo de desenvolvimento do eu no meio de interações sociais que perpassam e estruturam o substrato natural dos movimentos pulsionais[89]. Adorno e Benjamin discordam entre si ao avaliar o caráter ideológico da cultura de massa. Enquanto Adorno (seguido por Löwenthal e Marcuse) contrapõe inexoravelmente a experiência da arte autêntica ao consumo cultural, sem entrever nenhuma possibilidade de reconciliação, Benjamin insiste em colocar suas esperanças em iluminações profanas, que podem despontar na arte da massa, despojada de sua aura.

(d) Desse modo, no decorrer dos anos 1930, os colaboradores mais próximos do Instituto desenvolveram uma posição consistente em relação aos três temas seguintes: consolida-se a imagem monolítica de uma sociedade totalmente administrada, acompanhada, de um lado, por um modo de socialização repressivo que exclui a natureza interna e, de outro lado, por um controle social exercido pelos canais da comunicação de massa que a tudo penetra. Entretanto, não é fácil colocar sob um mesmo denominador as posições de Neumann, Kirchheimer, Fromm e Benjamin; mesmo assim, eles têm em comum uma avaliação diferenciada do caráter complexo e contraditório das formas de integração das sociedades pós-liberais, da socialização familial e da cultura de massa. Es-

---

88. Essa posição não foi modificada depois: cf. Th. W. Adorno. "Soziologie und Psychologie", in *Festschrift für Horkheimer*. Frankfurt/M., 1955; H. Marcuse. *Eros and Civilization*. Boston, 1955; id., "Das Veralten der Psychoanalyse", in id., *Kultur und Gesellschaft*, 2, Frankfurt/M., 1965, pp. 85 ss.

89. E. Fromm. *Escape from Freedom*. Nova York, 1942; trad. al. Frankfurt/M., 1971.

sas linhas de pesquisa, concorrentes entre si, poderiam ter oferecido pontos de partida para uma análise dos potenciais que resistem à reificação da consciência. Entretanto, as experiências feitas pelos emigrantes alemães no horizonte histórico dos anos 1930 sugeriam que se fizesse antes uma análise dos mecanismos capazes de explicar o silenciamento de certos potenciais de protesto. Os estudos sobre a consciência política dos trabalhadores e dos funcionários, especialmente sobre a formação dos preconceitos antissemitas, que o Instituto iniciou na Alemanha e continuou a desenvolver na América até o final dos anos 1940 caminham nessa direção[90].

(e) e (f) Os processos de reificação da consciência puderam se converter em objeto de um programa de pesquisa empírico quando a teoria do valor perdeu sua função fundamentadora. Com isso perdeu-se também o conteúdo normativo do direito natural conservado na teoria do valor[91]. Seu lugar foi ocupado pela teoria da racionalização social mediada por Lukács. A partir de então, o conteúdo normativo do conceito de reificação passou a ser extraído do potencial racional da cultura moderna. Por isso, a Teoria Crítica mantém durante seu período clássico uma relação positiva com a filosofia e com a arte da era burguesa. Pois as artes constituem o objeto preferido de uma crítica da ideologia que tenta isolar os conteúdos transcendentes – críticos ou utópicos – da arte autêntica, a fim de contrapô-los aos componentes afirmativos e ideologicamente desgastados dos ideais burgueses (Marcuse e Löwenthal se interessam mais pela literatura alemã clássica; Benjamin e Adorno, pela vanguarda literária

---

90. Fromm, 1980; Instituto para Pesquisa Social (org.). *Autorität und Familie*. Paris, 1936; Adorno et al., 1950.

91. Lange, 1978, pp. 24 ss.

e musical). Por isso, a própria filosofia possui, enquanto guardiã desses ideais burgueses, um significado fundamental: "A razão", afirma Marcuse no tratado que complementa a delimitação horkheimeriana da teoria crítica diante do tradicional, "é a categoria elementar do pensamento filosófico, a única mediante a qual ele mantém contato com o destino da humanidade."[92] E um pouco mais abaixo ele acrescenta: "Razão, espírito, moralidade, conhecimento e felicidade não são apenas categorias da filosofia burguesa, e sim temas que interessam à humanidade. Enquanto tais, elas têm de ser conservadas e mesmo reavivadas. Quando a Teoria Crítica se ocupa das doutrinas filosóficas em que ainda é possível falar do homem, ela focaliza, antes de tudo, os disfarces e as interpretações falsas inseridas no discurso burguês sobre o homem."[93]

Sem dúvida alguma, a controvérsia crítico-ideológica com a tradição pode visar ao conteúdo de verdade inerente aos conceitos e problemas filosóficos, bem como à *apropriação* de seu conteúdo *sistemático*, porque a crítica *depende de princípios teóricos*; nessa época, a Teoria Crítica ainda se apoiava na filosofia da história marxista, a saber, na convicção de que as forças produtivas eram capazes de desenvolver uma força capaz de detonar empiricamente. Tal pressuposto explica por que a crítica se limitou a "tornar conscientes as possibilidades para as quais a própria situação histórica se tornara madura"[94].

Entretanto, sem uma *teoria* da história, não poderia haver uma *crítica* imanente, centrada nas figuras do espírito objetivo, o qual viabiliza a "distinção entre o que o

---

92. H. Marcuse. "Philosophie und Kritische Theorie", in *Zeitschrift für Sozialforschung*, Ano 6, 1937, p. 632.
93. Marcuse, 1937, p. 640.
94. Marcuse, 1937, p. 647.

homem e as coisas são faticamente e o que eles poderiam ser"[95] – pois, nesse caso, ela teria de se entregar às medidas históricas da *respectiva* época. O programa de pesquisa dos anos 1930 colocava suas esperanças numa filosofia da história segundo a qual o potencial racional da cultura burguesa seria liberado em movimentos sociais sob a pressão das forças produtivas desenvolvidas. No entanto, por uma ironia da história, quanto mais avançavam os trabalhos da crítica da ideologia, tanto mais Horkheimer, Marcuse e Adorno se convenciam de que a cultura nas sociedades pós-liberais perdia sua autonomia, sendo incorporada ao mecanismo do sistema econômico-administrativo, assumindo formas dessublimadas de cultura de massa. Por isso, as forças produtivas, inclusive o próprio pensamento crítico, começam a se deslocar cada vez mais no sentido de uma turva assimilação ao seu contrário. E, uma vez que numa sociedade totalmente administrada só vale a razão instrumental, elevada à totalidade, tudo o que existe se transforma numa abstração real; nesse caso, porém, tudo o que é atingido por essas abstrações é deformado e subtraído a qualquer tipo de intervenção empírica.

A fragilidade dos fundamentos dessa filosofia da história deixa entrever as razões que levaram essa teoria da sociedade – que é crítica e desenvolvida numa forma interdisciplinar – a fracassar e os motivos que levaram Horkheimer e Adorno a reduzir o projeto teórico às dimensões de algumas reflexões especulativas sobre a "Dialética do Esclarecimento". Os princípios do materialismo histórico, que enfocam a relação dialética entre as forças produtivas e as relações de produção, tinham-se transformado em proposições pseudonormativas sobre uma te-

---

95. Marcuse, 1937.

leologia objetiva da história. Esta passou a ser tida como força impulsionadora da realização de uma razão que se manifesta de modo ambíguo nos ideais burgueses. E para se assegurar de seus fundamentos normativos a Teoria Crítica não tinha outra saída a não ser uma filosofia da história. Ora, esse terreno era impróprio para um programa de pesquisa empírico.

Fazia falta um campo de objetos claramente delimitado, como é o caso da prática comunicativa cotidiana do mundo da vida, que conseguisse incorporar estruturas de racionalidade e permitisse identificar processos de reificação. As categorias fundamentais da Teoria Crítica confrontam a consciência dos indivíduos com os mecanismos de integração social, porém o fazem de modo direto, excluindo qualquer tipo de mediação. Já a teoria do agir comunicativo pode se assegurar do conteúdo racional de estruturas antropológicas profundas colocando-se *inicialmente* num plano de análise reconstrutivo, a-histórico. Ela descreve estruturas da atividade e do entendimento que podem ser inferidas do saber intuitivo dos membros competentes das sociedades modernas. Por isso, já não pode apelar para uma filosofia da história em que não se faça *a fortiori* uma distinção entre a lógica do desenvolvimento e a dinâmica do desenvolvimento.

Ao lançar mão de tais ideias, tentei libertar o Materialismo Histórico do peso de sua filosofia da história[96]. Tal projeto implica, no entanto, duas abstrações: em primeiro lugar, a abstração que permite distinguir entre o desenvolvimento de estruturas cognitivas e a dinâmica histórica dos eventos; em segundo lugar, a abstração que permite distinguir entre evolução social e concreção histórica

---

96. Habermas, 1976a.

das formas de vida. Ambas podem eliminar as confusões categoriais decorrentes da filosofia da história. Ora, tal teoria já não pode tomar como ponto de partida os ideais concretos inseridos nas formas de vida tradicionais. Por isso, ela toma como ideia orientadora a possibilidade de processos de aprendizagem, os quais não podem ser reduzidos a simples quimeras, uma vez que já se atingiu um determinado nível histórico de aprendizagem. E essa teoria já não pode julgar criticamente nem classificar normativamente totalidades, ou seja, formas de vida e culturas, formações sociais ou épocas *em sua totalidade*. Porém, pode retomar algumas das intenções do antigo programa de pesquisa interdisciplinar da Teoria Crítica.

(2) No final de uma complexa pesquisa sobre os fundamentos da teoria do agir comunicativo, tal indicação não passa, evidentemente, de uma *"promissory note"*. Ela não constitui mais que simples suposição, menos que uma promessa. Não obstante, para não deixar tal suposição no vazio, gostaria de acrescentar algumas explicações, seguindo a ordem dos temas há pouco elencados. Além disso, decidi-me por estas notas ilustrativas porque gostaria de sublinhar o caráter inteiramente aberto e integrador de uma teoria da sociedade cuja fecundidade tem de ser comprovada por um amplo leque de pesquisas das ciências sociais e da filosofia. Convém lembrar que o papel específico da teoria da sociedade pode ser comparado ao poder focalizador de uma lente. E no dia em que as ciências sociais não conseguissem mais provocar ideias nem desencadear pensamentos elas já não teriam razão de existir.

ad a) *Sobre as formas de integração das sociedades pós--liberais*. O racionalismo ocidental surgiu no quadro das sociedades capitalistas burguesas. Por isso investiguei as condições iniciais da modernização de sociedades desse tipo tomando como fio condutor o desenvolvimento capitalista e apoiando-me em Weber e Marx. Nas sociedades pós-liberais, essa linha de desenvolvimento se bifurca; de um lado, a modernização continua sendo impulsionada pelos problemas endógenos oriundos dos processos de acumulação econômica; de outro lado, pelos problemas resultantes dos esforços de racionalização do Estado. Na linha de desenvolvimento do capitalismo organizado, formou-se a ordem política das democracias de massa do Estado social; entretanto, sob a pressão das crises econômicas e diante das ameaças de desintegração social, o modo de produção só conseguiu se manter em alguns lugares e durante um certo tempo, assumindo formas autoritárias ou fascistas. Na *linha de desenvolvimento do socialismo burocrático*, formou-se a ordem política das ditaduras de partidos estatais. O regime autoritário stalinista deu lugar a regimes pós-stalinistas moderados; entretanto, somente na Polônia existem indícios de um movimento sindical democrático e de uma formação democrática da vontade no interior do partido. Os desvios fascistas e democráticos em relação ao modelo dominante trazem as marcas das características nacionais, especialmente da cultura política dessas nações. Em todo caso, as ramificações impõem especificações históricas, e isso no próprio nível geral dos tipos de integração social e das correspondentes patologias sociais. Se nos limitarmos às duas variantes dominantes nas sociedades pós-liberais e adotarmos como ponto de partida o fato de que os fenômenos da alienação surgem como deformações do mundo da vida induzidas pelo sistema, será possível dar alguns passos rumo a uma análise comparativa dos princípios de organização da sociedade, dos tipos das tendências de crise e das formas de patologia social.

De acordo com nossa hipótese, entre as condições iniciais fundamentais dos processos de modernização se encontra um mundo da vida amplamente racionalizado. E o dinheiro e o poder, enquanto meios, têm de estar ancorados nele, isto é, têm de ser institucionalizáveis através dos meios do direito positivo. Quando tais condições iniciais são preenchidas, é possível a diferenciação dos sistemas econômico e administrativo, que se relacionam entre si e mantêm intercâmbio com seu respectivo entorno através de meios de controle. Nesse nível de diferenciação sistêmica surgiram as sociedades modernas, inicialmente as capitalistas e mais tarde as sociedades burocrático-socialistas, que se contrapõem àquelas. Um caminho de modernização capitalista se abre quando o sistema econômico assume a liderança da sociedade como um todo, desenvolvendo uma dinâmica de crescimento própria. Ora, o caminho de modernização passa a ser outro quando o sistema de ação administrativo adquire uma autonomia semelhante em relação ao sistema econômico, na base de uma estatização dos meios de produção e do domínio de um único partido institucionalizado.

À medida que tais princípios de organização se impõem, surgem as relações de troca entre os dois subsistemas funcionalmente entrelaçados e os componentes sociais do mundo da vida, no qual os meios estão ancorados (cf. fig. 39). De um lado, o mundo da vida, aliviado das tarefas da reprodução material, pode se diferenciar em suas estruturas simbólicas e liberar os desdobramentos próprios da modernidade cultural; de outro lado, a esfera privada e a pública são colocadas a distância, enquanto entorno do sistema. Ora, as crises provocadas no mundo da vida pelos subsistemas têm duas portas de entrada: quando o sistema econômico é hegemônico, a crise entra pelas economias domésticas privadas; quando essa hegemonia é do aparelho do Estado, a crise entra através das filiações políticas relevantes.

Nas sociedades modernizadas, as perturbações da reprodução material do mundo da vida assumem a forma de desequilíbrios sistêmicos persistentes, que provocam *patologias* no mundo da vida ou se apresentam diretamente como *crises*.

As crises de controle foram analisadas inicialmente no ciclo conjuntural das economias de mercado; porém, as tendências de crise são comuns, tanto no socialismo burocrático, em que surgem mecanismos de autobloqueio de administrações planejadoras, como nas interrupções endógenas do processo de acumulação. Como no caso da racionalidade da troca, os paradoxos da racionalidade planejadora podem ser explicados chamando a atenção para o fato de que as orientações racionais da ação entram em contradição com elas mesmas por meio dos efeitos não-desejados da ação. Tais tendências de crise são elaboradas não somente no respectivo sistema parcial em que surgem, mas também no respectivo sistema de ação complementar, para o qual podem ser transferidas. A economia capitalista depende de medidas de organização por parte do Estado, assim como a burocracia socialista planificadora depende de medidas de autocontrole da economia. O capitalismo desenvolvido oscila entre duas políticas contrárias: entre "as forças autorrestauradoras do mercado" e o intervencionismo estatal[97]. No outro lado,

---

97. Sobre a discussão acerca do colapso da política econômica nas sociedades ocidentais, cf. P. C. Roberts. "The Breakdown of the Keynesian Model", in *Public Interest*, 1978, pp. 20 ss.; J. A. Kregel. "From Post-Keynes to Pre-Keynes", in *Social Research*, 46, 1979, pp. 212 ss.; J. D. Wisman. "Legitimation, Ideology-Critique, and Economics", in *Social Research*, 46, 1979, pp. 291 ss.; P. Davidson. "Post-Keynesian Economics", in *Public Interest*, 1980, pp. 151 ss.

o dilema é ainda mais gritante, uma vez que as políticas oscilam, sem nenhuma perspectiva de solução, entre um maior planejamento central e uma descentralização, entre programas econômicos apoiados em investimentos e outros apoiados no consumo.

Entretanto, os *desequilíbrios sistêmicos* só têm efeitos de *crises* quando as realizações da economia e do Estado ficam manifestamente aquém de um certo nível de pretensão preestabelecido, prejudicando a reprodução simbólica do mundo da vida, ao provocar nele conflitos e reações de oposição. Isso atinge diretamente o componente social do mundo da vida. Antes de colocar em risco esferas nucleares da integração social, tais conflitos são deslocados para a periferia; isto é, antes do surgimento de estados anômicos, manifesta-se a privação da legitimação ou da motivação (cf. fig. 22). Entretanto, caso se consiga interceptar crises de controle, isto é, as perturbações na reprodução material, lançando mão dos recursos do mundo da vida, despontam *patologias no mundo da vida*. Na figura 21, tais recursos são apresentados como contribuições para a reprodução cultural, para a integração social e para a socialização. Para a manutenção da economia e do Estado, são relevantes os recursos apresentados no espaço intermediário, que tem a ver com a conservação da sociedade, uma vez que os subsistemas estão ancorados nas ordens institucionais do mundo da vida.

A partir de agora podemos *substituir crises de controle por* patologias *no mundo da vida*, e explicar essa substituição da seguinte maneira: estados anômicos são evitados e as legitimações e motivações importantes para a manutenção das ordens institucionais são asseguradas à custa da exploração predadora dos *demais* recursos. Para dominar as crises e estabilizar a sociedade, ataca-se a cultura e a personalidade (primeira e terceira coluna do esquema dos recursos, fig. 21). A figura 22 mostra claramente as consequências de tal substituição: no lugar de manifestações anômicas (e no lugar da privação da legitimação e da motivação), surgem fenômenos de alienação e de insegurança nas identidades coletivas. Atribuí tais fenômenos à colonização do mundo da vida, caracterizando-os como reificação da prática comunicativa cotidiana.

Entretanto, as deformações do mundo da vida só assumem a forma de uma *reificação de relações comunicativas* nas sociedades capitalistas, portanto lá onde as crises são deslocadas para o interior do mundo da vida pela porta de entrada das economias domésticas privadas. E não se trata aí da dilatação exagerada de um único meio, mas da monetarização e da burocratização das esferas da ação de empregados e consumidores, de cidadãos e de clientes de burocracias estatais. Nas sociedades em que as crises se insinuam no mundo da vida pela porta de entrada de filiações politicamene relevantes, as deformações do mundo da vida assumem *outra* figura. Nas sociedades burocrático-socialistas, esferas de ação que dependem da integração social também são polarizadas nos mecanismos de integração sistêmicos. Porém, a reificação de relações comunicativas é substituída por uma *simulação de relações comunicativas* nas esferas de um intercâmbio pseudopolítico, que são burocraticamente esterilizadas e humanizadas à força. E tal "pseudopolitização" possui várias simetrias com a privatização reificadora. O mundo da vida não é assimilado diretamente ao sistema, isto é, às esferas de ação organizadas formalmente ou juridificadas; em vez disso, as organizações do aparelho estatal e da economia, tornadas independentes via sistema, são retroprojetadas para um horizonte do mundo da vida *simulado*. E, à medida que o sistema se cobre com as vestes do mundo da vida, este é devorado pelo sistema[98].

ad b) *Socialização na família e desenvolvimento do eu.* O diagnóstico sobre a disjunção entre mundo da vida e sistema oferece, além disso, uma perspectiva modificada para a avaliação da mudança das estruturas da família, da educação e do desenvolvimento da personalidade. Para uma psicanálise de cunho marxista, a doutrina do complexo de Édipo, interpretada sociologicamente, constituía a pedra de toque para explicar de que modo os imperativos funcionais do sistema da sociedade podiam se impor nas estruturas do superego e do caráter social predominante. Assim, por exemplo, as pesquisas efetuadas por Löwenthal sobre a literatura do drama e do romance do século XIX[99] constituem a prova detalhada de que as coerções do sistema econômico, condensadas nas hierarquias de *status*, nos papéis profissionais e nos estereótipos sexuais interferem – mediante os padrões de socialização e as dependências intrafamiliares – no âmago da história da vida e do desenvolvimento da pessoa, uma vez que a intimidade das relações altamente personalizadas apenas dissimula o poder cego – tido como destino – de contextos econômicos que se tornaram autônomos em relação à esfera da vida privada.

A família era tida como a agência por meio da qual os imperativos do sistema se imiscuíam nos destinos das pulsões; todavia, ela não foi levada a sério em sua estrutura comunicativa interior. E como a família sempre foi considerada sob pontos de vista funcionais, sem ter jamais obtido um peso próprio à luz de pontos de vista es-

---

98. A. Arato. "Critical Theory and Authoritarian State", in Held e Thompson, 1982.

99. Löwenthal, 1981.

truturais, as mudanças decisivas da família burguesa foram interpretadas erroneamente, especialmente no que tange ao nivelamento da autoridade paterna. Tudo levava a crer que agora os imperativos do sistema, ao passarem por alto a família mediatizada, tinham a chance de interferir diretamente no evento intrapsíquico através do meio brando da cultura de massa. No entanto, quando se reconhece que na mudança estrutural da pequena família burguesa *também* aparece a racionalização característica do mundo da vida, ou seja, quando se descobre que nos padrões das relações simétricas, nas formas de intercâmbio individuadas e nas práticas pedagógicas liberalizadas *também* é liberada uma parte do potencial de racionalidade inserido no agir comunicativo, as novas condições de socialização das famílias de classe média aparecem sob *outra* luz.

Os indicadores empíricos apontam para a autonomização da pequena família, em que os processos de socialização se desenrolam mediante ações de entendimento que constituem um meio amplamente desinstitucionalizado. Aqui se formam infraestruturas comunicativas que se soltaram das amarras latentes que as prendiam a contextos sistêmicos. A contraposição entre o "homem" da esfera íntima, que procura adquirir uma liberdade e uma humanidade cada vez maiores, e o "cidadão" (burguês) da esfera do trabalho social, que obedece às necessidades funcionais, sempre foi tida como ideologia. Atualmente, tal ideologia assumiu outros significados. Os mundos da vida familiais já não são mediatizados sub-repticiamente pelos imperativos do sistema da ação econômica e administrativa, uma vez que eles enfrentam tais imperativos face a face. Pode-se observar nas famílias e no seu entorno uma polarização entre esferas de ação estruturadas comunicativamente e esferas organizadas formalmente. Tal polarização coloca os processos de socialização sob novas condições – e as expõe a outro tipo de perigo. Dois pontos de referência na psicologia social confirmam isso: de um lado, a perda de importância dos problemas envolvendo o complexo de Édipo; de outro, a importância cada vez maior atribuída às crises da adolescência.

Há muito tempo, médicos com formação psicanalítica constatam uma mudança dos sintomas nas doenças típicas de uma época. As histerias clássicas, por exemplo, quase desapareceram; o número das neuroses compulsivas diminuiu drasticamente; e em seu lugar pululam as perturbações narcisísticas[100]. Christopher Lash tomou tal mudança de sintomas como pretexto para elaborar um diagnóstico, que ultrapassa em muito a esfera clínica[101]. E este confirma que as modificações significativas da atualidade se subtraem a uma explicação em termos de psicologia social, a qual toma como ponto de partida a problemática do complexo de Édipo e a internalização de uma repressão social mascarada na autoridade dos pais. Mais consistentes são as explicações que partem da premissa de que as estruturas da comunicação liberadas pela família configuram condições de socialização *pretensiosas* e, ao mesmo tempo, *frágeis*. Surge um potencial de irritação; e com ela aumenta a probabilidade de que a instabilidade do comportamento dos pais se torne demasiadamente forte, a ponto de assumir a forma de uma despreocupação sublime.

A agudização da problemática da adolescência também leva a atribuir importância à separação entre mundo

---

100. H. Kohut. *Narzismus, eine Theorie der Behandlung narzistischer Persönlichkeitsstörungen*. Frankfurt/M., 1973; id., *Die Heilung des Selbst*. Frankfurt/M., 1979.

101. Chr. Lash. *The Culture of Narcissism*. Nova York, 1978; trad. al. Munique, 1978.

da vida e sistema[102]. Ora, se os imperativos do sistema abordam a família a partir de fora, abertamente e sem nenhum mistério, já não se imiscuindo furtivamente na família, nem se assentando em comunicações sistematicamente distorcidas ou interferindo imperceptivelmente na formação do si mesmo, torna-se mais fácil o surgimento de disparidades entre as competências, os motivos e as atitudes, de um lado, e as exigências funcionais dos papéis dos adultos, de outro. Os problemas envolvendo o distanciamento da família e a formação de uma identidade própria transformam o desenvolvimento do jovem nas sociedades modernas – não mais assegurado institucionalmente – num teste para a relação entre as gerações. Todavia, se as condições de socialização da família já não estiverem afinadas funcionalmente com as condições de filiação das organizações a que os adolescentes um dia pertencerão, os problemas que os jovens têm de resolver durante a adolescência serão insolúveis para um número cada vez maior deles. Indícios desse fato podem ser observados na importância que a sociedade e até a política vêm atribuindo, desde o final dos anos 1960, às culturas de protesto difundidas entre os jovens[103].

Todavia, os novos questionamentos não podem ser elaborados tomando como base modelos teóricos velhos. E, caso nos decidamos a atribuir as mudanças decisivas da socialização familiar a uma racionalização do mundo

---

102. P. Blos. *On Adolescence*. Nova York, 1962; E. H. Erikson. *Identität und Lebenszyklus*. Frankfurt/M., 1973.

103. R. Döbert e G. Nunner-Winkler. *Adoleszenzkrise und Identitätsbildung*. Frankfurt/M., 1975; Th. Ziehe. *Pubertät und Narzismus*. Frankfurt/M., 1975; R. M. Merelman. "Moral Development and Potential Radicalism in Adolescence", in *Youth and Society*, 9, 1977, pp. 29 ss.; Ch. A. Rootes. "Politics of Moral Protest and Legitimation Problems of the Modern Capitalist State", in *Theory and Society*, 9, 1980, pp. 473 ss.

da vida, a interação socializadora constituirá o ponto de referência para a análise do desenvolvimento do eu – e a comunicação sistematicamente distorcida, isto é, a reificação de relações interpessoais, constituirá o ponto de partida para a investigação da gênese patológica. A teoria do agir comunicativo oferece uma moldura no interior da qual é possível reformular o modelo estrutural apoiado no *ego*, no *id* e no *superego*[104]. No lugar de uma teoria das pulsões, que representa a relação entre o eu e a natureza interna adotando conceitos da filosofia da consciência e seguindo o modelo das relações entre sujeito e objeto, é colocada uma teoria da socialização que, ao estabelecer a relação entre Freud e Mead, valoriza as estruturas da intersubjetividade substituindo as conjecturas relativas aos destinos pulsionais por hipóteses relativas à história da interação e à formação da identidade[105]. Tal proposta teórica apresenta condições para: a) valorizar os novos desenvolvimentos ocorridos na pesquisa psicanalítica, especialmente a teoria das relações com objetos[106] e a psicologia do eu[107]; b) conectar-se com a teoria dos mecanismos de defesa[108], de tal modo que as junções entre as barrei-

---

104. Habermas, 1968b; Lorenzer, 1970; Menne, Looser, Osterland, Brede, Moersch. *Sprache, Handlung und Unbewusstes*. Frankfurt/M., 1976.
105. J. Habermas. "Moralentwiklung und Ich-Identität", in id., 1976a; R. Keagan. *The Evolving Self*. Cambridge/Mass., 1981.
106. W. R. D. Fairbaine. *An Object Relations Theory of Personality*. Londres, 1952; Winnicott, 1965.
107. Jacobson, 1964; M. Mahler. *Symbiose und Individuation*, 2 vols. Stuttgart, 1972; Kohut, 1973; id., *Introspektion, Empathie und Psychoanalyse*. Frankfurt/M., 1976; O. Kernberg. *Borderline-Störungen und pathologischer Narzismus*. Frankfurt/M., 1978.
108. A. Freud. *Das Ich und die Abwehrmechanismen*. Munique, 1964; D. R. Miller e G. E. Swanson. Nova York, 1966; L. B. Murphy. "The Problem of Defense and the Concept of Coping", in E. Anthony, C. Koi-

ras intrapsíquicas e as perturbações da comunicação no nível interpessoal se tornem palpáveis[109]; c) utilizar as ideias sobre mecanismos de superação de conflitos conscientes e inconscientes para estabelecer a conexão entre ortogênese e patogênese. Na tradição piagetiana, o desenvolvimento cognitivo e sociomoral acontece segundo padrões estruturais que fornecem uma folha de contraste confiável para desvios clínicos apreendidos intuitivamente[110].

ad c) Meios de comunicação de massa. A distinção entre sistema e mundo da vida permite à teoria do agir comunicativo abrir o campo de visão para as leis próprias da interação socializadora; e, ao isolar dois tipos opostos de meios de comunicação, ela torna a teoria sensível ao potencial ambivalente da comunicação de massa. Além disso, mantém uma atitude cética em relação à tese de que nas sociedades pós-liberais a esfera pública é liquidada. No entender de Horkheimer e de Adorno, os fluxos de comunicação controlados por meios de massa *assumem o lugar* das estruturas comunicacionais que antes tinham viabilizado a discussão pública e o autoentendimento de um público de cidadãos e de pessoas privadas. Os meios eletrônicos, que representam a passagem da letra para a imagem e para o som, ou seja, em primeiro lugar, o filme e o rádio, mais tarde a televisão, apresentam-se como um aparelho que perpassa e domina completamente a linguagem comunicativa cotidiana. Tal aparelho transforma, de um lado, os conteúdos autênticos da cultura moder-

---

pernik (orgs.). *The Child in his Family*. Nova York, 1970; N. Haan. "A Tripartite Model of Ego-Functioning", in *J. of Neur. Ment. Disease*, 148, 1969, pp. 14 ss.

109. Döbert, Habermas, Nunner-Winkler, 1977; Selman, 1980.

110. Damon, 1978; H. G. Furth. *Piaget and Knowledge*. Chicago, 1981.

na nos estereótipos ideológicos e esterilizados de uma cultura de massa, que simplesmente imita o existente; de outro lado, ele consome a cultura, depurada de todos os momentos subversivos e transcendentes, e a transforma num sistema de controle social imposto aos indivíduos, fortalecendo ou substituindo os debilitados controles internos do comportamento. O modo de funcionamento da indústria cultural *deveria* guardar uma relação de simetria com o funcionamento do aparelho psíquico, que submetera – durante o tempo em que a internalização da autoridade paterna ainda funcionava – a natureza pulsional ao controle do superego, assim como a técnica submetera a natureza exterior ao seu próprio domínio.

Essa teoria enfrenta hoje uma série de objeções, especialmente as seguintes: ela não leva na devida conta a história nem considera a mudança estrutural da esfera pública, uma vez que apenas simplifica e estiliza; além disso, não é suficientemente complexa a fim de fazer jus às diferenciações nacionais, desde as diferenças de estrutura e organização dos órgãos emissores privados, jurídico-públicos e estatais até as diferenças na configuração dos programas, dos costumes dos receptores, da cultura política etc. Porém, a objeção maior tem a ver com o dualismo dos meios, analisado acima[111].

Isolei dois tipos de meios capazes de desafogar o mecanismo do entendimento, sempre arriscado e dispendioso. De um lado, *meios de controle*, através dos quais subsistemas passam a se distinguir do mundo da vida; de outro lado, *formas generalizadas de comunicação*, que conseguem condensar o entendimento linguístico sem poder substituí-lo, permanecendo por isso presas aos contextos

---

111. Cf. acima, neste volume, pp. 503 ss.

do mundo da vida. No primeiro caso, os meios de controle desligam a coordenação da ação da formação linguística do consenso, neutralizando-a contra a alternativa do acordo ou do entendimento fracassado; no segundo caso, trata-se de uma especialização de processos de formação linguística do consenso, que continuam dependentes de uma intervenção nos recursos de um pano de fundo do mundo da vida. Os *meios de comunicação de massa* são desse tipo. À medida que criam a simultaneidade abstrata de uma rede – virtualmente presente – de conteúdos comunicativos distanciados no tempo e no espaço, disponibilizando mensagens para vários tipos de contexto, eles libertam os processos de comunicação do regionalismo de contextos limitados no espaço e no tempo, permitindo o surgimento de esferas públicas.

Tais *espaços públicos criados pelos meios hierarquizam* e, ao mesmo tempo, *eliminam as barreiras* que entravam o horizonte das possíveis comunicações; ora, o primeiro aspecto não pode ser separado do segundo – e nisso se funda seu *potencial ambivalente*. À proporção que canalizam unilateralmente fluxos de comunicação numa rede centralizada, os quais correm do centro para a periferia ou de cima para baixo, os meios de comunicação de massa podem fortalecer consideravelmente a eficácia dos controles sociais. Mesmo assim, a exploração do *potencial autoritário* é sempre precária, porque nas próprias estruturas da comunicação está inserido o contrapeso de um *potencial emancipatório*. Os meios de comunicação de massa podem arrebatar, escalonar e condensar processos de entendimento; porém, não conseguem eximir por completo as interações das eventuais tomadas de posição em termos de "sim/não" perante pretensões de validade criticáveis; pois as comunicações, mesmo quando abstraídas e enfeixadas, não se deixam imunizar completamente contra a possibilidade de uma contestação futura por parte de atores capazes de responder por seus atos.

Tal ambivalência poderá ser confirmada caso a pesquisa da comunicação não se restrinja de modo positivista e caso ela leve em conta as dimensões da reificação da prática comunicativa cotidiana[112]. O fato é que pesquisas realizadas sobre a audiência e os programas fornecem exemplos que parecem confirmar as teses críticas de Adorno acerca da cultura. Ao mesmo tempo, é dada ênfase às contradições que os seguintes fatos colocam em relevo:

– as centrais emissoras são alvo de interesses contrários, não estando em condições de integrar plenamente e sem rupturas pontos de vista econômicos, político-ideológicos, profissionais e os relativos a pontos de vista da estética dos meios[113];

– os meios de comunicação de massa não conseguem se esquivar das obrigações que resultam de seu contrato jornalístico sem entrar em conflito[114];

– os programas transmitidos não correspondem apenas aos padrões da cultura de massa, a não ser em casos excepcionais[115], e mesmo nos casos em que eles as-

---

[112]. C. W. Mills. *Politics, Power, and People*. Nova York, 1963; B. Rosenberg e D. White (orgs.). *Mass Culture*. Glencoe, vol. III, 1957; A. W. Gouldner. *The Dialectics of Ideology and Technology*. Nova York, 1976; E. Barnouw. *The Sponsor*. Nova York, 1977; D. Smythe. "Communications: Blind Spot of Western Marxism", in *Canad. J. Pol. Soc. Theory*, vol. I, 1977; T. Gitlin. "Media Sociology: The Dominant Paradigm", in *Theory and Society*, 6, 1978, pp. 205 ss.

[113]. D. Kellner. "Network Television and American Society. Introduction to a Critical Theory of Television", in *Theory and Society*, 10, 1981, pp. 31 ss.

[114]. Kellner, 1981, pp. 38 ss.

[115]. A. Singlewood. *The Myth of Mass Culture*. Londres, 1977.

sumem as formas triviais do entretenimento popular podem conter mensagens críticas – "*popular culture as popular revenge*"[116];

– as mensagens ideológicas não atingem necessariamente seus destinatários, uma vez que o significado visado pode se transformar no seu oposto em certas condições de recepção e contra um determinado pano de fundo cultural[117];

– o sentido próprio da prática comunicativa cotidiana resiste a uma intervenção manipuladora direta dos meios de comunicação de massa[118];

– o desenvolvimento técnico dos meios eletrônicos não caminha necessariamente na direção de uma centralização das redes, mesmo que o "*video-pluralism*" e a "*television-democracy*" não passem, por ora, de visões anárquicas[119].

ad d) *Potenciais de protesto*. A tese da colonização do mundo da vida, desenvolvida em estreita ligação com a teoria weberiana da racionalização social, apoia-se numa

---

116. D. Kellner. "TV, Ideology and Emancipatory Popular Culture", in *Socialist Review*, 45, 1979, pp. 13 ss.

117. Id., "Kulturindustrie und massenkommunikation. Die Kritische Theorie und ihre Folgen", in Bonss/Honneth, 1982, pp. 482 ss.

118. O peso próprio da "comunicação cotidiana" se opõe à "comunicação de massa". Tal fato é confirmado desde as primeiras pesquisas sobre o rádio, realizadas por P. Lazarsfeld; cf. P. Lazarsfeld, B. Berelson, H. Gaudet. *The People's Choice*. Nova York, 1948; D. Lazarsfeld e E. Katz. *Personal Influence*. Nova York, 1955, que tinham na mira o papel dos "líderes de opinião" e os "dois níveis" dos fluxos da comunicação: "in the last analysis it is people talking with people mores than people listening to, or reading, or looking at the mass media that really causes opinions to change"; cf. Mills, 1963, p. 590. Cf. também O. Negt e A. Kluge. *Öffentlichkeit und Erfahrung*. Frankfurt/M., 1970; id., *Geschichte und Eigensinn*. Munique, 1981.

119. Enzensberger, 1974.

crítica da razão funcionalista, coincidindo com a intenção da crítica da razão instrumental e com o uso irônico que esta faz do termo "razão". A primeira diferença importante reside no fato de que a teoria do agir comunicativo concebe o mundo da vida como um espaço ou mundo em que é possível constatar processos de reificação que constituem fenômenos oriundos de uma integração repressiva provocada por uma economia apoiada em oligopólios e por um aparelho estatal autoritário. Nessa linha, a Teoria Crítica mais antiga simplesmente repetiu os erros do funcionalismo marxista[120]. As observações sobre a relevância civilizadora da disjunção entre o mundo da vida e o sistema e sobre o potencial ambíguo da cultura de massa e dos meios de comunicação de massa interpretam a esfera privada e o espaço público tomando como referência um mundo da vida racionalizado, em que os imperativos do sistema *entram em choque* com as estruturas comunicativas dotadas de sentido próprio. A acomodação do mundo da vida às interações controladas por meios e a deformação das estruturas de uma intersubjetividade vulnerável não constituem processos *decididos de antemão* ou que possam ser elucidados mediante uns poucos conceitos globais. A análise das patologias do mundo da vida exige a investigação imparcial de tendências e *contratendências*. O fato de os conflitos de classes existentes nas democracias de massa dos Estados sociais terem sido institucionalizados e, dessa forma, engessados – o que constituiu o apanágio das sociedades capitalistas desenvolvidas – não significa, de modo nenhum, a eliminação dos potenciais de protesto em geral. Entretanto, os

---

120. S. Benhabib. "Die Moderne und die Aporien der Kritischen Theorie", in W. Bonss e A. Honneth, 1982, pp. 127 ss.

potenciais de protesto surgem em outras frentes, sendo previsíveis à luz da tese da colonização do mundo da vida.

Nas duas últimas décadas, houve nas sociedades desenvolvidas do Ocidente um surto de conflitos que se desviam dos padrões do Estado social. Eles já não são desencadeados na área da reprodução material, sendo canalizados por meio de partidos e associações; também já não são pacificáveis na forma de compensações conformes ao sistema. Os conflitos surgem preferencialmente nas esferas da reprodução cultural, da integração social e da socialização; eles se propagam em formas de protesto que se desdobram fora dos moldes institucionais e parlamentares; e em suas deficiências reflete-se uma reificação de esferas de ação estruturadas comunicativamente, que não pode ser sanada pelos meios do dinheiro e do poder. Pois não se trata, em primeira linha, de compensações que o Estado social poderia oferecer, mas da defesa, da restituição ou da implantação de modos de vida reformados. Em síntese, os novos conflitos são deflagrados por *questões envolvendo a gramática de formas de vida*, não por problemas de distribuição.

Esse novo tipo de conflito manifesta a "revolução silenciosa" constatada por R. Inglehart ao pesquisar as mudanças de valores e de atitudes[121]. Pesquisas de Hildebrandt, Dalton, Barnes e Kaase[122] confirmam tal mudança de temas: passa-se da "velha política", concentrada nas questões econômicas e sociais, nos problemas de se-

---

121. R. Inglehart. "Wertwandel und politisches Verhalten", in J. Mathes (org.). *Sozialer Wandel in Westeuropa*. Frankfurt/M. e Nova York, 1979.

122. K. Hildebrandt e R. J. Dalton. "Die neue Politik", in *PVS*, Ano 18, 1977, pp. 230 ss.; S. H. Barnes, M. Kaase et al. *Political Action*. Beverley Hills/Londres, 1979.

gurança interna e militar, para uma "nova política"; novos são os problemas da qualidade de vida, dos direitos iguais, da autorrealização individual, da participação e dos direitos humanos. Em termos socialistas, a "velha política" se ancorava principalmente nos trabalhadores, nos empresários e na classe média dedicada à indústria e ao comércio; já a nova política encontra um eco mais forte na nova classe média, na geração mais jovem e nos grupos de formação escolar qualificada. E esses fenômenos combinam com a tese da colonização interna.

Se partirmos do fato de que o crescimento do complexo econômico-administrativo desencadeia processos de erosão no mundo da vida, é de esperar que novos conflitos venham a se sobrepor aos velhos. Surge uma linha de conflitos entre o centro das camadas *diretamente* envolvidas no processo de produção – que pensam que o crescimento capitalista deve continuar sendo a base do compromisso do Estado social – e uma periferia constituída por uma mescla de elementos de todos os tipos. Fazem parte dessa periferia os grupos do capitalismo tardio que se encontram mais longe do "núcleo produtivo"[123], os quais têm uma sensibilidade maior para as conseqüências autodestrutivas provocadas pelo aumento da complexidade[124]. Os temas da crítica do crescimento constituem o elo de ligação entre esses grupos heterogêneos. Tal protesto não encontra similares nos movimentos de emancipação burgueses, nem nas lutas do movimento organi-

---

123. J. Hirsch. "Alternativbewegung – eine politische Alternative", in R. Roth (org.). *Parlamentaristisches Ritual und politische Alternativen*. Frankfurt/M., 1980.

124. Inspirei-me na ideia exposta num manuscrito de K. W. Brand. *Zur Diskussion um Entstehung, Funktion und Perspektive der "Okologie- und Alternativbewegung*. Munique, 1980.

zado dos operários. Mesmo assim, podemos detectar paralelos históricos no romantismo social dos movimentos que surgem no início da primeira Revolução Industrial, envolvendo artesãos, plebeus e trabalhadores; nos movimentos defensivos da classe média populista; nas tentativas de ruptura dos *"Wandervogel"* e dos reformadores, que se alimentavam de uma crítica à civilização burguesa etc.

A classificação dos atuais potenciais de protesto e de fuga é extremamente difícil, uma vez que os cenários, os argumentos e os temas se modificam a cada momento. E, à medida que se formam núcleos organizatórios na esfera dos partidos e das associações, os membros são recrutados da mesma reserva difusa[125]. Na República Federal da Alemanha encontramos atualmente as seguintes rubricas que permitem identificar diferentes correntes: movimento antinuclear e movimento ecológico; movimento pela paz (que inclui o tema do conflito Norte-Sul); movimento de iniciativas cidadãs; movimento alternativo (que inclui projetos de vida alternativos nas grandes cidades e comunas rurais); minorias (velhos, homossexuais, inválidos etc.); grupos de ajuda para a vida e seitas juvenis; fundamentalismo religioso; movimentos de protesto contra os impostos; associações de pais que protestam contra a escola; oposição contra as "reformas modernistas"; finalmente, o movimento das mulheres. Além disso, são importantes, em nível internacional, movimentos pela autonomia, que lutam em prol da autonomia regional, lingüística, cultural e confessional.

Nesse leque amplo, convém fazer uma distinção entre três tipos de potenciais: potenciais de emancipação, de oposição e de fuga. Após o movimento americano pelos

---

125. Hirsch, 1980; J. Huber. *Wer soll das alles än dern?* Berlim, 1980.

direitos civis, que desaguou na autoafirmação particularista de subculturas negras, somente o movimento feminista se encontra na tradição dos movimentos burgueses de libertação socialista; a luta contra a opressão patriarcal e pelo resgate de uma promessa inserida há muito tempo nos fundamentos universalistas do direito e da moral confere ao feminismo a força impulsionadora de um movimento ofensivo, e a maior parte dos demais movimentos possui um caráter predominantemente defensivo. Os movimentos de resistência e de fuga visam ao *represamento* de esferas de ação organizadas formalmente em benefício de esferas de ação estruturadas comunicativamente, não à conquista de novos territórios. O feminismo compartilha com esses movimentos um núcleo particularista, pois a emancipação das mulheres não visa apenas produzir a equiparação *formal,* ou seja, eliminar privilégios masculinos, e sim derrubar formas de vida cunhadas de acordo com o monopólio masculino. Além do mais, o legado histórico da divisão sexual do trabalho, à qual as mulheres estiveram sujeitas na família burguesa, permite que elas disponham não somente de virtudes éticas, que podem servir como contraste, mas também de um registro de valores contraposto à prática cotidiana racionalizada unilateralmente e complementar aos valores do mundo dos homens.

Os movimentos de resistência apresentam dois aspectos distintos, a saber: a defesa de estamentos de posse tradicionais e sociais e uma atitude defensiva, que opera a partir do mundo da vida racionalizado, experimentando novas formas de cooperação e de convivência. De posse desse duplo critério, é possível diferenciar entre si os protestos das velhas classes médias contra as ameaças oriundas dos grandes projetos técnicos que colocam em risco as relações vicinais, os protestos dos pais contra as escolas integradas e os protestos contra impostos (segundo o modelo do movimento californiano a favor da proposição 13). Ou seja, é possível introduzir uma distinção entre os protestos da maioria dos movimentos autonomistas e os novos potenciais de conflito inerentes aos *movimentos alternativos e da juventude, os quais são* a favor de *temas ecológicos e pacifistas*, cujo foco comum é a crítica ao crescimento. Eu gostaria de fornecer algumas indicações que permitem interpretar tais conflitos como resistência às tendências de colonização do mundo da vida[126].

Num primeiro momento, os objetivos, as perspectivas e os modos de agir, difundidos nos grupos de protesto juvenis, podem ser elucidados como reações a certas *situações problemáticas*, cuja percepção implica grande sensibilidade:

Problemas dos "Verdes". A intervenção industrial em larga escala nos equilíbrios ecológicos, a redução drástica das reservas naturais não regeneráveis e o desenvolvimento demográfico colocam graves problemas às sociedades desenvolvidas industrialmente; mesmo assim, tais desafios são inicialmente abstratos, exigindo soluções técnicas e econômicas que, por seu turno, têm de ser implementadas por meios administrativos. O protesto é desencadeado, antes de tudo, pelas destruições do meio ambiente urbano, pela favelização, pela industrialização, pela contaminação da paisagem, pelos prejuízos causados à saúde por produtos industriais, pelos efeitos secundários oriundos de medicamentos etc.; ou seja, o protesto tem na mira processos evolutivos que afetam claramente *as bases*

---

126. J. Raschke. "Politik und Wertwandel in den westlichen Demokratien". Suplemento do semanário *Das Parlament*, set. 1980, pp. 23 ss.

orgânicas do mundo da vida, despertando nossa consciência para o fato de que existem certos critérios de habitabilidade e limites inflexíveis para a não satisfação de certas necessidades sensitivo-estéticas que acompanham o mundo da vida.

Problemas derivados da supercomplexidade. Existem, com certeza, boas razões para temer o poder de destruição dos militares, das centrais nucleares, do lixo atômico, da manipulação dos genes, do armazenamento e do uso dos dados privados da pessoa por centrais de informação etc. Entretanto, tais medos reais se mesclam com o medo de uma nova categoria de riscos, literalmente invisíveis e não apreensíveis na perspectiva de sistemas, que irrompem no mundo da vida, implodindo-o. Ora, os medos agem como catalisadores de um sentimento de sobrecarga diante das consequências possíveis de processos ao mesmo imputáveis e não imputáveis moralmente: imputáveis por serem desencadeados por nossa técnica e nossa política; e não imputáveis moralmente por suas proporções incontroláveis. Aqui, a resistência se dirige contra abstrações impingidas ao mundo da vida: elas têm de ser digeridas e elaboradas no interior do mundo da vida, mesmo que ultrapassem seu grau de complexidade e de diferenciação, bem como seus *limites* espaciais, sociais e temporais, centrados *sensorialmente*.

Sobrecargas da infraestrutura comunicativa. Aquilo que se manifesta no movimento psicológico e nos fundamentalismos reavivados é também encontrável na maioria dos projetos alternativos e em grande parte das iniciativas de cidadãos, servindo como força impulsionadora, especialmente o sofrimento provocado pelos fenômenos de privação no âmago de uma prática cotidiana empobrecida e racionalizada unilateralmente. Assim, por exemplo, características como o sexo, a idade e a cor da pele, a vizinhança comunal e a filiação religiosa servem para construir e delimitar comunidades, para produzir comunidades de comunicação que se autoprotegem assumindo a forma de subculturas que buscam uma identidade pessoal e coletiva. A valorização do particular, do vetusto, do provinciano, dos espaços sociais simples, das formas de intercâmbio descentralizadas, das tavernas, das interações simples e dos espaços públicos diferenciados tem como finalidade a revitalização de possibilidades de comunicação e de expressão que tinham sido sepultadas. Convém situar nesse contexto a resistência contra intervenções reformistas que se transformam em seu contrário porque os meios escolhidos para sua implementação se opõem ao fim proposto, que é a integração social.

Por conseguinte, os novos conflitos surgem nos pontos de sutura entre o mundo da vida e o sistema. Mostrei acima que o intercâmbio entre a esfera privada e o espaço público, entre o sistema econômico e o administrativo, flui por dois meios, a saber, o dinheiro e o poder, e que essa troca é institucionalizada nos papéis do empregado e do consumidor, do cliente e do cidadão. Ora, precisamente esses papéis constituem o alvo dos protestos. A prática alternativa se volta contra a instrumentalização do trabalho profissional que visa ao lucro, contra a mobilização da força de trabalho por pressões do mercado, contra a extensão da compulsão à competitividade, introduzida até nas escolas primárias. Ela também se opõe à monetarização de serviços, relações e tempos, bem como à redefinição consumista de esferas da vida privada e de estilos de vida pessoais. Além disso, a relação dos clientes com os organismos públicos deve ser redefinida em termos participativos de acordo com o modelo das organizações de autoajuda;

caminham nessa direção modelos de reforma, especialmente no âmbito das políticas sociais e da saúde (aqui pode ser tomado como exemplo o caso dos cuidados psiquiátricos). Convém citar, finalmente, as formas de protesto que abrangem desde explosões juvenis violentas e destituídas de finalidade (*Züri brännt*), transgressões surrealistas ou calculadas de regras (no estilo do movimento americano em prol dos direitos do cidadão e do protesto dos estudantes), chegando a provocações e intimidações violentas, que negam as definições do papel de cidadão e as rotinas de uma implantação teleológica de interesses.

Nos *programas* de alguns teóricos, o abrandamento parcial dos papéis de empregados e consumidores, de clientes e cidadãos, deve abrir o caminho para contrainstituições desenvolvidas a partir do mundo da vida, a fim de limitar a dinâmica própria do sistema de ação econômico e político-administrativo. Tais instituições teriam como tarefa extrair do sistema econômico um novo setor informal, não mais voltado ao lucro; ao mesmo tempo, deveriam opor ao sistema de partidos novas formas de uma "política da primeira pessoa", que seria ao mesmo tempo expressiva e democrática[127]. Nas sociedades modernas, tais instituições anulariam as abstrações e neutralizações que conectaram o trabalho e a formação política da vontade a interações controladas por meios. Enquanto a empresa capitalista e os partidos populares (tidos como "organização da aquisição do poder desatrelada de cosmovisões") generalizam seus espaços de penetração

---

127. Sobre a economia dual, cf. A. Gorz. *Abschied vom Proletariat*. Frankfurt/M., 1980; Huber, 1980. Sobre os efeitos dos partidos democráticos de massa sobre o contexto do mundo da vida dos eleitores, cf. C. Offe. "Konkurrenzpartei und kollektive politische Identität", in Roth, 1980.

social por meio dos mercados de trabalho e de espaços públicos produzidos, tratam seus eleitores ou empregados como forças de trabalho abstratas ou como sujeitos de decisão, colocando a distância, como entorno do sistema, as esferas em que é possível a formação de identidades pessoais ou coletivas, as contrainstituições têm como objetivo "desdiferenciar" uma parte das esferas de ação organizadas formalmente, subtraindo-as das intervenções dos meios de controle e restituindo-as, enquanto "áreas libertas", à coordenação do mecanismo do entendimento.

Por mais que pequem por falta de realismo, tais ideias são relevantes para o sentido polêmico dos movimentos de resistência e de fuga que reagem à colonização do mundo da vida. Na autocompreensão dos participantes e na atribuição ideológica dos opositores, o sentido é obscurecido quando a racionalidade da modernidade cultural é equiparada apressadamente à racionalidade que mantém os sistemas de ação econômicos e administrativos – ou seja, sempre que não se faz uma distinção cuidadosa entre a racionalização do mundo da vida e o aumento de complexidade do sistema da sociedade. Tal confusão é possível porque as fronteiras estabelecidas entre o antimodernismo dos jovens conservadores[128] e a defesa neoconservadora de uma pós-modernidade[129], que priva uma modernidade em ruínas de seu potencial racional e de suas perspectivas de futuro[130], são ambíguas.

---

128. Por exemplo, B. Guggenberger. *Bürgerinitiativen in der Parteiendemokratie*. Stuttgart, 1980.

129. Por exemplo, P. L. Berger, B. Berger e H. Kellner. *Das Unbehagen in der Modernität*. Frankfurt/M., 1975.

130. J. Habermas. "Die Moderne – ein unvollendetes Projekt", in id., 1981b, pp. 444 ss.; L. Baier. "Wer unsere Köpfe kolonialisiert", in *Literaturmagazin*, 9, 1978.

(3) A presente pesquisa tem como finalidade introduzir uma teoria do agir comunicativo em condições de explicar os fundamentos normativos de uma teoria crítica da sociedade. A teoria do agir comunicativo deve oferecer uma alternativa para a filosofia da história em que se apoiava a Teoria Crítica mais antiga, que já não pode ser justificada; essa alternativa se recomenda como moldura no interior da qual a investigação interdisciplinar do padrão seletivo da modernização capitalista pode ser retomada. As indicações ilustrativas apresentadas de (a) a (d) tiveram como finalidade tornar plausível tal pretensão. No entanto, os dois temas abordados em (e) e (f) nos lembram que a pesquisa das "abstrações reais", de Marx, tem a ver apenas com as tarefas sociais de uma teoria da modernidade, não com as *filosóficas*.

A teoria da sociedade já não é forçada a se assegurar do conteúdo normativo da cultura burguesa, da arte e do pensamento filosófico seguindo um caminho indireto, ou seja, embrenhando-se na crítica da ideologia; ao utilizar o conceito "razão comunicativa", imanente ao uso da linguagem orientado pelo entendimento, ela volta a exigir da filosofia tarefas sistemáticas. As ciências sociais podem entrar numa relação cooperativa com uma filosofia que assume como tarefa precípua construir uma teoria da racionalidade.

Ora, com a cultura moderna acontece o mesmo que aconteceu com a física de Newton e de seus seguidores: ela não necessita de uma fundamentação filosófica. Conforme vimos, na modernidade a cultura gerou as estruturas de racionalidade que Max Weber reencontra mais tarde, passando a descrevê-las como esferas de valores culturais. Com o surgimento da ciência moderna, do direito positivo e das éticas profanas – orientadas por princípios –, com o surgimento de uma arte autônoma e de uma crítica da arte institucionalizada, solidificaram-se três momentos da razão, sem que tivesse havido a participação da filosofia. Mesmo sem conhecer a crítica da razão pura e da razão prática, os filhos e filhas da modernidade aprendem a dar continuidade à modernidade, dividindo-a em três aspectos da racionalidade, a saber: em questões de verdade, de justiça ou de gosto. Aos poucos, as ciências vão lançando fora os resíduos das cosmovisões, renunciando a uma interpretação global da natureza e da história. As éticas cognitivistas isolam os problemas da vida boa, concentrando-se nos aspectos estritamente deônticos e universalizáveis, de tal modo que do "bem" só resta o "justo". E a arte, que se tornou autônoma, vai à busca de expressões cada vez mais puras da experiência estética fundamental de uma subjetividade descentrada que se relaciona consigo mesma procurando fugir das estruturas espaciais e temporais do dia a dia. Aqui, a subjetividade se liberta das convenções da percepção cotidiana e da atividade racional-teleológica, dos imperativos do trabalho e da utilidade.

Tais unilateralizações grandiosas, que trazem a marca da modernidade, não necessitam de fundamentação nem de justificação no sentido transcendental. Carecem, isto sim, de um autoentendimento sobre o caráter desse saber e de uma resposta às duas questões seguintes: a) será que a razão, que se decompõe em seus momentos, ainda consegue manter uma unidade? b) como é possível a mediação entre as culturas de *especialistas* e a prática comunicativa cotidiana? As reflexões contidas no capítulo introdutório e na primeira consideração intermediária (vol. 1, cap. III) tiveram como finalidade apresentar provisoriamente o modo como uma pragmática formal pode enfrentar tais questões. Sobre essa base, a *teoria das ciências*, a *teoria do direito e da moral* e a *estética* estão em condições de *reconstruir*, em colaboração com as correspondentes disciplinas históricas, o surgimento e a *história interna* desses conjuntos de saber modernos, que se aglutinaram em torno dos seguintes aspectos de validade: verdade, correção normativa ou autenticidade. O problema da mediação entre os momentos da razão se confunde assim com o da separação entre os aspectos da racionalidade, diferenciada em questões de verdade, de justiça e de gosto. A proteção contra um cerceamento empirista da problemática da racionalidade só é possível quando se procuram com tenacidade e determinação as veredas intrincadas utilizadas pela ciência, pela moral e pela arte para se comunicarem entre si.

Em cada uma dessas esferas, os processos de diferenciação vêm acompanhados de *contramovimentos* que, sem questionar o primado do aspecto de validade dominante, recuperam os outros dois aspectos de validade, postos de lado quando se escolhe um dos aspectos. É assim que os *princípios de pesquisas não objetivistas* no interior das ciências humanas[131] abrem espaço para pontos de vista morais e estéticos, sem colocar em risco o primado das questões de verdade; ora, a possibilidade de uma teoria crítica da sociedade depende de tal jogo. A discussão sobre a ética da responsabilidade e sobre a ética da consciência, bem como o enfoque mais atento dos motivos hedonísticos[132],

---

131. Bernstein, 1976.
132. S. Benhabib sublinha que a teoria discursiva da ética, proposta por K. O. Apel, 1976b, e por mim, considera essencial o cálculo das consequências e, principalmente, a interpretação das necessidades. Cf. S. Benhabib. "The Methodological Illusions of Modern Political Theory", in *Neue Hefte für Philosophie*, cad. 21, 1982, pp. 47 ss.

colocam em jogo, no âmbito das éticas universalistas, pontos de vista que são relacionados com o cálculo das consequências e com a interpretação de necessidades que têm a ver com a validade cognitiva e expressiva; e por esse caminho é possível lançar mão de ideias materialistas sem colocar em risco a autonomia do elemento moral[133]. Finalmente, a arte da pós-vanguarda se caracteriza pela simultaneidade de orientações engajadas e realistas e por continuações da modernidade clássica, que tinha preparado o sentido próprio do estético[134]; momentos cognitivos e prático-morais acompanham a arte engajada e realista, permeando a riqueza das formas liberadas pela vanguarda. Tudo parece indicar que em tais contramovimentos os momentos da razão, diferenciados radicalmente, apontam para uma unidade a ser reconquistada não mais no plano das cosmovisões, mas numa prática comunicativa cotidiana não reificada.

Como combinar tal papel afirmativo da filosofia com a atitude desconfiada que a Teoria Crítica mantém em relação às ciências estabelecidas e em relação às pretensões sistemáticas da filosofia? Será que tal teoria da racionalidade não se expõe às objeções levantadas, com boas razões, pelo pragmatismo e pela hermenêutica contra qualquer tipo de fundamentalismo?[135] Será que as pesquisas que utilizam sem enrubescer a razão comunicativa não traem pretensões de justificação universalistas, que têm de sucumbir necessariamente sob o impacto de objeções

---

133. Sob esse ponto de vista, continua a ser importante ler: M. Horkheimer. "Materialismus und Moral", in *Zeitschrift für Sozialforschung*, 2, 1933, pp. 162 ss.
134. P. Bürger. *Theorie der Avantgarde*. Frankfurt/M., 1974.
135. R. Rorty. *Der Spiegel der Natur. Eine Kritik der Philosophie*. Frankfurt/M., 1981.

metafilosóficas bem fundamentadas, forjadas contra teorias que se apoiam em fundamentos últimos ou primeiros? Não teriam a *Aufklärung* historicista e o materialismo obrigado o pensamento filosófico a adotar uma atitude de modéstia, diante da qual a simples tarefa de uma teoria da racionalidade já aparece como descabida? A teoria do agir comunicativo tem na mira o momento de incondicionalidade que acompanha as pretensões de validade criticáveis inseridas nas condições do processo de formação do consenso. As pretensões de validade enquanto tais transcendem todas as limitações espaciais, temporais e provincianas dos respectivos contextos. Não pretendo responder às questões formuladas retomando os argumentos já apresentados na introdução. Porém, gostaria de aduzir, a título de conclusão, dois argumentos metodológicos segundo os quais as pretensões da teoria do agir comunicativo não são do tipo fundamentalista.

Em primeiro lugar, convém observar o modo como a filosofia modifica seu papel quando entra numa cooperação com as ciências. Enquanto elo de ligação para uma teoria da racionalidade, ela se encontra numa relação com as ciências que procedem de modo reconstrutivo – as que tomam como ponto de partida o saber pré-teórico de sujeitos que falam, julgam e agem de modo competente – e com os sistemas de saber coletivo legados por tradição, a fim de apreender as bases da racionalidade que se encontram na experiência e no juízo, no agir e no entendimento lingüístico. Nesse contexto, as próprias reconstruções filosóficas adquirem um caráter hipotético; e por sua forte pretensão universalista elas dependem de ulteriores exames indiretos. Isso pode acontecer se as reconstruções de pressupostos gerais e necessários do agir orientado pelo entendimento, da fala argumentativa, da experiência, do pensamento objetivador, do juízo moral e da crítica estética se introduzem, por seu turno, em teorias empíricas cuja finalidade consiste em explicar *outros* fenômenos, tais como a ontogênese da linguagem e das capacidades comunicativas, do juízo moral e da competência social; ou ainda a mudança estrutural das imagens de mundo metafísico-religiosas; ou o desenvolvimento de sistemas jurídicos e de formas de integração social em geral.

Numa perspectiva da história da teoria sociológica, e servindo-me dos trabalhos de G. H. Mead, de Max Weber e de É. Durkheim, tentei mostrar que nesse tipo de teoria, que procede de modo empírico e, ao mesmo tempo, reconstrutivo, existe um entrelaçamento entre os procedimentos das ciências experimentais e as análises conceituais filosóficas. A epistemologia genética de J. Piaget constitui o melhor exemplo de tal divisão de trabalho cooperativa[136].

E uma filosofia que expõe seus resultados a tais controles indiretos possui uma consciência falibilista, segundo a qual a teoria da racionalidade que ela pretendia outrora desenvolver por sua conta agora só pode ser esperada da coerência entre diferentes fragmentos teóricos. Onde as teorias se encontram numa relação de complementaridade e de pressuposição recíproca, a *coerência* passa a

---

136. R. F. Kitchener. "Genetic Epistemology, Normative Epistemology, and Psychologism", in *Synthese*, 45, 1980, pp. 257 ss.; Th. Kesselring. *Piagets genetische Erkenntnistheorie und Hegels Dialektik*. Frankfurt/M., 1981. Eu mesmo investiguei as características metódicas das ciências que procedem reconstrutivamente tomando como exemplo a divisão de trabalho entre filosofia e psicologia na teoria kohlbergiana, que analisa o desenvolvimento da consciência moral. Cf. J. Habermas. "Interpretieve Sociale Wetenschap versus Radicale Hermeneutiek", in *Kennis Methode*, 5, 1981, pp. 4 ss.

ser o único critério de avaliação, só sendo verdadeiras ou falsas as proposições particulares que puderem ser inferidas das diferentes teorias. Entretanto, ao lançarmos ao mar as pretensões fundamentalistas, não poderemos mais contar com uma hierarquia das ciências, pois as teorias, sejam elas de procedência filosófica ou sociológica, têm de *servir umas às outras*; e quando uma delas coloca outra numa situação problemática faz-se necessária uma averiguação da insuficiência de uma delas ou de ambas.

O teste definitivo para uma teoria da racionalidade, por meio do qual a moderna compreensão do mundo tenta se assegurar de sua universalidade, só poderia ser realizado se as figuras opacas do pensamento mítico se iluminassem e se as manifestações bizarras de culturas estranhas se esclarecessem *de tal modo que* conseguíssemos entender não somente os processos de aprendizagem que "nos" separam "delas", mas também o que *desaprendemos* no decorrer de nossos processos de aprendizagem. Uma teoria da sociedade que não pode excluir *a priori* a possibilidade de desaprender é obrigada a assumir uma atitude crítica em relação à pré-compreensão que ela mesma adquire a partir do meio social em que está inserida, ou seja, tem de estar aberta à autocrítica. E a crítica só consegue detectar processos de "desaprendizagem" nas deformações resultantes da exploração seletiva de um potencial de racionalidade e de entendimento, acessível outrora mas hoje soterrado.

Existe, no entanto, outra razão pela qual a teoria da sociedade, apoiada na teoria do agir comunicativo, não pode se perder por desvios fundamentalistas. À medida que ela se refere a estruturas do mundo da vida, assume como tarefa explicitar um saber que serve de fundo, do qual ninguém pode dispor arbitrariamente. Inicialmente, o mundo da vida constitui o mundo da vida do teórico e do leigo, sendo "dado" de modo paradoxal. Conforme vimos, o modo da pré-compreensão ou do conhecimento intuitivo do mundo da vida, a partir do qual vivemos, agimos e falamos uns com os outros, contrasta curiosamente com o saber explícito sobre algo. O saber em forma de horizonte, que sustenta *tacitamente* a prática comunicativa cotidiana, constitui um paradigma para a *certeza* que acompanha o pano de fundo do mundo da vida; mesmo assim, ele não pode ser tomado como critério para avaliar um saber que se encontra numa relação interna com pretensões de validade criticáveis. Aquilo que está fora de qualquer dúvida parece que jamais poderá vir a ser problematizado; e um mundo da vida, que constitui algo pura e simplesmente não problemático, pode, quando muito, desmoronar. Sob as pressões exercidas por um problema que vem a nosso encontro, certos componentes relevantes desse saber de fundo são tirados da modalidade familiar inquestionada e trazidos à consciência como algo de que precisamos nos *certificar*. Somente um terremoto consegue nos despertar para o fato de que pensávamos que o solo em que estamos e andamos o dia todo era inabalável. Nessas situações, um pequeno fragmento do saber que serve de fundo se torna incerto e se desprende de sua inclusão em tradições complexas, em relações solidárias e em competências. Quando existe uma razão objetiva para nos entendermos sobre uma situação que se tornou problemática, o saber que serve de pano de fundo é transformado paulatinamente em saber explícito.

Deriva daqui uma consequência metodológica importante para as ciências que se ocupam da tradição cultural, da integração social e da socialização dos indivíduos – uma consequência captada pelo pragmatismo e pela filosofia hermenêutica, cada um à sua maneira, quando passaram a duvidar das possibilidades da dúvida cartesiana. Alfred Schütz, que descreveu convincentemente a familiaridade inquestionada do mundo da vida, não conseguiu reconhecer o seguinte problema: um mundo da vida, em sua autoevidência opaca, subtrai-se ou se abre ao olhar inquiridor do fenomenólogo, independentemente da escolha do enfoque teórico. A totalidade do saber que serve de fundo, constitutiva para a construção do mundo da vida, não está à sua disposição, assim como não está à disposição de nenhuma outra ciência social – a não ser que surja um *desafio objetivo* capaz de *problematizar o mundo da vida em sua totalidade*. Por isso, uma teoria que pretende certificar-se das estruturas gerais do mundo da vida não pode adotar uma perspectiva transcendental; ela apenas pode esperar estar à altura da *razão de ser* (*ratio essendi*) de seus objetos quando houver uma razão para pensar que o contexto vital objetivo em que o próprio teórico se encontra revela-lhe a *razão de conhecer* (*ratio cognoscendi*).

Tal conseqüência tem algo a ver com o ponto central da crítica da ciência que Horkheimer expôs em seu artigo programático intitulado "Teoria tradicional e teoria crítica": "A ideia tradicional de teoria é tirada do empreendimento científico, do modo como ele se realiza no interior da divisão do trabalho, em determinado nível. Ela corresponde à atividade de um erudito, desenvolvendo-se na sociedade ao lado de outras atividades, sem que se perceba o nexo que a une a outras atividades. Por isso, nesse modo de ver as coisas, não transparece a função real e social da ciência: não aparece o que a teoria significa na existência humana, apenas o que ela significa na esfera isolada, onde ela é produzida sob condições históricas."[137]

---

137. Horkheimer, 1937, p. 253.

Opondo-se a isso, a teoria crítica da sociedade tem consciência da autorreferencialidade de seu empreendimento; ela sabe que, mediante atos de conhecimento, ela faz parte dos nexos objetivos da vida que pretende apreender. O contexto de formação não é exterior à teoria, pois ela o assume em si mesma de modo reflexivo: "As necessidades e fins, as experiências e habilidades, os costumes e tendências da atual forma do ser humano entraram nesse trabalho intelectual."[138]. O mesmo vale para o contexto de aplicação: "A influência do material sobre a teoria e a aplicação da teoria ao material constituem um processo científico e social."[139]

Na famosa introdução à *Crítica da economia política*, de 1857, Marx havia submetido um de seus conceitos centrais ao tipo de reflexão que vai ser exigido mais tarde por Horkheimer. Nela, Marx esclarece por que os princípios básicos da *Economia política* repousam sobre uma *abstração* aparentemente simples, porém complexa do ponto de vista da lógica da pesquisa, e inovadora no campo da estratégia teórica: "Adam Smith deu um enorme passo à

---

138. Horkheimer, 1937, p. 260.
139. Horkheimer, 1937, p. 252. Utilizei esses mesmos termos para caracterizar a relação entre teoria da sociedade e prática social: "O Materialismo Histórico pretende desenvolver uma explicação abrangente da evolução social, capaz de abarcar, ao mesmo tempo, o contexto de surgimento e o da aplicação. A teoria fornece as condições sob as quais se tornou objetivamente possível uma autorreflexão sobre a história da espécie; e ela também nomeia o destinatário que pode, com o auxílio da teoria, esclarecer-se a si mesmo sobre seu papel emancipatório no processo histórico. Ao refletir sobre o contexto de seu surgimento e a antecipação do contexto de sua possível aplicação, a teoria se entende a si mesma como um processo necessário e como catalisador das relações de vida sociais que ela investiga; e ela as analisa como um conjunto de relações coercitivas sob o ponto de vista de sua possível suprassunção." Cf. Habermas, 1971a, p. 9.

frente ao rejeitar qualquer tipo de determinabilidade da atividade produtora de riquezas – simplesmente o trabalho, não a manufatura, o trabalho comercial ou agrícola, e, não obstante, tanto um como outro. E junto com a generalidade abstrata da atividade geradora de riquezas, a generalidade do objeto, definido como riqueza, produto em geral ou novamente trabalho em geral, como trabalho passado, objetivado. O fato de o próprio Adam Smith ter recaído às vezes no sistema fisiocrático revela a amplitude e as dificuldades que acompanham tal passagem. Entretanto, poderia parecer que com isso foi encontrada apenas a expressão abstrata para a relação mais antiga e mais simples em que os homens – independentemente do tipo de sociedade – aparecem como produtores. De um lado, isso é correto. De outro, não... A indiferença em relação ao trabalho determinado corresponde a uma forma de sociedade em que os indivíduos passam com facilidade de um trabalho ao outro, parecendo-lhes que o tipo de trabalho determinado é casual, indiferente. Aqui, o trabalho se tornou, não somente em termos teóricos, mas de fato, um meio para gerar riquezas em geral, deixando de ser uma determinação que se entrelaça com as particularidades dos indivíduos. Tal estado encontrou sua expressão nas formas assumidas pelas sociedades burguesas modernas, das quais os Estados Unidos constituem o exemplo mais acabado. Aqui, a abstração da categoria 'trabalho' – 'trabalho em geral', trabalho *sans phrase*, o ponto de partida da economia moderna – torna-se praticamente verdadeira."[140] A fim de lançar os fundamentos da economia moderna, Adam Smith teve de esperar a formação do modo de produção capitalista. E este, ao diferenciar um

---

140. Marx, 1953, pp. 24 s.

sistema econômico regido por valores de troca, impôs uma transformação de atividades concretas em rendimentos abstratos, ou seja, criou uma *abstração real*, por meio da qual ele interfere no mundo do trabalho, colocando *um problema* para os interessados: "Por conseguinte, a abstração mais simples, que coloca a economia moderna no ápice e expressa uma relação bem antiga, válida para todas as formas de sociedade, só aparece praticamente verdadeira nessa abstração como categoria da sociedade mais moderna."[141]

Ora, uma teoria da sociedade que supõe a universalidade dos conceitos que utiliza, mesmo que não consiga aplicá-los de modo convencional ao seu objeto, enreda-se numa autorreferencialidade semelhante à que Marx detectou no conceito do trabalho abstrato. Elaborei acima uma interpretação para o trabalho concreto que se torna abstrato e indiferente, tomando como exemplo o caso das esferas de ação estruturadas comunicativamente, que se adaptam a interações controladas por meios; ou melhor, forneci uma interpretação que decifra a deformação do mundo da vida com o auxílio de uma categoria *distinta*, a categoria do agir orientado pelo entendimento. Para essa categoria também vale o que Marx demonstrou para a categoria do trabalho: "... as categorias mais abstratas, apesar de sua validade para todas as épocas – aliás, em virtude dessa abstração –, são, na determinabilidade dessa abstração, produto de condições históricas, o que faz com que tenham validade plena apenas no interior dessas condições"[142]. A teoria do agir comunicativo consegue explicar por que as coisas são assim: o próprio de-

---

141. Marx, 1953, p. 25.
142. Marx, 1953, p. 25.

senvolvimento social tem de propiciar o surgimento de situações problemáticas que constituem uma porta de acesso privilegiada, pois através delas os contemporâneos podem descobrir objetivamente as estruturas gerais de seu mundo da vida.

A teoria da modernidade, que delineei em grandes traços, permite reconhecer que nas sociedades modernas se ampliam a tal ponto os espaços para interações desligadas de contextos normativos, que o sentido do agir comunicativo se torna "praticamente verdadeiro", seja nas formas não institucionalizadas dos relacionamentos que se solidificam na esfera privada da família, seja no espaço público, cunhado pelos meios de comunicação de massa. Ao mesmo tempo, os imperativos de subsistemas que se tornaram autônomos penetram no mundo da vida impondo, pelo caminho da burocratização e da monetarização, uma adaptação do agir comunicativo a esferas de ação organizadas formalmente. Isso acontece mesmo quando o mecanismo do entendimento que coordena a ação é funcionalmente necessário. Talvez essa ameaça provocadora, que desafia as estruturas simbólicas do mundo da vida *como um todo*, possa fornecer razões plausíveis para entender por que tais estruturas se tornaram acessíveis *para nós*.

TRADUÇÃO DAS CITAÇÕES

p. 15, n. 9: "Existe entre os animais situados abaixo do homem um comportamento que poderia ser classificado como gesto. Ele consiste inicialmente em ações que provocam respostas instintivas por parte dos outros. E esses inícios de atos provocam, por seu turno, respostas que levam a um reajuste de atos iniciados antes; tais reajustes provocam outros inícios de resposta, que levam a novos ajustes. Existe pois uma conversação mediante gestos, um campo de linguagem dentro do comportamento social dos animais. Porém, os movimentos que configuram tal campo de comportamento não são atos completos como pretendem ser. Eles consistem, por exemplo, no brilho dos olhos, que marca o início do salto ou da fuga, na atitude do corpo que desencadeia o salto ou a fuga; consistem ainda no latido, no grito ou no rosnar através do qual a respiração se ajusta consigo mesma antes de iniciar a luta; todos esses movimentos mudam com as atitudes, com o brilho dos olhos, com os latidos e os rosnares que constituem o início das ações que eles mesmos provocaram e que lhes servem de resposta."

p. 25: "a adoção da atitude do outro" [*taking the attitude of the other*] / "provoca nele mesmo a resposta que ele desperta num outro" [*calling out the response in himself he calls out in another*].

p. 73: "No que tange à proteção de nossas vidas ou de nossa propriedade, assumimos a atitude de assentimento de todos os membros na comunidade. Adotamos o papel que pode ser designado como 'o outro generalizado'."

p. 74: "O controle social depende do grau em que os indivíduos de uma sociedade são capazes de assumir a atitude dos demais envolvidos com eles no esforço comum... Todas as instituições servem para controlar os indivíduos que encontram neles mesmos a origem da organização de suas próprias respostas sociais."

p. 173: "Em termos lógicos, estabelece-se um *universo discursivo, que transcende a ordem específica* mediante a qual os membros de uma comunidade se situam a si mesmos – no caso de um conflito – fora da ordem fática da comunidade, podendo chegar a um acordo sobre mudanças nas maneiras habituais de definir a ação e sobre redefinições dos valores. O *procedimento racional* estatui, por conseguinte, uma ordem dentro da qual o pensamento pode operar; e prescinde em vários graus da estrutura que a sociedade possui de fato... Trata-se de uma ordem social que inclui todo o ser racional que está ou que pode vir a ser implicado na situação, a qual é objeto do pensamento. Erige um mundo ideal configurado por um método adequado – não tem em mente coisas substantivas. Exige apenas que se levem na devida conta as condições de comportamento e os valores implicados no conflito, abstraindo de todas as formas fixas de hábitos e de bens, os quais se chocam uns contra os outros. É evidente que um homem não pode atuar como membro racional da sociedade enquanto ele não se constitui a si mesmo como membro dessa comunidade mais ampla de seres racionais."

p. 178: "apelo à comunidade mais ampla" [*appeal to the larger community*].

pp. 284-5: "Os dois índices discriminantes mais comuns são as regulações relativas à proibição, à prescrição do casamento e ao controle das disputas que podem ocasionar derramamento de sangue. O parentesco, a concórdia, a regulação do casamento e as restrições impostas aos confrontos mais graves formam uma síndrome. Onde se supõe a existência de um parentesco, independentemente de seus fundamentos, é necessário que prevaleça a concórdia, e isso implica a prescrição e na maioria das vezes a proibição do casamento, bem como o afastamento de enfrentamentos graves. E, ao contrário, onde a concórdia é a regra nas relações entre clãs, tribos ou comunidades, invoca-se um parentesco ou quase-parentesco de origem mítica ou decorrente de uma lealdade ritual ou de instituições, tais como a camaradagem, que pode ser observada na África Oriental; em decorrência disso, fica proscrito qualquer tipo de enfrentamento que possa levar à guerra. De outro lado, os não parentes, próximos ou distantes, independentemente de suas afinidades sociais ou culturais, são identificados como situados fora do âmbito do altruísmo prescritivo e, portanto, potencialmente hostis a ponto de se chegar a enfrentamentos sérios no caso de um litígio. É como se o casamento e a guerra fossem dois aspectos de uma única constelação que se contrapõe diretamente ao parentesco e à concórdia."

pp. 285: "Comunidades distintas, inclusive as de idioma e de procedência diferentes, podem trocar pessoal por casamento e se fundir em certas cerimônias, entrelaçando, por assim dizer, seus campos de parentesco. Tudo indica, portanto, que a ideia de que a comunidade ou sociedade australiana constitui um sistema fechado não é totalmente correta. O fechamento reside no cálculo do parentesco e não na comunidade enquanto tal. O cálculo de parentesco, delimitando exatamente a esfera que funda, opera como um mecanismo básico que estabelece os limites do campo das relações sociais que constitui o campo máximo de parentesco e, ao mesmo tempo, o campo máximo político-jurídico para determinado grupo."

pp. 292-3: "O chefe é o líder, não no sentido de que ele possa passar por cima da opinião dos outros homens (o que seria impossível porque não dispõe de meios para obrigá-los a aceitar seus desejos), mas no sentido de que se espera dele uma organização das atividades decididas; ele comunica aos caçadores aonde devem ir; quando voltam trazendo a carne, ele a divide; ele os dirige em seus movimentos e nos ataques aos grupos vizinhos, dirige as negociações com outros grupos sobre matérias tais como a autorização para cruzar seu território ou a celebração de um casamento com um de seus membros ou a realização de um ritual conjunto."

p. 317: "Trabalhos recentes de antropólogos concentraram-se num registro cuidadoso de casos especialmente no contexto do que já se conhece sobre os litigantes, sobre seu *status* relativo e sobre os fatos que provocaram o (problema). P. H. Gulliver, um antropólogo londrino que levou a cabo vários trabalhos dessa natureza na Tansânia, sustenta uma ideia, já implícita nos trabalhos de Hoebel, segundo a qual, quando estudamos o direito deveríamos examinar o *processo de resolução do litígio*. Ele caracteriza o litígio como uma desavença em que o indivíduo que se sente ofendido exige algum tipo de intervenção por parte de um terceiro, a fim de determinar seus direitos e encontrar a satisfação devida. Ele nos lembra que resolver um assunto não significa necessariamente dispor dele. Entretanto, quando uma *desavença* é definida por uma das partes como *litígio*, é necessário fazer algo."

p. 318: "Há duas maneiras principais de enfrentar a querela que envolve o fato de alguém ter rompido a lei. A primeira consiste em persuadi-lo ou compeli-lo a compensar os danos da pessoa com quem foi injusto. A segunda consiste em punir o infrator; e quando se escolhe este método pode-se afirmar que o infrator está restituindo algo à comunidade em seu conjunto, uma vez que se supõe que, com sua ação, ele ofendeu a todos."

p. 319: "Não é possível fazer uma divisão clara entre sociedades em que as disputas das partes se resolvem pela luta e sociedades em que as partes se defendem perante uma autoridade imparcial, a qual decide quem tem razão e o que deve ser feito. As sociedades do segundo tipo possuem indubitavelmente instituições legais; ao passo que algumas sociedades do primeiro tipo se encontram a meio caminho. Por isso, os líderes dos grupos de descendência dos Luhya do Quênia ocidental eram tradicionalmente considerados responsáveis pelas ações de seus membros, e quando alguém se envolvia em algum tipo de litígio os chefes dos grupos se reuniam para buscar uma solução. Se excetuarmos os grupos de descendência mais íntimos, nenhuma solução podia ser imposta sem o consentimento das partes. No caso de uma disputa entre membros de uma linhagem mais aberta, não se permitia resolver a matéria por intermédio de uma luta; e, quando não se chegava a um acordo, a parte numericamente mais fraca (que não teria conseguido vencer a luta) rompia suas relações com o resto da linhagem e ia embora."

p. 343, n. 88:

Atos de fala cotidianos	*Atos de fala formalizados*
Escolha do volume	Padrões de volume fixos
Escolha da entonação	Escolha de entonação extremamente limitada
Disponibilidade de todas as formas sintáticas	Exclusão de certas formas sintáticas
Vocabulário completo	Vocabulário limitado
Flexibilidade na sequência de atos linguísticos	Sequência fixa de atos linguísticos
Poucas ilustrações de um corpo fixo de paralelos aceitos	Ilustrações apenas de algumas fontes limitadas, p. ex., as escrituras e provérbios
Nenhuma regra estilística aceita conscientemente para agir	Regras estilísticas aplicadas conscientemente em todos os níveis"

pp. 344-5, n. 89: "De fato, a distinção de Leach entre atos rituais e técnicos, entre atos que produzem os fins pretendidos que nós, como observadores dotados de algum conhecimento dos princípios científicos, podemos ver, e aqueles que não os produzem, é a distinção utilizada pelos antropólogos para demarcar os limites entre a esfera mágico-religiosa e o campo da vida cotidiana. É certo, no entanto, que essa distinção não se situa na mesma linha da distinção durkheimiana entre o sagrado e o profano. Em nosso ponto de vista, existe um aspecto da vida em que as pessoas procuram atingir fins, que ou não são acessíveis pela ação humana em geral, ou não são acessíveis pelos meios que estão sendo utilizados.

Eles dão a entender que se está buscando a ajuda de seres ou forças que consideramos situadas fora do curso da natureza tal como a entendemos, ou seja, 'sobrenaturais'. Esse campo de atividade engloba tanto o religioso como o mágico."

p. 345, n. 90: "O realismo se caracteriza pela preocupação em manejar corretamente os símbolos eficazes e em pronunciar na ordem correta as palavras pertinentes. Quando comparamos os sacramentos com a magia, temos de levar em conta dois modos de ver: de um lado, a doutrina oficial, de outro lado a forma popular que ela assume. Na primeira perspectiva, os teólogos cristãos podem limitar a eficácia dos sacramentos ao trabalho interno da graça na alma. Porém, por meio dessa atuação é possível que os eventos externos se modifiquem desde que as decisões tomadas por uma pessoa em estado de graça possam diferir de outras. A eficácia sacramental age internamente; a externa, externamente."

p. 363: "no centro do mundo (parsoniano), podemos detectar uma confusão fundamental. Seu voluntarismo é por demais eclético para reconciliar o positivismo e o idealismo. Há dois programas percorrendo sua obra, a saber: o de uma ação social, na linha da tradição idealista; e o de um sistema social, na linha da tradição positivista. O programa da ação focaliza o significado que uma ação tem para um ator, ao passo que seu programa de sistemas sociais focaliza as consequências de uma atividade para um sistema de ações. Entretanto, ao contrário de sua pretensão, Parsons não possui um sistema de ação, mas simplesmente um sistema comportamental e uma teoria da ação isolada".

p. 364: "O tema da interação social é, num sentido fundamental, logicamente anterior ao do sistema social."

pp. 371-2, n. 14: "Assim como as unidades de um sistema mecânico em sentido clássico, isto é, as partículas, só podem ser definidas em termos de suas propriedades de massa, velocidade, localização no espaço, direção do movimento etc., assim também as unidades dos sistemas possuem certas propriedades básicas sem as quais não seria possível conceber tais unidades como 'existentes'. Do mesmo modo, a ideia de uma unidade de matéria que possui massa mas não pode ser localizada no espaço é algo que não faz sentido em termos da mecânica clássica. Seria necessário notar que o sentido em que se fala aqui do ato de unidade (*unit act*) – como de uma entidade existente – não é o de uma espacialidade concreta ou de outro tipo de existência separada, e sim o de sua concebibilidade como unidade em termos de um quadro de referência."

p. 373: "um nome para a ponte que une os elementos normativos da ação aos seus elementos condicionais. Tal conceito é exigido pelo fato de as normas não se concretizarem automaticamente por si mesmas, mas somente por meio da ação".

p. 374: "Aplicado à regulamentação permanente do comportamento num conjunto de condições relativamente estáveis, esse sistema de valores também é incorporado num conjunto de regras normativas. Tais valores não somente funcionam como fins de determinado ato, ou de cadeias de atos, como também governam em conjunto ou em grande parte a ação complexa do indivíduo."

p. 374: "O indivíduo concreto e normal constitui uma personalidade disciplinada moralmente. Isso significa, acima de tudo, que os elementos normativos se tornaram para ele 'internos' e 'subjetivos'. Em certo sentido, ele se 'identifica' com eles."

p. 375: "que o medo das sanções constitui apenas o motivo secundário para aderir a normas institucionais; o sentido da obrigação moral é o elemento primário. E desse modo o significado primário da coerção se transforma numa obrigação moral, e se desenha uma distinção clara entre a constrição que resulta da sociedade e a que procede dos fatos naturais".

p. 377: "Uma ordem social apoiada apenas em interesses e, por conseguinte, em sanções pode ser pensada teoricamente, porém não se vê como possa ser realizada concretamente."

p. 378: "O ponto de partida consiste em considerar que o ator toma conhecimento da situação em que age e, por conseguinte, das condições necessárias e dos meios disponíveis para a realização de seus fins."

p. 378: "Foi dada uma... ênfase excessiva a um tipo particular (de elemento normativo), que pode ser designado como 'norma racional da eficácia'."

p. 378: "aleatoriedade dos fins".

pp. 379-80: "elas são assimiladas a... elementos analisáveis em termos de categorias não subjetivas, principalmente a hereditariedade e o meio ambiente..."

p. 380: "Se os fins não eram aleatórios, isso se deve ao fato de que tem de haver a possibilidade de o ator apoiar sua escolha dos fins num conhecimento científico de certa realidade empírica... a ação se transforma num processo de adaptação racional a condições. O papel ativo do ator é reduzido à compreensão de sua situação e à previsão do curso futuro de seu desenvolvimento."

pp. 380-1: "O termo 'normativo' terá de ser entendido como aplicável a um... elemento de um sistema de ação se, e somente se, ele puder ser tido como algo que manifesta... um sentimento de que algo constitui um fim em si mesmo."

p. 382: "As ações de uns passam a ser meios potenciais para os fins dos outros e vice-versa. Por isso, temos de concluir – como corolário direto do postulado da racionalidade – que todos os homens buscam e desejam o poder uns sobre os outros. Portanto, o conceito de poder adquire um lugar central na análise do problema da ordem. Uma sociedade puramente utilitária é caótica e instável porque, na falta de limitações no uso dos meios, especialmente quando se trata da força e da fraude, ela culmina necessariamente e por sua própria natureza numa luta ilimitada pelo poder; e nessa luta pelo fim imediato, isto é, pelo poder, perde-se irreparavelmente toda perspectiva de obtenção dos fins últimos."

p. 382: "em que os atores, em vez de perseguir seus próprios fins no âmbito de sua situação imediata, passam a entender a situação como um todo, tomando a seguir as medidas necessárias para eliminar a força e a fraude, comprando a segurança à custa de vantagens que poderiam ser obtidas mediante o futuro emprego da força e da fraude".

p. 384: "Ao utilizar o termo 'razão', Locke aparentemente sugere que essa atitude constitui algo que atingimos mediante um processo cognitivo. Ele inclui o reconhecimento de que todas as pessoas são iguais e independentes, que elas têm uma obrigação recíproca de reconhecer os direitos uns dos outros e que, portanto, têm de sacrificar seus interesses imediatos."

p. 384: "Portanto, na base da posição de Locke encontramos o postulado do reconhecimento racional."

pp. 385-6, n. 34: "Um acordo contratual é capaz de unir os homens em torno de um propósito limitado, durante pouco tempo. Não existe motivo suficiente para que os homens sigam esse propósito limitado utilizando meios compatíveis com os interesses dos outros, mesmo que sua obtenção, enquanto tal, fosse compatível com eles. Existe uma hostilidade latente entre os homens que não é levada na devida conta por essa teoria. A instituição do contrato só se torna importante quando considerada como marco de determinada ordem. Sem ele, os homens se encontrariam, segundo Durkheim, em estado de guerra. Porém, a vida social efetiva não se reduz à guerra. E, à medida que implica a persecução de interesses individuais, tais interesses perseguidos de tal maneira podem contribuir muito para mitigar a hostilidade latente, para promover vantagens mútuas e a cooperação pacífica, muito mais do que levar à hostilidade e à destruição mútua. Spencer e outros, que pensam como ele, falharam completamente ao tentar explicar esse processo. E, ao chegar a tal explicação, Durkheim aponta inicialmente para um fato empírico: o vasto complexo da ação na busca de interesses individuais tem lugar dentro da estrutura de um corpo de normas, independentemente dos motivos imediatos das partes contratantes. Os individualistas não reconheceram ou não levaram na devida conta esse fato. Essa é a ideia empírica central que se encontra no início da teoria durkheimiana, que ele jamais perdeu de vista."

pp. 386-7: "a ação tem de ser pensada como algo que envolve um estado de tensão entre duas ordens distintas de elementos, os normativos e os condicionais".

pp. 391-2: "... sistemas sociais constituem sistemas de ação motivada, organizados a partir das relações que os atores estabelecem entre si; as personalidades constituem sistemas de ação motivada, configurados sobre o organismo vivo".

p. 393: "O modo apreciativo envolve o ato cognitivo de balanceamento dos aspectos gratificação/renúncia inerentes às várias alternativas da ação, tendo em vista a maximização da gratificação no longo prazo."

p. 393-4, n. 43: "... nós afirmamos que o modo valorativo designa o ponto de um sistema de ação no qual tais valores ou *standards* culturais de orientações em termos de valor se tornam efetivos... O modo valorativo concerne propriamente à formulação de alternativas e ao ato de eleger. Quando essa avaliação se faz com vistas a algum padrão de valor para guiar a eleição, o modo valorativo produz algum aspecto de orientação valorativa. É preciso lembrar que o ato de eleger constitui um aspecto de orientação implícito na expressão 'modo valorativo'; e os padrões em que as eleições se baseiam constituem os aspectos de orientação implícitos na expressão 'orientações valorativas'".

p. 401: "Diferentemente das necessidades e das expectativas de papéis, os *símbolos* que constituem as entidades controladoras postuladas nesse caso não são internos aos sistemas cujas orientações controlam. Do mesmo modo que as necessidades e expectativas de papéis, os símbolos controlam sistemas de orientações, porém não existem como fatores postulados internamente e sim como objetos de orientações (considerados como existentes no mundo externo, ao lado dos outros objetos pelos quais um sistema de ação se orienta)."

p. 404: "variáveis-padrão de orientações de valor".

pp. 405, n. 46: "1) O dilema envolvendo interesses privados e coletivos: orientação pelo interesse próprio *versus* orientação pela coletividade. 2) O dilema envolvendo a gratificação e a disciplina: afetividade *versus* neutralidade afetiva. 3) O dilema envolvendo a transcendência e a imanência: universalismo *versus* particularismo. 4) A escolha entre modalidades do objeto: performance *versus* qualidade (*realização* versus *difusividade*). 5) A definição da finalidade do interesse no objeto: especificidade *versus* difusividade."

p. 406, n. 46: "... o ator tem de fazer uma série de escolhas para que a situação possa assumir algum sentido. Continuamos a afirmar que o ator tem de fazer cinco escolhas dicotômicas antes que determinada situação possa assumir qualquer sentido. As cinco dicotomias que formulam tais escolhas alternativas são designadas como *pattern-variables* porque qualquer orientação específica (e consequentemente toda ação) é caracterizada por um modelo de cinco escolhas".

p. 411, n. 53: "Essa tendência procura manter o equilíbrio... dentro de certas fronteiras em relação ao entorno – limites que não são impostos de fora, mas mantidos por si mesmos pelas propriedades das variáveis constitutivas do modo como operam dentro do sistema."

pp. 412-3: "... os sistemas culturais constituem sistemas simbólicos em que os componentes mantêm entre si uma relação lógico-semântica, que não é apenas funcional. Por isso, os imperativos característicos dessas duas classes de sistemas são diferentes. Nos sistemas de ação, os imperativos que impõem aos componentes determinadas adaptações resultam das possibilidades ou necessidades empíricas de coexistência que caracterizamos como *escassez* e das propriedades do *ator enquanto organismo*; nos sistemas culturais, os imperativos internos não dependem das compatibilidades ou incompatibilidades, isto é, das possibilidades ou impossibilidades de coexistência. A principal característica dos sistemas culturais consiste na coerência, ou seja, os componentes do sistema cultural são *logicamente consistentes* ou *semanticamente congruentes*".

p. 413: "Um sistema cultural só 'funciona' como parte de um sistema concreto de ação, pois ele simplesmente 'é'."

p. 416: "A integração, tanto no sistema de valores do indivíduo como no sistema de valores predominantes numa sociedade, é um compromisso entre os imperativos funcionais da situação e os padrões da orientação valorativa dominantes na sociedade. Toda sociedade contém necessariamente tais compromissos."

p. 418: "Fatos problemáticos no presente sentido são os que temos de enfrentar funcionalmente e que obrigam a reações, às quais são inerentes implicações valorativas incompatíveis com o sistema de valores supremos."

p. 418: "Onde essa ordem de tensão existe, a acomodação será facilitada com frequência mediante uma 'racionalização' ou um 'mascaramento' ideológico do conflito. Isso reduz a consciência acerca da existência de um conflito, acerca de seu alcance e de suas ramificações. Mecanismos da personalidade e do controle social no sistema social operam nessas áreas de tensão para equilibrar o sistema. E, por serem inadequados ao estabelecimento de tal equilíbrio, eles constituem uma fonte de mudança."

p. 429: "Cada um desses subsistemas da ação primária é definido na base de uma abstração teórica. Concretamente, todo sistema empírico é tudo isso ao mesmo tempo; por conseguinte, não existe indivíduo humano concreto que não seja um organismo, uma personalidade, um membro do sistema social ou um participante do sistema cultural."

p. 430: "Um corpo de conhecimentos, além de ser um objeto cultural, constitui um complexo de significados simbolizados no interior de um código. Entretanto, um sistema cultural, enquanto sistema de ação, não se compõe apenas de objetos culturais, uma vez que, enquanto sistema, inclui todos os componentes da ação à proporção que estes estão orientados em termos de objetos culturais."

p. 431: "Um sistema cultural pode desaparecer junto com as personalidades e as sociedades que são suas portadoras; no entanto, também pode sobreviver a elas. Pois a cultura não é apenas transmitida de geração em geração por meio do ensino e da aprendizagem, uma vez que ela também pode se encarnar em símbolos externalizados, tais como as obras de arte e as páginas impressas; ou ainda em dispositivos de armazenamento, tais como os disquetes de um computador. Mesmo supondo uma diferença entre ouvir Platão filosofando na Academia de Atenas e ler a *República* num idioma bastante afastado do grego clássico, em certo sentido, o objeto cultural continua sendo o mesmo. Por isso, as pessoas que vivem no século XX podem compartilhar com os contemporâneos de Platão elementos da cultura ateniense que existiam no século IV antes de Cristo. No entanto, tal tipo de continuidade temporal se encontra fora do alcance das pessoas. Por conseguinte, um sistema cultural pode ser estável no tempo e continuar relativamente imune em relação aos efeitos de seu entorno, o qual inclui não somente o mundo psíquico e o orgânico, mas também os subsistemas da ação, especialmente o social, o psicológico e o orgânico. Tal estabilidade torna um sistema cultural apto a servir como protótipo de um *sistema de ação autônomo*."

p. 432: "uma teoria científica constitui um corpo de proposições gerais inter-relacionadas sobre fenômenos empíricos, no âmbito de um quadro de referência".

p. 435: "A autossuficiência da sociedade é uma função da combinação balanceada de seus controles sobre suas relações com o entorno e de seu próprio estado de integração interna."

pp. 435-6: "Nós preferimos o termo 'ação' em vez de '*behavior*' porque não estamos interessados nos eventos físicos do comportamento por eles mesmos, mas em sua capacidade de modelar produtos ricos de significado... A ação humana é cultural no sentido de que intenções e pensamentos concernentes a atos são formados em termos de um sistema simbólico."

p. 436: "No âmbito dos sistemas de ação, os sistemas culturais são especializados na função de manutenção dos padrões e modelos, os sistemas sociais na integração de unidades de ação (indivíduos humanos ou, mais precisamente, personalidades engajadas em papéis), os sistemas da personalidade na obtenção dos fins, e o organismo comportamental, na adaptação..."

p. 437, fig. 31: Subsistemas da ação:

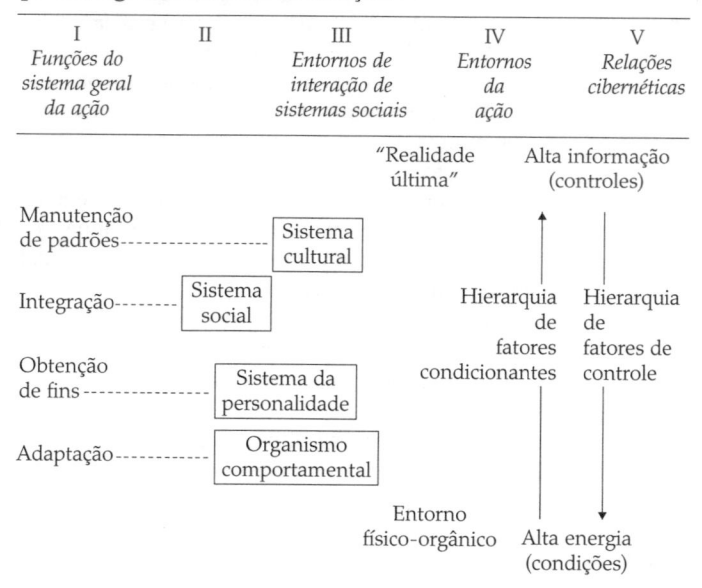

I Funções do sistema geral da ação	II	III Entornos de interação de sistemas sociais	IV Entornos da ação	V Relações cibernéticas
			"Realidade última"	Alta informação (controles)
Manutenção de padrões	------	Sistema cultural	↑	
Integração	Sistema social		Hierarquia de fatores condicionantes	Hierarquia de fatores de controle
Obtenção de fins	------	Sistema da personalidade		
Adaptação	------	Organismo comportamental		↓
			Entorno físico-orgânico	Alta energia (condições)

pp. 437-8: "A seta voltada para cima indica a hierarquia de condições que, em qualquer nível cumulativo nas séries voltadas para cima, é 'necessária, porém não suficiente'. A seta que aponta para baixo designa a hierarquia de fatores de controle no sentido cibernético. Quando nos movemos para baixo, o controle de condições cada vez mais necessárias torna possível a implementação de padrões, planos ou programas. Os sistemas mais altos na hierarquia se caracterizam por um nível relativamente alto de informação, ao

passo que os que ocupam posições mais baixas se caracterizam por um nível relativamente alto de energia."

pp. 439-40, n. 77: "O núcleo de uma sociedade enquanto sistema consiste na ordem normativa e modelada por meio da qual a vida de uma população é organizada coletivamente. Enquanto ordem, ela contém valores, regras e normas diferenciadas e particularizadas, que requerem referências culturais a fim de obterem sentido e serem legítimas. Enquanto coletividade, ela desenvolve uma concepção de pertença estruturada, que permite distinguir entre os indivíduos que pertencem a ela e os que não pertencem. Problemas envolvendo a 'jurisdição' do sistema normativo talvez impossibilitem uma coincidência exata entre o *status* de pertença a um grupo e o *status* de alguém que está 'se sujeitando a' obrigações normativas, uma vez que o reforço de um sistema normativo parece estar ligado essencialmente ao controle (p. ex., por meio da 'função policial') de sanções exercidas a favor e contra o povo atualmente residente no interior de um território."

p. 445: "Supõe-se que o padrão de funcionamento dos estados internos do sistema de referência é significativamente distinto dos padrões do entorno. Tais diferenças indicam uma maior estabilidade e um nível de organização superior aos encontrados no entorno."

p. 445: "Tal designação é demasiado estreita; mesmo assim, ela aponta na direção correta. Um padrão não pode se atualizar a si mesmo no mundo real. O sistema para o qual ele constitui uma matriz tem de encontrar condições e utilizar fontes proporcionadas pelo entorno. Entretanto, as condições a ser encontradas, bem como a utilização, somente são possíveis mediante processos que se estendem no tempo. E o tempo constitui *um* aspecto de processos que incluem aporte e utilização de energia, organização e combinação de componentes, bem como avaliação de estágios."

p. 447, n. 82: "No decorrer do tempo, tornou-se evidente que as categorias desse par não eram capazes de definir um sistema específico de ação, uma vez que definiam as relações entre dois sistemas colocados numa ordem hierárquica. A *auto-orientação* definia um estado de relativa independência diante da implicação do sistema de ordem inferior, presente na ordem superior. Esse estado faz com que as normas e valores deste último mantenham com os cursos de ação relevantes uma relação meramente reguladora, ou seja, encarregada apenas de fixar os limites. De outro lado, a *collectivity-orientation* definia um estado de pertença positiva a um grupo pelo qual as normas e os valores do sistema de ordem superior são positivamente prescritivos para a ação no sistema de ordem inferior."

p. 448: "Parsons afastou-se radicalmente do modelo I, ao focalizar sua atenção na análise do ato social do ponto de vista dos problemas do sistema social. Ao se dar conta da necessidade de articular a ação social com as exigências de um sistema social, ele se dedicou inicialmente aos problemas de estrutura social, voltando-se, a seguir, para o plano do ator individual no sistema. O modelo I, de Parsons, 'passa em revista' o sistema social tendo em mente a posição estratégica do ator; seu modelo II assume a perspectiva do sistema social e 'olha para baixo' na direção do ator individual."

pp. 448-9: "A diferença essencial entre essas duas soluções consiste nas unidades, a partir das quais os modelos são construídos. No modelo I, o ato social é interpretado como produto das avaliações de objetos formuladas pelo ator e como decorrente das orientações que ele assume em relação a eles; e as duas unidades são subjetivas ou psicossociais. No modelo II, o ato social é visto como *produto de definições de papéis peculiares aos quatro problemas do sistema social, tidos como universais*. Por isso, a unidade analítica primária passa a ser constituída pelas modalidades do sistema, das quais deriva a avaliação dos objetos e das relações do ator com os objetos, realizada pelo próprio ator."

p. 449, fig. 35: *Modelo do ato social (Modelo II de Parsons)*

MODALIDADES do sistema social (problemas sistêmicos)	AVALIAÇÃO dos objetos pelo ator	ORIENTAÇÃO do ator pelos objetos
adaptativa	→ universalismo	especificidade
conquista de fins	→ performance	afetividade
integrativa	→ particularismo	difusividade
manutenção de padrões e gerenciamento das tensões	→ qualidade	neutralidade

pp. 449-50, n. 85: "Então descobriu que essas correspondências convergiam logicamente com a classificação quádrupla que Bales elaborara para definir problemas funcionais de sistemas de ação. Na terminologia adotada, o problema de adaptação foi definido, do ponto de vista da atitude, em termos de especificidade; e do ponto de vista da categorização do objeto, em termos de universalismo; já o problema da consecução de fins foi definido, do ponto de vista da atitude, em termos de afetividade, e do ponto de vista da categorização dos objetos, em termos de performance. O problema integrativo foi definido, do ponto de vista da atitude, em termos de difusividade e, do ponto de vista da categorização dos objetos, em termos de particularismo. Finalmente, o problema da manutenção de pautas e de tratamento de tensões foi definido, do ponto de vista da atitude, em termos de neutralidade afetiva; e do ponto de vista da categorização do objeto, em termos de qualidade."

p. 452-3: "A personalidade individual e o sistema social não mantêm relações diretas com o entorno físico; pois suas relações com ele são mediadas inteiramente pelo organismo, que constitui o elo primário pelo qual a ação se liga com o mundo físico. Depois de tudo, ele constitui um lugar comum da moderna epistemologia e da teoria da percepção... Nessa mesma linha, as personalidades e os sistemas sociais não têm um contato direto com os objetos últimos da referência, isto é, com a 'realidade última' que coloca 'problemas de sentido' na linha que os sociólogos atribuem especialmente à obra de Max Weber. Os objetos conhecidos pelas personalidades e pelos sistemas sociais, ou seja, os objetos dos quais se pode ter uma experiência direta, constituem em nossa terminologia objetos culturais, isto é, artefatos humanos análogos aos objetos do conhecimento empírico. Por isso, as relações das personalidades de um sistema social com a 'realidade última não empírica' são mediadas, num sentido básico, pelo sistema cultural."

pp. 453-4: "Certamente, a direcionalidade pode ser concebida como interna ao sistema de referência. Entretanto, no nível da ação, prevalecem as tentativas de legitimar as seleções de opções alternativas mediante a invocação de certas fontes de autoridade situadas fora do sistema de ação tal como é concebido habitualmente pelas unidades agentes."

p. 454, n. 88: *Componentes do conhecimento como tipo de objeto cultural*:

	Recursos	Podutos
lógicos (L)	Quadro de referência	Teoria (I)
referenciais (A)	Fatos	Soluções de problemas (G)

pp. 456-7: "Certamente, pensamos que o sistema télico, que está como deve estar, numa relação de hierarquia cibernética com o sistema de ação, se relaciona especialmente com a religião. Pois nos contextos religiosos podemos encontrar a crença nalgum tipo de 'realidade' do mundo não empírico, crença que se manifesta em grande parte da história da cultura."

p. 458: "Mesmo reconhecendo plenamente as dificuldades filosóficas que acompanham a definição da natureza dessa realidade, queremos afirmar que compartilhamos a crença secular em sua existência."

p. 458: "... o paradigma categoriza o mundo acessível à experiência humana em termos do significado que suas partes e aspectos têm para os seres humanos".

pp. 458-9: "Duas razões nos levaram a tratar o sistema da ação humana como o ponto de referência primário. A primeira é mundana: ele marca o caminho intelectual pelo qual chegamos à formulação desse esquema conceitual mais amplo. Existem boas razões, no campo da investigação, que nos levam a proceder do relativamente bem conhecido ao desconhecido, e não vice-versa. A segunda razão, entretanto, é que... concebemos a condição humana como uma versão de qualquer universo que possa ser cognoscível em algum sentido, a qual está específica e reflexivamente formulada e organizada *na perspectiva de seu significado para seres humanos* e, sem dúvida, para os contemporâneos. A partir disso, o sistema da ação passa a constituir a referência necessária para tal empreendimento."

pp. 459-60: "Já sustentamos que a 'orientação' do homem para o mundo assume a forma de um tratamento do mundo composto de entidades que possuem um *sentido* simbólico, apreensível pelos atores humanos. Por isso, consideramos apropriado designar tais entidades como 'objetos' e falar numa relação sujeito-objeto... Consideramos legítimo adotar a explicação kantiana do *conhecimento* como protótipo de um modo de relação dos atores humanos com os mundos situados fora do sistema de ação, e com os objetos situados dentro dele."

p. 460: "A proposição geral é a seguinte: para cada modo de orientação humana existe um *meta*nível que se refere às 'condições' ou 'supostos' necessários para que essa orientação 'faça sentido'."

p. 461: "De acordo com nosso paradigma, existe uma quarta esfera de ordenações transcendentais, às quais Kant não dedicou uma crítica especial. No nosso entender, essa esfera tem a ver particularmente com a religião. Tudo indica que Kant, como bom filho do iluminismo, era suficientemente cético nessa questão, de tal modo que não quis se aventurar a afirmar algo positivo, contentando-se em estabelecer a famosa negação da *probabilidade* da existência de Deus. Entretanto, aqui se abre uma lacuna lógica, a ser preenchida."

p. 468: "O problema maior consistiu em tentar descobrir se os princípios arrolados para o caso da moeda poderiam ser generalizados para outros meios."

p. 471, n. 112: "Não se podem detalhar ostensivamente os componentes sem ter elaborado antes as características dos meios de ação em geral. Pois, caso contrário, existe o perigo da especificação prematura do detalhe, como ocorre, por exemplo, quando se inicia com o nível da sociedade."

p. 472: "O conceito de uma base compartilhada de ordens normativas equivale basicamente ao conceito de uma cultura comum ou de um sistema simbólico comum. O protótipo de tal ordem é a linguagem."

pp. 473-4: "A linguagem foi discutida muitas vezes como instância prototípica dos meios. E de fato, no plano dos meios prototípicos, ela só perde para o dinheiro. Mesmo assim, no âmago do sistema da ação não apareceu nenhuma análise convincente da localização funcional precisa, a ser assinalada a ela. Por isso, a linguagem ficou encerrada numa espécie de meio 'flutuante', o que torna cada vez mais difícil apresentá-la como um meio prototípico. Aqui propomos uma localização funcional da linguagem e sustentamos, além disso, que tal localização funcional permite ver que seria necessário conceder à linguagem uma alta prioridade teórica, uma vez que ela constitui o modelo para o tratamento adequado dos outros meios. Falaremos da linguagem como de algo que afeta o próprio núcleo do mecanismo generalizado do sistema de ação em sua totalidade. A linguagem se situa 'acima' dos elementos que foram tratados como meios especializados na regulação dos processos combinatórios e de intercâmbio de cada um dos quatro subsistemas primários da ação. Portanto, ela proporciona a base comum de significado pela qual os processos gerados pelos *meios* dos respectivos subsistemas da ação podem ser coordenados entre si."

p. 478: "Em vez de se obrigarem a negociar um consenso *ad idem* nas dimensões de cada um dos quatro elementos da ação... as pessoas confiam em símbolos que 'prometem' a experiência de sentido como probabilidade estatística numa série de atos. Elas são libertas do esforço de negociar assuntos básicos em cada momento."

p. 482, n. 120: "Como compensação por sua falta de utilidade direta, o dinheiro proporciona àquele que o recebe quatro graus importantes de liberdade de participação no sistema global de trocas: 1) Ele é livre para gastar seu dinheiro em qualquer *item* ou combinação de itens disponíveis no mercado. 2) Pode escolher entre *várias* fontes para suprir os itens desejados. 3) Pode escolher o *momento* que julga oportuno. 4) É livre para considerar os *termos* que, em virtude dessa liberdade de tempo e de fonte, pode aceitar ou rejeitar ou tentar influenciar no caso particular. Porém, no caso de uma transação, o negociador fica ligado àquilo que o seu parceiro particular tem ou à pretensão dele em relação àquilo que ele possui ou deseja partilhar naquele momento. Entretanto, esse ganho em níveis de liberdade implica, de outro lado, um risco que se oculta por detrás das probabilidades da aceitação do dinheiro por outros e da estabilidade de seu valor."

p. 503: "Minha sugestão se resume à afirmativa de que existe um paradigma muito simples de modos segundo os quais uma unidade atuante – que podemos chamar de *ego* – pode tentar conseguir resultados exercendo algum tipo de operação comunicativa sobre outra unidade – que podemos caracterizar como *alter*. Podemos designá-la como pressão, contanto que não seja num sentido pejorativo. Tal paradigma pode ser estabelecido nos termos de duas variáveis. A primeira consiste em saber se o *ego* opera mediante um controle potencial sobre a situação em que o *alter* se encontra a partir do momento em que precisa atuar; ou se se trata de conseguir um efeito sobre a intenção do *alter*, independentemente das mudanças na sua situação."

p. 516: "O que hoje entendemos como sociedade *moderna* adquiriu forma durante o século XVIII, no noroeste do sistema europeu de sociedades, mais precisamente na Grã-Bretanha, na Holanda e na França. E o desenvolvimento subsequente da sociedade moderna inclui três processos de mudança estrutural revolucionária: a Revolução Industrial, a Revolução Democrática e a Revolução Educacional."

p. 522: "Em várias passagens, eu me referi ao conceito de 'individualismo institucionalizado' opondo-me deliberadamente à versão utilitarista. No padrão do individualismo institucionalizado, o ponto-chave não consiste na concepção utilitarista da 'persecução racional do próprio interesse', e sim numa concepção mais ampla da autorrealização do indivíduo numa trama social, em que o aspecto da solidariedade... ocupa um lugar tão saliente como o interesse próprio no sentido utilitarista."

pp. 522-3: "O conceito 'individualismo institucionalizado' tem a ver com um modo de organização dos componentes da ação humana que, tendo em vista o conjunto, pode aumentar a capacidade do indivíduo médio e das coletividades, bem como realizar os valores com que tanto ele como as coletividades estão comprometidos. Tal capacidade, intensificada em nível individual, desenvolveu-se junto com os marcos sociais e culturais de organização e junto com as normas institucionais que constituem o contexto normativo para a realização dos fins e dos valores da unidade individual e coletiva."

pp. 523-4: "O católico, o protestante e o judeu atual – com pequenas variações no conjunto das características mais gerais de sua própria fé – podem continuar mantendo suas crenças no âmbito da comunidade social e moral mais ampla. Inclusive o católico. Mesmo assim, este último não pode compartilhar certos aspectos específicos com outras crenças. Não obstante... ele consegue respeitar, hoje em dia, a legitimidade religiosa das outras crenças. Tal legitimidade é submetida a um teste quando tanto ele como os seguidores das outras crenças reconhecem a possibilidade de chegar a uma comunidade moral comum, a qual pode assumir a forma de uma sociedade predominantemente secular e organizada politicamente. Eles concordam com a ideia de que tal pertença comum significa que se compartilha uma orientação religiosa no plano da *religião cidadã*."

p. 524: "A nova sociedade se tornou uma sociedade secular em que a religião foi relegada à esfera privada. Existe, no entanto, outro tema não menos importante, o da formação do reino de Deus sobre a terra. O estabelecimento da nova nação americana constituiu o ápice de tal processo. O fato da independência e de uma nova constituição, 'concebida em liberdade e dedicada à proposição, segundo a qual todos os homens foram criados iguais', constituem desdobramentos que não podiam deixar de comportar a dimensão religiosa. Esta adotou uma forma relacionada com concepções e definições tradicionalmente cristãs; por isso Bellah caracteriza esse núcleo como a 'religião civil americana'. Não houve uma ruptura radical com a herança religiosa primária, mesmo que tenha sido evitada cuidadosamente toda tentativa de definir a nova religião civil como 'cristã' num sentido especificamente dogmático. Bellah documenta, por exemplo, que a maioria das declarações oficiais – e em particular os discursos inaugurais do presidente – que continuam a empregar o termo 'Deus' ou sinônimos, tais como 'Ser Supremo', evitam cuidadosamente toda a referência a Cristo."

p. 526: "Na minha opinião, a ética protestante ainda não morreu, nem vai morrer tão cedo. Como no passado, ela continua a informar nossas orientações em setores importantes da vida. Continuamos valorando o trabalho racional e sistemático naquilo que é nossa 'vocação' e fazemos isso movidos por algo que, em certo nível, continua sendo religioso. Na minha opinião, o aparato instrumental da sociedade moderna não poderia funcionar sem um componente generoso desse tipo de valoração."

p. 526, n. 138: "Em parte estou sendo deliberadamente paradoxal ao atribuir ao conceito 'secularização' aquilo que frequentemente era tido como seu oposto, ou seja, não a perda de compromisso com os valores religiosos e assemelhados, mas a institucionalização de tais valores e de outros componentes de orientação religiosa nos sistemas sociais e culturais, à medida que estes se desenvolvem."

p. 526, n. 138: "Falando em termos sociológicos, existe a possibilidade de que os valores religiosos venham a ser institucionalizados, ou seja, eles podem se converter em foco de definição da situação para a conduta dos membros das sociedades seculares, precisamente em seus papéis seculares."

p. 528: "Nós argumentamos que a tendência mais importante hoje em dia tem a ver com um associacionismo, não com um aumento da burocracia. Certamente, muitos grupos *sentem* que a burocracia está crescendo... Na expressão desse sentido de privação podem ser captados dois símbolos positivos especialmente marcantes: em primeiro lugar, a *'comunidade'*, da qual se afirma que sofreu uma grande deterioração no curso do desenvolvimento moderno. Enfatiza-se que a comunidade residencial foi 'privatizada' e que muitas relações foram deslocadas para o contexto de grandes organizações formais. Entretanto, deveríamos insistir na ideia de que a burocratização não implica necessariamente a deterioração de tudo o que se apresenta em sua frente. Além disso, o sistema de comunicação de massa, tomado como um todo, constitui um equivalente funcional para algumas características da *Gemeinschaft*, um equivalente que capacita o indivíduo a participar seletivamente seguindo seus próprios critérios e desejos. O segundo símbolo positivo pode ser captado na *'participação'*, especialmente quando formulada em termos da 'democracia participativa'. As exigências desse tipo de participação são colocadas às vezes como se o principal objetivo fosse o 'poder' num sentido técnico e específico; porém, o caráter difuso de tais exigências lança dúvidas sobre tal conclusão. Nós sugerimos que essas exigências constituem, em vez disso, outro tipo de manifestação do desejo de inclusão e da vontade de ser plenamente *aceitos* como membros de grupos solidários."

pp. 531-2: "A impressionante tendência ao incremento da racionalização no mundo ocidental, tão brilhantemente exposta por Max

Weber, supõe uma preferência em usar os critérios mais racionais que se encontram à disposição, especialmente quando se trata da legitimação da ação social. E tal critério é o dinheiro, por ser o meio mais eficaz. Por conseguinte, os homens podem preferir utilizar o dinheiro como um critério, mesmo nos contextos em que não existe a preocupação em aumentar os estoques de utilidade da sociedade. Quando se trata de acrescentar algo à solidariedade, à eficácia coletiva ou à autenticidade societal, os homens – uma vez comprometidos com a racionalização – desenvolvem uma série de análises em termos de custo e de benefício, tendo uma avaliação dos resultados de seus esforços. Ora, pelo fato de o poder, a influência e o compromisso valorativo não serem utilizáveis como medidas de cálculo, eles adotam o dinheiro em seu lugar. Porém, o dinheiro que é designado, por assim dizer, para medir a utilidade não consegue refletir adequadamente o que se supõe que ele reflita, ou seja, incrementos nas realidades das demais funções societais. Um grande número de problemas sociais – tais como projetos de renovação urbana até projetos de prevenção da delinquência – se perde na confusão, em parte porque o dinheiro é utilizado para fins que não podem ser satisfeitos apenas pelo dinheiro."

p. 704, n. 118: "Em última análise, quem realmente provoca uma mudança de opinião não são tanto as pessoas que ouvem, lêem ou prestam atenção aos meios de comunicação de massa, mas as pessoas que falam entre si."

BIBLIOGRAFIA

ABEL, Th., "The Operation called Verstehen", in *AJS*, 53, 1948, pp. 211 ss.; reimpr. in DALLMAYR, MCCARTHY, 1977.
ACHAM, K., *Analytische Geschichtsphilosophie*, Friburgo, 1974.
ADORNO, Th. W., "Soziologie und Psychologie", in id. (org.), *Sociologica*, Frankfurt/M., 1955.
____. "Der Essay als Form", in *Ges. Schriften*, vol. 11, Frankfurt/M., 1974.
____. "Ästhetische Theorie", in *Ges. Schriften*, vol. 17, Frankfurt/M., 1970.
____. "Zur Metakritik der Erkenntnistheorie", in *Ges. Schriften*, vol. 5, Frankfurt/M., 1971.
____. "Die Aktualität der Philosophie", in *Ges. Schriften*, vol. 1, Frankfurt/M., 1973a.
____. "Die Idee der Naturgeschichte", in *Ges. Schriften*, vol. 1, Frankfurt/M., 1973a.
____. "Negative Dialektik", in *Ges. Schriften*, vol. 6, Frankfurt/M., 1973b.
____. "Über den Fetischcharakter in der Musik und die Regression ds Hörens", in *Ges. Schriften*, vol. 14, Frankfurt/M., 1973c.
ADORNO, Th. W., FRENKEL-BRUNSWIK, E., LEVINSON, D. J., SANFORD, R. N. *The Authoritarian Personality*, Nova York, 1950.
ADORNO, Th. W. et al., *Der Positivismusstreit in der deutschen Soziologie*, Neuwied, 1969.

ADRIAANSENS, H. P. M., "The Conceptual Dilemma. Towards a better Understanding of the Development in Parsonian Theory", in *Brit. J. Soc.*, 50, 1979, pp. 7 ss.

ALBERT, H., *Pladoyer für kritischen Rationalismus*, Munique, 1971.

ALBERT, H., TOPITSCH, E. (orgs.), *Werturteilsstreit*, Darmstadt, 1971.

ALEXANDER, J., *Theoretical Logic in Sociology*, vol. IV. *The Modern Reconstruction of Classical Thought: T. Parsons*, Berkeley, 1983.

ALEXY, R., *Theorie juristischer Argumentation*, Frankfurt/M., 1978a.

____. "Eine Theorie des praktischen Diskurses", 1978b, in OELMÜLLER, 1978, pp. 22 ss.

ALLPORT, G. W., *Personality*, Nova York, 1937.

ALSTON, P., *Philosophy of Language*, Englewood Cliffs, 1964.

ANSCOMBC, G. E. M., *Intention*, Oxford, 1957.

APEL, K. O., *Die Idee der Sprache in der Tradition des Humanismus von Dante bis Vico*, Bonn, 1963.

____. *Transformation der Philosophie*, 2 vols., Frankfurt/M., 1973a.

____. "Szientismus oder transzendentale Hermeneutik", 1973b, in 1973a, vol. 1.

____. "Das Apriori der Kommunikationsgemeinschaft und die Grundlagen der Ethik", 1973c, in 1973a, vol. 2.

____. "Die Entfaltung der sprachanalytischen Philosophie", 1973d, in 1973a, vol. 2.

____. *Der Denkweg von Charles S. Peirce*, Frankfurt/M., 1975.

____. (org.), *Sprachpragmatik und Philosophie*, Frankfurt/M., 1976a.

____. "Sprechakttheorie und transzendentale Sprachpragmatik, zur Frage der Begründung ethischer Normen", 1976b, in 1976a.

____. "Das Problem der philosophischen Letztbegründung im Lichte einer transzendentalen Sprachpragmatik, 1976c, in KANITSCHNEIDER, B. (org.), *Sprache und Erkenntnis*, Innsbruck, 1976, pp. 55 ss.

____. *Die Erklären/Verstehen-Kontroverse*, Frankfurt/M., 1979.

____. "Zwei Paradigmatische Antworten auf die Frage nach der Logosauszeichnung der menschlichen Sprache", in *Festschrift für W. Perpeet*, Bonn, 1980a.

____. "The Common Presuppositions of Hermeneutics and Ethics: Types of Rationality beyond Science and Technology", in BARMARK, J. (org.), *Perspectives on Metascience*, Göteborg, 1980b.

____. "Three Dimensions of Understanding Meaning in Analytic Philosophy: Linguistic Conventions, Intentions, and Reference to Things", in *Philos. Soc. Criticism*, 7, 1980c, pp. 115 ss.

APEL, K. O., MANNINEN, J., TUOEMALA, R. (orgs.), *Neue Versuche über Erklären und Verstehen*, Frankfurt/M., 1978.

ARATO, A., BREINES, P., *The Young Lukács and the Origins of Western Marxism*, Nova York, 1979.

ARATO, A., "Critical Theory and Authoritarian State Socialism", in HELD/THOMPSON, 1982, pp. 196 ss.

ARBEITSGRUPPE BIELEFELDER SOZIOLOGEN (org.), *Alltagswissen, Interaktion und gesellschaftliche Wirklichkeit*, 2 vols., Hamburgo, 1973.

ARENDT, H., *The Human Condition*, Nova York, 1958.

____. *The Life of Mind*, vols. I e II, Nova York, 1978.

ARNASSON, J. P., *Zwischen Natur und Gesellschaft*, Frankfurt/M., 1970.

____. "Arbeit und instrumentales Handeln", in HONNETH, JAEGGI, 1980, pp. 185 ss.

ARONOVITCH, H., "Rational Motivation", in *Philos. Phenom. Res.*, 1979, pp. 173 ss.

ATTEWELL, P., "Ethnomethodology since Garfinkel", in *Theory and Society*, 1, 1974, pp. 179 ss.

AUNE, B., "On the Complexity of Avowals", in BLACK, M. (org.), *Philosophy in America*, Londres, 1965, pp. 35 ss.

AUSTIN, J. L., *How to do Thing with Words*, Oxford, 1962.

AUWÄRTER, M., KIRSCH, E., SCHRÖTER, M. (orgs.), *Kommunikation, Interaktion, Identität*, Frankfurt/M., 1976.

____. "Die konversationelle Generierung von Situationsdefínitionen im Spiel 4-6jähr. Kinder", in MATTHES, J. (org.), *Soziologie in der Gesellschaft*, Frankfurt/M., 1981.

BACH, K., HANISCH, R. M., *Linguistic Communication and Speech Acts*, Cambridge, 1979.

BACKHAUS, H. G., "Zur Dialektik der Wertform", in SCHMIDT, 1969.

BAHRDT, H. P., *Industriebürokratie*, Stuttgart, 1958.

BAIER, K., *The Moral Point of View*, Ithaca, 1964.

BAIER, L., "Wer unsere Köpfe kolonialisiert", in *Literaturmagazin*, 9, Hamburgo, 1978.

BALLMER, Th. T. B., "Probleme der Klassifikation von Sprechakten", in GREWENDORF, 1979, pp. 247 ss.

BARKER, M., "Kant as a Problem for Weber", in *Brit. J. Sociol.*, 31, 1980, pp. 224 ss.

BARNES, S. H., KAASE, M., et al., *Political Action*, Beverley Hills, Londres, 1979.

BARNOUW, E., *The Sponsor*, Nova York, 1977.

BARTSCH, R., "Die Rolle von pragmatischen Korrektheitsbedingungen bei der Interpretation von Äusserungen", in GREWENDORF, 1979, pp. 217 ss.

BAUM, R. C., "Introduction to Generalized Media in Action", 1976a, in LOUBSER, 1976, vol. II, pp. 448 ss.

____. "Communication and Media", 1976b, in LOUBSER, 1976, vol. II, pp. 533 ss.

____. "On Societal Media Dynamics", 1976c, in LOUBSER, 1976, vol. II, pp. 579 ss.

BAUMEISTER, Th., KULENKAMPFF, J., "Geschichtsphilosophie und philosophische Ästhetik", in *Neue Hefte f. Philos.*, 5, 1973, pp. 74 ss.

BAUMGARTNER, H. M., *Kontinuität und Geschichte*, Frankfurt/M., 1972.

BAUMGARTNER, H. M., RÜSEN, J. (orgs.), *Geschichte und Theorie*, Frankfurt/M., 1976.

BECK, G., *Sprechakte und Sprachfunktionen*, Tubinga, 1980.

BECK, M., *Objektivität und Normativität*, Hamburgo, 1974.

BECKERMANN, A. (org.), *Analytische Handlungstheorie. Handlungserklärungen*, Frankfurt/M., 1977.

BEITZKE, G., *Familienrecht*, Munique, 1979.

BELL, D., *The End of Ideology*, Nova York, 1966.

____. *The Cultural Contradictions of Capitalism*, Nova York, 1976.

____. *The Winding Passage*, Cambridge, Mass., 1980.

BELLAH, R. N., *Beyond Belief*, Nova York, 1970.
BENDIX, R., *Max Weber. Das Werk*, Munique, 1964.
____. "Two Sociological Traditions", in BENDIX, ROTH, 1971.
BENDIX, R., ROTH, G., *Scholarship and Partisanship*, Berkeley, 1971.
BENHABIB, S., "Rationality and Social Action. Critical Reflections on Weber's Methodological Writings", in *Philos. Forum*, XII, 1981, pp. 356 ss.
____. "The Methodological Illusions of Modern Political Theory", in *Neue Hefte f. Philos.*, 21, 1982, pp. 47 ss.
BENJAMIN, W., *Ursprung des deutschen Trauerspiels*, Frankfurt/M., 1963.
____. "Das Kunstwerk im Zeitalter seiner technischen Reproduzierbarkeit", in *Gesammelte Schriften*, vol. 1, Frankfurt/M., 1974.
BENNETT, J., *Linguistic Behavior*, Cambridge, 1976.
BERGER, P. L., *Zur Dialektik von Religion und Gesellschaft*, Frankfurt/M., 1973.
BERGER, P. L., LUCKMANN, Th. *Die gesellschaftliche Konstruktion der Wirklichkeit*, Frankfurt/M., 1969.
BERGER, P. L., BERGER, B., KELLNER, H., *Das Unbehagen in der Modernität*, Frankfurt/M., 1975.
BERNSTEIN, R. J., *Praxis and Action*, Philadelphia, 1971.
____. *The Restructuring of Social and Political Theory*, Nova York, 1976.
BINKLEY, T., "The Principle of Expressibility", in *Philos. Phenom. Res.*, 39, 1979, pp. 307 ss.
BIRCHALL, B. C., "Moral Life as the Obstacle to the Development of Ethical Theory", in *Inquiry,* 21, 1978, pp. 409 ss.
BIRNBAUM, N., "Konkurrierende Interpretationen der Genese des Kapitalismus: Marx und Weber", in SEYFARTH, SPRONDEL, 1973.
BITTNER, R. "Ein Abschnitt sprachanalytischer Ästhetik", in BITTNER, R., PFAFF, P. (orgs.), *Das ästhetische Urteil*, Colônia, 1977.
BLACK, Max, "Reasonableness", in DEARDEN, HIRST, PETERS, 1972, pp. 44 ss.
BLAIR, J. A., JOHNSON, R. H. (orgs.), *Informal Logic, Iverness*, Cal., 1980.
BLOCH, M., "The Disconnection between Power und Rank as a Process: an Outline of the Development of Kingdoms in Cen-

tral Madagaskar", in FRIEDMAN, J., ROWLANDS, M. J. (orgs.), *The Evolution of Social Systems*, Londres, 1977.

_____. "Symbols, Song, Dance and Features of Articulation", in *Arch. Europ. Sociol.*, 15, 1974, pp. 55 ss.

_____. "The Past and the Present in the Present", in *Man*, 13, 1978, pp. 278 ss.

BLOS, P., *On Adolescence*, Nova York, 1962.

BLUMENBERG, H., *Der Prozess der theoretischen Neugierde*, Frankfurt/M., 1973.

_____. *Säkularisierung und Selbstbehauptung*, Frankfurt/M., 1974.

_____. "Selbsterhaltung und Beharrung", in EBELING, 1976, pp. 144 ss.

BLUMER, H., "Sociological Implications of the Thought of G. H. Mead", in *AJS*, 71, 1966, pp. 535 ss.

BÖCKENFÖRDE, E. W., *Staat, Gesellschaft, Freiheit*, Frankfurt/M., 1976.

BÖHLER, D., "Philosophische Hermeneutik und hermeneutische Methode", in HARTUNG, H., HEISTERMANN, W., STEPHAN, P. M., "Fruchtblätter", publicação da P. H. Berlim, 1977, pp. 15 ss.

_____. "Philosophische Hermeneutik und Hermeneutische Methode", in FUHRMANN, M., JAUSS, H. R., PANNENBERG, W. (orgs.), *Text und Applikation*, Munique, 1981, pp. 483 ss.

BÖHME, G., W. v. d. DAELE, KROHN, W., *Experimentelle Philosophie*, Frankfurt/M., 1977.

BOLDT, H., *Deutsche Staatslehre im Vormärz*, Düsseldorf, 1975.

BONSS, W., *Die Einübung des Tatsachenblicks*, Frankfurt/M., 1982.

BONSS, W., HONNETH, A. (orgs.), *Sozialforschung als Kritik*, Frankfurt/M., 1982.

BOSSERT, Ph. J., "The Explication of 'the World' in Constructionalism and Phenomenology", in *Man and World*, 6, 1973, pp. 231 ss.

BOTTOMORE, T., NISBET, R., *A History of Sociological Analysis*, Nova York, 1978.

BRAND, G., *Welt, Ich und Zeit*, Haia, 1955.

BRAND, M., WALTON, D. (orgs.), *Action Theory*, Dordrecht, 1976.

BRAND, K. W., *Neue soziale Bewegungen. Entstehung, Funktion, Perspektive neuer Protestpotentiale*, Colônia, 1982.

BRANDT, G., "Ansichten kritischer Sozialforschung 1930-1980", in *Leviathan*, Cad. esp., 4, 1981, pp. 9 ss.

BRENNER, R., "The Origins of Capitalist Development; a Critique of Neo-Smithian Marxism", in *New Left Revue*, 104, 1977, pp. 25 ss.
BROUGHTON, J., "The Development of Self, Mind, Reality and Knowledge", in *Damon*, 1978.
____. "Piaget's Structural Developmental Psychology", in *Human Development*, 24, 1981, pp. 78 ss. e 257 ss.
BRUNKHORST, H., "Zur Dialektik von Verwertungssprache und Klassensprache", manuscrito, Frankfurt/M., 1980.
BUBNER, R., *Dialektik und Wissenschaft*, Frankfurt/M., 1973.
____. *Handlung, Sprache und Vernunft*, Frankfurt/M., 1976.
____. "Kann Theorie ästhetisch werden?", in *Neue Rundschau*, 1978, pp. 537 ss.
BUBNER, R., CRAMER, K., WIEHL, R. (orgs.), *Hermeneutik und Dialektik*, 2 vols., Tubinga, 1970.
BUCK-MORSS, S., *The Origin of Negative Dialectics*, Nova York, 1977.
BÜHLER, K., *Sprachtheorie*, Jena, 1934.
BÜRGER, P., *Theorie der Avantgarde*, Frankfurt/M., 1974.
BURGER, Th., *Max Weber's Theory of Concept Formation*, Durham, 1976.
____. "T. Parsons, The Problem of Order in Society", in *AJS*, 83, 1978, pp. 320 ss.
BURLESON, B. R., "On the Foundations of Rationality", in *J. Americ. Forensic Assoc.*, 16, 1979, pp. 112 ss.
BUSSE, W., "Funktionen und Funktion der Sprache", in SCHLIEBEN-LANGE, 1975b, pp. 207 ss.

CAMPBELL, B. G., *Toward a Workable Taxonomy of Illocutionary Forces, Language and Style*, vol. VIII, 1975, pp. 3 ss.
CARR, D. M., "The Fifth Meditation and Husserl's Cartesianism", in *Philos. Phenom. Res.*, 34, 1973, pp. 14 ss.
____. "The Logic of Knowing How and Ability", in *Mind*, 88, 1979, pp. 394 ss.
CASSIRER, E., *Philosophie der symbolischen Formen*, vol. 2, Darmstadt, 1958.
CASTANEDA, H. N., "Indicators and Quasi-Indicators", in *Am. Phil. Quart*, 17, 1967, pp. 85 ss.

CASTORIADIS, C., *Durchs Labyrinth, Seele, Vernunft, Gesellschaft*, Frankfurt/M., 1981.

CAVELL, St., *Must we Mean what we Say?*, Cambridge, 1976.

———. *The Claim of Reason*, Oxford, 1979.

CHURCHILL, L., *Questioning Strategies in Sociolinguistics*, Rowley, Ma., 1978.

CICOUREL, A. V., *The Social Organization of Juvenile Justice*, Nova York, 1968.

———. *Cognitive Sociology*, Londres, 1973.

———. *Theory and Method in a Study of Argentine Fertility*, Nova York, 1974.

———. *Methode und Messung in der Soziologie*, Frankfurt/M., 1975.

CLAESSENS, D., "Rationalität revidiert", in *KZSS*, 17, 1965, pp. 465 ss.

COLE, M., GAY, J., GLICK, J., SHARP, D., *The Cultural Concept of Learning and Thinking*, Nova York, 1971.

CONDORECT, "Entwurf einer historischen Darstellung der Fortschritte des menschlichen Geistes", org. por W. ALFF, Frankfurt/M., 1963.

COOK, G. A., *The Self as Moral Agent*, Yale, 1966 (dissert.).

COOPER, B., "Hermeneutics and Social Science", in *Philos. Soc. Sci.*, 11, 1981, pp. 79 ss.

CORTI, W. R. (org.), *The Philosophy of G. H. Mead*, Winterthur, 1973.

COULTER, J., "The Ethnomethodological Programme", in *The Human Context*, 6, 1974, pp. 103 ss.

COULTHARD, M., *An Introduction into Discourse Analysis*, Londres, 1977.

COUNT, E. W., *Das Biogramm*, Frankfurt/M., 1970.

DAHMER, H., *Libido und Gesellschaft*, Frankfurt/M., 1973.

———. "Psychoanalyse und Gesellschaftstheorie", in *Psyche*, 29, 1975, pp. 991 ss.

DAHRENDORF, R., *Homo Sociologicus*, Tubinga, 1958.

———. *Gesellschaft und Demokratie in Deutschland*, Munique, 1965.

———. *Lebenschancen*, Frankfurt/M., 1979.

DALLMAYR, F. R., MCCARTHY, Th. A. (orgs.), *Understanding and Social Inquiry*, Notre Dame, 1977.

DAMON, W., *The Social World of the Child*, San Francisco, 1977.
DAMON, W. (org.), *New Directions for Child Development*, vol. 1. *Moral Development*, San Francisco, 1978.
____. *New Directions for Child Development*, vol. 2, *Social Cognition*, San Francisco, 1978.
DANTO, A. C., *Analytical Philosophy of Action*, Cambridge, 1973.
____. "Basishandlungen", in MEGGLE, 1977, pp. 89 ss.
DASEN, P. R., "Cross-Cultural Piagetian Research", in J. *Crosscult. Psych.*, 3, 1972, pp. 23 ss.
DAVIDSON, P., "Post-Keynesian Economics", in *Public Interest*, Cad. esp., 1980, pp. 151 ss.
DAVIS, St., "Speech Acts, Performance and Competence", in *J. of Pragm.*, 3, 1979, pp. 497 ss.
DAVISON, M. L., KING, P. M., KITCHENER, K. S., PARKER, C. A., "The Stage Sequence Concept in Cognitive and Social Development", in *Devel. Psych.*, 16, 1980, pp. 121 ss.
DEAN, J. W., "The Dissolution of the Keynesian Consensus", in *Public Interest*, Cad. esp., 1980, pp. 19 ss.
DEARDEN, R. F., HIRST, D. H., PETERS, R. S. (orgs.), *Reason*, vol. 2, Londres, 1972.
DE LEVITA, D. J., *Der Begriff der Identität*, Frankfurt/M., 1971.
DEUTSCHER JURISTENTAG, *Schule im Rechtsstaat*, vol. 1, 1981.
DIEDERICH, W. (org.), *Beiträge zur diachronischen Wissenschaftstheorie*, Frankfurt/M., 1974.
DIXON, K., "Is Cultural Relativism self-refuting?", in *Brit. J. Soc.*, 28, 1977, pp. 75 ss.
DÖBERT, R., *Systemtheorie und die Entwicklung religiöser Deutungssysteme*, Frankfurt/M., 1973a.
____. "Zur Logik des Übergangs von archaischen zu hochkulturellen Religionssystemen", 1973b, in 1973, pp. 330 ss.
____. "Die evolutionäre Bedeutung der Reformation", 1973c, in SEYFARTH, SPRONDEL, 1973, pp. 330 ss.
____. "Methodologische und forschungsstrategische Implikationen von evolutionstheoretischen Stadienmodellen", in JAEGGI, HONNETH, 1977, pp. 524 ss.
____. "The Role of Stage-Models within a Theory of Social Evolution Illustrated by the European Witchcraze", in HARRÉ, JENSEN, 1981.

DÖBERT, R., NUNNER-WINKLER, G., *Adoleszenzkrise und Identitatsbildung*, Frankfurt/M., 1975.

DÖBERT, R., HABERMAS, J., NUNNER-WINKLER, G. (orgs.), *Entwicklung des Ichs*, Colônia, 1977.

DOISE, W., MUGNEY, G., PERRET-CLERMONT, A. N., "Social Interaction and Cognitive Development", in *Europ. J. of Soc. Psychol.*, 6, 1976, pp. 245 ss.

DOUGLAS, J. D. (org.), *Understanding Everyday Life*, Londres, 1971.

DOUGLAS, M., *Natural Symbols*, Londres, 1973.

DREIER, R., "Zu Luhmanns systemtheoretischer Neuformulierung des Gerechtigkeitsproblems", in id., *Recht, Moral, Ideologie*, Frankfurt/M., 1981, pp. 270 ss.

DREITZEL, H. P., *Das gesellschaftliche Leiden und das Leiden an der Gesellschaft*, Stuttgart, 1968.

DUBIEL, H., *Wissenschaftsorganisation und politische Erfahrung*, Frankfurt/M., 1978.

DUBIEL, H., SÖLLNER, A., "Die Nationalsozialismusforschung des Instituts für Sozialforschung", in HORKHEIMER et al., 1981.

DUBIN, R., "Parsons' Actor: Continuities in Social Theory", in PARSONS, 1967a, p. 521.

DÜLMEN, R. van, *Reformation als Revolution*, Munique, 1977.

____. "Formierung der europäischen Gesellschaft in der Frühen Neuzeit", in *Geschichte und Gesellschaft*, 7, 1981, pp. 5 ss.

DUMMETT, M., "What is a Theory of Meaning", in EVANS, G., MCDOWELL, J. (orgs.), *Truth and Meaning*, Oxford, 1976, pp. 67 ss.

DURKHEIM, É., *Pragmatisme et Sociologie*, Paris, 1955.

____. *Education et Sociologie*, Paris, 1922.

____. *Montesquieu et Rousseau, précurseurs de la sociologie*, Paris, 1953.

____. *Sociologie et philosophie*, Paris, 1951.

____. *Leçons de sociologie, physique des moeurs et du droit*. Paris, 1969^2.

____. "Le dualisme de la nature humaine et ses conditions sociales", in id., *La science sociale et l'action*, org. por FILLOUX, J. C., Paris, 1970.

____. *De la division du travail social*, Paris, 1930.

____. *Les formes élémentaires de la vie religieuse*, Paris, 1968.

EBELING, H. (org.), *Subjektivität und Selbsterhaltung*, Frankfurt/M., 1976.
ECCLES, J. C., *Facing Realities*, Nova York/Heidelberg, 1970.
ECKBERG, D. L., HILL, L., "The Paradigm Concept and Sociology: A Critical Review", in *ASR*, 44, 1979, pp. 925 ss.
ECKENSBERGER, L. H., SILBERSTEIN, R. K., (orgs.), *Entwicklung sozialer Kognitionen*, Stuttgart, 1980.
EDELMANN, M., *The Symbolic Use of Politics*, Urbana, 1964.
EDER, K. (org.), *Die Entstehung von Klassengesellschaften*, Frankfurt/M., 1973.
EDER, K., *Die Entstehung staatlich organisierter Gesellschaften*, Frankfurt/M., 1976.
____. "Zur Rationalisierungsproblematik des modernen Rechts", in *Soz. Welt*, 2, 1978, pp. 247 ss.
EIBL-EIBESFELD, I., *Grundriss der vergleichenden Verhaltensforschung*, Munique, 1967.
EISEN, A., "The Meanings and Confusions of Weberian Rarionality", in *Brit. J. of Sociol.*, 29, 1978, pp. 57 ss.
EISENSTADT, S. N., "Cultural Traditions and Political Dynamics: the Origins and Modes of Ideological Politics", in *Brit. J. Soc.*, 32, 1981, pp. 155 ss.
EKEH, P. P., *Social Exchange Theory*, Londres, 1964.
ELEY, L., *Transzendentale Phänomenologie und Systemtheorie*, Friburgo, 1972.
ELKIND, D., "Egozentrismus in der Adoleszenz", in DÖBERT, HABERMAS, NUNNER-WINKLER, 1977, pp. 170 ss.
ELSTER, J., *Ulysses and the Sirens*, Cambridge, 1979.
ENZENSBERGER, H. M., "Baukasten zu einer Theorie der Medien", in id., *Palaver*, Frankfurt/M., 1974, pp. 91 ss.
ERIKSON, E. H., *Identität und Lebenszyklus*, Frankfurt/M., 1973.
ETZIONI, A., *The Active Society*, Nova York, 1968.
____. "Elemente einer Makrosoziologie", in *ZAPF*, 1969, pp. 147 ss.
EUCHNER, W., *Naturrecht und Politik bei J. Locke*, Frankfurt/M., 1969.
EVANS-PRITCHARD, E., "Levy-Bruhl's Theory of Primitive Mentality", in *Bulletin of the Faculty of Arts*, 2, 1934, pp. 1 ss.
____. *Witchcraft, Oracles and Magic among the Azande*, Oxford, 1937.

FAIRBAINE, W. R. D., *An Object Relations Theory of Personality*, Londres, 1952.

FALES, E., "Truth, Tradition, Rationality", in *Phil. Soc. Sci.*, 6, 1976, pp. 97 ss.

FELEPPA, R., "Hermeneutic Interpretation and Scientific Truth", in *Phil. Soc. Sci.*, 11, 1981, pp. 53 ss.

FENN, R. K., "The Process of Secularization: A Post-Parsonian View", in *Scient. Study Rev.*, 9, 1970, pp. 117 ss.

FERBER, Chr. v., *Sozialpolitik in der Wohlstandsgesellschaft*, Heidelberg, 1967.

FERRAROTTI, Franco, "The Destiny of Reason and the Paradox of the Sacred", in *Social Research*, 46, 1979, pp. 648 ss.

FETSCHER, I., *Rousseaus politische Philosophie*, Frankfurt/M., 1975.

FINE, B., "On the Origins of Capitalist Development", in *New Left Review*, 109, 1978, pp. 88 ss.

FINOCCHIARO, M. A., "The Psychological Explanation of Reasoning: Logical and Methodological Problems", in *Phil. Soc. Sci.*, 9, 1979, pp. 277 ss.

FINGER, P., *Familienrecht*, Königstein, 1979.

FIRTH, R., *Elements of Social Organization*, Londres, 1971.

FISHER, W. R., "Toward a Logic of Good Reasons", in *Quart. J. of Speech*, 64, 1978, pp. 376 ss.

FLAVELL, J. H., *The Developmental Psychology of Jean Piaget*, Princeton, 1963.

____. *The Development of Role-Taking and Communication Skills in Children*, Nova York, 1968.

____. "The Concept of Development", in MUSSEN, 1970, vol. I, pp. 983 ss.

FLEISCHMANN, E., "De Weber à Nietzsche", in *Arch. Europ. Soc.*, 5, 1964, pp. 190 ss.

FOLLESDAL, D., "Comments on Stenius 'Mood and Language Game'", in *Synthese*, 17, 1967, pp. 275 ss.

FORTES, M., *Kinship and Social Order*, Chicago, 1969.

FORTES, M., EVANS-PRITCHARD, E., *African Political Systems*, Oxford, 1970.

FOUCAULT, M., *Archäologie des Wissens*, Frankfurt/M., 1973a.

____. *Wahnsinn und Gesellschaft*, Frankfurt/M., 1973b.

FRANKENBERG, G., *Verrechtlichung schulischer Bildung. Elemente einer Kritik und Theorie des Schulrechts*, Diss., Munique, 1978.

FRANKENBERG, G., RÖDEL, U., *Von der Volkssouveranitat zum Minderheitenschutz – die Freiheit politischer Kommunikation, untersucht am Beispiel der Vereinigten Staaten von Amerika*, Frankfurt/M., 1981.

FRENTZ, Th. S., FARRELL, Th. B., "Language-Action, Paradigm for Communication", in *Quart. J. of Speech*, 62, 1976, pp. 333 ss.

FREUD, A., *Das Ich und die Abwehrmechanismen*, Munique, 1964.

FREYER, H., *Soziologie als Wirklichkeitswissenschaft*, Darmstadt, 1964.

FREYHOLD, M. von, *Autoritarismus und politische Apathie*, Frankfurt/M., 1971.

FRIEDRICHS, R. W., *A Sociology of Sociology*, Nova York, 1970.

FROMM, E., "Über Methode und Aufgabe einer analytischen Sozialpsychologie", in *Zeitschrift für Sozialforschung*, 1, 1932, pp. 28 ss.

____. *Escape from Freedom*, Nova York, 1942.

____. *Arbeiter und Angestellte am Vorabend des Dritten Reiches. Eine sozialpsychologische Untersuchung*, org. e elaborado por BONSS, W., Stuttgart, 1980.

FURTH, H. G., *The World of Grown-ups: Childrens' Conceptions of Society*, Nova York, 1980.

____. *Piaget and Knowledge*, Chicago, 1981².

GABRIEL, K., *Analysen der Organisationsgesellschaft*, Frankfurt/M., 1979.

GADAMER, H. G., *Wahrheit und Methode*, Tubinga, 1960.

____. "Mythos und Vernunft", in id., *Kleine Schriften*, vol. IV, Tubinga, 1977, pp. 48 ss.

____. "Platon und die Vorsokratiker", in id., *Kleine Schriften*, vol. III, Tubinga, 1972, pp. 14 ss.

GADAMER, H. G., VOGLER, P. (orgs.), *Neue Anthropologie*, vol. 3, Stuttgart, 1972.

GÄFGEN, G., *Theorie der wirtschaftlichen Entscheidung*, Tubinga, 1968.

____. "Formale Theorie des strategischen Handelns", in LENK, 1980, pp. 249 ss.

GARDINER, P. (org.), *The Philosophy of History*, Oxford, 1974.
GARFINKEL, H., *Studies in Ethnomethodology*, Englewood Cliffs, 1967.
GEACH, P., "Ontological Relativity and Relative Identity", in MUNITZ, M. K. (org.), *Logic and Ontology*, Nova York, 1973.
GEHLEN, A., *Der Mensch*, Bonn, 1950².
GELLNER, E., "The Savage and the Modern Mind", in HORTON, FINNEGAN, 1973, pp. 162 ss.
GERAETS, F. (org.), *Rationality Today*, Ottawa, 1979.
GERTH, H., MILLS, C. W., *Character and Social Structure*, Nova York, 1953.
GETHMANN, C. F. (org.), *Theorie des wissenschaftlichen Argumentierens*, Frankfurt/M., 1970.
GEULEN, D., *Das vergesellschaftete Subjekt*, Frankfurt/M., 1977.
GIDDENS, A., "Marx, Weber und die Entwicklung des Kapitalismus", in SEYFARTH, SPRONDEL, 1973, pp. 38 ss.
____. *New Rules of Sociological Method*, Londres, 1976.
____. *Studies in Social and Political Theory*, Londres, 1977.
GIEGEL, H. J., *Zur Logik seelischer Ereignisse*, Frankfurt/M., 1969.
GIPPER, H., *Gibt es ein sprachliches Relativitätsprinzip?*, Frankfurt/M., 1972.
GIRNDT, H., *Das soziale Handeln als Grundkategorie der erfahrungswissenschaftlichen Soziologie*, Tubinga, 1967.
GITLIN, T., "Media Sociology: The Dominant Paradigm", in *Theory and Society*, 6, 1978, pp. 250 ss.
GLOCK, CH. Y., HAMMOND, PH. E. (orgs.), *Beyond the Classics? Essays in the Scientific Study of Religions*, Nova York, 1973.
GLUCKMANN, M., "Rituals of Rebellion in South East Africa", in id., *Order and Rebellion in Tribal Africa*, Londres, 1963, pp. 110 ss.
GODELIER, M., *Ökonomische Anthropologie*, Heidelberg, 1973.
____. "Mythos und Geschichte", in EDER, 1973, pp. 301 ss.
____. "Infrastructures, Societies, and History", in *Current Anthrop.*, 19, 1978, pp. 763 ss.
GOFFMAN, E., *Wir spielen alle Theater. Die Selbstdarstellung im Alltag*, Munique, 1968.
____. *Interaktionsrituale*, Frankfurt/M., 1971.
____. *Das Individuum im öffentiichen Austausch*, Frankfurt/M., 1974.

____. *Rahmenanalyse*, Frankfurt/M., 1977.
GOLDMANN, A. I., *A Theory of Human Action*, Englewood Cliffs, 1970.
GOLDSCHEID, R., SCHUMPETER, J., "Die Finanzkrise des Steuerstaates", org. por HICKEL, R., Frankfurt/M., 1976.
GOLDTHORPE, J. H., "A Revolution in Sociology?", in *Sociology*, 7, 1973, pp. 429 ss.
GORZ, A., *Abschied vom Proletariat*, Frankfurt/M., 1980.
GOULD, M., "Systems Analysis, Macrosociology, and the Generalized Media of Social Action", in LOUBSER, 1976, vol. II, pp. 470 ss.
GOULDNER, A. W., *The Coming Crisis of Sociology*, Nova York, 1970.
____. *The Dialectics of Ideology and Technology*, Nova York, 1976.
GRANAM, K., "Belief and the Limits of Irrationality", in *Inquiry*, 17, 1974, pp. 315 ss.
GRAUMANN, C. F., *Zur Phanomenologie und Psychologie der Perspektivität*, Berlim, 1960.
GRENZ, F., *Adornos Philosophie in Grundbegriffen*, Frankfurt/M., 1974.
GREWE, M., "Tacit Knowing", in *J. Brit. Soc. Phenomen.*, 8, 1977, pp. 172 ss.
GREWENDORF, G. (org.), *Sprechakttheorie und Semantik*, Frankfurt/M., 1979a.
GREWENDORF, G., "Haben explizit performative Äusserungen einen Wahrheitswert?", 1979b, in id., 1979a, pp. 175 ss.
GRICE, H. P., "Intendieren, Meinen, Bedeuten", in MEGGIE, 1979, pp. 2 ss.
____. "Sprecher, Bedeutung und Intentionen", in MEGGIE, 1979, pp. 16 ss.
____. "Logic and Conversation", in COLE, M., MORGAN, J. L. (orgs.), *Syntax and Semantics*, Nova York, 1974, vol. III, pp. 41 ss.
GRIESSINGER, A., *Das symbolische Kapital der Ehre. Streikbewegungen und Kollektivbewusstsein deutscher Handwerksgesellen im 18. Jh.*, Frankfurt/M., 1981.
GROETHUYSEN, B., *Die Entstehung der bürgerlichen Welt- und Lebensanschauung in Frankreich*, 2 vols., Frankfurt/M., 1979.

GROSSKLAUS, G., OLDEMEYER, E. (orgs.), *Werte in kommunikativen Prozessen,* Stuttgart, 1980.

GRUENBERG, B., "The Problem of Reflexivity in the Sociology of Science", in *Philos. Soc. Sciences,* 8, 1978, pp. 321 ss.

GUGGENBERGER, B., *Bürgerinitiativen in der Parteiendemokratie,* Stuttgart, 1980.

GULDIMANN, T., RODENSTEIN, M., RODEI, U., STILLE, F., *Sozialpolitik als soziale Kontrolle,* Frankfurt/M., 1978.

GUMBRECHT, H. U., REICHARDT, R., SCHLEICH, Th. (orgs.), *Sozialgeschichte der Aufklärung in Frankreich,* 2 vols., Munique, 1981.

GURWITSCH, A., *The Field of Consciousness,* Pittsburgh, 1964.

GUSTAFSON, D., "The Natural Expression of Intention", in *Philos. Forum,* 2, 1971, pp. 299 ss.

____. "Expressions of Intentions", in *Mind,* 83, 1974, pp. 321 ss.

HAAN, N., "A Tripartite Model of Ego-Functioning", in *J. Neur. Ment. Disease,* 148, 1969, pp. 14 ss.

____. "Two Moralities in Action Context", in *J. of Pers. a. Soc. Psych.,* 36, 1978.

HABERMAS, J., *Strukturwandel der Öffentlichkeit,* Neuwied, 1962.

____. *Technik und Wissenschaft als Ideologie,* Frankfurt/M., 1968a.

____. *Erkenntnis und Interesse,* Frankfurt/M., 1968b.

____. *Zur Logik der Sozialwissenschaften,* Frankfurt/M., 1970.

____. *Theorie und Praxis,* nova ed., Frankfurt/M., 1971a.

HABERMAS, J. (org.), *Hermeneutik und Ideologiekritik,* Frankfurt/M., 1971b.

HABERMAS, J., *Legitimationsprobleme im Spätkapitalismus,* Frankfurt/M., 1973a.

____. *Kultur und Kritik,* Frankfurt/M., 1973b.

____. "Wahrheitstheorien", 1973c, in FAHRENBACH, H. (org.), *Wirklichkeit und Reflexion,* Pfullingen, 1973, pp. 211 ss.

____. *Zur Rekonstruktion des Historischen Materialismus,* Frankfurt/M., 1976a.

____. *Was heisst Universalpragmatik?,* 1976b, in APEL, 1976a, pp. 174 ss.

____. "Universalpragmatische Hinweise auf das System der Ich-Abgrenzungen", 1976c, in AUWÄRTER, KIRSCH, SCHRÖTER, 1976, pp. 332 ss.

_____. *Stichworte zur geistigen Situation der Zeit*, Frankfurt/M., 1979a.
_____. "Some Aspects of the Rationality of Action", 1979b, in GERAETS, 1979, pp. 185 ss.
_____. *Philosophisch-politische Profile*, ed. ampliada, Frankfurt/M., 1981a.
_____. *Kleine politische Schriften*, Frankfurt/M., 1981b.
_____. "Reply to my Critics", 1981c, in HELD, THOMPSON, 1982, pp. 219 ss.
_____. "Rekonstruktive vs. verstehende Sozialwissenschaften", in id., *Moralbewusstsein u. kommunikatives Handeln*, Frankfurt/M., 1983, pp. 29 ss.
HABERMAS, J., LUHMANN, N., *Theorie der Gesellschaft*, Frankfurt/M., 1971.
HACKER, P. M. S., *Illusion and Insight*, Oxford, 1972.
HALLIDAY, M. A. K., *System and Function in Language, Selected Papers*, Oxford, 1976.
HAMPSHIRE, St., *Feeling and Expression*, Londres, 1961.
HARRÉ, R., "The Structure of Tacit Knowledge", in *J. Brit. Soc. Phenomen*, 8, 1977, pp. 1672 ss.
_____. *Social Being*, Oxford, 1979.
HARRÉ, R., SECORD, P. F., *Explanation of Behavior*, Totowa, Nova Jersey, 1972.
HARRÉ R., JENSEN, U. J. (orgs.), *Studies in the Concept of Evolution*, Brigthton, 1981.
HARTMANN, N., *Das Problem des geistigen Seins*, Berlim, 1932.
HEAL, J., "Common Knowledge", in *Philos. Quart.*, 28, 1978, pp. 116 ss.
HEATH, A., "The Rational Model of Man", in *Arch. Eur. Soc.*, 15, 1974, pp. 184 ss.
HEGSELMANN, R., *Normativität und Rationalität*, Frankfurt/M., 1979.
HEIDEGGER, M., *Sein und Zeit*, Tubinga, 1949.
HELD, D., *Introduction to Critical Theory*, Londres, 1980.
HELD, D., THOMPSON, J. (orgs.), *Habermas: Critical Debates*, Cambridge, 1982.
HELLER, A. et al., *Die Seele und das Leben*, Frankfurt/M., 1977.
HENIE, P. (org.), *Sprache, Denken, Kultur*, Frankfurt/M., 1969.
HENNIS, W., *Politik und praktische Philosophie*, Neuwied, 1963.

HENRICH, D., *Fichtes ursprüngliche Einsicht*, Frankfurt/M., 1967.
____. "Selbstbewusstsein", in BUBNER, CRAMER, WIEHL, 1970, vol. 1, pp. 257 ss.
____. "Die Grundstruktur der modernen Philosophie", in EBELING, 1976, pp. 117 s.
____. "Begriffe und Grenzen von Identität", in MARQUARD, O., STIERLE, K. (orgs.), *Identität, Poetik und Hermeneutik*, vol. VIII, Munique, 1979.
HERTZBERG, L., "Winch on Social Interpretation", in *Phil. Soc. Sci.*, 10, 1980, pp. 151 ss.
HESSE, M., "In Defence of Objectivity", in *Proc. Aristol. Soc.*, 1972, Londres, 1973, pp. 4 ss.
HILDEBRANDT, K., DALTON, R. J., "Die neue Politik", in *PVS*, 18, 1977, pp. 230 ss.
HIRSCH, J., "Alternativbewegung – eine politische Alternative", in ROTH, 1980.
HOBERG, R., *Die Lehre vom sprachlichen Feld*, Düsseldorf, 1970.
HÖFFE, O., *Strategien der Humanität*, Munique, 1975.
HÖFFE, O. (org.), *Über J. Rawls Theorie der Gerechtigkeit*, Frankfurt/M., 1977.
HÖLSCHER, L., *Öffentlichkeit und Geheimnis*, Stuttgart, 1979.
HÖRMANN, H., *Psychologie der Sprache*, Heidelberg, 1967.
____. *Meinen und Verstehen*, Frankfurt/M., 1976.
HOHL, H., *Lebenswelt und Geschichte*, Friburgo, 1962.
HOLLIS, M., "The Limits of Rationality", in WILSON, 1970, pp. 214 ss.
HONNETH, A., "Adorno und Habermas", in *Telos*, 39, 1979, pp. 45 ss.
HONNETH, A., JAEGGI, U. (orgs.), *Arbeit, Handlung, Normativität*, Frankfurt/M., 1980.
HORKHEIMER, M., *Zur Kritik der instrumentellen Vernunft*, Frankfurt/M., 1967.
____. *Kritische Theorie*, 2 vols., Frankfurt/M., 1968.
____. "Vernunft und Selbsterhaltung", in EBELING, 1976, pp. 47 ss.
HORKHEIMER, M., ADORNO, Th. W., *Dialektik der Aufklärung*, Amsterdam, 1947.
HORKHEIMER, M. et al., *Recht und Staat im Nationalsozialismus*, org. e intr. de DUBIEL, H., SÖLLNER, A., Frankfurt/M., 1981.

HORSTER, D., *Erkenntnis-Kritik als Gesellschaftstheorie*, Hannover, 1978.
HORTON, R., "African Thought and Western Science", in WILSON, 1970, pp. 153 ss.
____. "Levy-Bruhl, Durkheim and the Scientific Revolution", in HORTON, FINNEGAN, 1973, pp. 249 ss.
____. "Professor Winch on Safari", in *Arch. Eur. Soc.*, 17, 1976, pp. 157 ss.
HORTON, R., FINNEGAN, R. (orgs.), *Modes of Thought*, Londres, 1973.
HOWE, R. H., "Max Weber's Elective Affinities, Sociology within the Bounds of Pure Reason", in *AJS*, 83, 1978, pp. 366 ss.
HUMMEL, R. P., *The Bureaucratic Experience*, Nova York, 1977.
HURRELMANN, K., *Sozialisation und Lebenslauf*, Hamburgo, 1976.
HUSSERL, E., "Formale und transzendentale Logik", in *Jb. f. Philos. u. phänomenol. Forschung*, vol. X, Halle, 1929.
____. *Erfahrung und Urteil*, Hamburgo, 1948.
HUTCHESON, P., "Husserl's Problem of Intersubjectivity", in *J. Brit. Soc. Phenom.*, 11, 1980, pp. 144 ss.
HYMES, D. (org.), *Language in Culture and Society*, Nova York, 1964.
HYMES, D., "Models of the Interactions of Language and Social Life", in GUMPERZ, J. J., HYMES, D. (orgs.), *Directions in Sociolinguistics*, Nova York, 1972, pp. 35 ss.

INGLEHART, R., "Wertwandel und politisches Verhalten", in MATTHES, 1979.
INSTITUT FÜR SOZIALFORSCHUNG (org.), *Autorität und Familie*, Paris, 1936.

JACOBSON, E., *The Self and the Object World*, Nova York, 1964.
JAEGGI, U., HONNETH, A. (orgs.), *Theorien des Historischen Materialismus*. Frankfurt/M., 1977.
JAKOBSON, R., "Linguistik und Poetik", 1960, in id., *Poetik*, org. por HOLENSTEIN, E., SCHEIBERT, T., Frankfurt/M., 1979, pp. 83 ss.
JARVIE, I. C., *Die Logik der Gesellschaft*, Munique, 1974.
____. "On the Limits of Symbolic Interpretation in Anthropology", in *Curr. Anthr.*, 17, 1976, pp. 687 ss.

JAY, M., *Dialektische Phantasie*, Frankfurt/M., 1976.
JENSEN, St., NAUMANN, J., "Commitments: Medienkomponnte einer Kulturtheorie?", in *ZfS*, 9, 1980, pp. 79 ss.
JOAS, H., *Die gegenwärtige Lage der Rollentheorie*, Frankfurt/M., 1973.
____. "G. H. Mead", in KÄSLER, 1978, vol. 2.
____. *Praktische Intersubjektivität*, Frankfurt/M., 1980.
JONAS, F., "Was heisst ökonomische Theorie? Vorklassisches und klassisches Denken", in SCHMOLLERS J., 78, 1958.
____. *Geschichte der Soziologie*, vols. 1-4, Hamburgo, 1968-1969.

KÄSLER, D. (org.), *Max Weber*, Munique, 1972.
____. *Klassiker des soziologischen Denkens*, vol. 1, Munique, 1976.
____. *Klassiker des soziologischen Denkens*, vol. 2, Munique, 1978.
KAISER, G., *Benjamin, Adorno*, Frankfurt/M., 1974.
KALBERG, St., "The Discussion of Max Weber in Recent German Sociological Literature", in *Sociology*, 13, 1979, pp. 127 ss.
____. "Max Weber's Types of Rationality: Cornerstones for the Analysis of Rationalization Processes in History", in *AJS*, 85, 1980, pp. 1145 ss.
KAMBARTEL, F. (org.), *Praktische Philosophie und konstruktive Wissenschaftstheorie*, Frankfurt/M., 1975.
KANNGIESSER, S., "Sprachliche Universalien und diachrone Prozesse", in APEL, 1976, pp. 273 ss.
KAUFER, D. S., "The Competence/Performance Distinction in Linguistic Theory", in *Philos. Soc. Scienc.*, 9, 1979, pp. 257 ss.
KAULBACH, F., *Ethik und Metaethik*, Darmstadt, 1974.
KEAGAN, R. G., "The Evolving Self", in *The Counseling Psychologist*, 8, 1979, pp. 5 ss.
KEKES, J., "Rationality and the Social Sciences", in *Phil. Soc. Sci.*, 9, 1979, pp. 105 ss.
KELLER, M., "Kognitive Entwicklung und soziale Kompetenz", Stuttgart, 1976.
KELLNER, D., "TV, Ideology and Emancipatory Popular Culture", in *Socialist Review*, 45, 1979, pp. 13 ss.
____. "Network Television and American Society. Introduction to a Critical Theory of Television", in *Theory and Society*, 10, 1981, pp. 31 ss.

____. "Kritische Theorie, Kulturindustrie und Theorien der Massenkulturen in den Vereinigten Staaten", in BONSS, HONNETH, vol. 1, Frankfurt/M.

KENNY, A., *Will, Freedom and Power*, Oxford, 1975.

KERNBERG, O., *Borderline-Störungen und pathologischer Narzissmus*, Frankfurt/M., 1978.

KESSELRING, Th., *Piagets genetische Erkenntnistheorie und Hegels Dialektik*, Frankfurt/M., 1981.

KETY, S. S., "From Rationalization to Reason", in *Am. J. of Psychiatr.*, 131, 1974, pp. 957 ss.

KIPPENBERG, H. G., "Zur Kontroverse über das Verstehen fremden Denkens", in KIPPENBERG, H. G., LUCHESI, B. (orgs.), *Magie*, Frankfurt/M., 1978.

KITCHENER, R. F., "Genetic Epistemology, Normative Epistemology and Psychologism", in *Synthese*, 45, 1980, pp. 257 ss.

KLEIN, W., "Argumentation und Argument", in *Z. f. Litwiss. u. Ling.*, cad. 38/39, 1980, pp. 9 ss.

KNAUER, J. T., "Motive and Goal in H. Arendt's Concept of Political Action", in *Am. Pol. Sc. Rev.*, 74, 1980, pp. 721 ss.

KÖNIG, R., DURKHEIM, É., in KÄSLER, 1976, pp. 312 ss.

____. *É. Durkheim zur Diskussion*, Munique, 1978.

KOHLBERG, L., *Zur kognitiven Entwicklung des Kindes*, Frankfurt/M., 1974.

KOHUT, H., *Die Heilung des Selbst*, Frankfurt/M., 1969.

____. *Narzissmus, eine Theorie der Behandilung narzisstischer Persönlichkeitsstrukturen*, Frankfurt/M., 1973.

____. *Introspektion, Empathie und Psychoanalyse*, Frankfurt/M., 1976.

KONDYLIS, P., *Die Aufklärung im Rahmen des neuzeitilichen Rationalismus*, Stuttgart, 1981.

KOSELLECK, R., STEMPEL, W. D. (orgs.), *Geschichte, Ereignis und Erzählung*, Munique, 1973.

KOYRÉ, A., *Von der geschlossenen Welt zum unendlichen Universum*, Frankfurt/M., 1969.

KRAHL, J., "Zum Verhältnis von 'Kapital' und Hegelscher Wesenslogik", in NEGT, 1970.

KRAMER, F., SIGRIST, Chr. (orgs.), *Gesellschaften ohne Staat*, 2 vols., Frankfurt/M., 1978.

KRAPPMANN, L., *Soziologische Dimensionen der Identität*, Stuttgart, 1971.

KRECKEL, M., *Communicative Acts and Shared Knowledge in Natural Discourse*, Londres, 1981.

KREGEL, J. A., "From Post-Keynes to Pre-Keynes", in *Social Research*, 46, 1979, pp. 212 ss.

KRELLE, W., *Präferenz- und Entscheidungstheorie*, Tubinga, 1968.

KREPPNER, K., *Zur Problematik der Messung in den Sozialwissenschaften*, Stuttgart, 1975.

KRIEDTE, P., MEDICK, H., SCHUMBOHM, J., *Industrialisierung vor der Industrialisierung*, Göttingen, 1978.

KROHN, W., "Zur soziologischen Interpretation der neuzeitlichen Wissenschaf", in id., ZILSEL, E. (orgs.), *Die sozialen Ursprünge der neuzeitlichen Wissenschaft*, Frankfurt/M., 1976, pp. 7 ss.

____. "Die neue Wissenschaft der Renaissance", in BÖHME, v. d. DAELE, KROHN, 1977, pp. 13 ss.

KUHLMANN, W., *Reflexion und kommunikative Erfahrung*, Frankfurt/M., 1975.

KUHN, H., "The Phenomenological Concept of Horizon", in FABER, M. (orgs.), *Philosophical Essays in Memory of E. Husserl*, Cambridge/Mass., 1940, pp. 106 ss.

KUHN, Th. S., *Die Struktur wissenschaftlicher Revolutionen*, Frankfurt/M., 1967.

____. *Die Entstehung des Neuen*, Frankfurt/M., 1977.

KUMMER, W., *Grundlagen der Texttheorie*, Hamburgo, 1975.

KURDEK, L. A., "Perspective Taking as the Cognitive Basis of Children's Moral Development", in *Merrill-Palmer Quarterly*, 24, 1978, pp. 3 ss.

LAASER, A., "Die Verrechtlichung des Schulwesens", in *Projektgr. Bildungsbericht*, 1980.

LAKATOS, I., MUSGRAVE, A. (orgs.), *Criticism and the Growth of Knowledge*, Cambridge, 1970.

LANDGREBE, L., *Phänomenologie und Metaphysik*, Hamburgo, 1949.
____. *Philosophie der Gegenwart*, Bonn, 1952.

LANDSHUT, S., *Kritik der Soziologie*, Neuwied, 1969.

LANGE, E. M., "Wertformanalyse, Geldkritik und die Konstruktion des Fetischismus bei Marx", in *Neue Phil. Hefte,* 13, 1978, pp. 1 ss.

LASH, Chr., *The Culture of Narcissism. American Life in an Age of Diminuishing Expectations,* Nova York, 1978.

LAZARSFELD, P., BERELSON, B., GAUDET, H., *The People's Choice,* Nova York, 1948.

LAZARSFELD, P., KATZ, E., *Personal Influence,* Nova York, 1955.

LEACH, W., *Political Systems of Highland Burma,* Londres, 1964.

LEDERER, R., *Neokonservarive Theorie und Gesellschaftsanalyse,* Frankfurt/M., 1979.

LEIST, A., "Was heisst Universalpragmatik?", in *Germanistische Linguistik,* 5/6, 1977, pp. 79 ss.

____. "Über einige Irrtümer der intentionalen Semantik", in *Linguistic Agency,* Univ. de Trier, série A, *paper* n°. 51, 1978.

LENK, H. (org.), *Handlungstheorien,* vol. 4, Munique, 1977.

____. *Handlungstheorien,* vol. 1, Munique, 1980.

____. *Handlungstheorien,* vol. 3, Munique, 1981.

LEPENIES, W., RITTER, H. H., (orgs.), *Orte des wilden Denkens,* Frankfurt/M., 1970.

LEPSIUS, R. (org.), *Zwischenbilanz der Soziologie,* Stuttgart, 1976.

LERNER, R. M., "Adolescent Development: Scientific Study in the 1980's", in *Youth and Society,* 12, 1981, pp. 251 ss.

LEVI-STRAUSS, C., *Das wilde Denken,* Frankfurt/M., 1973.

____. *Strukturelle Anthropologie,* vol. 1, Frankfurt/M., 1975.

LÉVY-BRUHL, L., *La mentalité primitive,* Paris, 1922.

LEWIN, K., *Field Theory in the Social Sciences,* Nova York, 1951.

LEWIS, D., *Conventions,* Cambridge, Mass., 1969.

LIDZ, Ch. W., LIDZ, V. M., "Piaget's Psychology of Intelligence and the Theory of Action", in LOUBSER, 1976, vol. I, pp. 195 ss.

LIDZ, V. M., "Introduction to General Action Analysis", in LOUBSER, 1976, vol. I, pp. 124 ss.

LIPPITZ, W., "Der phänomenologische Begriff der Lebenswelt", in *Zeitschrift für philosophische Forschung,* 32, 1978, pp. 416 ss.

LIOYD, B. B., *Perception and Cognition,* Harmondsworth, 1972.

LOCKE, D., "Who I am", in *Philos. Quart,* 29, 1979, pp. 302 ss.

LOEVINGER, J., *Ego Development,* San Francisco, 1976.

LÖWENTHAL, L., *Gesammelte Schriften*, vol. 1, Frankfurt/M., 1980.
____. *Gesammelte Schriften*, vol. 2, Frankfurt/M., 1981.
LÖWENTHAL, R., *Gesellschaftswandel und Kulturkrise*, Frankfurt/M., 1979.
LÖWITH, K., "M. Weber und K. Marx", in LÖWITH, *Gesammelte Abhandlungen*, Stuttgart, 1960.
LOHMANN, G., "Gesellschaftskritik und normativer Massstab", in HONNETH, JAEGGI, 1980, pp. 270 ss.
LORENZEN, P., *Normative Logic and Ethics*, Mannheim, 1969.
____. "Szientismus vs. Dialektik", in BUBNER, CRAMER, WIEHL, 1970, vol. 1, pp. 57 ss.
LORENZEN, P., SCHWEMMER, O., *Konstruktive Logik, Ethik und Wissenschaftstheorie*, Mannheim, 1973.
LORENZER, A., *Sprachzerstörung und Rekonstruktion*, Frankfurt/M., 1979.
____. *Sprachspiel und Interaktionsformen*, Frankfurt/M., 1977.
LOTTES, G., *Politische Aufklärung und plebejisches Publikum*, Munique, 1979.
LOUBSER, J. J., BAUM, R. C., EFFRAT, A., LIDZ, V. M., *Explorations in General Theory in Social Science*, vols. I, II, Nova York, 1976.
LOUBSER J. J., "General Introduction", in LOUBSER, 1976, vol. I, pp. 1 ss.
LUCE, R. D., RAIFFA, H., *Games and Decisions*, Nova York, 1957.
LUCKMANN, Th., "On the Boundaries of the Social World", in NATANSON, 1970.
____. "Zwänge und Freiheiten im Wandel der Gesellschaftsstruktur", in GADAMER, VOGLER, 1972.
LÜBBE, H., *Fortschritt als Orientierungsproblem*, Friburgo, 1975.
____. *Geschichtsbegriff und Geschichtsinteresse*, Basileia, 1977.
LUHMANN, N., "Zweck – Herrschaft – System", in *Der Staat*, 1964, pp. 129 ss.
____. *Zweckbegriff und Systemrationalität*, Tubinga, 1968.
____. *Legitimation durch Verfahren*, Neuwied, 1969.
____. "Normen in soziologischer Perspektive", in *Soz. Welt*, 20, 1969, pp. 28 ss.
____. *Soziologische Aufklärung*, vol. 1, Opladen, 1970.

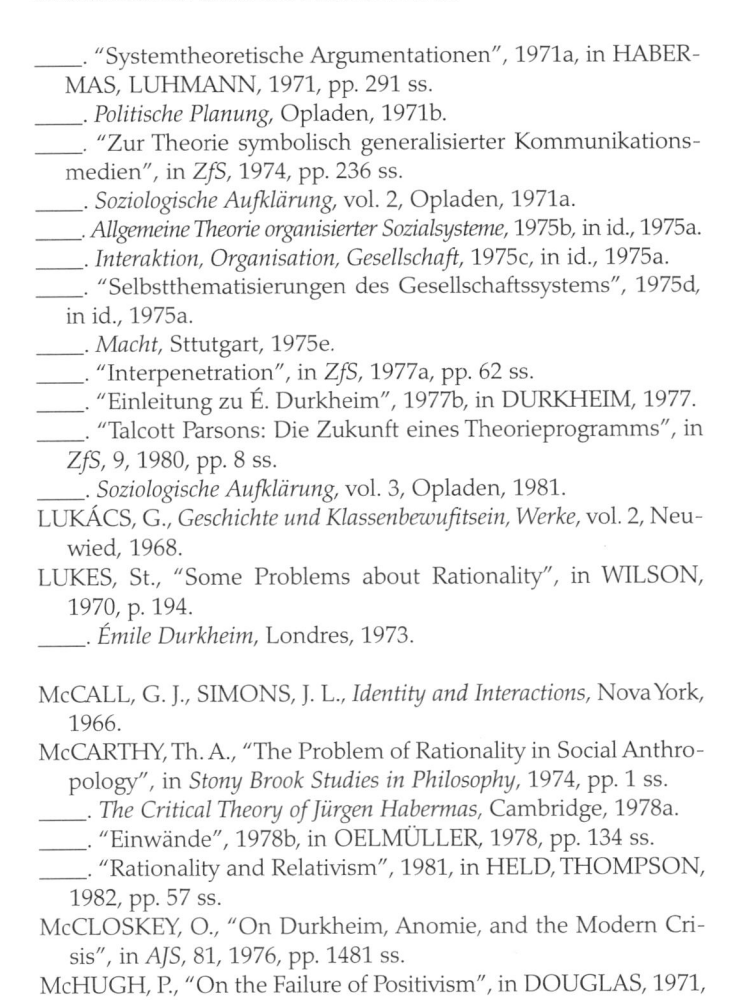

____. "Systemtheoretische Argumentationen", 1971a, in HABER-MAS, LUHMANN, 1971, pp. 291 ss.
____. *Politische Planung*, Opladen, 1971b.
____. "Zur Theorie symbolisch generalisierter Kommunikationsmedien", in *ZfS*, 1974, pp. 236 ss.
____. *Soziologische Aufklärung*, vol. 2, Opladen, 1971a.
____. *Allgemeine Theorie organisierter Sozialsysteme*, 1975b, in id., 1975a.
____. *Interaktion, Organisation, Gesellschaft*, 1975c, in id., 1975a.
____. "Selbstthematisierungen des Gesellschaftssystems", 1975d, in id., 1975a.
____. *Macht*, Sttutgart, 1975e.
____. "Interpenetration", in *ZfS*, 1977a, pp. 62 ss.
____. "Einleitung zu É. Durkheim", 1977b, in DURKHEIM, 1977.
____. "Talcott Parsons: Die Zukunft eines Theorieprogramms", in *ZfS*, 9, 1980, pp. 8 ss.
____. *Soziologische Aufklärung*, vol. 3, Opladen, 1981.
LUKÁCS, G., *Geschichte und Klassenbewufitsein, Werke*, vol. 2, Neuwied, 1968.
LUKES, St., "Some Problems about Rationality", in WILSON, 1970, p. 194.
____. *Émile Durkheim*, Londres, 1973.

McCALL, G. J., SIMONS, J. L., *Identity and Interactions*, Nova York, 1966.
McCARTHY, Th. A., "The Problem of Rationality in Social Anthropology", in *Stony Brook Studies in Philosophy*, 1974, pp. 1 ss.
____. *The Critical Theory of Jürgen Habermas*, Cambridge, 1978a.
____. "Einwände", 1978b, in OELMÜLLER, 1978, pp. 134 ss.
____. "Rationality and Relativism", 1981, in HELD, THOMPSON, 1982, pp. 57 ss.
McCLOSKEY, O., "On Durkheim, Anomie, and the Modern Crisis", in *AJS*, 81, 1976, pp. 1481 ss.
McHUGH, P., "On the Failure of Positivism", in DOUGLAS, 1971, pp. 329 ss.
McHUGH, P. et al., *On the Beginning of Social Inquiry*, Londres, 1974.
MAC-INTYRE, A., *Das Unbewusste*, Frankfurt/M., 1968.

_____. *Against the Self Images of the Age*, Londres, 1971a.

_____. "The Idea of Social Science", 1971b, in id., 1971a, pp. 211 ss.

_____. "Rationality and the Explanation of Action", 1971c, in id., 1971a, pp. 244 ss.

McKINNEY, J. C., TIRYAKAN, E. A. (orgs.), *Theoretical Sociology*, Nova York, 1970.

McPHAIL, C., REXROAT, C., "Mead vs. Blumer", in *ASR*, 44, 1979, pp. 449 ss.

McPHERSON, C. B., *Die politische Theorie des Besitzindividualismus*, Frankfurt/M., 1967.

MAHLER, M., *Symbiose und Individuation*, 2 vols., Stuttgart, 1972.

MAIER, F., *Intelligenz als Handlung*, Stuttgart, 1978.

MAIER, H., *Die ältere deutsche Staats- und Verwaltungslehre*, Neuwied, 1966.

MAIR, L., *An Introduction into Anthropology*, ed. rev., Oxford, 1972.

MALINOWSKI, B., "The Circulation and Exchange of Valuables in the Archipelago of Eastern New Guinea", in *Man*, 1920, pp. 97 ss.

_____. *Argonauts of the Western Pacific*, Nova York, 1922.

_____. *Magie, Wissenschaft und Religion*, Frankfurt/M., 1973.

MANNHEIM, K., "Historismus", in *Arch. f. Sozialpol.*, 52, 1924, pp. 1 ss.

_____. *Ideologie und Utopie*, Bonn, 1929.

MARCUS, St., *Engels, Manchester and the Working Class*, Londres, 1974.

MARCUSE, H., "Philosophie und Kritische Theorie", in *Zeitschrift für Sozialforschung*, 6, 1937, pp. 632 ss.

_____. *Eros and Civilization*, Boston, 1955.

_____. *Der eindimensionale Mensch*, Neuwied, 1965a.

_____. "Industrialisierung und Kapitalismus", 1965b, in STAMMER, 1965, pp. 161 ss.

_____. *Kultur und Gesellschaft*, vol. 2, Frankfurt/M., 1965c.

_____. *Versuch über Befreiung*, Frankfurt/M., 1969.

_____. *Konterrevolution und Revolte*, Frankfurt/M., 1973.

_____. *Über den affirmativen Charakter der Kultur*, Gesammelte Schriften, vol. 3, Frankfurt/M., 1979, pp. 186 ss.

MARKOWITZ, J., *Die soziale Situation*, Frankfurt/M., 1980.

MARKS, St. R., "Durkheim's Theory of Anomie", in *AJS*, 80, 1974, pp. 329 ss.
MARTIN, R., "Hobbes and the Doctrine of Natural Rights: The Place of Consent in his Political Philosophy", in *West. Polit. Quart.*, set. 1980, pp. 380 ss.
MARTINICH, A. P., "Conversational Maxims and some Philosophical Problems", in *Philos. Quart.*, 30, 1980, pp. 215 ss.
MARQUARD, O., *Schwierigkeiten mit der Geschichtsphilosophie*, Frankfurt/M., 1973.
MARX, K., *Grundrisse der Kritik der Politischen Ökonomie*, Berlin, 1953.
____. *Das Kapital*, vol. 1, Berlim, 1960.
MATTHES, J. (org.), *Sozialer Wandel in Westeuropa*, Frankfurt/M., Nova York, 1979.
MATTIK, P., "Die Marxsche Arbeitswerttheorie", in EBERLE, F. (org.), *Aspekte der Marxschen Theorie*, vol. 1, Frankfurt/M., 1973.
MAUS, I., "Entwicklung und Funktionswandel der Theorie des bürgerlichen Rechtsstaates", in TOHIDIPUR, 1978, pp. 13 ss.
MAUSS, M., "Die Gabe", in id., *Soziologie und Anthropologie*, vol. 2, Munique, 1975.
MAYNTZ, R. (org.), *Bürokratische Organisation*, Colônia, 1968.
MAYRL, W. W., "Genetic Structuralism and the Analysis of Social Consciousness", in *Theory and Society*, 5, 1978, pp. 19 ss.
MEAD, G. H., *The Philosophy of the Act*, in MORRIS, Ch. W. (org.), Chicago, 1938.
____. *Selected Writings*, org. por RECK, A. J., Indianápolis, 1964.
____. *Mind, Self, and Society*, org. por MORRIS, Ch. W., Chicago, 1934.
____. "Fragmente über Ethik", 1969b, in id., 1969a.
____. *Philosophie der Sozialität*, org. por KELLNER, H., Frankfurt/M., 1969c.
____. *On Social Psychology*, org. por STRAUSS, A., Chicago, 1956.
MEGGLE, G. (org.), *Analytische Handlungstheorie. Handlungsbeschreibungen*, Frankfurt/M., 1977.
____. *Handlung, Kommunikation, Bedeutung*, Frankfurt/M., 1979.
MEGGLE, G., *Grundbegriffe der Kommunikation*, Berlim, 1981.
MENNE, K., LOOSER, M., OSTERLAND, A., BREDE, K., MOERSCH, E., *Sprache, Handlung und Unbewusstes*, Frankfurt/M., 1976.

MENZIES, K., *T. Parsons and the Social Image of Man*, Londres, 1976.

MERELMAN, R. M., "Moral Development and Potential Radicalism in Adolescence", in *Youth and Society*, 9, 1977, pp. 29 ss.

MERLEAU-PONTY, M., *Die Abenteuer der Dialektik*, Frankfurt/M., 1968.

MEYER, M., *Formale und handlungstheoretische Sprachbetrachtungen*, Stuttgart, 1976.

MILLER, D., MEAD, G. H., *Self, Language and the World*, Chicago, 1980.

MILLER, D. R., SWANSON, G. E., *Inner Conflict and Defence*, Nova York, 1966.

MILLER, M., *Zur Logik der frühkindlichen Sprachentwicklung*, Stuttgart, 1976.

____. "Zur Ontogenese moralischer Argumentationen", in *Zeitschrift für Literaturwissenschaft und Linguistik*, 38/39, 1980, pp. 58 ss.

____. "Moralität und Argumentation", in KELLER, M., ROEDERS, P., SILBEREISEN, R. K. (org.), *Newsletter Soziale Kognition*, 3, TU Berlim, 1980.

MILLS, C. W., *Kritik der soziologischen Denkweise*, Neuwied, 1963.
____. *Power, Politics and People*, Nova York, 1963.

MISCHEL, Th., *Psychologische Erklärungen*, Frankfurt/M., 1981.

MÖRCHEN, H., *Macht und Herrschaft im Denken von Heidegger und Adorno*, Stuttgart, 1980.

MOMMSEN, W., *Max Weber und die deutsche Politik*, 1890-1920, Tubinga, 1959.

____. *Max Weber, Gesellschaft, Politik und Geschichte*, Frankfurt/M., 1974.

MOORE, G. E., "Proof of an External World", in *Proceedings of the British Academy*, Londres, 1939.

MORIN, E., *Das Rätsel des Humanen*, Munique, 1973.

MORRIS, Ch. W., *Foundations of the Theory of Signs, Foundations of the Unity of Sciences*, vol. 1, Chicago, 1938.

____. *Signs, Language and Behavior*, Englewood Cliffs, 1946.

____. *Pragmatische Semiotik und Handlungstheorie*, Frankfurt/M., 1977.

MÜNCH, R., "Max Webers Anatomie des okzidentalen Rationalismus", in *Soziale Welt*, 29, 1978, pp. 217 ss.

____. "T. Parsons und die Theorie des Handelns I und II", in *Soziale Welt*, 30, 1979, pp. 385 ss., e 31, 1980a, pp. 3 ss.

____. "Über Parsons zu Weber, von der Theorie der Rationalisierung zur Theorie der Interpenetration", in *ZfS*, 10, 1980b, pp. 47 ss.

MULLIGAN, G., LEDERMANN, B., "Social Facts and Rules of Practice", in *AJS*, 83, 1977, pp. 539 ss.

MURPHY, L. B., "The Problem of Defence and the Concept of Coping", in ANTHONY, F. J., KOUPERNIK, C. (orgs.), *The Child in his Family*, Nova York, 1970.

MUSSEN, P. H. (org.), *Carmichael's Manual of Child Psychology*, vol. I, Nova York, 1970.

NARR, W. D., OFFE, C. (orgs.), *Wohlfahrtsstaat und Massenloyalitat*, Colônia, 1975.

NATANSON, M., *The Social Dynamics of G. H. Mead*, Washington, 1956.

NATANSON, M. (org.), *Phenomenology and Social Reality*, Haia, 1970.

NEEDHAM, J., *Wissenschaftlicher Universalismus*, Frankfurt/M., 1977.

NEGT, O. (org.), *Aktualität und Folgen der Philosophie Hegels*, Frankfurt/M., 1970.

NEGT, O., KLUGE, A., *Öffentlichkeit und Erfahrung*, Frankfurt/M., 1970.

____. *Geschichte und Eigensinn*, Munique, 1981.

NELSON, B., "Über den Wucher", in KÖNIG, R., WINCKELMANN, J. (orgs.), "Max Weber", Cad. esp., in *KZSS*, 1963, pp. 407 ss.

____. *Der Ursprung der Moderne*, Frankfurt/M., 1977.

NEUENDORFF, H., *Der Begriff des Interesses*, Frankfurt/M., 1973.

____. "Artikel 'Soziologie'", in *Evangelisches Staatslexikon*, Stuttgart, 1975, pp. 2424 ss.

NEUMANN, F., *Die Herrschaft des Gesetzes*, Frankfurt/M., 1980.

NEWCOMB, Th. M., *Social Psychology*, Nova York, 1950.

NIELSEN, K., "Rationality and Relativism", in *Phil. Soc. Sci.*, 4, 1974, pp. 313 ss.

NISBET, R. A., *The Sociology of Émile Durkheim*, Nova York, 1964.

NORMAN, R., *Reasons for Actions*, Nova York, 1971.

NORRICK, N. R., "Expressive Illocutionary Acts", in *J. of Pragmatics*, 2, 1978, pp. 277 ss.

OELMÜLLER, W. (org.), *Transzendentalphilosophische Normenbegründungen*, Paderborn, 1978a.
____. *Normenbegründung, Normendurchsetzung*, Paderborn, 1978b.
OEVERMANN, U., "Programmatische Überlegungen zu einer Theorie der Bildungsprozesse und einer Strategie der Sozialisationsforschung", in HURRELMANN, 1976, pp. 34 ss.
OEVERMANN, U. et al., "Die Methodologie einer objektiven Hermeneutik und ihre allgemeine forschungslogische Bedeutung in den Sozialwissenschaften", in SOEFFNER, 1979, pp. 352 ss.
OFFE, C., *Strukturprobleme des kapitalistischen Staates*, Frankfurt/M., 1972.
____. "Unregierbarkeit", in HABERMAS, 1979a.
____. "Konkurrenzpartei und kollektive politische Identität", in ROTH, 1980.

PARSONS, T., *The Structure of Social Action*, Nova York, 1949a.
____. *Essays in Sociological Theory*, ed. rev., Nova York, 1949b.
____. "The Professions and the Social Structure", 1949c, in id., 1949b.
____. "The Motivation of Economic Activities", 1949d, in id., 1949d.
____. *The Social System*, Nova York, 1951a.
____. *Toward a General Theory of Action*, Nova York, 1951b.
PARSONS, T. et al., *Working Papers in the Theory of Action*, Nova York, 1953.
PARSONS, T., "Introduction", in WEBER, Max, *The Sociology of Religion*, Boston, 1964.
____. *Societies*, Englewood Cliffs, 1966.
____. *Sociological Theory and Modern Society*, Nova York, 1967a.
____. "Durkheim's Contribution to the Theory of Integration of Social Systems", 1967b, in id., 1967a, pp. 3 ss.
____. "Some Reflections of the Place of Force in Social Process", 1967c, in id., 1967a, pp. 264 ss.
____. "Pattern Variables Revisited. A Response to Dubin", 1967d, in id., 1967a, pp. 192 ss.
____. "On the Concept of Power", 1967e, in id., 1967a, pp. 318 ss.
____. "On the Concept of Influence", 1967f, in id., 1967a, pp. 361 ss.
____. "On the Concept of Value Commitments", in *Soc. Inquiry*, 38, 1968, pp. 135 ss.

____. *Politics and Social Structure*, Nova York, 1969.
____. "Some Problems of General Theory in Sociology", in MCKINNEY, TIRYAKAN, 1970, pp. 27 ss.
____. *The System of Modern Societies*, Englewood Cliffs, 1971.
____. "Durkheim on Religion Revisited. Another Look at the Elementary Form of the Religious Life", in GLOCK, HAMMOND, 1973, pp. 156 ss.
____. *Social Systems and the Evolution of Action Theory*, Nova York, 1977a.
____. "On Building Social Systems: A Personal History", 1977b, in id., 1977a, pp. 22 ss.
____. "Social Systems", 1977c, in id., 1977a.
____. "Review of Harold J. Bershady", 1977d, in id., 1977a.
____. "Social Interaction", 1977e, in id., 1977a.
____. *Action Theory and the Human Condition*, Nova York, 1978a.
____. "A Paradigm of the Human Condition", 1978b, in id., 1978a, pp. 352 ss.
____. "Religion in Postindustrial America", 1978c, in id., 1978a.
____. "Belief, Unbelief, and Disbelief", 1978d, in id., 1978a.
____. "Comment on R. St. Warner's Redefinition of Action Theory", 1978e, in *AJS*, 1978, pp. 1351 ss.
PARSONS, T., SMELSER, N. J., *Economy and Society*, Londres, Nova York, 1956.
PARSONS, T., SHILS, E., NAEGELE, K. D., PITTS, J. R. (orgs.), *Theories of Society*, Nova York, 1961.
PARSONS, T., PLATT, M., *The American University*, Cambridge/Mass., 1973.
PATTERSON, J. W., "Moral Development and Political Thinking: The Case of Freedom of Speech", in *The Western Pol. Quart.*, mar. 1979, pp. 7 ss.
PATZIG, G., *Tatsachen, Normen, Sätze*, Stuttgart, 1980.
PERELMAN, Ch., OLBRECHTS-TYTECA, L., *La nouvelle rhétorique*, Bruxelas, 1970.
PEUKERT, U., *Interaktive Kompetenz und Identität*, Düsseldorf, 1979.
PHILIPPS, D. L., MOUNCE, H. O., *Moral Practices*, Londres, 1970.
PHILIPPS, D. L., "Paradigms and Incommensurability", in *Theory and Society*, 2, 1975, pp. 37 ss.

PIAGET, J., *The Child's Conception of Physical Causality*, Londres, 1930.
____. "Piaget's Theory", in MUSSEN,1970³, pp. 703 ss.
____. *Die Entwicklung des Erkennens*, vol. 3, Stuttgart, 1973.
____. *Abriss der genetischen Epistemologie*, Olten, 1974.
PITSCHAS, R., "Soziale Sicherung durch fortschreitende Verrechtlichung", in VOIGT, 1980, pp. 155 ss.
PITKIN, H., *Wittgenstein and Justice*, Berkeley, 1972.
POLANYI, M., *Personal Knowledge*, Londres, 1958.
____. *The Tacit Dimension*, Nova York, 1966.
POLE, D., *Conditions of Rational Inquiry*, Londres, 1961.
____. "The Concept of Reason", in DEARDEN, HIRST, PETERS, 1972, pp. 1 ss.
POLLNER, M., "Mundane Reasoning", in *Phil. Soc. Sci.*, 4, 1974, pp. 40 ss.
POPE, W., COHEN, J., HAZELRIGG, E., "On the Divergence of Weber and Durkheim: A Critique of Parsons' Convergence Thesis", in *ASR*, 40, 1975, pp. 417 ss.
POPE, W., COHEN, J., "On R. St. Warner's Redefinition of Action Theory", in *AJS*, 83, 1978, pp. 1359 ss.
POPITZ, H., *Der Begriff der sozialen Rolle als Element der soziologischen Theorie*, Tubinga, 1967.
POPPER, K. R., *Die offene Gesellschaft und ihre Feinde*, vol. 2, Berna, 1958.
____. *Objektive Erkenntnis*, Hamburgo, 1973.
____. "Reply to my Critics", in SCHILP, P. A. (org.), *The Philosophy of K. Popper*, La Salle, 1974, pp. 1050 ss.
POPPER, K. R., ECCLES, J. C., *The Self and Its Brain*, Berlim, 1977.
POTHAST, U., *Über einige Fragen der Selbstbeziehung*, Frankfurt/M., 1971.
PREWO, R., *Max Webers Wissenschaftsprogramm*, Frankfurt/M., 1979.
PROJEKTGRUPPE BILDUNGSBERICHT (orgs.), *Bildung in der BRD*, Hamburgo, 1980.

RASCHKE, J., "Politik und Wertwandel in den westlichen Demokratien", Suplemento a: *Das Parlament*, set. 1980, pp. 23 ss.
RAWLS, J., *Eine Theorie der Gerechtigkeit*, Frankfurt/M., 1975.

_____. "Kantian Constructivism in Moral Theory", in *J. Philos*, 77, 1980, pp. 515 ss.
RECK, A., "The Philosophy of G. H. Mead", in *Tulane Studies in Philosophy*, 12, 1963.
REICHELT, H., *Zur logischen Struktur des Kapitalbegriffs*, Frankfurt/M., 1970.
REIDEGELD, E., "Vollzugsdefizite sozialer Leistungen", in VOIGT, 1980, pp. 275 ss.
REISS, D., "The Family and Schizophrenia", in *Am. J. of Psychiatr.*, 133, 1976.
REST, J. R., "Development in Moral Judgement Research", in *Devel. Psych.*, 16, 1980, pp. 251 ss.
REUTER, L. R., "Bildung zwischen Politik und Recht", in VOIGT, 1980.
RHEES, R., *Without Answers*, Londres, 1969.
RICHTER, I., *Bildungsverfassungsrecht*, Stuttgart, 1973.
_____. *Grundgesetz und Schulreform*, Weinheim, 1974.
RICOEUR, P., *Die Interpretation*, Frankfurt/M., 1969.
RIESMAN, D., *Die einsame Masse*, Darmstadt, 1956.
RISKIN, J. M., "An Evaluative Review of Family Interaction Research", in *Fam. Process*, 11, 1972, pp. 365 ss.
ROBERTS, P. C., "The Breakdown of the Keynesian Model", in *Public Interest*, 1978, pp. 20 ss.
ROCHE, M., "Die philosophische Schule der Begriffsanalyse", in WIGGERSHAUS, 1975, p. 187.
ROHRMOSER, G., *Das Elend der Kritischen Theorie*, Friburgo, 1970.
_____. *Herrschaft und Versöhnung*, Friburgo, 1972.
ROMMETVEIT, R., *On Message-Structure*, Nova York, 1974.
ROOTES, Chr. A., "Politics of Moral Protest and Legitimation Problems of the Modern Capitalist State", in *Theory and Society*, 9, 1980, pp. 473 ss.
RORTY, R. (org.), *The Linguistic Turn*, Chicago, 1964.
_____. *Philosophy and the Mirror of Nature*, Nova York, 1979.
ROSE, A. M. (org.), *Human Behavior and Social Processes*, Boston, 1962.
ROSE, G., *The Melancholy of Science, An Introduction to the Thought of Th. W. Adorno*, Londres, 1978.

ROSENBERG, B., WHITE, D. (orgs.), *Mass Culture*, Glencoe, 111, 1957.

ROTH, G., "Max Weber, a Bibliographical Essay", in *ZfS*, 1977, pp. 91 ss.

ROTH, R. (org.), *Parlamemarisches Ritual und politische Alternative*, Frankfurt/M., 1980.

ROTHACKER, E., *Logik und Systematik der Geisteswissenschaften*, Bonn, 1948.

———. "Die dogmatische Denkform in den Geisteswissenschaften und das Problem des Historismus", in *Abhandlg. der Mainzer Akademie d. Wissensch. u. Lit.*, Wiesbaden, 1954.

RÜSEN, J., *Für eine erneuerte Historik*, Stuttgart, 1976.

RYAN, A., "Normal Science or Political Ideology?", in LASLETT, P., RUNCIMAN, W. C., SKINNER, O. (org.), in *Philosophy, Politics and Society*, vol. IV, Cambridge, 1972.

RYLE, G., *The Concept of Mind*, Londres, 1949.

SARBIN, Th. R., "Role-Theory", in LINDSEY, G. (org.), *Handbook of Social Psychology*, Cambridge, 1954, pp. 223 s.

SAVIGNY, E. v., *Die Philosophie der normalen Sprache*, Frankfurt/M., 1974.

SCHADEWAID, W., *Die Anfänge der Philosophie bei den Griechen*, Frankfurt/M., 1978.

SCHAPP, W., *In Geschichten verstrickt*, Wiesbaden, 1976.

SCHEIT, H., *Studien zur Konsensustheorie der Wahrheit*, Manuscr., Munique, 1981.

SCHELER, M., *Die Wissensformen und die Gesllschaft*, Berna, 1960.

SCHELLING, W. A., *Sprache, Bedeutung, Wunsch*, Berlim, 1978.

SCHENKEN, J. (org.), *Studies in the Organization of Conversational Interaction*, Nova York, 1978.

SCHEUNER, U., *Das Mehrheitsprinzip in der Demokratie*, Opladen, 1973.

SCHIFFER, St. R., *Meaning*, Oxford, 1972.

SCHLIEBEN-LANGE, B., *Linguistische Pragmatik*, Stuttgart, 1975a.

SCHLIEBEN-LANGE, B. (org.), *Sprachtheorie*, Hamburgo, 1975b.

SCHLUCHTER, W., *Wertfreiheit und Verantwortungsethik, zum*

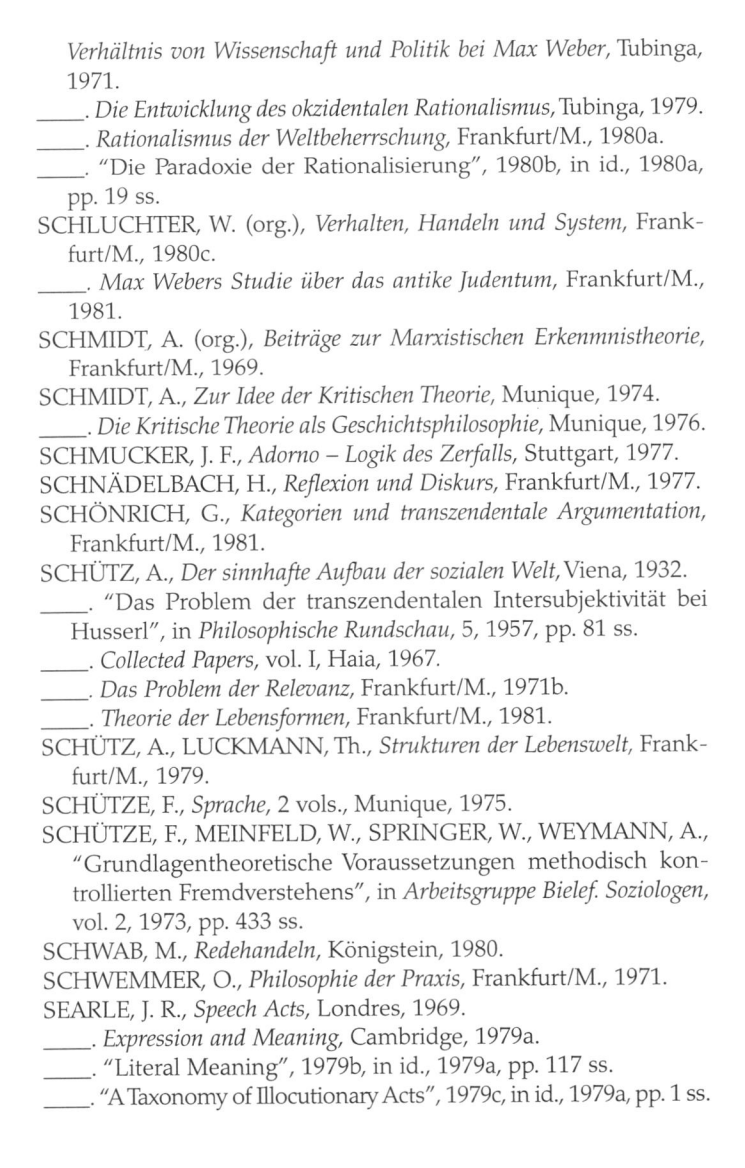

Verhältnis von Wissenschaft und Politik bei Max Weber, Tubinga, 1971.
____. *Die Entwicklung des okzidentalen Rationalismus*, Tubinga, 1979.
____. *Rationalismus der Weltbeherrschung*, Frankfurt/M., 1980a.
____. "Die Paradoxie der Rationalisierung", 1980b, in id., 1980a, pp. 19 ss.
SCHLUCHTER, W. (org.), *Verhalten, Handeln und System*, Frankfurt/M., 1980c.
____. *Max Webers Studie über das antike Judentum*, Frankfurt/M., 1981.
SCHMIDT, A. (org.), *Beiträge zur Marxistischen Erkenmnistheorie*, Frankfurt/M., 1969.
SCHMIDT, A., *Zur Idee der Kritischen Theorie*, Munique, 1974.
____. *Die Kritische Theorie als Geschichtsphilosophie*, Munique, 1976.
SCHMUCKER, J. F., *Adorno – Logik des Zerfalls*, Stuttgart, 1977.
SCHNÄDELBACH, H., *Reflexion und Diskurs*, Frankfurt/M., 1977.
SCHÖNRICH, G., *Kategorien und transzendentale Argumentation*, Frankfurt/M., 1981.
SCHÜTZ, A., *Der sinnhafte Aufbau der sozialen Welt*, Viena, 1932.
____. "Das Problem der transzendentalen Intersubjektivität bei Husserl", in *Philosophische Rundschau*, 5, 1957, pp. 81 ss.
____. *Collected Papers*, vol. I, Haia, 1967.
____. *Das Problem der Relevanz*, Frankfurt/M., 1971b.
____. *Theorie der Lebensformen*, Frankfurt/M., 1981.
SCHÜTZ, A., LUCKMANN, Th., *Strukturen der Lebenswelt*, Frankfurt/M., 1979.
SCHÜTZE, F., *Sprache*, 2 vols., Munique, 1975.
SCHÜTZE, F., MEINFELD, W., SPRINGER, W., WEYMANN, A., "Grundlagentheoretische Voraussetzungen methodisch kontrollierten Fremdverstehens", in *Arbeitsgruppe Bielef. Soziologen*, vol. 2, 1973, pp. 433 ss.
SCHWAB, M., *Redehandeln*, Königstein, 1980.
SCHWEMMER, O., *Philosophie der Praxis*, Frankfurt/M., 1971.
SEARLE, J. R., *Speech Acts*, Londres, 1969.
____. *Expression and Meaning*, Cambridge, 1979a.
____. "Literal Meaning", 1979b, in id., 1979a, pp. 117 ss.
____. "A Taxonomy of Illocutionary Acts", 1979c, in id., 1979a, pp. 1 ss.

_____. "Intentionalität und der Gebrauch der Sprache", 1979d, in GREWENDORF, 1979, pp. 149 ss.

SEARS, D. O., LAU, R. R., TYLER, T. R., ALLEN, H. M., "Self-Interest vs. Symbolic Politics", in *Am. Pol. Sc. Rev.*, 74, 1980, pp. 670 ss.

SEIDMAN, St., GRUBER, M., "Capitalism and Individuation in the Sociology of Max Weber", in *Brit. Jo. Soc.*, 28, 1977, pp. 498 ss.

SEILER, B., *Die Reversibilität in der Entwicklung des Denkens*, Stuttgart, 1972.

SELMAN, R. L., *The Growth of Interpersonal Understanding*, Nova York, 1980.

SELMAN, R. L., BYRNE, D. F., "Stufen der Rollenübernahme", in DÖBERT, HABERMAS, NUNNER-WINKLER, 1977, pp. 109 ss.

SELMAN, R. L., JACQUETTE, D., "Stability and Oszillation", in KEASY, C. B. (org.), *Nebraska Symposion on Motivation*, Lincoln, 1977, pp. 261 ss.

SEYFARTH, C., SCHMIDT, G., *Max Weber Bibliographie*, Stuttgart, 1977.

SEYFARTH, C., SPRONDEL, W. M. (orgs.), *Religion und gesellschaftliche Entwicklung*, Frankfurt/M., 1973.

SHUBIK, M., *Spieltheorie und Sozialwissenschaften*, Frankfurt/M., 1965.

SHWAYDER, D. S., *The Stratification of Behavior*, Londres, 1965.

SIGEL, I. E. (org.), *Piagetian Theory and Research*, Hillsdale, 1981.

SIGRIST, Chr., "Gesellschaften ohne Staat und die Entdeckungen der Sozialanthropologie", in KRAMER, SIGRIST, 1978, vol. 1, pp. 39 ss.

_____. *Regulierte Anarchie*, Frankfurt/M., 1979.

SILBEREISEN, R. (org.), *Soziale Kognition*, T. U. Berlim, 1977.

SIMITIS, S. et al., *Kindeswohl*, Frankfurt/M., 1979.

SIMITIS, S., ZENZ, G. (orgs.), *Familie und Familienrecht*, 2 vols., Frankfurt/M., 1975.

SIMON, H., *Models of Man*, Nova York, 1957.

SINGLEWOOD, A., *The Myth of Mass Culture*, Londres, 1977.

SKJERVHEIM, H., *Objectivism and the Study of Man*, Oslo, 1959. Reimpr. in *Inquiry*, 17, 1974, pp. 213 ss. e 265 ss.

SKLAIR, L., *The Sociology of Progress*, Londres, 1970.

SMYTHE, D., "Communications: Blind Spot of Western Marxism", in *Canad. J. Pol. Soc. Theory*, I, 1977.
SNELL, B., *Die Entwicklung des Geistes*, Hamburgo, 1946.
SOEFFNER, H. G. (org.), *Interpretative Verfahren in den Sozialwissenschaften*, Stuttgart, 1979.
SOHN-RETHEL, S., *Geistige und körperliche Arbeit*, Frankfurt/M., 1970.
SPAEMANN, R., *Zur Kritik der politischen Utopie*, Stuttgart, 1977.
SPRONDEL, W. M., GRATHOFF, R. (orgs.), *A. Schütz und die Idee des Alltags in den Sozialwissenschaften*, Stuttgart, 1979.
SPRONDEL, W. M., SEYFARTH, C. (orgs.), *Max Weber und die Rationalisierung des sozialen Handelns*, Stuttgart, 1981.
STAHL, F. J., *Die Philosophie des Rechts*, vol. 2, Darmstadt, 1963.
STAMMER, O. (org.), *Max Weber und die Soziologie heute*, Tubinga, 1965.
STEGMÜLLER, W., *Probleme und Resultate der Wissenschaftstheorie und Analytischen Philosophie*, vol. 1, Berlim, Heidelberg e Nova York, 1969.
STEINER, F., "Notiz zur vergleichenden Ökonomie", in KRAMER, SIGRIST, 1978, vol. 1, pp. 85 ss.
STEINERT, H., "Das Handlungsmodell des symbolischen Interaktionismus", in LENK, 1977, pp. 79 ss.
STEINFELS, P., *The Neoconservatives*, Nova York, 1979.
STENIUS, E., "Mood and Language-Game", in *Synthese*, 17, 1967, pp. 254 ss.
STEWART, J., "Recent Advances in Discourse Analysis", in *Quart. J. of Speech*, 66, 1980, pp. 450 ss.
STRASSER, H., *The Normative Structure of Sociology*, Londres, 1976.
STRAUSS, L., *Naturrecht und Geschichte*, Stuttgart, 1956.
STRAWSON, P., "Intention and Convention in Speech Acts", in *Philos. Rev.*, 1964, pp. 439 ss.
____. *Freedom and Resentment*, Londres, 1974.
SULLIVAN, H. S., *The Interpersonal Theory of Psychiatry*, Nova York, 1953.
SULLIVAN, W. M., "Communication and the Recovery of Meaning: An Interpretation of Habermas", in *Intern. Philos. Quart.*, 18, 1978, pp. 69 ss.

SWIDLER, A., "The Concept of Rationality in the Work of Max Weber", in *Soc. Inquiry*, 43, 1973, pp. 35 ss.

TAMBIAH, S. J., "Form and Meaning of Magical Acts", in HORTON, FINNEGAN, 1973, pp. 199 ss.

TAYLOR, Ch., *Hegel*, Cambridge, 1975a.

_____. "Erklärung des Handelns", in *Erklärung und Interpretation in den Wissenschaften vom Menschen*, Frankfurt/M., 1975b.

_____. *Language and Human Nature*, Universidade de Carleton, 1978.

TAYLOR, P. W., *Normative Discourse*, Englewood Cliffs, 1961.

TENBRUCK, F. H., "Zur deutschen Rezeption der Rollentheorie", in *KZSS*, 13, 1961, pp. 1 ss.

_____. "Das Werk Max Webers", in *KZSS*, 27, 1975, pp. 675 ss.

THEUNISSEN, M., *Der Andere*, Berlim, 1965.

_____. "Die Verwirklichung der Vernunft", in *Philosophische Rundschau*, cad. supl. n.° 6, Tubinga, 1970.

_____. *Sein und Schein*, Berlim, 1978.

THOMPSON, E. P., *Plebejische Kultur und moralische Ökonomie*, Frankfurt/M., 1980.

THOMPSON, J., "Universal Pragmatics", in HELD/THOMPSON, 1982, pp. 116 ss.

TILLY, Ch., "Reflections on the History of European State-Making", in TILLY, Ch. (org.), *The Formation of National States in Western Europe*, Princeton, 1975, pp. 3 ss.

TOHIDIPUR, M. (org.), *Der bürgerliche Rechtsstaat*, vol. 1, Frankfurt/M., 1978.

TOULMIN, St., *The Uses of Argument*, Cambridge, 1958. [Trad. bras. *Os usos do argumento*, São Paulo, Martins Fontes, 2.ª ed., 2006.]

_____. *Human Unterstanding*, Princeton, 1972.

TOULMIN, St., RIEKE, R., JANIK, A., *An Introduction to Reasoning*, Nova York, 1979.

TROELTSCH, E., *Der Historismus und seine Probleme*, Tubinga, 1922.

TUGENDHAT, E., *Der Wahrheitsbegriff bei Husserl und Heidegger*, Berlim, 1970.

_____. *Vorlesungen zur Einführung in die sprachanalytische Philosophie*, Frankfurt/M., 1976.

_____. *Selbstbewusstsein und Selbstbestimmung*, Frankfurt/M., 1979.

TURIEL, E., "The Development of Social Concepts", in DEPALMA, D., FOLEY, J. (orgs.), *Moral Development*, Hillsdale, Nova Jersey, 1975.

____. "Social Regulations and Domains of Social Concepts", in DAMON, vol. I, 1978.

ULMER, K., *Philosophie der modernen Lebenswelt*, Tubinga, 1972.

VALIN, R. D. van, "Meaning and Interpretation", in *J. of Pragm.*, 4, 1980, pp. 213 ss.

VÖLZING, V. L., *Begründen, Erklären, Argumentieren*, Heidelberg, 1979.

VOGEL, U., "Einige Überlegungen zum Begriff der Rationalität bei Max Weber", in *KZSS*, 25, 1973, pp. 532 ss.

VOIGT, R. (org.), *Verrechtlichung*, Frankfurt/M., 1980.

VOIGT, R., "Verrechtlichung in Staat und Gesellschaft", in VOIGT, 1980.

VAN DE VOORT, W., *Die Bedeutung der sozialen Interaktion für die Entwicklung der kognitiven Strukturen*, Diss. Frankfurt/M., 1977.

WATSON-FRANKE, M. B., WATSON, L. C., "Understanding in Anthropology", in *Current Anthrop.*, 16, 1975, pp. 247 ss.

WATZLAWICK, P., BEAVIN, J. H., JACKSON, D. D., *Pragmatics of Human Communication*, Nova York, 1967.

WEAKLAND, J. H., "The Double-Bind Theory", in *Fam. Process*, 13, 1974, pp. 269 ss.

WEBER, M., *Gesammelte Aufsätze zur Sozial- und Wirtschaftsgeschichte*, Tubinga, 1924.

____. *Gesammelte Politische Schriften*, org. por WINCKELMANN, J., Tubinga, 1958, 2.ª ed.

____. *Gesammelte Aufsätze zur Religionssoziologie*, vol. 1, Tubinga, 1963, 5.ª ed.

____. *Wirtschaft und Gesellschaft*, org. por WINCKELMANN, J., Colônia, 1964.

____. *Gesammelte Aufsätze zur Religionssoziologie*, vol. 2, Tubinga, 1966a, 4.ª ed.

_____. *Gesammelte Aufsätze zur Religionssoziologie*, vol. 3, Tubinga, 1966b, 4ª ed.

_____. *Methodologische Schriften*, org. e intr. de WINCKELMANN, J., Frankfurt/M., 1968a.

_____. *Gesammelte Aufsätze zur Wissenschaftslehre*, org. por WINCKELMANN, J., Tubinga, 1968b, 3ª ed.

_____. *Die Protestantische Ethik*, org. por WINCKELMANN, J., vol. 2, Hamburgo, 1972, 2ª ed.

_____. *Die Protestantische Ethik*, org. por WINCKELMANN, J., vol. 1, Hamburgo, 1973, 3ª ed.

WEHLER, H. U., *Modernisierungstheorie und Geschichte*, Göttingen, 1975.

WEISGERBER, L., *Die Muttersprache im Aufbau unserer Kultur*, Düsseldorf, 1957.

WEISS, J., *Max Webers Grundlegung der Soziologie*, Munique, 1975.

WELLMER, A., *Die sprachanalytische Wende der Kritischen Theorie*, 1977a, in JAEGGI, HONNETH, 1977.

_____. *On Rationality*, manuscr. Constança, I-IV, 1977b.

_____. *Praktische Philosophie und Theorie der Gesellschaft. Zum Problem der normativen Grundlagen einer kritischen Sozialwissenschaft*, Constança, 1979.

WERNER, H., KAPLAN, B., *Symbolformation*, Nova York, 1963.

WHORF, B. L., *Language, Thought, and Reality*, Cambridge, 1956.

WIENER, N., *Kybernetik, Regelung und Nachrichtenübertragung mit Lebewesen und in der Maschine*, Düsseldorf, 1963.

WIGGERSHAUS, R. (org.), *Sprachanalyse und Soziologie*, Frankfurt/M., 1975.

WILLKE, H., "Zum Problem der Integration komplexer Sozialsysteme", in *KZSS*, 28, 1978, pp. 228 ss.

WILSON, B. R. (org.), *Rationality*, Oxford, 1970.

WILSON, Th. P., "Theorien der Interaktion und Modelle soziologischer Erklärung", in ARBEITSGRUPPE BIELEFELDER SOZIOLOGEN, 1973, pp. 54 ss.

WIMMER, R., *Universalisierung in der Ethik*, Frankfurt/M., 1980.

WINCH, P., *The Idea of a Social Science*, Londres, 1958.

_____. "Understanding a Primitive Society", in WILSON, 1970, pp. 78 ss.

WINCKELMANN, J., *Legitimität und Legalität in M. Webers Herrschaftssoziologie*, Tubinga, 1952.
WINNICOTT, D. W., *The Maturational Process and the Facilitating Environment*, Nova York, 1968.
WISMAN, J. D., "Legitimation, Ideology-Critique and Economics", in *Social Research*, 46, 1979, pp. 291 ss.
WITTGENSTEIN, L., *Philosophische Untersuchungen, Schriften*, vol. 1, Frankfurt/M., 1960.
____. *Philosophische Grammatik, Schriften*, vol. 4, Frankfurt/M., 1969.
____. *Zettel, Schriften*, vol. 5, Frankfurt/M., 1974.
____. *Über Gewissheit*, Frankfurt/M., 1970b.
WOLFF, K. H. (org.), *Essays on Sociology and Philosophy*, Nova York, 1960a.
____. *Émile Durkheim 1858-1917*, Columbus, 1960b.
WOLFF, St., "Handlungsformen und Arbeitssituationen in staatlichen Organisationen", in TREUTNER, E., WOLFF, St., BONSS, W., *Rechtsstaat und situative Verwaltung*, Frankfurt/M., 1978.
WOLIN, Sh. S., "Paradigms and Political Theories", in KING, R., PAREKH, B. C. (orgs.), *Politics and Experience*, Cambridge, 1968.
WUNDERLICH, D. (org.), *Linguistische Pragmatik*, Frankfurt/M., 1972a.
____. "Zur Konventionalität von Sprechhandlungen", 1972b, in id., 1972a, pp. 16 ss.
____. *Grundlagen der Linguistik*, Hamburgo, 1974.
____. *Studien zur Sprechakttheorie*, Frankfurt/M., 1976a.
____. "Skizze zu einer integrierten Theorie der grammatischen und pragmatischen Bedeutung", 1976b, in id., 1966a, pp. 51 ss.
____. "Was ist das für ein Sprechakt?", in GREWENDORF, 1979, pp. 275 ss.
____. "Aspekte einer Theorie der Sprechhandlungen", in LENK, vol. 1, 1980, pp. 381 ss.
WRIGHT, G. H. von, *Explanation and Unterstanding*, Londres, 1971.
____. "Erwiderungen", in APEL et al., 1978, pp. 266 ss.
WRIGHTON, D., "The Problem of Understanding", in *Phil. Soc. Scienc.*, 11, 1981, pp. 49 ss.
WYGOTSKI, L. S., *Denken und Sprechen*, Frankfurt/M., 1961.

YOUNISS, J., "Socialization and Social Knowledge", in SILBEREI-SEN, 1977, pp. 3 ss.

_____. "Dialectical Theory and Piaget on Social Knowledge", in *Human Development*, 1978, pp. 234 ss.

_____. *Parents and Peers in Social Development*, Chicago, 1980.

_____. "A Revised Interpretation of Piaget", in SIGEL, 1981.

ZANER, R. M., "Theory of Intersubjectivity", in *Soc. Research*, 28, 1961, pp. 71 ss.

ZAPF, W. (org.), *Theorien des sozialen Wandels*, Colônia, 1969.

ZAPF, W., "Die soziologische Theorie der Modernisierung", in *Soz. Welt*, 26, 1975, pp. 212 ss.

ZARET, D., "From Weber to Parsons and Schütz: The Eclipse of History in Modern Social Theory", in *AJS*, 85, 1980, pp. 1180 ss.

ZELENY, J., *Die Wissenschaftslogik und das Kapital*, Frankfurt/M., 1973.

ZENZ, G., *Kindesmisshandlung und Kindesrechte*, Frankfurt/M., 1979.

ZIEHE, Th., *Pubertät und Narzissmus*, Frankfurt/M., 1975.

ZIMMERMAN, D. H., "Ethnomethodology", in *The Am. Sociol.*, 13, 1978, pp. 6 ss.

ZIMMERMAN, D. H., POWER, M., "The Everyday World as a Phenomenon", in DOUGLAS, 1971, pp. 80 ss.

ZIMMERMANN, J., *Sprachanalytische Ästhetik*, Stuttgart, 1980.

ÍNDICE ONOMÁSTICO

Os números em **negrito** indicam o volume

Abel, Th. **1** 178
Acham, K. **2** 250
Adler, M. **1** 277, **2** 463
Adorno, Th. W. **1** 21, 226, 261, 266, 294, 322, 380, 591 s., 596, 599, 607 ss., 623, 629 ss., 638 ss., 668 ss., 677 ss., **2** 4, 135, 565, 594, 599 ss., 630, 683 ss., 700, 703
Adriansen, H. P. M. **2** 362
Albert, H. **1** 208, 226
Alexander, J. **2** 362, 433, 450
Alexy, R. **1** 51, 79, 462
Alff, W. **1** 269
Allen, H. M. **2** 623
Allport, G. W. **2** 236
Allwood **1** 567
Alston, P. **1** 218, 514
Anscombe, G. E. M. 1 167
Anthony, E. **2** 699
Apel, K. -O. **1** 14, 21, 35, 51 ss., 143, 197 s., 207 s., 211, 249, 253, 407, 477 s., 481, 483, 567, 647, **2** 169, 717
Arato, A. **1** 611, 627, **2** 693
Arendt, H. **1** 375, **2** 111, 592
Aristóteles **1** 58, 163, 669, **2** 172, 202, 614-5
Arnasson, J. P. **1** 15, 627, **2** 613
Aronovitch, H. **1** 63
Attewell, P. **1** 232
Aune, B. **1** 545
Austin, J. L. **1** 168, 184 s., 482 ss., 485, 500 ss., 508 ss., 551 ss., **2** 7, 124
Auwärter, M. **1** 15, 572

Bach, K. **1 5**66
Backhaus, H. G. 1 614
Bahrdt, H. P. **2** 237
Baier, K. **1** 51, 407, **2** 169
Baier, L. **2** 714
Baldwin, J. **2** 56
Bales, R. F. **2** 450

Ballmer, Th. T. B. **1** 551
Barker, M. **1** 283
Bärmark, J. **1** 143
Barnes, S. H. **2** 706
Barnouw, E. **2** 703
Bartsch, R. **1** 517
Basaglia, F. **1** 635
Baudelaire, Ch. **1** 432
Bauer, O. **2** 627
Baum, R. C. **2** 362, 455, 469, 471, 475, 478, 505, 530 ss.
Baumeister, Th. **1** 661
Baumgartner, H. M. **2** 250
Baxter **1** 443
Beavin, J. H. **1** 480
Beck, G. **1** 479, **2** 128
Beck, M. **1** 226
Beckermann, A. **1** 200, 476
Beitzke, G. **2** 662
Bell, D. **2** 546, 635
Bellah, R. N. **1** 351, **2** 524
Bendix, R. **1** 290, 298, 339, 383, **2** 89, 675
Benhabib, S. **1** 15, 197, **2** 202, 705, 717
Benjamin, W. **1** 639, 658 s., 662, **2** 92, 593, 677, 684 s.
Bennett, J. **1** 477
Berelson, B. **2** 704
Berger, B. **2** 714
Berger, P. L. **1** 154, **2** 254 s., 282, 714
Bernstein, D. **1** 14
Bernstein, R. J. **1** 211, 260, 648, **2** 648
Binkley, T. **1** 570
Birchall, B. C. **2** 200

Birnbaum, N. **1** 266, 591
Bittner, R. **1** 53
Black, M. **1** 38, 545
Blair, J. A. **1** 59
Bloch, E. **1** 659, **2** 594
Bloch, M. **2** 339, 342 s.
Blos, P. **2** 698
Blum **1** 242
Blumenberg, H. **1** 378, 668, 675, 683
Blumer, H. **2** 8, 256
Boas, F. **2** 292
Böckenförde, E. W. **2** 646
Böhler, D. **1** 226, 252 s.
Böhme, G. **1** 381
Boldt, H. **2** 645
Bonß, W. **1** 15, 636, 647, **2** 562, 680, 704 s.
Bottomore, T. **1** 25
Brand, G. **2** 219
Brand, K. W. **2** 707
Brand, M. **1** 476
Brandt, G. **2** 680
Brede, K. **2** 698
Breines, P. **1** 611, 627
Brenner, R. **2** 570
Brentano, L. **1** 333
Broughton, J. M. **1** 136, **2** 182
Brunkhorst, H. **2** 604 s.
Buber, M. **1** 214
Bubner, R. **1** 22, 163, 194, 201, 663, 677, 679
Buck-Morss, S. **1** 642
Bühler, K. **1** 479 ss., 531, 683
Bürger, P. **2** 718
Burger, Th. **1** 283, **2** 377
Burke, P. **1** 119

Burleson, B. R. **1** 60, 78
Busse, W. **1** 479
Byrne, D. F. **1** 62

Campbell, B. G. **1** 554 s.
Carnap, R. **1** 480 s., **2** 7
Carr, D. M. **1** 31, **2** 237
Cassirer, E. **1** 95
Castañeda, H, N. **2** 187
Castoriadis, C. **1** 12
Cavell, St. **1** 36, **2** 124
Churchill, L. **1** 566
Cicourel, A. V. **1** 15, 210, 238
Cimabue **1** 230
Claessens, D. **1** 294
Cohen, J. **2** 387
Cole, M. **1** 96, 539
Collingwood **1** 244
Comte, A. **2** 462
Condorcet **1** 269 ss., 278, 281, **2** 590
Cook, G. A. **2** 8, 168
Coulthard, M. **1** 566
Count, E. W. **2** 43
Cramer, K. **1** 201, 677, 679
Cresswell **1** 563
Cross, J. **1** 96

Daele, W. v. d. **1** 381
Dahmer, H. **1** 617, **2** 683
Dahrendorf, R. **1** 607, 636, **2** 237
Dallmayr, F. R. **1** 208
Dalton, R. J. **2** 706
Damon, W. **2** 71 s., 182, 700
Danto, A. C. **1** 187, **2** 250
Darwin, Ch. **1** 280, 666

Dasen, P. R. **1** 96
Davidson, D. **1** 481
Davidson, P. **2** 692
Davis, St. **1** 481
De Palma, D. **2** 71
Dearden, R. F, **1** 36, 38
Descartes, R. **1** 666
Dewey, J. **1** 211
Diederich, W. **1** 22, 208
Dilthey, W. **1** 150, 205, 207, 282 s., 610, **2** 366
Dixon, K. **1** 111
Döbert, R. **1** 15, 23, 134, 143, 351, 408 s., **2** 62, 182, 529, 698, 700
Doise, W. **2** 56
Douglas, J. D. **1** 233, 237, **2** 256
Douglas, M. **2** 345
Dreier, R. **1** 462
Dreitzel, H. P. **2** 237
Dreyfuss, H. **2** 403
Dubiel, H. **1** 15, 593, 630, 634, 664, **2** 680 s.
Dubin, R. **2** 363, 434, 446 ss.
Dülmen, R. van **1** 358, 410
Dummett, M. **1** 481, 547 ss.
Durkheim, E. **1** 11, 66, 95, 102, 166, 259, 261, 339, 686, **2** 3 ss., 52, 56, 85 ss., 106 ss., 127 ss., 140 ss., 164, 166 ss., 171, 176, 181, 196, 203, 207 ss., 217, 245, 255, 263 ss., 281, 313 s., 317, 335, 344 s., 359 s., 367 s., 374 ss., 385 ss., 389, 435, 515, 521, 547, 595, 597, 641, 679, 720, 737

Ebeling, H. **1** 666, 668 s.
Eberle, F. **1** 615
Eccles, J. C **1** 149 ss., 162
Eckberg, D. L. **1** 209
Edelmann, M. **2** 623
Eder, K. **1** 15, 98, 351, 361, 451, 462
Effeat, A. **2** 455
Eibl-Eibesfeld, I. **2** 104
Eichendorff, J. v. **1** 672
Einstein, A. **1** 260
Eisen, A. **1** 307, 317
Eisenstadt, S. N. **2** 339
Ekeh, P. P. **1** 164
Eley, L. **2** 237
Elkana, Y. **1** 648 s.
Elkind, D. **1** 143
Elster, J. **2** 384
Engels, F. **1** 277, **2** 628
Enzensberger, H. M. **2** 704
Erikson, E. H. **2** 698
Espinosa, B. de **1** 667
Etzioni, A. **2** 275
Euchner, W. **1** 458
Evans-Pritchard, E. E. **1** 95, 114 ss., 121 ss., 693 s., **2** 293, 306 s.
Evans, G. **1** 547

Faber, M. **2** 226
Fahrenbach, H. **1** 51
Fairbane, W. R. D. **2** 699
Fales, E. **1** 111
Farrell, Th. B. **1** 477
Feher, P. **1** 611
Feleppa, R. **1** 226
Fenn, R. K. **2** 526

Ferber, Chr. v. **2** 650
Ferrarotti, F. **2** 527
Fetscher, I. **1** 458
Feuerbach, L. **1** 666, **2** 138
Feyerabend, P. **1** 208, 648
Filloux, J. C. **2** 97
Fine, B. **2** 570
Finger, P. **2** 662
Finnegan, R. **1** 95, 98, 111, 127
Finocchiaro, M. A. **1** 65
Firth, R. **2** 289
Fischer, W. R. **1** 78
Flavell, J. H. **1** 135, **2** 61
Fleischmann, E. **1** 285
Foley, J. **2** 71
Føllesdal, D. **1** 535
Fortes, M. **2** 285, 306 s.
Foucault, M. **1** 635, **2** 294
Francesca, P. de la **1** 294
Frank, A. G. **2** 570
Frankenberg, G. **1** 15, 391, **2** 668 ss.
Frazer, J. G. **1** 125, 695, **2** 108
Frege, G. **1** 149, 481 s., 514, 681
Frenkel-Brunswick, E. **1** 637
Frentz, Th. S. **1** 477
Freud, A. **2** 699
Freud, S. **1** 55, 259, 666, 673, **2** 19, 66, 72, 109, 360, 367, 435, 699
Freyer, H. **1** 150, 266
Friedman, S. **2** 339
Friedrichs, R. W. **1** 25
Fromm, E. **1** 636, 2 682
Fuhrmann, M. **1** 253
Furth, H. G. **1** 135, **2** 72, 700

Gabriel, K. **2** 282, 557, 559, 564 s.
Gadamer, H. G. **1** 19, 110, 205, 207, 248 ss., **2** 564
Gäfgen, G. **1** 164
Galileu **1** 373
Gardiner, P. **2** 250
Garfinkel, H. **1** 166, 226, 232 s., 238, 240 ss.
Gaudet, H. **2** 704
Gay, J. **1** 96
Geach, P. **2** 189
Gehlen, A. **1** 588 **2** 24, 135, 197, 268
Gellner, E. **1** 127 ss.
Geraets, F. **1** 268
Gerth, H. **1** 172
Gethmann, C. F. **1** 570
Geulen, D. **1** 165
Giddens, A. **1** 205, 209 s., 591
Giegel, H. J. **1** 176
Giotto **1** 294
Gipper, H. **1** 183, **2** 228
Girndt, H. **1** 487
Gitlin, T. **2** 703
Glick, J. **1** 96
Glock, Ch. Y. **2** 361
Gluckmann, M. **2** 294
Godelier, M. **1** 97 ss., **2** 304
Goffman, E. **1** 165 s., 174 ss.
Goldmann, A. J. **1** 188
Goldscheid, R. **2** 309
Goldthorpe, J. H. **1** 237 s.
Gorz, A. **2** 713
Gould, M. **1** 15, **2** 455, 505
Gouldner, A. W. **1** 226, **2** 462, 674, 703

Graham, K. **1** 540
Grathoff, R. **2** 232
Graumann, C. F. **2** 237
Grene, M. **2** 403
Grenz, F. **1** 629, 643, 655, 660, 662
Grewendorf, G. **1** 517, 540, 551, 554, 563
Grice, H. P. **1** 183, 477, 539, 567
Griesebach **1** 214
Griessinger, A. **2** 580
Groethuysen, B. **1** 405 ss.
Großklaus, G. **1** 91
Gruber, M. **2** 575
Gruenberg, B. **2** 674
Grünberger, J. **2** 557
Guggenberger, B. **2** 714
Guldimann, T. **2** 650
Gulliver, P. H. **2** 317
Gumbrecht, H. U. **1** 383, **2** 577
Gumperz, J. J. **1** 567
Gurland, A. R. **1** 634
Gurwitsch, A. **2** 218
Gustafson, D. **1** 545

Haan, N. **2** 700
Habermas, J. **1** 20, 23 ss., 28, 51, 55, 60, 63, 79, 111, 120, 143, 146, 201 ss., 208, 226, 253, 266, 268, 277, 336, 461 ss., 478, 483, 501, 511, 526, 567, 572, 600, 627 s., 632, 639, 647, 649, 659, 661, **2** 31, 62, 88, 169, 178, 180, 182, 198, 202, 269, 303, 316, 530, 567, 592 s., 604, 613,

620, 622, 634, 674, 688, 699 s., 714, 720, 724
Hacker, P. M. S. **1** 176, 550
Halliday, M. A. K. **1** 566
Hammond, Ph. E. **2** 361
Hampshire, St. **1** 53, 545
Hanisch, R. M. **1** 566
Hare, R. M. **1** 46, 407, **2** 169
Harré, R. **1** 134, 165, 176, 183, **2** 403
Harten, H. Chr. **2** 56
Hartmann, N. **1** 150 s.
Hartung, H. **1** 226
Hazelrigg, E. **2** 387
Heal, J. **1** 477
Hedenius **1** 563
Hegel, G.W.F. **1** 10, 77, 276 s., 458, 592, 613 s., 621 ss., 630, 633, 640, 642 s., 648 s., 658, 661, 666 s., 686, **2** 3 s., 177 s., 197, 361, 366, 609 s., 614 s., 720
Hegselmann, R. **1** 51
Heidegger, M. **1** 205, 207, 253, 642, 663, 665, 677, **2** 82, 135, 268
Heistermann, W. **1** 226
Held, D. **1** 146, 419, 539, 593
Heller, A. **1** 611 **2** 613
Heller, H. **2** 642
Henle, P. **1** 183
Hennis, W. **1** 24
Henrich, D. **1** 665 s., 675, **2** 184 ss., 189 s.
Herborth, F. **1** 14
Herder, J. G. **2** 135, 614
Hering, U. **1** 14

Hertzberg, L. **1** 111
Hesse, M. **1** 208 s., 648
Hildebrandt, K. **2** 706
Hill, L. **1** 209
Hintze, O. **1** 339
Hirsch, J. **2** 707 s.
Hirst, D. H. **1** 36, 38
Hobbes.Th. **1** 458, 666, **2** 146, 366, 381 s., 385, 643 ss.
Hoberg, R. **2** 228
Höffe, O. **1** 51, 169
Hohl, H. **2** 219
Holenstein, E. **1** 480
Hollis, M. **1** 116
Hölscher, L. **2** 577
Hondrich, K. O. **2** 674
Honneth, A. **1** 14, 351, 663, **2** 604, 609, 613, 680, 704 s.
Horkheimer, M. **1** 261, 266 ss, 591 s., 593 ss., 621, 629 ss., 639 ss., 644 ss., 664 ss., 677, 680, **2** 546, 599 ss., 633, 680 s., 683 s., 687, 700, 718, 723 s.
Hörmann, H. **1** 480
Horster, D. **1** 615
Horton, R. **1** 95, 98, 111, 123 ss., 130 s.
Howe, R. H. **1** 283
Huber, J. **2** 708, 713
Humboldt, W. v. **2** 24, 228
Hume, D. **1** 276
Hummel, R. P. **2** 547
Hurrelmann, K. **1** 23, 2 56
Husserl, E. **1** 149, 205, 207, 214, 231, 240, 253, 308, 380, **2** 218, 226, 228, 236 ss., 242, 253 s., 262, 366, 463

Hutcheson, P. **1** 214, **2** 237
Hymes, D. **1** 567

Inglehart, R. **2** 706
Isenberg, A. **1** 53

Jackson, D. D. **1** 480
Jacobs, St. **1** 566
Jacobson, E. **2** 182, 699
Jacquette, D. **2** 62
Jaeggi, U. **1** 351, **2** 604, 609, 613
Jakobson, R. **1** 480, 483
James, W. **2** 132
Janik, A. **1** 49, 62
Jarvie, I. C. **1** 111, 148, 154 ss., 163
Jauss, H. R. **1** 253
Jay, M. **1** 593
Jefferson, E. **1** 562
Jensen, St. **2** 496
Jensen, U. J. **1** 134
Joas, H. **1** 165, 2 8, 56, 168
Johnson, R. H. **1** 59
Jonas, F. **1** 24 s.

Kaase, M. **2** 706
Kaiser, G. **1** 658
Kalberg, St. **1** 266, 307
Kambartel, F. **1** 51, 407, **2** 169
Kanitschneider, B. **1** 21
Kanngiesser, S. **1** 477
Kant, **1** 11, 269 ss., 273, 276, 283, 407, 458, 594 s., 613, 648, 651, 666 s., 673, 686, **2** 3, 88, 100, 169 ss, 361, 458 s., 525, 647, 747

Kaplan, B. **1** 136
Käsler, D. **1** 266, 287, 411, **2** 8, 87
Katz, E. **2** 704
Kautsky, K. **1** 277, **2** 303
Keagan, R. G. **2** 182, 699
Keasy, C. B. **2** 62
Kekes, J. **1** 111
Keller, M. **2** 61
Kellner, D. **2** 703 s.
Kellner, H. **2** 8, 714
Kenny, A. **1** 168, 482
Kernberg, O. **2** 699
Kesselring, Th. **2** 720
Kety, S. S. **1** 573
Keynes, J. M. **2** 692
King, P. **1** 260
Kippenberg, H. G. **1** 96
Kirchheimer, O. **1** 634, **2** 641, 681, 684
Kirsch, E. **1** 15, 572
Kitchener, R. F. **2** 720
Klein, W. **1** 64 ss.
Kluge, A. **2** 704
Knauer, J. T. **2** 592
Knödler-Bunte, E. **1** 14
Kohlberg, L. **1** 15, 319, **2** 314
Kohut, H. **2** 697, 699
Koipernik, C. **2** 699 s.
Kondylis, P. **2** 594
König, R. **1** 378, 2 87
Korsch, K. **1** 277
Koselleck, R. **2** 250
Koyré, A. **1** 378
Krahl, H. J. **1** 614
Kramer, F. **2** 281, 291, 294 s., 307

Krappmann, L. **2** 182, 302
Kreckel, M. **1** 554 ss., 567
Kregel, J. A. **2** 692
Krelle, W. **1** 164
Kreppner, K. **1** 210
Kriedte, P. **2** 595
Krikorian, Y. H. **1** 644
Krohn, W. **1** 381 s.
Kuhlmann, W. **1** 226, 244, 247 s.
Kuhn, H. **2** 226
Kuhn, Th. **1** 22, 208 s., 648
Kulenkampff, J. **1** 661
Kummer, W. **1** 566
Kurdek, L. A. **2** 77

Laaser, A. **2** 661 s.
Laing, R. D. **1** 635
Lakatos, I. **1** 22, 208, 648
Landgrebe, L. **2** 218
Landshut, S. **1** 265
Lange, E. M. **2** 606, 685
Lash, Ch. **2** 697
Lask, E. **1** 641
Laslett, P. **1** 260
Lau, R. R. **2** 623
Lazarsfeld, P. **2** 704
Leach, E. **2** 292, 294, 344
Lederer, R. **1** 428, **2** 198
Lederman, B. **2** 106
Leibniz, G. W. **1** 667
Leist, A. **1** 478, 536 ss.
Lemmon **1** 563
Lênin, W. I. **1** 66
Lenk, H. **1** 166, 169, 554
Lepenies, W. **1** 97
Lepsius, R. **2** 674 s.

Lévi-Strauss, C. **1** 97 s., 102, 458, **2** 412
Levinson, P. J. **1** 637
Levita, D. J. de **2** 182
Levy-Bruhl, L. **1** 95
Lewin, K. **2** 236
Lewis, D. **1** 477, 563, **2** 384
Lidz, Ch. W. **2** 370, 456
Lidz, V. M. **2** 362, 370, 456, 473 s.
Lindsey, G. **1** 165
Lippitz, W. **2** 219
Litt, Th. **1** 150
Lloyd, B. B. **1** 96
Locke, D. **2** 185
Locke, J. **1** 458, 669, **2** 383 ss.
Loevinger, J. **2** 182
Lohmann, G. **2** 604, 608 s., 614, 617
Looser, M. **1** 14, **2** 699
Lorenzen, P. **1** 201, 407, **2** 169
Lorenzer, A. **1** 202, 2 699
Loubser, J. J. **2** 362, 455 s., 469
Löwenthal, L. **2** 594, 684 s., 695
Löwith, K. **1** 265, 591
Luce, R. D. **1** 164
Luchesi, B. **1** 96
Luckmann, Th. **1** 154, **2** 232, 234 ss, 238 ss., 254 s., 281 s., 286, 306, 563 s.
Luhmann, N. **1** 39, 79, 268, 308, 461 s., 680 s., **2** 157, 198, 209, 238, 279, 310 s., 330, 362, 380, 429, 474 s., 479
Lukács, G. **1** 261, 277, 591 ss., 595, 609 ss., 617 ss., 629,

631 ss., **2** 217, 338, 594,
  598 ss., 633, 683, 685
Lukes, St. **1** 111 ss., 142 s.,
  2 87, 202
Luxemburg, R. **1** 631

MacIntyre, A. **1** 112 s., 125 s.,
  133 s., 142, 203, 255, 308,
  663
Mahler, M. **2** 699
Maier, F. **2** 56
Maier, H. **1** 24
Mair, L. **2** 288, 293, 296, 317 ss.,
  344, 346
Malinowski, B. **1** 100, **2** 291,
  391
Mannheim, K. **1** 110
Manninen, J. **1** 197
Marcus, St. **2** 628
Marcuse, H. **1** 267, 411, 632,
  634, 661, **2** 630, 634, 682 ss.
Markowitz, J. **2** 237
Markus, G. **1** 611, **2** 613
Marquard, O. **2** 184, 197
Martin, R. **2** 382
Martinich, A. P. **1** 539
Marx, K. **1** 10 s., 259, 265 ss.,
  276, 289, 339, 346, 391,
  591 ss., 611, 613 ss., 621,
  624 ss., 631 s., 649, 659,
  666 s., 686
Maryl, W. M. **1** 319
Matthes, J. **2** 674
Mattik, P. **1** 615
Maus, I. **2** 645
Mauss, M. **2** 292
Maxwell, J. C. **1** 260

Mayer, H. **2** 594
Mayntz, R. **2** 554
Mayol, W. W. **2** 679
McCall, G. J. **1** 165
McCarthy.Th. A. **1** 10, 15, 111,
  208, 256, 419
McDonald, M. **1** 53
McDowell, J. **1** 547
McHugh.P. **1** 237, 242, **2** 219
McKinney, J. C. **2** 274, 469
McPhail, C. **2** 8
McPherson, C. B. **1** 458
Mead, G. H. **1** 11, 166, 184,
  259, 261, 672, 686, **2** 6 ss.,
  14 ss., 38ss., 50 ss., 60 ss.,
  65 ss., 70 ss., 80 ss., 94,
  100 s., 109 ss., 118, 127,
  129, 136, 140 ss., 157 s.,
  167 ss., 183 ss., 193 ss.,
  196 ss., 201 ss, 207, 215,
  238, 251, 256, 262 ss.,
  266 ss., 313, 361, 368, 521,
  547, 595, 679, 699, 720
Medick, H. **2** 595
Meggle, G. **1** 187, 476 s.
Meinfeld, W. **1** 239
Menne, K. **2** 699
Menzies, K. **2** 362 s.
Merelman, R. M. **2** 698
Merleau-Ponty, M. **1** 610, 626 s.
Meuschel, S. **1** 15
Meyer-Fortes **2** 284, 296
Meyer, M. **1** 503
Mill, J. **1** 431
Millar, J. **2** 208
Miller, D. **2** 8
Miller, D. R. **2** 699

Miller, M. **1** 15, 64, **2** 56
Mills, C. W. **1** 28, 172, 2 675, 703 s.
Misch, G. **1** 207
Mischel, Th. **1** 202
Moersch, E. **2** 699
Mohl, R. v. **2** 645
Mommsen, W. **1** 605, 607 s.
Moore, G. E. **1** 540, 579 , **2** 675
Mörchen, H. **1** 663
Morgan, J. L. **1** 539
Morgenstern **1** 166
Morin, E. **2** 43
Morris, Ch. W. **1** 480, **2** 7, 31 s
Mounce, H. O. **2** 219
Mugney, G. **2** 56
Mulligan, G. **2** 106
Münch, R. **2** 361 s., 433, 460, 534 ss., 537 ss.
Munitz, M. K. **2** 189
Murphy, L. B. **2** 699
Musgrave, A. **1** 22, 208

Naegele, K. D. **2** 432
Narr, W. D. **2** 624
Natanson, M. **2** 8, 286
Naumann, J. **2** 496
Needham, J. **1** 372 s.
Negt, O. **1** 614, **2** 704
Nelson, B. **1** 372, 377
Neuendorff, H. **1** 24, 28, 684
Neumann, F, **1** 166, 634, **2** 644, 681, 684
Newcomb, Th. W. **2** 236
Newton, I. **1** 260, 621, **2** 715
Nielsen, K. **1** 111

Nietzsche, F. **1** 285, 431 s., 666, **2** 135
Nisbet, R. **1** 25, 2 87
Norman, R. **1** 46, 179
Norrick, N. R. **1** 545
Nowell-Smith **1** 46
Nunner-Winkler, G. **1** 15, 23, 143, **2** 62, 182, 698, 700

Oelmüller, W. **1** 51, 256, 407
Oevermann, U. **1**, 15, 23, **2** 56, 180, 638
Offe, C. **1** 15, 2 604, 619 ss., 622, 624, 704, 713
Olbrechts-Tyteca, L. **1** 63, 65
Oldemeyer, E. **1** 91
Opp, K. D. **2** 674
Osterland, A. **2** 699

Pannenberg, W. **1** 253
Parekh, B. C. **1** 260
Parret, H. **1** 478
Parsons, T. **1** 9, 11, 25, 158, 165 s., 173, 259, 261, 289, 322, 339, 588, 592, **2** 87, 98, 106, 109236, 255, 274 s., 276, 279, 299, 302, 323, 355, 359 ss., 368 ss., 403 ss., 428 ss., 480 ss., 487 ss., 512 ss., 545 ss., 549, 572, 577 ss., 583, 593, 605, 608 ss., 616, 676
Patterson, J. W. **1** 391
Patzig, G. **1** 50
Peirce, Ch. S. **1** 91, 211, 480, 667, **2** 7 ss., 132
Perelman, Ch. **1** 63, 65

Perret-Clermont, A. N. **2** 56
Peters, R. S. **1** 36, 38
Pethran, I. **1** 14
Pfaff, P. **1** 53
Philipps, D. L. **2** 219
Piaget, J. **1** 42, 96, 99, 134 ss., 140, 259, 319, **2** 19, 56 s., 61, 83, 370, 456, 700, 720
Pitkin, H. **2** 219
Pitschas, R. **2** 654
Pitts, J. R. **2** 432
Planck, M. **1** 260
Platão, **1** 669, , **2** 131, 431
Platt, M. **2** 430 s., 445, 454, 469, 515 s., 523, 530
Plessner, H. **2** 237
Polanyi, K. **2** 295
Polanyi, M. **2** 403
Pole, D. **1** 36
Pollner, M. **1** 40, 42 s.
Pollock, F. **1** 634, **2** 681
Pope, W. **2** 387
Popitz, H. **2** 237
Popper, K. R. **1** 75, 123, 130, 148 ss., 158 ss., 162 s., 208, 600
Pothast, U. **1** 677, 680
Power, M. **1** 168, 233, 239
Preuss, U. K. **2** 644
Prewo, R. **1** 348

Radcliffe-Brown, A. R. b 317
Radnoti, R. **1** 611
Raiffa, H. **1** 164
Raiser, K. **2** 8
Ranke, L. v. **1** 282
Raschke, J. **2** 710

Rawls, J. **1** 51 ,407, **2** 169, 525
Reck, A. J. **2** 8
Reichardt, R. **1** 383
Reichelt, H. **1** 614
Reichenbach, H. **2** 7
Reidegeld, E. **2** 650, 652 s.
Reiss, D. **1** 573
Renner, K. **2** 627
Reuter, L. R. **2** 667, 669
Rexroat, C. **2** 8
Rhees, R. **2** 219
Rickert, H. **1** 207, 283, 336, **2** 413, 463
Ricoeur, P. **1** 55
Rieber, R. W. **1** 136
Rieke, R. **1** 49, 62
Riesman, D. **1** 606
Ritter, H. H. **1** 97
Ritter, J. **1** 645
Roberts, P. C. **2** 692
Roche, M. **1** 185
Rödel, U. **1** 15 , 391, **2** 650
Rodenstein, M. **2** 650
Rohrmoser, G. **1** 658, **2** 197
Rommetveit, R. **1** 567
Rootes, Ch. A. **2** 698
Rorty, R. **1** 20, 119, **2** 718
Rose, A. M. **2** 256
Rose, G. **1** 643
Rosenberg, B. **2** 703
Rosenstock-Huessy **1** 214
Rosenzweig, F. **1** 214
Rotenstreich, N. **1** 136
Roth, G. **1** 287, **2** 89
Roth, R. **2** 707, 713
Rothacker, E. **1** 285, 365
Rottek, K. v. 2 645

Rousseau, J. J. **1** 458, 622, **2** 149, 647
Rowland, M. J. **2** 339
Runciman, W. G. **1** 260
Rüsen, J. 1 110, **2** 250
Ruskin, J. M. **1** 573
Ryan, A. **1** 260, **2** 269
Ryle, G. **1** 31

Sacks, H. **1** 562
Santo Agostinho **2** 20
Sarbin, Th. R. **1** 165
Saussure, F. de **2** 412
Savigny, E. v. **1** 31, 218
Savigny, F. K. v. **1** 282
Schadewaldt, W. **1** 19
Schapp, W. **2** 271
Schegloff, E. **1** 562
Scheit, H. **1** 91
Schelbert, T, **1** 480
Scheler, M. **2** 83
Schelling, Fr. W. J. v. **1** 627, 667
Schelling, W. A. **1** 55, 202
Schenken, J. **1** 566
Scheuner, U. **2** 667
Schiffer, St. R. **1** 477, 517, 563
Schiller, F. **1** 622
Schiller, F. C. **2** 132
Schilp, P. A. **1** 149
Schimbohm, J. **2** 595
Schleich, Th. **1** 383
Schlieben-Lange, B. **1** 479, 502
Schluchter, W. **1** 318 s., 325, 337, 358, 368, 370, 395, 398 s., 408, 450 ss., 465, 489, 591, **2** 314, 363, 546, 568

Schmidt, A. **1** 614, 630
Schmidt, G. **1** 287
Schmitt, C. **2** 222, 524
Schmucker, J. F. **1** 651 s., 658, 662
Schnädelbach, H. **1** 56, 647
Scholem, G. **1** 659
Schönrich, G. **1** 257
Schröter, K. **1** 572
Schumpeter, J. A. **2** 309, 483
Schütz, A. 1 40, 154, 159, 228 ss., 580, **2** 225, 228, 232, 234 ss., 254, 262, 302, 723
Schütze, F. **1** 184, 239
Schwab, M. **1** 505, 518, 528, 2 60
Schwemmer, O. **1** 51, 201
Schweppenhäuser, H. 1 629
Searle, J. R. **1** 14, 482, 501, 516 s., 540, 552 ss., 557, 559 ss., 570, 578 ss., **2** 240, 403
Sears, D. O. **2** 623
Secord, P. F. **1** 165, 176, 183
Seidman, St. **2** 575
Selman, R. **2** 62, 700
Seyfarth, C. **1** 266, 287, 307, 351, 591
Shapera **2** 292
Sharp, D. 1 96
Shils, E. **2** 432
Shubik, M. **1** 164
Shwayder, D. S. **1** 503, **2** 31
Sigrist, Ch. **2** 284, 291, 294 s., 307
Silbereisen, R. **2** 62
Simitis, S. **2** 662 ss.

Simmel, G. **1** 617, **2** 463
Simmons, J. L. **1** 165
Simon, H. **1** 164
Singer, M. **1** 407, **2** 169
Skinner, Q. **1** 260
Skjervheim, H. **1** 211 ss.
Sklair, L. **1** 279
Smelser, N. J. **2** 447, 450, 467
Smend, R. **2** 642
Smith, A. **2** 208, 724 s.
Smythe, D. **2** 703
Snell, B. **1** 19
Socrátes **2** 137
Sohn-Rethel, A. **1** 483, $06
Söllner, A. **1** 634, **2** 681
Spaemann, R. **1** 645, **2** 198
Spencer, H. **1** 279 s., **2** 97, 208 ss., 374, 385
Spengler, T. **1** 373
Springer, W. **1** 239
Sprondel, M. **1** 266, 307, 351, 591
Stahl, F. J. **2** 645 s.
Stammer, O. **1** 266, 411
Stammler, R. **1** 343
Stavenhagen, K. **2** 237
Stegmüller, W. 1 39
Steiner, F. **2** 295
Steinert, H. **1** 166
Steinfels, P. **1** 427
Stempel, W. D. **2** 250
Stenius, E. **1** 482, 535
Stephan, P. M. **1** 226
Stierle, K. **2** 184
Stille, F. **2** 650
Strasser, H. **1** 269
Strauss, A. **2** 8, 256

Strauss, L. **1** 412
Strawson, P. **1** 257, 506, 508, 550
Sullivan, H. S. **2** 182
Sullivan, W. M. **1** 51
Swanson, G. E. **2** 699
Sweezy, P. **2** 570
Swidler, A. **1** 307

Tambiah, S. J. **1** 98
Taylor, Ch. **1** 15, 178, 183, **2** 5614
Taylor, P. W. **1** 85
Tenbruck, F. J. **1** 349 ss., **2** 237
Theunissen, M. **1** 10, 214, 277 **2** 228, 237
Thomas, W. I. **1** 278
Thompson, E. P. **2** 595, 677, 695
Thompson, J. **1** 419, 539
Tiedemann, R. **1** 629
Tillich, P. **2** 456
Tilly, Ch. **2** 580
Tiryakian, E. A. **2** 274, 469
Tohidipur, M. **2** 645
Tönnies, F. **2** 406
Topitsch, E. **1** 226
Toulmin, St. **1** 49, 59, 62 ss., 71 s., 74 ss., 648
Treutner, E. **2** 562
Troeltsch, E. **1** 110, 398
Tugendhat, E. **1** 15, 83, 253, 391, 514, 541 ss., 547, 678 s., 682, **2** 7, 13, 20, 25 s., 53, 59, 134, 185 ss.
Tuoemala, R. **1** 197
Turiel, E. **2** 71

Turner, R. H. **2** 256
Tyler, T. R. **2** 623

Uexküll, J. v. **2** 16
Ulmer, K. **2** 219

Valin, R. D. van **1** 578
Vanini, L. **1** 660
Vigotski, L. S. **2** 20
Vinci, L. da **1** 373
Voegelin, E. **1** 645
Vogel, U. **1** 307
Vogler, P. **2** 282, 564
Voigt, R. **2** 641, 650, 652 ss., 668
Völzing, V. L. **1** 58, 82
Voort, W. van de **2** 56

Wallerstein, I. **2** 570
Walton, D. **1** 476
Warner, R. St. **2** 387
Warnock **1** 563
Watzlawick, P. **1** 480
Weakland, J. H. **1** 573
Weber, M. **1** 11, 29 s., 66, 97, 134, 142, 161, 173, 197 ss, 219, 228, 259, 261 s., 265 ss., 281 ss., 287 ss, 291 ss., 335 ss., 381, 383 ss., 420 ss., 426 ss., 475, 486 ss., 567, 581, 585 ss., 593 ss., 629 ss., 686 **2** 4, 89, 93, 105, 142, 146, 148, 162, 253, 266 s., 278, 302, 331, 336, 341, 345, 351, 359 s., 366 s., 371, 374, 376, 385, 387, 406 s., 413, 435, 451, 453, 455, 460, 480, 510, 515, 519 s., 525 ss., 534 ss., 540 s, 545 ss., 592 ss., 598 ss., 616, 634, 641, 675, 679, 690, 715, 720
Wehler, H. U. **1** 389, **2** 675
Weisgerber, L. **2** 228
Weiss, J. **1** 318
Wellmer, A. **1** 4, 15, 111, 142 ss., 148, 266, 628, 632, **2** 200, 269
Weymann, A. **1** 239
White, A. R. **1** 50
White, D. **2** 703
Whitehead, A. N. **2** 631
Whorf, B. L. **1** 183
Widmann, A. **1** 14
Wiehl, R. **1** 201, 677, 679
Wiener, N. **1** 668
Wiggershaus, R. **1** 185
Wiggins **1** 563
Willke, H. **2** 274
Wilson, B. R. **1** 11 s., 115 ss., 124,
Wilson, Th. P. **1** 236
Wimmer, R. **1** 51, 407, 2 **169**
Winch, P. **1** 97, 111 ss., 115 ss., 127, 129 s., 132 ss., 142 ss., 207, 211 **2** 34, 219
Winckelmann, J. **1** 378, 462
Windelband, H. **1** 207, 283
Winnicott, D. W. **2** 182
Wisman, J. D. **2** 692
Wittgenstein, L. **1** 36, 116, 119, 176, 185, 189, 207, 218, 481, 482, 485, 514, 542, 545, 550, 579 s., 681 **2** 7, 11, 33 ss., 42 s., 124, 159, 219

Wolff, K. H. **2** 97
Wolff, St. **2** 561 s.
Wolin, Sh. S **1** 260
Wright, G. H. v. **1** 167, 197 s.
Wrighton, D. **1** 226
Wunderlich, D. **1** 501, 512, 516, 554 s., 562

Youniss, J. **2** 57, 62

Zapf, W. **1** 389
Zaret, D. **2** 302
Zeleny, J. **1** 615
Zenz, G. **2** 662, 664 ss.
Ziehe, Th. **2** 698
Zilsel, E. **1** 382
Zimmerman, D. H. **1** 232 s., 239 s., **2** 256
Zimmermann, J. **1** 90

SUMÁRIO

VOLUME 1
RACIONALIDADE DA AÇÃO E RACIONALIZAÇÃO SOCIAL

Apresentação à edição brasileira.................................. VII
Prefácio à terceira edição 3
Prefácio à primeira edição 9

I. INTRODUÇÃO: ACESSOS À PROBLEMÁTICA DA RACIONALIDADE

Consideração preliminar: O conceito de racionalidade na sociologia 19
1. "Racionalidade" – uma determinação conceitual provisória... 31
    (1) Possibilidade de crítica a ações e asserções .. 35
    (2) O espectro de externações criticáveis............ 43
    (3) Excurso sobre a teoria da argumentação
    Argumentação como processo, procedimento e produto – Perspectiva interna *versus* externa – Formas de argumentação *versus* cam-

      pos de argumentação – Pretensões de validade e tipos de argumentação 57
2. Alguns traços da compreensão de mundo mítica e moderna... 92
    (1) Estruturas da compreensão de mundo mítica segundo M. Godelier................................... 97
    (2) Diferenciação entre campos de objetos *versus* diferenciação entre mundos 102
    (3) O debate inglês sobre a racionalidade a partir de P. Winch: argumentos favoráveis e desfavoráveis a uma postura universalista.......... 110
    (4) O descentramento de imagens de mundo (Piaget). Introdução provisória do conceito de mundo da vida.. 132
3. Referências de mundo e aspectos da racionalidade do agir em quatro conceitos sociológicos de ação 147
    (1) A teoria dos três mundos de Popper e uma aplicação sob o ponto de vista da teoria da ação (I. C. Jarvie).. 149
    (2) Três conceitos de ação, diferenciados conforme referências ator-mundo 163
      (a) Agir teleológico (estratégico): ator-mundo objetivo... 167
      (b) Agir regulado por normas: ator-mundo social e objetivo 170
      (c) Agir dramatúrgico: ator-mundo subjetivo e objetivo (inclusive dos objetos sociais) 174
    (3) Introdução provisória do conceito de "agir comunicativo".. 182
      (a) Observações sobre o caráter de ações autônomas (ações – movimentos corporais – operações)... 185
      (b) Referências reflexivas ao mundo no agir comunicativo 190

4. A problemática da compreensão de sentido nas ciências sociais 196
   (1) A partir da perspectiva da teoria das ciências . 205
       (a) Concepções dualistas de ciência 207
       (b) O acesso compreensivo ao campo de objetos 211
       (c) O intérprete advindo das ciências sociais como participante virtual 215
       (d) Inevitabilidade de interpretações racionais . 221
   (2) A partir da perspectiva da sociologia compreensiva 226
       (a) Fenomenologia social 228
       (b) Etnometodologia. O dilema entre absolutismo e relativismo 232
       (c) Hermenêutica filosófica. Leitura tradicionalista e leitura crítica 243
   Visão de conjunto sobre a construção do livro .. 253

II. A TEORIA DA RACIONALIZAÇÃO DE MAX WEBER

Consideração preliminar: o contexto histórico e científico 265
1. Racionalismo ocidental 287
   (1) As manifestações do racionalismo ocidental .. 289
   (2) Conceitos de racionalidade 305
   (3) O teor universalista do racionalismo ocidental. 323
2. O desencantamento das imagens de mundo religioso-metafísicas e o surgimento de estruturas de consciência modernas 335
   (1) Ideias e interesses 337
   (2) Fatores internos e externos do desenvolvimento das imagens de mundo 348
   (3) Aspectos de conteúdo das religiões mundiais . 358

    (4) Aspectos estruturais: desencantamento e configuração sistemática 365
    (5) Desencantamento e compreensão do mundo moderno 377
3. Modernização como racionalização social: o papel da ética protestante 383
    (1) A ética profissional protestante e o modelo autodestrutivo da racionalização social 393
    (2) O teor sistemático da "consideração intermediária" 411
4. Racionalização do direito e diagnóstico do presente 426
    (1) Os dois componentes do diagnóstico do presente: perda de sentido e perda de liberdade . 427
    (2) Racionalização ambígua do direito: 444
        (a) Direito como corporificação de uma racionalidade prático-moral 444
        (b) Direito como instrumento de organização . 457

III. PRIMEIRA CONSIDERAÇÃO INTERMEDIÁRIA: AGIR SOCIAL, ATIVIDADE TELEOLÓGICA E COMUNICAÇÃO

Observação preliminar sobre a teoria analítica do significado e da ação 475
    (1) Duas versões da teoria weberiana da ação ... 486
    (2) Orientação pelo êxito *versus* orientação pelo entendimento. O valor posicional 496
    (3) Significado e validade. O efeito vinculativo ilocucionário das ofertas de atos de fala 511
    (4) Pretensões de validade e *modi* da comunicação. Discussão de objeções 529
    (5) Sobre a classificação de atos de fala (Austin, Searle, Kreckel). Tipos puros de interações mediadas pela linguagem 551

(6) Pragmática formal e empírica. Significado literal *versus* significado vinculado ao contexto: o pano de fundo do saber implícito 566

IV. DE LUKÁCS A ADORNO:
RACIONALIZAÇÃO COMO REIFICAÇÃO

Consideração preliminar: racionalização de mundos da vida *versus* complexidade crescente de sistemas de ação 585
1. Max Weber na tradição do marxismo ocidental . 593
   (1) Sobre a tese da perda de sentido 595
   (2) Sobre a tese da perda de liberdade 602
   (3) A interpretação da tese weberiana da racionalização por Lukács 610
2. A crítica da razão instrumental 629
   (1) Teoria do fascismo e da cultura de massa 630
   (2) Dupla crítica ao neotomismo e ao neopositivismo 640
   (3) Dialética do Esclarecimento 649
   (4) Dialética negativa como exercício 659
   (5) A autointerpretação filosófica da modernidade e o esgotamento do paradigma da filosofia da consciência 665

VOLUME II
SOBRE A CRÍTICA DA RAZÃO FUNCIONALISTA

V. MUDANÇA DE PARADIGMA EM MEAD E DURKHEIM:
DA ATIVIDADE ORIENTADA POR FINS AO AGIR COMUNICATIVO

Consideração preliminar 3

1. Sobre a possibilidade de fundamentar as ciências sociais numa teoria da comunicação 6
   (1) A problemática da teoria da comunicação de Mead 11
   (2) A passagem da linguagem mímica subumana à interação mediada por símbolos: adoção de atitudes 22
   (3) Excurso: retoques na teoria do significado, de Mead, com o auxílio do conceito "seguir uma regra", de Wittgenstein 30
   (4) Da interação mediada por símbolos à interação regida por normas (agir conforme papéis) ... 43
   (5) A construção do mundo subjetivo e do mundo social, complementares entre si 52
      (a) Proposição e percepção das coisas 53
      (b) Norma e agir conforme papéis 60
      (c) Identidade e natureza carente 76
2. A autoridade do sagrado e o pano de fundo normativo do agir comunicativo 80
   (1) Durkheim e as raízes sagradas da moral 87
   (2) Pontos fracos na teoria durkheimiana 100
   (3) Excurso sobre as três raízes do agir comunicativo 115
      (a) O componente proposicional 119
      (b) O componente expressivo 123
      (c) O componente ilocucionário 124
      (d) Forma de reflexão do agir orientado pelo entendimento e autorrelação refletida 133
3. A estrutura racional da "linguistificação" do sagrado 140
   (1) A evolução do direito e a mudança de forma da integração social 142
      (a) As bases não contratuais do contrato 146

  (b) Passagem da solidariedade mecânica à orgânica 151
(2) A lógica desta mudança de forma 159
(3) G. Mead e a fundamentação de uma ética do discurso 169
(4) Excurso sobre identidade e individuação. Identificação numérica, genérica e qualitativa (Tugendhat, Henrich) 177
(5) Duas ressalvas à teoria da sociedade, de Mead 195

VI. SEGUNDA CONSIDERAÇÃO INTERMEDIÁRIA: MUNDO DA VIDA E SISTEMA

Considerações preliminares sobre integração social e sistêmica levando em conta a teoria da divisão do trabalho, de Durkheim 207
1. O conceito "mundo da vida" e o idealismo da sociologia hermenêutica 218
  (1) O mundo da vida como horizonte e pano de fundo do agir comunicativo 220
  (2) O conceito fenomenológico de mundo da vida à luz da teoria da comunicação 231
  (3) Passagem do conceito pragmático-formal de mundo da vida ao conceito narrativo e ao sociológico 248
  (4) Funções do agir orientado pelo entendimento para a reprodução do mundo da vida. Dimensões da racionalização do mundo da vida 257
  (5) Limites da sociologia compreensiva que identifica o mundo da vida com a sociedade 269
2. Disjunção entre mundo da vida e sistema 276
  (1) As sociedades tribais como mundos da vida socioculturais 281

(2) As sociedades tribais como sistemas autorregulados 290
(3) Quatro mecanismos da diferenciação sistêmica 297
(4) A ancoragem institucional dos mecanismos de integração sistêmica no mundo da vida .. 311
(5) Racionalização *versus* tecnicização do mundo da vida: o desafogo do medium da linguagem coloquial por meios de comunicação que já não possuem teor linguístico 323
(6) A disjunção entre mundo da vida e sistema. Reformulação da tese da reificação 333
　(a) O conceito "forma do entendimento" 338
　(b) Sistemática das formas do entendimento. 344

VII. TEORIA DA SOCIEDADE DE TALCOTT PARSONS: PROBLEMAS DE CONSTRUÇÃO

Considerações preliminares sobre o lugar de Parsons na história da teoria sociológica 359
1. Passagem da teoria normativista da ação à teoria sistêmica da sociedade 368
　(1) O projeto de uma teoria da ação elaborada em 1937 370
　　(a) Um conceito voluntarista de ação 371
　　(b) Um conceito normativista de ordem 374
　　(c) O dilema utilitarista 377
　　(d) O problema hobbesiano 381
　　(e) O problema da coordenação da ação sob as condições da dupla contingência: primeira decisão de uma estratégia teórica... 387
　(2) A teoria da ação do primeiro período intermediário 390
　　(a) A ligação entre motivações e orientações valorativas 392

(b) Como a cultura, a sociedade e a personalidade determinam as orientações da ação.. 396
(c) A introdução das *pattern-variables*: segunda decisão de uma estratégia teórica 403
(3) Clarificação do conceito de sistema e renúncia ao primado da teoria da ação: terceira decisão de uma estratégia teórica 410
2. Desenvolvimento da teoria de sistemas 428
(1) A evolução da teoria desde os *Working Papers* 435
(a) Nivelamento da diferença entre integração social e integração sistêmica 438
(b) O esquema de quatro funções e o processo de formação de sistemas 444
(c) Adaptação das *pattern-variables* ao esquema de quatro funções 446
(d) Reinterpretação dos valores culturais como valores cibernéticos 450
(e) Determinismo cultural 454
(2) A filosofia antropológica do último Parsons e a fragilidade do compromisso estabelecido entre a teoria da ação e a teoria de sistemas 455
(3) A teoria dos meios de regulação e controle.. 466
(a) As interações controladas por meios como desafogo do agir comunicativo: a tecnicização do mundo da vida 476
(b) O meio "dinheiro": características estruturais, propriedades qualitativas e capacidade de formar sistema......................... 480
(c) Problemas resultantes da transferência do conceito de meio para as relações de poder 487
(d) O problema da supergeneralização: influência e compromisso com valores *versus* dinheiro e poder 496

(e) Justificação parsoniana da teoria dos meios em termos de uma teoria da ação. Formas generalizadas de comunicação *versus* meios de regulação e controle 502
3. Teoria da modernidade 512
   (1) Elisão da diferença entre racionalização do mundo da vida e aumento não diferenciado da complexidade do sistema 516
   (2) Excurso sobre uma tentativa de rekantianizar Parsons 534

VIII. CONSIDERAÇÃO FINAL: DE PARSONS A MARX, PELA MEDIAÇÃO DE WEBER

Considerações preliminares 545
1. Visão retrospectiva sobre a teoria weberiana da modernidade 548
   (1) Reformulação da tese weberiana sobre a burocratização por meio dos conceitos "mundo da vida" e "sistema" 553
   (2) Reconstrução da explicação weberiana acerca da gênese do capitalismo 565
   (3) Colonização do mundo da vida: retomada do diagnóstico weberiano sobre o nosso tempo .. 575
       (a) Relações de troca entre mundo da vida e sistema nas sociedades modernas 576
       (b) Estilos de vida unilateralizados e enxugamento burocrático do espaço da opinião pública política 583
       (c) Weber *versus* Marx: lógica evolutiva *versus* dinâmica evolutiva 589
       (d) Teses sintetizadoras 593
2. Marx e a tese da colonização interna 598
   (1) Abstração real ou reificação de esferas de ação integradas socialmente 602

    (a) Funções da teoria do valor 605
    (b) Algumas deficiências da teoria do valor . 609
  (2) O modelo das relações de troca entre mundo da vida e sistema 617
    (a) Intervencionismo estatal, democracia de massa e Estado do bem-estar 618
    (b) O Estado social como compromisso 626
    (c) Desmoronamento das ideologias e fragmentação da consciência 632
  (3) Tendências de juridificação............................ 639
    (a-c) Quatro impulsos de juridificação.......... 642
    d) A juridificação no Estado intervencionista e sua ambivalência: garante a liberdade e, ao mesmo tempo, a subtrai 650
3. Tarefas de uma teoria crítica da sociedade 671
  (1) O leque de temas na primeira fase da Teoria Crítica 680
  (2) Pontos de engate para a teoria do agir comunicativo 689
    (a) Formas de integração das sociedades pós-liberais 689
    (b) Socialização na família e desenvolvimento do eu... 695
    (c) Meios de comunicação de massa e cultura de massa.. 700
    (d) Novos potenciais de protesto................... 704
  (3) Teoria da racionalidade e contexto histórico. Recusa de pretensões fundamentalistas........ 715

Bibliografia 755
Índice onomástico 797